유혹
의
기술

THE ART OF SEDUCTION
by
Robert Greene

Copyright © Robert Greene and Joost Elffers, 2001. All Rights Reserved.

Published by arrangement with Joost Elffers Books, New York, USA,
through Danny Hong Agency, Seoul, Korea.

Korean edition copyright © 2012 Woongjin Think Big Co., Ltd.

THE ART OF
SEDUCTION

유혹의 기술

권력보다 강력한
은밀하고 우아한 힘

로버트 그린 지음 · 강미경 옮김

A JOOST ELFFERS BOOK

웅진 지식하우스

아버지를 추모하며

최근까지 여성들은 억압과 멸시를 당연하게 받아들였다. 수 세기 동안의 경험을 통해 힘을 기술로 대체해야 한다는 교훈을 터득하기까지 여성들은 계속해서 이러한 상태에 놓여 있었다. 하지만 마침내 여성들은 힘이 약한 자신들의 유일한 자산은 (남자를) 유혹하는 능력이라는 점을 깨닫게 되었다. 쾌락을 통해 남자들을 조종할 수 있다고 생각했다. 남자보다 불행했기에, 그들은 일찍 그런 사실을 깨우쳤다. 쾌락에 대한 생각의 이면에는 늘 쾌락이 존재한다는 것도, 상상은 현실을 추월하게 마련이라는 것도 여성들이 먼저 터득했다. 이런 기본적인 진리들이 밝혀지자, 그들은 (남성의) 호기심을 자극하기 위해 일부러 자신들의 매력을 감추기 시작했다.

몇 천 년 전만 해도 권력을 얻고 유지하는 수단은 폭력과 무자비한 힘이었다. 교활한 책략은 필요하지 않았다. 왕이나 황제가 되려면 무력을 쓰면 그만이었다. 단지 선택된 소수만이 권력을 가질 수 있었고, 그런 체제에서는 누구보다도 여성들이 고통을 받았다. 여성은 정치와 사회 영역에서는 물론 가정에서도 남성과 경쟁할 방법이 없었고, 그들을 마음대로 부릴 수 있는 무기도 없었다.

하지만 남성들에게는 한 가지 약점이 있었다. 그것은 바로 만족할 줄 모르는 성욕이었다. 여성은 남성의 성욕을 이용해 다소나마 그를 지배할 수 있었다. 하지만 일단 성관계를 맺고 나면 주도권은 다시 남성에게 돌아갔다. 여성이 성관계를 거부하면 남성은 다른 여성을 찾거나 무력을 행사하거나 둘 중 하나를 선택했다. 결국 여성의 주도권은 일시적일 뿐 아니라 지극히 나약한 것이었다. 대부분의 여성은 이러한 현실에 순응하는 수밖에 없었다. 하지만 권력에 대한 욕구가 매우 강한 여성들도 있었다. 그들은 기지와 지략을 발휘해 불리한 조건을 극복하고 좀 더 지속적이고 효과적인 권력의 형태를 만들어내기도 했다.

구약성경의 밧세바(Bathsheba), 트로이의 헬레네(Helene), 중국의 서시(西施)가 그런 여성이다(이 가운데 가장 위대한 여성은 두말할 것도 없이 클레오파트라였다). 하나같이 유혹의 명수였던 이들은 매혹적인 외모와 화장술, 장신구 등을 이용해 마치 여신이 하강한 듯한 아름다운 자태로 남성의 마음을 사로잡았다. 속살을 살짝살짝 내비치며 고혹적인 매력을 풍겼던 이들 여성은 남성들의 성적 상상력을 자극했으며, 단순한 섹스 이상의 것, 즉 환상의 여인을 소유하고 싶어하는 욕구를 일깨웠다. 일단 남성의 관심을 끄는 데 성공하고 나면 전쟁과 정치라는 남성의 세계로부터 그들을 끌어내어 환락과 쾌락과 관능이라는 여성의 세계에서 삶을 소일하게 만들었다. 또한 이들은 클레오파트라가 율리우스 카이사르를 꾀어 나일 강을 여행했던 것처럼 종종 함께 여행을 떠나 남성들을 말 그대로 타락의 길로 인도했다. 남자들은 점차 여인에게서 발산되는 세련된 관능의 기쁨에 넋이 나가 사랑에 빠져들었다. 하지만 어느 시점이 되면 여인들은 돌연 차갑고 무관심한 태도를 보여 사랑에 빠진 남자를 어리둥절하게 만들었다. 더 많은 쾌락을 원하는 순간, 남자는 갑자기 여인의 사랑이 거두어지는 것을 경험해야 했다. 남자들은 전에 맛보았던 사랑을 되찾기 위해 물불을 가리지 않다가 차츰 이성을 잃고 나약한 존재로 변해갔다. 강력한 권력을 지닌 남성들, 예를 들어 다윗 왕, 트로이의 파리스, 율리우스 카이사르, 마르쿠스 안토니우스, 부차(夫差, 중국 춘추 시대 오나라의 왕―옮긴이) 등이 그런 식으로 여성의 노예로 전락했다.

이 여인들은 세련된 유혹의 기술을 발전시켜 남성의 폭력과 잔인성에 대처할 수 있는 수단으로 삼았다. 이들에게 유혹은 자신의 뜻을 관철시키기 위한 일종의 권력과 같은 것이었다. 유혹의 본질은 남성을 사로잡아 성적 상상력을 자극함으로써 더 많은 욕구를 불러일으키고, 그 과정에서 희망과 절망을 맛보게 만드는 것이었다. 유혹은 물리적인 힘이 아니라 심리적인 힘을 행사했다. 이런 점에서 유혹은 강제적이 아니라 간접적이고 교묘한 성격을 띠었다. 인류 역사상 가장 위대한 유혹자였던 이들 여인은 마치 적군을 궤멸하기 위해 작전을 세우는 장수처럼 치밀한 계산에 따라 행동했다. 실제로 초기 기록들을 보면, 유혹을 전쟁에 빗대어 표현한 사

그들은 동의하고 싶은 순간에도 거절하는 기술을 익혀나갔다. 남자들의 상상력에 불을 지피는 법을 배웠고, 나아가 남자들의 욕망을 자신들이 원하는 방향으로 이끌어나가는 법을 터득했다. 그 결과 아름다움과 사랑이 탄생했고, 여성들은 이전보다 한결 부드러워졌다. 그렇다고 해서 그들이 힘이 없기 때문에 어쩔 수 없이 받아들여야 했던 억압의 상태에서 완전히 해방된 것은 아니었다. 다만 그들은 남녀 사이에서 영원히 끝나지 않고 지속되고 있는 전쟁 상태로 돌입했을 뿐이다. 그때 이후로 여성들은 자신들이 발명한 애교라는 무기의 도움으로 계속 전투를 벌이고 있다. 그 과정에서 때로 패배를 맛보기도 했지만, 자신들을 겨누는 힘을 역이용해 승리를 거둘 때가 더 많았다. 간혹 남자들도 여성들이 개발한 무기들을 여성들에게 들이대곤 했지만, 그럴수록 남자들의 노예 생활은 더욱 혹독해질 뿐이었다.
— 쇼데를로 드 라클로 (Choderlos de Laclos), 《여성 교육에 대하여(On the Education of Women)》

례들이 많다. 유혹은 마치 전쟁을 수행하는 것과 같았다. 클레오파트라의 경우, 유혹은 국가를 견고히 하는 수단이었다. 여성 유혹자는 수동적인 섹스의 상대자가 아니라 능동적인 주체요 권력자였다.

남성들은 대개 유혹의 기술과 같은 사소한 일에 관심을 기울이지 않았다. 물론 오비디우스(Ovidius)와 같은 로마 시인이나 중세 서정 시인들의 경우는 예외다. 하지만 17세기에 이르러 큰 변화가 생겼다. 남성들이 섹스를 거부하는 젊은 여성들을 설득하기 위한 방법으로 유혹에 관심을 가지게 되었다. 예를 들어 돈 후안에게 영감을 준 것으로 알려진 스페인 남성들이나 프랑스의 로칭 공작과 같은 남성 유혹자들은 전통적으로 여성 유혹자들이 사용했던 방법을 채택했다. 그들은 성적 상상력을 자극하기 위해 화려한 옷을 차려입고 심지어 여성처럼 교태를 부리기도 했다. 그들의 겉모습은 종종 남자인지 여자인지 구별하기 어려웠다. 아울러 이들은 여성들이 달콤한 말에 쉽게 넘어간다는 사실을 알고 유혹의 언어를 사용하기 시작했다. 흔히 여성은 외모를, 남성은 언어를 유혹의 수단으로 사용한다고 알려져 있다. 하지만 때로 성의 구별 없이 이 두 가지 유혹의 수단을 모두 사용하기도 했다. 예를 들어 카사노바는 눈부신 옷차림으로 여성의 넋을 빼앗았으며, 니농 드 랑클로(Ninon de l'Enclos, 1620~1705, 프랑스의 유명한 사교계 여성 — 옮긴이)는 말로 남성들을 홀렸다.

군대를 지휘할 때보다 사랑을 할 때 훨씬 더 많은 재능이 필요하다.
— 니농 드 랑클로

남성들은 자기만의 독특한 유혹의 기술을 발전시킴과 동시에 그것을 사회적인 목적에 활용하기 시작했다. 유럽의 봉건제도가 무너지면서 관료들은 무력을 사용하지 않고도 자신의 목적을 관철시킬 수 있는 수단이 필요해졌다. 그들은 심리적인 술수, 부드러운 말, 아첨 등과 같은 수단을 이용해 지배자와 정적들을 유혹함으로써 권력을 잡았다. 사회가 점차 민주화되면서 배우들과 멋쟁이, 그리고 예술가들은 유혹의 기술을 사용해 청중을 사로잡고 사회적인 분위기를 자신들에게 유리한 쪽으로 유도해갔다.

19세기에 또 다른 큰 변화가 일어났다. 나폴레옹을 비롯한 정치가들이 좀 더 광범위한 규모로 유혹의 기술을 사용하기 시작한 것이다. 그들은 웅변술로 사람들을 유혹했으며, 휘황찬란한 무대, 극장과 같은 분위기, 고혹적인 외모 등 과거에 여성들이 사용했던 유혹의 방법들을 동원했다.

그들은 이 모든 것이 카리스마의 본질이라는 점을 잘 알고 있었다. 이러한 유혹의 방법들은 오늘날에도 여전히 이용된다. 그들은 대중을 유혹함으로써 무력을 사용하지 않고서도 막강한 권력을 휘두를 수 있었다.

오늘날 우리는 유혹의 기술이 절실히 요청되는 시대에 살고 있다. 무력을 쓰는 방법으로는 자신이 원하는 권력을 손에 넣을 수 없다. 다시 말해 사회 전 분야에서 강압적인 수단을 사용하지 않고 교묘하고 부드럽게 사람들을 설득하는 능력이 요구되는 것이다. 조금만 관심을 기울여도 주변에서 여성적, 남성적 요소를 혼합한 유혹의 형태가 이용되고 있다는 사실을 알 수 있다. 광고도 부드러운 이미지로 접근해야만 효과를 거둔다. 사람들의 의견을 바꾸려면(유혹의 목표는 사람들을 설득하는 것이다) 교묘하고 우회적인 방법을 사용해야 한다. 정치 캠페인도 유혹을 배제하고는 효과를 거둘 수 없다. 존 F. 케네디 이후 정치인들은 대중을 사로잡기 위해서는 어느 정도 카리스마를 지녀야 했다. 그런 요소를 지니고 있으면 반은 승리한 것이나 다름없다. 영화를 비롯한 대중매체 산업은 유혹의 능력을 갖춘 스타 군단을 비롯해 수많은 성적 이미지를 창조해낸다.

사람은 누구나 유혹에 쉽게 빠져든다. 정도와 규모는 다르더라도 유혹의 본질은 절대 변하지 않는다. 유혹은 결코 물리적인 힘과 같은 직접적인 방법을 사용하지 않는다. 유혹은 쾌락을 미끼로 삼아 사람들의 감정을 조종하며, 욕망을 자극하고, 혼돈을 조성하며, 심리적인 굴복을 받아낸다. 오늘날에도 클레오파트라가 사용했던 방법들이 여전히 위력을 떨치고 있는 셈이다.

사람들은 끊임없이 우리에게 영향력을 행사하려 든다. 우리에게 무엇인가를 하라고 무언의 압력을 넣는 것이다. 반면에 우리는 그들의 말을 듣지 않으려 하고, 우리를 설득하려는 모든 노력을 거부한다. 하지만 사랑에 빠질 때는 모든 게 달라진다. 우리는 마치 마법에 걸린 사람처럼 행동하게 된다. 사람은 자신의 일에 우선적인 관심을 보이게 마련이다. 하지만 사랑에 빠지면 사랑하는 사람에 대한 생각이 온 마음을 가득 채운다. 우리는 감정적으로 변하고, 이성적인 판단 능력을 잃은 채 바보처럼 행동

메넬라오스여, 그대가 진정 그녀를 죽이고자 한다면 나의 축복이 있을지니. 하지만 그대가 속으로 갈등하고 있다는 것을 그녀에게 눈치채이기 전에 지금 당장 실행해야 하리니. 그녀의 눈은 마치 군대와 같은 위력을 지니고 있나니. 그녀의 시선이 머무는 곳마다 타다 남은 재가 그녀의 한숨에 흩날릴 때까지 온 도시가 불길에 휩싸일진저. 나는 그녀를 알고 있나니. 그 점에서는 메넬라오스, 그대도 마찬가지일 터. 그녀를 알고 있는 사람은 누구를 막론하고 고통에 시달릴지니.
— 에우리피데스(Euripides), 《트로이의 여인들(The Trojan Women)》 중 헤카베가 트로이의 헬레네에 대해 얘기하는 장면

아무리 힘이 센 남자라도 여자의 교활함 앞에서는 속수무책일 수밖에 없다.
— 나바르(Navarre)의 왕비 마르그리트(Marguerite)

한다. 무언가에 사로잡힌 사람처럼 그렇게밖에 행동할 수 없게끔 사고가
마비되기 때문이다. 이런 상태가 오래 지속되면 사랑하는 사람의 의지에
굴복하게 되고, 오로지 그를 소유하고 싶다는 욕망에 갇히게 된다.

이처럼 유혹의 힘은 엄청나다. 유혹자들은 사랑에 빠진 사람이 겪는 심
리적인 과정을 익히 알고 있기에, 그 사람의 욕구를 자극할 수 있는 방법
과 수단에 정통하다. 그들은 사람을 사랑에 빠지게 하는 기술을 본능적으
로 타고나기도 하지만 훈련을 통해 터득하기도 한다. 앞서 언급한 최초의
여성 유혹자들도 단지 상대방의 욕정을 자극하는 데 그치지 않았다. 그들
은 한결같이 상대방의 사랑을 얻어내는 데 성공했다. 사랑에 빠진 사람은
감정적이 되고, 유순한 양처럼 변해 쉽게 이용당한다(사실 '유혹'이란 말은
본래 라틴어로 '나쁜 일에 꼬임을 받다'라는 의미다). 이와는 대조적으로 정욕에
빠진 사람은 다루기가 어렵다. 일단 자신의 욕심을 채우고 나면 상대방을
쉽게 저버린다. 하지만 유혹자들은 온갖 매력을 발산하며 상대방을 서서
히 사랑의 노예로 만든다. 이런 경우에는 성관계가 뒤따르더라도 더욱더
깊이 빠져들 뿐 결코 헤어나오지 못한다. 성적 유혹이든, 사회적 유혹이
든, 아니면 정치적 유혹이든 모든 유혹은 마치 마법을 걸기라도 하듯 상
대방으로 하여금 꼼짝없이 사랑의 감정을 갖게 만든다. 사랑에 빠진 사람
은 기꺼이 자신을 내놓을 수밖에 없다.

관심이 없다는 이유로, 또는 악하고 추하다는 이유로 유혹의 힘을 애써
부인하려고 해도 아무 소용이 없다. 유혹은 현실적인 권력의 일종이다.
따라서 부인하려고 하면 할수록 유혹의 힘에 더욱 매혹될 뿐이다. 이유는
간단하다. 다른 사람이 우리를 사랑하도록 만드는 힘이 얼마나 매혹적인
지를 우리 모두가 이미 잘 알고 있기 때문이다. 상대방이 우리를 사랑하
는 한 우리의 행위, 몸짓, 말을 비롯한 모든 것이 그 사람에게 긍정적인 영
향을 끼친다. 옳고 그름을 판단하는 것은 전혀 중요하지 않다. 무언가 강
한 힘으로 상대방에게 영향력을 행사하고 있다는 것만이 현실로 느껴진
다. 그런 느낌이 우리에게 자신감을 주고, 그럴수록 우리는 점점 유혹의
매력에 이끌리게 된다.

사회관계나 직장에서도 얼마든지 이와 유사한 경험을 할 수 있다. 어느

순간 우리는 평상시보다 훨씬 매혹적인 모습이 될 때가 있다. 그런 순간이면 사람들이 우리의 모습에 반해 끌려오는 것을 느끼게 된다. 물론 이런 일은 잠시 일어나는 일시적인 현상일 수도 있지만, 시간이 지나도 그때의 기억을 잊지 못한다. 우리는 다시 그런 순간을 경험하기를 바란다. 누구나 주목을 받고 싶고, 매력적인 사람이 되고 싶어한다. 유혹은 곧 권력이다. 권력을 좋아하는 본성을 가지고 있는 한 인간은 결코 유혹자가되고 싶은 욕망에서 벗어나지 못한다. 특히 오늘날의 사회에서 권력을 얻으려면 반드시 유혹의 능력을 갖추어야 한다. 유혹하고 싶은 욕망을 누르는 것은 일종의 히스테리다. 그것은 오히려 마음 깊은 곳에서는 유혹의 힘을 갖고 싶어하는 욕망이 도사리고 있다는 증거다. 그러한 욕망은 누르려고 하면 할수록 더욱 커질 뿐이다. 언젠가는 그 욕망이 거죽을 뚫고 나오게 되어 있다.

성격을 갑작스레 바꾼다고 해서 또는 외모를 몽땅 뜯어고쳐 미남, 미녀가 된다고 해서 유혹의 힘을 갖게 되는 것은 아니다. 유혹의 힘은 객관적인 아름다움에서 나온다기보다는 심리 게임을 펼쳐나가는 능력에 달려있다. 누구든지 그 게임에 정통하기만 하면 유혹의 힘을 발휘할 수 있다. 다시 말해 세상을 다르게, 즉 유혹자의 눈으로 보면 된다.

유혹자에게는 유혹하고 싶은 상황과 유혹하고 싶지 않은 상황이 따로 존재하지 않는다. 유혹자는 모든 사회관계와 인간관계에서 유혹의 힘을 발휘한다. 유혹자는 한순간도 놓치지 않는다. 이렇게 해야 하는 몇 가지 이유가 있다. 유혹의 힘을 모든 사회관계 안에서 발휘하려면 성적인 요인을 노골적으로 드러내지 않고서도 상대방에게 접근할 수 있어야 하기 때문이다. 때로 유혹자는 사람들이 자신의 속셈을 빤히 들여다보는 상황에서도 전혀 개의치 않고 오히려 태연하게 행동한다. 유혹해도 되는 때와 그렇지 않은 때를 구분하려다 보면 오히려 더 혼란스럽고 긴장을 만들어낼 뿐이다. 하지만 모든 만남의 배후에는 대부분 에로틱한 욕망과 사랑이 개입되어 있다고 해도 과언이 아니다. 유혹의 기술을 침대에서만 발휘하려고 하지 말고 어디서나 자유롭게 발산하도록 하라(사실 유혹자는 세상을 자신의 침실처럼 생각한다). 이런 태도가 몸에 배면 항상 강력한 유혹의 힘

처음에 그대는 모든 여자를 손에 넣을 수 있다고 생각할 것이다. 하지만 여자를 차지하려면 그물을 잘 던져야 하는 법. 연인의 부드러운 손길로도 여자를 유혹하지 못할 바에야 새들은 차라리 봄에 벙어리가 되는 쪽을, 매미는 여름에 벙어리가 되는 쪽을, 사냥개는 토끼에게 등을 물리는 쪽을 택하리. 겉으로는 달가워하지 않는 것처럼 보이는 사람도 그것을 원하게 마련인 것을.
— 오비디우스,
《사랑의 기술(The Art of Love)》

매혹과 항복은 우리가 늘 얘기하는 사랑에서 빠져서는 안 될 요소다…… 사랑은 매혹에 대한 항복의 결과다.
— 호세 오르테가 이 가세트(José Ortega y Gasset), 《사랑에 관한 연구(On Love)》

을 발휘할 수 있다. 그리고 유혹할 때마다 새로운 경험과 노하우가 쌓이게 된다. 사회적인 유혹이든 성적인 유혹이든 일단 한 번 실행하고 나면 그다음에는 한결 쉬워진다. 그러고 나면 더욱 자신감을 갖게 될 뿐만 아니라, 자신을 더욱 매혹적인 모습으로 연출할 수 있게 된다.

유혹자는 삶을 전사(戰士)의 눈으로 바라본다. 그들이 보기에 모든 사람은 공략을 기다리는 높은 성이다. 유혹은 일종의 침투 과정이다. 유혹자는 먼저 목표로 삼은 사람의 마음을 공략한다. 일단 마음을 빼앗긴 사람은 유혹자를 매력적인 존재로 생각하고 온갖 공상에 빠진다. 그리고 마침내 마음의 빗장을 풀고 육체적으로 굴복하게 된다. 유혹자는 상대방을 한번에 공략하려 들지도 않지만, 그렇다고 모든 일을 우연에 맡기지도 않는다. 마치 유능한 장수처럼 유혹자는 계획과 전략을 세우고 목표물의 약점을 파악해 공격을 시도한다.

유혹자가 되는 데 가장 큰 걸림돌은 사랑이나 로맨스를 대단히 성스럽고 신비한 것으로 생각하는 우리의 편견이다. 우리는 사랑이나 로맨스가 마치 운명처럼 저절로 다가오는 것이라고 생각한다. 이런 사고방식은 참으로 낭만적으로 비친다. 하지만 사실 그것은 우리가 게으른 데서 비롯된 생각이다. 누군가를 유혹하려면 그 사람이 얼마나 중요하고 사랑스러운 존재인지를 보여주려는 노력을 기울여야 한다. 사랑과 로맨스를 우연에 맡기는 것은 재난을 가져오는 지름길이자, 우리가 그런 일들을 진지하게 생각하지 않는다는 사실을 드러낼 뿐이다. 카사노바는 저절로 만들어지지 않았다. 그는 사랑과 로맨스를 위해 열심히 기술을 습득했다. 그런 노력 끝에 강력한 유혹자가 될 수 있었던 것이다. 사랑에 빠진다는 것은 마술의 주제가 아니라 심리학의 주제다. 일단 유혹의 대상으로 삼은 사람의 심리를 이해하고 그에 적합한 전략을 세운다면, 마법의 주문을 마음대로 구사할 수 있는 힘을 갖게 된다. 유혹자는 사랑을 신성한 것이 아니라 쟁취해야 하는 것으로 생각한다.

유혹자는 결코 자기도취에 빠지지 않는다. 그의 시선은 언제나 안이 아니라 밖을 향해 있다. 누군가를 처음 만날 경우, 유혹자는 상대방의 생각을 읽으려 하고 그의 눈으로 세상을 보려 한다. 유혹자가 자신보다는 상대방을 바라봐야 하는 데는 몇 가지 이유가 있다. 첫째, 자기도취에 빠진다는 것은 불안하다는 증거다. 불안한 심리를 가지고서는 결코 유혹자가 될 수 없다. 물론 불안에서 벗어날 수 있는 사람은 없다. 하지만 유혹자는 자기 밖의 세상에 몰두함으로써 자기를 의심하는 심리를 극복한다. 세상을 바라볼 때 그들의 마음은 한껏 부풀어오른다. 그렇기에 그의 주변에는 늘 사람들이 모여든다. 둘째, 상대의 생각을 읽는다는 것은 그 사람의 입장에서 생각한다는 뜻이다. 상대의 눈으로 세상을 바라보면 귀중한 정보를 많이 얻게 된다. 즉 무엇이 상대의 마음을 움직일 수 있는지를 알게 된다. 일단 마음을 움직이는 데 성공하면 상대의 판단력을 흐리게 해 덫에 빠뜨릴 수 있다. 바꾸어 말해 상대에 대한 정보를 얻게 되면, 그 사람에게 좀 더 많은 관심을 집중시킬 수 있다. 오늘날 사람들은 대개 편견이라는 색안경을 끼고 서로를 대한다. 하지만 유혹자는 편견 없이 상대의 시각으로 바라본다. 따라서 상대의 생각을 읽는 것은 그 사람을 공략하기 위한 첫 번째 전술이다.

유혹자는 마치 벌이 이 꽃에서 꽃가루를 묻혀 저 꽃에 날라주는 것처럼 자신을 사람들에게 즐거움을 가져다주는 존재라고 생각한다. 어린 시절 우리는 즐거운 게임과 놀이를 하며 지냈다. 하지만 성인이 된 뒤에는 그런 즐거움을 잊어버린 채 책임감과 의무감에 짓눌린 삶을 산다. 유혹자는 사람들이 즐거움을 원한다는 사실을 알고 있다. 대부분의 사람들은 연인이나 친구에게서도 충분한 즐거움을 얻지 못하고, 스스로도 즐거운 삶을 만들어낼 능력이 없다는 사실을 잘 알고 있다. 그런 사람들의 삶에 뛰어들어 로맨스와 모험을 제공하는 유혹자를 거부하기란 결코 쉽지 않다. 즐거움은 다른 사람이나 경험에 의해 압도되는 감정, 곧 우리의 한계를 벗어나게 만드는 감정이다. 사람들은 무언가에 압도되어 일상의 지루함에서 벗어나기를 원한다. 그들은 속으로 "나를 유혹해주세요"라고 말한다. 유혹자는 즐거움을 제공할 때 사람들이 자신을 따르게 된다는 것을 알고 있다. 즐거움을 경험하는 순간, 사람들은 마음을 활짝 열고 유혹자의 손길에 기꺼이 자신을 맡긴다. 유혹자는 스스로도 즐거움에 민감하고자 노력한다. 스스로 즐거움을 느낄 줄 알아야 다른 사람들에게도 즐거움을 줄

정신분석학에서 말하는 불만, 노이로제, 고뇌, 절망은 사랑하거나 사랑받지 못하기 때문에, 즐거움을 주고받지 못하기 때문에 생긴다. 하지만 근본적인 원인은 유혹의 실패에서 비롯된다. 정신 분석학은 성과 욕망의 장애를 다루는 것으로 알려져 있지만, 실제로는 유혹의 장애를 다루고 있다……. 가장 심각한 결함은 쾌락이나 성적 만족이 아니라 매력과 관계되어 있다.
— 장 보드리야르(Jean Baudrillard), 《유혹에 대하여(De La Séduction)》

수 있기 때문이다.

유혹자는 삶을 무대로 보고, 모든 사람을 배우로 생각한다. 대부분의 사람들은 삶에서 자신의 역할이 한정되어 있다고 생각하고 스스로를 불행하게 느낀다. 하지만 유혹자는 어떤 모습으로든 변할 수 있고, 많은 역할을 할 수 있다고 믿는다(그리스 신화의 제우스 신을 보라. 그는 항상 만족할 줄 모르고 젊은 처녀들을 유혹한다. 일단 목표물을 정하면 상대방에게 매력적으로 보일 수 있는 모습으로 변신한다). 유혹자는 자신의 역할을 고정시키지 않고, 필요한 경우 어떤 역할이든 다 소화해낼 수 있다고 생각한다. 이러한 자유, 즉 그의 몸과 마음에 존재하는 유연성이 그를 매혹적인 존재로 만든다. 사람들은 현실만을 좇지 않는다. 그들은 환상과 놀이를 원한다. 유혹자의 차림새, 유혹자에게 이끌려 가게 되는 장소, 그의 말과 행동 등 모든 것이 현실에서 벗어난 환상의 세계를 연상케 하며, 영화 속에서나 있음직한 즐거움을 준다면 그 누가 유혹을 뿌리칠 수 있겠는가! 유혹은 현실의 세계에 존재하는 극장과도 같다. 그곳에서 환상과 현실이 마주친다.

마지막으로 유혹자는 모든 도덕적 판단에서 자유로운 태도를 가지고 삶에 접근한다. 그에게 삶은 게임이요, 유희의 장소일 뿐이다. 유혹자를 비난하는 도덕주의자들도 속으로는 그가 가진 유혹의 힘을 시샘한다. 이런 사실을 알고 있기에 유혹자는 다른 사람들의 시선을 신경 쓰지 않는다. 유혹자는 세상에 유혹적이지 않은 것은 없다고 믿기 때문에 도덕적인 원칙에 얽매이지 않는다. 그는 모든 것이 삶 자체가 그렇듯이 정해진 틀 없이 유연하다고 믿는다. 유혹은 일종의 속임수이지만 사람들은 곁길로 나가기를 원하고 유혹받고 싶어한다. 따라서 유혹자는 어디서나 쉽게 희생자를 찾을 수 있다. 도덕적인 판단을 내리려는 습성을 벗어버리고, 삶을 유희로 보는 유혹자의 철학을 받아들인다면 삶을 좀 더 자연스럽고 수월하게 살아갈 수 있을 것이다.

누구나 매력적이고 설득력 있는 사람이 되고 싶어한다. 바로 그런 사람이 될 수 있는 유혹의 기술을 제시하는 것이 이 책의 목적이다. 유혹의 기술을 갖춘 사람 앞에서 우리는 서서히 저항할 힘을 잃게 된다. 자신도 모르는 사이에 유혹자에게 굴복하고 마는 것이다. 따라서 유혹의 기술은 물리적인 힘보다는 심리적인 힘이 작용하는 오늘의 시대를 헤쳐나가는 데 반드시 필요한 기술이다.

모든 유혹은 두 가지 요소를 가지고 있다. 먼저 자신의 매력이 무엇인지 알아야 한다. 다시 말해 자신의 어떤 점이 사람들을 유혹할 수 있는지를 파악해야 한다. 둘째, 목표물에 대해 알아야 한다. 상대의 방어선을 무너뜨리고 항복을 받아내기 위해서는 어떤 전략과 행동을 세워야 할지를 알아야 한다. 이 두 가지 요소는 똑같이 중요하다. 자신의 성격이나 매력도 제대로 파악하지 못한 채 유혹의 전략을 세울 경우에는 유치한 아첨을 하거나 속임수를 쓴다는 인상을 줄 것이다. 반대로 상대에 대한 이해 없이 자신의 매력만 믿고 밀어붙일 경우에는 심각한 실수를 저지를 가능성이 높고, 자신의 잠재력을 십분 발휘할 수 없다.

이런 점에서 이 책은 크게 두 부분으로 나뉜다. 1부에서는 유혹자의 아홉 가지 유형을 다루고 있다. 이들 유형을 잘 살펴보면 자신이 어떤 유형에 속하는지 알게 될 것이다. 유능한 유혹자가 되려면 우선 자신의 유형부터 알아야 한다. 아울러 1부 마지막에는 '유혹할 줄 모르는 사람들'이라는 제목으로 유혹을 거부하는 유형에 한 장을 할애했다. 나아가 '유혹의 24가지 전략'이란 제목을 붙인 2부에서는 사람들을 저항할 수 없게 매혹시켜 유혹에 굴복하게 만드는 유혹의 전술과 전략을 다루었다. 이에 앞서 11장에 열여덟 가지 유형의 희생자를 분석한 내용을 담아 1부와 2부를 잇는 교량 역할을 하도록 했다. 어떤 유형의 희생자든 삶에서 부족한 부분이 하나씩 있게 마련이고, 그것 때문에 공허함을 느끼게 된다. 이 점을 잘 파악해야 유능한 유혹자가 될 수 있다. 자신이 어떤 유형에 속하는지 알아야만 각 항에 소개된 이론을 실천에 옮길 수 있다. 이 책에 있는 내용을 어느 한 부분이라도 무시할 경우에는 완벽한 유혹자가 될 수 없다.

이 책에 수록된 아이디어와 전략은 역사상 가장 뛰어났던 유혹자들에 관한 기록과 행적에 근거한다. 여기에는 여러 유혹자들, 곧 카사노바, 에롤 플린, 나탈리 바니, 마릴린 먼로의 회고록과 클레오파트라, 조제핀 보나파르트, 존 F. 케네디, 듀크 엘링턴의 자서전을 비롯해 유혹을 주제로 다루고 있는 안내서(특히 오비디우스의 《사랑의 기술》)와 유혹에 관한 소설(쇼데를로 드 라클로[Choderlos de Laclos]의 《위험한 관계*Dangerous Liaisons*》, 쇠렌 키르케고르[Søren Kierkegaard]의 《유혹자의 일기*The Seducer's Diary*》, 무라사키 시키부(紫式部)의 《겐지 이야기》 등)이 포함되어 있다. 이 작품들 속에 등장하는 남녀 유혹자들은 대개 실존 인물을 모델로 삼은 것이다. 그들이 사용했던 전략을 보면 공상과 유혹은 밀접한 관련이 있다는 사실을 확인할 수 있다. 유혹자들은 대개 환상을 유발해 상대를 매혹하는 전략을 구사한다. 이 책의 이론을 실천에 옮기려면 유혹의 기술을 완벽하게 연습해야 한다.

마지막으로 뛰어난 유혹자가 되려면 이 책을 마치 유희를 하듯 읽어야 한다. 프랑스의 철학자 드니 디드로는 이런 말을 남겼다. "처음에는 기발해 보이는 생각도 있고 어리석어 보이는 생각도 있다. 어떤 경우가 되었건 나는 생각이 흐르는 대로 자유롭게 내버린다. 드 포이 거리에 나가 보면, 한창 혈기왕성한 젊은이들이 매춘부들에게 다가가 이 여자 저 여자 집적이다가 되돌아가는 모습이 눈에 띈다. 나에게 생각이란 바로 매춘부를 집적거리는 것과 같다." 성적 유희를 즐기듯 생각의 유희를 즐기라는 얘기다. 디드로는 어떤 생각이든 자신의 상상력을 자극하면 한동안 그것에 흥미를 보였다가 더 나은 생각이 떠오르면 다시 그것에 재미를 붙이곤 했다.

디드로와 같은 태도로 이 책을 대해주기를 바란다. 책에 기록된 이야기와 내용에 잠시 자신을 맡겨라. 마음을 열고 생각이 자유롭게 흐르도록 내버려두라. 그러면 이 책의 사상이 천천히 스며들 것이며, 세상의 모든 것이 유혹임을 알게 될 것이다. 그러면 세상을 생각하고 바라보는 방식도 자연히 변하게 될 것이다.

> 좀 더 강한 유혹을 원하는 것이야말로 가장 큰 미덕이다.
>
> — 나탈리 바니(Natalie Barney)

유혹의 기술

PART 2
유혹의 24가지 전략

PART 1

유혹자의 9가지 유형

사람은 누구나 매력, 곧 사람을 유혹해 사로잡는 힘을 지니고 있다. 하지만 우리는 자신에게 그런 내적 잠재력이 존재한다는 사실을 미처 의식하지 못하고, 단지 선택받은 소수의 사람들만 그런 신비한 자질을 타고난다고 생각한다. 우리 자신의 잠재력을 깨닫기 위해서는 먼저 인간의 성격가운데 어떤 측면이 사람의 관심을 끌 수 있는지를 알아야 한다. 그런 다음에 우리가 가진 유혹의 능력을 발전시켜나가야 한다.

뛰어난 유혹자들은 속이 빤히 들여다보이는 책략이나 전략을 구사하지 않는다. 그랬다간 괜히 의심만 불러일으킬 뿐이다. 유혹은 그 사람의 인격적 특성에서 자연스레 우러나올 때 비로소 성공을 거둘 수 있다. 다시 말해 사람들을 매료시킬 수 있고, 그들의 감정을 자극해 통제력을 상실하게 만들 수 있는 자질이 몸에서 저절로 뿜어져 나와야 한다. 그래야만 속셈을 드러내지 않고 상대를 마음대로 요리할 수 있다. 몸에 유혹자의 천성이 배어 있어야만 마치 어린아이가 놀이를 하듯 자연스럽게 사람들을 유혹할 수 있다.

세상의 유혹자들은 모두 아홉 가지 유형으로 나눌 수 있다. 각각의 유형마다 사람들을 사로잡는 독특한 특성이 있다. 먼저 '세이렌(Siren)'은 성적 에너지가 풍부할 뿐 아니라 그 사용 방법에 정통하다. '레이크(Rake)'는 지칠 줄 모르고 이성을 탐닉한다. 이런 유형은 주변 사람들을 전염시킬 정도로 강한 욕구를 지녔다. '아이디얼 러버(Ideal Lover)'는 로맨스를 불러일으킬 만큼 심미적 감각이 뛰어나다. '댄디(Dandy)'는 자신을 연출하는 능력이 뛰어나며, 남자인지 여자인지 모를 정도의 풍모를 지닌다. '내추럴(Natural)'은 자발적이고 열린 자세를 지닌다. '코케트(Coquette)'는 자기 충족적이면서 동시에 상대방을 매료시키는 차가운 매력을 발산한다. '차머(Charmer)'는 즐거움을 주는 방법을 알고 싶어하며 또 알고 있다. 이런 유형의 사람들은 매우 사교적이다. '카리스마(Charismatic)'는 자신을 매우 과신한다. '스타(Star)'는 마치 연기처럼 신비스러운 분위기를 연출한다.

1부에서는 이들 아홉 가지 유형의 유혹자를 소개한다. 누구나 이 아홉 가지 유형 가운데 한 가지에 해당하는 속성을 지니고 있다. 따라서 이 책을 읽다 보면 자신의 유형을 파악할 수 있을 것이다. 여기에 실린 각각의 장들은 자신의 매력을 발전시켜나갈 수 있는 열쇠 역할을 해줄 것이다. 예를 들어 코케트 유형은 자기만족적인 매력을 바탕으로 때로는 따뜻하게, 때로는 차갑게 상대방을 대하면서 점차 자신에게로 끌어들이는 능력이 있다. 이 책은 그러한 본성을 더욱 발전시켜 뛰어난 코케트가 되도록 도와줄 것이다. 유혹적인 매력을 발산할 때는 소심하게 굴어서는 안 된다. 예를 들어 레이크 유형이라면 주위 사람들이 정말 뻔뻔하다고 생각할 정도로 과감해야 한다. 어정쩡한 레이크는 결코 사람들의 주의를 끌 수 없다. 일단 자신의 주된 특성을 발견한 뒤에는 두 번째, 세 번째 특성을 계속해서 발전시켜나갈 수 있다. 아울러 자신의 특성을 최대한 발휘할 수 있는 기술을 습득해야 한다. 말하자면 자신의 특성에 신비와 깊이를 더해야 한다. 1부의 마지막 10장에서는 유혹을 거부하는 요소, 즉 인간에게 존재하는 반(反)유혹적인 특성을 다룬다. 자신에게 유혹을 거부하는 특성이 발견되거든 그것을 근절하고자 애써야 한다.

아홉 가지 유형을 일종의 지침으로 생각하라. 일단 그러한 유형들을 살펴보고 나면 자신의 매력을 알게 될 것이며, 그 순간 무한한 힘을 느끼게 될 것이다.

해방과 자유를
선사하는 세이렌

남성들은 자신에게 부과된 사회적인 역할을 이행하느라 늘 욕망을 억누르며 산다. 모든 일에 책임을 지고 스스로를 통제하며 이성적으로 살도록 요구받는 남성에게 세이렌은 해방과 자유를 맛보게 하는 여성 유혹자다. 남성은 세이렌이 발산하는 성적 매력 앞에서 순수한 쾌락의 세계로 인도되는 듯한 환상에 빠진다. 대부분의 여성은 세이렌과 같은 이미지를 만들어낼 정도로 과감하지 못하다. 하지만 세이렌은 남성이 원하는 환상 속의 여인으로 나타난다. 세이렌은 남성의 욕망을 자극함으로써 그를 지배한다.

분위기 연출에 능한 세이렌

기원전 48년 이집트의 프톨레마이오스 14세(Ptolemaeos XIV)는 자신의 여동생이자 아내인 클레오파트라 여왕을 폐위시켜 유배에 처했다. 그는 그녀가 다시 돌아와 권력을 행사하지 못하도록 국경의 수비를 강화했다. 기원전 49년 율리우스 카이사르가 알렉산드리아를 공격했다. 이집트인들은 저항했지만, 결국 로마의 승리로 돌아갔고 이집트는 로마의 지배를 받게 되었다.

어느 날 저녁 카이사르는 이집트의 궁전에서 부하 장군들과 함께 전략을 논의하고 있었다. 그때 한 로마 경비병이 들어와 어떤 그리스 상인이 카이사르에게 줄 값진 선물을 가지고 문밖에서 기다리고 있다는 소식을 전했다. 호기심이 발동한 카이사르는 그 상인을 들어오게 했다. 상인은 둘둘 말린 큼지막한 양탄자를 어깨에 짊어지고 궁전 안으로 들어오더니 양탄자를 바닥에 펼쳤다. 그러자 그 안에 숨어 있던 젊은 클레오파트라가 모습을 드러냈다. 카이사르 앞에 선 반라의 클레오파트라는 마치 바다에서 솟아오른 아프로디테와 다름없었다.

그 자리에 있던 사람들은 젊고 아름다운 여왕의 갑작스러운 출현에 마치 꿈을 꾸는 듯했다(당시 클레오파트라는 스물한 살의 젊은 여성이었다). 한밤중에 남자 한 명만을 대동한 채 항구에 몰래 숨어 들어온 그녀의 과감한 행동과 눈부신 외모에 그들은 완전히 넋이 나갔다. 특히 클레오파트라에게 매료된 사람은 바로 카이사르였다.

로마의 저술가 디오 카시우스(Dio Cassius, 150~235)는 이렇게 적었다. "클레오파트라는 당시 한창 물이 오를 대로 오른 나이였다. 그녀는 또한 듣는 사람을 황홀하게 만들 만큼 아름다운 목소리를 지니고 있었다. 그녀의 목소리와 자태는 철저한 여성 차별주의자였던 카이사르를 단번에 사로잡았다. 카이사르는 그녀를 보자마자 마치 마법에 걸린 사람처럼 되어버렸고, 그녀는 입을 열어 말하기 시작했다." 그날 밤 클레오파트라는 카이사르의 연인이 되었다.

카이사르는 전에도 원정에서 돌아오면 지친 몸을 달래기 위해 여러 여자들과 잠자리를 가졌다. 하지만 그는 여자보다는 정치와 전쟁에 더 관심이 많았으며, 로마의 극장에서 시간 보내기를 좋아했다. 많은 여성들이 카이사르를 유혹하기 위해 별별 수단을 다 동원했지만 그는 결코 넘어가지 않았다. 하지만 클레오파트라 앞에서 그는 완전히 무장해제되고 말았다.

어느 날 밤 클레오파트라는 둘이 함께 알렉산드로스 대왕의 영화를 재현해 신들처럼 세상을 다스려보자고 카이사르에게 제안했다. 그런 다음 자신의 화려한 궁궐에서 이시스 여신처럼 단장하고 갖가지 향연을 베풀었다. 클레오파트라는 이집트 여인의 이국적인 매력을 한껏 발산했으며, 카이사르에게 퇴폐적인 주연의 즐거움을 맛보게 했다. 카이사르는 그녀와 함께 끊임없는 유희의 시간을 즐겼다. 이는 마치 전쟁을 치르는 것과 같은 도전적인 즐거움을 그에게 안겨주었다. 클레오파트라의 마음을 정복했다고 생각하는 순간, 그녀는 갑자기 차갑게 돌변해 화를 내곤 했으며, 그럴 때마다 그는 그녀의 사랑을 얻기 위해 애를 태웠다.

몇 주일이 흘렀다. 카이사르는 클레오파트라의 정적들을 모두 제거한 뒤에도 이집트에 더 머물 구실을 찾았다. 그리고 그녀가 이끄는 대로 나일 강을 따라 유람 여행을 하며 향락을 즐겼다. 그들이 탄 배는 화려하기 그지없었다. 강 위로 16.5미터나 높이 치솟은 배에는 복층으로 건조된 선실 외에도 우람한 기둥까지 갖춘 디오니소스 신전이 있었다. 카이사르는 피라미드를 직접 본 몇 안 되는 로마인 가운데 한 사람이 되었다. 그가 로마의 보좌에서 멀리 떨어진 이집트에 머물러 있는 동안 로마 제국 전역에서는 소요가 끊이지 않았다.

기원전 44년에 카이사르가 살해되자, 마르쿠스 안토니우스를 포함한 세 명의 실력자가 로마를 지배하게 되었다. 용감한 군인이었던 안토니우스는 쾌락과 화려한 삶을 좋아했으며, 자신을 로마의 디오니소스라고 여겼다. 몇 년이 흐른 뒤 클레오파트라는 시리아에 있는 안토니우스에게 이집트의 타르수스라는 도시에서 만나자는 전갈을 보냈다. 그녀는 일부러 그를 기다리게 했다. 그녀의 모습은 처음 카이사르 앞에 나타났을 때처럼 여전히 아름다웠다. 보라색 돛대를 단 화려한 황금색 유람선이 키드누스 강에 모습을 드러냈다. 노 젓는 사람들은 아름다운 음악에 맞추어 노를 저었다. 배 가장자리에는 젊고 아름다운 여성들이 마치 신화에 나오는 요

들려오자, 그 소리를
더 가까이에서 듣고픈
욕망 때문에 나의 심장은
터질 것 같았습니다.
나는 눈짓과 고갯짓으로
부하들에게 밧줄을 풀라고
명했습니다.
— 호메로스(Homeros),
《오디세이아(Odysseia)》
제12권

정들처럼 치장을 하고 빙 둘러서 있었다. 클레오파트라는 아프로디테 여신 같은 자태로 갑판 가운데 앉아 있었고, 미소년들이 그녀의 주위를 둘러싼 채 커다란 부채를 천천히 흔들고 있었다. 그곳에 모인 사람들은 열정적으로 아프로디테의 이름을 외쳐댔다.

클레오파트라에게 희생된 다른 모든 사람들이 그랬듯이 안토니우스도 감정이 크게 동요되었다. 그는 클레오파트라가 제공하는 쾌락을 거부하기 힘들었다. 그와 동시에 그녀를 길들이고 싶은 욕망을 느꼈다. 오만하고 아름다운 클레오파트라의 콧대를 꺾는다면 그의 위대성이 입증될 수 있으리라고 생각했다. 결국 그는 그곳에서 클레오파트라와 함께 머물렀으며, 카이사르처럼 서서히 그녀의 마법에 빠져들었다. 클레오파트라는 안토니우스의 약점을 잘 알고 있었다. 그래서 그가 좋아하는 도박, 난잡한 연회, 정교한 의식, 화려한 구경거리들을 제공했다.

세 명의 실력자 가운데 한 사람인 옥타비아누스는 안토니우스를 로마로 돌아오게 하려고 자신의 동생인 옥타비아를 그에게 아내로 주었다. 옥타비아는 당시 로마에서 가장 아름답기로 소문난 여성이었다. 사람들은 후덕하고 착한 옥타비아가 '이집트 요부'의 손에서 안토니우스를 구해낼 것이라고 믿었다. 이 방법은 한동안 효력을 발휘했다. 하지만 안토니우스는 로마로 돌아와서도 클레오파트라를 잊지 못했다. 3년 뒤 그는 다시 이집트로 돌아갔다. 그리고 영원히 클레오파트라의 노예가 되어 그녀에게 엄청난 권력을 쥐어주었으며, 그 자신도 로마식을 포기하고 이집트식 관습과 복장을 따랐다.

클레오파트라의 외모가 어떠했는지는 정확히 알기 어렵다. 다만 그녀의 두상이 새겨진 동전이 남아 있을 뿐인데, 거기 새겨진 모습도 자세히 알아보기 힘들다. 하지만 문헌에는 그녀에 대한 기록이 많이 남아 있다. 클레오파트라는 길고 갸름한 얼굴형과 오똑한 코를 가지고 있었다. 무엇보다도 눈길을 끄는 특징은 놀라울 만큼 크고 아름다운 눈이었다. 하지만 그녀가 지닌 유혹의 힘은 외모에서 나온 것이 아니었다. 사실 알렉산드리아에는 더 아름다운 여성들이 많았다. 그녀가 다른 여성들보다 뛰어난 것

클레오파트라의 매력은 저항할 수 없을 정도로 강했다. 말투와 행동에 배어 있는 독특한 성격과 더불어 그녀의 됨됨이와 대화 방식에는 어떤 매력이 깃들어 있었으며, 그녀 주변에 있는 사람들은 다들 거기에 푹 빠져들었다. 그녀의 목소리를 듣는 것만으로도 기분이 좋았다. 그녀가 말하는 것을 듣고 있노라면 마치 현악기의 연주를 듣는 듯했다.
— 플루타르코스
(Plutarchos),
《로마를 만든 사람들》

이 있다면 바로 남자를 매혹하는 능력이었다. 클레오파트라는 육체적으로 그렇게 뛰어난 편도 아니었고, 정치적 힘도 발휘하지 못했다. 그런 클레오파트라에게 당대의 영웅들이었던 카이사르와 안토니우스는 완전히 눈이 멀고 말았다. 그들은 끊임없이 변화무쌍한 모습을 보여주는 클레오파트라에게 매혹되었다. 그녀는 뛰어난 화장술과 화려한 차림새로 매일 새로운 모습으로 변신했으며, 항상 여신과 같은 자태를 풍겼다. 문헌들은 한결같이 클레오파트라의 음성이 마치 음악 소리처럼 감미로웠다고 전한다. 그녀의 말은 평범하고 진부했을지 몰라도, 듣는 사람은 그 내용보다는 그녀의 자태와 목소리에 매료되었다.

또한 클레오파트라는 선물, 모의 전쟁, 유람 여행, 화려한 주연과 같은 다양한 즐거움을 제공했다. 모든 게 마치 한 편의 드라마 같았으며, 세밀한 계획 아래 추진되었다. 그녀 옆에 베개를 베고 눕는 순간, 마음은 어느새 공상에 깊이 빠져들었다. 하지만 현실 세계에서는 도저히 있을 것 같지 않은 이 여성에게 빠지는 순간, 그녀는 갑자기 거리를 두고 차갑게 돌변했다. 이는 상대방 남성을 자신의 손아귀에 넣기 위한 책략이었다. 누구도 클레오파트라를 소유할 수 없었으며, 다만 경배했을 뿐이다. 한때 그녀는 왕궁에서 쫓겨나 때이른 죽음을 맞이해야 할 운명이었지만, 운명을 반전시켜 거의 20년간 이집트의 통치자로 군림했다.

클레오파트라는 세이렌이 되려면 외모가 아니라 남성의 환상을 사로잡을 수 있는 분위기를 연출하는 능력을 갖추어야 한다는 교훈을 준다. 남자는 아무리 외모가 아름답다고 하더라도 한 여자에게 만족하기 어렵다. 남자는 새로운 쾌락을 열망하고 모험을 즐기고 싶어한다. 남자는 보이는 것에 쉽게 속는 경향이 있다. 한마디로 시각적인 것에 약하다. 세이렌의 모습(즉 당당한 풍모와 연극적인 분위기가 한데 어우러진 성적 매력)을 연출하면 남자는 쉽게 걸려든다. 남자는 그런 여성에게 결코 싫증낼 수 없으며, 물론 버릴 수도 없다. 남자의 마음을 혼란하게 만들어 자신이 어떤 여성인지 그 정체를 파악하지 못하게 하라. 그러면 당신에게 푹 빠져 원하는 대로 끌려오게 될 것이다.

노래나 목소리, 냄새의 매력은 즉각적이다. 표범의 매력은 향기로운 냄새다……. 고대인들에 따르면, 표범은 향기로운 냄새를 발산하는 유일한 동물이다. 표범은 이런 냄새를 이용해 먹잇감을 유인하고 포획한다. 하지만 냄새의 어떤 요소가 유혹을 하는 것일까? 세이렌의 노래에서 어떤 요소가, 아름다운 얼굴에서 어떤 요소가 우리를 유혹하는 것일까? 유혹은 신호와 의미가 제거된 순수한 외모에 달려 있다. 유혹하는 시선에는 아무 의미도 담겨 있지 않으며, 화장한 얼굴이 결국은 순수한 외모인 것처럼 그저 풀어질 듯 응시하는 눈빛일 뿐이다. 표범의 냄새도 의미 없는 메시지이며, 여자가 화장 뒤에 숨듯이 표범은 이런 메시지에 가려 눈에 띄지 않는다. 세이렌 역시 모습을 볼 수 없었다. 매력은 숨겨진 것에 있다.
— 장 보드리야르, 《유혹에 대하여》

성적 매력을 지닌 세이렌

마릴린 먼로(Marilyn Monroe, 1926~1962)의 본명은 노마 진 모텐슨이다. 그녀는 로스앤젤레스의 고아원에서 어린 시절을 보냈다. 마음대로 놀지도 못하고 날마다 힘든 허드렛일을 해야 하는 매우 고달픈 삶이었다. 학교에서도 아이들과 잘 어울리지 않았으며, 좀처럼 웃지도 않고 혼자 공상에 젖기 일쑤였다. 열세 살 되던 해의 어느 날, 학교에 가려고 옷을 갈아입던 그녀는 고아원에서 준 하얀 블라우스가 찢어진 것을 발견했다. 그래서 자기보다 어린 여자아이의 스웨터를 빌려 입었는데, 몸에 꼭 끼었다. 그날 갑자기 남자아이들이 그녀 주위로 몰려들더니 종일 따라다니기 시작했다(그녀는 당시 나이에 맞지 않게 아주 성숙한 몸매를 가지고 있었다). 그녀는 그날 일기장에 "남자애들은 마치 금광을 발견한 듯이 내 스웨터를 응시했다"고 적었다.

그것은 단순하지만 놀라운 발견이었다. 전에는 아이들에게 무시당하고 심지어 놀림감이 되었던 노마 진은 이제 아이들의 이목을 사로잡는 방법을 알게 되었다. 아니, 아마도 권력을 잡는 법을 터득하기 시작했다고 해야 옳을 것이다. 왜냐하면 그녀는 야망이 큰 여성이었기 때문이다. 그녀는 더 많이 웃고, 화장도 더 짙게 하고, 옷차림새도 바꾸었다. 상황은 곧 놀랍게 변했다. 아무런 행동이나 말을 하지 않았는데도 사내아이들이 그녀를 쫓아다니기 시작했다. 그녀는 이렇게 적었다. "나를 좋아하는 아이들은 각기 다른 방법으로 같은 말을 해왔다. 그들은 내게 키스를 하고 나를 안아보고 싶은 충동을 느낀다고 했다. 내가 열정이 가득한 눈길을 보내왔기 때문이라고 말하는 아이들도 있었고, 내 목소리에 반해 그렇게 되었다는 아이들도 있었다. 심지어 어떤 아이들은 내가 자기들을 기절시킬 것 같은 분위기를 풍긴다고 말했다."

몇 년 뒤 마릴린은 영화계에서 자신의 매력을 발산하겠다고 결심했다. 하지만 영화 제작자들은 서로 약속이나 한 듯 그녀가 매혹적인 인상을 지니긴 했지만 배우가 될 만큼 예쁘지는 않다고 말했다. 어쨌든 그녀는 엑스트라로 일을 시작했다. 그런데 아주 잠깐 화면에 등장했을 뿐인데도 그녀의 모습을 본 남자들이 열광하기 시작했다. 그들은 극장에서 휘파람을 불고 함성을 질러댔다. 하지만 그녀가 스타로 대성할 수 있는 자질을 가지고 있다고 생각한 사람은 아무도 없었다.

1949년, 마릴린은 스물세 살이었고, 별다른 변화 없이 그럭저럭 살아가고 있었다. 어느 날 어떤 사람과 식사를 하다가 그루초 막스(Groucho Marx)가 〈러브 해피〉라는 영화를 찍을 계획인데 금발의 여배우를 찾고 있다는 소식을 들었다. 그 사람은 그루초가 "이미 노인이 된 나의 성욕을 일깨워 콧김을 내뿜으며 달려가게 만들 수 있는" 매력적인 걸음걸이를 가진 여배우를 원한다고 귀띔해주었다. 그녀는 당장 오디션을 받기 위해 달려갔다. 그리고 즉석에서 그와 같은 걸음걸이를 연기해 보였다. 그 모습을 지켜보고 있던 그루초는 "바로 저거야. 메이 웨스트, 테다 바라, 보 피프의 걸음걸이를 하나로 합친 듯한 저 걸음걸이, 바로 내가 찾는 거야"라고 말하며, "내일부터 당장 영화를 찍읍시다"라고 했다. 이렇게 해서 마릴린은 그 유명한 걸음걸이, 자연스럽지는 않지만 청순하면서도 성적 매력이 넘치는 걸음걸이를 창안하게 되었다.

그 후 마릴린은 시행착오를 거치면서 남성들에게 매력적으로 비치는 방법을 새롭게 터득해나갔다. 그녀의 목소리는 어린 소녀의 목소리 같다고나 할까, 무척 매력적이었지만 관객들에게 어필하기에는 부족했다. 그녀는 목이 잠긴 듯한 소리를 약간 섞어서 나직하면서도 깊은 목소리를 내보라는 조언을 듣고 그대로 따라했다. 그러자 청순하면서도 요염함이 물씬 풍기는 목소리가 만들어졌다. 이 목소리는 걸음걸이와 더불어 그녀를 섹스 심벌의 이미지를 갖는 데 큰 역할을 했다. 영화를 촬영하기 전은 물론이고 파티에 참석할 때도 마릴린은 거울 앞에서 몇 시간씩 보내곤 했다. 대부분의 사람들이 이를 허영이라고 생각했지만, 그 정도로 그녀는 자신의 이미지를 철저히 관리했다. 마릴린은 자신의 이미지를 개발하는 데 많은 시간을 투자했다. 그녀는 수년 동안 화장술을 연구하고 실습했다. 화장기 없는 맨얼굴에 수수한 옷을 입고 뉴욕의 술집을 드나들곤 했지만 그녀를 알아보는 사람은 아무도 없었다.

그녀는 성공했다. 하지만 여전히 불만을 느꼈다. 영화 제작자들은 그녀를 금발 미인의 이미지로만 캐스팅하려고 했다. 좀 더 진지한 역할을 맡

"그럼 여신들이 순순히 옷을 벗을까요?"
헤르메스는 여신들에게 파리스의 주문대로 하라고 말한 뒤, 점잖게도 등을 돌렸다.
아프로디테는 곧 준비를 끝냈지만, 아테나는 아프로디테가 차고 다니는 그 유명한 마법의 띠까지 벗어야 공평하다고 주장했다. 알다시피, 마법의 띠를 차고 유혹하면 누구든 거기에 넘어오게 돼 있었다.
"좋아요, 당신이 투구를 벗는다면 나도 띠를 벗죠. 투구가 없으면 당신의 흉측한 외모가 드러날 테니까요." 아프로디테가 악의에 찬 목소리로 말했다.
"자, 이제 괜찮으시다면 여러분 가운데 한 분을 결정하겠습니다. 이쪽으로 오시겠습니까, 헤라 여신님? ……다른 두 분의 여신께선 잠시 자리를 비켜 주셨으면 합니다만." 파리스가 선언했다.
"날 잘 봐요. 나를 지목해 준다면 아시아 전체의 왕과 세상에서 제일 가는 부자가 되게 해줄게요." 헤라는 천천히 한 바퀴 돌면서 눈부신 용모를 한껏 뽐냈다.
"전 뇌물 따위에는 관심없습니다, 여신님…… 아주 훌륭하군요, 감사합니다. 이제 봐야 할 것들은 다 보았습니다. 아테나 여신님, 이리로 오시죠."
"내 말을 들어 봐요, 파리스 그대가 나를 지목할 만한 안목을 지니고 있다면 전투에 나갈 때마다 승리를 거두게 해줄게요. 어디 그뿐인가요, 세상에서 가장 잘생기고 현명한 남자로 만들어줄게요." 아테나가 성큼성큼 앞으로 걸어나오며 이렇게 말했다.
"전 군인이 아니라, 미천한

목동입니다…… 하지만 공정한 판단을 내릴 것을 약속드립니다. 이제 옷과 투구를 다시 착용하셔도 됩니다. 아프로디테 여신님, 준비되셨나요?" 아프로디테가 옆걸음질을 치며 다가오자, 파리스는 얼굴을 붉혔다. 그녀가 너무 가까이 다가오는 바람에 두 사람의 몸이 거의 닿을 지경이었기 때문이다. "잘 봐요, 어느 것 하나 놓치지 말고…… 그건 그렇고 당신을 보는 순간 이런 생각이 들더군요. '이런, 프리기아에서 가장 잘생긴 청년을 여기서 만나네. 저렇게 잘생긴 청년이 왜 이런 시골에 처박혀 멍청한 가축 떼나 돌보고 있는 걸까?' 파리스, 이유가 뭐예요? 도시로 가서 문명인다운 생활을 하는 게 어때요? 나처럼 열정적이고, 미모가 출중한 스파르타의 헬레네 같은 여자와 결혼해서 산다면 손해 볼 게 없잖아요?……내 아들 에로스를 안내자로 딸려 보낼 테니 지금 당장 그리스로 여행을 떠나도록 해요. 일단 당신이 스파르타에 도착하면, 헬레네가 당신한테 반하도록 만들게요. 나와 아들이 힘을 합치면 그 정도는 일도 아니랍니다." "지금 하신 그 말씀, 반드시 지키겠다고 맹세할 수 있습니까?" 파리스가 흥분한 목소리로 물었다. 아프로디테는 엄숙하게 맹세했고, 파리스는 두 번 생각할 것도 없이 그녀에게 황금 사과를 내밀었다. — 로버트 그레이브스 (Robert Graves), 《그리스 신화(The Greek Myths)》 1권

고 싶었지만, 그녀가 그런 역할에 적합한 배우라고 생각하는 사람은 아무도 없었다. 이는 그녀가 줄곧 세이렌의 자질만을 가꾸어 온 결과였다. 그러던 어느 날이었다. 그녀가 〈체리 과수원〉이라는 영화의 한 장면을 연습하고 있는데 연기 지도인 마이클 체크호프가 "그 장면을 연기하면서 혹시 섹스를 생각하고 있는 건 아닙니까?"라고 물었다. 마릴린은 그렇지 않다고 대답했다. 그는 계속해서 이렇게 말했다. "그 장면을 연기하는 모습을 보면서 나는 줄곧 성적 매력을 느꼈어요. 당신은 마치 정욕에 사로잡힌 여인처럼 보여요. 마릴린, 영화 제작자들은 당신의 그런 점을 미처 알지 못하고 있는 것 같아요. 당신이 무엇을 하든, 무슨 생각을 하든 당신에게서는 성적 매력이 물씬 풍겨납니다. 온 세상이 당신의 성적 매력을 이미 감지하고 있어요. 당신의 그 모든 매력이 스크린을 통해 분출돼 나오거든요."

마릴린 먼로는 자신의 육체가 남성의 성욕을 일깨워준다는 사실을 알고 좋아했다. 그녀는 자신의 몸을 마치 악기처럼 조율했으며, 성적 매력을 발산함으로써 실제보다 더 매혹적인 모습으로 자신을 가꾸었다. 물론 다른 여성들도 성적 매력을 부풀리기 위해 여러 가지 방법을 사용하지만, 마릴린은 무의식적으로 그런 매력을 발산한다는 점에서 그들과 달랐다. 그녀는 자라면서 한 가지 결핍된 게 있었는데, 그것은 다름 아닌 애정이었다. 사랑받고 싶다는 욕망이 그녀의 마음속에 가득 자리잡고 있었다. 그녀가 마치 보호를 요청하는 어린 소녀처럼 가련해 보였던 것은 이 때문이다. 그녀는 이와 같은 사랑의 욕구를 카메라 앞에서 한껏 발산했다. 의도하지 않고 자연스럽게 이루어지는 그녀의 눈길과 몸짓은 더욱 큰 매력을 발휘했다. 이처럼 청순 가련한 여인의 모습은 뭇 남성들의 욕망을 부추겼다.

세이렌의 경우 화려한 외모도 유혹적이지만 몸에서 자연스럽게 발산되는 성적 매력이야말로 남성을 유혹하는 가장 큰 무기다. 섹스와 욕망의 화신인 세이렌은 별다른 노력 없이도 화려한 성적 분위기를 쉽게 연출할 수 있다. 세이렌은 허드렛일에 시간을 허비하지 않는다. 그녀는 쾌락을

위해 태어난 존재라는 인상을 풍긴다. 세이렌은 청순 가련한 이미지를 지녔다는 점에서 창녀와는 구별된다. 청순하면서도 요부와 같은 세이렌의 이미지는 남성의 보호 본능을 일깨운다. 하지만 정작 남성은 아버지처럼 그녀를 보호하는 것이 아니라, 반대로 그녀의 지배를 받게 된다.

성적 매력을 지닌 세이렌이 되기 위해 마릴린 먼로의 외모를 빼닮아야 하는 것은 아니다. 외모는 가꾸기 나름이다. 소녀와 같은 청순 가련한 이미지를 갖는 것이 중요하다. 한쪽으로는 요부와 같은 성적 매력을 발산하면서, 다른 한쪽으로는 자신의 행동이 상대방에게 어떤 영향을 미치고 있는지 전혀 모르는 듯 순진한 매력을 지녀야 한다. 목소리, 걸음걸이, 태도 등에서는 성적 욕구가 강한 여인이면서 동시에 철부지 여자아이와 같은 애매모호한 분위기가 배어나와야 한다.

> 당신이 세이렌의 다음 번 희생자가 될지도 모른다. 그녀는 자기에게 다가오는 모든 남성을 유혹한다……. 세이렌은 들판 한복판, 말라비틀어진 피부가 들러붙어 있는 남성들의 해골 더미가 높이 쌓여 있는 곳에 올라앉아 감미로운 노랫소리로 자기에게 접근해오는 남자에게 마법을 건다.
>
> — 《오디세이아》의 〈마녀 키르케〉 편

세이렌이 되는 길

세이렌은 최초의 여성 유혹자다. 세이렌의 원조는 자신을 신비롭게 연출하려는 본성을 지녔던 아프로디테 여신이다. 하지만 세이렌을 과거, 혹은 역사나 전설에만 나오는 존재로 생각해서는 안 된다. 세이렌은 남성에게 끊임없이 쾌락을 안기며 남성의 상상력을 사로잡는 모든 여성 유혹자를 대표한다. 이들 세이렌은 매우 관능적이며 과감하게 자신을 연출해 남성을 유혹한다. 물론 그들의 유혹의 배후에는 당연히 위험이 도사리고 있다.

오늘날의 문화적 상황에서 세이렌은 그 어느 때보다 강력한 힘을 발휘한다. 요즘 남성들은 일신의 안전을 꾀하며 출세 지향적인 경쟁 사회에서

이 사랑스러운 여인을 누구에 비유할 수 있으리? 자석 같은 흡인력으로 뱃사람들을 유인하는 세이렌은 아니었으면 좋으련만, 생각해보면, 이쯤에는 사랑의 격정과는 거리가 먼 생각과 마음을 사로잡았던 것 같다. 정처 없이 떠도는 배와 헝클어진 생각은 좋은 대비를 이루는구나. 그러고 보니 둘 다 정해진 항로도 없이 이리저리 떠돌다 이름 모를 항구를 찾아드는 신세. 목적 없는 욕망과 대상을 찾지 못한 사랑의 열정도 닻이 풀린 배처럼

살고 있기 때문에 모험을 즐기고 쾌락을 누릴 기회가 적다. 따라서 세이렌의 유혹에 넘어가기 딱 좋다. 과거에 남자들은 전쟁, 정치, 낯선 세상에 대한 모험 등을 통해 스릴과 재미를 즐길 수 있었다. 성적인 면에서도 여러 명의 후궁과 첩을 두고 다양하게 원하는 대로 자신의 욕심을 채울 수 있었다. 이러한 배출구가 사회적으로 모두 막힌 오늘날 남성의 욕구는 점점 내면화되면서 언제라도 폭발할 수 있는 상황이다. 때로 권력자나 재력가가 전혀 그럴 것 같지 않은 상황에서 내연의 관계를 갖고, 단지 스릴과 모험을 즐기기 위해 비이성적인 행동을 하는 것만 보아도 이를 알 수 있다. 비이성적인 것은 스릴과 재미를 느끼게 한다. 특히 항상 합리적으로 행동하도록 요구받는 남성에게 비이성적인 것은 엄청난 유혹으로 다가온다.

만일 유혹자가 되고자 한다면, 세이렌이 되는 게 가장 강력한 방법이다. 세이렌은 남성의 가장 기본적인 욕구를 충족시킨다. 세이렌의 능력을 충분히 발휘할 수만 있다면, 아무리 강하고 이성적인 남자라도 마치 어린아이와 같은 노예로 만들 수 있다. 클레오파트라가 안토니우스를 정복했고, 마릴린 먼로가 야구 영웅 조 디마지오를 정복했듯이, 세이렌은 군인이나 영웅처럼 엄격하고 남성적인 사람에게 특히 호소력이 강하다. 하지만 세이렌은 그런 남성을 유혹하는 데 그치지 않는다. 카이사르는 저술가이자 사상가였다. 그는 전장에서나 정치에서나 탁월한 지적 능력을 발휘했지만, 클레오파트라에게 사로잡혔다. 마찬가지로 희극 작가 아서 밀러도 디마지오처럼 마릴린 먼로의 마법에 걸려들었다. 지성인도 순수한 관능적 쾌락을 제공하는 세이렌의 유혹에 넘어갈 가능성이 높다. 왜냐하면 지성인들의 삶에는 그와 같은 관능적 쾌락이 결핍되어 있기 때문이다. 그러므로 세이렌은 희생자를 찾아 헤맬 필요가 없다. 그녀의 마법에 걸려들 남성들이 도처에 가득하기 때문이다.

무엇보다도 세이렌은 보통의 여성과는 분명히 구별되는 특징을 지녀야 한다. 세이렌은 신비하고 매우 드문 존재다. 그래서 싸워서라도 빼앗을 만한 가치가 있다. 클레오파트라는 극적인 효과를 연출하는 데 능했으며, 조제핀 보나파르트(Josephin Bonaparte)는 극도로 우울하고 권태로운 분위기를 풍겼다. 나아가 마릴린 먼로는 독특한 청순미를 발산했다. 세이렌은 대개 독특한 외모로 시선을 끌어야 하기 때문에 외모를 치장하는 것이 중요하다. 아울러 세이렌은 지극히 여성적이어야 하며 성적인 매력을 내뿜어야 한다. 대부분의 여성들이 그렇게 과감한 이미지를 연출하지 못한다. 하지만 외모에 관심을 갖고 가꾸는 순간부터 세이렌이 될 수 있는 여지는 더욱 커진다.

일단 남성의 시선을 사로잡을 만한 특성을 갖춘 뒤에는 두 가지 자질이 더 필요하다. 남성이 정신을 잃고 푹 빠지게 만드는 능력과 위험한 인상을 풍기는 능력이다. 위험한 인상은 특별히 유혹적이다. 남성의 관심을 사로잡는 일은 비교적 쉽다. 관능적인 매력을 풍기면 남성들은 대개 관심을 갖기 때문이다. 하지만 창녀처럼 굴어서는 안 된다. 그럴 경우 남성은 즉시 흥미를 잃게 된다. 그 대신 약간의 거리를 두고 교묘한 태도를 취함으로써 남성의 상상력을 자극해야 한다. 르네상스 시대의 위대한 세이렌 툴리아 다라고나(Tullia D'Aragona)는 말과 자태에서 그리스 여신과 같은 분위기를 풍기며 뭇 남성들의 상상력을 자극했다. 오늘날에는 영화 속 주인공처럼 뭔가 현실을 벗어난 듯한 분위기를 연출하는 것이 중요하다. 이러한 자질을 갖출 때만 남성들의 관심을 사로잡을 수 있다. 그럴 경우 남성들은 마치 자신이 주도권을 잡은 듯 착각하고 푹 빠져들 뿐, 자신이 이용당하고 있다는 생각은 결코 하지 못한다.

위험, 도전, 때로 죽음과 같은 말이 진부하게 들릴지도 모른다. 하지만 유혹을 하기 위해서는 때로 위험한 인상을 줄 수 있어야 한다. 뭔가 위험하다는 분위기를 풍기는 것은 치명적인 유혹의 효과를 발휘한다. 특히 이성적인 사고 아래 억압된 심리를 가지고 있는 오늘날의 남성들에게는 더욱 그렇다. 사실 세이렌의 신화는 본래 위험한 요소와 밀접한 관련이 있다. 호메로스의 《오디세이아》에는 오디세우스가 세이렌이 사는 바위 근처로 항해하는 광경이 묘사된다. 세이렌은 달콤한 노랫소리로 선원들을 유혹해 파멸에 이르게 하는 신화적 존재다. 그들은 과거의 영광을 노래하기도 하고, 아무것도 책임지지 않아도 되는 순수한 쾌락의 세계, 즉 어린아이와 같은 세계를 노래하기도 했다. 그들의 목소리는 물소리처럼 부드럽고 감미로웠다. 노랫소리를 들은 선원들은 배에서 뛰어내려 바다에 빠져

죽기도 하고, 때로는 마법에 홀린 듯 바위를 향해 노를 저어 배가 난파되는 운명을 겪었다. 오디세우스는 선원들이 세이렌의 노랫소리를 듣지 못하게 밀랍으로 귀를 막게 했으며, 자신은 돛대에 몸을 묶어 저항했다. 결국 그는 세이렌의 목소리를 듣고도 살아남아 다른 사람들에게 그 이야기를 전할 수 있었다. 오디세우스에 따르면, 세이렌의 목소리는 흡인력이 너무 강해 그들을 따라갈 수밖에 없는 이상한 감정을 불러일으켰다고 한다.

고대의 선원들이 잡념을 버리고 정신을 집중해 배를 저어가야 했듯이, 오늘날의 남자들도 똑바로 정신을 차리고 일해야 한다. 따라서 위험스럽고 불확실한 무엇이 감정을 건드리면, 남성들은 금지된 것을 하는 스릴과 즐거움에 쉽게 빠져든다.

세이렌의 희생자들을 생각해보자. 파리스 왕자는 트로이의 헬레네 때문에 전쟁을 일으켰다. 카이사르는 클레오파트라를 위해 로마 제국을 포기했으며, 안토니우스는 권력은 물론 생명까지 잃었다. 나폴레옹은 조제핀 때문에 웃음거리가 되었고, 디마지오는 결코 마릴린 먼로를 잊지 못했으며, 아서 밀러도 수년 동안 글을 쓰지 못했다. 남성들은 자신이 파멸하고 있다는 사실을 알면서도 도저히 헤어나올 수 없다. 남성에게 위험한 인상을 주는 것은 그렇게 어렵지 않다. 예를 들어 마릴린 먼로의 광기는 남성들의 욕망을 자극했다. 세이렌은 종종 비이성적이고 위험스러워야 한다. 그래야만 이성에 억눌린 남성들을 유혹할 수 있다. 남성들에게 숭배의 감정을 갖게 하는 것도 중요하다. 즉 남성과 적당한 거리를 유지하면서 존경심을 갖게 해야만 속셈이나 약점을 효과적으로 감출 수 있다. 두려움을 갖게 하기 위해서는 갑작스레 화를 낸다거나 변덕을 부리면 된다. 그럴 경우 남자는 혼란에 빠지게 된다.

세이렌의 가장 중요한 자질은 육체에서 나온다. 육체야말로 가장 강력한 무기다. 화장술과 우아하고 관능적인 차림새를 통해 여성미를 한껏 부풀릴 때 남성을 유혹할 수 있다. 남성들은 여성의 육감적인 육체를 보면 물불을 가리지 않고 달려든다. 이는 마치 사냥감을 잡을 때 미끼를 쓰고 투우를 할 때 붉은 망토를 휘날리는 것과 같다. 외모를 강조한다고 해서 육체적인 아름다움, 특히 얼굴이 예뻐야 한다는 말로 착각해서는 안 된다. 외모가 아름답다고 해서 자동적으로 세이렌이 되는 것은 아니다. 오히려 아름다운 얼굴은 차가운 인상을 풍기고 거리감을 느끼게 할 수 있다(역사상 가장 위대한 세이렌 가운데 두 사람인 클레오파트라와 마릴린 먼로도 얼굴이 아름다웠던 것은 아니다). 물론 사람의 이목을 끄는 얼굴이나 미소는 상당히 유혹적이기는 하지만, 그것이 전부는 아니다. 예쁜 얼굴이나 미소는 너무 직접적이어서 세이렌이 만들어내야 하는 애매모호함이 없다. 세이렌은 은근하고, 정신을 혼란케 만드는 방법으로 남성의 욕구를 자극해야 한다. 한 가지 출중한 자질을 가지고 있다고 해서 세이렌이 되는 것은 아니다. 다음의 여러 가지 자질들이 한데 어우러져야만 세이렌이 될 수 있다.

목소리 : 세이렌에게 목소리는 매우 중요한 자질이다. 전설이 말해주고 있듯이, 세이렌의 음성은 듣는 순간 거부할 수 없는 욕망을 느끼게 한다. 아기가 엄마의 음성을 들으면서 무슨 뜻인지 알지 못해도 조용해지기도 하고 키득거리기도 하듯이 세이렌의 음성은 인간의 오래된 기억을 새삼 떠올리게 만드는 힘이 있다. 세이렌의 감미롭고 은근한 음성은 에로틱한 정서를 만들어낸다. 클레오파트라를 만났던 사람들은 한결같이 그녀가 듣는 사람을 황홀하게 만드는 감미롭고 유쾌한 목소리를 지녔다고 말했다. 18세기 말 가장 위대한 유혹자 가운데 한 사람이었던 조제핀 보나파르트도 크리올 혼혈 출신임을 암시하는 듯한 이국적인 냄새를 물씬 풍기는 나른한 목소리를 지녔다고 한다. 마릴린 먼로는 속삭이는 듯한 어린아이와 같은 목소리를 가지고 태어났다. 하지만 그녀는 나중에 나지막한 목소리를 내어 좀 더 유혹적인 분위기를 풍겼다. 또한 천성적으로 허스키한 목소리를 가지고 태어난 할리우드의 여배우 로렌 바콜은 천천히, 무언가를 암시하는 듯한 목소리로 말했다고 한다. 세이렌은 결코 소리를 높여 빠르고 공격적으로 말하지 않는다. 그녀의 목소리는 마치 잠에서 덜 깬 사람처럼 차분하며, 서두르지 않는다.

외모와 몸단장: 목소리는 자장가처럼 달콤해야 하지만, 외모는 눈부시고 화려해야 한다. 세이렌은 몸단장을 통해 자신을 여신처럼 보이게 한다. 보들레르는 〈화장 예찬론〉이라는 에세이에서 이렇게 말했다. "여성은 자신의 특성을 한껏 강조해야 한다. 여성은 신비롭고 환상적인 인상을 풍기도록 꾸며야 한다. 다시 말해 사람들이 보고 넋이 나갈 정도가 되어 마치 우상처럼 생각할 수 있게 만들어야 한다. 사람들의 경탄을 자아낼 수 있도록 황금으로 치장하고, 자신의 본래 모습을 돋보이게 할 수 있는 모든 기술을 사용해야 한다. 그래야 사람들의 마음을 정복하고 그들의 영혼을 뒤흔들어놓을 수 있다."

외모를 꾸미는 데 가히 천재적 소질을 발휘했던 세이렌은 나폴레옹의 여동생 폴린 보나파르트다. 폴린은 사랑의 여신 아프로디테의 모습과 분위기를 연출하려고 머리 모양을 꾸미고 화장을 하고 옷을 차려 입었다. 그녀는 역사상 가장 크고 가장 정교한 옷장을 소유했다. 1798년에 폴린이 무도회장에 입장하는 순간 거기 모인 사람들은 모두 넋이 나갈 정도였다. 당시 무도회를 연 안주인은 페르몽 부인이었다. 폴린은 무도회장에 도착하기 전에는 다른 사람들에게 자신의 모습을 공개하지 않기 위해 아예 그 집에서 옷을 갈아입었다. 물론 그전에 페르몽 부인에게 양해를 구했다. 그녀가 계단을 내려오는 순간, 손님들은 일제히 동작을 멈춘 채 한동안 미동도 하지 않았다. 그녀는 마치 주신(酒神) 디오니소스의 여사제처럼 보였다. 금으로 만든 포도송이를 섞어 그리스식으로 머리를 땋았고, 가장자리에 금실로 수놓은 그리스식 튜닉을 입었으며, 우아한 보석이 박힌 찬란한 황금 허리띠를 둘렀다. 다브랑테 공작부인은 이렇게 기록했다. "그녀는 말로 형용할 수 없을 만큼 아름다웠다. 그녀가 들어오는 순간 온 방 안이 환해졌다. 머리부터 발끝까지 완벽한 조화를 이룬 모습에 사람들은 탄성을 질렀다. 그곳에 있던 다른 여성들은 마치 태양 앞의 반딧불이처럼 초라했다."

이처럼 세이렌이 되기 위해서는 눈부신 몸단장이 절대적으로 필요하다. 물론 전체적으로 조화를 이루어야 한다. 현실을 초월한 듯한 분위기, 환상을 자아내는 분위기를 연출해야 한다. 장신구를 적절히 사용해 보는 이의 넋을 홀릴 수 있어야 한다. 관능적인 분위기를 연출하되 너무 노골적이어서는 안 된다. 은근하고 무언가를 암시하는 듯한 여운을 남기는 것이 중요하다.

이 밖에도 남성의 성적 상상을 자극할 수 있도록 신체의 한 부분을 살짝 드러내야 한다. 16세기 후반 프랑스의 카트린 드 메디시스 왕비의 딸, 마르그리트 드 발루아는 처음으로 목과 어깨를 드러낸 옷을 입은 여성이다. 물론 자신의 신체에서 가장 아름다운 부위인 가슴을 드러내기 위한 것이었다. 조제핀 보나파르트 역시 항상 가슴을 반쯤 드러내는 옷을 입었다. 그녀는 그것을 무기로 삼았다.

몸짓과 태도: 기원전 5세기경, 중국 월나라 왕 구천(勾踐)은 자신의 경쟁자인 오나라의 왕 부차를 망하게 할 속셈으로 중국의 세이렌이라고 할 수 있는 서시를 이용했다. 그는 서시에게 유혹의 기술을 교습받게 했는데, 무엇보다도 우아하고 은근한 몸짓을 터득하는 것이 관건이었다. 그녀는 궁중 예복을 입고 사뿐사뿐 나는 듯이 걷는 동작도 배웠다. 모든 기술을 습득한 그녀가 마침내 부차 앞에 나타났을 때 그는 그녀의 마법에 걸려버렸다. 그는 그런 걸음걸이와 몸짓을 가진 여성을 한 번도 본 적이 없었다. 약간 망설이는 듯한 자태와 무관심한 듯한 표정에 완전히 매료되었다. 부차가 서시에게 빠진 사이 오나라는 분열되었으며, 군사를 이끌고 온 구천은 싸움 한 번 하지 않고 오나라를 점령해버렸다.

세이렌은 이처럼 서두르지 않는 몸짓으로 느리게 움직인다. 세이렌은 몸짓, 움직임, 태도를 통해 상대방의 욕망을 은근히 부추기며, 기대감으로 흥분하게 만든다. 그러므로 마치 사랑과 쾌락을 위해 세상에 태어난 것처럼 은근하고 나른한 분위기를 풍겨야 하고, 순결하면서도 에로틱하고 애매모호한 분위기의 몸짓이 배어나와야 한다. 은근할수록 더욱 유혹적이다. 은근한 몸짓이 꾸밈없이 자연스럽게 나올 수 있다면 더할 나위 없이 좋다.

| **상징** | 물. 세이렌의 노래는 마치 물처럼 유연하고 매혹적이다. 세이렌은 구체적인 형체가 없고 손으로 만질 수도 없는 존재다. 세이렌은 바다처럼 무한한 모험과 쾌락의 세계로 남성을 유혹한다. 마법에 걸린 남성들은 과거와 미래를 모두 잊어버린 채, 그녀의 노랫소리를 듣고 따라갔다가 바다에 빠져 죽는다.

세이렌의 몰락

아무리 관대한 사회라고 하더라도 쾌락에만 열중하는 여성을 용납할 사회는 없다. 따라서 세이렌이 아무리 몸부림쳐도 결국에는 사회의 지탄을 피할 수 없다. 로마인들은 클레오파트라를 이집트의 창녀라고 부르면서 경멸했다. 그녀는 로마의 남성들을 수치스럽게 하는 존재로 여겨졌다. 사람들의 증오는 결국 클레오파트라의 몰락을 불러왔다. 옥타비아누스는 군대를 보내 그녀를 제거하려고 했다. 하지만 남성들은 대개 몰락하는 세이렌에게 동정심을 느낀다. 세이렌의 궁극적인 몰락은 다른 여성들의 질투심에서 비롯된다. 클레오파트라를 향한 로마인들의 미움도 실은 요조숙녀를 자처하는 로마의 점잖은 아낙네들의 분노에서 시작되었다. 세이렌은 결백을 주장하며, 자신은 단지 남정네들의 욕구에 희생된 연약한 여자일 뿐이라고 호소할 수 있다. 그런 호소가 때로는 다른 여성들의 질투심을 다소 누그러뜨릴 수도 있다. 하지만 세이렌의 힘은 그녀에게 홀린 남성들에게서 비롯된 것이다. 따라서 아무리 호소를 해봤자 결국 자신을 구원할 수 없다. 다른 여성의 질투심을 받아들이든지, 아니면 무시하든지 둘 중 하나를 선택해야 한다.

앞서 말했듯이 세이렌은 남성들을 홀리기 위해 관능적인 매력을 동원한다. 때로 그런 매력을 무기로 이용하기도 하지만, 남성들이 자신을 성적인 대상으로만 보지 않기를 바라는 마음도 있다. 시간이 흐르면 육체적인 아름다움도 퇴색하게 마련이다. 물론 얼굴만 예쁘다고 해서 세이렌이 될 수 있는 것은 아니지만, 그럼에도 불구하고 나이를 먹게 되면 아무리 치장해도 효력을 발휘할 수 없는 때가 닥치게 된다. 마릴린 먼로가 자살을 선택한 데도 이러한 요인이 어느 정도 작용했다.

이와는 대조적으로 루이 15세의 정부였던 퐁파두르 부인은 세이렌이었지만, 내면의 아름다움을 가꿈으로써 세월에 퇴색해가는 육체적인 미모를 대신했다. 그 덕분에 그녀는 나이가 들어서도 여전히 유혹의 힘을 잃지 않았다. 클레오파트라도 그런 점에서 똑똑한 세이렌이었다. 그녀는 스스로 죽음을 택하기 전까지 유혹자로서의 면모를 잃지 않았다. 결국 세이렌은 육체적인 아름다움이 퇴색할 때를 대비해 정신적인 아름다움을 가꾸는 노력을 기울여야만 비참한 몰락을 피할 수 있다.

위험한 정열을 품은 레이크

여성은 남성으로부터 더 많은 사랑과 관심을 받고 싶어한다. 하지만 대개의 경우 남성은 신경 써야 할 일이 많기 때문에 여성에게 충분한 관심을 기울이지 못한다. 레이크는 바로 여성이 원하는 환상의 연인이다. 비록 그 관계는 오래 지속되지 않더라도 레이크는 여성을 원하고, 그녀를 위해 땅 끝까지라도 쫓아 갈 수 있다는 정열을 보여준다. 레이크는 부정직하고 비도덕적이고, 한 여인에게 충실하지도 않지만, 그런 모습이 오히려 그의 매력을 한층 더 강력하게 만든다. 위험한 쾌락을 추구하는 레이크의 분위기를 풍긴다면 여성의 억눌린 욕망을 얼마든지 자극할 수 있다.

정열적인 레이크

루이 14세의 마지막 몇 년은 매우 우울했다. 그는 나이 들면서 종교적인 인간이 되어갔으며, 개인적인 즐거움을 멀리했다. 권태로운 분위기가 팽배했던 프랑스 궁정은 새로운 것을 절실히 갈구했다. 그러던 중 1710년에 열다섯 살의 소년이 궁정에 들어왔다. 그는 잘생긴 용모에 발랄한 매력으로 여성들에게 인기를 끌었다. 소년의 이름은 프롱사크(Fronsac)였다. 그는 나중에 리슐리외 공작이 된다(저 악명 높은 리슐리외 추기경이 그의 작은할아버지다). 여자들은 넉살 좋고 재치 있는 소년을 장난감처럼 가지고 놀기를 좋아했다. 그는 때로 그녀들과 입을 맞추기도 하고, 몸을 더듬기도 하는 등 소년이 해서는 안 될 짓을 하고 다녔다. 심지어 점잖은 공작부인의 치마 속을 더듬기도 했다. 그의 못된 짓에 분노한 루이 14세는 그를 바스티유 감옥으로 보냈다. 하지만 그와 노닥거렸던 여자들은 그가 없는 왕궁을 견딜 수가 없었다. 점잖은 체하는 귀족들과 달리 그는 믿을 수 없을 정도로 대담했다. 황홀한 전율이 일게 하는 눈빛과 온몸을 짜릿하게 하는 손길, 그의 대담한 행동에 아무도 저항할 수 없었다. 그의 매력에 홀린 왕궁의 여자들은 왕에게 간청해 그를 바스티유 감옥에서 풀려나게 했다.

몇 년이 흘렀다. 드 발루아는 자신의 샤프롱(젊은 여성이 사교장에 나갈 때 따라다니며 돌봐주는 부인—옮긴이)과 함께 파리의 한 공원을 거닐고 있었다. 그녀의 샤프롱은 품행이 단정하고 차분한 여인으로 늘 드 발루아의 곁을 지키며 따라다녔다. 오를레앙 공작은 딸이 궁정을 들락거리는 방탕한 귀족들의 유혹에 넘어가지 않도록 그녀에게 자기 딸을 지키게 했다. 하지만 드 발루아는 공원에서 마주친 남자의 눈길에 끌려 그만 마음에 불이 붙고 말았다. 잠깐 스쳐 지나갔을 뿐이지만, 그의 눈길은 드 발루아의 마음에 강렬하게 새겨졌다. 샤프롱이 그의 이름을 알려주었다. 그의 이름은 바로 유혹자, 신성 모독자, 난봉꾼으로 악명 높은 리슐리외 공작이었다. 그는 모든 사람들의 기피 대상이었다.

며칠 후 드 발루아는 샤프롱이 이끄는 대로 다른 공원에 갔다. 그런데 놀랍게도 리슐리외 공작이 두 사람 앞을 가로질러 다가오고 있는 것이 아닌가! 비록 거지처럼 변장하고 나타났지만, 전에 보았던 바로 그 눈빛이었다. 두 사람의 눈이 마주쳤다. 마침내 그녀의 단조로운 삶에 흥미진진한 사건이 일어나기 시작했다. 오를레앙 공작이 너무나 엄격해서 아무도 감히 그녀에게 접근하지 못했지만 리슐리외는 아랑곳하지 않았다. 그는 곧 아름다운 필체로 쓴 연서를 그녀에게 보내기 시작했다. 그녀를 향한 주체할 수 없는 욕망을 연서에 담아 표현했다. 그녀는 처음에는 망설이는 듯했다. 하지만 곧 연서를 주고받는 재미에 푹 빠져들었다. 그러던 어느 날 리슐리외는 하룻밤을 같이 보낼 수 있는 만반의 준비를 갖추어놓겠다고 제안했다. 그런 일을 감쪽같이 해내기란 거의 불가능했기 때문에 그녀는 그저 장난이겠거니 하고 그의 대담한 제안에 동의했다.

　어느 날 밤 그녀의 샤프롱은 뜨개질을 하고, 드 발루아는 책을 읽고 있었다. 문득 시선을 들었을 때 하녀인 앙젤리크가 잠옷을 들고 방으로 들어가는 모습이 보였다. 그런데 이게 웬일인가! 앙젤리크가 그녀를 향해 살며시 미소를 지었다. 바로 리슐리외였다. 그가 앙젤리크의 옷을 입고 나타난 것이다. 드 발루아는 너무 놀라 숨이 넘어갈 듯했지만, 곧 정신을 차렸다. 그녀는 자신이 얼마나 위험한 짓을 하고 있는지를 비로소 깨달았다. 만일 가족들이 알기라도 하면 어떤 일이 일어날지 상상하기조차 끔찍했다. 잠시 난감해하던 그녀는 일단 자기 방으로 들어가서 리슐리외에게 당장 이 위험한 일을 그만두라고 말할 작정이었다. 그녀는 샤프롱에게 잘 자라고 인사를 한 뒤, 방으로 들어갔다. 하지만 일단 방에 들어서자 그녀는 말을 할 수가 없었다. 막 입을 열려고 하는 순간 그의 눈길과 마주쳤고, 그는 와락 그녀를 품에 안았다. 그는 충동적인 말을 속삭이면서 그녀를 애무하기 시작했다. 그녀는 소리를 지르지도 못하고 정신이 아득해졌다. 그동안 단조로운 삶을 살아오다가 갑자기 가장 악명 높은 유혹자와 하룻밤의 쾌락을 즐기게 되자, 그녀는 도덕도 수치심도 생각할 겨를이 없었다. 그녀의 샤프롱이 뜨개질을 하는 동안 리슐리외는 그녀를 쾌락의 세계로 인도하는 의식을 충실히 거행했다.

　몇 달 후 오를레앙 공작은 리슐리외가 자신이 쳐놓은 방어벽을 뚫고 딸을 유린한 사실을 알게 되었다. 그는 샤프롱을 해고하는 한편, 방어벽을 두 배로 강화했다. 하지만 그러한 조처가 오히려 리슐리외의 모험심을 더

나는 첫 번째 성공에 만족스러워하면서 이 행복한 협상의 덕을 보기로 결심했다. 나는 그들을 나의 사랑하는 부인, 혹은 나의 충실한 동반자라고 불렀다. 호칭이야 어떻든지 간에, 둘 다 나를 행복하게 해주기 위해 선택된 존재들이었다. 나는 그들의 허영심을 부추기는 한편, 그들의 욕망을 일깨우는 데 주력했다. 물론 열정을 잘못 건드리면 계획이 엉뚱한 방향으로 흘러갈 수도 있었다. 하지만 나는 그 점도

욱 자극할 것이라고는 꿈에도 생각지 못했다. 리슐리외는 가명으로 오를레앙 공작의 이웃집을 구입했다. 그리고 비밀 통로를 만들어 두 집을 연결했는데, 그 연결 통로는 오를레앙 공작의 집 부엌 찬장 쪽 벽과 이어져 있었다. 그 찬장 안에서 드 발루아와 리슐리외는 몇 달 동안 애정 행각을 벌였다.

리슐리외가 자신이 달성한 위업을 떠벌리고 다닌 탓에 파리의 모든 사람들이 이 일을 알게 되었다. 매주 새로운 소문이 하나씩 궁정에 떠돌았다. 어떤 남자가 리슐리외 공작이 자기 부인에게 접근하는 것을 막기 위해 그녀를 2층에 가두어놓았는데, 그는 전혀 개의치 않고 2층 창문들 사이에 걸쳐 있는 얇은 나무 판자를 딛고 그녀에게 접근했다는 이야기, 한 집에 한 과부와 정숙한 부인이 살고 있었는데 리슐리외 공작이 밤에 두 여자를 오가며 잠자리를 가졌다는 이야기 등이었다. 두 여자는 리슐리외에게 농락당했다는 사실을 알고 화가 나서 그에게 따져 물었지만, 유창한 언변을 지닌 모험가답게 그는 사과는커녕 얼굴색 하나 변하지 않고 삼각관계의 상황을 이용해 능청스럽게 위기를 빠져나갔다. 그 후에도 리슐리외 공작의 기상천외한 유혹 행각에 관한 이야기가 꼬리에 꼬리를 물고 이어졌다. 여인들은 그의 대담한 용기에 혀를 내두르면서도 그의 관심을 끌려고 서로 경쟁했다. 만일 리슐리외 공작의 유혹을 받지 못하면 여자로서 매력이 없는 게 아니냐는 생각이 여인들의 마음에 숨어 있었다. 여인들은 너나 할 것 없이 그의 관심을 받고 싶어했다. 한번은 두 여자가 그를 사이에 두고 권총으로 결투를 벌여 한 사람이 크게 다친 일도 있었다. 리슐리외라면 치를 떨었던 오를레앙 공작부인은 "리슐리외 공작 앞에서는 그 어떤 여자도 반항하지 못했다. 아마도 내가 미신을 믿었다면, 그가 신비한 능력을 소유했다고 인정하지 않을 수 없었을 것이다"라고 적었다.

상대를 유혹하려면 치밀하게 계획을 세워야 한다. 하지만 유혹자의 진짜 동기에 대해 의심을 품을 경우, 상대방은 몸을 사리게 된다. 더욱이 상대방을 지배하는 듯한 인상을 주면 욕망을 일깨우기보다는 두려움을 갖게 할 수 있다. 레이크는 이런 문제를 아주 매끄럽게 해결한다. 물론 그 역

시 남편의 감시와 같은 장애물을 피하기 위해 치밀한 계획을 세운다. 그
런 일을 하는 데에는 많은 노력이 따른다. 하지만 레이크는 본성적으로
주체할 수 없는 성욕을 타고났기 때문에 목표물을 좇는 열정에 불타 그런
일을 전혀 힘들어하지 않는다. 목표물이 된 여성은 그의 성적 욕구에 자
극받아 저항할 힘을 잃고 만다. 그녀는 온갖 장애물과 위험을 무릅쓰고
다가온 그가 자신을 무정하게 저버릴 것이라고는 생각하지 못한다. 심지
어 그녀가 그의 과거 행적, 곧 도덕과 윤리에서 벗어난 행적을 모조리 알
고 있다고 해도 전혀 문제가 되지 않는다. 그녀 또한 그의 약점을 익히 알
고 있기 때문이다. 그는 자신을 통제할 수 없다. 그는 사실상 모든 여자의
노예다. 따라서 그의 행위는 여성들에게 아무런 두려움을 불러일으키지
않는다.

레이크는 강력한 성적 욕구가 여성의 마음을 사로잡는다는 간단한 교훈
을 준다. 이는 마치 세이렌의 외모가 남성에게 미치는 영향과 비슷하다.
여성은 방어적인 태도를 취하기 쉽고, 불안을 느끼거나 계산을 하는 경향
이 있다. 하지만 자신이 남성의 강렬한 관심을 받고 있고, 그 남자가 자신
을 위해 무슨 일이든 할 수 있다고 믿는 순간, 다른 생각을 하지 못한다.
심지어 그의 무분별한 행위까지 기꺼이 용서하고 싶어한다. 레이크는 바
로 이러한 여성의 심리를 파고든다. 따라서 조금의 망설임도 없이 모든
제약을 무너뜨리는 한편, 주체할 수 없는 욕망에 사로잡힌 나약한 존재라
는 이미지를 부각시키는 것이 레이크의 특징이다. 설사 상대 여성에게 불
신을 갖게 한다고 하더라도, 그녀의 매력에 사로잡혀 꼼짝할 수 없다는
인상을 주기만 하면 그녀는 나중 일을 전혀 생각하지 않고 당신을 받아들
인다.

*함께 나를 공유하고 있다는
사실을 잊은 듯했다……
자기 차례가 되자, 리도
부인은 상당히 만족스러운
반응을 보였다. "어쩜
저렇게 남자다울 수가!
세상에 저런 남자는 없을
거예요! 저이는 정말
놀라워요.
저이가 충실하기만 하다면
얼마나 좋을까요!"
그녀는 계속 이런 말을
하다가 거실을 나갔다.
— M. F. 바리에르(Barrière),
《리슐리외 공작의 사생활
(The Private Life of the
Marshal Duke of Richelieu)》*

마력적인 레이크

1880년대 초반의 일이다. 로마의 상류 사회에 가브리엘레 단눈치오
(Gabriele D'Annunzio, 1863~1938)라는 젊은 저널리스트가 등장했다. 그의
등장은 상식을 벗어난 일이었다. 왜냐하면 이탈리아 귀족들은 대개 외부

에서 들어온 인물을 경멸했을 뿐 아니라, 저널리스트라는 직업을 하찮게 여겼기 때문이다. 당시 부자와 귀족들은 단눈치오에게 거의 관심을 보이지 않았다. 그는 돈도, 실력 있는 후원자도 없는 중산층 출신이었다. 더욱이 외모도 보잘것없었다. 그는 땅딸막한 체구에 안색은 검게 그을린 듯했고 눈은 툭 튀어나와 있었다. 이처럼 별 볼일 없는 외모 때문에 남자들은 아내와 딸들을 단속할 생각도 하지 않았다. 이무기처럼 흉한 몰골로 가십거리를 찾아 기웃거리는 저널리스트에게 관심을 가질 여자는 없을 거라고 믿고 전혀 걱정하지 않았던 것이다.

하지만 남편을 통해 단눈치오를 소개받은 공작부인과 후작부인들은 이상하게 생긴 그에게 매력을 느꼈다. 그는 여자와 단둘이 있을 때면 완전히 다른 면모를 보였다. 여자들은 마술에 걸린 듯 그에게 빠져들었다. 우선 그는 지금까지 들어본 적이 없는 멋진 목소리를 가지고 있었다. 리듬을 타며 천천히 또박또박 발음하는 그의 부드러운 목소리는 그야말로 음악이나 다름없었다. 한 여성은 그의 목소리를 멀리서 들려오는 교회 종소리 같다고 표현했고, 어떤 여성들은 그의 목소리가 최면제와 같은 효과가 있다고 했다. 물론 목소리뿐 아니라 대화 내용도 재미있었다. 멋진 관용구, 시 같은 문장, 간혹 여인의 마음을 녹이는 찬사 등을 써서 듣는 사람을 황홀하게 만들었다. 단눈치오는 아첨의 달인이었고, 여인의 약점을 잘 알고 있는 듯했다. 그는 여자들에게 "마치 여신이 하강한 듯합니다", "누구와도 견줄 수 없는 예술성을 지니고 계십니다", "소설에서나 볼 수 있는 낭만을 아는 분이시군요" 같은 찬사를 늘어놓았다. 그러면 여자들의 마음은 한껏 부풀었다. 그의 말에는 성적인 뉘앙스와 로맨스가 짙게 배어 있었기 때문에 여자들은 그날 밤 그의 말을 곰곰이 생각하곤 했다. 하지만 구체적으로 표현한 것은 아니었기에 모든 것이 느낌으로만 남아 있었을 뿐이었다. 다음 날이면 그는 특별히 그녀를 위해 지은 것으로 보이는 시를 건네곤 했다(사실 그가 지은 수십 편의 시는 상대 여성에 따라 내용을 살짝 수정한 것이 대부분이었다).

저널리스트 일을 시작한 지 몇 년 후 단눈치오는 갈레세 공작의 딸과 결혼했다. 결혼 직후 그는 상류 사회 여성들의 후원에 힘입어 소설과 시집

*반쯤 넋이 나간 여인들의 행렬이 그가 탄 열차 안으로 밀려들었던 것은 작은 키와 주먹코에 머리까지 벗어진 이 유혹자의 근사한 목소리보다도 그가 사랑에서 거둔 성공 때문이었다. 단눈치오는 바이런의 전설을 성공적으로 부활시켰다. 그가 지나갈 때마다 머리부터 발끝까지 성장한 여인들이 그의 앞길을 가로막았다. 공주와 여배우, 러시아의 귀부인, 보르도의 중산층 주부들까지 기꺼이 그에게 자신을 제물로 바쳤다.
─ 필리페 율리안(Philippe Jullian), 《미학의 왕자: 로베르 드 몽테스키외 백작 (Prince of Aesthetes: Count Robert de Montesquieou)》*

을 출판했다. 그가 정복한 여성의 수는 헤아릴 수 없이 많았으며, 귀족 부인들도 그의 발아래 굴복했다. 여배우 엘레오노라 두세를 비롯한 위대한 예술가들도 그에게 무릎을 꿇었다. 엘레오노라 두세는 그가 존경받는 희곡 작가이자 문학가로서 명성을 얻는 데 크게 기여했다.

단눈치오의 마법에 걸린 무용가 이사도라 던컨(Isadora Duncan)은 이렇게 술회했다. "가브리엘레 단눈치오는 우리 시대의 가장 멋진 연인이다. 열정이 가득한 얼굴을 빼면 체구도 작고 대머리에다 못생긴 사람이지만, 좋아하는 여성에게 입을 여는 순간 그는 갑자기 아폴론 신으로 바뀐다…… 그는 여성에게 특별한 매력을 주는 사람이다. 그의 말을 듣고 있으면 영혼과 존재가 한껏 고양되는 느낌을 받는다."

제1차 세계대전이 발발하자, 당시 52세였던 단눈치오는 직접 전장에 뛰어들었다. 군대 경험은 없었지만, 드라마틱한 것을 추구하는 취향과 자신의 용기를 입증해 보이고 싶은 열정이 그를 부추겼던 것이다. 그는 비행기 조종술을 배웠으며, 위험하고 중요한 임무를 여러 차례 수행했다. 전쟁이 끝날 무렵, 그는 이탈리아에서 가장 훈장을 많이 받은 영웅이 되었다. 이탈리아 사람들은 혁혁한 공훈을 세운 그를 사랑했다. 그가 가는 곳마다 군중들이 그를 보기 위해 모여들었다. 그때마다 그는 묵고 있는 호텔의 발코니에 서서 연설을 했고, 정치를 논했으며, 이탈리아 정부를 신랄하게 비판했다.

한번은 미국 작가 월터 스타키가 베네치아에서 단눈치오의 연설을 들은 적이 있었다. 그는 처음에는 땅딸막하고 못생긴 단눈치오의 외모에 크게 실망했다. 하지만 그는 이렇게 말했다. "나는 점점 그의 목소리에 매료되었다. 그의 목소리는 내 의식 속으로 침투해 들어왔다……. 서두르거나 어색함이 없는 몸짓으로 그는 마치 유능한 바이올리니스트가 스트라디바리를 연주하듯이 군중들의 마음을 움직였다. 최면에 걸린 듯 수천 개의 눈이 그에게 고정되었다." 멋진 목소리와 시를 읊는 듯한 말투가 이번에는 대중을 사로잡았던 것이다. 단눈치오는 이탈리아가 옛 로마의 영광을 되찾아야 한다고 역설하면서 즉석에서 청중이 따라 외칠 수 있는 슬로건을 만들었으며, 청중의 감정을 자극할 만한 질문을 던지곤 했다. 그는 대중

간단히 말해서, 미인의 저항을 분쇄하는 것보다 더 달콤한 것은 없다. 그런 점에서 나는 연일 승리를 거두면서도 만족이라는 걸 모르는 정복자의 야망을 가지고 있다. 그 무엇도 나의 격렬한 욕망을 제지할 수 없다. 나에게는 대지 전체를 품을 수 있는 심장이 있다. 알렉산드로스 대왕처럼, 나 역시 사랑의 점령지를 확장해나갈 수 있는 신세계를 원한다.
— 몰리에르(Molière), 《돈 후안, 혹은 난봉꾼(Don Juan, Or The Libertine)》

들의 비위를 맞추며, 그들에게 마치 중요한 드라마의 등장인물이 된 듯한 착각을 불러일으켰다. 모든 것이 모호하고 암시적이었다.

그날의 연설은 유고슬라비아와 인접한 국경 너머에 있는 피우메라는 도시의 영유권에 관한 것이었다. 당시 이탈리아 사람들은 이탈리아가 연합군에 협력한 대가로 당연히 피우메를 합병해야 한다고 믿고 있었다. 단눈치오는 바로 그 점에 초점을 맞추었다. 전쟁 영웅이라는 그의 명성 때문에 군대는 정부의 반대에도 불구하고 기꺼이 그의 편에 설 준비가 되어 있었다. 1919년 9월, 군대는 단눈치오를 중심으로 뭉쳤다. 그는 군대를 이끌고 피우메를 향해 진격했다. 한 이탈리아 장군이 그의 길을 가로막으며 총살하겠다고 위협하자, 그는 외투를 풀어헤치고 훈장들을 보여주며 예의 그 매혹적인 음성으로 "만일 나를 죽여야 한다면 이곳을 쏘시오"라고 말했다. 장군은 그만 할 말을 잃고 멍하니 서 있다가 눈물을 흘렸다. 결국 그는 단눈치오의 편에 가담했다.

피우메에 입성한 단눈치오는 열렬한 환영을 받았다. 다음 날 그는 자유도시 피우메의 지도자로 선포되었다. 그는 매일 마을 광장이 내려다보이는 발코니에서 연설을 했다. 그의 음성은 스피커 없이도 수천 명의 사람들을 매혹시켰다. 그는 옛날 로마 제국에서 행해지던 갖가지 의식과 축제를 부활시켰다. 피우메 시민들은 너도나도 그를 흉내 내려고 했다. 사람들은 특히 그의 여성 편력을 부러워했다. 도시는 마치 거대한 매음굴처럼 변했다. 심지어 이탈리아 정부조차 그의 인기를 두려워했다. 당시 단눈치오는 군부의 지지를 받고 있었기 때문에 로마로 진격할 결심을 했더라면 무솔리니를 물리치고 역사의 방향을 바꾸어놓았을지도 모른다(단눈치오는 파시스트가 아니라 사회주의자였다). 하지만 그는 피우메에 머물기로 결정했으며, 이탈리아 정부에 의해 추방되기 전까지 16개월 동안 그곳을 다스렸다.

유혹은 성별의 차이를 초월한 심리적인 과정이다. 물론 몇 가지 점에서 남녀의 약점이 다르기는 하다. 남성은 대개 시각적인 것에 약하다. 따라서 세이렌이 적절한 외모를 갖춘다면 얼마든지 남성을 유혹할 수 있다. 반면 여성의 약점은 언어다. 단눈치오의 희생자 가운데 한 사람인 프랑스의 여배우 시몬(Simone le Bargy)은 "그가 여성들을 정복할 수 있었던 힘은 탁월한 언변과 음악 소리와 같은 목소리에 있었다. 여성은 말에 약하고, 말에 매혹되며, 말의 지배를 받고 싶어한다"고 했다.

레이크는 말을 다양한 방법으로 구사한다. 암시적인 말, 최면 효과가 있는 말, 상대방의 마음을 설레게 하는 말, 강한 인상을 남기는 말 등을 자유자재로 구사한다. 한마디로 레이크의 언변은 세이렌의 몸치장과 비슷한 역할을 한다. 그의 말은 마약처럼 정신을 혼미하게 하는 힘을 발휘한다. 레이크가 말을 하는 목적은 정보 제공이 아니라 상대방의 마음과 감정을 사로잡는 데 있다. 마치 에덴동산에서 뱀이 말로 이브를 꼬드긴 것처럼 말이다.

단눈치오는 여성을 유혹하는 에로틱한 레이크와 대중을 사로잡는 정치적인 레이크의 모습을 동시에 보여주는 좋은 본보기다. 두 경우 모두 말의 힘에 의존한다. 따라서 레이크를 모방할 경우 마약처럼 상대를 휘어잡는 언어의 위력을 발견하게 될 것이다. 중요한 것은 내용이 아니라 형식이라는 점을 잊지 마라. 내용이 아닌 말의 형식에 관심을 기울일 경우 더욱 유혹적인 효과를 연출할 수 있다. 다소 고고하고, 정신적이고, 문학적인 냄새가 풍기는 말을 사용한다면 상대방은 무의식중에 욕망을 느끼게 될 것이다.

> 돈 후안이 지닌 유혹의 힘은 어디에서 비롯됐을까? 그것은 바로 욕망, 즉 관능적인 욕망에서 흘러나오는 에너지였다. 그는 모든 여성 안에서 욕망을 느꼈다. 그의 엄청난 성적 욕망은 모든 여성을 아름답게 만들고, 그들이 가진 아름다움을 새롭게 발전시켜주었다. 그의 빛을 받은 여성은 한껏 고양된 아름다움을 발산했다. 심지어 그와 일상적인 관계를 맺고 있는 이들조차 그의 눈부신 유혹의 광채로 인해 빛났다. 이처럼 돈 후안은 모든 여성을 새롭게 변화시켰다.
>
> — 쇠렌 키르케고르, 《이것이냐 저것이냐》

레이크가 되는 길

정직하지도 않고 성실하지도 않으며 결혼에 관심이 없는 남자가 여성의 관심을 사로잡을 수 있다는 생각은 말도 안 되는 소리 같다. 하지만 역사를 보면 어느 문화권이든 그런 남성이 있었음을 알게 된다. 레이크는 사회가 여성에게 허락하지 않는 것을 제공한다. 즉 레이크는 여성에게 순수한 쾌락과 위험을 동반한 짜릿한 즐거움을 선사한다. 여성은 대개 사회와 가정에서의 역할을 강요받는다. 사회는 다소곳하고 교양 있는 여성을 요구하며, 평생 한 남자에게 충실할 것을 강요한다. 하지만 결혼생활과 인간관계에서 로맨스를 즐길 수 있으면 좋으련만, 남편은 늘 바쁘다. 여성의 삶은 단조로운 일상의 반복이다. 이런 상황에서 여성은 자신에게 전폭적인 관심을 기울여줄 남성을 만났으면 하는 환상에 젖는다.

이처럼 어둡고 억압된 여성의 욕구를 적절하게 건드린 사람이 바로 돈 후안이라는 전설적인 바람둥이다. 돈 후안의 전설은 원하는 여성을 마음대로 취할 수 있는 모험심 많은 기사가 되고 싶어하는 남성들의 환상에 그 뿌리를 두고 있다. 하지만 17~18세기에 들어오면서 돈 후안은 점차 여성화되기 시작했다. 즉 모험심 많은 기사가 아니라 오직 여성만을 위해 사는 남자라는 이미지로 바뀌게 된 것이다. 이는 여성들이 돈 후안의 전설에 관심을 갖게 되면서 생긴 변화이며, 여성들의 억압된 심리가 반영된 결과였다. 당시 여성들에게 결혼이란 합법적인 노예생활이나 다름없었다. 돈 후안은 그런 여성들에게 순수한 쾌락을 제공했다. 그가 지나가는 모습만 보아도 여성들은 마음이 설렜고, 그가 욕망의 손길을 뻗쳐오면 뒷일을 걱정하거나 따져볼 겨를이 없었다. 그는 밤중에 다가와 결코 잊을 수 없는 쾌락을 안겨주고 홀연히 사라졌다. 그런 식으로 수천 명의 여성을 정복했지만, 오히려 그 사실이 그를 더욱 동경하게 만드는 요인이 되었다. 여자들은 그의 관심을 끌지 못한다면 차라리 버림을 받는 게 낫다고 생각했다.

위대한 유혹자는 사회가 용인하는 한도에서 온건한 쾌락을 주는 데 그치지 않는다. 그들은 상대방의 무의식, 곧 해방을 갈망하는 억압된 욕구를 일깨운다. 여성은 결코 온순한 피조물이 아니다. 그것은 사회가 바라는 여성의 모습일 뿐이다. 여성도 남자들처럼 금지된 것, 위험한 것, 심지어는 약간의 악을 흠모하는 경향을 가지고 있다(돈 후안의 전설은 그가 지옥에 떨어지는 것으로 끝난다. 'rake'는 지옥의 타다 남은 불을 긁어모으는 일을 하는 사람을 뜻하는 'rakehell'에서 나온 말이다. 다소 악마적인 냄새가 풍기는 이 단어는 '레이크'의 이미지를 암시한다). 레이크가 되려면 약간은 위험하고 어두운 분위기를 풍겨야 한다. 그래야만 상대 여성이 스릴 넘치는 일이 자신의 삶에 일어나기 시작했으며, 그것이 매우 드문 경험이 될 것이라는 인상을 받는다. 다시 말해 그녀 안에 깃들어 있는 타락의 본성을 일깨워줄 수 있어야 한다.

레이크가 되는 데 필요한 가장 중요한 자질은 스스로를 해방하는 능력이다. 즉 스스로를 순간의 쾌락에 과감하게 내던질 수 있어야 한다. 그렇게 할 때, 여성은 과거와 미래의 모든 것을 잊고 오직 현재의 관능적인 쾌락에 빠져들게 된다(18세기 라클로의 소설 《위험한 관계》에는 리슐리외 공작을 모델로 한 발몽이라는 레이크가 등장한다. 그는 자신이 목표로 삼은 여성을 공략하기 위해 치밀하게 계산하여 쓴 편지들을 보낸다. 그의 목표물인 드 투르벨 부인은 그의 속셈을 간파했음에도 열정에 불타오르는 편지를 보고 마음이 끌린다). 그런 다음에는 욕망을 주체하지 못하는 모습을 보이는 것이 중요하다. 여성들은 남성의 약한 모습을 보고 싶어한다. 따라서 그녀가 없으면 곧 죽고 말 것이라는 인상을 심어줄 수 있어야 한다. 그 순간만큼은 진실한 감정이라는 것을 보여주어야 한다. 파블로 피카소 역시 탁월한 레이크였다. 그는 수백 명의 여성을 유혹했는데, 그 여성들은 그가 진실로 사랑한 사람은 오직 자기뿐이라고 믿었다.

레이크는 여성이 자기를 거부한다고 해도 전혀 개의치 않는다. 그는 자기 길을 막는 어떤 장애물도 겁내지 않는다. 심지어 상대방 여성의 남편도 전혀 고려하지 않는다. 저항은 오히려 그의 욕망을 더욱 부추길 뿐이다. 피카소는 프랑수아 질로를 유혹하면서 그녀에게 자신을 거부해보라고 큰소리쳤다. 더 많은 스릴과 모험을 즐기려면 어느 정도의 저항은 오히려 훌륭한 자극제가 되기 때문이다. 레이크가 되려면 장애물을 두려워해서는 안 된다. 레이크에게 장애물은 자신의 창의성과 능력을 입증할 수 있는 기회가 된다.

무라사키 시키부라는 궁정 여인이 쓴 11세기 일본 소설인 《겐지 이야기》에는 니오우 왕자라는 레이크가 등장한다. 그가 좋아하는 우키푸네가 갑자기 종적을 감추었지만 그는 전혀 개의치 않았다. 우키푸네는 왕자에게 관심이 있었지만 다른 남자와 사랑에 빠져 결국 도망치기에 이르고, 왕자는 그녀를 찾아 오랜 추적을 벌인다. 그는 마침내 우키푸네를 찾아 깊은 숲 속에 있는 집으로 데려간다. 그녀는 자신을 위해 용기와 희생을 보여준 왕자에게 감동한다. 진정한 레이크는 스스로 저항이나 장애물을 만들기도 한다는 것을 기억하라. 저항이나 장애물이 없으면 상대를 유혹하고 싶은 마음도 생기지 않기 때문이다.

레이크는 극단적인 성격의 소유자다. 뻔뻔하고, 무례하며, 도가 지나친 농담을 던지기 일쑤다. 그는 누가 어떻게 생각하든 전혀 개의치 않는다. 상대가 경계할수록 유혹의 힘은 더욱 강해진다.

과거 할리우드 여배우들은 순하고 착한 양과 같았다. 에롤 플린(Errol Flynn)은 할리우드의 레이크였다. 그는 무례하기로 악명이 높았다. 그는 영화 제작자들의 주문에 고분고분한 적이 없었으며, 상대방이 무안할 정도의 농담을 해댔다. 그는 할리우드의 가장 탁월한 유혹자라는 명성을 유감없이 발휘했다.

딱딱하고 경직된 궁중사회, 단조로운 결혼생활, 보수적인 문화와 같은 답답한 분위기는 레이크가 성공하기 좋은 조건이다. 이런 분위기에서는 레이크의 신선한 면모가 유감없이 드러난다. 레이크에게 극단이란 존재하지 않는다. 극단에 치우치는 것이 그의 본성이기 때문이다.

로체스터 백작은 17세기 잉글랜드에서 가장 악명 높은 레이크이자 시인이었다. 그는 궁정에서 인기가 높았던 엘리자베타 맬렛을 납치했고, 이 일로 인해 대가를 치러야 했다. 하지만 몇 년 후 엘리자베타는 내로라하는 궁정 실력자들의 구혼을 모두 뿌리치고 로체스터와 결혼했다. 욕망에 충실한 대담한 행동이 그의 존재를 더욱 돋보이게 했기 때문이다.

레이크는 사회가 금기시하는 극단적인 행동을 저지른다. 그 때문에 그는 종종 위험하고 잔인한 존재로 인식된다. 역사상 가장 위대한 시인 가운데 한 명인 바이런 역시 레이크였다. 그는 인습에 얽매이기를 싫어했다. 그는 이복동생과 사랑에 빠져 아이를 낳았고, 그 사실을 온 잉글랜드 사람들에게 알렸다. 그는 자기 아내를 비롯해 누구에게나 잔인했지만, 그럴수록 여성들은 그를 사모했다. 교양 있고 얌전한 여성상을 요구하는 문화 속에 살던 여성들은 사회적인 금기를 깨고 위험한 행동을 일삼는 그의 모습을 보며 마음속에 억압되어 있던 욕망을 풀어놓았다. 남성들이 세이렌의 유혹에 넘어가는 이유는 그녀가 남성이 짊어져야 할 사회적인 책임감에서 해방시켜주는 존재로 비치기 때문이다. 여성들이 레이크에게 굴복하는 이유도 이와 다르지 않다. 즉 레이크는 덕행과 정절이라는 사회 규범에서 자유로워지고 싶은 욕망을 채워줄 수 있는 존재인 것이다.

여성들은 자신이 레이크를 바른 길로 인도할 수 있다고 착각한다. 하지만 이것이 오히려 레이크가 지닌 유혹의 힘을 배가한다. 바이런을 길들이겠다며 정의의 사도처럼 나섰던 여자들이 얼마나 많았던가! 피카소의 연인들을 보라. 그들 대부분은 자신이야말로 그의 여생의 마지막 동반자라고 생각했다.

레이크가 되려면 이러한 여성의 심리를 십분 활용해야 한다. 무수한 여성 편력이 들통 났을 때도 레이크는 이렇게 말한다. "나도 내 욕망을 다스릴 수 없어요. 오직 당신만이 그럴 수 있을 거요. 나 역시 희생자일 뿐이오. 나를 도와주시오." 그러면 상대 여성은 손을 내밀게 되고, 흥미진진하고 과감한 레이크의 매력에 흠뻑 빠져들어간다. 그를 교정하겠다는 생각은 온데간데없고 서로의 욕망을 채우게 된다. 빌 클린턴이 레이크라는 사실이 드러났을 때, 온갖 핑계를 둘러대며 그를 옹호하고 나선 이들은 다름 아닌 여성들이었다. 레이크는 독특한 방법으로 여성들에게 헌신하고 그들을 즐겁게 해준다. 그리고 바로 그런 점이 그를 더욱 사랑스럽고 유혹적인 존재로 만들어준다.

마지막으로 레이크는 자신의 악명을 가능한 한 널리 떨쳐야 한다. 악명을 떨친다고 해서 양심의 가책을 느낄 필요는 없다. 오히려 한층 더 뻔뻔하게 행동해야 한다. 그것이 레이크의 무기다. 몇 가지 일화를 남겨 소문이 돌게 해야 한다. 그가 쾌락에 대한 주체할 수 없는 욕망을 가졌다는 사실을 알려야 한다(이는 약점을 드러내는 것 같지만, 주변 사람들에게 흥미를 유발하는 효과가 있다). 그와 동시에 인습을 혐오하는 인상을 줌으로써, 약간은 위험한 존재로 부각시키는 것도 필요하다. 다시 말해 겉으로는 예의 바르고 유순한 척하면서 속으로는 그런 것을 경멸하는 듯한 인상을 풍겨야 한다.

리슐리외 공작은 자신의 희생자들을 대중에게 널리 공개했다. 다른 여성들의 경쟁 심리를 자극해 유혹할 대상을 더 많이 확보하기 위해서였다. 바이런이 수많은 여성들을 유혹할 수 있었던 것도 유혹자라는 평판을 얻었기 때문이다. 빌 클린턴에 대한 여성들의 감정은 아마 애증이 뒤섞인 형태일 것이다. 하지만 그러한 감정의 이면에는 그를 흠모하는 심리가 도사리고 있다. 그러므로 레이크는 자신의 평판을 우연에 맡기지 말고, 교묘하고 적극적인 방법을 사용해 스스로 널리 알려야 한다.

| **상징** | 불. 레이크는 자신이 유혹하는 여성을 활활 태워버릴 수 있는 욕망으로 불타오른다. 그의 욕망은 극단적이며 통제할 수 없을 뿐 아니라 위험하다. 레이크의 삶은 지옥으로 종착되지만, 지옥의 불길은 오히려 그를 더욱더 매력적이고 탐스럽게 빛나게 한다.

레이크의 몰락

세이렌이 같은 여성들에게 미움을 사는 것처럼 레이크도 동성인 남성들에게 미움을 산다. 여성들은 오히려 자신의 치마 속을 더듬는 레이크의 손길을 즐긴다. 과거의 레이크는 대개 귀족들이었고, 남의 여자를 겁탈해도 처벌을 받지 않았다. 오늘날에는 스타들이나 부자들이 인기와 돈의 힘으로 처벌을 받지 않고 레이크의 역할을 할 수 있다. 그렇지 못한 일반인이 레이크가 되려면 조심해야 한다.

엘비스 프레슬리는 수줍음이 많은 사람이었다. 하지만 일찍 스타의 반열에 오르면서 여성들로부터 폭발적인 인기를 누리게 되자 갑자기 광포한 레이크로 돌변했다. 다른 레이크의 경우처럼, 엘비스 역시 유부녀나 애인이 있는 여성들에게 흥미를 느꼈다. 그래서 남편이나 남자친구가 있는 여자를 유혹했다가 곤욕을 치르곤 했다. 하지만 약간의 상처나 타박상을 입는 정도로 끝났다. 물론 이런 이야기를 듣고 특히 경력 초기에는 남의 여자한테 눈독을 들이지 말아야겠다는 생각이 들지도 모른다. 하지만 레이크의 매력은 그와 같은 위험을 전혀 개의치 않는다는 데 있다. 두려움이나 신중한 태도를 지녀서는 결코 레이크가 될 수 없다. 때로 두들겨 맞는 일도 얼마든지 생길 수 있다. 어쨌든 엘비스의 명성이 극에 달하자 어떤 남편도 그를 손댈 엄두를 내지 못했다.

대개 순간적으로 화를 참지 못하고 달려드는 남편들은 레이크를 위험에 빠뜨릴 수 없다. 그를 위험에 빠뜨리는 이들은 돈 후안과 같은 레이크에게 위협을 느끼는 남성들이다. 그들은 레이크의 행동을 용인하지는 않지만, 속으로는 그런 쾌락적인 삶을 부러워한다. 질투심에 사로잡힌 사람들이 대개 그렇듯이, 그들은 종종 도덕을 내세우며 그를 공격한다. 레이크는 그런 남성들에 의해 위험에 처하게 된다(물론 여성들이 그를 공격하는 일도 간혹 있다. 그에게 버림받은 여성이 원한을 품고 공격하는 경우가 그렇다). 레이크는 질투심에서 나온 그들의 공격 앞에서 무력할 수밖에 없다. 모든 사람들이 유혹에 성공한다면, 사회 질서가 제대로 유지되기 어려울 것이다.

그러므로 다른 사람들의 질투나 부러움을 영예의 훈장으로 여기는 게 좋다. 하지만 늘 조심해야 한다. 도덕주의자들이 공격해오는데도 가만히 앉아 희생양이 되어서는 안 된다. 그들의 공격은 순전한 질투심에서 비롯된 것이므로 그럴 때는 용서를 구하고 앞으로는 절대 그런 짓을 하지 않겠다고 맹세하는 것이 상책일 수도 있다. 그러면 눈앞의 위험을 피할 수 있을지도 모른다. 하지만 그 순간 레이크로서의 명성은 땅에 떨어진다는 사실을 기억하라. 비록 순교를 당하더라도 레이크로서의 품위를 유지한 채 유혹의 힘을 지속적으로 발휘하는 것이 좋다. 레이크의 힘은 유혹에 있다. 레이크는 끊임없이 여성을 탐닉할 때만 무한한 힘을 발휘할 수 있다.

잊었던 꿈을 일깨우는
아이디얼 러버

사람들은 나이 들면서 젊었을 때의 꿈과 이상이 산산이 부서지는 좌절을 맛본다. 즉 사회적인 역할, 인간관계, 이런저런 일들로 몸과 마음이 지쳐가면서 젊은 날의 이상과는 거리가 먼 삶을 살아간다. 이런 사람들에게 아이디얼 러버는 마치 깨진 꿈을 실현시켜 줄 구원자의 모습으로 나타난다. 아이디얼 러버는 낭만, 모험, 정신적 교감을 원하는 사람들의 욕구를 만족시켜 준다. 한마디로 아이디얼 러버는 사람들이 원하는 환상을 만들어내는 예술가와 같은 존재다. 속물적이고 무미건조한 세상에서 아이디얼 러버는 무한한 유혹의 힘을 발휘한다.

낭만적인 아이리얼 러버

1760년의 어느 날 저녁, 쾰른의 한 오페라 극장에 젊고 아름답고 여성이 객석에 앉아 있는 누군가를 지켜보고 있었다. 옆에는 남편이 앉아 있었다. 그는 그 도시의 시장이었다. 중년에 들어선 그는 호감을 주는 외모를 지녔지만, 둔해 보이는 인상을 풍겼다. 그녀는 관극용 쌍안경을 통해 화려하게 차려입은 젊고 잘생긴 남자를 주시했다. 그는 그녀가 자신을 지켜보고 있다는 사실을 알고 있었다. 오페라가 끝난 뒤, 그는 그녀에게 자신을 소개했다. 그의 이름은 조반니 자코모 카사노바(Giovanni Giacomo Casanova)였다.

그는 그녀의 손에 키스를 했다. 그날 밤 무도회에 갈 예정이었던 그녀가 "함께 가지 않을래요?" 하고 묻자 카사노바가 대답했다. "만일 부인께서 저하고만 춤을 추겠다면 그렇게 하지요."

무도회가 끝난 다음 날부터 그녀는 오직 카사노바만을 생각했다. 그 역시 그녀의 마음을 꿰뚫고 있는 것 같았다. 그는 매우 유쾌한 사람이었고 또한 대담해 보였다. 며칠 뒤 그는 그녀의 집에 식사 초대를 받았다. 그녀의 남편이 휴식을 취하러 간 사이에 그녀는 그에게 집을 구경시켜주었다. 그녀는 자기 방 창문에서 훤히 내다보이는 예배당을 가리켰다. 카사노바는 즉시 그녀의 의중을 파악하고 그다음 날 예배당에 나와 미사를 드렸다. 그날 저녁 극장에서 다시 그녀를 만났을 때 그는 예배당에서 그녀의 침실로 이어지는 문을 발견했노라고 말했다. 그녀는 웃으면서 짐짓 놀란 척했다. 그는 매우 차분한 목소리로 다음 날 예배당에서 몰래 그녀를 기다리겠다고 말했다. 그녀는 기다렸다는 듯, 사람들이 잠든 틈을 타서 그를 만나러 가겠다고 대답했다.

카사노바는 고해성사를 하는 작은 방에서 하루 종일 날이 저물기를 기다렸다. 쥐들이 돌아다니는 데다 몸을 기댈 만한 공간도 없었다. 시장 부인은 밤이 늦어서야 나타났다. 하지만 그는 불평 한마디 하지 않고 조용히 그녀의 뒤를 따라 침실로 갔다. 그들은 그 후 여러 날 동안 밀회를 즐겼다. 그녀는 점차 그에게 빠져 그가 없으면 살 수 없는 지경이 되었다. 그녀는 예배당에서 자기를 기다리며 지루해할 그를 위로하기 위해 음식과 책

만일 처음 만나는 여자에게서 자신의 이상형이라고 생각할 만큼 그렇게 깊은 인상을 받지 못한다면, 특별히 그녀를 다시 만나고 싶다고 생각하지는 않을 것이다. 하지만 그 반대의 경우에는 아무리 경험이 많은 남자라도 대개는 압도당하게 되어 있다.
— 쇠렌 키르케고르, 《유혹자의 일기》

과 양초를 가져다주었다. 예배당을 밀회의 목적으로 사용한다는 게 마음에 걸렸지만 그럴수록 짜릿함을 느꼈다. 그러던 어느 날 그녀는 남편을 따라 여행을 가야 할 일이 생겼다. 그녀가 여행에서 돌아왔을 때 카사노바는 홀연히 사라지고 없었다.

그 뒤 몇 년이 흘렀다. 런던에서 파울린이라는 여성이 우연히 지역 신문에 난 광고를 보게 되었다. 어떤 남성이 집을 함께 쓸 여성을 구한다는 내용이었다. 파울린은 포르투갈의 귀족 출신으로 애인과 함께 사랑의 도피를 한 상태였다. 하지만 그녀의 애인은 피치 못할 사정으로 고국으로 되돌아가야 했다. 곧 다시 만날 계획이었지만, 그녀는 당분간 런던에 홀로 머물러야 했다. 외롭고 돈도 없었던 그녀는 그 광고에 마음이 끌리지 않을 수 없었다.

광고를 낸 사람은 다름 아닌 카사노바였다. 그는 그녀에게 깨끗한 방을 내주었으며, 집세를 받지 않는 대신 가끔 말동무나 되어달라고 했다. 파울린은 서둘러 카사노바의 집으로 이사했다. 그들은 장기도 두고, 승마도 하고, 문학도 논했다. 그는 예의 바르고 관대했다. 게다가 몇 시간씩 대화를 나누어도 질리지 않았다. 진지하고 고결한 성격의 그녀는 점점 그와의 우정에 기대게 되었다. 그러던 어느 날 카사노바가 갑자기 그녀를 사랑한다고 고백했다. 그녀는 곧 포르투갈로 돌아가 연인을 만날 계획이었기 때문에 몹시 당황했다. 그래서 그에게 승마라도 하면서 마음을 가라앉히는 게 어떻겠느냐고 제안했다.

그날 저녁 늦게 그가 말에서 떨어졌다는 소식이 들렸다. 그녀는 그가 사고를 당한 것이 자기 탓인 것 같아 급히 달려갔다. 침대에 누워 있는 그의 모습을 본 그녀는 자제력을 잃고 그의 팔에 안겼다. 그날 이후 두 사람은 연인이 되었다. 하지만 파울린이 포르투갈로 떠나야 할 때가 다가왔다. 그는 파울린을 만류하지 않았다. 대신 그녀를 위로하며 못다 이룬 사랑을 다른 사람에게 베풀면서 평생 친구로 지내자고 제안했다.

다시 몇 년이 흘렀다. 스페인의 한 작은 마을에 이그나시아라는 젊고 아름다운 여성이 살고 있었다. 그녀가 고해성사를 마치고 교회 문을 나서는데, 카사노바가 다가왔다. 그는 그녀를 집까지 데려다주면서 스페인 춤에

훌륭한 연인은 다른 때와 마찬가지로 새벽에도 우아하게 행동한다. 그는 화들짝 놀라며 침대에서 빠져나온다. 귀부인이 그를 재촉한다. "나의 친구여, 보시다시피 날이 밝고 있어요. 여기서 다른 사람과 마주치는 걸 바라지는 않겠죠." 그는 마치 밤이 너무 짧다는 듯, 그래서 떠나기가 무척 아쉽다는 듯, 깊은 한숨을 내쉰다. 마침내 몸을 일으킨 그는, 그러나 서둘러 바지를 입지는 않는다. 대신, 귀부인 곁으로 다가가 지난밤 못다 한 이야기를 속삭인다. 옷을 다 입고 나서도 그는 허리끈을 조이는 척하면서 늑장을 부린다. 이윽고 그가 격자창을 밀어 올린다. 이제 두 연인은 창문 옆에 나란히 서 있다. 그는 앞날을 걱정하면서 이번이 마지막 만남일 거라고 말한다. 그러고 나서 슬그머니 빠져나간다. 귀부인은 멀어져가는 그의 뒷모습을 하염없이 지켜본다. 그와 헤어지는 이 순간은 그녀가 평생 잊지 못할 추억으로 남게 된다. 여자의 애정은 남자가 얼마나 우아하게 작별을 고하느냐에 따라 크게 달라진다. 침대에서 벌떡 일어나 허둥지둥 방 안을 왔다 갔다 하면서 부산스럽게 옷과 소지품을 챙기는 남자는 그 순간부터 여자의 마음을 사게 된다.
— 세이 쇼나곤(清少納言),
《마쿠라노소시(枕草子)》
(일명 베개책)

푹 빠져 있다고 말했다. 그러면서 다음 날 저녁 무도회에 그녀를 초대했다. 그가 마을의 재미없는 다른 남자들과는 달라 보였기 때문에 그녀는 흔쾌히 초대에 응했다. 하지만 그녀의 부모는 딸이 무도회에 가는 것을 반대했다. 그녀는 보호자 자격으로 어머니가 같이 가면 아무 문제 없을 거라며 어머니를 설득했다. 카사노바는 스페인 춤을 멋지게 추었다. 그녀에게 그날은 결코 잊을 수 없는 밤이었다. 얼마 후 카사노바는 그녀를 미치도록 사랑한다고 고백했다. 하지만 그녀는 매우 애석한 표정으로 자신에게는 이미 약혼자가 있다고 대답했다. 카사노바는 더 이상 강요하지 않았고 대신 며칠 동안 그녀와 함께 무도회장과 투우장을 누비고 다녔다. 그러던 어느 날 그는 그녀에게 자기 친구라며 한 공작부인을 소개했다. 두 사람은 옆에서 보기에 민망할 정도로 서로 시시덕거렸다. 그 모습을 본 이그나시아는 질투심에 사로잡혔다. 사실 그녀는 카사노바를 연모하고 있었지만, 도덕과 신앙심에서 감정을 억누르고 있었을 뿐이다.

이그나시아는 며칠을 고민하다가 결국 카사노바를 찾아갔다. 그녀는 그의 손을 붙잡고 말했다. "신부님은 제게 당신을 만나지 말라고 당부하셨어요. 하지만 저는 그렇게 할 수 없다고 했죠. 그랬더니 신부님은 제 고해성사를 들어줄 수 없다고 하셨어요. 태어나서 이런 일은 처음이에요. 저는 하느님에게 모든 것을 내맡겼어요. 당신이 이곳에 있는 한 당신이 원하는 대로 하겠어요. 슬프게도 당신이 스페인을 떠나는 날이 오면, 저는 다른 신부님에게 죄를 고백하겠죠. 당신을 향한 나의 사랑은 결국 잠시 지나가는 열병일 거예요."

아마도 역사상 가장 위대한 유혹자는 카사노바일 것이다. 그를 거부한 여성은 거의 없었다. 그의 방법은 매우 단순했다. 그는 여성을 만나는 순간부터 그녀에 대해 연구하기 시작했다. 그 덕분에 상대 여성의 기분을 잘 맞추었을 뿐 아니라, 그녀의 삶에 없는 것이 무엇인지를 파악해 그 부분을 채워주었다. 그렇게 해서 그는 모든 여성의 아이디얼 러버가 될 수 있었다. 삶이 권태로워진 시장 부인은 모험과 로맨스를 필요로 했다. 그녀는 자신을 위로해주고 함께 시간을 보낼 누군가를 원했다. 파울린은 우정과 고상한 이상과 진지한 대화를 필요로 했다. 그녀는 자신처럼 품위 있는 여성에게 친절을 베풀어줄 수 있는 고상한 남자를 원했다. 이그나시오는 고통이나 고민을 느껴본 적이 없을 만큼 삶이 순탄했다. 삶의 고뇌와 진정으로 살아 있음을 느끼기 위해서는 죄를 짓는 게 필요했다. 어떤 경우든 카사노바는 그들의 이상형에 맞게 자신을 변모시켰다. 다시 말해 그들이 꿈꾸는 것을 현실로 만들어주었다. 일단 여자들이 그의 마법에 걸려든 후에는 약간의 술수나 책략을 곁들이는 것으로 충분했다(예를 들어 쥐들이 나타나는 예배당에서 하루 종일 불평 없이 기다린다든가, 일부러 말에서 떨어진다든가, 질투심을 불러일으키려고 다른 여자를 만난다든지).

　요즘 세상에는 아이디얼 러버를 좀처럼 찾아보기 어렵다. 많은 노력이 필요하기 때문이다. 아이디얼 러버가 되려면, 먼저 상대 여성을 철저히 파악해야 한다. 나아가 그녀의 삶에 무엇이 결핍되어 있는지를 면밀히 조사해야 한다. 즉 몸짓과 음성, 눈빛을 통해 상대방의 내면을 읽는 능력이 필요하다. 일단 상대방이 갈구하는 것이 무엇인지를 파악했다면 자신을 그녀의 이상형으로 변모시켜야 한다.

　그러려면 인내심과 세밀한 관찰력, 집중력이 필요하다. 대부분의 사람들은 자신의 욕망에만 갇혀 있기 때문에 인내심이 부족하다. 따라서 아이디얼 러버의 역할을 해낼 수 없다. 아이디얼 러버가 된다는 것은 곧 여성을 유혹할 수 있는 무한한 기회를 갖게 된다는 것을 의미한다. 아이디얼 러버는 자기 속에만 매몰되어 살아가는 세상에서 사막의 오아시스와 같은 존재가 될 수 있다. 사람들은 자신의 욕망을 충족시켜주는 존재, 곧 환상을 현실로 만들어주는 존재를 결코 거부할 수 없다. 카사노바처럼 삶의 즐거움과 쾌락을 가져다주는 존재라는 평판을 받게 될 경우에는 훨씬 더 쉽게 상대방을 유혹할 수 있다.

　　감각의 쾌락을 발달시키는 것이 내 인생의 가장 중요한 목적이다. 나는 여성에게 쾌락을 주기 위해 태어난 존재이므로 항상 그 점에 충실하려고 노력한다.

　　— 카사노바

1970년대 초반, 미국 사회는 베트남전 개입이 대실패로 끝나고 워터게이트 추문으로 닉슨 대통령이 자리에서 물러나는 등 정치적인 격변기를 맞이했다. 그 와중에서 이른바 '미 제네레이션(me generation)'이 탄생했고, 앤디 워홀은 그들을 비추는 거울과 같은 존재였다. 사회의 병폐를 모두 바꿔놓고자 했던 1960년대의 급진주의자들과 달리, '나에게 심취한 이들 세대는 자기 몸을 가꾸는 한편 스스로의 감정을 돌보고자 했다. 그들은 외모와 건강, 생활방식, 은행 잔고에 열렬한 관심을 보였다. 앤디 워홀은 자기중심적인 그들의 취향에 딱 들어맞았다. 그는 그들의 모습을 생생하게 그려냄으로써 그들의 자존심을 치켜세웠다. 1970년대가 저물 무렵, 그는 자신의 시대를 묘사하는 뛰어난 초상화가로서 세계적인 인정을 받게 되었다……. 워홀은 고객들에게 안 사고는 못 배기는 작품을 선보였다. 실크스크린을 통해 모델의 장점을 걸러내고 활기를 강조함으로써, 환상적이고 세련된 이미지를 만들어냈다. 부와 권력만 있으면 살아가는 데 충분하지만, 사후에도 명성을 지키고자 하는 사람은 워홀에게 초상화를 주문했다. 워홀의 초상화는 동시대의 얼굴을 사실적으로 묘사한 기록이라기보다 미래의 신도들을 기다리는 우상에 가까웠다.
— 데이비드 보든(David Bourdon), 《워홀(Warhol)》

아름다운 아이디얼 러버

1730년, 잔 푸아송(Jeanne Poisson)이 아홉 살 때의 일이다. 한 점쟁이가 그녀가 장차 루이 15세의 아내가 될 것이라고 예언했다. 당시 왕실의 전통에 따르면 왕비가 되려면 귀족 출신이어야 했다. 잔은 중산층 출신이었으므로 점쟁이의 말은 터무니없는 소리로 들렸다. 더욱이 잔의 아버지는 유명한 레이크였고, 어머니는 귀족의 정부였다.

잔의 어머니가 정을 통하는 남자 가운데 큰 부자가 있었다. 그는 예쁘장하게 생긴 잔을 귀엽게 여겨 그녀가 교육을 받을 수 있도록 후원했다. 잔은 노래와 클라비코드(피아노의 전신—옮긴이)와 승마, 연기와 춤을 배웠다. 소년들처럼 문학과 역사를 배웠고, 극작가 크레비용에게 화술을 익혔다. 무엇보다도 잔은 아름다웠다. 일찍부터 매력과 교양이 철철 넘쳤던 그녀는 어디를 가나 돋보이는 존재였다.

1741년, 그녀는 하급 귀족과 결혼했다. 이제 그녀는 데투알 부인으로 불리며 오래전부터 품어왔던 야망을 실현할 수 있었다. 그녀의 야망이란 다름 아닌 문학 살롱을 여는 것이었다. 당대의 위대한 작가와 철학자들이 그녀의 살롱을 드나들었다. 그들이 그곳을 방문한 이유는 대개 그녀의 매력에 이끌렸기 때문이다. 그들 가운데는 볼테르도 있었다. 데투알 부인은 그와 평생 친구가 되었다.

잔은 인생의 성공을 거두는 동안에도 어렸을 때 점쟁이가 했던 예언을 한 번도 잊은 적이 없었다. 그녀는 언젠가 자신이 왕의 마음을 정복하게 될 것이라고 믿었다. 그런데 우연의 일치인지 그녀의 남편이 소유하고 있던 시골 땅이 루이 15세가 즐겨 찾던 사냥터와 바로 인접해 있었다. 그녀는 울타리 너머로 루이 15세를 엿보기도 하고, 우연히 왕과 마주친 것처럼 꾸미기도 했다. 물론 그때마다 그녀는 우아하고 매력적인 자태로 왕의 눈길을 끌었다. 곧이어 루이 15세는 그녀에게 사냥한 짐승을 선물로 보냈다. 그러던 1744년, 루이 15세의 공식적인 정부가 죽었다. 궁중에 있던 여성들이 앞다투어 그 자리를 차지하려고 했지만, 데투알 부인의 매력과 미색에 반한 왕은 그녀와 많은 시간을 보내곤 했다. 그해 루이 15세는 중산층 출신의 데투알 부인을 공식적인 정부로 맞이해 궁중 사람들을 놀라게 했다. 루이 15세는 그녀에게 퐁파두르 후작부인이라는 작위를 주어 귀족으로 격상시켰다.

루이 15세는 늘 새로운 여자를 찾는 고질적인 버릇이 있었다. 사실 왕이 중산층 출신의 푸아송을 공식적인 정부로 택한 것은 충격적인 사건이었다. 귀족들은 왕이 잠시 그녀의 빼어난 용모에 눈이 멀어 그녀를 선택했지만, 곧 싫증을 느끼고 다른 여자를 찾을 것이라고 생각했다. 처음에는 중산층 출신이라는 점이 신선한 즐거움을 주겠지만 오래 가지 않을 것이라고 확신했다. 하지만 그들은 그녀를 모르고 있었다. 그녀는 루이 15세를 끊임없이 유혹할 수 있는 새로운 방법을 모색했다.

시간이 지날수록 루이 15세는 더 자주 그녀를 찾았다. 베르사유 궁전의 왕의 처소에서 그녀의 처소로 이어지는 계단을 오를 때면, 루이 15세는 자신을 기다리고 있을 즐거움과 쾌락에 벌써부터 마음이 흥분되기 시작했다. 그녀의 처소는 늘 따뜻했고, 기분 좋은 향기로 가득했다. 물론 시각적인 즐거움도 있었다. 퐁파두르 부인은 같은 옷차림으로 왕을 맞이한 적이 없었다. 게다가 하나같이 우아하면서도 색다른 느낌을 주는 그런 옷들이었다. 그녀는 또한 아름다운 물건들을 좋아했다. 정교한 자기, 중국 부채, 황금 꽃병 등 새로운 것들이 항상 왕의 눈길을 끌었다. 그녀는 언제나 밝은 모습으로 왕을 맞았다. 방어적인 태도를 취하거나 화를 낸 적이 결코 없었다. 모든 게 즐거울 뿐이었다. 대화도 예외가 아니었다. 루이 15세는 전에는 여성과 이렇게 유쾌한 대화를 나눈 적이 없었다. 하지만 그녀는 다양한 주제를 가지고 즐겁게 대화를 이끌어나갔으며, 듣기 좋은 목소리를 가지고 있었다. 대화가 시들해질 무렵이면, 그녀는 피아노를 치면서 아름다운 음성으로 노래를 불렀다.

루이 15세가 권태를 느끼는 것처럼 보이거나 우울해 보일 경우에는 마음을 다른 곳으로 돌릴 수 있는 제안을 했다. 한번은 시골에 새로운 별장을 짓자고 제안한 뒤 루이 15세에게 설계와 정원 모양, 실내 장식에 대한 조언을 부탁했다. 그 외에도 베르사유 궁전에서 여러 가지 오락 거리를 제공했다. 그녀는 개인 극장을 만들어 매주 공연을 열었다. 남자 배우는 궁정 사람들 중에서 발탁했지만, 여주인공은 자신이 직접 연기했다. 그녀는 당시 프랑스에서 가장 훌륭한 아마추어 여배우였다. 루이 15세는 그녀가 만든 개인 극장에서 공연을 관람하는 것을 매우 좋아했다. 공연이 끝나면 다음 주 있을 공연에 대한 기대감에 부풀었다. 이뿐만이 아니었다. 퐁파두르 부인은 예술을 후원하기 위해 재정을 대폭 늘리도록 왕을 설득하는 한편, 철학과 문학을 장려했다. 사냥과 도박을 좋아했던 왕은 차츰 귀족들과 어울리기를 마다하고 예술을 장려하는 후원자가 되었다. 그 결과 '루이 15세 양식'이 탄생했고, 루이 15세는 루이 14세 시대에 못지않은 예술 양식을 발전시키게 되었다.

세월이 흘러도 퐁파두르 부인에 대한 루이 15세의 총애는 식지 않았다. 그는 그녀에게 자작부인이라는 작위를 수여했다. 그녀는 문학과 예술을 장려하는 차원을 넘어서서 정치에도 영향력을 행사했다. 퐁파두르 부인은 20년 동안 루이 15세의 마음과 프랑스 궁정을 지배했다. 하지만 아깝게도 그녀는 1764년, 43세의 이른 나이로 생애를 마감하고 말았다.

루이 15세는 열등감이 강한 남자였다. 선왕이었던 루이 14세는 프랑스 역사상 가장 강력한 왕으로 꼽힌다. 루이 15세는 비록 왕위를 계승하는 데 필요한 교육도 받고 훈련도 쌓았지만, 선왕을 따라가기에는 역부족이었다. 결국 그는 자포자기한 채 육체적인 쾌락에 몰두했다. 그는 방탕한 왕으로 알려졌고, 주변 사람들은 육체적인 쾌락만 충족시켜주면 그를 쉽게 지배할 수 있다고 생각했다.

퐁파두르 부인은 유혹의 천재였다. 그녀는 루이 15세의 마음속에 위대한 인물이 되고 싶어하는 열망이 깊이 자리 잡고 있다는 것을 간파했다. 끊임없이 젊고 아름다운 여성을 찾아 헤맨다는 것은 그가 지속적이고 영속적인 아름다움을 추구한다는 증거였다. 루이 15세의 권태를 치유해주는 것이 유혹의 첫 번째 단계였다. 대개 왕들은 원하는 것을 쉽게 얻을 수 있지만 가진 것에 만족하지 못하기 때문에 권태를 느끼게 마련이다. 퐁파두르 부인은 온갖 종류의 환상을 현실로 만들어줌으로써 왕의 권태를 해소해주었다. 그녀는 루이 15세가 늘 스릴을 느낄 수 있게 만들었다. 그녀는 재능이 많지만, 무엇보다도 루이 15세가 자신의 한계를 파악할 수 없도록 그런 재능을 능숙하게 이용할 줄 알았다. 그녀는 루이 15세에게 고상하고 세련된 쾌락을 안겨줬으며, 그런 다음에는 펼치지 못한 그의 이상을 새롭게 일깨워주었다. 한마디로 그녀는 왕의 내면을 비추는 거울과도 같았다. 루이 15세는 그녀를 통해 위대해지고 싶은 욕망, 즉 프랑스의 위대한 통치자가 되고픈 욕망을 채울 수 있었다. 그가 전에 만났던 여자들은 관능적인 쾌락을 충족시켜주는 데 그쳤지만 퐁파두르 부인은 달랐다. 그는 그녀를 통해 자신이 위대한 존재라고 느끼게 되었다. 다른 여자들은 쉽게 갈아치울 수 있었지만, 퐁파두르 부인은 결코 다시 찾을 수 없는 존재였다.

사람들은 대부분 타인들이 평가하는 것보다 스스로를 더 위대한 존재라고 믿는다. 그들은 내면 깊숙한 곳에 실현되지 않은 이상을 가득 담고 살아간다. 그들은 예술가, 사상가, 지도자가 될 수 있지만, 외부의 현실에 억눌려 제대로 자신의 이상을 펼치지 못한다. 바로 이런 생각을 건드리면 사람들은 쉽게 유혹에 넘어간다. 아이디얼 러버는 이와 같은 사람들의 심리를 정확히 이해하고 유혹의 주문을 왼다. 아마추어 유혹자들은 사람들의 외모에만 관심을 기울이며 저급한 본능만을 자극하려 하지만, 아이디얼 러버는 좀 더 고상한 방법으로 사람들의 내면을 자극한다. 따라서 전자는 유치하고 단순해서 사람들의 저항에 부딪히기 쉽지만, 후자는 유혹을 받고 있는 줄도 모르고 유혹자의 마법에 걸려든다. 그러므로 사람들의 마음을 한껏 부추기고, 고상한 정신적 만족을 제공해주면 막강한 유혹의 힘을 발휘할 수 있다.

> 사랑은 상대방의 내면에 숨어 있는 고귀하고 탁월한 자질을 일깨워준다. 따라서 그 사람의 본래 모습을 착각하게 만들 가능성이 많다.
>
> — 니체

아이디얼 러버가 되는 길

우리 모두의 내면에는 이상이 있다. 이상을 실현하는 주체는 우리 자신이 될 수도 있고, 다른 사람이 될 수도 있다. 이런 이상의 근원은 우리의 어린 시절로 거슬러 올라간다. 삶에서 놓쳤다고 생각하는 부분, 다른 사람이 채워주지 못한 부분, 스스로에게 해줄 수 없었던 부분이 이상이 되는 것이다. 우리는 안락함 속에 파묻혀 지내면서도 마음속으로는 위험과 반란을 꿈꾼다. 위험을 무릅쓸 용기가 없으면 다른 사람이 대신 그런 일을 해주기를 바란다. 더 창조적이고, 더 고상하고, 더 친절한 사람이 되고 싶다는 게 우리의 이상이 될 수도 있다. 어쨌든 이상이란 이처럼 삶에서 잃어버린 그 무엇을 가리킨다.

주변 여건 때문에 이상을 향한 욕구를 마음껏 펼칠 수는 없지만, 그럼에도 불구하고 그러한 욕구는 우리의 내면 깊숙한 곳에 여전히 존재한다. 만일 다른 사람에게서 우리가 원하는 이상적인 모습을 발견하거나 그것을 실현시켜줄 수 있는 능력을 발견하게 될 경우, 우리는 사랑에 빠진다. 아이디얼 러버란 사람들이 살아가면서 잃어버린 이상이 무엇인지 파악해 그것을 일깨워주는 존재다. 다시 말해 그는 우리의 이상을 반영해주는 존재다. 우리는 아이디얼 러버에게 우리의 욕망과 이상을 투사한다. 카사노바와 퐁파두르 부인은 목표물을 단순히 관능적인 쾌락으로만 이끈 것이 아니라 사랑에 빠지게 만들었다.

아이디얼 러버가 되려면 먼저 관찰 능력이 뛰어나야 한다. 목표물로 삼은 상대방의 말이나 의도적인 행위를 무시하고, 그들의 음성과 몸짓, 얼굴빛, 눈빛에 주목하라. 그들은 그런 것들을 통해 무심결에 자신의 내면을 드러낸다. 사람들은 종종 자신의 이상을 역설적으로 드러낸다. 루이 15세는 사냥을 좋아하고 젊은 여성을 탐닉했지만, 그런 행동은 자신의 내면에 존재하는 절망감을 감추기 위한 것이었다. 그는 좀 더 고상하고 위대한 삶을 살고 싶어했다.

우리는 모든 분야에서 친절과 선의를 요구하는 세상에 살고 있다. 그런 점에서 요즘처럼 아이디얼 러버가 활동하기에 좋은 시대도 없다. 힘있는 자가 최고라는 식의 사고방식은 거의 통하지 않는다. 물론 지금도 우리는 매일 사람들과 힘을 겨루며 살아가고 있지만 고결함이나 자기희생 같은 덕목은 어디에서도 찾아볼 수 없다. 이런 상황에서 아이디얼 러버는 우리를 고결한 존재처럼 느끼게 해준다. 즉 아이디얼 러버는 관능적이고 육체적인 것을 정신적이고 미적인 것으로 보이게 만든다. 다른 모든 유혹자처럼 아이디얼 러버도 상대방을 지배하고 통제하려 하지만, 이상이라는 외피에 가려 그 속셈이 쉽게 드러나지 않는다. 따라서 그만큼 지속적인 유혹의 힘을 발휘할 수 있다.

이상은 카를 구스타프 융(Carl Gustav Jung)이 말하는 원형(archetype)과 비슷하다. 융의 원형이란 우리 문화의 먼 과거에 뿌리를 둔, 우리의 무의식을 지배하는 이미지들이다. 중세의 기사도 역시 그런 이미지 가운데 하나다. 중세의 기사나 음유시인은 대개 남편이 있는 유부녀를 유혹해 그녀를 여왕처럼 받들어 모셨다. 그는 그녀를 대신해 끔찍한 시련을 당하기도 하고, 그녀의 명예를 위해 위험천만한 모험을 감행하기도 하고, 심지어는 사랑을 입증하기 위해 처참한 고통을 당하기도 했다(예를 들어 손톱을 뽑고 귀를 절단하는 등 신체를 훼손하는 일도 있었다). 아울러 그는 상대방 여성을 위해 아름다운 시를 짓고 노래를 불렀다. 심미적이고 정신적인 즐거움을 주지 못한다면 여자를 유혹할 수 없었다. 유혹의 성공 여부는 절대적인 헌신에 달려 있었다. 전쟁, 출세, 돈과 같은 문제를 연애에 개입시키지 않는 남자만이 여성의 환심을 샀다. 다시 말해 자신의 이익보다는 상대방 여성을 먼저 생각해주는 헌신적인 모습을 보여야 했다. 이처럼 남자가 모든 것을 버리고 자신을 사랑해준다고 느낄 때 여자의 허영심을 채워줄 수 있다.

18세기 일본 오사카에서 있었던 일이다. 니산이란 남자가 데와라는 정부와 함께 산책하고 있었다. 그는 아침이슬처럼 보이게 하려고 길가에 난 토끼풀 위에 미리 물을 흩뿌려놓았다. 데와는 아름다운 광경을 보고 크게 감동해 "아름다운 사슴 부부는 늘 토끼풀이 무성한 곳에 자리를 잡고 눕는다고 하더군요. 그런 모습을 직접 볼 수 있다면 얼마나 좋을까요?"라고 말했다. 니산은 그녀의 마음을 곧 알아차렸다. 그래서 그는 그날 즉시 그녀가 한때 침실로 사용하던 방을 헐고 그곳에 토끼풀을 심으라고 명령했다. 그러고는 그날 밤 농부들에게 사슴을 잡아와 집에 풀어놓으라고 지시했다. 다음 날 아침 데와는 자신의 말이 그대로 이루어진 것을 보고 깜짝 놀랐다. 그녀가 감동하는 모습을 본 니산은 토끼풀과 사슴을 없애고 다시 집을 지었다.

　역사상 가장 용감한 연인 가운데 한 명은 세르게이 살티코프(Sergei Saltykov)였다. 그는 장차 러시아 여제가 될 예카테리나 대공녀와 사랑에 빠졌다. 예카테리나의 남편 표트르 3세는 아내를 의심해 하인들을 붙여 일거수일투족을 감시하게 했다. 그녀는 고독했고 사랑도 받지 못했지만 달리 도리가 없었다. 젊고 잘생긴 장교 살티코프는 그녀의 구원자가 되기로 결심했다. 1752년, 그는 표트르를 비롯해 예카테리나를 감시하던 사람들에게 접근했다. 그리고 그들과 우정을 나누는 척하면서 예카테리나에게 편지를 보내 자신의 의도를 알렸다. 그는 예카테리나와 둘만의 시간을 갖기 위해 아주 무모하고 위험한 행동을 했다. 왕과 귀족들과 함께 사냥을 나갔다가 슬그머니 빠져나와 예카테리나를 데리고 숲 속으로 들어갔다. 그는 그녀의 처지를 십분 이해한다고 말하면서 그녀를 위해서라면 무슨 짓이든 하겠다고 약속했다.

　예카테리나와 만나다 들통이라도 나면 그는 죽음을 당할 수도 있었다. 마침내 표트르는 두 사람 사이에 뭔가 수상쩍은 일이 일어나고 있다는 것을 감지했다. 하지만 살티코프는 그의 의심 따위는 전혀 개의치 않았다. 오히려 더욱 열정적으로 예카테리나와 밀회를 즐길 방법을 모색했다. 그들은 2년 동안 연인으로 지냈다. 나중에 예카테리나는 러시아 황제가 되었는데, 그녀의 아들 파벨은 분명 살티코프의 아들이었다. 결국 표트르는 그를 눈앞에서 치워버리기 위해 스웨덴으로 보내버렸다. 그의 용감한 애정 행각에 대한 소문은 스웨덴에도 파다하게 퍼져 있었고, 그의 사랑을 받고 싶어하는 여성들이 줄을 이었다. 살티코프는 사랑을 위해 수많은 역경과 위험을 감수했다.

　1920년대의 아이디얼 러버는 루돌프 발렌티노(Rudolph Valentino)였다. 적어도 영화에 등장하는 그의 모습은 전형적인 아이디얼 러버였다. 선물, 꽃, 춤, 여자 손을 잡는 방법에 이르기까지 그의 행동 하나하나에서 상대방에 대한 세심한 배려가 드러났다. 그는 구애가 시간과 노력을 요하는 일일 뿐만 아니라, 심미적인 차원으로 승화해야 하는 것임을 보여주었다. 그의 열정과 인내를 지켜본 여성들은 다른 남자들에게도 똑같은 것을 요구하게 되었다. 이 때문에 남자들에게 발렌티노는 공공의 적이었다. 하지만 인내심을 가지고 관심을 기울이는 것보다 더 큰 힘을 발휘하는 유혹은 없다. 그것은 애정 행각을 단순한 쾌락이 아닌 고상하고 미적인 차원의 것으로 보이게 한다. 발렌티노와 같은 아이디얼 러버가 지닌 유혹의 힘은 요즘처럼 헌신과 인내가 결여된 시대에 더 큰 영향력을 발휘한다. 다시 말해 여성의 이상을 충족시켜줄 수 있는 이상적인 사랑이 사라진 요즘 시대에는 아이디얼 러버가 더욱 각광받을 수밖에 없다.

여성들이 기사도 같은 남성을 이상형으로 꼽는다면 남성들은 관능미와 천진난만한 순수성이 적절히 결합된 여성을 원한다. 르네상스 시대의 이탈리아에는 툴리아 다라고나라는 고급 매춘부가 있었다. 그녀는 사실 창녀나 다름없는 생활을 했지만, 시인이자 철학자라는 명성을 얻음으로써 자신의 사회적 신분을 위장했다. 당시 툴리아는 '정직하고 순수한 만인의 연인'으로 통했다. '정직하고 순수한 만인의 연인'으로 알려진 여성들은 교회에도 나가곤 했다. 하지만 그들의 속셈은 다른 데 있었다. 즉 미사에 참석한 모습을 보여줌으로써 자신들이 순수한 영혼을 지니고 있다는 인상을 주려는 목적이었다. 그들의 집은 사실상 아방궁이나 다름없는 쾌락의 장소였지만, 예술품을 비롯해 페트라르카나 단테 같은 작가들의 책으로 장식해 방문객의 눈을 즐겁게 했다. 이런 모습은 남성들의 환상을 자극하기에 충분했다. 남성들은 육체적으로 아름다울 뿐만 아니라, 지성과 모성애, 예술성까지 갖춘 여성과 잠자리를 한다는 생각에 더욱더 흥분이 고조되었다. 매춘부는 육체적인 쾌락이 지나간 뒤에는 환멸감이 남을 뿐이지만, '정직하고 순수한 만인의 연인'과의 잠자리는 마치 에덴 동산에서 일어나는 일처럼 순수하고 고상하게까지 느껴진다. 그런 여성들은 남성들에게 막강한 영향력을 행사했다. 오늘날에도 남성들은 이런 여성을 이상형으로 생각한다.

아이디얼 러버는 무한한 가능성을 가진다. 아이디얼 러버의 영향력은 단순히 성적인 영역에만 국한되지 않는다. 나폴레옹은 탈레랑을 자신의 이상형으로 생각했다. 탈레랑은 나폴레옹의 친구이자 외무장관으로 여자들과 숱한 염문을 뿌렸다. 나폴레옹은 여자를 다루는 재주가 부족했다.

1798년 탈레랑은 나폴레옹이 이탈리아에서 거둔 눈부신 승리를 축하하기 위해 파티를 열었다. 나폴레옹은 죽는 날까지 그날의 파티를 잊지 못했다. 파티는 그야말로 거창했다. 탈레랑은 집 둘레를 로마의 흉상들로 장식하여 나폴레옹에게 고대 로마 제국의 영광을 재현하자고 말했다. 그 순간 나폴레옹의 눈에서 불꽃이 일었다. 그 뒤 몇 년이 흘러 나폴레옹은 스스로 황제의 자리에 올랐는데, 이는 분명 탈레랑으로부터 자극을 받았을 것이다. 그는 나폴레옹이 마음속에 간직하고 있던 이상, 곧 황제와 독재자가 되고 싶어하는 욕망을 정확히 간파했다. 그래서 나폴레옹을 치켜세우며 그런 가능성에 눈을 돌리게 했다. 사람들은 자신의 허영심을 부추기는 은근한 말에 쉽게 현혹된다. 이는 누구나 가지고 있는 약점이다. 그러므로 상대방을 유혹하려면 먼저 그 사람이 무엇을 갈망하고 있는지를 파악하고, 반드시 이루어질 것이라고 말해주어야 한다. 그러면 곧 그의 마음을 장악할 수 있다.

아이디얼 러버는 사람들이 내면에 간직한 이상, 곧 어린 시절의 꿈에 호소함으로써 상대방을 유혹하는 사람이다. 정치가 역시 이런 방법을 사용한다면 막강한 지지를 얻을 수 있다. 존 F. 케네디가 대표적인 예다. 그는 미국인들에게 그와 같은 방법을 사용해 자신을 신비한 존재로 부상시켰다. 그는 잘생긴 얼굴과 젊음을 무기로 미국인들에게 신선하게 다가갔으며, 위대해지고 싶은 미국인들의 욕망을 부추겼다. 1950년대 후반, 차츰 살기가 편해지고 안정된 생활을 누리게 되자 미국인들은 프런티어 정신을 잃어버렸다. 케네디는 그런 미국인들에게 우주 개발로 상징되는 '뉴프런티어'라는 이미지를 제시하여 잃어버린 이상을 일깨웠다. 대부분 상징적인 것에 불과했음에도 불구하고, 모험을 좋아하는 미국인의 본성이 케네디의 기치 아래 새로운 출구를 찾게 된 셈이었다. 이와 더불어 케네디는 위대한 국가라는 이상을 통해 미국인의 애국심을 고취시킴으로써 국가에 대한 봉사를 강조했다. 평화봉사단 설립이 그 한 예다. 이런 일련의 정치적 장치들을 통해 케네디는 제2차 세계대전 이후 시들해진 미국인의 모험 정신과 이상을 다시금 일깨웠다. 그는 국민들에게 높은 인기를 누렸다. 미국인들은 케네디가 만들어낸 환상과 사랑에 빠졌다.

정치가는 과거 역사를 파헤쳐 잃어버렸거나 억눌린 이상을 찾아 그것을 새롭게 제시할 때 대중을 유혹할 수 있다. 그러한 이상이 현실성이 있느냐 없느냐는 별로 중요하지 않다. 사람들의 감정에 호소할 수 있는 상징과 이미지를 만들어내면 그만이다. 좋은 감정을 느끼게 하는 것만으로도 충분히 긍정적인 반응을 이끌어낼 수 있다.

> | **상징** | 초상화 화가. 아이디얼 러버는 상대방의 약점을 가려주고 고상한 이상을 일깨워주는 한편, 마치 신처럼 신비롭고 영원한 삶을 지닌 존재로 만들어준다. 그는 그러한 환상을 일깨워줌으로써 막강한 유혹의 힘을 발휘한다.

아이디얼 러버의 몰락

상대방이 환상에서 깨어나 현실을 보는 순간, 아이디얼 러버의 마력은 사라지고 만다. 아이디얼 러버가 만들어내는 환상은 자신이 가진 매력 가운데 일부를 이상화함으로써 이루어진다. 하지만 아이디얼 러버 역시 인간이기 때문에 불완전할 수밖에 없다. 따라서 그러한 불완전한 모습을 노출하거나 한계를 넘어선 행동을 할 경우 상대방은 환상이 깨져 더 이상 유혹에 넘어가지 않는다. 툴리아 다라고나는 자신이 저속한 매춘부에 불과하다는 사실이 들통 날 때마다(사실 그녀는 돈 때문에 몸을 팔다가 들통이 나기도 했다), 그 마을을 떠나야 했다. 그녀가 고상한 존재라는 환상이 깨졌기 때문이다.

카사노바도 그런 위험에 처하곤 했다. 하지만 그는 상대방 여성에게 자신의 실체를 들키기 전에 교묘한 방법으로 관계를 끊음으로써 위험을 극복하곤 했다. 예를 들어 그는 언제라도 마을을 떠날 수 있는 구실을 마련해놓거나 잠시 마을에 머무르는 여성을 목표로 삼았다. 그런 경우 상대방은 언젠가 떠날 거라는 애달픈 마음에 더욱더 열정적인 사랑을 나누었다. 현실을 알게 되거나, 관계가 오래 지속되다 보면 환상이 깨지게 마련이다.

19세기 시인 알프레드 드 뮈세는 작가 조르주 상드에게 마음이 끌렸다. 조르주 상드의 현실을 초월한 듯한 분위기가 그의 낭만적 성격과 잘 맞았기 때문이다. 하지만 둘이 함께 베네치아를 방문하면서 문제가 생겼다. 상드가 그만 이질에 걸린 것이다. 설사로 고생하는 그녀의 모습은 더 이상 뮈세의 이상형이 아니었다. 뮈세 또한 여행 중에 철부지 어린애 같은 모습을 보였다. 서로에 대한 환상이 깨지자 두 사람은 헤어졌다. 하지만 헤어져 있다 보니 서로를 그리워하게 되었고, 몇 달 뒤 두 사람은 재결합했다. 현실이 환상을 깨뜨리는 순간에는 잠시 거리를 두는 것이 해결책이다.

정치에서도 아이디얼 러버는 비슷한 위험에 빠지게 된다. 케네디의 경우가 그렇다. 사망 이후 불미스러운 사실들(여성 편력, 극한까지 밀어붙이는 위험한 외교 정책 등)이 드러나면서 그가 만들어낸 신화도 일부 손상되었다. 하지만 그러한 결함에도 불구하고 그의 인기는 시들지 않았다. 여론 조사 결과에 따르면, 그는 여전히 미국인들이 가장 존경하는 대통령 가운데 한 명이다. 더욱이 케네디는 특별한 경우다. 그는 암살로 인해 순교자가 되었으며, 이 사실이 그에 관한 신화를 강화하는 효과를 가져왔다. 사실 아이디얼 러버는 몇 가지 결함이 드러나더라도 완전히 몰락하지는 않는다. 아이디얼 러버는 이상과 신화를 추구함으로써 강력한 환상을 만들어내기 때문에 쉽게 용서를 받는다. 하지만 아이디얼 러버로 군림하려면 약점을 드러내지 않는 게 좋다.

거침없이 자유로운
댄디

우리는 대부분 세상이 우리에게 기대하는 역할을 하며 살아간다. 즉 자신이 원하는 삶보다는 남이 원하는 삶을 살아간다. 따라서 마음 한켠이 늘 답답할 수밖에 없다. 댄디는 자신이 진정으로 원하는 삶을 살고 싶어하는 사람들에게 특히 유혹적인 존재다. 댄디는 틀에 갇힌 삶을 거부하기 때문에 한 가지 유형으로 규정할 수 없다. 그와 같은 댄디의 모습에서 우리는 자유를 느낀다. 댄디는 여성과 남성의 특성을 넘나들며 자신만의 독특한 외모를 만들어낸다. 그런 모습 때문에 항상 사람들의 주목을 끈다. 댄디의 역할을 할 수만 있다면, 사람들의 억눌린 욕망을 자극할 수 있는 신비롭고 매력적인 모습을 창조해낼 수 있을 것이다.

여성적인 댄디

로돌포 구글리엘미는 1913년 열여덟 살에 이탈리아에서 미국으로 이민을 왔다. 그는 잘생긴 외모와 춤 솜씨 외에는 특별히 내세울 만한 것이 없었다. 그는 자신의 장점을 살리기 위해 맨해튼의 댄스홀에서 일자리를 찾았다. 젊은 여성들이 혼자서 또는 친구들과 어울려 직업 댄서와 춤을 추기 위해 댄스홀을 찾곤 했다. 직업 댄서들은 적은 보수를 받고 여자들에게 춤도 가르쳐주고 대화도 나누었다. 친절하고 점잖은 데다 잘생기기까지 한 구글리엘미는 곧 최고의 직업 댄서로 각광을 받기 시작했다.

구글리엘미는 직업 댄서로 일하면서 여성들을 즐겁고 편안하게 해주는 방법을 터득할 수 있었다. 그는 말쑥하게 보이기 위해 외모 관리에 들어갔다. 셔츠 속에 코르셋을 입어 몸매가 날렵해 보이게끔 했으며, 손목시계를 착용하고(당시 손목시계는 여성만 차는 것으로 여겨졌다), 자신을 후작의 작위를 가진 귀족이라고 소개했다. 1915년 그는 고급 레스토랑에서 탱고를 추는 일을 하면서 로돌포 디 발렌티나라는 이름으로 바꾸었다. 1년 뒤에는 할리우드로 진출하기 위해 로스앤젤레스로 이주했다.

지금은 루돌프 발렌티노로 알려진 구글리엘미는 처음에는 삼류 영화의 엑스트라로 영화에 출연했다. 그러다가 나중에는 〈젊음의 눈(Eyes of Youth)〉이라는 영화에서 좀 더 큰 배역을 맡게 되었다. 그때가 1919년이었다. 그는 이 영화에서 유혹자의 역할을 멋지게 소화해냈다. 친절하고 섬세한 몸동작, 부드러운 피부와 잘생긴 얼굴로 저항하는 여자에게 달려들어 키스로 가볍게 일축하는 그의 모습은 많은 여자들의 마음을 설레게 했다. 그다음 영화 〈묵시록의 네 기사(The Four Horsemen of the Apocalypse)〉에서 그는 남자 주인공 역을 맡았다. 극중에서 그는 탱고를 선보였는데, 춤으로 여자를 유혹하는 멋진 모습을 보여줌으로써 하룻밤 사이에 섹스 심벌로 부상했다. 그 장면에서 그는 자신의 매력을 유감없이 보여주었다. 그의 발 동작은 마치 물이 흐르는 듯 경쾌하고 가벼웠으며, 그의 풍모에는 여성적인 단아함과 절제력이 배어 있었다. 그가 유부녀의 손을 들어올려 입맞추는 장면이나 연인과 함께 장미 향기를 맡는 장면에서 여성 관객들은 거의 졸도할 지경이었다. 그의 섬세한 행동은 어떤 남자들보다 여성

헤르메스와 아프로디테 사이에서 태어난 아들은 이다산의 동굴 지역에 사는 요정들의 손에서 컸다. 그의 외모를 보면, 부모가 누군지 쉽게 알 수 있었군. 그는 이름도 부모의 이름을 따서 헤르마프로디토스라고 지었다. 열다섯 살이 되자, 그는 이다의 산과 들을 떠나 정처 없는 여행길에 올랐다……. 그는 제 멀리 떨어진 리키아와 그 근방에 위치한 카리아까지 갔다. 거기서 그는 어찌나 맑은지 밑바닥까지 훤히 들여다보이는 샘을 발견했다……. 샘물은 수정처럼 투명했고, 가장자리는 파릇파릇한 잔디와 사철 푸른 풀들로 둘러싸여 있었다. 그 샘에는 살마키스라는 요정이 살고 있었다……. 그녀는 풀밭에서 자주 꽃을 꺾곤 했는데, 이날도 꽃을 꺾다가 우연히 헤르마프로디토스를 보게 되었다. 그를 본 순간, 그녀는 그를 자기 것으로 만들고 싶었다……. 그녀는 그에게 다가가 말했다. "신이라고 해도 될 만큼 어디 하나 빠지는 구석이 없군요. 만약 신이라면, 혹시 에로스 아니신가요? ……당신에게 이미 여자가 있다면, 남모르게라도 나를 사랑해주세요. 하지만 아직 사귀는 여자가 없다면, 나를 신부로 맞이해주세요. 그래서 둘이 함께 살아요." 요정의 말에 소년의 빰은 붉게 물들었다. 아직은 사랑이 뭔지 몰랐기 때문이다. 소년의 빰은

을 잘 이해하고 사랑하는 듯이 보였다. 그러면서도 여자들을 광란케 하는 잔인함과 폭력성이 엿보였다.

그의 출연작 가운데 가장 유명한 영화는 그가 아랍 왕자로 등장하는 〈족장(The Sheik)〉이다(이 아랍 왕자는 사실 어렸을 때 사하라 사막에 버려진 스코틀랜드의 귀족이었다). 극중에서 그는 한 거만한 영국 여인을 사막에서 구출해 거의 강간하다시피 그녀를 정복한다. 그녀가 "왜 저를 여기에 데려오신 거죠?"라고 묻자, 그는 "그런 것은 알 필요 없소"라며 무뚝뚝하게 잘라 말한다. 그녀는 결국 그와 사랑에 빠진다. 전 세계의 여성들은 여성스러움과 남성다움이 혼합된 그의 독특한 매력에 완전히 사로잡히고 말았다. 다시 〈족장〉의 한 장면을 보자. 그러니까 그 영국 여인이 발렌티노에게 총을 겨누는 장면이다. 그런 그녀를 향해 그는 정교하게 만들어진 담배 케이스를 겨눈다. 그녀는 바지를 입고 있고, 그는 짙은 눈 화장에 긴 옷을 입고 있다. 나중에 나온 영화들은 발렌티노가 옷을 벗는 모습을 보여주었다. 일종의 스트립쇼인 셈인데, 그의 날렵한 몸매를 보여주기 위한 것이었다. 그는 영화에서 스페인의 투우사, 인도의 왕, 아랍 왕자, 프랑스 귀족 등과 같이 항상 이국적인 매력을 풍기는 역을 맡았다. 그는 몸에 꼭 맞는 옷을 입고 보석을 걸치곤 했다.

1920년대에 들어서자 여성들은 성적 해방을 누리기 시작했다. 더 이상 남자가 관심을 갖고 말을 걸어오기를 기다리지 않고 먼저 남성을 유혹했다. 하지만 남성들이 먼저 유혹해주기를 바라는 마음은 여전했다. 발렌티노는 이런 여성의 심리를 정확하게 이해했다. 그는 실생활에서도 영화 속 이미지를 그대로 유지했다. 손목에는 팔찌를 차고 다녔고, 늘 말쑥하게 차려입었으며, 아내를 거칠게 다루고 심지어 때리기도 했다고 한다(그는 두 번이나 결혼에 실패했지만, 그 사실이 그의 인기에 흠집을 내지는 못했다). 그러던 그가 서른한 살이던 1926년 8월 궤양 수술로 인한 합병증으로 뉴욕에서 갑자기 사망했을 때, 10만 명이 넘는 인파가 모여 그를 애도했고 충격에 빠진 여성 조문객들의 행렬이 끊이지 않았다. 온 나라가 초상집 분위기였다. 그때까지 한 배우의 죽음으로 국가 전체가 그렇게까지 슬픔에 잠긴 적은 한 번도 없었다.

갈수록 빨개지더니 햇살이 내리쬐는 과수원 나무에 매달린 잘 익은 사과 빛깔로 변했다. 혹은 연지를 칠한 상아 같기도 하고, 월식 때의 달 색깔 같기도 했다⋯⋯. 요정은 누나처럼 뺨에 입을 맞추어주겠다고 하면서 그의 상앗빛 목을 감싸안으려 했다. "그만 둬요! 계속 그러면 가버릴 거예요." 그가 소리쳤다. 살마키스는 겁이 났다. "그럼 내가 갈게요. 이제 절대 방해하지 않을게요." 그녀는 이렇게 말하고는 뒤돌아 서서 가는 척했다⋯⋯. 드디어 혼자 남았다고 생각한 소년은 풀밭을 이리저리 거닐다 찰랑이는 물속에 발끝을 넣어보았다. 그러다 발목까지 푹 담근 소년은 시원하게 감겨오는 물의 감촉에 마음이 동했는지 옷을 훌훌 벗기 시작했다. 곧이어 소년의 몸매가 드러났다. 그 모습을 본 살마키스는 완전히 넋이 나가고 말았다. 그의 아름다운 몸을 갖고 싶다는 열정이 온통 그녀를 사로잡았다. 그녀의 눈은 태양이 거울에 반사될 때처럼 이글거리며 활활 타올랐다⋯⋯. 그녀는 당장이라도 달려나가서 그를 껴안고 싶었지만, 가까스로 흥분을 가라앉혔다. 헤르마프로디토스는 손바닥으로 자신의 몸을 찰싹찰싹 때리면서 물속으로 첨벙 뛰어들었다. 그가 번갈아가며 팔을 들어올리자, 물에 젖은 알몸이 반짝거렸다. 그 모습이 마치 누군가가 투명한 유리병 안에 넣어둔 상아 조각상이나 흰 백합을 연상시켰다. "이제 됐다! 그는 내 것이다!" 요정은 소리치면서 서둘러 발렌티노는 〈보케르 씨(Monsieur Beaucaire)〉라는 영화에서 거칠고 음험한 남성적인 모습을 배제하고 어느 때보다도 여성적인 모습이 두드러진 연기를 펼쳤다. 하지만 그 영화는 실패했다. 남성적인 요소를 제거한 발렌티노의 모습에 여성 팬들은 등을 돌렸다. 여성들은 여성적인 요소를 지닌 남성의 모습을 좋아했지, 그가 완전히 여성적이 되는 것은 원하지 않았다. 어쨌든 발렌티노는 잘생긴 외모를 바탕으로 여자처럼 분장하고 옷을 입었지만 남성적인 이미지를 잃지 않았다. 그는 마치 여성처럼 부드럽고 달콤하게 상대에게 접근했다. 천천히, 세세한 부분까지 하나하나 신경 쓰면서 성급한 결론을 내리기보다는 리듬을 타며 부드럽게 상대방에게 접근했다. 드디어 때가 무르익었다고 생각되면 남성의 거친 본능을 드러내며 저항할 기회를 주지 않고 대담하게 상대방을 정복했다. 그는 영화 속에서도 이런 이미지를 그대로 반영했다. 댄스홀에서 여자들의 비위를 맞추고 그들을 즐겁게 해주면서도 언제나 그들을 이끌고 지배하던 그의 면모가 실제 삶과 영화 속에서 남김없이 발휘됐던 셈이다.

발렌티노는 오늘날까지 수수께끼로 남아 있다. 그의 사생활과 성격은 베일에 싸여 있다. 발렌티노는 엘비스 프레슬리의 우상이었다고 알려져 있다. 엘비스는 무성영화의 스타였던 발렌티노에게 깊이 매료되었다. 부드럽고 여성적이면서도 위험하고 냉혹한 남성적인 이미지를 지녔던 발렌티노는 엘비스뿐만 아니라 오늘날 모든 댄디들의 표상이기도 하다.

사실 유혹은 여성의 전유물, 곧 여성이 남성을 정복하는 수단으로 여겨져왔다. 즉 유혹은 남성의 폭력성에 대처하기 위한 방법이었다. 하지만 여성의 방법을 동원해 여성을 유혹하는 남자는 남성이라는 정체성을 유지하면서 유혹의 힘을 발휘할 때 더 큰 효과를 거둔다. 그러므로 남성적인 매력이 여성을 쉽게 유혹할 수 있다는 생각은 잘못된 것이다. 여성적인 댄디는 더 큰 유혹의 힘을 발휘할 수 있다. 그는 여성의 전유물로 여겨졌던 특성들, 곧 친근감, 붙임성, 상냥함으로 여성에게 접근한다. 여성스러운 외모, 세심함, 약간의 교태 등이 남성의 거친 폭력성과 은근하게 결합된 댄디의 이미지는 여성을 유혹하기에 매우 적합하다. 왜냐하면 여성들은 대개 나르시시즘이 강해 동성의 매력에 쉽게 빠져들기 때문이다. 부드러운 여성의 매력과 거칠고 난폭한 남성의 매력을 동시에 지닌 댄디는 여성들에게 거부감을 불러일으키지 않고 접근해 쉽사리 소기의 목적을 달성할 수 있다.

여성적인 댄디는 대중을 매혹시킬 수 있다. 한 명의 여성이 그를 손에 넣기는 어렵지만, 모든 여성이 그를 소유하고 싶어한다. 여성적인 댄디의 가장 큰 특징은 애매모호함이다. 성적 정체성은 남성이지만, 외모와 심리는 여성과 남성의 경계를 자유롭게 넘나드는 것이 바로 댄디의 매력이다.

> 모든 예술가는 여성적이어야 하며, 여성을 좋아해야 한다. 남자를 좋아하는 예술가는 진정한 예술가가 아니다. 예술가가 여성을 사랑하는 것은 지극히 정상적인 일이다.
>
> — 피카소

남성적인 댄디

1870년대 헨리크 길로트 목사는 상트페테르부르크 지식인 사회의 총아였다. 그는 젊고 잘생긴 데다 철학과 문학에 능통했으며, 개혁적인 성향의 기독교를 설파했다. 수많은 젊은 여성들이 그에게 매료되어 그를 보기 위해 교회에 나왔다. 1878년 어느 날 그는 자신의 인생을 바꿔놓은 한 여인을 만난다. 그녀의 이름은 루 폰 살로메(나중에 루 안드레아스 살로메로 알려진다)였다. 그녀는 당시 열일곱 살이었고, 그는 마흔두 살이었다.

살로메는 예쁜 얼굴에 빛나는 푸른 눈을 가지고 있었다. 그녀는 또래 소녀들에 비해 책도 많이 읽었으며, 철학과 종교적인 문제에도 관심이 많았다. 길로트 목사는 지식에 대한 그녀의 열정과 지성에 흠뻑 빠져들었다. 두 사람은 함께 대화를 나누는 시간이 점점 많아졌다. 그녀가 집무실에 들어올 때마다 방 안에는 환한 생기가 흘러넘쳤다. 어쩌면 그녀는 소녀 같은 마음으로 그저 대화를 나누는 즐거움 때문에 그를 찾았을 테지만, 길로트는 그녀를 사랑하게 되었고 급기야 청혼을 하기에 이르렀다. 청혼을 받은 살로메는 깜짝 놀라며 거절했다. 하지만 길로트 목사는 그녀를 평생 잊지 못했다. 그 뒤로도 수많은 남자들이 살로메 때문에 애를 태웠다. 그 가운데는 유명 인사들도 많았다. 길로트 목사는 그녀의 첫 번째 희생자였을 뿐이다.

1882년 독일 철학자 프리드리히 니체는 이탈리아 거리를 홀로 방황하고 있었다. 제노바에 머물고 있던 그는 평소 존경하던 파울 레(Paul Rée)라는 프로이센의 철학자로부터 한 통의 편지를 받았다. 편지에는 파울 레가 로마에서 살로메(Lou Andreas Salomé)라는 젊고 아름다운 러시아 여성과 나누었던 이야기들이 적혀 있었다. 당시 살로메는 휴가차 어머니와 함께 로마에 와 있었다. 레는 그녀와 단둘이 로마 시내를 거닐며 많은 대화를 나누었다. 하느님과 기독교에 대한 그녀의 생각은 니체의 생각과 매우 흡사했다. 레는 자신이 그 유명한 철학자 니체의 친구라고 말했다. 그러자 살로메는 니체를 만나게 해달라고 조르기 시작했다. 레는 니체에게 살로메가 신비로운 매력을 지닌 여성이며, 그를 만나고 싶어한다는 내용을 편지에 적어 보냈다.

마침내 니체는 살로메를 만나게 되었다. 그는 한눈에 그녀에게 반했다. 그는 그처럼 아름다운 눈을 본 적이 없었다. 대화를 나누는 동안 그녀의 눈은 더욱 강렬하게 빛났다. 니체는 그 눈빛에서 성적 갈구를 느꼈다. 하지만 살로메는 일정한 거리를 유지했으며, 그의 찬사에 이렇다 할 반응을 보이지 않았다. 니체는 그녀의 마음을 몰라 혼란스러웠다. 며칠 뒤 그녀는 자기가 쓴 시 한 편을 그에게 읽어주었다. 순간 니체는 눈물을 터뜨렸다. 삶에 대한 생각이 자신과 너무나도 흡사했기 때문이다. 기회를 놓치고 싶지 않았던 니체는 그녀에게 청혼을 했다(그는 레가 먼저 그녀에게 청혼한 사실을 모르고 있었다). 하지만 살로메는 거절했다. 그녀는 철학과 삶과 모험에만 관심이 있었을 뿐 결혼에는 흥미가 없었다. 그래도 니체는 포기하지 않고 계속해서 구애를 했다.

그러던 어느 날 니체는 레, 살로메, 살로메의 어머니와 함께 오르타 호수로 소풍을 가게 되었다. 다른 사람들이 뒤처져 있는 동안 니체는 그녀와 단둘이서 몬테사크로 산을 오르며 산책을 즐길 수 있는 기회를 만들었다. 아름다운 경치와 니체의 열변이 분위기를 고조시켰다. 그는 나중에 그녀에게 쓴 편지에서 그날의 산책을 떠올리며 "내 일생에서 가장 아름다웠던 꿈같은 시간"이었다고 적었다. 그는 완전히 살로메의 매력에 사로잡히고 말았다. 그의 머릿속은 온통 살로메와 결혼해 혼자 독차지하고 싶다는 생각뿐이었다.

몇 달 뒤 살로메는 독일에 있는 니체를 방문했다. 그들은 함께 산책도 하고, 철학을 논하기도 했다. 그녀와 대화하면서 니체의 사상은 더욱 깊이 여물어갔다. 특히 종교에 대한 니체의 사상은 이때의 대화를 통해 더욱 발전한 것으로 보인다. 하지만 그가 다시 청혼을 했을 때 그녀는 전통적이고 관습적이라며 그를 나무랐다. 초인(超人), 곧 일상적인 도덕법을 초월하는 존재라는 사상을 발전시킨 것은 니체였지만, 실생활에서는 니체보다 살로메가 훨씬 덜 관습적이었다. 살로메가 거절할수록 니체는 더욱더 그녀에게 깊이 빠져들었다. 하지만 그녀는 끝내 그를 떠나고 말았다. 그와 결혼할 마음이 전혀 없었던 것이다. 니체는 상실감에 빠졌다. 그는 고통을 달래려고 《차라투스트라는 이렇게 말했다》라는 유명한 작품을 저술했다. 그녀와의 대화에서 영감을 얻은 이 작품에는 정신적으로 승화된 에로티시즘이 짙게 배어 있다. 이후 살로메는 니체에게 실연의 상처를 안겨준 여성으로 유럽 전역에 널리 알려지게 되었다.

살로메는 베를린으로 이사했다. 그 도시에 사는 위대한 지성인들이 어디에도 얽매이지 않고 독립적으로 자유롭게 사는 그녀에게 매료되었다. 극작가 게르하르트 하우프트만과 프랑크 베데킨트가 그녀에게 넋을 빼앗겼으며, 1897년에는 오스트리아의 위대한 시인 라이너 마리아 릴케가 그녀와 사랑에 빠졌다. 살로메의 명성이 널리 알려진 것도 이 무렵이었다. 그녀는 소설을 출판하기도 했는데, 릴케가 그녀에게 관심을 가지게 된 것은 바로 그 일 때문이 아니었나 싶다.

뭇 여성들과 달리 살로메는 남성적인 에너지를 가지고 있었다. 릴케는 그 점에 마음이 끌렸다. 당시 릴케는 스물두 살이었고, 살로메는 서른여섯 살이었다. 그는 그녀에게 연애편지와 시를 써 보냈으며, 그녀를 그림자처럼 따라다녔다. 그들은 급기야 연인 사이로 발전해 몇 년 동안 만남을 지속했다. 살로메는 그의 시를 교정해주었다. 그녀는 그의 시구 가운

알키비아데스는 정치적 수완과 능변, 현명함, 드높은 야망으로 세인의 주목을 받는 가운데 엄청난 사치와 음주, 방탕, 오만으로 점철된 삶을 살았다. 그는 여자처럼 옷차림에 신경을 썼는데, 그가 기다란 진홍색 관복을 질질 끌며 장터를 지나다니는 모습은 흔히 볼 수 있는 광경이었다. 한마디로 그는 낭비벽이 심했다. 그는 좀 더 편안한 잠자리를 위해 특별히 제작한 3단 노 갤리선을 수십 척 보유하고 있었으며, 잠을 잘 때도 딱딱한 판자를 깐 일반적인 침대가 아니라 밧줄로 공중에 걸어맨 침대만을 고집했다. 그에게는 또 황금으로 만든 방패가 있었는데, 거기에는 가문의 문장이 아니라 번개로 무장한 에로스의 모습이 새겨져 있었다. 아테네의 지도자들은 그의 사치스러운 생활을 지켜보면서 노골적으로 혐오감과 분노를 드러냈다. 그들은 그의 오만방자한 태도와 무례한 행동에 당혹감을 감추지 못했다. 그들의 눈에 그는 괴물이나 폭군처럼 보였다. 아리스토파네스의 지적은 그에 대한 사람들의 감정을 잘 표현하고 있다. "그들은 그를 동경하면서도 증오한다. 그들은 그 없이는 살 수 없다……." 사실 그는 기부도 많이 했고, 대중의 오락 활동을 지원했으며, 국가를 위해서도 수많은 공적을 쌓았다. 여기에 그의

데 지나치게 낭만적인 구절을 고치게 했으며, 새로운 시를 쓸 수 있는 영감을 제공해주었다. 하지만 그녀는 어린아이처럼 자신에게 집착하는 릴케에게 흥미를 잃었다. 종류를 불문하고 약한 것을 싫어했던 그녀는 결국 릴케를 떠났다. 릴케는 오랫동안 그녀를 잊지 못했다. 1926년, 죽음을 눈앞에 두었을 때 그는 의사들에게 이렇게 말했다. "루에게 내가 뭘 잘못했는지 물어봐주시오. 그 대답을 해줄 수 있는 사람은 오직 그녀뿐이오."

어떤 남자는 살로메에 관해 다음과 같이 말했다. "그녀의 포옹은 전율 그 자체였다. 그녀는 밝게 빛나는 푸른 눈으로 상대방을 쳐다보며 '당신의 정액을 받아들일 때가 내겐 가장 황홀한 순간이에요'라고 말하곤 했다. 그녀의 성욕은 결코 지칠 줄 몰랐다. 그녀는 도덕과는 전혀 무관했고, 마치 흡혈귀 같았다." 스웨덴의 정신과 의사였던 폴 비에르 역시 그녀의 희생자였다. 그는 이렇게 말했다. "니체는 루가 극도로 악한 여자라고 말했다. 나는 그의 생각이 옳다고 생각한다. 하지만 루의 마성은 일종의 괴테적인 관점에서 설명될 수 있는 마성, 곧 선한 것을 만들어내는 마성이다……. 그녀는 여러 사람의 삶과 가정을 파괴했을지 몰라도, 그녀와 함께 있는 순간만큼은 세상일을 모두 잊을 수 있었다."

루 안드레아스 살로메 앞에서 대부분의 남성들이 느꼈던 감정은 두 가지였다. 혼란과 흥분. 어떤 경우든 유혹이 성공하려면 이 두 가지 감정이 전제되어야 한다. 사람들은 남성적인 것과 여성적인 것이 서로 혼합되어 있는 살로메의 모습에 매료되었다. 그녀는 아름다운 용모, 밝은 미소, 상냥하고 장난기 어린 태도를 지녔으면서도 동시에 독립적인 정신과 분석적인 태도를 지니고 있었다. 이 같은 애매모호한 모습이 그녀의 푸른 눈에 담겨 있었다. 그녀의 눈은 교태스러우면서도 날카로웠다. 그 때문에 남자들은 혼란과 호기심을 동시에 느꼈다. 이는 다른 여성에게서는 결코 느낄 수 없는 감정이었다. 그래서 그녀에 대해 더 많은 것을 알고 싶다는 충동을 느꼈다. 그녀는 남성들의 억눌린 욕구를 일깨웠다. 그녀는 어떤 것에도 얽매이지 않았다. 그녀와 관계를 맺는다는 것은 모든 종류의 금기를 깨뜨리는 것을 의미했다. 그녀가 지닌 남성적인 면모는 남자들에게 동성애를 하는 듯한 착각에 빠지게 했다. 약간 냉혹한 듯하면서 거만한 분위기를 풍기는 그녀의 모습은 니체가 그랬던 것처럼 마조히즘을 갈망하는 인간의 심리를 자극했다. 살로메는 인간의 금지된 관능적 욕망을 마음껏 발산하는 존재였다. 그녀는 남자들에게 강력한 영향을 끼쳤다. 그녀와 관계를 맺은 남성들은 평생 그녀를 잊지 못하기도 하고, 더러는 자살을 했으며, 더러는 그녀를 흡혈귀나 악마로 표현했다. 그런가 하면 그녀에게 영감을 받아 창조적인 작품을 쓴 사람들도 있었다. 이런 다양성은 그녀가 한마디로 정의하기 어려운 심리 구조를 가진 존재였음을 보여준다.

사랑과 유혹에서는 대개 남성이 주도권을 잡는다. 남성은 여성에 비해 독립심이 강하고 관계에 대해 초연할 수 있다. 하지만 남성적인 여성 댄디는 이 관계를 뒤집는다. 순수하게 여성적인 면만을 지닌 여자도 남성의 욕망을 자극할 수 있지만, 남성의 마음이 변할 경우에는 상처받기 쉽다. 반대로 남성적인 면이 지나친 여성은 남성의 관심을 불러일으키지 못한다. 이에 비해 두 가지 면을 적절히 가지고 있는 남성적인 여성 댄디는 남성을 마음대로 요리할 수 있다. 남성적인 댄디가 되기 위해서는 남성에게 모든 것을 송두리째 주어서는 안 된다. 성적 매력을 발산하는 동시에 초연함을 유지해야 한다. 한 남자와 관계가 무르익었다고 생각하는 순간 즉시 다른 남자에게 관심을 기울이기 시작해야 하며, 상대방 남성보다 더 중요한 무언가가 있는 것처럼 보여야 한다. 남성들은 자신들의 무기를 사용하는 여성에게 어떻게 대처해야 할지 모른다. 그런 여성 앞에서 남성들은 무장해제된 군인처럼 속수무책이 된다. 남성적인 여성 댄디가 제공하는 금지된 쾌락을 거부할 수 있는 남성은 거의 없다.

> 애매모호하게, 속셈을 드러내지 않는 사람의 유혹만큼 강력한 것은 없다.
>
> — 시도니-가브리엘 콜레트(Sidonie-Gabrielle Colette)

댄디가 되는 길

과거 어느 때보다 지금이 성적 자유를 더 많이 누릴 수 있는 세상이라고 생각하는 사람들이 많다. 하지만 그렇지 않다. 역사를 돌이켜보면, 지금보

역사상 가장 눈에 띄는 남자-여자 가운데 한 명인 드 슈아지 신부는 자신의 일기에서 여성의 페티코트를 입은 남성의 매력을 자세히 설명하고 있다. 파리에서 성직자 생활을 했던 슈아지 신부는 항상 여자 복장을 하고 다녔다. 루이 14세가 통치하던 시기에 살았던 그는 루이 14세 남동생의 절친한 친구이기도 했다. 또 하나, 그는 다름 아닌 여성의 옷에 중독되어 있었다. 그와 깊은 사랑에 빠졌던 여성 중에 살로트라는 처녀가 있었다. 그들의 관계가 깊어지자, 신부는 그녀에게 자기한테 반한 이유가 뭐냐고 물었다……

"남자와 함께 있을 때와 달리, 경계심이 전혀 안 생기더라고요. 제가 본 건 아름다운 여인이었으니까요. 그렇다고 당신을 사랑하지 못할 이유도 없었죠. 여성의 옷을 입고 있다는 게 당신의 큰 장점이에요! 그렇지만 분명 남자의 심장을 가지고 있잖아요. 거기에 우리 여자들은 아주 깊은 인상을 받는답니다. 아름다운 남자가 주는 매력은 우리를 황홀하게 만들고, 경계심을 풀게 하거든요."
— C. J. 불리에(C. J. Bulliet), 《베누스 카스티나(Venus Castina)》

보 브러멀은 매일 치르는
세정식에 엄청난 노력을
쏟아부었다. 아침마다
다섯 시간 넘게 몸단장에
투자했다. 한 시간은 몸에 꽉
끼는 녹비 반바지를 입는 데,
한 시간은 머리를 손질하는
데, 또 두 시간은 마음에
들 때까지 풀먹인 크러뱃
(17세기경에 유행하던
스카프 모양의
넥타이 — 옮긴이)을 맸다
풀었다 하는 데 들어갔다.
하지만 무엇보다도
머리끝부터 발끝까지 전신을
우유로 정성스럽게
닦아낸 다음, 다시 물과
오드콜로뉴로 씻어내는 데
두 시간이 걸렸다. 그는 또
술이 달린 군용 장화를
닦는 데 오로지 샴페인
거품만 사용했다. 이는 그가
직접 한 말이다. 그는
코담배갑도 여름 의상용으로
365개나 가지고 있었으며,
장갑도 손가락 부분과
엄지손가락 부분의 마름질을
각각 다른 회사에 맡겨
제작한 것만 끼고 다녔다.
하지만 간혹 그 스스로도
우아함에 대한 이러한
집착에 넌더리를 냈다.
그는 결국 자살로 생을
마감했는데, 단추를 풀었다
채웠다 하는 권태로운
생활을 더 이상 견딜 수
없다는 유서를 남겼다.
— 레슬리 블랜치
(Lesley Blanch) 편집,
《마음의 게임: 해리엇 윌슨의
회고록(The Game of
Hearts: Harriette Wilson's
Memoirs)》

다 더 성적으로 자유분방했던 시기가 있었다(예를 들어 로마 제국 시대, 17세
기 후반 잉글랜드, 18세기 일본 등). 성의 역할이 변한 것은 사실이지만, 그
점은 전에도 마찬가지였다. 사회는 항상 변하지만, 결코 변하지 않는 사
실이 하나 있다. 대부분의 사람들은 항상 정상적인 것을 받아들이고 그에
순응하며 살고 싶어한다는 점이다. 사람들은 각자 자기에게 주어진 역할
과 기능을 하며 살아간다. 인간은 남을 모방하는 사회적인 동물이기 때문
에 서로 순응하며 살려고 한다. 물론 역사를 돌이켜보면 개성을 찾기 위
해 투쟁했던 저항의 시기가 있었다. 하지만 대부분의 사람들은 자신에게
주어진 역할을 하는 데 만족했다.

사람들이 정해진 사회 규범에 순응하며 살 것을 강요받는 한 유혹은 언
제든지 성공할 수 있다. 댄디는 어느 시대, 어느 문화에나 존재해왔다(고
대 그리스의 알키비아데스, 10세기 후반 일본의 고레치카(藤原伊周) 등이 그 예
다). 댄디는 매일 똑같은 생활에 익숙한 사람들에게 유혹의 힘을 발휘한
다. 말하자면 댄디는 대다수 사람들과 근본적으로 다른 삶을 살아간다.
먼저 외모와 태도에서 다른 사람과 구별된다. 사람들은 대부분 자유분방
하게 살고 싶은 욕구를 억누르고 있기 때문에, 개방적이고 자유롭게 사는
사람을 보면 마음이 끌리게 되어 있다.

댄디의 유혹은 성적인 것에 그치지 않고 사회적으로도 영향력을 발휘한
다. 댄디 주변에는 늘 그룹이 형성돼 있다. 사람들은 댄디 스타일을 모방
하며, 그와 사랑에 빠진다. 댄디는 희귀하면서도 아름다운 꽃과 같다. 댄
디가 되기를 원한다면 이 점을 잊지 말아야 한다. 댄디가 되려면 사람들
에게 충격을 줄 수 있을 만큼 아름답고 신선한 태도를 지녀야 한다. 통속
적이어서도 안 된다. 현실을 비웃으며 새로운 스타일을 창조해야 하고,
다른 사람들에 대해 초연해야 한다. 사람들은 대부분 자기 주관이 뚜렷하
지 않다. 그래서 처음에는 호기심 어린 눈으로 자기들과 외양이 다른 사
람을 바라보다가 무언가 확고하고 자신 있게 살아가는 모습에 매혹되어
점차 그를 숭배하고 모방하게 된다.

댄디는 옷차림새부터 다르다. 대부분의 댄디는 독특한 시각적 이미지를
창출한다. 가장 유명한 댄디로 꼽히는 보 브러멀(Beau Brummel, '멋진 브

러멀'이라는 뜻. 세련된 옷차림과 정신적 우월을 강조하는 댄디즘의 원조다—옮긴이)은 몸단장을 하느라 몇 시간씩 소비하곤 했다. 그는 특히 넥타이를 매는 독창적인 방법을 개발하여 19세기 초 영국 전역에 명성을 떨쳤다. 하지만 댄디는 미묘한 본성을 지니고 있기 때문에 정확하게 댄디 스타일이라고 규정지을 수 있는 것은 없다. 물론 별천지에서 온 사람처럼 개성적인 모습을 연출한다고 해서 사람들의 관심이나 상상력을 유발하는 것은 아니다. 댄디는 기존의 스타일과 구별할 수 있을 정도로만 자신의 스타일에 손질을 가하는 것으로 만족한다. 테오필 고티에의 붉은 조끼, 오스카 와일드의 벨벳 재킷, 앤디 워홀의 은빛 머리 등이 바로 그런 경우다. 영국의 벤저민 디즈레일리 총리는 아침에 사용하는 지팡이와 저녁에 사용하는 지팡이가 달랐다. 어딜 가든지 그 원칙은 바뀌지 않았다. 여성 댄디의 경우도 마찬가지다. 여성 댄디는 남자 옷을 입을 수도 있다. 하지만 무작정 남성복을 입는 것이 아니라 약간 손질을 가해 자신의 모습을 돋보이게 한다. 조르주 상드가 그 예다. 그녀의 복장은 여느 남성들과 달랐다. 윗부분이 불룩 솟은 모자에 승마용 장화를 신고 파리 거리를 누비는 그녀의 모습은 멀리서도 쉽게 눈에 띄었다.

댄디는 너무 지나쳐도 안 되고, 너무 통속적이어서도 안 된다. 이것이 핵심이다. 너무 색다른 스타일을 연출하면 '저 사람, 관심 끌려고 꽤나 몸부림치고 있군' 하는 인상을 준다. 사람들의 관심을 사로잡으려면 대중에게 인기 있는 스타일을 살짝 변형해 자기만의 패션을 창조해야 한다. 그렇게 할 수만 있다면 금방 사람들의 관심을 유발할 수 있다. 1830년대와 40년대에 런던의 유명한 댄디였던 도르세이 백작은 패션에 관심이 많은 사람들의 주목을 받았다. 언젠가 갑자기 폭풍우가 불어닥치자, 그는 네덜란드 선원에게서 모자가 달린 두꺼운 방한복을 구입해 입었다. 그 방한복은 금세 유행이 되었다. 다른 사람들이 모방을 한다는 것은 유혹에 빠졌다는 징후다.

물론 댄디의 색다른 면은 단순히 옷차림에 머물지 않는다. 그들은 삶을 바라보는 태도에서 다른 사람들과 구별된다. 사람들이 그런 태도에 호기심을 보이는 순간, 댄디의 주위에는 추종자가 형성된다.

댄디의 기품 있는 태도는 실은 여성에게서 빌려온 것이다. 오직 여성만이 그런 역할에 맞게 만들어진 것 같지만, 댄디는 자신이 지배하는 여성의 태도와 방법을 능숙하게 사용한다. 그리고 여성에게서 강탈한 이러한 여성성을 앞세워 여성으로부터 (더 여성답다는) 인정을 받는다…… 댄디는 반(反)자연적이고 양성적인 면을 지니고 있으며, 그가 끊임없이 (여성을) 유혹할 수 있는 이유는 바로 이 때문이다.
— 쥘 르메트르(Jules Lemaître, 1853~1914), 《동시대인들(Les Contemporains)》

댄디는 주위 사람들을 전혀 개의치 않을 정도로 대담하고 뻔뻔하기까지 하다. 그는 다른 사람을 비난하거나 비위를 맞추려고 애쓰지 않는다. 프랑스 작가 장 드 라 브뤼예르에 따르면, 루이 14세 시절 왕을 기쁘게 하려고 온갖 방법을 동원했던 대신들은 한결같이 몰락했다고 한다. 상대방의 환심을 사려고 매달릴 경우, 유혹의 힘을 발휘할 수 없다. 프랑스의 소설가 바르베 도르비이는 "댄디는 여성들을 전혀 즐겁게 하지 않는 행동을 함으로써 그들을 즐겁게 한다"고 말했다.

오스카 와일드도 뻔뻔스러운 넉살 때문에 사람들의 주목을 받았다. 런던의 극장에서 와일드의 희곡이 처음으로 상연되었을 때 흥분한 관객들이 작가의 이름을 연호했다. 와일드는 한참 뒤에야 담배를 꼬나물고 관객을 완전히 무시하는 태도로 모습을 드러냈다. 그러고는 "이런 자리에서 담배를 피우는 것은 예의가 아니겠지만, 나는 담배를 피울 때 방해받는 것을 몹시 싫어합니다"라고 말했다.

도르세이 백작도 뻔뻔하고 대담하기는 마찬가지였다. 런던의 한 술집에서 인색하기로 소문난 대금업자가 실수로 금화를 바닥에 떨어뜨리고는 동전을 찾기 위해 허겁지겁 허리를 숙였다. 그 모습을 본 도르세이 백작은 갑자기 1000프랑짜리 지폐(잃어버린 동전보다 훨씬 많은 액수)를 꺼내들더니 돌돌 말아 불을 붙이고는 바닥을 엉금엉금 기면서 동전을 찾아주는 척했다. 그처럼 대담한 행동을 할 수 있는 사람은 오직 댄디뿐이다.

레이크의 뻔뻔스러움은 오직 여성을 정복하기 위한 것인 데 비해 댄디의 뻔뻔스러움은 사회와 인습을 꼬집기 위한 것이다. 댄디는 여성만이 아니라 사회 전체를 정복하려 한다. 사람들은 항상 공손해야 하고 자기를 희생해야 한다는 책임감으로 살아가기 때문에 사회의 통념을 뒤집어엎는 듯이 보이는 사람과 어울리고 싶어한다.

댄디는 살아가는 방법을 터득한 사람이다. 댄디는 일이 아니라 즐거움을 위해 산다. 그는 자신의 환경을 아름답게 꾸미는 한편, 먹고 마시는 일에도 격조와 풍미를 중요시한다. 고대 로마의 위대한 문인으로 《사티리콘》의 저자 페트로니우스도 네로 황제를 그런 방법으로 유혹했다. 네로 황제의 스승으로 멋이라고는 조금도 없었던 세네카와 달리 페트로니우스는 축제에서부터 단순한 대화에 이르기까지 삶의 모든 면을 격조 있고 세련되게 이끌 줄 알았다. 그렇다고 해서 댄디는 다른 사람들에게 결코 자신의 삶을 강요하지 않는다. 자신감이 넘치고 삶의 격조와 풍미를 지닌 댄디에게 사람들은 자연히 끌리게 되어 있다. 댄디는 사소한 것 하나를 고를 때에도 미적인 면을 고려한다. 삶을 예술로 만들어 권태를 달래는 능력을 지니게 되면 자연히 주변 사람들의 호응을 얻을 수 있다.

이성은 미지의 세계와 같은 존재다. 이성을 대할 때 마음이 설레고, 성적으로 긴장하게 되는 것은 바로 이 때문이다. 하지만 이성은 또한 실망과 성가심을 불러일으키는 존재이기도 하다. 남성과 여성은 서로의 사고 방식을 모르기 때문에 상대방을 자기에게 맞추려고 한다. 하지만 댄디는 상대 이성의 심리적인 특성을 채택함으로써 나르시시즘 효과를 유발한다. 루돌프 발렌티노의 여성스러운 섬세함과 상냥하고 부드러운 구애 방법이 여성들에게 폭발적인 인기를 얻었던 것이나, 살로메의 초연한 무관심에 남성들이 녹아났던 이유가 바로 여기에 있다.

11세기 일본 헤이안 시대에 살았던 세이 쇼나곤은 남성들에게 강력한 유혹의 힘을 발휘했다. 궁정생활을 다룬 《마쿠라노소시》의 저자이기도 한 그녀의 문학 스타일은 특히 남성들을 매료시켰다. 그녀는 철저하게 독립적이었으며, 훌륭한 시를 썼고, 초연한 태도를 지녔다. 남자들은 단지 그녀의 친구나 동료가 아니라 연인이 되고 싶어했다. 남자들은 자기들과 비슷한 심리를 지닌 그녀의 태도에 끌렸다. 이런 식의 정신적, 심리적 성전환 효과를 연출할 때 이성을 유혹할 수 있다.

프로이트에 따르면, 인간의 리비도는 본질적으로 양성(兩性)의 특성을 지닌다. 사람들은 대부분 동성을 좋아하는 마음을 갖고 있다. 하지만 사회적인 제약이 이와 같은 충동을 억압한다. 댄디는 이러한 억압된 심리를 분출할 수 있는 출구를 제공한다. 셰익스피어의 희곡들에는 남장을 한 젊은 여성이 남자를 유혹하는 장면이 나온다. 남자들은 나중에 그가 여자라는 사실을 알고 안심한다(당시에는 여자 역할도 남자 배우가 맡았다). 〈뜻대로 하세요(As You Like It)〉에 등장하는 로잘린드가 그 예다. 조세핀 베이커(Josephin Baker)와 마를레네 디트리히(Marlene Dietrich)도 연기를 하면서 남장을 하곤 했다. 남자들은 그런 모습에 열광했다. 마찬가지로 여성스러운 남성, 즉 예쁘장하게 생긴 남성도 여성에게 인기가 높다. 대표적인 예가 발렌티노다. 엘비스 프레슬리도 여성적인 특성을 지니고 있었다(얼굴과 엉덩이). 그는 분홍 셔츠를 입고 눈 화장을 했다. 그의 모습은 일찍부터 여성들의 눈길을 사로잡았다. 영화 제작자 케네스 앵거는 믹 재거(영국의 록밴드 롤링스톤스의 보컬—옮긴이)에 대해 이렇게 말한 바 있다. "그가 젊은 여성 팬을 사로잡을 수 있었던 것은 바로 양성적인 매력 때문이었다. 그런 모습이 여성들의 무의식에 영향을 미쳤다." 서양 문화권에서는 오랜 세월 동안 남성미보다 여성미가 훨씬 더 아름답다는 생각이 지배적이었다. 그래서 존 웨인보다는 몽고메리 클리프트 같은 여성스러운 얼굴이 훨씬 더 유혹적이라고 여겼다.

댄디는 정치권에서도 큰 영향력을 발휘한다. 존 F. 케네디는 여성성과 남성성이 혼합된 경우다. 당시 소련을 상대할 때나 백악관에서 풋볼 경기를 할 때는 다부지고 거친 남성의 모습을 보여주었지만, 생김새는 여자처럼 곱살했다. 이러한 애매모호한 정체성이 사람들의 관심을 사로잡는 데 지대한 역할을 했다. 디즈레일리도 옷차림이나 태도에서 영락없는 댄디였다. 그런 모습 때문에 그의 정치적 역량을 의심하는 사람도 더러 있었지만, 그는 주변 사람들이 어떻게 생각하든 전혀 개의치 않았다. 사람들은 그런 태도를 존경했다. 그는 특히 여성들로부터 사랑과 존경을 받았다. 왜냐하면 여성들은 항상 댄디를 좋아하기 때문이다. 여성들은 디즈레일리의 부드러운 태도, 심미안, 격조 있는 옷차림, 즉 그의 여성적인 특성을 좋아했다. 사실 그가 누렸던 권력은 그의 팬이었던 빅토리아 여왕에게서 비롯된 것이었다.

사회는 자웅동체, 즉 양성의 특성을 동시에 지니는 것을 싫어한다(특히 기독교에서는 사탄을 종종 자웅동체를 지닌 존재로 묘사한다). 하지만 자웅동체의 특성은 강력한 유혹의 힘을 가진다. 따라서 댄디가 될 수만 있다면 사람들의 어둡고 억눌린 욕망에 불을 지필 수 있다.

유혹의 힘은 애매모호한 정체성에서 비롯된다. 사회는 성역할을 구분하고, 의무와 책임의 영역을 분명하게 규정지으려 한다. 이런 상황에서 세상을 조롱하듯 살아가는 댄디의 모습은 큰 반향을 불러일으킨다. 댄디가 되려면 여성성과 남성성을 동시에 지녀야 하고, 뻔뻔스러우면서도 매력 적이어야 하며, 교묘하면서도 노골적이어야 한다. 사람들은 대부분 세상 의 눈치를 보며 살아가지만, 댄디는 그런 데 전혀 신경 쓰지 않는다. 댄디 가 강력한 유혹의 힘을 지닐 수 있는 것은 그 때문이다.

| **상징** | 서양란. 서양란은 생김새와 색깔은 양성을 연상케 하고, 그 향기는 달 콤하고 유혹적이다. 서양란은 열대성 기후에서 자라는 악의 꽃이다. 섬세하고 고고하며, 결코 흔치 않다. 서양란은 다른 꽃들과는 차원이 다르다.

댄디의 몰락

댄디의 장점은 동시에 약점이 되기도 한다. 댄디는 성역할과 관련된 사 회적 규범을 위반함으로써 유혹의 힘을 발휘한다. 댄디가 발휘하는 유혹 의 힘은 강력하지만, 불안과 위기를 조성한다는 점에서 매우 위험하다. 댄디는 종종 동성 때문에 위험에 처한다. 발렌티노는 여성들에게는 인기 가 높았지만, 남성들에게는 미움을 받았다. 그는 남성을 왜곡하고 있다는 비난에 끊임없이 시달렸다. 살로메 역시 여성들에게 미움을 샀다. 니체의 여동생은 그녀를 사악한 마녀라고 했으며, 니체가 죽은 후 그녀를 규탄하 는 운동을 주도하기도 했다.

댄디는 저항에 부딪히면 무력할 수밖에 없다. 저항에 부딪히는 순간 자 신이 만들어낸 이미지를 수정하려는 댄디도 있지만, 이는 현명한 처사가 아니다. 예를 들어 발렌티노는 자신의 남성성을 입증해 보이기 위해 복싱 을 하기도 했다. 하지만 오히려 빈축을 샀다. 그러므로 사회적인 저항에 부딪히더라도 뻔뻔하고 당당하게 행동하는 편이 더 낫다. 댄디의 매력은 다른 사람이 어떻게 생각하든지 전혀 개의치 않고 살아가는 데 있다. 앤 디 워홀이 그랬다. 그는 사람들이 자신의 기이한 행동에 싫증을 내거나 스캔들이 터지더라도 변명하기보다는 더욱 뻔뻔스럽게 퇴폐적인 보헤미 안이나 상류 사회의 초상화가와 같은 또 다른 이미지를 만들어내려 했다.

그는 사회를 경멸하는 사람처럼 행동했으며, 문제는 자신이 아니라 사회에 있다는 점을 부각시키려 했다.

하지만 뻔뻔하게 구는 것도 때와 정도가 있다. 이 점을 무시하는 댄디는 위험에 처할 수 있다. 보 브러멀의 무기는 말쑥한 외모와 신랄한 위트였다. 그의 후원자는 웨일스의 왕자였는데, 나이가 들면서 몸이 비대해졌다. 어느 날 저녁식사 시간에 왕자가 집사를 부르기 위해 종을 울리자 브러멀은 "빅벤을 울리는 것이 낫겠습니다"라고 빈정댔다. 왕자는 그의 농담을 받아들이지 않았다. 왕자는 그 자리에서 그를 내쫓고 다시는 보지 않았다. 왕족의 후원을 잃게 된 브러멀은 가난에 시달리다가 결국 미쳐버렸다.

댄디의 품위를 유지하려면 뻔뻔스러움에 절도가 있어야 한다. 진정한 댄디는 사람들을 즐겁게 해주는 농담과 상처나 모욕을 주는 농담을 가릴 줄 안다. 특히 상대방을 모욕하여 불리한 상황에 빠질 가능성이 있을 때는 더욱 신중해야 한다. 예술가나 보헤미안처럼 자유를 구가하는 사람들에게는 얼마든지 심한 농담도 할 수 있겠지만, 직장이나 조직에서는 댄디 이미지를 다소 줄이고 온건한 태도를 취하는 것이 좋다. 조직의 관습을 건드리거나 다른 사람들의 심기를 건드리기보다는 유쾌하고 즐거운 분위기를 만들어낼 줄 아는 댄디가 되어야만 위험을 피할 수 있다.

어린아이같이
순수한 내추럴

어린 시절은 인생의 황금기다. 사람은 누구나 어린 시절로 돌아가고 싶은 욕망이 있다. 어린아이는 가식이 없고 솔직할 뿐 아니라, 모든 행동이 자연스럽다. 내추럴은 이런 어린아이의 특성을 보여주는 존재다. 사람들은 내추럴 앞에서 편안함과 장난기 어린 마음을 느끼며 어린 시절로 되돌아가는 듯한 환상에 젖어든다. 내추럴의 매력 앞에서 사람들은 자기도 모르게 마음의 빗장을 열고 저항할 수 없는 기쁨에 빠져들게 된다.

내추럴의 심리적 특성

어린아이들은 우리가 생각하는 것만큼 순진하지 않다. 그들은 어른들 앞에서 자연스러운 매력을 내뿜어 자신의 연약함을 보호한다. 어린아이들은 나름대로 세상을 조종하는 법을 알고 있다. 부모는 어린 자녀의 귀엽고 천진한 모습에 매료되어 아이의 요구를 들어준다. 어린아이들 역시 그 점을 알고, 때로 어리광도 부리고 애처로운 눈빛으로 바라보며 자신이 원하는 것을 교묘하게 얻어낸다. 상처받기 쉬운 연약한 어린아이의 모습은 사람의 마음을 움직인다. 따라서 그런 특성을 이용하면 유혹의 효과를 거둘 수 있다.

그렇다면 어린아이의 자연스러운 모습에 마음이 끌리는 이유는 무엇일까? 첫째, 자연스러움은 인간의 마음을 사로잡기 때문이다. 예부터 인간은 번개, 폭풍, 일식 등과 같은 자연 현상을 보며 경이로움과 두려움을 느꼈다. 문명화될수록 인간은 더욱더 자연적인 것을 사모하게 된다. 인공적인 것이 대부분을 차지하는 현대에 사는 사람들은 불가해한 자연 현상을 보면 호기심을 느끼고 거기에 매료된다. 어린아이는 바로 이와 같은 자연스러운 능력을 지니고 있다. 하지만 어린아이는 자연 현상과는 달리 전혀 위협적이지 않기 때문에 경이로움보다는 귀엽고 매력적인 존재로 다가온다. 대부분의 사람들은 남을 즐겁게 하려면 의식적으로 노력해야 한다. 하지만 어린아이는 아무런 노력을 기울이지 않고서도 사람들을 즐겁게 한다. 이는 논리적으로는 설명할 수 없는 일이다. 그럼에도 합리적으로 설명할 수 없는 것이 강력한 유혹의 힘을 발휘할 때가 많다.

더욱이 어린아이는 우리에게 잃어버린 세상에 대한 향수를 불러일으킨다. 권태와 타협, 형식으로 가득한 세상에 사는 우리는 어렸을 때 여러 가지 어려움과 고통에 시달렸음에도 불구하고 어린 시절이야말로 인생의 황금기라는 환상에 젖는다. 아무튼 어린 시절은 인생의 다른 시절이 누릴 수 없는 특권의 시기라는 점은 분명한 것 같다. 어린아이들은 아무 걱정 없이 삶을 즐긴다. 특별한 매력을 지닌 어린아이를 볼 때면, 우리는 어린 시절을 떠올리며 잃어버린 것을 다시 찾고 싶은 욕망에 사로잡힌다.

내추럴은 성인이 되어서도 어린아이의 특성을 그대로 지니고 있는 유혹

남성들은 먼 과거의 일들을 떠올리면서 다소 엉뚱한 상상을 한다. 현실이 불만족스러울 때마다, 남성들은 과거로 돌아가 황금기의 꿈이 단지 사라진 꿈이 아니라 진실이라는 것을 증명하고자 한다. 어쩌면 그들은 여전히 유아기의 주문에서 벗어나지 못하고 있는지도 모른다. 그들의 부분적인 기억 속에는 유아기가 더없이 행복한 시기로 남아 있기 때문이다.
— 프로이트,
《프로이트 전집》, 23권

자다. 그런 사람은 어린아이의 자연스러운 매력을 지니고 있기 때문에 강력한 유혹의 힘을 발휘한다. 내추럴은 몸은 성인이지만, 그 정신 속에 어린아이의 특성을 보유하고 있다. 그렇다고 막무가내로 치기 어린 행동을 하지는 않는다. 내추럴은 어린아이의 특성 가운데 유혹의 힘을 지닌 것이 무엇인지를 파악해 자신이 통제할 수 있는 한도에서 그러한 특성을 발전시켜나간다. 어린아이는 자연스러운 매력을 한껏 발산하는 방법을 알고 있다. 내추럴도 마찬가지다. 인간의 내면에는 어린아이와 같은 치기 어린 본성이 숨어 있다. 따라서 그 특성을 적절히 풀어놓는 법을 알게 되면 자연스러운 매력을 발산할 수 있다. 내추럴이 되기 위해서는 어렸을 때 가졌던 그런 마음을 무의식적으로 발산할 수 있어야 한다. 사람들은 유치한 행동을 하는 어설픈 어른보다 도저히 어떻게 해볼 수 없을 정도로 순진한 사람에게 훨씬 더 관대하다. 성인이 되어 예절을 배우고 자기주장을 굽히는 법을 배우기 전의 모습, 곧 어린 시절의 모습을 자연스럽게 되살리는 것이 내추럴이 될 수 있는 비결이다. 그러므로 내추럴의 역할을 하기 위해서는 어린아이와 같은 마음을 가져야 한다.

내추럴의 몇 가지 주된 유형은 다음과 같다. 하지만 진정한 내추럴은 여러 가지 유형이 혼합되어 있다.

천진난만형 : 어린아이는 연약하고 세상물정을 모르는 천진난만한 특성을 지닌다. 어린아이는 아직 선악을 구별하는 능력이 없으며, 때묻지 않은 순수한 눈으로 사물을 바라본다. 한마디로 천진난만한 아이는 거칠고 냉혹한 세상을 살아가기에는 적합하지 않다. 세상물정을 전혀 모르는 어린아이의 모습을 볼 때 우리는 보호 본능을 느끼고, 때로는 웃음을 터뜨리기도 한다. 동정심과 웃음을 유발하는 것이야말로 가장 강력한 유혹의 힘을 발휘하는 요소다.

사실 내추럴은 천진난만하지 않다. 이 세상에서 살아가는 한 천진난만한 어린아이의 특성을 그대로 유지하는 것은 불가능하다. 그럼에도 내추럴은 천진난만한 모습을 잃지 않으려는 열망을 가지고 있다. 이 때문에 그들은 자신이 천진난만하다는 환상을 유지할 수 있다. 그들은 자신의 연약

킬레네 산에서 헤르메스가 태어나자, 그의 어머니 마이아는 그를 강보에 싸서 키 위에 올려놓았다. 하지만 그는 놀라운 속도로 성장했고, 그녀가 다시 돌아왔을 때는 강보에서 나와 모험을 찾아 여행을 떠날 만큼 자라 있었다. 피에리에 도착한 그는 아폴론이 돌보는 암소들을 훔치기로 했다. 하지만 소들의 발자국 때문에 추적을 당할 염려가 있었다. 그는 쓰러진 참나무 껍질로 수십 켤레의 신발을 만들었다. 그러고는 풀을 새끼처럼 꼬아 신발을 소들의 발에 묶은 다음, 야음을 틈타 소들을 몰고 다시 길을 떠났다. 아폴론은 소들이 없어진 것을 알았지만, 헤르메스의 꾀에 속아넘어가고 말았다. 헤르메스를 좇아 서쪽으로는 필로스까지 동쪽으로는 온케스토스까지 가보았지만, 결국 포기하고 도둑을 잡는 자에게 후한 상을 내리겠다는 방을 붙일 수밖에 없었다. 실레노스와 그를 따르는 사티로스들이 상에 욕심이 나서 사방팔방으로 흩어져 그를 추적했지만, 헛수고였다. 마침내 사티로스 무리 가운데 하나가 아르카디아를 지나다가 난생처음 듣는 음악 소리를 듣게 되었다. 마침 킬레네 요정이 웬 동굴 입구에서 나타나서는 최근에 재주가 아주 비상한 아이가 거기서 태어났으며, 자기가 유모처럼 돌보고 있다고 말했다. 그녀는 또 그 아이가 거북의 등껍질과 암소 창자로 신기한 악기를 만들었는데, 악기를 불자 아이 어머니가 스르르 잠들더라는 이야기도 들려주었다.

함을 과장함으로써 사람들의 동정심을 자극한다. 그들은 세상을 천진난만한 눈으로 보는 것처럼 행동한다. 특히 어른이 천진난만한 모습을 보이면 더 많은 웃음을 자아내게 된다. 물론 의식적으로 하는 행동일 수 있지만, 내추럴은 그 효과를 배가하기 위해 교묘하고 은근하게, 전혀 의도하지 않은 듯이 보이도록 만든다. 사실 일부러 천진난만한 행동을 일삼는다면 정신병자 취급을 받을 것이다. 따라서 얼굴 표정이나 눈짓, 혹은 상황을 이용해 자신의 연약함을 간접적인 방법으로 전달해야 한다. 따라서 내추럴은 자신의 결함이나 약점을 최대한 이용하는 방법을 배워야 한다.

개구쟁이형 : 개구쟁이는 어른과는 달라서 두려움을 모른다. 자신의 행위가 어떤 결과를 야기할지에 대해 전혀 관심이 없다. 다른 사람이 화를 내든지, 자기 몸에 상처가 나든지 전혀 개의치 않는다. 개구쟁이는 뻔뻔하기도 하고, 주변 상황도 고려하지 않는다. 개구쟁이의 매력은 바로 그러한 무사안일하고 안하무인격인 태도다. 개구쟁이는 예의나 질서 따위에 상관없이 자신의 에너지를 발산한다. 어른들은 개구쟁이의 그러한 자유를 부러워하면서 자신도 그렇게 멋대로 한 번 살아봤으면 한다.

어른들 가운데도 개구쟁이가 있다. 바로 내추럴이다. 이들의 행동은 다른 사람들과 다르다는 점에서 매력적이다. 세상은 늘 조심스럽고 신중할 것을 요구한다. 그런 상황에서 개구쟁이와 같은 행동은 신선하고 자연스러운 분위기를 느낄 수 있게 해준다. 사람들이 화를 낼 만한 일이라고 하더라도 개구쟁이 같은 모습을 연출할 수만 있다면 용서를 받는 것은 물론 관심과 사랑을 받을 수 있다. 개구쟁이 짓을 했다고 해서 부끄러워하거나 용서를 구할 필요가 없다. 그럴 경우에는 매력을 잃게 된다. 어떤 상황에서도 아무것도 진지하게 생각하지 않는다는 눈빛을 띠어야 한다.

신동형 : 신동이란 음악, 수학, 장기, 스포츠 분야 등에서 타고난 재능을 가진 아이를 말한다. 신동은 어떤 분야에 완전히 몰입해 별로 힘들이지 않고 뛰어난 능력을 발휘한다. 모차르트처럼 예술이나 음악에 재능을 보일 경우에는 별다른 노력 없이 마치 누에가 실을 잣듯이 거침없이 작품을

만든다. 또한 스포츠와 같은 분야에서 천부적 재능을 타고난 경우에는 탁월한 기량과 기술을 과시한다. 어떤 경우가 됐든 신동은 또래 아이들에 비해 월등한 능력을 지닌다. 그들은 우리를 매료시킨다.

어른이 되어서도 신동 역할을 하는 내추럴은 대개 과거에 신동으로 불린 경우가 많다. 그들은 타고난 재능을 그대로 몸에 지니고 성장한다. 이들은 즉석에서 남들의 시선에 아랑곳하지 않고 보통 사람이 쉽게 할 수 없는 묘기나 재능을 별로 힘들이지 않고 선보인다. 신동의 자질은 타고난 능력이 있어야 발휘된다. 만일 연습으로 성취한 것이라면 그런 사실을 숨기고 아무런 노력 없이 이루어진 것처럼 위장하는 게 좋다. 감추어둔 묘기나 재능이 많을수록 더욱 자연스럽게 보이게 되고, 그 점에서 더욱 강력한 유혹의 힘을 발휘할 수 있다.

개방형: 사람은 나이를 먹을수록 과거의 고통스러운 경험 때문에 자신을 보호하려는 심리가 강해진다. 이 때문에 사람은 육체적으로나 정신적으로 좀 더 엄격해지게 마련이다. 하지만 어린아이는 자신을 방어할 생각을 전혀 하지 않는다. 어린아이가 지니는 매력 가운데 하나는 바로 이러한 개방성이다. 어린아이와 함께 있노라면 우리도 모르게 마음과 몸의 빗장이 풀리는 것을 경험할 수 있다.

내추럴은 성인이 되어서도 이와 같은 개방성을 유지한다. 그는 자신을 보호하려 하지 않고, 어린아이처럼 마음을 활짝 열어둔다. 그는 항상 상냥하고 서두르지 않는다. 자신을 방어하는 자세로는 아무도 유혹할 수 없다. 자기 방어가 강한 사람 앞에서는 상대도 방어하려고 할 뿐 마음을 열지 않는다. 내추럴은 열린 자세로 사람을 편안하게 해줌으로써 상대 역시 마음의 빗장을 풀고 다가서게 만든다. 유혹자에게 방어나 저항은 금물이다. 상대가 어떻게 나오든 상관없다는 개방된 태도를 유지할 때, 상대는 유혹의 주문에 쉽게 걸려든다.

사례 1: 자연스러움이 주는 호소력

찰리 채플린(Charlie Chaplin)은 영국에서 성장했다. 어머니가 정신병원에 수용된 후 그는 몇 년 동안 혹독한 가난 속에서 살아야 했으며, 열 살 때부터 생계를 위해 일을 해야 했다. 그는 보드빌(노래, 춤, 만담, 곡예 등과 같은 프로그램으로 진행하는 쇼—옮긴이) 극단에서 일하다가 마침내 코미디언으로 성공하게 된다. 하지만 채플린의 야망은 더 컸다. 1910년 그는 열아홉 살의 나이로 영화에 진출하겠다는 꿈을 가지고 미국으로 이주했다. 먼저 그는 작은 단역을 맡아 배우로 일하기 시작했다. 하지만 경쟁이 치열했기 때문에 성공은 요원해 보였다. 채플린은 보드빌에서 배운 개그 기술이 많았지만, 당시 희극 무성영화에서 중요한 부분을 차지했던 몸으로 하는 개그 연기에는 능숙하지 못했다. 버스터 키튼과 같은 체조 기술도 없었다.

1914년 채플린은 〈인생살이(Making a Living)〉라는 단편영화에서 가까스로 주인공을 맡을 수 있었다. 그의 역할은 예술가로 위장한 사기꾼이었다. 이 역할을 위해 그는 헐렁한 바지와 중절모, 터무니없이 큰 장화 차림에 지팡이를 들고 콧수염을 그렸다. 지금까지 볼 수 없었던 새로운 인물이 탄생하는 순간이었다. 그는 우스꽝스러운 걸음걸이에 한 손으로 지팡이를 빙빙 돌리며 온갖 종류의 개그를 선보였다. 하지만 당시 감독이었던 맥 세넷은 별로 희극적이지 못하다고 생각했으며, 나아가 채플린의 자질을 의심했다. 몇몇 영화 비평가의 견해는 달랐다. 한 잡지에 실린 글 가운데 이런 대목이 있다. "뻔뻔하고 재치 있는 역할을 멋지게 소화해낸 연기자의 탁월한 자질이 돋보이는 영화다. 그의 연기는 너무나 자연스러웠다. 그는 일류 코미디언이다." 그 영화는 관객들에게 큰 인기를 끌면서 흥행에 성공했다.

〈인생살이〉에서 보여준 채플린의 연기는 그를 다른 코미디언과 뚜렷이 구별되는 독보적인 위치에 올려놓았다. 연기의 핵심은 바로 자연스럽게 우러나오는 천진난만한 모습에 있었다. 채플린은 그와 같은 연기가 대중의 호응을 불러일으킬 것이라고 믿고 다른 영화에서도 그런 점을 더욱 발전시켰다. 그는 마치 어린아이의 눈으로 세상을 바라보는 듯한 연기를 했다. 영화 〈은행(The Bank)〉에서 채플린은 은행 강도를 용감하게 물리치는 공상에 젖은 은행 경비원 역할을 맡았으며, 〈전당포 주인(The Pawnbroker)〉에서는 괘종시계를 망가뜨리는 점원 역할을 맡았다. 나아가 〈어깨 총(Shoulder Arms)〉에서는 제1차 세계대전 당시 참호 속에서 싸우는 군인 역을 맡아 천진난만한 어린아이의 눈으로 전쟁의 참화를 바라보는 연기를 훌륭히 소화해냈다.

채플린은 배역을 선정할 때 항상 자기보다 몸집이 큰 배우를 구했다. 그들을 위협적인 어른의 모습으로 분장시키고, 자신은 연약한 어린아이처럼 분장했다. 그가 점점 자신의 역할에 몰두하면서 영화와 현실이 뒤섞이는 이상한 현상이 일어나기 시작했다. 그는 힘든 어린 시절을 겪었음에도 늘 그 시절을 동경했다(〈느긋한 거리(Easy Street)〉라는 영화를 찍으면서 그는 어린 시절을 보냈던 런던의 거리를 모방한 무대 세트를 할리우드에 설치했다). 그는 어른들의 세계를 불신했으며, 어린아이들과 어울리며 마음으로 어린 아이가 되고자 했다. 그는 네 번 결혼했는데, 그중 세 명이 십대 소녀였다.

채플린만큼 관객의 웃음과 동정을 동시에 자아낸 코미디언은 일찍이 없었다. 사람들은 희생자가 된 듯한 그의 모습을 보면서 동정심과 애달픈 심정을 느꼈다. 관객은 폭소를 터뜨리기도 하고 울기도 했다. 채플린의 연기는 단순한 연기가 아니라 깊은 곳에서 우러나오는, 곧 그의 존재 자체를 풀어 보여주는 듯했다. 〈인생살이〉를 찍은 지 몇 년 지나지 않아 채플린은 가장 유명한 배우가 되었다. 채플린 인형, 채플린 만화, 채플린 장난감, 채플린 노래, 채플린에 관해 쓴 글 등이 쏟아져나왔다. 그는 일약 세계인의 우상이 되었다. 1921년 그는 런던을 떠난 이후 처음으로 그곳을 다시 방문했다. 마치 개선장군을 맞이하듯 수많은 군중이 그의 방문을 환영했다.

한 남자가 한 여자를 만나 그녀의 못생긴 외모에 충격을 받는다고 가정해보자. 하지만 그녀가 자연스럽고 전혀 꾸밈이 없다면, 남자는 그녀의 풍부한 표정에 못생겼다는 단점을 곧 잊고 만다. 그는 그녀가 매력적이라고 생각하기 시작하고, 그녀를 사랑하게 될지도 모른다는 생각을 품게 된다. 그러고 나서 일주일쯤 지나면 남자는 희망에 부풀어 있다. 그다음 주가 되면 절망에 빠져 의기소침해져 있고, 또 그다음 주가 되면 그는 완전히 미친 상태가 된다.
— 스탕달(Stendhal), 〈연애론(Love)〉

해석 ——

청중, 국가 또는 세계를 유혹하는 위대한 유혹자들은 사람들의 무의식을 자극함으로써 논리적으로는 설명할 수 없는 호응을 불러일으킨다. 채플린 역시 그랬다. 그는 자신을 어른의 몸을 가진 어린아이로 표현함으로 항공로 이용이 쉬워지면서 '지리적 geographical' 현실 도피는 별로 효과가 없게 되었다. 남은 것은 '진화적 evolutionary' 현실 도피다. 진화적 현실 도피란 인간의 발달 단계에서 아래쪽, 즉 '황금 같은 어린 시절'의 생각과 감정으로 돌아가는 것을 말한다. 어린아이 같은 생각들로 가득 찬 자기만의 세계로 도망친다는 점에서 이러한 현상은 '유아기로의 퇴행'이라고 정의해야 마땅하다. 엄격하게 정의된 규범을 좇아 살아야 하는 사회에서는 '확고하게 구축된' 사물의 굴레로부터 벗어나고픈 욕구가 특히 강하게 마련이다…… 완벽한 코미디언은 한 치의 오차도 없이 완벽하게 이 일을 소화해낸다. 왜냐하면 그(채플린)는 이러한 원칙을 충실히 지키기 때문이다…… 그는 교묘한 방법을 통해 관객에게 모방이 가능한 유아기의 원형을 보여줌으로써, 관객의 마음속에 유치함을 전염시켜 인생의 '황금기'라고 할 수 있는 어린 시절로 그를 끌어들인다.
— 세르게이 에이젠슈타인 (Sergei Eigenstein), 〈꼬마 찰리(Charlie the Kid)〉, 《어느 영화 감독에 대한 소고(A Notes of A Film Director)》 중에서

써 관객을 사로잡았다. 20세기 초 세계는 급속도로 변하고 있었다. 사람들은 공장에서 점점 더 많은 시간을 일해야 했으며, 삶은 기계적이고 비인간적이 되어가고 있었다. 제1차 세계대전은 그런 과정을 더욱 부채질했다. 이런 혁명적인 변화 속에서 인생의 황금기로 생각되는 어린 시절을 간절히 열망하는 심리가 사람들의 마음에 싹트기 시작했다.

채플린은 예전의 삶이 더 단순하고 여유로웠다는 것을 영화를 통해 보여주고자 했다. 아울러 그는 관객에게 적어도 영화에서만큼은 그런 삶을 되찾을 수 있다는 환상을 심어주었다. 잔인하고 비인간적인 세상에서 어린아이의 천진난만한 모습은 엄청난 호소력을 지닌다. 따라서 영화 속에서 독백을 하는 찰리 채플린처럼 진지하고 천진한 모습을 연출할 때 우리는 유혹자가 될 수 있다. 가장 중요한 것은 사람들의 동정심을 자극해야 한다는 점이다. 힘이 있는 것처럼 보이면 유혹은 고사하고 경계심만 부추기게 된다. 사람들의 관심을 사로잡으려면 연약하고 무력한 모습을 보여주어야 한다. 하지만 그렇다고 해서 드러내놓고 동정심을 유발해서는 안 된다. 다시 말해 희생자나 낙오자와 같은 모습을 보이기보다 약간은 겁에 질린 듯한 모습을 은근히 연출할 수 있어야 한다. 자연스럽게 연약한 모습을 보여주어야만 사람들의 사랑을 받을 수 있다. 나약하게 보일 때 사람들은 경계심을 늦추고 다가온다. 늑대 앞에 서 있는 한 마리 양처럼 자신을 약하게 보일 수 있는 상황을 연출하는 것이 중요하다. 그러면 사람들은 동정심에 눈이 멀어 저절로 끌려오게 되어 있다.

사례 2: 야생마 같은 천진함

에마 크라우치(Emma Crouch)는 1842년 영국 플리머스의 안정된 중산층 집안에서 태어났다. 그녀의 아버지는 오페라에서 성공을 꿈꾸는 작곡가이자 음악 교수였다. 그는 여러 자식들 가운데 에마를 가장 사랑했다. 에마는 붉은색 머리칼에 주근깨가 많은 깜찍하고 명랑한 아이였다. 그녀의 아버지는 딸의 말이라면 무엇이든지 들어주었으며, 오페라 가수로 대성시켜주겠다고 약속했다. 하지만 그녀의 아버지에게는 어두운 면이 있

었다. 그는 도박을 좋아했고, 여성 편력이 심했으며, 방랑벽까지 있었다. 1849년 그는 가족을 버리고 미국으로 건너갔다. 그 바람에 남은 가족들은 곤란을 겪기 시작했다. 어느 날 에마는 아버지가 사고로 사망했다는 소식을 들었다. 그녀는 수녀원에 보내졌고, 아버지를 잃은 슬픔에서 헤어나지 못한 채 과거의 그늘에 갇혀 지냈다. 그래서인지 그녀는 커서도 여전히 아버지의 사랑을 받는 어린아이처럼 행동했다.

1856년 어느 날, 학교가 끝나고 집으로 돌아가고 있는데, 옷을 잘 차려 입은 신사가 다가와 케이크를 줄 테니 자기 집에 가자고 했다. 그녀는 군말 없이 그를 따라갔다. 다음 날 아침 다이아몬드 상인이었던 그 남자는 그녀를 위해 집도 마련해주고 돈도 대주겠다고 제안했다. 하지만 그녀는 돈만 받고 그를 떠났다. 그녀는 자신이 항상 원해왔던 일, 즉 가족을 떠나 자기 힘으로 화려하고 멋진 삶을 살겠다고 결심했다.

에마는 다이아몬드 상인에게서 받은 돈으로 옷을 몇 벌 사고, 값싼 아파트를 구했다. 그녀는 코라 펄(Cora Pearl)이라는 이름으로 개명한 뒤 런던의 아가일 룸을 드나들기 시작했다. 그곳은 런던의 매춘부들과 신사들이 교제하던 일종의 사교 클럽이었다. 아가일 룸의 소유주 비그넬은 클럽에 처음 나온 에마에게 눈독을 들였다. 그녀는 아직 소녀였지만 매우 당돌했다. 당시 비그넬은 마흔다섯 살로 한참 나이가 많음에도 불구하고 그녀의 애인 겸 보호자 역할을 하며 그녀에게 많은 돈과 사랑을 쏟아부었다. 이듬해 비그넬은 그녀를 데리고 파리로 갔다. 당시 파리는 제2제정기를 맞이해 번영과 평화를 구가하고 있었다. 코라는 파리에 흠뻑 매료되었다. 보는 것마다 신기했지만, 특히 불로뉴 숲을 지나는 화려한 마차 행렬에 시선을 빼앗겼다. 마차에는 왕과 공주, 정부들이 타고 있었다. 코라는 바로 이게 아버지가 자신에게 약속했던 화려한 삶이 아닌가 싶었다. 그녀는 즉시 비그넬을 런던으로 돌려보내고 홀로 파리에 남았다.

코라는 파리 시내를 돌아다녔고, 곧 부유한 프랑스 신사들의 눈에 띄었다. 그들은 화사한 분홍색 옷을 입고 길을 걷고 있는 코라에게 다가와 붉은 머리와 주근깨가 있는 창백한 얼굴이 귀엽다며 칭찬을 아끼지 않았다. 그녀는 말을 타고 미친 듯이 채찍을 휘두르며 불로뉴 숲을 질주하는가 하

고르트샤코프 왕자는 그녀(코라 펄)의 사치는 이루 말할 수 없이 심했으며, 자신은 그녀의 변덕을 맞출 수만 있다면 태양까지 훔치려 했을 것이라고 말했다.
— 구스타프 클라우딘 (Gustav Claudin), 《우리 시대의 코라 펄(Cora Pearl Contemporary)》

유머가 있다는 것은 무수한
습관 체계를 가지고 있다는
것을 의미한다. 그 가운데
첫 번째는 감정적인 습관,
즉 놀기 좋아하는 습관이다.
하지만 그런 습관을 가진
것을 왜 자랑스럽게 여겨야
할까? 두 가지 이유가 있다.
첫째, 놀기 좋아한다는
말에는 어리거나 젊다는
의미가 내포되어 있다.
신나게 놀 수 있는 사람은
아직도 어린아이 같은
활기와 기쁨을 가지고
있다고 볼 수 있다……
하지만 거기에는 더 깊은
의미가 숨어 있다.
신나게 놀려면, 자유로워야
한다. 신나게 놀 때,
사람들은 일과 도덕,
가정생활과 사회생활이
부과한 일상의 짐들을 잠시
팽개쳐둔다……
우리를 하나로 하는 것은
그런 짐들 때문에 우리가
즐길 수 있는 우리만의
세계를 구축할 수
없다는 것이다……
하지만 우리가 가장
절실하게 원하는 것은
우리 자신을 위한 우리만의
세계를 만드는 것이다.
그럴 수 있을 때, 그것이
비록 보잘것없는 세계라
하더라도, 우리는 행복을
느낀다. 이제 우리는 놀이를
통해 우리만의 세계를
만들어나가야 한다……
— H. A. 오버스트리트
(H. A. Overstreet), 《인간의
행동에 영향을 미치는 것
(Influencing Human
Behavior)》

면, 카페에서 남자들에게 둘러싸인 채 재치 있는 말로 그들의 웃음을 자아내기도 했다. 그녀는 주변 남자들을 차례로 정복하기 시작했다. 파리의 엘리트 신사들이 그녀에게 구애를 하기 시작했다. 특히 차갑고 돈만 밝히는 정부에게 싫증 난 돈 많고 나이 많은 남자들이 그녀의 청순한 모습에 매료되었다. 그녀는 희생자들로부터 들어온 엄청난 재물로 우윳빛 말들이 끄는 화려한 마차, 금으로 자신의 이름 머리글자를 새긴 장미꽃 모양의 욕조 등 사치스러운 물건들을 사들였다(희생자들 가운데는 드 모르니 공작, 황제의 사촌이었던 프린스 나폴레옹 등이 포함되어 있었다). 파리의 신사들은 그녀를 품에 안기 위해 경쟁을 벌였다. 한 아일랜드 남자는 그녀와 8주 동안 지내는 조건으로 전 재산을 날리기도 했다. 하지만 돈으로는 코라의 마음을 얻을 수 없었다. 그녀는 쉽게 남자들을 차버리곤 했다.

도덕과 예의 따위는 안중에 두지 않는 행동으로 코라 펄은 파리 전역을 떠들썩하게 했다. 1864년, 그녀는 오펜바흐의 오페라 〈지하 세계의 오르페우스〉에서 큐피드 역할을 맡게 되었다. 이번에는 어떤 센세이션을 일으킬지 파리 사교계가 술렁였다. 아니나 다를까, 그녀는 값비싼 다이아몬드로 몸을 치장하고 거의 나체나 다름없는 모습으로 무대에 등장했다. 몸을 흔들 때마다 다이아몬드가 떨어져나갔지만, 그녀는 다이아몬드를 줍기 위해 몸을 숙이지 않았다. 관객 가운데는 무대 위에 굴러다니는 다이아몬드를 그녀에게 선물로 준 남자들도 있었다. 그들은 그녀의 거침없는 행동에 더욱 열광했다. 코라의 유별난 행동은 파리의 화젯거리로 떠올랐다. 그녀는 1870년, 프랑스와 프로이센의 전쟁으로 제2제정기가 종말을 고할 때까지 약 10년 이상 파리에서 화류계의 여왕으로 군림했다.

해석 ——

사람들은 육체적인 아름다움과 우아함 또는 노골적인 관능미가 있어야 남자를 유혹할 수 있다고 믿는다. 하지만 이는 잘못된 믿음이다. 코라 펄은 아주 예쁜 편도 아니었고, 대단히 섹시한 몸매도 아니었다. 단지 화려하게 차려입었을 뿐, 패션 감각도 그리 세련되지 않았다. 그럼에도 불구하고 유럽에서 내로라하는 신사들이 그녀의 사랑을 얻으려 애썼으며, 그 과정에서 가산을 탕진하고 몰락하기도 했다. 그들은 코라의 천진난만한 생각과 몸짓에 매료되었다. 그녀는 아이처럼 응석을 부렸고, 모든 남자들이 아버지처럼 자신을 귀여워해주어야 한다고 믿었다. 그녀는 어린아이처럼 남의 눈치를 전혀 보지 않았다. 남자들은 야생마와 같은 코라의 모습에 이끌렸고 그녀를 길들이고 싶은 충동을 느꼈다. 그녀는 자신이 창부임을 숨기지 않았다. 천진난만한 모습에 당돌하기까지 한 그녀의 모습에 남자들은 묘한 감정을 느꼈다. 그녀는 응석받이로 자란 여자답게 남자와의 관계에서도 흥미를 잃는 순간 곧 태도를 바꾸었다. 바로 이 점이 그녀가 성공을 거둘 수 있었던 비결이다.

흔히 응석받이로 자란 어린아이는 커서 인격적으로 성숙하지 못할 거라고 생각한다. 하지만 꼭 그렇게 볼 일은 아니다. 예를 들어 원하는 것은 다 사주며 풍족하게만 키운 아이는 자기 뜻대로 안 되면 못 견뎌하는 유치한 인간으로 성장하지만, 애정으로 감싸주며 키운 아이는 자신이 매력적이라는 생각을 갖게 된다. 후자의 경우에는 자라면서 그것이 오히려 장점이 될 수 있다. 프로이트에 따르면(그 역시 어머니의 사랑을 받으며 응석받이로 성장했다), 부모의 사랑과 애정을 듬뿍 받고 자란 아이는 일평생 자신감을 잃지 않는다고 한다. 그렇게 성장한 사람은 자신감이 흘러넘치고, 그 때문에 다른 사람들의 주목을 받게 된다. 결국 그런 사람은 모험심이 강하고 대담하며 어른이 돼서도 개구쟁이 같은 모습을 자주 보인다.

성인이 된 내추럴은 부모 대신 다른 사람들에게 응석을 부린다. 문제는 어떤 태도로 삶에 임하느냐에 달려 있다. 사람들은 천방지축, 철부지 개구쟁이처럼 길들여지지 않는 사람에게 끌리게 마련이다. 그런 사람을 보면 자기가 한 번 나서서 길들여보겠다는 도전 의식이 생긴다. 상대의 경쟁심을 자극할 수만 있다면 유혹은 거의 성공한 셈이다.

사례 3: 자기만의 환상적인 세계

1925년 10월, 파리 사회는 〈레뷔 네그레(La Revue Nègre)〉의 초연을 기다리며 들떠 있었다. 재즈나 그 밖에 미국 흑인 문화에서 온 것들이 당시 파리에서 최신 유행으로 각광받았는데, 이 쇼의 댄서와 연주자들이 바로 아프리카계 미국인들이었기 때문이다. 공연 첫날, 예술가들과 상류 사회 인사들이 홀을 가득 메웠다. 그들이 기대했던 대로 멋진 쇼가 진행되었다. 그런데 쇼가 거의 끝나갈 무렵, 그들은 뜻밖의 장면에 넋을 잃고 말았다. 그들의 시선을 빼앗은 사람은 야윈 몸매와에 긴 다리에 기가 막히게 예쁜 이스트세인트루이스 출신의 조세핀 베이커라는 스물한 살의 합창단원이었다. 그녀는 가슴을 드러내고, 공단으로 만든 비키니 팬티 위에 깃털로 엮은 스커트를 입었으며, 목과 발목에도 깃털을 두른 채 무대에 올랐다. 다른 댄서들도 마찬가지로 몸에 깃털 장식을 하고 있었지만, 사람들의 눈은 온통 그녀에게만 쏠렸다. 온몸에서 생동감이 넘쳐흘렀고, 긴 다리는 고양이의 발놀림처럼 가벼웠으며, 엉덩이를 흔드는 모습은 또 어찌나 경쾌했던지 한 비평가는 그런 그녀의 모습을 '벌새'에 비유했다. 공연이 무르익을수록 관객들은 완전히 넋을 잃고 말았다. 선정적인 춤을 추는데도 온몸에서 분출되는 기쁨 때문인지 그녀에게선 이상하게도 천진난만한 분위기가 묻어났다.

바로 다음 날 소문이 퍼져나갔고 스타가 탄생했다. 조세핀은 곧바로 쇼의 중심이 되었고 온 파리가 그녀를 칭송해 마지않았다. 1년 사이에 파리 시내 곳곳에서 포스터에 그려진 그녀의 얼굴을 볼 수 있었다. 조세핀 베이커 향수, 인형, 옷 등이 등장했다. 멋을 아는 파리 여성들은 베이커의 머리 모양을 따라했으며, 심지어는 피부를 검게 보이려고 했다.

조세핀의 성공은 누구도 예상하지 못한 일이었다. 그녀는 미국에서 가장 가난한 슬럼가 중 하나인 이스트세인트루이스 출신이었다. 여덟 살부터 어느 백인 여성의 집에서 모진 학대를 당하며 가정부로 일했다. 그녀는 때로 쥐가 들끓는 지하실에서 잠을 잤으며, 겨울에는 온기 하나 없는 방에서 지내기도 했다(사실 그녀는 추운 몸을 녹이기 위해 몸을 격렬하게 흔들어대는 춤을 개발했다). 1919년 조세핀은 그 집에서 도망쳐 나와 보드빌에서 파트타임으로 일했다. 2년 뒤에는 무일푼으로 아무 연고도 없는 뉴욕으로 옮겨갔다. 거기서 그녀는 어릿광대로 출연하며 모들뜬 눈과 우스꽝스러운 표정 연기로 약간의 성공을 거두었을 뿐 특별히 주목을 받지는 못했다. 그 무렵 그녀는 파리에 초청되었다. 다른 흑인 배우들이 프랑스는 미국보다 성공하기가 훨씬 더 어렵다며 지레 겁을 먹고 거절했던 것이 그녀에게 기회를 가져다준 셈이었다.

그녀는 일약 스타가 되었지만, 성공했다고 자부하기에는 아직 일렀다. 파리 시민들은 매우 변덕스러웠다. 우선 그녀는 자신의 이미지를 관리해 나가기 시작했다. 아무 클럽에나 출연하지 않았으며, 일방적으로 계약을 취소했고, 마음이 바뀌면 언제든지 파리를 떠날 수도 있다는 여운을 남겼다. 어릴 때부터 독립심이 강했던 그녀는 다른 사람에게 쉽게 보이지 않으려 애썼다. 그녀가 이런 식으로 나오자 흥행주들은 그녀와 계약을 하려고 안달했으며, 대중은 더욱더 그녀를 원하게 되었다. 아울러 그녀는 흑인 문화가 유행처럼 번지고 있지만, 서투른 모방에 그치고 있다는 점을 간파했다. 그녀는 여성 코미디언, 댄서, 유행의 첨단을 걷는 파리 사람으로 행동하며 흑인 문화를 단순한 유행이 아닌 프랑스 여성의 문화로 정착시켰다. 조세핀은 항상 어린아이가 장난을 치듯 스스럼없이 자신을 연출했다. 그녀는 수년 동안 프랑스인들의 이목을 사로잡았다. 1975년 그녀가 사망했을 때 프랑스 텔레비전 방송사들은 그녀의 장례식을 전국에 중계했다. 그녀의 장례식은 국가 원수의 장례식 못지않게 화려했다.

해석 ——

조세핀 베이커는 일찍부터 세상을 지배하고픈 야망이 강했다. 하지만 그녀의 처지에서 그것은 불가능해 보였다. 대개 여성들은 남편에게 모든 희망을 건다. 하지만 조세핀의 아버지는 그녀가 태어난 직후 가족을 버리고 떠났다. 그런 경험 때문에 그녀는 결혼이 오히려 삶을 비참하게 만든다고 믿게 되었다. 그래서 다른 곳에서 해결책을 찾고자 했다. 그녀는 무력하고 희망 없는 주변 세상은 모두 잊어버리고, 자기만의 세계를 만들고자 했다. 그녀에게 이 세상은 춤과 광대놀이와 꿈으로 가득한 곳이었다. 조세핀은 다른 사람들은 실컷 울고 슬퍼해라, 나는 웃으며 당당하게 살아가리라고 다짐했다. 그녀를 만나본 사람들은 이구동성으로 삶에 대한 그런 태도가 매우 매력적이었다고 말했다. 그녀는 타협을 거부했으며, 다른 사람이 원하는 모습이 아니라 자신이 원하는 모습을 고수했다. 다시 말해 그녀는 자신만의 독특한 정체성을 구축했다.

어린아이는 놀이를 좋아하고 자기중심적인 세계를 만들어나가기를 원한다. 자신이 상상하는 일은 이루어진다고 믿으며, 자기 안에 깊이 매몰된 채 진지하게 무언가에 열중하는 어린아이의 모습은 매우 매력적이다. 내추럴도 이와 비슷한 모습을 보인다. 특히 그가 예술가일 경우에는 더욱 그렇다. 그들은 자기만의 환상의 세계를 만들고 그것이 마치 현실인 양 여기며 그 안에서 살아간다. 그들에게는 현실보다 환상이 훨씬 더 재미있다. 대부분의 사람들은 그러한 세계를 창조할 용기나 능력이 없다. 그 때문에 그것을 해내는 사람을 부러워하며 그 주변에 모여들게 마련이다. 내추럴이 되려면 현실이 아니라 환상 속의 역할을 하며 살아야 한다. 다시 말해 마치 어린아이가 노는 듯이 가볍고 자유로운 마음을 가져야 한다. 아울러 어린아이의 감성과 확신을 가지고 모든 것을 자연스럽게 연출해낼 수 있어야 한다. 자신이 만든 환상의 세계, 곧 동화의 나라에 깊이 빠져들수록 더욱더 강력한 유혹의 힘을 발휘할 수 있다. 어설프게 흉내만 내기보다는 이색적이고 혁신적인 환상에 사로잡혀 살도록 하라. 그러면 마치 자석과 같은 흡인력을 지니게 될 것이다.

사례 4: 두려움 없는 돌진

10세기 말 일본 황궁에서 벚꽃 축제가 열리고 있었다. 대신들은 술에 취해 있었고, 다른 사람들도 모두 깊은 잠에 곯아떨어졌다. 황제의 처제였던 젊은 공주 오보로주키요는 홀로 깨어 시를 낭송하고 있었다. "봄날의 안개 낀 저 달과 견줄 수 있는 것이 무엇인가?" 그녀의 목소리는 부드럽고 섬세했다. 그녀는 달을 보기 위해 자기 방의 창문가로 다가갔다. 그 순간 향기로운 냄새가 코끝을 스치더니 누군가의 손이 그녀의 옷자락을 살그머니 붙잡았다. 그녀는 깜짝 놀라 "누구냐?" 하고 소리쳤다. 그러자 "두려워하지 마시오"라는 웬 남자의 목소리가 들려왔다. 그는 마치 공주의 시에 화답하듯 이렇게 말했다. "늦은 밤 안개 낀 저 달을 바라보는 그

다시 사방이 고요해졌다. 겐지는 빗장을 벗겨내고 문을 열려고 했다. 문은 잠겨 있지 않았다. 안에만 커튼이 드리워져 있었다. 희미한 불빛 아래서 그는 문갑과 다른 가구들이 다소 어지럽게 흩어져 있는 광경을 볼 수 있었다. 겐지는 그 틈새를 뚫고 그녀 곁으로 다가갔다. 그녀는 혼자 누워 있었다. 약간 작은 체구였다. 방해를 받아 조금 화가 난 듯했지만, 그가 이불을 들추기 전까지 그녀는 그가 쓰조라는 여자인 줄

대와 나. 하지만 안개도 우리 사이를 가리지 못하리라." 그러더니 그 남자는 말없이 공주를 안아 올려 복도로 향했다. 그녀는 너무 무서워 소리를 지르려고 했다. "소리쳐봐야 소용없소. 조용히 하시오. 나는 늘 내가 원하는 대로 해왔소이다." 남자는 목소리를 약간 높여 말했다.

공주는 그제야 그 남자의 목소리를 알 수 있었다. 그는 다름 아닌 전임 황제 첩의 소생 겐지였다. 게다가 그의 옷자락에서는 늘 독특한 향내가 났다. 일단 상대의 정체를 알고 나자 그녀는 다소 마음을 진정할 수 있었다. 하지만 그녀는 겐지의 명성을 익히 들어 알고 있었다. 그는 아무것에도 구애받지 않고 원하는 여자를 기어코 손에 넣고야 마는 악명 높은 유혹자였다. 그는 술에 취해 있었다. 동틀 시간이 가까워 조금 있으면 순찰자가 돌아다닐 터였다. 공주는 그와 함께 있는 모습을 사람들에게 들키고 싶지 않았다. 순간, 그의 얼굴 윤곽이 어렴풋이 드러났다. 잘생겼을 뿐 아니라 악의라곤 조금도 찾아볼 수 없는 진지한 얼굴이었다. 그는 매력적인 목소리로 시 몇 구절을 읊었다. 물론 시의 내용은 암시적이었다. 결국 그녀는 그가 만들어낸 분위기에 끌려 더 이상 저항할 힘을 잃고 말았다.

동이 트자 겐지는 자리에서 일어났다. 그는 몇 마디 달콤한 말을 남긴 뒤 부채를 서로 교환하고 서둘러 밖으로 나갔다. 그런데 황제의 처소에서 일하는 시녀들이 허둥지둥 사라지는 겐지의 모습을 보고 말았다. 그의 옷자락에서 풍기는 독특한 냄새가 뒤에 남았다. 시녀들은 그가 또 간밤에 누군가를 농락했겠거니 생각하며 서로 마주 보며 웃었다. 하지만 감히 황제의 처제를 건드렸으리라고는 꿈에도 생각하지 못했다.

그 후 며칠 동안 오보로주키요 공주는 겐지만을 생각했다. 그녀는 그가 바람둥이라는 사실을 알고 있었다. 게다가 그녀의 언니, 곧 황후였던 고키덴도 겐지를 싫어했다. 그래서 애써 그를 마음에서 지워버리려는데, 그로부터 한 통의 편지가 날아들었다. 사실 그와 맺은 하룻밤 인연이 못내 아쉬워 그녀가 먼저 그에게 연락을 한 상태였다. 그의 편지는 다시 그녀의 마음을 휘저었다. 발각될 경우 위험하다는 것을 알았지만 그를 다시 만나고 싶었다. 결국 그녀는 겐지를 자기 처소에 끌어들여 밀회를 즐겼다. 그러던 어느 날 두 사람의 애정 행각은 들통이 나고 말았다. 한 대신이

착각하고 있었다……. 그가 어쩌나 부드럽게 설득을 하는지 악마와 귀신들도 반박할 수 없을 정도였다……. 그녀가 아주 자그마해서 그는 그녀를 가뿐히 들어올렸다. 그는 그녀를 팔에 안은 채 자기 방으로 가다가 그녀의 호출을 받고 그녀의 방으로 오던 쓰조와 마주쳤다. 그는 놀라서 소리를 질렀다. 쓰조 역시 비명을 지르며 어둠 속을 뚫어지게 응시했다. 그녀는 그에게서 나는 연기 구름 같기도 한 향내로 그가 누군지 알 수 있었다……. 쓰조가 따라왔지만, 겐지는 그녀의 항변을 들은 척도 하지 않았다. "아침에 공주님을 모시러 오게나." 그는 이렇게 말하고 문을 닫아버렸다. 그녀는 비 오듯 땀을 흘렸다. 쓰조와 다른 여자들이 무슨 생각을 하고 있을지 안 봐도 알 것 같았다. 거기에 생각이 미치자 그녀는 도저히 견딜 수가 없었다. 모든 게 겐지 때문이었다. 하지만 그의 입에서는 사과의 말 대신, 달콤한 말들이 쏟아져나왔다. 여인의 항복을 받아내는 데 그만한 무기는 없었다……. 혹자는 그가 그녀를 안심시키기 위해 이런저런 약속을 했을 것이라고 상상할지도 모르겠다.
— 무라사키 시키부,
《겐지 이야기》

그들의 관계를 눈치채고 고키덴에게 전갈을 보냈다. 황후 고키덴은 크게 분노하여 황제에게 겐지를 궁궐에서 내쫓으라고 간청했다. 황제는 달리 선택의 여지가 없었다.

겐지는 멀리 떠났고, 모든 일이 다시 안정을 되찾았다. 그 후 황제가 죽고 그의 아들이 즉위했다. 궁궐 안에는 공허감이 감돌았다. 한때 겐지의 유혹에 놀아났던 여성들은 그의 빈자리가 못내 아쉬웠다. 그들은 그에게 편지를 보냈다. 그를 모르는 여인들도 그를 그리워하는 기현상이 벌어졌다. 그들은 특히 그의 옷자락에서 풍겨나오던 냄새를 잊지 못했다. 어린 황제도 겐지의 익살스러운 모습이 그리웠다. 오보로주키요 공주는 그를 사모한 나머지 상사병이 날 정도였다. 마침내 고키덴 황후도 그에 대한 미움을 거두었다. 겐지는 다시 궁궐로 돌아왔다. 그는 사면을 받았을 뿐 아니라, 영웅과도 같은 환대를 받았다. 황제는 눈물을 흘리며 친히 그를 맞이했다.

해석 ——

겐지의 일생에 관한 이야기는 17세기 《겐지 이야기》라는 소설로 쓰여 지금까지 전해진다. 소설의 저자는 헤이안 시대에 살았던 무라사키 시키부라는 여성이다. 그는 후지와라 노 고레치카라는 실존했던 인물을 모델로 소설을 썼을 가능성이 높다. 세이 쇼나곤은 《마쿠라노소시》에서 무라사키 시키부와 고레치카가 만난 적이 있다고 말하면서, 그가 여성들의 혼을 홀딱 빼놓을 정도로 매력적이었다고 묘사했다.

겐지는 일종의 내추럴이다. 그는 여성을 사랑했으며, 바로 그 점 때문에 여성들은 그를 거부할 수 없었다. 앞서 인용한 대로 그는 오보로주키요 공주에게 "나는 늘 내가 원하는 대로 해왔소이다"라고 말했다. 그것이 바로 겐지의 매력이었다. 그는 상대방이 저항해도 전혀 개의치 않았다. 대신 약간 뒤로 물러나서 시를 읊으며 부드러운 태도를 유지했다. 그리고 떠날 때는 옷자락의 향기를 여운으로 남겼다. 그런 모습을 보면서 상대방은 자신이 처음에 왜 그를 두려워했는지 의아하게 여긴다. 결국 상대 여성은 그를 거부한 것이 아쉬워 다음에는 그를 받아들이기로 마음먹는다.

겐지는 어떤 것도 진지하게 생각하지 않았다. 그는 마흔 살이 되어서도(당시에는 마흔이 넘으면 늙고 노쇠해 보였다) 마치 소년처럼 보였던 것 같다. 그는 세월이 흘러도 결코 유혹의 힘을 잃지 않았다.

인간은 대개 분위기에 약하다. 유혹의 성패는 분위기를 잘 조성해 상대방의 마음을 움직이는 것에 달려 있다. 어색한 분위기, 자연스럽지 못한 태도로는 상대를 유혹할 수 없다. 결정적인 순간에 우유부단하게 행동하거나 상대의 기분을 맞추는 데 실패할 경우, 모든 노력이 수포로 돌아가고 만다. 하지만 상대가 주저할 때도 자연스럽고 자신있게 다가선다면 그(혹은 그녀)는 곧 분위기에 압도되고 만다. 자연스럽게 상대를 춤추도록 이끄는 능숙한 댄서가 되어야만 상대를 유혹할 수 있다. 그러려면 우선 몸에 밴 부자연스러운 예의범절이나 경직된 태도를 버리고 상냥하고 친절한 태도로 상대에게 다가가야 한다. 상대가 거부 의사를 내비치더라도 당황하거나 안절부절못하는 태도를 취하면 안 된다. 거부 행위 자체가 일종의 시험일 가능성이 높다. 따라서 어색한 태도를 취하거나 주춤거릴 경우에는 상대방에게 의심을 불러일으켜 유혹에 실패할 수밖에 없다.

| **상징** | 양. 내추럴은 부드럽고 사랑스러운 양과 같다. 태어난 지 이틀이 지나면 양은 경쾌한 몸짓으로 이리저리 뛰논다. 그런 양의 모습은 천진난만하기 짝이 없다. 그것이 양의 매력이다. 하지만 양의 매력은 곧 약점이기도 하다. 모두가 천진난만한 양의 모습을 사랑스러워하지만, 동시에 삼켜버리고 싶은 욕망을 품기 때문이다.

내추럴의 몰락

어린아이는 사랑스럽지만 귀찮은 존재이기도 하다. 사람들은 세상물정을 전혀 모르는 철부지 어린아이의 모습에 넌더리를 낼 수도 있다. 밀란 쿤데라의 소설 《웃음과 망각의 책》에는 한 영웅이 아이들과 함께 섬에서 살아가는 꿈을 꾼다. 하지만 섬에 도착하는 순간, 그렇게 사랑스럽던 아이들은 귀찮고 성가신 존재가 된다. 며칠이 지나자 그는 더 이상 아이들과 어울리고 싶어하지 않는다. 그가 바라던 꿈이 악몽이 되어버린 것이다. 그는 다시 어른들이 사는 세상으로 돌아가고 싶어한다. 하나에서 열까지 어린아이처럼 유치하게 굴면 사람들을 유혹할 수 없다. 조세핀 베이커처럼 어린아이 같은 태도에 성인의 경험과 지혜가 어우러져야 한다. 한마디로 성인과 어린아이의 매력이 동시에 묻어나는 삶을 연출해야 한다.

주변에 내추럴이 너무 많이 있어도 곤란하다. 예를 들어 코라 펄이나 찰리 채플린과 같은 내추럴들 사이에서는 매력이 반감된다. 예술가나 여가 시간이 풍부한 사람들만이 자기가 하고 싶은 대로 할 수 있다. 시도 때도 없이 내추럴의 특성을 사용하기보다는 구체적인 상황에서, 즉 목표로 삼은 상대방의 경계심을 늦출 필요가 있을 때 가끔씩 사용하는 것이 가장 좋다. 사기꾼들은 가끔 상대 앞에서 묵묵히 입을 다문다. 그러면 상대는 우월감을 갖고 경계심을 풀게 된다.

특히 요즘 같은 세상에 상대방보다 똑똑하게 보이는 것은 매우 위험하다. 겉으로는 바보스럽고 순진한 척해야 살아남는다. 내추럴도 그와 비슷하다. 겉으로는 순진한 척하면서 속으로는 자신의 영특함을 위장한다. 하지만 노상 철부지처럼 굴면 정신병자 취급을 받기 십상이다. 그럴 경우 동정은커녕 혐오와 멸시를 받을 뿐이다.

내추럴의 특성을 활용하려면 젊어야 한다. 나이 많은 사람이 내추럴이 되기는 어렵다. 50대가 된 코라 펄이 분홍빛 드레스를 입은 모습은 그리 매력적이지 않을 것이다. 버킹엄 공작은 1960년대에 영국 왕실에서 남녀를 불문하고 모두에게 인기가 있었던 내추럴이었다(동성애자였던 제임스 1세도 그를 좋아했다). 그는 생김새나 태도가 영락없는 어린아이였다. 하지만 나이가 들면서 그런 모습은 점차 사람들의 혐오를 불러일으켰다. 그는 결국 살해되었다. 따라서 나이가 들게 되면 어린아이의 두 가지 주된 특성 가운데 하나인 천진난만한 철부지 모습을 버리고, 나머지 특성인 자유로운 태도를 발전시켜나가는 것이 바람직하다.

마음을 뒤흔드는 코케트

유혹을 할 때는 서두르지 않고 천천히 욕망을 조절해나가야 한다. 상대가 완전히 걸려들 때까지 인내심을 가지고 기다려야 한다. 코케트는 이런 유혹의 기술을 완벽하게 구사할 수 있는 존재다. 늦추었다가 당겼다가, 기쁨을 주는 듯하다가도 다시 냉정해지는 코케트의 모습에 녹아나지 않을 사람은 거의 없다. 코케트는 육체적인 쾌락과 행복과 명예와 권력을 주겠다는 약속으로 상대에게 미끼를 던지지만, 그 미끼를 쉽게 낚아채도록 허락하지 않는다. 결국 상대는 더 애가 달아 달려들게 된다. 뜨거웠다 차가웠다 하는 코케트의 매력을 지닌다면 상대의 애간장을 녹일 수 있다.

화끈하면서도 차가운 코케트

1795년 가을 파리에는 이상한 열기가 감돌았다. 프랑스 혁명의 뒤를 이은 공포정치가 막을 내리고, 단두대에서 사람들을 처형하는 소리도 사라졌다. 파리 시민들은 안도의 한숨을 내쉬었고, 여기저기서 광란의 파티와 축제가 이어졌다.

당시 스물여섯 살이었던 나폴레옹 보나파르트는 흥청망청한 파티와 축제에 전혀 관심이 없었다. 그는 반란을 진압한 용감하고 현명한 장군이라는 평판을 얻었다. 그의 야망은 끝이 없었고, 새로운 정복 대상을 찾으려는 열정에 불타올랐다. 하지만 그해 10월, 조제핀 드 보아르네(Josephine de Beauharnais)라는 서른세 살의 미망인이 그의 관저를 방문했을 때 그는 혼란을 느끼지 않을 수 없었다. 그녀는 매우 이국적이면서 나른하고 관능적인 분위기를 풍겼다(사실 그녀는 마르티니크 섬 출신이라는 이국적인 이미지를 십분 활용했다). 그녀는 헤픈 여자로 소문이 나 있었지만, 나폴레옹은 숫기가 없고 결혼을 중시하는 보수적인 청년이었다. 하지만 조제핀이 파티에 초청하자 그는 기꺼이 응했다.

파티에 참석한 나폴레옹은 그런 분위기에 익숙하지 않았기 때문에 소외감을 느꼈다. 파리의 위대한 작가들과 재담꾼들이 모두 그 자리에 모여 있었다. 단두대의 이슬로 사라질 뻔했던 귀족들도 몇몇 눈에 띄었다. 조제핀도 자작의 직위를 가진 귀족이었다. 파티에 참석한 여자들은 하나같이 화려했다. 그들 가운데는 파티를 주관한 여주인보다도 더 아름다운 여인들도 더러 있었다. 하지만 남자들은 모두 조제핀의 주위에 모여 있었다. 그녀의 상냥하고 기품 있는 태도에 매료된 까닭이었다. 그녀는 파티 도중에 여러 번 다른 남자들 틈에서 빠져나와 나폴레옹의 곁으로 다가왔다. 어색하게 서 있던 나폴레옹은 자신에게 관심을 기울여주는 그녀에게서 많은 위안을 받았다.

나폴레옹은 조제핀을 방문하기 시작했다. 때로 그녀는 나폴레옹을 무시했고, 그때마다 그는 화가 나서 나와버리곤 했다. 하지만 그다음 날이면 조제핀으로부터 열정이 담긴 편지가 날아왔고, 그러면 다시 그녀에게 달려갔다. 나폴레옹은 대부분의 시간을 조제핀과 어울리는 데 소비했다. 때로 슬픈 표정을 짓는가 하면, 때로 눈물도 흘리고 화를 내는 조제핀의 모습을 보면서 나폴레옹은 더욱 진한 애정을 느꼈다. 1796년 3월, 드디어 그는 조제핀과 결혼했다.

결혼한 지 이틀 뒤 나폴레옹은 오스트리아 군대와 싸우기 위해 북이탈리아로 원정을 떠났다. 그는 멀리 떨어진 전쟁터에서 편지를 써 보냈다. "나는 언제나 당신을 생각하고 있소. 당신이 무엇을 하고 지낼까 하는 생각이 머릿속을 떠나지 않는다오." 나폴레옹 휘하의 장군들은 그가 딴 생각을 하고 있다는 것을 알았다. 그는 군사 회의를 예정보다 일찍 마치기도 하고, 편지를 쓰느라 몇 시간을 보내기도 했다. 그런가 하면 목에 걸고 다니는 조제핀의 작은 초상화를 물끄러미 바라보곤 했다. 나폴레옹이 그런 상태에 빠진 까닭이 있었다. 조제핀에게서 멀리 떨어져 있을 뿐만 아니라, 최근 들어 그녀의 열정이 다소 식은 것처럼 느껴졌기 때문이다. 편지도 뜸한 데다 내용에도 열정이 담겨 있지 않았다. 게다가 그를 보러 이탈리아로 오겠다는 말도 없었다. 나폴레옹은 그녀 곁으로 다시 돌아가기 위해 서둘러 전쟁을 끝내려 했다. 적군을 성급하게 제압하려다 보니 작전상 실수를 저지르기도 했다. 그는 "내 목숨은 조제핀 당신의 것이오. 당신 곁으로 달려가고 싶어 미칠 지경이라오"라고 적어 보냈다. 그의 편지는 갈수록 열정적이고 에로틱해졌다. 그의 편지를 본 조제핀의 친구는 이렇게 말했다. "그의 글씨는 거의 알아보기 어려웠어요. 철자가 불안정하고, 문체도 낯설고 혼란스러웠어요……. 군대 전체의 운명이 그녀에게 달려 있는 듯한 인상을 받았습니다."

몇 달 후 나폴레옹은 조제핀에게 이탈리아로 와달라고 애걸했지만 그녀는 이런저런 핑계를 대며 거절했다. 그러다가 마침내 그녀는 나폴레옹을 만나기 위해 파리를 출발해 브레시아로 향했다. 하지만 도중에 오스트리아 군대와 마주치지 않으려면 길을 우회해 밀라노로 가야 했다. 나폴레옹은 브레시아에서 조제핀을 만나려고 전쟁터에서 멀리 빠져나와 있었다. 하지만 그는 끝내 그녀를 만나지 못했다. 그는 모든 게 적군인 뷔름제르 장군 때문이라고 욕설을 퍼부으면서 복수를 다짐했다. 이후 나폴레옹은 두 개의 목표물, 곧 뷔름제르 장군과 조제핀을 쫓기에 혈안이 되었다. 하

무의식중에 몸에 밴 (여인의) 쌀쌀한 태도는 세상의 모든 화장품과 좋은 옷보다 더 효과적이다.
— 마르셀 프루스트
(Marcel Proust)

두려움에 떠는 자에게
또다시 밤이 찾아온다
사랑이나 결혼보다 더
위험한 것이 또 있을까
하지만 그렇다고 해서
사랑이나 결혼의 가치를
깎아내릴 마음은
추호도 없다
타락한 자에게도
미덕은 있으니
그들의 태도가 때로
우아해 보이는 것은
그 때문이다
하지만 희지도 붉지도 않은
장미 색깔처럼 이중성을
지닌 여자는
비난받아 마땅하다
그대의 차가운 코케트가
바로 그런 여자다
그녀는 '아니오'라고
말하지도, 그렇다고
'예'라고 말하지도 않으면서
끊임없이 그대의
애간장을 태운다
무풍지대의 해변에 마침내
바람이 불어닥치기 시작하면
그대의 심장은 자책으로
산산이 부서지리니…….
— 바이런(Byron),
《차가운 코케트(The Cold Coquette)》

지만 그는 어디에서도 그녀를 만날 수 없었다. "나는 밀라노에 도착하자
마자 당신이 있는 곳으로 달려갔소. 당신을 품에 안기 위해 모든 것을 뒤
로하고 말이오. 하지만 당신은 어디에도 없었소." 나폴레옹의 말이다. 그
는 잔뜩 화가 났지만, 조제핀의 얼굴을 본 순간 봄눈 녹듯이 사라졌다. 그
는 창문을 가린 채 마차 안에서 조제핀과 사랑을 나누었다. 그의 장군들
은 화가 났지만 어쩔 도리가 없었다. 작전 회의가 지연되고, 전술과 전략
이 즉석에서 되는 대로 이루어졌다. 나중에 나폴레옹은 "그렇게 한 사람
의 마음을 온통 사로잡을 수 있는 여성은 이 세상에 당신 말고는 아무도
없을 것이오"라고 말했다. 그럼에도 불구하고 두 사람이 함께 지낸 시간은
너무 짧았다. 1년 동안 전쟁을 치르면서 나폴레옹이 아내와 함께 보낸 시
간은 불과 보름에 지나지 않았다.

나중에 나폴레옹은 자신이 이탈리아에 있는 동안 조제핀이 바람을 피웠
다는 소문을 들었다. 그의 감정은 차갑게 식어버렸고, 그 후로 셀 수 없이
많은 애인들을 거느렸다. 하지만 조제핀은 남편이 어떤 반응을 보이든 신
경 쓰지 않았다. 그녀는 울음을 터뜨리고, 애교를 떨다가도 갑자기 차갑
게 돌변하면서 나폴레옹을 자기 마음대로 다루었다. 1804년 나폴레옹은
조제핀에게 황후의 관을 씌워주었다. 만일 그녀가 아들을 낳았더라면 마
지막까지 황후로 군림할 수 있었을 것이다. 나폴레옹이 죽기 직전에 마지
막으로 내뱉은 말은 '조제핀'이었다.

프랑스 혁명 당시 조제핀은 하마터면 단두대에서 목이 날아갈 뻔했다.
그때의 경험 이후 그녀는 환상에서 벗어나 현실을 직시하게 되었다. 그녀
는 두 가지 목표를 세웠다. 하나는 쾌락을 즐기며 사는 것이었고, 또 하나
는 그런 삶을 보장해줄 남자를 만나는 것이었다. 그녀는 일찌감치 나폴레
옹을 목표로 삼았다. 그는 젊고 전도양양한 남자였다. 조제핀은 나폴레옹
이 차갑고 엄숙해 보이는 겉모습과는 달리 성격이 급하고 공격적이라는
것을 간파했다. 하지만 그녀는 나폴레옹의 그런 성격을 두려워하지 않고
오히려 그의 약점으로 삼았다. 그는 길들이기 쉬운 사람이었다. 무엇보다
도 조제핀은 나폴레옹의 기분을 맞출 줄 알았으며, 여성적인 섬세함과 상

냉함으로 그의 마음을 사로잡았다. 나폴레옹은 그녀를 소유하고 싶어했다. 일단 그런 욕망을 일깨운 뒤에는 한걸음 뒤로 물러나 그의 애간장을 태웠다. 사실 나폴레옹은 그녀를 정복하기 위해 추격전을 벌이면서 마조히즘에 가까운 즐거움을 느꼈다. 그는 마치 전쟁터에서 적군을 제압하듯이 제멋대로 구는 그녀를 정복하고 싶어했다.

사람들은 쉽게 얻는 것을 가치 있게 생각하지 않는다. 한 번에 상대를 완전히 소유할 수 없을 때, 혹은 거절당할 때, 더 애를 태우고 흥분을 느끼는 것이 인간의 본능이다. 유혹자는 사람들의 이런 심리를 십분 이용해야 한다. 한 번에 만족감을 주기보다는 힘들여 쫓아다니게 만들어야 한다. 사람들은 흔히 상대가 관심을 잃으면 어쩌나 하는 걱정에, 또는 상대가 원하는 것을 해주면 장악력이 생기지 않을까 하는 생각에 너무 빨리 백기를 들고 만다. 하지만 이는 잘못된 생각이다. 오히려 그 반대여야 한다. 상대에게 만족을 주는 순간, 주도권을 송두리째 빼앗기게 된다. 일단 그런 식으로 일이 진행되면, 나중에 사소한 갈등만 일어나도 상대는 관심을 잃고 떠나게 된다. 그러므로 일정한 거리를 두고 언제라도 돌아설 사람처럼 행동해야 한다. 그러면 상대는 불안해진다. 한마디로 멀어진 것 같으면 다시 가까이 가고, 가까워진 것 같으면 다시 거리를 두면서 상대를 다루어야 한다. 코케트는 뜨거운가 싶으면 차가운 태도로 상대의 관심을 고조시키면서 주도권을 잡아나간다. 상대가 화를 낸다고 해서 두려워해서는 안 된다. 그것은 오히려 상대가 유혹에 흔들리고 있다는 증거다.

> 오래도록 유혹의 힘을 발휘하려면 상대를 불안하게 만들어야 한다.
>
> — 오비디우스

차가운 코케트

트루먼 커포티(Truman Capote)는 작가로서 성공을 거두면서 저명 인사가 되었다. 1952년, 그는 앤디 워홀이라는 남자로부터 편지 공세를 받기 시작했다. 당시 워홀은 패션 잡지에 삽화를 그리는 일을 하던 일러스트레

어느 누구도 감히 그를 건드리지 못했다. 어느 날 그는 멍청한 사슴 한 마리를 그물 안으로 몰아넣다가 한 요정의 눈에 띄게 되었다. 그녀는 남이 말을 할 때면 한시도 입을 가만히 두지 않는 수다쟁이였지만, 자기가 먼저 말을 꺼낼 수는 없었다. 그녀의 이름은 에코였는데, 언제나 남의 말에 대답만 해야 하는 신세였다……. 홀로 인적 없는 들판을 헤매 다니던 나르키소스를 본 에코는 그만 사랑에 빠지고 말았다. 그녀는 몰래 그의 뒤를 밟았다. 그에게 가까이 다가갈수록, 에코의 심장은 불에 달군 듯 뜨거워졌다. 횃대 끝에 칠해놓은 유황은 불길에 가까이 갖다대기만 해도 금세 불이 붙고 만다. 에코가 바로 그랬다. 그녀는 그에게 다가가 달콤한 말로 사랑을 고백하고 싶은 마음이 굴뚝같았다. 그런데 바로 그때, 무리에서 떨어져나와 홀로 배회하던 소년이 이렇게 소리쳤다. "누구 없어요, 여기?" 기회를 놓칠세라 에코가 얼른 대답했다. "여기!" 나르키소스는 깜짝 놀라 그 자리에 멈춰서서 사방을 둘러보았다……. 뒤쪽을 돌아보았지만 아무도 보이지 않았다. 그는 다시 소리쳤다. "왜 나를 피하는 거지?" 하지만 그의 귀에는 방금 전 자신이 한 말이 되울려올 뿐이었다. 그는 누가 자기를 놀리고 있는 게 분명하다고 생각했다. "어서 나와, 우리 만나자!" 다시 에코가 대답했다. "우리 만나자!" 하지만 그녀는 더 이상 어떤 소리에도 대구할 수가 없었다. 그녀는 말을 하는 대신, 숲 속에서 뛰어나와 나르키소스의 목을 꽉

끌어안았다. 하지만 그는
지금까지 그래 왔듯이,
그녀에게서 도망치며
이렇게 소리쳤다.
"이 팔 치워! 너 같은 것한테
안기느니 차라리
죽는 게 낫지!"
……모욕을 당한 에코는
숲 속에 숨어 나뭇잎으로
화끈거리는 얼굴을 가렸다.
그날 이후 그녀는 인적 없는
동굴에서 외로이 살고 있다.
하지만 나르키소스를 향한
사랑은 이미 그녀의
마음속에 깊이 뿌리내린
상태였고, 거절당한 고통은
날이 갈수록 심해졌다……
결과적으로 나르키소스는
에코의 사랑을 농락한
셈이었다. 물의 요정과 숲의
요정을 비롯해 자신을
찬미하는 수많은 이들에게
했던 것처럼, 그는
에코에게도 전혀 곁눈을
주지 않았다. 그러던 중
그에게 모욕을 당한 이들
가운데 하나가 하늘을 향해
두 손을 치켜들고 이렇게
기도했다. "저희가 그와
사랑에 빠졌듯이, 그도
누군가와 사랑에 빠지게
하소서! 하지만 그 또한
자기가 사랑하는 이의
사랑을 얻지 못하게
하소서!" 네메시스가
이 기도 소리를 듣고 그의
바람을 이루어주었다……
어느 날, 한낮에 사냥을 하다
지친 나르키소스가 아름다운
경치에 끌려 이곳, 깨끗한
샘가로 내려왔다. 마른 목을
축이려던 그는 또 다른
갈증을 느꼈다. 그는 물을
마시다가 보게 된 아름다운
영상에 그만 마음을
빼앗기고 말았다. 한낱
그림자를 진짜 사람으로
착각하고는 실체가 없는
희망과 사랑에 빠져버린
것이다. 자기 모습에 넋을
잃은 그는 파로스 섬에서
나는 대리석으로 조각한

이터였다. 그는 자신이 그린 그림을 커포티에게 보내기도 했다. 커포티가
그의 책에 자신의 그림을 삽화로 사용해주기를 바라는 마음에서였다. 하
지만 커포티는 답장을 보내지 않았다. 그러던 어느 날 집에 돌아온 커포
티는 위홀이 자신의 어머니와 대화를 나누는 모습을 보았다. 그날 이후로
위홀은 거의 매일 전화를 걸어왔다. 마침내 폭발한 커포티는 위홀에게 당
장 모든 행동을 그만두라고 요구했다. 나중에 커포티는 "그는 마치 아무
짝에도 쓸모없는 인생의 낙오자처럼 보였다"고 술회했다.

그 후 10년이 지나 앤디 위홀은 맨해튼의 스테이블 갤러리에서 첫 작품
전시회를 열었다. 그는 이 전시회에서 코카콜라 병과 캠벨 수프 깡통 같
은 것들을 실크스크린 기법으로 그린 그림들을 선보였다. 앤디 위홀은 전
시회 기간 내내 멍한 눈으로 말없이 한쪽 구석에 서 있었다. 이전 화가들
과는 사뭇 대조적인 모습이었다. 화가들은 대부분 술과 여자를 좋아하고,
장황한 말로 분위기를 주도하는 것이 보통이었다. 과거에 커포티를 비롯
해 미술품 매매상과 후원자들을 귀찮게 쫓아다니던 모습은 더 이상 그에
게서 찾아볼 수 없었다.

비평가들은 위홀의 달라진 모습과 작품 세계에 당혹스러워하면서도 관
심을 보였다. 그들은 작가의 의도와 주제가 무엇인지 도무지 알 수 없었
다. 위홀에게 "의도가 뭐죠? 작품을 통해 말하고자 하는 것이 무엇입니
까?"라고 물었지만, 그는 "그저 좋아서 그린 겁니다", "워낙 수프를 좋아
하거든요" 하고 간단히 대꾸했다. 비평가들은 앞다투어 그의 작품을 해석
하기 시작했다. "위홀의 작품은 대량 소비문화를 신화처럼 떠받드는 현대
문명사회의 필연적인 결과다." "아무것도 결정하지 않겠다는 결정, 이것
은 일종의 역설이다. 아무것도 표현하지 않음으로써 새로운 차원을 열어
보이려는 게 작가의 의도다." 어쨌든 전시회는 크게 성공했고, 위홀은 새
로운 문화운동, 곧 대중예술의 선구자로 주목받게 되었다.

1963년 위홀은 맨해튼에 있는 커다란 창고를 빌렸다. 그는 그곳을 공장
이라고 불렀다. 곧이어 예술가와 배우 등 여러 사람들이 창고에 들락거리
기 시작했다. 위홀은 특히 한밤중에 창고 안을 거닐거나 한쪽 구석에 우
두커니 서 있곤 했다. 사람들은 그의 주변에 몰려들어, 그의 관심을 끌려

고 경쟁하면서 질문을 던지면 워홀은 어정쩡한 태도로 마지못해 대답을 했다. 하지만 누구도 그에게 가까이 접근하지 못했다. 그는 단지 "안녕하세요"라는 인사만 남기고 지나치기 일쑤였다.

워홀은 점차 영화 제작에도 흥미를 보였다. 그는 자기 영화에 친구들을 출연시켰다. 그의 영화에 출연한 사람들은 일약 스타가 되었다(워홀의 말에 따르면 "15분 동안 유명세를 누리는 명사"가 된 셈이었다). 곧 사람들은 너도나도 워홀의 영화에 출연하고 싶어 경쟁을 벌였다. 그는 특히 많은 여성들을 스타로 키워냈는데, 에디 세지윅, 비바, 니코가 그들이다. 그의 주변을 배회하는 것만으로도 사람들은 명사가 된 기분이었다. 그의 공장은 사람들의 볼거리로 떠올랐으며, 주디 갈런드, 테네시 윌리엄스 같은 스타들이 그곳에서 열리는 파티에 참석해 워홀의 이름 없는 친구들과 어울리곤 했다. 사람들은 리무진을 보내 파티에 그를 초대하기 시작했다. 그는 파티에서 거의 말없이 있다가 일찍 자리를 뜨기 일쑤였지만, 사람들은 그가 와준 것만으로도 영광으로 여겼다.

1967년 워홀은 여러 대학으로부터 강의 요청을 받았다. 하지만 그는 말하는 것을 싫어했다. 자신의 작품에 관해서는 더욱 그랬다. "말할 것이 없는 것일수록 더욱 완전한 것이다"라는 게 그의 지론이었다. 하지만 돈벌이가 쏠쏠했기 때문에 거절하기가 어려웠다. 그는 한 가지 방법을 생각해냈다. 배우 출신의 앨런 미지트를 변장시켜 대신 강의하게 하는 것이었다. 미지트는 검정 머리에 피부가 가무잡잡한 체로키 인디언 혼혈이었다. 어느 모로 보나 워홀과 닮은 구석이라곤 하나도 없었다. 하지만 워홀과 친구들은 그의 얼굴에 분을 바르고, 머리를 염색하고, 검은 선글라스를 씌우고, 워홀의 옷을 입혔다. 미지트는 미술에 관해 문외한이었기에 학생들의 질문에 수수께끼 같은 간결한 대답만 했다. 하지만 그 점이 오히려 워홀을 방불케 했다. 그의 계획은 성공을 거두었다. 당시 워홀은 대중의 우상이었지만, 그의 진면목을 아는 사람은 아무도 없었다. 그는 종종 검은 선글라스를 썼기 때문에 사람들은 그의 얼굴을 알아보지도 못했다. 게다가 연단과 청중과의 거리도 멀어 강사가 워홀이 아니라는 사실을 아무도 눈치채지 못했다.

워홀은 어렸을 때부터 모순된 감정들 때문에 괴로워했다. 그는 명성을

석상처럼 시선을 고정한 채 꼼짝도 않고 샘가에 앉아 있었다……. 그는 자기도 모르는 사이에 자신을 갈망했다. 그가 감탄해 마지않았던 대상은 그 자신이었다. 그는 좇는 동시에 좇기고 있었고, 자기가 피워올린 불꽃에 자기가 타들어가고 있었다. 무정한 샘물에 수없이 입술을 갖다댔으나 허사였고, 물에 비친 목을 만지려고 수없이 물에다 손을 넣었으나 끝내 자신을 만질 수 없었다. 그는 자기가 보고 있는 영상이 다름 아닌 자신의 모습이라는 것을 알지 못했다. 그는 물에 비친 자신의 모습을 보면서 격정으로 달아올랐고, 그의 눈을 속이는 환상에 흥분했다. 불쌍하고 어리석은 소년아, 그대를 피해 달아나는 영상을 붙잡으려 한들 무엇하리? 그대가 좇고 있는 대상은 존재하지 않는 허상일 뿐. 눈을 돌려 옆을 보라, 그러면 그대가 사랑하는 대상은 사라져버릴 터. 그대가 보고 있는 것은 그대의 영상이 만들어낸 그림자에 불과할 뿐, 그 자체로는 아무것도 아닐진저. 그대가 거기 있으면 그림자 역시 거기 있을 것이며, 그대가 그러고 있는 한 그림자도 영원히 그러고 있을지니. 그대가 떠나면, 만약 떠날 수만 있다면, 그림자도 떠난다네……. 그는 지친 머리를 풀밭에 누이었고, 곧이어 죽음이 찾아와 그가 그토록 찬미했던 그의 눈을 감기었다. 저승으로 간 뒤에도 그는 계속해서 스틱스 강에 비친 자신의 모습을 바라보았다. 그의 누이들인 샘의 요정들은 그의 죽음을 안타까이

원했지만, 소극적이고 수줍은 성격을 타고났다. 그는 나중에 이렇게 말했다. "내게는 항상 갈등이 있었다. 수줍은 성격을 타고났으면서도 사람들의 주목을 받고 싶었기 때문이다. 엄마는 항상 '너 자신을 드러내려 하지 말고 사람들이 자연스레 너의 존재를 알게 하라'고 말씀하셨다." 처음에 워홀은 다른 사람들의 관심과 사랑을 받기 위해 적극적인 노력을 기울였다. 하지만 효과가 없었다. 10년 동안의 노력이 아무 소용이 없자 그는 본래의 소극적인 모습으로 돌아갔다. 그랬더니 놀랍게도 사람들이 주목하기 시작했다.

워홀은 그와 같은 경험에서 얻은 교훈을 1960년대 초부터 자신의 작품에 적용하기 시작했다. 그는 깡통에 담긴 수프나 속도 위반 딱지처럼 주변에서 흔히 볼 수 있는 소품들을 그렸다. 그의 그림에는 이렇다 할 의미가 담겨 있지 않았으므로 감상자들은 전혀 강요받는 느낌 없이 그림을 감상할 수 있었다. 사람들은 각자 나름대로 그림에 담긴 의미를 생각하면서 호기심을 가졌다. 즉각적인 표현, 시각적인 효과, 차분하고 냉담한 분위기 등은 그의 그림이 가진 특징이었다. 워홀은 그림만 그런 식으로 바꾼 것이 아니라, 자기 자신을 바꾸어나가기 시작했다. 그는 더 이상 자신을 주장하려 하지 않았다.

세상에는 자신을 내세우려는 사람들로 가득하다. 너도나도 앞다투어 자기를 주장한다. 그런 경우 일시적인 승리를 거둘지는 몰라도, 결국에는 그 정체와 속셈이 백일하에 드러나고 만다. 그런 사람들은 자기 주변에 여백을 남기지 않는다. 여백이 없으면 유혹에 성공하기 어렵다. 차가운 코케트는 자기 주변에 여백을 남김으로써 아리송한 이미지를 만들어낸다. 코케트의 냉담한 태도와 침묵은 사람들의 호기심을 자극해 말을 걸어보고 싶다는 마음을 갖게 만든다. 무관심한 태도로 아무 말 없이 가만히 앉아 있는 코케트에게 사람들은 끌리게 마련이다. 그들은 코케트의 관심과 인정을 받고 싶어 안달한다.

코케트를 상대하면서 사람들은 불쾌감을 느낄 수도 있다. 왜냐하면 코케트는 순순히 자기를 맡기는 것도 아니고, 그렇다고 거부 의사를 분명히 밝히지도 않으면서 사람들이 가까이 다가오는 것을 결코 허락하지 않기 때문이다. 하지만 사람들은 그런 매력에 끌려 코케트를 열망한다. 유혹이란 사람들을 끌어들여 소유하고 싶다는 욕망을 갖게 만드는 과정이다. 인간은 진공 상태를 싫어하는 본성이 있다. 감정적인 거리감이나 침묵을 못 견뎌한다. 그래서 그 빈 공간을 말과 열정으로 채우려 한다. 워홀처럼 뒤로 한걸음 물러서면 사람들은 스스로 다가오게 되어 있다.

> 나르시시즘에 빠진 여성은 남성을 매혹시킨다……. 고양이처럼 인간에게 무관심한 듯이 보이는 동물들이 매력적으로 느껴지듯이, 나르시시즘에 빠져 자기만족을 얻는 어린아이도 우리를 매혹시킨다……. 마냥 행복하기만 한 어린아이의 모습은 우리의 시샘을 불러일으킨다. 우리도 한때 어린아이처럼 더없이 행복한 마음을 가진 적이 있었다.
>
> — 지그문트 프로이트

코케트가 되는 길

흔히 코케트의 매력은 도발적인 외모나 매혹적인 태도로 호기심을 자극할 뿐 만족을 주지 않는 능력에 있다고 생각한다. 하지만 코케트의 진정한 매력은 사람들을 감정적으로 사로잡아 유인하는 능력에 있다. 코케트가 탁월한 유혹자의 대열에 설 수 있는 것은 바로 이러한 능력 때문이다. 코케트는 차갑고 사람을 멀리하는 듯한 인상을 주는데도 이상하게도 강력한 유혹의 힘을 발휘한다. 대개 누군가를 오래 사귀다 보면 그 사람에 대해 잘 알게 된다. 그리고 일단 사람의 속마음을 알게 되면 흥미를 잃게 된다. 하지만 코케트는 정반대다. 사람들은 코케트가 자기를 이용한다는 사실을 알면서도 흥미를 잃기는커녕 오히려 더 안달이 난다. 조제핀과 나폴레옹의 관계가 그렇다. 나폴레옹은 수년 동안의 경험을 통해 조제핀이 자신을 이용한다는 사실을 잘 알고 있었지만, 그녀를 내치지 못했다.

코케트가 가진 유혹의 힘을 이해하려면 먼저 사랑과 욕망의 특성을 알아야 한다. 예를 들어 상대의 관심을 사려고 노골적으로 접근하면 오히려 도망갈 뿐이다. 너무 관심을 쏟아부으면 잠시 흥미를 불러일으킬 수는 있

이기심은 사랑을 일깨우는 특성 가운데 하나다.
— 너새니얼 호손(Nathaniel Howthorne)

겠지만, 이내 상대를 질리게 하고 심지어는 두려움을 갖게 할 수도 있다. 과감하게 자신의 감정을 표현해야만 상대의 관심을 살 수 있다는 생각에 우리는 종종 실수를 저지른다. 하지만 코케트는 차갑게 돌변하기도 하고 화를 내기도 하면서 상대를 혼란스럽게 만드는 한편, 호기심을 갖게 한다. 코케트의 냉담한 모습은 신비감을 자아내며 상대의 상상력을 자극한다(반대로 익숙하고 길들여진 것은 상상력이나 신비감을 불러일으키지 못한다). 때로 거리를 두는 것이 상대의 감정을 자극한다. 손안에 들어왔다 싶으면 한 번씩 거리를 둘 때, 상대는 불안해지고 관계가 깨질까 봐 안절부절못하게 된다. 그는 코케트의 마음에 들려고 온갖 노력을 기울이게 된다. 코케트의 매력은 적극적으로 유혹하기보다는 마음을 주는 척하다가 갑자기 뒤로 물러서는 특성에 있다는 사실을 잊어서는 안 된다. 이것이 바로 코케트가 사람을 사로잡는 기술이다.

아울러 코케트는 또 다른 특성을 지녀야 한다. 바로 나르시시즘이다. 프로이트는 '나르시시즘에 빠진 여성'이 남성을 매혹시킨다고 말했다. 그의 설명에 따르면, 인간은 누구나 나르시시즘의 단계를 거쳐 성장한다. 어린 아이는 자기만족에 빠져 다른 사람을 의식하지 않고 마냥 행복해한다. 하지만 사회화 과정을 거치는 동안 우리는 다른 사람도 존재한다는 사실을 배우게 된다. 그럼에도 우리는 온 세상이 자기 것인 양 즐거웠던 어린 시절에 대한 그리움을 간직하고 있다. 나르시시즘에 빠진 여성은 남성에게 이와 같은 옛 생각을 불러일으킴으로써 유혹의 힘을 발휘한다. 남성은 그런 여성을 소유함으로써 자기만족을 얻으려고 한다.

남성은 자유롭게 행동하는 코케트를 보면 그녀를 길들여 소유하고 싶다는 욕망을 느낀다. 하지만 거꾸로 그녀의 노예가 되고 만다. 그는 그녀의 사랑을 얻기 위해 끊임없이 노력하지만 돌아오는 것은 아무것도 없다. 왜냐하면 나르시시즘에 빠진 여성은 감정적으로 아무것도 필요로 하지 않기 때문이다. 그녀는 스스로 만족스러워한다. 이런 태도가 바로 유혹의 힘을 발휘한다. 자기만족이 강할수록 더 큰 유혹의 힘을 발휘할 수 있다(자신에 대한 태도가 상대에게 알게 모르게 영향을 준다). 사람들은 자긍심이 약한 사람보다는 자신감이 넘치고 자기 삶에 만족하는 사람을 좋아한다. 다른 사람을 의식하지 않을수록 사람들의 관심을 끌 수 있다. 굳이 다른 사람들과 관계를 맺으려고 애쓸 필요가 없는 것이다. 하지만 유혹적인 나르시시즘과 자기중심적인 태도를 혼동해서는 안 된다. 자신을 드러내고픈 마음에서 끊임없이 뭔가를 자랑하려는 태도는 유혹의 힘을 발휘할 수 없다. 그런 경우에는 만족스러운 삶을 살고 있다기보다는 뭔가 불안해하고 있다는 사실을 드러낼 뿐이다.

전통적으로 코케트는 여성의 역할로 간주되었다. 여성들은 코케트의 자질을 발휘해 남성들을 공략하고 이용해왔다. 여성들은 남성을 사로잡기 위해 선뜻 몸을 허락하지 않고 애간장을 태우는 방법을 사용해왔다. 17세기 프랑스의 유명한 코르티잔 니농 드 랑클로가 대표적인 예다. 당시 프랑스에서 내로라하는 남성들은 모두 그녀를 소유하고 싶어했다. 하지만 그녀는 아무에게나 잠자리를 허락하지 않았다. 스스로 원하지 않으면 잠자리를 거부했다. 그녀를 사모하는 남성들은 그런 태도에 애간장이 녹았다. 그녀는 남성들에게 일시적으로 사랑을 허락하고, 몇 달 동안 잘 지낸 뒤 퇴짜를 놓았다. 영국의 엘리자베스 1세 여왕도 전형적인 코케트였다. 그녀는 일부러 대신들의 욕망을 한껏 부추기며 장난을 쳤지만, 누구와도 잠자리를 하지 않았다.

시간이 흐르면서 남성들도 여성의 전문 분야로 여겨졌던 코케트의 방법을 채택하기 시작했다. 로쟁 공작(마르키스 안토냉 페귈랭)은 17세기의 유명한 유혹자였다. 그는 여자의 열정을 한껏 고조시켜놓고서는 갑자기 거리를 두었다. 여성들은 당연히 애가 달았다. 오늘날 코케트는 남녀 모두에게 해당된다. 직접적이고 노골적인 것을 싫어하는 사람들에게 애간강을 녹이다가 돌연 거리를 두고 차갑게 변하는 코케트의 간접적인 유혹 방법은 효과 만점이다.

코케트는 먼저 목표로 정한 상대를 흥분시킬 수 있는 능력이 있어야 한다. 그것은 성적인 매력이 될 수도 있고, 지식이나 명예가 될 수도 있다. 동시에 코케트는 상대의 애간장을 녹이면서 혼란에 빠뜨릴 수 있는 능력이 필요하다. 마리보가 쓴 18세기 프랑스 소설 《마리안의 생애*La Vie de Marianne*》의 여주인공도 대표적인 코케트다. 그녀는 일요일마다 교회에

완전히 빛나갔습니다. 그날 그는 평소에 늘 하던 애기만 하다가 자리를 떴습니다. 그러고 나서 나는 연무장에 가려고 하는데 함께 가자고 제안했고, 그는 내 제안에 순순히 응했습니다. 나는 이제 그를 손에 넣는 일만 남았다고 생각했습니다. 그 후로 그는 나와 자주 운동을 하러 다녔고 그때마다 주위에 아무도 없었지만, 나의 목적을 이루려면 아직 멀었다는 말은 차마 할 수가 없었습니다. 상황이 호전될 기미가 안 보이자, 나는 정공법을 쓰기로 결심했습니다. 일단 시작했으면 끝을 봐야 하는 성격 때문에 도중에 포기할 수가 없었습니다. 나는 결과가 어떻게 되든 끝까지 가보기로 했습니다. 그래서 그의 환심을 사려는 연인처럼 굴면서 그를 저녁식사에 초대했습니다. 그는 차일피일 미루며 약간 망설이는 눈치였지만, 마침내 나의 초대를 받아들였습니다. 처음에는 그는 식사가 끝나면 곧바로 줄행랑을 쳤고, 그때마다 나는 수치심에 떨면서 그를 보내야 했습니다. 하지만 나는 다시 정공법으로 나갔고, 이번에는 식사가 끝나고 밤늦게까지 대화하면서 그를 붙잡아두었습니다. 그가 그만 가봐야겠다고 하자, 나는 가기에는 너무 늦은 시간이라면서 그를 주저앉혔습니다. 그래서 그는 저녁식사 때 앉았던 긴 의자를 침대 삼아 잠을 청했습니다. 방 안에는 우리 둘 외에는 아무도 없었습니다……. 하늘에 있는 모든 신들께 맹세컨대, 그날 밤 우리 둘 사이에는 아무 일도

갈 때면 단정하게 차려입었지만, 머리를 살짝 풀어놓는 것을 잊지 않았다. 그리고 예배 도중에 손으로 흐트러진 머리를 매만지는 척하면서 팔을 드러냈다. 18세기 교회에서는 그런 일이 흔치 않았기 때문에 모든 남성의 눈이 일시에 그녀에게 쏠렸다. 그녀의 옷이 특별히 자극적인 경우에는 더욱더 남성들의 눈길을 사로잡았다. 이 여주인공처럼 코케트가 되려면 노골적으로 속내를 드러내서는 안 된다. 알 듯 모를 듯 모호한 태도나 말을 사용해 상대를 자극하면서도 거절하는 듯한 인상을 풍겨야 한다.

위대한 정신적 지도자 가운데 한 사람인 지두 크리슈나무르티(Jiddu Krishnamurti)도 실은 코케트였다. 추종자들에게 정신적 스승으로 추앙받았던 그는 또한 댄디이기도 했다. 그는 우아하고 말쑥한 옷차림을 좋아했다. 독신 생활을 했으며, 다른 사람이 자신의 몸에 손을 대는 것을 극도로 싫어했다. 1929년 그는 자신은 신도 아니고 정신적인 스승도 아니며 어떤 추종자도 원하지 않는다고 선언했다. 그의 추종자들은 깜짝 놀랐다. 하지만 그런 태도는 오히려 더 큰 반응을 불러일으켰다. 수많은 여성들이 그를 흠모했고, 추종자들은 더욱 헌신적이 되었다. 크리슈나무르티는 육체적으로나 정신적으로나 모순된 분위기를 풍겼다. 그는 보편적인 사랑과 포용을 설파했지만, 개인적으로는 사람들을 가까이하지 않았다. 그리고 매력적인 육체의 소유자로 외모에 상당히 신경을 썼으면서도 독신주의와 정신적인 삶을 강조했다. 바로 이런 모순된 분위기가 사람들을 끌어들이는 힘으로 작용했다. 세상사에 초연한 듯한 그의 태도에 사람들은 오히려 더욱더 매료되었다.

코케트는 사람들이 갈피를 잡지 못하게 한다. 사람은 한번 쾌락을 맛보게 되면 그 경험을 잊지 못한다. 이런 심리를 잘 알고 있는 코케트는 쾌락을 준 다음에 그것을 다시 거두어들인다. 코케트의 힘은 다양한 방법으로 뜨거움과 차가움을 교차시키는 능력에서 나온다. 8세기경 양귀비는 중국의 전형적인 코케트였다. 그녀는 상냥한 태도와 냉정한 태도를 적절히 혼합해 현종을 사로잡았다. 양귀비는 황제 앞에서 갖은 애교를 떨다가도 그가 작은 잘못이라도 저지르면 태도가 돌변해 화를 내며 냉랭하게 굴었다. 일단 그녀가 제공해준 쾌락을 맛본 황제는 그럴 때마다 그녀의 비위를 맞추기 위해 궁궐을 발각 뒤집어놓곤 했다. 그녀의 눈물도 역시 같은 효과를 자아냈다. 황제는 양귀비가 눈물을 흘릴 때마다 자기가 무엇을 잘못했는지 몰라 안절부절못했다. 황제는 그런 식으로 양귀비에게 놀아나다가 자기 자신은 물론 나라까지 망쳤다. 코케트는 때로 화를 내기도 하고 눈물을 흘리기도 하면서 상대에게 죄책감을 불러일으킨다. 그리고 그렇게 함으로써 자신의 목적을 달성한다. 부부나 연인 사이의 사랑 싸움도 이와 비슷하다. 싸운 뒤에 화해를 하면, 서로에 대한 감정이 더 애틋해진다. 어떤 종류의 슬픔이든, 슬픈 감정은 유혹의 힘을 가진다.

또 하나, 코케트는 결코 질투하지 않는다. 질투심은 나르시시즘에 빠진 코케트의 자기만족 원칙에 어긋난다. 코케트는 오히려 상대의 질투심을 유발하는 데 일가견이 있다. 상대가 다른 사람에게 관심을 보이면, 자기도 다른 사람에게 관심 있는 척하며 욕망의 삼각관계를 만들어낸다. 그렇게 함으로써 코케트는 상대의 행동에 전혀 질투를 느끼지 않는 척한다. 이 방법은 개인적인 관계뿐만 아니라 사회적인 상황에서도 지대한 유혹의 힘을 발휘한다.

나르시시즘에 빠진 여성에게 관심을 가졌던 프로이트는 그 자신도 일종의 나르시시스트였다. 그의 초연한 태도에 제자들은 어찌할 바를 몰랐다(심지어 그의 제자들은 그러한 태도를 가리켜 '신(神) 콤플렉스'라고 표현할 정도였다). 프로이트는 마치 메시아처럼 사소한 감정에 휘말리지 않는 초연한 도인처럼 살았다. 그는 제자들과 늘 일정한 거리를 유지했으며, 자신의 사생활을 신비로 감쌌다. 그러면서도 가끔 카를 융, 오토 랑크, 루 살로메 등을 조수로 두어 가까이했다. 그것을 본 제자들은 어떻게 해서든지 그의 눈에 들어 선택받은 자가 되려고 애썼다. 어느 날 그가 제자들 가운데 한 사람을 선택해 조수로 삼으면, 나머지 제자들은 질투심에 불타올랐다. 인간은 대개 자신이 다른 사람보다 못한 것처럼 생각되면 불안해하며, 그것을 극복하려고 애를 태운다. 코케트는 초연한 태도를 유지하면서 이러한 심리를 이용해 서로 경쟁하게 만든다. 이처럼 코케트는 제3자를 이용해 목표로 삼은 상대의 질투심을 자극해 복종하게 만든다. 이런 점에서 프로이트는 위대한 코케트였다고 하겠다.

정치 지도자들은 코케트의 전술을 이용해 대중을 사로잡는다. 이들은 대중을 잔뜩 흥분시킨 다음, 갑자기 대중과 거리를 유지한다. 정치학자인 로베르토 미켈스(Roberto Michels)는 그런 정치가들을 가리켜 '차가운 코케트(Cold Coquettes)'라고 불렀다. 나폴레옹은 프랑스 국민을 상대로 '코케트 전술'을 구사했다. 이탈리아 원정을 성공리에 마친 뒤 그는 국가 영웅으로 부상했다. 하지만 곧 프랑스를 떠나 이집트 원정에 나섰다. 자기가 없으면 정부가 사분오열될 테고, 그렇게 되면 국민들이 자신이 돌아오기를 애타게 갈망할 것이라는 계산이었다. 그는 그런 식으로 자신의 권력을 키워나갔다. 마오쩌둥(毛澤東)도 선동적인 연설로 대중의 감정을 자극한 뒤 며칠 동안 갑자기 모습을 감춤으로써 자신을 우상으로 만들었다. 유고슬라비아의 지도자였던 요제프 티토도 이와 동일한 전술을 사용해 국민들의 마음을 장악했다.

위에서 언급한 정치인들은 모두 나르시시스트였다. 국민들이 불안을 느끼는 환난의 시기에는 코케트 전술이 더욱 힘을 발휘한다. 질투와 애정과 격렬한 감정을 자극하는 코케트 전술은 특히 집단을 상대로 할 때 효과적이다. 집단을 상대로 할 경우에는 감정적, 물리적 거리를 유지하는 것이 중요하다. 코케트는 초연한 태도로 철저한 자기만족의 모습을 보여주면서 울다가 웃다가, 차갑다가 따뜻하다가 하는 태도를 적절히 반복한다. 그래야만 사람들의 마음을 장악할 수 있다.

| **상징** | 그림자. 그림자는 붙잡을 수 없다. 자신의 그림자를 잡으려고 쫓아가면 그림자는 그만큼 더 멀리 달아난다. 코케트는 우리에게 쾌락을 안겨준 다음에 그림자를 남기고 사라져버린다. 우리는 그 그림자를 보고 구름 낀 날에 햇빛이 났으면 하고 바라듯이, 그들이 다시 돌아오기를 바란다.

코케트의 몰락

코케트는 사람들의 격렬한 감정을 자극함으로써 유혹의 힘을 발휘하기 때문에 그만큼 위험도 많이 따른다. 진자가 좌우로 왔다 갔다 하듯이, 사랑의 감정도 일순간에 미움의 감정으로 바뀔 수 있다. 그러므로 모든 것을 주의 깊게 다루어야 한다. 너무 오래 상대와 거리를 유지해도 안 되고, 화를 냈다가도 곧 웃는 모습으로 다가가야 한다. 상대를 몇 달 혹은 몇 년씩 기다리게 하면 감정이 식으면서 지치게 된다. 마오쩌둥의 아내 장칭(江靑)도 남편의 마음을 사로잡기 위해 코케트 전술을 사용했다. 하지만 10년 동안 싸우고 울고 화를 내는 장칭의 모습에 마오쩌둥은 사랑하는 감정보다 귀찮다는 생각이 더 커졌다. 장칭보다는 조제핀이 더 현명한 코케트였다고 할 수 있다. 조제핀은 나폴레옹을 다룰 때 지나치게 거리를 둔 적이 없었다. 코케트 전술을 구사하려면 타이밍이 중요하다. 하지만 코케트 전술은 격한 감정을 자극하기 때문에 때로 위험을 자초하기도 한다. 그렇더라도 그로 인해 나타나는 부정적인 결과는 일시적인 경우가 많다. 코케트는 중독성을 가진다. 대약진 운동이 실패로 돌아간 뒤 장칭은 다시 마오쩌둥에 대한 영향력을 회복할 수 있었다.

차가운 코케트는 증오심을 자극할 가능성이 높다. 발레리 솔라나스는 앤디 워홀에게 매료된 젊은 여성이었다. 워홀은 그녀가 쓴 희곡에 관심을 보이며 영화로 만들고 싶다는 의사를 내비쳤다. 그녀는 곧 자신이 유명해질 것이라는 환상에 부풀었다. 그녀는 또한 여성운동에도 참여하고 있었다. 1968년 6월, 그녀는 워홀에게 농락당했다는 사실을 어렴풋이 깨닫게 되었다. 그동안 쌓아왔던 남자에 대한 증오심이 일시에 폭발하면서 그녀는 그를 향해 세 차례나 총격을 가했다. 워홀은 그 일로 생명을 잃을 뻔했다. 차가운 코케트는 에로틱한 감정보다는 지성적인 감정을 자극하기 쉽다. 후자는 열정적인 사랑의 감정이 개입되어 있지 않기 때문에 나중에 증오심으로 변할 경우 훨씬 더 위험하다. 따라서 적당한 한도에서 상대를 가려가며 코케트 전술을 구사하지 않으면 화를 자초하기 쉽다.

즐겁고 편안한
차머

차머는 즐겁고 편안한 분위기를 만드는 데 능숙하다. 그들의 방법은 단순하다. 즉 자기 자신이 아니라 상대방에게 관심의 초점을 맞춘다. 차머는 상대방의 마음과 고통을 이해하고, 그들의 기분에 맞추어준다. 그 때문에 사람들은 차머와 함께 있으면 기분이 좋아지고 마음이 한껏 고양된다. 차머는 사람들의 근본적인 약점, 즉 허영심과 자긍심을 겨냥하기 때문에 놀라운 유혹의 힘을 발휘할 수 있다.

매혹의 기술

성적 욕망은 격하고 불안한 감정을 불러일으켜 관계의 갈등과 분열을 야기할 수 있다. 이런 이유 때문에 차머는 상대에 대한 뜨거운 관심, 감미로운 구애, 이해와 존중을 중시하고 정작 섹스는 뒷전으로 미룬다. 물론 그렇다고 해서 차머가 성욕을 억제한다거나 죄악시한다는 의미는 아니다. 사실 매력을 발산하기 위해서는 어떤 형태로든 성적 자극이 동반되어야 한다. 성적 긴장감 없이는 매력을 느낄 수 없다. 하지만 차머는 결코 섹스를 전면에 내세우지 않는다.

매력을 뜻하는 영어 단어 'charm'은 노래라는 뜻의 라틴어 'carmen'에서 유래했다. 이 말은 또한 마술 주문과도 관계가 있다. 차머는 이 말의 유래를 본능적으로 알고 있기라도 하듯 사람들의 관심을 사로잡는 행동을 함으로써 그들을 매료시킨다. 차머는 상대가 이성적인 사고를 할 수 없게 만드는 한편, 그들의 허영심과 자긍심을 한껏 부추긴다. 벤저민 디즈레일리가 말했듯이 "어떤 사람과 대화를 할 때 그 사람 자신에 대해 말을 해주면 그는 몇 시간이고 즐거이 귀를 기울인다." 물론 노골적으로 아첨을 하면 곤란하다. 차머는 알듯 모를 듯 상대를 치켜세우는 기술을 구사해야 한다. 목표로 삼은 상대가 뜻대로 움직여주지 않거나 의심스러운 표정을 지으면, 그때는 약간의 가벼운 신체 접촉이 필요하다. 차머는 직접 내리쬐는 빛이라기보다는 목표물에 부딪혀 은근한 빛을 드리우는 간접 조명과 같은 존재다.

차머는 개인은 물론 집단에도 영향력을 발휘할 수 있다. 지도자도 차머의 방법을 구사해 대중을 매료시킬 수 있다. 다음은 역사상 차머로서 성공을 거두었던 사람들에 관한 이야기를 토대로 매혹의 기술을 정리한 것이다.

관심의 초점을 상대에게 맞추라. 차머는 자신을 뒤에 감추고, 상대를 관심의 주제로 내세운다. 차머가 되려면 듣고 관찰하는 법을 배워야 한다. 상대가 말을 하도록 유도해 속마음을 드러내게 하라. 상대의 말을 통해 그의 장점이나 특히 약점을 알아낸 후에는 그의 구체적인 욕망이나 요구가 무엇인지 세세히 파악하려는 노력을 기울여라. 한마디로 상대의 가려운 곳을 긁어줄 수 있어야 한다. 상대방의 말에 적절히 맞장구를 치고, 아픔에 연민의 정을 표하면서 상대로 하여금 자신의 가치를 발견하게 하고 스스로 훌륭하다는 생각을 갖게 만들어야 한다. 상대를 스타처럼 만들어 주면, 그는 그런 말을 듣고 싶어서 더욱더 당신에게 의존하게 된다. 이는 중독의 효과를 지닌다. 대중들에게 이 방법을 사용할 경우에는 (거짓으로라도) 그들의 아픔에 공감하고 그들의 관심사에 동조한다는 것을 보여주기 위해 마치 목숨이라도 내놓을 듯이 행동해야 한다.

즐거움을 제공하라. 차머는 자신의 어려움이나 문제를 호소하기보다는 상대방의 불평에 관심을 기울여야 한다. 그리고 무엇보다도 상대방에게 즐거움을 안겨줌으로써 불평거리를 잊게 해야 한다(이런 식으로 계속하다 보면, 상대의 마음을 사로잡을 수 있다). 진지하고 비판적인 태도보다는 경쾌한 마음으로 삶을 즐기는 듯한 태도를 보이는 것이 훨씬 매력적이다. 무기력한 모습보다는 활기 넘치는 모습이 더 좋다. 옷차림도 너무 소박하거나 단순한 것보다는 우아하고 분위기 있는 스타일을 연출하는 것이 좋다. 사람들은 대개 교양 있고 고상해 보이는 사람과 어울리고 싶어한다. 이를 정치에 적용하려면, 대중에게 현실보다는 환상을 심어주어야 한다. 대의를 위해 희생하라고 요구하기보다는 적절히 칭찬을 하면서 고상하고 도덕적인 삶을 살도록 강조하는 것이 더 낫다. 사람들의 기분을 잘 맞추어주면 바로 표로 이어진다.

갈등을 화합으로 변화시켜라. 권력이 있는 곳에는 갈등과 분노와 시기심이 따르게 마련이다. 카시우스 롱기누스라는 단 한 사람의 마음에 생긴 증오심이 카이사르의 암살 음모로 발전했다는 역사의 교훈을 잊어서는 안 된다. 차머는 갈등을 무마할 수 있는 방법을 아는 사람이다. 차머는 상대에게 적대감을 품게 하지 않는다. 상대가 공격적인 사람이라면 일단 뒤로 물러서서 지는 척해야 한다. 상대가 원하는 대로 해주고 양보하면 적이 생길 리 없다. 상대를 대놓고 비판해서는 안 된다. 사람들은 비판을 받

디즈레일리는 식사 초대를 받고, 녹색 벨벳 바지에 샛노란 양복 조끼, 버클 슈즈, 레이스 커프스 차림으로 나타났다. 그를 처음 봤을 때는 정신이 사납네 어쩌네 하면서 다들 수군거렸지만, 그가 자리를 뜨자 손님들은 그날 오찬 모임에서 가장 재치 있었던 이야기꾼은 노란 조끼를 입은 남자라는 데 의견의 일치를 보았다. 그날 이후 벤저민은 사교적인 대화에서 커다란 진전을 보였다. 그는 자기 원칙에 충실했고, 무대에 주목했다.
"말을 너무 많이 하지도 말고, 굳이 말하려고 하지도 마라. 하지만 일단 말할 기회가 주어지면, 자신감 있게 얘기하라. 침착한 어조로 얘기하면서, 눈은 항상 상대를 바라보도록 하라. 본격적인 대화에 들어가기 전에, 먼저 사소하지만 재미있는 주제로 사람들과 안면을 익히도록 하라. 사람들의 얘기를 경청하면서 주변을 관찰하다 보면 곧이어 분위기를 파악하게 될 것이다. 절대 논쟁하지 마라. 사교 모임에서 토론은 금물이다. 그저 결론만 내려라. 서로 의견이 다르면,

화제를 바꾸도록 하라. 사교
모임에서는 절대 생각하지
마라. 항상 긴장하고 있으면,
기회를 놓치게 될 뿐만
아니라 비위에 거슬리는
얘기를 하게 된다.
가능한 한 여자들과 많은
얘기를 나누도록 하라.
그러다 보면 언변이
좋아진다. 왜냐하면 자기가
하는 말에 신경 쓸 필요도
없고, 긴장을 유지할 필요도
없기 때문이다.
물론 여자들도 틈만 나면
그대를 업신여기려 하지만,
상대가 여자이기 때문에
자존심에 상처를 입는 일은
없을 것이다. 이제 막
본격적인 생을 시작하는
청년에게 여자로부터 따끔한
질책을 듣는 것보다
더 중요하고 유용한
경험은 없다.
— 앙드레 모루아
(André Maurois),
《디즈레일리(Disraeli)》

으면 불안해할 뿐, 자신의 행위를 고치려고 하지 않는다. 이처럼 차머는 탁월한 외교술을 구사해 사람들을 다스려나가는 존재다.

상대가 편안하고 느긋한 마음을 갖게 하라. 차머는 마치 시계추를 흔들면서 최면을 거는 최면술사와 같다. 상대가 편안한 마음을 가질수록 다루기가 쉽다. 상대를 편안하게 해주는 가장 좋은 방법은 기분을 맞추어주는 것이다. 사람들은 누구나 일종의 나르시시즘에 빠져 있다. 그들은 자신과 비슷한 사람에게 마음이 끌린다. 누구나 취향과 가치관이 같은 사람을 좋아하고, 자기를 이해해줄 수 있는 사람을 사랑한다. 마치 다른 나라의 언어와 관습을 배우는 이방인처럼 사람들의 가치관에 동조하고 그들의 습관과 생각을 이해하려는 노력을 기울일 때 무한한 매력을 발산하게 된다. 따라서 상대를 불편하게 만드는 완강하고 고집스러운 태도는 금물이다.

난관에 봉착해서도 침착하고 태연한 태도를 보여라. 어려운 때일수록 매력을 발산할 수 있는 기회가 생긴다. 불쾌한 상황에 직면해서도 침착하고 여유 있는 태도를 보이면 주변 사람들은 편안함을 느끼게 된다. 운명조차도 자기편으로 만들 수 있다는 자신감과 기다리면 상황이 호전될 것이라는 인내심을 가져야 한다. 분노나 원한을 품어서도 안 되고, 짜증을 내서도 안 된다. 부정적인 감정을 드러내면 주변 사람들은 마음의 문을 굳게 닫아버린다. 특히 정치인이라면 역경을 오히려 리더십을 발휘할 수 있는 기회로 삼아야 한다. 다른 사람들이 당황하고 혼란스러워하는 와중에서도 침착한 태도를 잃지 않으면 더욱더 눈에 띄게 될 것이다. 자신을 정당화하기 위해 불평이나 변명을 하려는 태도는 금물이다.

매력이란 명백한
질문을 던지지 않고도
'예'라는 대답을
이끌어내는 능력이다.
— 알베르 카뮈
(Albert Camus)

유익한 사람이 되어라. 차머는 사람들에게 유익한 존재가 되어야 한다. 그러려면 인간관계의 폭을 넓히고, 사람들에게 도움을 줄 수 있어야 한다. 사람들에게 신뢰감을 주는 것이 중요하다. 예를 들어 대단한 선심을 베풀 것처럼 약속해놓고 지키지 않으면 오히려 상대를 친구가 아니라 적으로 만들게 된다. 신뢰감을 심어주기 위해서는 자신이 한 약속은 반드시 지켜야 한다. 반대로 도움을 받은 일이 있으면 구체적으로 고마움을 표현해야 한다. 약속을 헌신짝처럼 저버리는 세상에서 약속을 지키는 유익한 인간이 된다면 더할 나위 없는 매력을 발산할 수 있다.

사례 1: 여왕을 사로잡은 총리

1870년대 초 영국의 빅토리아 여왕은 매우 우울한 나날을 보내고 있었다. 사랑하는 남편 앨버트 공이 세상을 떠났기 때문이다. 그녀는 깊은 슬픔에 빠졌다. 더욱이 그녀는 앨버트 공의 조언에 의지해 모든 결정을 해온 터라 상실감이 더 컸다. 경험과 식견이 부족한 빅토리아 여왕으로서는 앨버트 공에게 의지할 수밖에 없었다. 그러던 차에 앨버트 공이 죽자, 그녀는 복잡한 정치 논의와 정책 결정에 염증을 느꼈다. 그녀는 갈수록 공개 석상에 나서기를 꺼렸다. 그 결과 영국의 군주제는 무력해질 수밖에 없었다.

1874년 보수당이 정권을 잡으면서 보수당 당수인 벤저민 디즈레일리(Benjamin Disraeli)가 총리가 되었다. 당시 그는 70세였고, 여왕은 55세였다. 그는 총리의 의무에 따라 왕실에서 사적으로 여왕을 접견하는 예를 갖추어야 했다. 두 사람은 성격이나 태도가 전혀 달랐다. 유대인 부모 사이에서 태어난 디즈레일리는 영국인이 보기에 검은 피부에 이국적인 용모를 지니고 있었다. 그는 젊었을 때부터 댄디로 널리 알려졌으며, 화려한 옷을 즐겨 입었다. 그는 소설을 쓰기도 했는데 애정 소설도 있었고, 고딕풍의 작품도 있었다. 그의 소설은 사람들에게 인기를 끌었다. 이와는 대조적으로 빅토리아 여왕은 고집이 세고 완고했으며, 태도도 딱딱하고 취향도 소박했다. 주변 사람들은 디즈레일리에게 여왕의 마음에 들려면 본모습을 감추어야 한다고 충고했다. 하지만 그는 사람들의 조언을 무시한 채 마치 용감한 왕자처럼 씩씩하게 다가가 무릎을 꿇고 여왕의 한쪽 손에 입을 맞추며, "여왕 폐하께 충성을 맹세합니다"라고 서약했다. 그는 총리의 임무를 충실히 이행해 빅토리아 여왕의 꿈이 실현될 수 있도록 하겠다고 다짐했다. 그러면서 여왕이 무안해할 정도로 온갖 아첨을 늘어놓

청중을 몰고 다니면서 박수 갈채를 받는 연설은 덜 암시적일 때가 많다. 왜냐하면 그와 같은 사실 자체가 설득력이 강하다는 것을 의미하기 때문이다. 사람들은 함께 얘기를 나누면서 단지 각자가 사용하는 언어의 종류뿐만 아니라 억양이나 어투, 상대방을 바라보는 시선을 통해 서로에게 영향을 미친다. 우리는 대화를 잘 이끌어나가는 사람을 언어의 마술사라고 부른다.
— 구스타프 타르드(Gustav Tarde), 《의견과 청중(L'Opinion et la Foule)》, 세르게이 모스코비치(Sergei Moscovich)의 《군중의 시대, 군중 심리에 대한 역사적 고찰(The Age of the Crowd)》 중에서

았다. 그런데 여왕은 뜻밖에도 그를 무례하다고 생각하지 않고 웃으며 맞아주었다. 여왕은 일단 기회를 주고 그가 어떻게 나오나 지켜볼 생각이었는지도 모른다.

빅토리아 여왕은 곧 디즈레일리로부터 의회에서 논의된 일들에 관해 보고를 받기 시작했다. 그의 보고서는 역대 총리들이 제출한 것들과 사뭇 달랐다. 그는 보고서에서 "천사와 같으신 여왕이시여"라는 표현을 사용하는 한편, 영국 왕실의 적들을 온갖 상스러운 말로 비난했다. 새로 취임한 장관을 소개하는 보고서에는 다음과 같이 적기도 했다. "그는 구척 장신의 거구입니다. 마치 로마의 성 베드로 성당처럼 처음 보는 사람은 그의 키와 몸무게를 정확히 가늠하기 어려울 정도입니다. 하지만 그는 몸집이 큰 만큼 코끼리와 같은 영민함을 지니고 있습니다." 디즈레일리의 경박하고 형식을 무시한 보고서는 거의 불경에 가까운 것이었지만, 여왕은 그에게 매료되었다. 그녀는 그의 보고서를 탐독했으며, 자신도 모르는 사이에 정치에 관심을 갖게 되었다.

여왕을 처음 접견하는 자리에서 디즈레일리는 자기가 쓴 소설들을 그녀에게 선물했다. 여왕도 답례로 자신이 쓴 책 한 권을 주었다. 책의 제목은 《하이랜드에서의 생활 Journal of Our Life in the Highlands》이었다. 이후 디즈레일리는 여왕과 서신을 주고받거나 대화를 나눌 때마다 "여왕님이나 저와 같은 작가들은 말이죠"라는 표현을 즐겨 썼다. 여왕은 그런 말을 들을 때마다 자부심을 느꼈다. 또한 그녀는 다른 사람들의 입을 통해 그가 자신을 칭찬하는 말을 전해듣곤 했다. 그는 여왕이 상식이 풍부하고 생각이 깊으며 여성적인 본능을 가진 사람으로서 엘리자베스 1세 못지않은 위대한 군주라고 치켜세웠다. 또한 그는 여왕의 생각에 반대한 적이 거의 없었다. 다른 장관들과 회의를 하다가도 갑자기 여왕에게 조언을 구하기도 했다. 1875년 빚에 쪼들린 이집트 총독을 꼬드겨 수에즈 운하를 매입한 뒤에도 그는 운하 매입이 대영제국을 확장하기 위한 여왕의 정책에서 비롯된 것처럼 모든 공적을 그녀에게 돌렸다. 여왕은 영문도 모른 채 이 일로 마음이 우쭐해지면서 자신감을 갖게 되었다.

한번은 빅토리아 여왕이 디즈레일리에게 꽃을 보낸 적이 있었다. 그는 꽃다발에 대한 답례로 평범한 앵초꽃을 여왕에게 보냈다. 받는 사람에 따라서는 모욕감을 느낄 수도 있는 선물이었다. 하지만 그는 "모든 꽃 중에서 그 아름다움을 가장 오래 지속하는 꽃은 바로 앵초꽃입니다"라는 메시지와 함께 꽃을 보냈다. 디즈레일리는 여왕을 환상적인 분위기에 빠져들게 만들었다. 단순한 꽃조차도 여왕을 상징할 정도로 모든 것이 암시적이었다. 빅토리아 여왕은 디즈레일리의 마술에 걸려들었다. 앵초는 곧 여왕이 가장 좋아하는 꽃이 되었다. 여왕은 디즈레일리가 하는 일이라면 무엇이든 찬성했다. 그녀는 그가 자기 앞에서 무릎을 꿇지 않고 앉도록 허락했다. 이는 전에 없던 특권이었다. 두 사람은 매년 2월 밸런타인데이 때마다 선물을 주고받았다. 여왕은 사람들에게 디즈레일리가 파티에서 무슨 말을 했는지 물어보곤 했다. 그가 독일의 아우구스타 왕비에게 약간의 관심을 보이자 여왕은 질투심에 불타올랐다. 왕실의 대신들은 그토록 완고하고 딱딱하던 여왕이 마치 사랑에 빠진 소녀처럼 행동하자 어리둥절할 수밖에 없었다.

1876년 디즈레일리는 빅토리아 여왕을 '여제'로 칭하는 법안을 통과시켰다. 여왕은 무척 기뻐했고, 그에 대한 보답으로 유대인 댄디이자 소설가인 디즈레일리에게 비콘스필드 백작 작위를 수여했다. 디즈레일리의 오랜 숙원이 이루어진 셈이었다.

해석 ——

디즈레일리는 사람을 겉만 보고 판단하지 않았다. 대부분 외모와 옷차림으로 그 사람을 판단하지만 그는 달랐다. 그랬기 때문에 그는 빅토리아 여왕의 완고하고 절제된 겉모습에 속지 않았다. 그는 그 이면에 남성을 열망하는 여성적인 본능이 꿈틀거리고 있다는 사실을 감지했다. 그는 빅토리아 여왕이 억눌린 여성스런 본능을 발산할 수 있도록 숨통을 틔워주었다.

다른 사람들은 빅토리아 여왕을 여자로 생각하지 않았을뿐더러, 그녀가 대단한 자부심을 가지고 있다는 사실도 눈치채지 못했다. 하지만 디즈레일리는 바로 그 점을 꿰뚫어보았다. 그는 사람의 비위를 맞추는 일에 천부적인 재능을 가지고 있었다. "글래드스턴과 함께 앉아서 식사를 한 뒤에 자리를 뜰 때는 그가 영국에서 가장 똑똑한 사람이라는 생각이 든다. 반면 디즈레일리와 식사를 한 뒤에는 나 자신이 영국에서 가장 똑똑한 여성이라는 인상을 받게 된다." 영국의 한 공주가 한 말이다. 이처럼 디즈레일리는 언제나 상대를 편안하고 즐겁게 해주면서 섬세한 방법으로 자신의 마법을 사용했다. 정치 문제를 다룰 때는 특히 더 그랬다. 일단 여왕이 경계심을 풀게 한 후, 그는 더욱더 부드럽고 은근한 분위기를 만들어나갔다. 아마 직접적이지는 않지만 다분히 관능적인 분위기를 연출했을 것이 틀림없다. 그는 빅토리아 여왕이 여자로서도 더없이 매력적일 뿐 아니라 군주로서도 재능을 타고난 것처럼 느끼게 만들었다. 그러니 여왕이 어찌 그를 거부할 수 있었겠는가! 그녀는 그가 원하는 모든 것을 허락할 수밖에 없었다.

우리의 인격은 주변 사람들에게 어떤 대우를 받느냐에 따라 결정된다. 부모나 배우자가 우리를 비난하고 공격적으로 대하면 우리도 상대방과 똑같이 반응하게 된다. 사람의 겉모습만 보고 함부로 판단해서는 안 된다. 겉모습은 단지 그 사람이 주변 사람들로부터 그와 같은 대우를 받아왔다는 사실을 반영할 따름이다. 우락부락한 모습 뒤에는 부드러움을 갈망하는 욕망이 도사리고 있고, 억눌리고 절제된 모습 뒤에는 억제할 수 없는 본능이 꿈틀거리고 있다는 사실을 잊어서는 안 된다. 억눌린 감정을 발산할 수 있게 해주고 받지 못한 것을 받을 수 있게 해준다면, 엄청난 유혹의 힘을 발휘할 수 있다.

디즈레일리는 여왕을 즐겁게 해줌으로써 딱딱하고 완고한 성품을 가진 한 여자를 부드럽게 바꾸어놓았다. 상대를 만족시켜주는 것은 강력한 유혹의 방법이다. 자신의 견해와 취향에 동조하는 사람에게 화를 내거나 방어적인 자세를 취할 사람은 없다. 차머는 겉으로는 상대보다 더 약해 보이지만, 상대의 저항 능력을 빼앗음으로써 결국에는 더 강한 힘을 갖게 된다.

사례 2: 오랜 친구 같은 편안함

1971년 재력가이자 민주당의 실력자였던 에이버럴 해리먼(Averell Harriman)은 자신의 생명이 다해가는 것을 느꼈다. 당시 그의 나이는 일흔

아홉이었고, 오랜 세월을 함께해온 아내 마리와 사별한 직후였다. 그는 당직에서 물러나면서 정치와도 결별을 고했다. 나이도 많고 심신도 지친 상태라 여생을 손자들과 함께 한적하게 보낼 생각이었다.

아내가 죽고 몇 달 후 해리먼은 워싱턴에서 열린 한 파티에 참석하게 되었다. 거기서 그는 옛 애인인 파멜라 처칠을 만났다. 그가 파멜라를 알게 된 것은 제2차 세계대전이 한창일 무렵 프랭클린 D. 루스벨트 대통령의 개인 특사로 런던에서 일할 때였다. 당시 그녀는 스물한 살이었고, 윈스턴 처칠의 아들 랜돌프와 결혼한 상태였다. 런던에는 그녀보다 더 아름다운 여성들이 많았겠지만, 그녀만큼 즐겁게 어울릴 수 있는 사람은 없었다. 그녀는 매우 상냥했으며, 그의 문제를 귀담아들어주곤 했다. 또한 그의 딸과 친구가 되어주었다(그들은 나이가 같았다). 그녀는 만날 때마다 언제나 그를 편안하게 대해주었다. 마리는 미국에 있었고, 랜돌프는 군인으로 복무하던 중이라 그들은 포탄이 비 오듯 쏟아지는 런던에서 관계를 맺기 시작했다. 전쟁이 끝난 뒤에도 오랜 세월 동안 서로 연락을 했다. 그는 그녀의 결혼이 파경을 맞았으며, 그녀가 유럽의 부유한 플레이보이들과 끝없는 애정 행각을 벌이고 있다는 소식을 들었다. 하지만 그는 미국에 있는 아내 곁으로 돌아온 뒤로 그녀를 한 번도 만나지 못했다. 그런데 우연히도 인생이 거의 끝나갈 무렵 파티에서 그녀를 만나게 된 것이다.

오랜만에 파멜라를 만난 해리먼은 그동안의 침묵에서 벗어나 즐거운 시간을 보낼 수 있었다. 그의 농담에 웃음을 터뜨리는 파멜라를 보면서 그는 옛날 런던 시절의 화려한 추억을 떠올렸다. 해리먼은 다시 옛날처럼 힘이 솟구치는 것을 느꼈다. 그는 마치 자신이 그녀에게 여전히 매력 있는 남자인 것처럼 여겨졌다. 며칠 후인 주말에 그녀가 갑작스레 그를 방문했다. 해리먼은 최고 갑부 가운데 한 사람이었지만 돈씀씀이가 그리 크지 않았다. 그와 마리는 항상 검소한 생활을 했다. 파멜라는 그 문제에 대해 이렇다 할 견해를 밝히지 않았다. 하지만 그녀의 집에 초대받은 날 그는 그녀의 밝고 화려한 삶에서 활력을 느꼈다. 집 안 곳곳이 꽃들로 장식되었고, 침대에는 화려한 이불과 시트가 깔려 있었으며, 음식도 진수성찬이었다(그녀는 마치 그가 좋아하는 음식을 모두 알고 있는 듯했다). 해리먼은 그녀가 재력가의 정부라는 소문을 들어서 알고 있었다. 하지만 그녀와 함께 있으면 활력이 솟구쳤다. 그는 자신의 재력으로 그녀를 소유할 수 있다고 확신했다. 그날의 만남이 있은 지 8주 만에 그들은 결혼했다.

파멜라는 그와 결혼하는 것으로 멈추지 않았다. 그녀는 전 부인인 마리가 수집한 작품을 모두 내셔널 갤러리에 기증하도록 남편을 설득했다. 그녀는 또한 그가 가진 재산의 일부를 자기 아들인 윈스턴을 위해 사용하도록 했으며, 새 집을 구입하고 집 안을 꾸미는 일에 돈을 쓰게 했다. 그녀는 인내심을 가지고 그에게 접근해 들어갔다. 그녀는 그가 즐거운 마음으로 자신이 원하는 것을 들어주도록 유도했다. 몇 년이 지나자 그들의 삶에서 마리의 흔적은 완전히 사라졌다. 자식들과 시간을 보내는 일도 점차 줄어들었다. 그는 마치 새로운 청춘을 맞이한 듯했다.

워싱턴의 정치인들과 그 아내들은 파멜라를 의심의 눈초리로 바라보았다. 그들은 그녀의 속셈이 뻔하다고 생각했으며, 자신들은 결코 그녀의 속임수에 넘어가지 않을 것이라고 자신했다. 파멜라가 주도하는 파티에 참석하면서도 그녀가 좋아서가 아니라, 실력 있는 정치인들이 참석하니까 할 수 없이 얼굴을 내비치는 것이라고 생각했다. 하지만 파멜라의 파티는 모든 게 완벽했다. 파티는 늘 편안하고 친밀한 분위기를 띠었으며, 세심하게 배려해 어느 한 사람도 소외감을 느끼지 않도록 했다. 파멜라는 별로 중요하지 않은 손님들에게도 스스럼없이 다가가 진지한 표정으로 대화를 나누었다. 그녀와 대화를 나누는 사람들은 자신이 존경받는 실력자가 된 듯한 기분을 느꼈다. 파티가 끝난 뒤에는 사람들에게 선물이나 개인적인 편지를 보내곤 했다. 그녀가 보낸 서신에는 종종 파티에서 나눈 대화 내용을 암시하는 글귀가 적혀 있곤 했다. 그녀를 교활한 창부라고 흉보던 부인들도 차츰 생각을 바꾸게 되었다. 남자들은 그녀가 유쾌한 여자일 뿐 아니라 유익한 인물이라고 생각하게 되었다(그녀가 세계적으로 저명한 인사들과 친분을 맺고 있는 사실에 관심을 갖게 된 것이다). 그녀는 그들이 요구하기 전에 척척 알아서 만나고 싶어하는 사람과 친분을 맺게 해주었다. 해리먼의 파티는 곧 민주당 기금 마련을 위한 모임으로 발전했다. 파멜라는 파티에 참석한 모든 사람들을 편안하게 해주었다. 파멜라가 연출한 품격 높은 파티 분위기에 사람들은 마치 자신이 중요한 인물이 된 듯한 착각에 빠졌다. 파멜라에게 빠져 전 재산을 날린 남자들처럼 그들도 스스로 자신의 지갑을 열어 모든 것을 내놓았다.

1986년 에이버럴 해리먼이 죽었다. 그즈음 파멜라는 더 이상 남자의 도움이 필요하지 않을 만큼 이미 재력과 실력을 갖춘 상태였다. 1993년 그녀는 프랑스 대사에 임명되어 개인적인 사교 능력을 외교 분야에서 유감없이 발휘했다. 그 후 외교관으로 계속 활동하다가 1997년에 사망했다.

해석 ——

파멜라는 전형적인 차머다. 차머는 매우 교활하다(모르긴 해도 해리먼은 1971년에 파멜라를 다시 만난 게 전혀 우연이 아니었다는 사실을 알았을 것이다). 그럼에도 불구하고 우리는 차머의 매력을 거부할 수 없다. 이유는 간단하다. 차머는 그만한 대가를 치를 만한 감정을 느끼게 해주기 때문이다.

세상은 자기중심적인 사람들로 가득하다. 자기중심적인 사람들은 자신을 삶의 중심으로 삼고자 한다. 그들은 다른 사람들이 자기에게 관심을 가져주기를 갈망한다. 그러한 자기중심적인 태도 때문에 사람들은 더욱더 서로에게 담을 쌓고 자신을 방어하며 살아간다. 이런 상황에서 차머의 유혹에 넘어가는 것은 지극히 당연하다. 차머는 자기 자신에 관해 많은 말을 하지 않음으로써 신비감을 증폭시키는 한편 자신의 한계를 감춘다. 또한 차머는 상대에게 관심을 기울인다. 다시 말해 상대에게 편안한 감정을 느끼게 함으로써 마음의 문을 열게 만든다. 이런 이유로 차머와 함께 있으면 기분이 유쾌해진다. 차머는 불평만 늘어놓고 자기주장을 앞세우는 사람들과는 전혀 다르다. 그는 어떻게 해야 사람들을 즐겁게 할 수 있는지 잘 안다. 차머는 조용히 다가오는 따사로운 감정, 섹스를 하지 않아도 일체가 된 것 같은 분위기를 느끼게 한다(예를 들어 게이샤는 매력적이고 관능적인 특성을 지닌다. 하지만 게이샤의 진정한 매력은 섹스에 있다기보다는 마치 있는 듯 없는 듯 옆에서 온 정성을 다해 손님을 섬기는 태도에 있다). 결국 차머와 시간을 보내다 보면 점점 마음이 끌리고 나중에는 전적으로 그에게 의지하게 된다. 이것이 차머가 가진 매력이다.

아름다운 외모는 관능적인 매력을 발산한다. 하지만 육체의 아름다움은 영원하지 않다. 그런 아름다움은 시간이 지나면 사라지게 마련이다. 주변에는 항상 더 아름답고 더 젊은 사람들이 있다. 또한 상냥한 마음씨 없이 육체적인 아름다움만 있다면 쉽게 싫증이 날 수도 있다. 인간은 육체적인 아름다움보다는 자신의 가치를 존중해줄 수 있는 상대를 원한다. 그러므로 차머는 상대가 스스로를 스타로 생각할 수 있게 만드는 방법을 배워야 한다. 직접적인 유혹보다는 대화로 상대를 높여주고, 간접적인 방법으로 성적 매력을 발산하면서 상대를 유혹해야 한다.

사례 3: 자신을 낮추어 모든 것을 얻는다

1936년 중국 국민당의 지도자 장제스(蔣介石)는 그의 정책(중국을 침략한 일본과 싸우지 않고 마오쩌둥이 이끄는 중국 공산당과 내전을 계속하려는 정책)에 불만을 품은 일단의 군인들에게 인질로 잡혔다. 국민당 군대는 마오쩌둥을 위험한 인물로 보지 않았지만, 장제스는 중국 공산당의 씨를 말리려 했다. 군인들은 그가 마오쩌둥과 손을 잡고 공동의 적인 일본과 싸우기를 바랐다. 그것이 진정한 애국의 길이라고 생각했다. 군인들은 장제스를 사로잡아 생각을 돌리려 했지만, 그는 도무지 말을 듣지 않았다. 군인들은 장제스가 일본과 싸우는 데 가장 큰 걸림돌이라고 생각하고 그를 처형하거나 아니면 중국 공산당 손에 넘길 작정이었다.

감옥에 갇힌 장제스는 최악의 사태를 생각할 수밖에 없었다. 며칠 뒤 친구이자 중국 공산당의 지도자 가운데 한 사람인 저우언라이(周恩來)가 그를 방문했다. 저우언라이는 장제스에게 정중하게 예를 갖추며 국민당과 공산당이 연합해 일본에 맞서 싸우자고 설득했다. 하지만 장제스는 요지부동이었다. 그는 공산당을 증오했으며, 그러한 감정을 전혀 버릴 생각이 없었다. 그는 공산당과 제휴한다는 것은 수치이며, 자기가 이끄는 군대로부터도 신임을 잃을 게 뻔하다고 고래고래 소리쳤다. 그는 죽이고 싶으면 죽이라고 맞섰다.

저우언라이는 장제스의 말에 미소만 지을 뿐 아무 말도 하지 않았다. 장제스가 흥분을 가라앉히자 저우언라이는 명예를 존중하는 그의 태도를 충분히 이해한다면서, 하지만 정말 명예로운 일은 공산당과 국민당이 서로의 입장 차이를 접고 일본과 맞서 싸우는 것이라고 설득했다. 장제스가 양쪽 군대를 지휘할 수 있다는 얘기도 했다. 또한 그는 어떤 상황에서도 어느 누구도 장제스 같은 위대한 인물을 처형하지 못하게 하겠다고 약속했다. 장제스는 그 말에 매우 놀라며 크게 감동했다.

다음 날 장제스는 공산당 경비원들의 호위를 받으며 감옥에서 나와 자신의 군대로 돌아갔다. 저우언라이는 이 일로 자칫 목숨이 위태로울 뻔했다. 그가 장제스를 풀어주었다는 소식을 듣고 다른 공산당 지도자들이 길길이 뛰었기 때문이다. 장제스를 설득해 일본과 싸우게 하든지, 아니면 그를 처형했어야 한다고 생각했던 그들로서는 저우언라이의 행동을 반역으로 여길 수밖에 없었다. 그들은 그가 처벌을 받아야 한다고 주장했다. 하지만 저우언라이는 아무 말도 하지 않고 묵묵히 기다리기만 했다. 몇 달 뒤 장제스는 내전을 끝내고 공산당과 힘을 합쳐 일본과 싸우겠다는 의사를 전해왔다. 그는 스스로 판단해 그와 같은 결정을 내린 것처럼 보였고, 그가 이끄는 군대도 그의 결정을 존중했다. 어느 모로 보나 그의 동기를 의심할 이유가 없었다.

서로 힘을 합친 국민당과 공산당은 일본을 중국에서 몰아낼 수 있었다. 하지만 장제스가 제거하려고 했던 중국 공산당은 이 틈을 이용해 세력을 확장했다. 일본이 물러가자 그들은 다시 국민당을 표적으로 삼았다. 1949년 공산당은 장제스를 대만으로 몰아내고 권력을 장악했다.

마오쩌둥이 소련을 방문한 것은 그 후였다. 중국의 상황은 심각했으며, 외부의 원조가 절실히 필요했다. 하지만 스탈린은 중국인들을 경계했으며, 마오쩌둥이 저지른 실책을 나무랐다. 마오쩌둥은 자신의 잘못을 쉽게 인정하지 않았다. 그러자 스탈린은 함부로 나대는 젊은 마오쩌둥에게 교훈을 주어야 한다고 생각해 중국 원조를 거부했다. 마오쩌둥은 부랴부랴 저우언라이를 불렀다. 그는 다음 날 소련에 도착해 곧 임무에 착수했다.

지루한 회의를 하는 동안 저우언라이는 소련이 주최하는 만찬에 참석해 보드카를 즐기는 모습을 보여주었다. 그는 언성을 높이며 논쟁을 벌이는 대신 중국인들이 많은 실수를 저질렀으며 경험이 많은 소련으로부터 배워야 한다는 점을 인정했다. 그는 스탈린 앞에 나가 이렇게 말했다. "스탈린 동지, 우리는 동지의 영도 아래 아시아에 최초로 사회주의 국가를 건설한 나라입니다." 나아가 저우언라이는 깨끗하게 작성된 차트와 도표를 준비해오는 치밀함을 보이기도 했다. 소련 사람들이 그런 양식을 좋아한다는 점을 알고 있었던 것이다. 스탈린은 점차 저우언라이에게 끌리기 시작했다. 협상이 진행되었고, 마침내 두 나라는 상호 원조 조약에 서명했다. 물론 소련보다는 중국에 훨씬 이로운 조약이었다.

1959년 중국은 다시 깊은 수렁에 빠졌다. 중국을 하루빨리 산업 국가로 만들겠다는 마오쩌둥의 대약진 운동이 실패했기 때문이다. 국민들의 분노는 극에 달했다. 그도 그럴 것이 베이징의 관료들이 배불리 먹는 동안 국민들은 굶주리고 있었기 때문이다. 저우언라이를 비롯해 베이징의 고위 관료들은 질서를 회복하기 위해 고향으로 돌아갔다. 그들은 많은 특혜를 주겠다고 약속하며 고향의 민심을 수습하려 했다. 하지만 저우언라이는 달랐다. 그는 먼저 조상의 무덤을 찾아 비석을 치우고 관을 더 깊이 묻으라고 명령했다. 그런 다음 그 땅에 작물을 심도록 했다. 유교의 가르침에 비추어볼 때(저우언라이는 유교 신봉자였다) 이는 신성 모독에 가까운 행동이었다. 하지만 이 일을 통해 사람들은 저우언라이가 솔선수범해서 국가를 위해 희생을 감수하고 있다는 사실을 알게 되었다. 그는 어느 누구 할 것 없이, 심지어 지도자들도 희생해야 한다는 점을 모두에게 각인시켰다. 그의 이런 행동은 상징적인 효과를 발휘했다.

저우언라이는 1976년에 사망했다. 아무도 그렇게 하라고 시키지 않았지만 그의 죽음을 슬퍼하는 애도의 목소리가 전국에 울려퍼졌다. 저우언라이는 항상 뒤에서 일하며 대중 앞에 나서지 않았다. 중국의 정부 지도자들은 그런 사람이 어떻게 그토록 국민적 사랑과 지지를 받게 되었는지 놀라지 않을 수 없었다.

해석 ─────

장제스가 군인들에게 인질로 잡힌 사건은 내전의 전환점이었다. 그를 처형했더라면 걷잡을 수 없는 사태가 일어났을 것이다. 장제스는 국민당 군대의 지도자였다. 그가 없었더라면 국민당 군대는 사분오열되었을 테고, 결국 일본이 중국을 지배하게 되었을 것이다. 그에게 강압적으로 조약에 서명하게 하는 것 역시 도움이 되지 않았을 것이다. 그랬다면 그의 체면은 말이 아니게 됐을 테고, 그는 결국 자존심에 상처를 입고 복수의 칼을 갈았으리라는 것은 불을 보듯 뻔한 일이다. 저우언라이는 처형이나 감금과 같은 방법을 쓰면, 오히려 반발을 살 뿐이라는 사실을 잘 알고 있었다. 그런 점에서 저우언라이는 거부감이나 복수심을 일으키지 않고 상대를 조종하는 차머였다.

저우언라이는 장제스 앞에서 자신을 낮추었고, 그의 자존심을 존중해주었으며, 처형의 두려움에서 벗어나 예기치 않은 석방의 기쁨을 맛보게 해주었다. 장제스는 체면을 잃지 않으면서 동시에 위기를 모면할 수 있었다. 저우언라이는 장제스에게 공산당이 나쁘지 않다는 인상을 심어주는 한편, 강요가 아닌 그의 자발적인 결정에 따라 협력을 얻어낼 수 있었다. 그는 동일한 원리를 모든 상황에 적용했다. 그는 언제나 상대보다 자신을 낮춰 처신했으며, 자신을 드러내지 않고 겸손하게 행동했다. 그는 이런 방법을 적용해 내전 종식 후에 일어난 국가의 위기 극복, 소련과의 조약 체결, 대중의 지지 등 자신이 원하는 것을 모두 얻었다.

시간이야말로 가장 큰 무기다. 장기적인 안목에서 인내심을 가지고 기다리면 군대든 개인이든 끌려오게 되어 있다. 차머는 어떤 상황에서나 좀 더 폭넓은 선택을 할 수 있으며, 상대를 무리 없이 설득할 수 있다. 아무리 완강한 상대라 하더라도 차머 앞에서는 무기를 내려놓을 수밖에 없다.

차머는 어떤 경우에도 효과적인 대응 전략을 세울 수 있는 마음의 여유를 가지고 있다. 상대를 감정적으로 만들고, 자신은 초연한 태도를 유지하는 것이 차머가 될 수 있는 가장 좋은 방법이다. 상대는 감사하는 마음이나 행복한 마음을 가질 수도 있고, 감동을 받거나 우쭐한 마음을 가질 수도 있다. 어떤 마음을 갖든 상관없다. 일단 감정이 움직이면 그만큼 냉정한 계산을 할 수 없게 된다. 상대의 비위를 맞추면서 우월감을 갖게 만드는 것이 중요하다. 어린아이가 날카로운 칼을 손에 쥐고 있다고 가정해

보자. 이때 절대로 달려들어 칼을 빼앗으려 해서는 안 된다. 대신 마음을 가라앉히고 사탕을 물려주라. 그러면 어린아이는 사탕에 현혹되어 스스로 칼을 버리고 다가올 것이다. 이것이 바로 차머의 전략이다.

사례 4: 때를 기다려 여왕에 오르다

1761년 러시아의 엘리자베타 여제가 죽자 그녀의 조카 표트르 3세가 황제 자리에 올랐다. 표트르는 늘 어린아이처럼 굴었다. 그는 나이에 걸맞지 않게 장난감 병정을 가지고 놀았다. 차르가 된 그는 자기가 원하는 것은 무엇이든 할 수 있었다. 표트르는 프로이센의 프리드리히 대왕과 조약을 맺었다. 조약 내용은 누가 봐도 프리드리히 대왕에게 더 유리했다(표트르는 프리드리히 대왕을 좋아했으며, 특히 대오를 갖추어 한 치의 흐트러짐도 없이 행진하는 그의 군대를 선망했다). 프로이센과의 조약도 실책이었지만, 표트르는 예의라고는 조금도 찾아볼 수 없는 사람이었다. 그는 숙모인 엘리자베타 여제가 죽었는데도 예를 갖추기는커녕 장례식이 끝나고 며칠 만에 다시 전쟁놀이와 파티를 즐기기 시작했다. 그는 아내인 예카테리나와는 사뭇 달랐다. 예카테리나는 장례식 기간 동안 조신하게 처신했으며, 그 후에도 몇 달 동안 상복 차림으로 엘리자베타 여제의 무덤을 찾아가 기도하며 울부짖었다. 예카테리나는 1745년에 표트르와 결혼하기 위해 러시아로 건너온 독일 공주였다. 그녀는 러시아 정교로 개종했으며, 놀라운 속도로 러시아어를 습득했다. 러시아인들은 그녀가 궁정에 있는 그 누구보다도 러시아를 사랑한다고 생각했다.

엘리자베타 여제가 죽고 나서 몇 달 동안 표트르는 거의 모든 러시아인의 신뢰를 잃고 말았다. 그사이에 예카테리나는 친위대 장교로 근무하던 그레고리 오를로프와 연인 사이가 되었다. 그녀의 신앙, 애국심, 통치자로서의 자격 등에 관한 소문이 퍼진 것은 오를로프의 입을 통해서였다. 오를로프는 표트르를 섬기기보다는 예카테리나를 섬기는 것이 훨씬 낫다는 소문을 퍼뜨렸다. 늦은 밤까지 예카테리나와 오를로프는 함께 대화를 나누곤 했다. 그는 그녀 뒤에 군대가 있으니 마음놓고 쿠데타를 일으키라고 종용했다. 그녀는 그의 말을 주의 깊게 들었지만, 그런 일을 벌일 때가 아니라고만 대답했다. 오를로프는 그녀가 너무 나약하고 소극적인 게 아닌가 하는 의문이 들었다.

표트르 3세의 통치 행위는 가혹했다. 체포와 처형이 끊이지 않았다. 아내인 예카테리나에게도 난폭하게 굴었으며, 이혼하고 후궁과 결혼하겠다고 위협했다. 어느 날 술에 만취한 표트르는 아무리 괴롭혀도 그저 묵묵히 입을 다물고 있는 예카테리나에게 화가 난 나머지 그녀를 체포하라고 명령했다. 소문은 빠르게 퍼졌다. 오를로프는 예카테리나에게 신속하게 행동하지 않으면 투옥돼 처형당할 것이라고 경고했다. 예카테리나는 이번에는 망설이지 않았다. 그녀는 상복으로 갈아입고, 머리를 반쯤 풀어헤친 채 오를로프를 따라 대기하고 있던 마차를 타고 군대가 있는 막사로 향했다. 군인들은 땅에 엎드린 채 그녀의 옷자락에 입을 맞추었다. 그들은 소문으로만 들었던 그녀의 모습을 처음으로 직접 접하게 되었다. 그들 눈에 비친 그녀의 모습은 마치 살아 있는 성모 마리아 같았다. 그들은 그녀에게 군복을 입혔다. 남자 군복을 입은 그녀의 모습은 너무나 아름다워 다들 입을 다물지 못했다. 군인들은 오를로프의 지휘 아래 겨울 궁전을 향해 출발했다. 상트페테르부르크 거리를 지나가는 동안 행렬은 더욱 불어났다. 모두 예카테리나에게 박수를 보내며, 표트르를 폐위해야 한다고 생각했다. 곧 사제들이 예카테리나를 축복하기 위해 달려왔다. 그 광경은 사람들을 더욱더 흥분의 도가니로 몰아넣었다. 이 모든 일이 진행되는 동안 예카테리나는 마치 모든 게 운명인 양 침묵을 지키며 위엄을 잃지 않았다.

곧이어 표트르에게 반란 소식이 날아들었다. 반쯤 혼이 나간 그는 그날 밤 왕위를 양도하는 데 동의했다. 예카테리나는 총 한 방 쏘지 않고 러시아의 여제가 되었다.

해석 ——

예카테리나는 어렸을 때부터 재기발랄하고 총명한 아이였다. 하지만 그녀의 어머니는 똑똑한 딸보다는 고분고분한 딸을 원했기 때문에 끊임없이 잔소리를 해대며 그녀를 엄격하게 키웠다. 그런 분위기 속에서 성장한 예카테리나는 자연히 자신을 방어하는 방법을 터득하게 되었다. 다시 말해 상대를 존중하는 척하면서 자신의 공격적인 태도를 누그러뜨리는 방법, 인내심을 가지고 자기를 주장하지 않으면 결국에는 상대를 자기 마음대로 다스릴 수 있다는 유혹의 방법을 깨닫게 됐던 것이다.

예카테리나가 열여섯 살의 나이로 러시아에 왔을 때, 그녀에게는 친구나 아는 사람이 단 한 명도 없었다. 그녀는 엄격한 어머니를 대하면서 터득한 방법을 적용했다. 당시 러시아 궁전은 위압적인 엘리자베타 여제, 어린아이 같은 남편 표트르, 모사꾼, 배신자들과 같은 상대하기 어려운 인물들로 가득했다. 하지만 예카테리나는 상냥한 태도로 그들의 의견을 존중하며 참을성 있게 기다렸다. 그녀는 오래전부터 남편이 황제의 자질이 없다는 사실을 간파하고 스스로 여왕이 되기로 마음먹었다. 하지만 무력으로 권력을 장악할 경우 정통성 시비가 끊이지 않을 게 분명했다. 그렇게 되면 권력을 잡은 뒤에도 반란의 위협 때문에 불안한 나날을 보내야 했다. 때가 무르익을 때까지 기다리는 게 상책이었다. 사람들이 자연스럽게 자신을 황제로 추대하게 만들어야 했다. 말하자면 여성적 형태의 쿠데타가 필요했다. 예카테리나는 권력에 관심이 없다는 것을 보여주기 위해 소극적인 자세를 취하며 때를 기다렸다. 그녀는 그런 식으로 사람들의 마음을 사로잡았다.

심리가 불안하고, 성격이 완고하며, 매사에 불평을 일삼는 사람을 대하기란 쉬운 일이 아니다. 이런 사람들의 마음을 녹이는 방법을 터득한다면 무한한 유혹의 힘을 발휘할 수 있다. 하지만 신중해야 한다. 너무 소극적인 태도를 취하면 상대방한테 무시당할 테고, 공격적인 태도를 취하면 그들을 더욱 난폭하게 만들기 쉽다. 따라서 겉으로는 상냥한 척하면서 상대의 기분을 잘 맞춰주고, 속으로는 계산을 하며 때를 기다려야 한다. 한마디로 적절한 전략을 구사할 수 있어야 한다. 때는 반드시 오게 되어 있다. 때가 되면 모든 상황을 일시에 역전시킬 수 있다. 사람들은 겸손하게 자기 입장을 굽히는 사람에게 끌리게 마련이며, 결코 속셈을 의심하거나 알아차리지 못한다. 이처럼 차머는 다 익어 저절로 떨어진 사과를 힘들이지 않고 차지하듯이 무력을 사용하지 않고도 원하는 것을 손에 넣을 수 있다.

| **상징** | 거울. 차머는 마치 거울처럼 상대의 모습을 비추어줄 뿐, 자신을 드러내지 않는다. 사람들은 차머를 통해 자신의 가치와 취향, 심지어 결점을 들여다본다. 사람들은 자신을 사랑하는 나르시시즘에 빠져 있다. 따라서 자신의 모습을 보면 편안함을 느끼며, 흠뻑 매료된다. 그들은 거울 뒤에 무엇이 도사리고 있는지 알지 못한다.

차머의 몰락

차머에게 속지 않는 부류가 있다. 특히 냉소주의자와 남의 인정이나 아첨을 필요로 하지 않는 자신만만한 사람이 여기에 속한다. 이런 사람들은 차머를 교활한 아첨꾼이라고 생각하며, 때로 차머를 곤경에 빠뜨린다. 곤경에서 벗어나는 최선의 길은 자연스러운 태도로 차머의 역할을 하는 것이다. 상냥하고 따뜻한 본성을 타고난 것처럼 꾸미고, 되도록 많은 사람들을 사귀라. 많은 사람을 사귀면 비록 유혹에 걸려들지 않는 소수의 사람이 있다고 하더라도 전혀 걱정할 필요가 없다. 예카테리나는 누구에게나 친절하게 대했다. 그 결과 모든 사람의 추앙을 받으며 러시아의 여제가 되었다. 때로는 자신의 속셈을 솔직히 드러내 보이는 것도 전략이 될 수 있다. 만일 유혹에 걸려들지 않는 사람이 있거든 마치 상대를 유혹할 마음이 없는 것처럼 있는 그대로의 모습을 보여주어라. 그러면 덜 교활하고 인간적인 사람이라는 평가를 받을 수 있다. 디즈레일리도 정적(政敵)인 글래드스턴을 대할 때 이런 방법을 사용했다.

정치 분야에서 차머는 훨씬 더 위험한 몰락을 경험할 수 있다. 정치 문제에 항상 유연한 태도로 두루뭉실하게 접근하다 보면, 뚜렷한 명분을 추구하는 사람들을 적으로 만들기 쉽다. 빌 클린턴이나 헨리 키신저 같은 유혹자들은 개인적인 매력으로 까다로운 정적을 설복하기도 했지만, 그런 방법이 항상 통했던 것은 아니다. 영국의 국회의원들 가운데는 디즈레일리를 미덥지 못한 정치가라고 생각하는 사람들이 많았다. 디즈레일리는 개인적인 자리에서는 사람을 사로잡는 힘으로 그와 같은 감정을 일축할 수 있었지만, 의회 전체를 상대하는 자리에서는 얘기가 달라졌다. 특히 확고한 정책이 필요한 시기에 정치적 차머는 위기에 직면할 가능성이 높다.

예카테리나가 입증해 보였듯이 시간은 모든 것을 해결해준다. 차머는 몸을 웅크릴 때와 일어나 행동을 취할 때를 구별하는 안목이 있어야 한다. 늘 상냥하고 친절하게만 행동하는 습성에 젖어 정작 단호해야 할 때 그렇지 못한 경우도 생길 수 있다. 변신의 귀재였던 저우언라이는 자신에게 기회가 주어지자 철저한 공산주의자의 모습을 보여주었다. 차머의 습성에 너무 젖어서는 곤란하다. 진정한 차머는 움츠릴 때와 일어설 때를 자신의 의지로 완벽하게 다스릴 수 있어야 한다.

신비스러운 기풍을 뿜는 카리스마

카리스마의 매력은 내면에서 우러나온다. 카리스마의 특징은 대다수의 사람들에게 결여된 자신감, 강렬한 성적 에너지, 뚜렷한 목적의식, 충만한 만족감이다. 이와 같은 내면의 자질을 바탕으로 한 카리스마를 가진 사람은 군계일학과도 같은 탁월한 존재로 비친다. 카리스마는 대개 상대의 마음을 꿰뚫어보는 듯한 강렬한 눈빛, 뛰어난 웅변술, 신비감 넘치는 기풍을 가지고 있다. 초연한 듯 정열이 넘치는 카리스마의 모습은 그의 매력을 한층 더해준다.

카리스마와 유혹

카리스마는 대중을 유혹한다. 카리스마는 대중을 사랑에 빠지게 만들며, 지도자로서 행동한다. 카리스마가 대중을 사랑에 빠뜨리는 과정은 단순하며, 일대일의 관계에서 일어나는 유혹과 비슷한 경로를 따른다. 카리스마는 사람을 끄는 강력한 흡인력을 지녔다. 카리스마는 자기 확신이 강하며, 대담하고 침착하다. 카리스마의 특징인 이 모든 자질의 원천은 신비에 싸여 있다. 카리스마의 자신감과 만족감이 어디에서 오는 것인지는 아무도 모른다. 하지만 누구나 그것을 느낄 수 있다. 의식적으로 노력을 기울이지 않고도 카리스마는 자신의 매력을 자연스레 발산한다. 카리스마의 얼굴은 늘 자신감으로 빛난다. 카리스마에는 항상 강한 욕구와 총명한 눈빛, 끊임없이 솟아나는 힘이 있다. 마치 사랑의 열정으로 충만한 사람처럼 카리스마는 사람들에게 호소력을 지닌다. 사람들은 누군가의 인도를 받고 싶어하기 때문에 모험과 번영을 약속하는 카리스마를 믿고 따르게 되어 있다. 사람들은 카리스마에 매료되어 한마디로 그와 사랑에 빠진다. 카리스마는 모호한 성적 에너지를 발산함으로써 대중의 억눌린 성적 욕구를 일깨운다. 원래 카리스마라는 용어는 관능적 욕구가 아니라 종교에서 기원했다. 카리스마에는 종교적인 요소가 짙게 배어 있다.

수천 년 전 사람들은 신이라는 영적 존재를 믿었다. 하지만 기적을 본 사람들은 그리 많지 않았다. 기적이란 신의 능력이 물리적으로 표현되는 현상을 말한다. 신을 접한 사람들은 방언을 쏟아내고, 황홀경을 체험했으며, 환상을 보았다. 이들은 신의 선택을 받은 것으로 알려졌고, 제사장 또는 예언자로 군림하며 대중을 지배했다. 예를 들어 히브리 사람들은 모세를 따라 이집트에서 탈출했다. 그들은 광야에서 40년 동안 방황하면서도 여전히 모세에게 복종했다. 그들이 모세를 지도자로 받들었던 이유는 그가 지닌 권위 때문이다. 그는 신과 직접적인 관계를 맺었다. 시나이 산에서 내려왔을 때 그의 얼굴은 광채로 빛났다. 나아가 그는 신탁을 받아 사람들에게 전했다. 이 모든 것이 그에게 권위를 부여했고, 그 때문에 히브리 사람들은 그를 따르지 않을 수 없었다. 원래 그리스어인 '카리스마'는 예언자와 그리스도를 가리킨다. 카리스마는 신의 은총을 입은 은사(恩賜) 또는

'카리스마'는 그러한 특성이 실제적인 것이건 주장된 것이건 추측에 의한 것이건 상관없이, 한 개인의 비범한 특성이라는 관점에서 이해되어야 한다. 따라서 '카리스마적인 권위'는 외적인 것이든 내적인 것이든 인간을 지배하는 규칙, 다시 말해 특정한 개인의 비범한 특성에 대한 믿음에서 생겨나는 복종과 관련되어 있다.
— 막스 베버(Max Weber), 한스 거스(Hans Gerth)와 C. 라이트 밀스(C. Wright Mills)가 편역한 《막스 베버: 사회학 시론(Max Weber: Essays in Sociology)》

야훼께서 모세에게 이르셨다. "너는 이 모든 말을 기록하여두라. 내가 이 모든 말을 조건으로 삼고 너와 이스라엘 백성과 계약을 맺는다." 모세는 거기에서 야훼와 함께 사십 주야를 지내는 동안 빵도 먹지 않고 물도 마시지 않았다. 그는 계약의 조문들인 십계명을 판에 기록하였다. 모세는 시나이 산에서 내려왔다. 산에서 내려올 때 모세의 손에는 증거판 두 개가 들려 있었다. 그런데 모세는 야훼와 대화하는 동안에 자기 얼굴의 살결이 빛나게 된 것을 모르고 있었다. 아론과 이스라엘

재능을 의미했다. 대부분의 종교는 신의 은총으로 기적적인 능력을 가진 사람, 곧 카리스마에 의해 창시되었다.

시간이 흐르면서 카리스마라는 말은 종교적인 의미에서 벗어났다. 신의 은총을 받은 사람이 아니라 지도력이 입증돼 선거에서 표를 얻은 사람이 권력의 자리에 올랐다. 하지만 20세기 초 독일의 사회학자 막스 베버(Max Weber)는 문명의 발전에도 불구하고 과거보다 더 많은 카리스마가 우리 사회에 존재한다고 말했다. 베버가 지적한 대로, 오늘날의 카리스마는 마치 신의 은총이라도 받은 듯 비범한 자질을 가진 존재들이다. 로베스피에르나 레닌과 같은 인물은 사람을 끄는 흡인력을 지닌 카리스마였다. 그들은 비록 신을 증거하지는 않았지만, 미래의 비전과 사회적 명분을 제시했다. 그들은 대중의 감정을 자극했으며, 대중은 홀린 듯이 그들을 따랐다. 과거 예언자의 말에 추종하던 군중들처럼, 사람들은 그들의 말을 들으며 무한한 행복감을 느꼈다. 1924년에 레닌이 죽자 사람들은 그를 신처럼 숭배했다.

오늘날에도 사람을 끄는 흡인력을 가진 사람을 가리켜 카리스마를 지녔다고 말한다. 앞서 지적했듯이 카리스마가 어디서 나오는지는 분명하지 않다. 카리스마는 신비롭고 설명이 불가능하다. 하지만 카리스마에게는 남다른 자신감이 넘친다. 그는 말로 사람들을 설득하며 지도자의 자리에 오른다. 그는 마치 환상을 본 예언자처럼 비전을 제시한다. 대중은 그의 앞에서 일종의 종교적인 감정을 느낀다. 합리적인 이유는 필요하지 않다. 대중은 단지 그의 말을 진리로 알고 믿는다. 카리스마가 되려면 뭔가 종교적인 분위기를 풍겨야 한다. 다시 말해 거룩하기도 하고 영적이기도 한 내면의 힘을 발산해야 한다. 예언자의 눈빛처럼 활활 타오르는 눈빛을 내뿜으며, 마치 자신도 알지 못하는 신비한 힘에 이끌리기라도 하는 듯 카리스마가 자연스럽게 보여야 한다. 오늘날의 세계는 이성을 숭배하는 합리적인 사회다. 이런 사회 속에서 사람들은 종교적인 체험을 갈망한다. 사람들은 무언가를 믿고자 한다. 카리스마는 바로 사람들의 그와 같은 본능에 호소한다. 그러므로 사람들이 믿고 따를 수 있는 무언가를 제시하는 것만큼 유혹의 힘을 발휘하는 것은 없다. 카리스마의 환상을 심어주기 위해서는 다음과 같은 몇 가지 기본 자질이 필요하다.

백성이 모세를 쳐다보니 그의 얼굴 살결이 환하게 빛나고 있었으므로 모두들 두려워하여 가까이 가지 못하였다. 모세는 아론과 회중의 모든 지도자들을 불렀다. 그들이 자기 앞에 나아오자 모세는 그들에게 모든 것을 이야기해주었다. 그 뒤에야 이스라엘 백성이 모두 나아왔다. 모세는 그들에게 야훼께서 시나이 산에서 주신 계명을 모두 전하여주었다. 모세는 할 말을 다하고 얼굴을 수건으로 가렸다. 모세는 야훼와 대화하기 위하여 그의 앞으로 나아갈 때 수건을 벗고는 나올 때까지 쓰지 않았다. 모세는 하느님께 받은 명령을 나오는 길로 이스라엘 백성에게 전하였다. 이스라엘 백성이 모세를 쳐다보면 그 얼굴 살결이 환하게 빛나고 있었다. 그래서 다시 야훼와 대화하기 위하여 들어갈 때까지 얼굴을 수건으로 가리고 있어야 했다.
— 《구약성서》 출애굽기 34장 27절

분명한 목적의식: 사람들을 사로잡으려면 어떤 계획과 목적이 있다는 것을 보여주어야 한다. 방향은 별로 중요하지 않다. 명분과 이상과 비전을 제시하고, 흔들림 없는 확고한 모습을 보여주면 된다. 사람들은 그러한 자신감을 곧이곧대로 믿는다. 이는 마치 고대 히브리인들이 겉으로 나타난 표징만을 보고 모세가 신과 직접 대화를 나누었다고 믿었던 것과 비슷하다.

특히 어려운 시기를 맞이했을 때 분명한 목적의식을 가지고 있다는 것을 보여주면 효과가 배가된다. 보통 사람은 과감하게 행동하기 전에 망설인다. 이럴 때 카리스마의 확고한 모습은 사람들의 주목을 받을 수밖에 없다. 프랭클린 D. 루스벨트는 대공황의 시기에 대통령이 되었다. 그는 자신감을 잃은 사람들에게 새로운 기회를 열어주었다. 집권 초기에 그는 자신감과 뚜렷한 목적의식을 보여주었다. 대중은 그를 구세주로 여기기 시작했고, 그를 따랐다.

신비감: 신비감은 카리스마의 본질이라고 해도 과언이 아니다. 카리스마가 발산하는 신비감은 좀 독특하다. 왜냐하면 모순적인 성격을 띠기 때문이다. 카리스마는 프롤레타리아적이면서도 귀족적이어야 하고(마오쩌둥), 잔인하면서도 자상해야 하며(표트르 대제), 열정적이면서도 초연해야 하고(드골), 친밀하면서도 거리감이 있어야 한다(프로이트). 사람들의 행동은 대부분 예상 가능한 데 비해, 카리스마의 행동은 예측할 수 없다. 한마디로 깊이를 헤아리기가 어렵다. 사람들은 카리스마의 다양한 인격에 매료된다. 따라서 모순되는 행동을 함으로써 사람들에게 종잡을 수 없는 존재라는 인식을 은근하고 교묘하게 심어주는 것이 중요하다. 신비감을 연출하면 곧 소문이 무성해질 것이다. 항상 사람들과 거리를 두면서 진정한 본모습을 감추어야 한다.

카리스마는 또한 사람들에게 경외심을 심어주어야 한다. 예언자처럼 정신적인 능력을 가지고 있는 듯 보여야 한다. 장래의 일을 알고 있는 것처럼 주장하면 사람들은 그 말이 곧 이루어질 것이라고 상상하게 된다.

성스러움: 대부분의 사람들은 생존하기 위해 타협하지만, 성인(聖人)은 그렇지 않다. 성인은 결과를 아랑곳하지 않고 자신의 이상을 실현하고자 한다. 이러한 성인의 모습에 카리스마가 담겨 있다.

종교의 영역에서만 성인이 존재하는 것은 아니다. 조지 워싱턴과 레닌 같은 정치인들도 권력자답지 않게 단순하고 소박한 삶을 삶으로써 성인에 버금가는 명성을 얻었다(그들은 서로 공통점을 찾아보기 힘든 정치인이었다). 두 사람 모두 죽은 뒤에 신처럼 추앙받았다. 알베르트 아인슈타인도 성인의 자질을 지닌 인물이었다. 그는 어린아이처럼 순수했으며 세상과 타협하지 않고 자신의 이상에만 몰두했다. 카리스마의 성인적 자질은 순전히 꾸며진 것만은 아니다. 물론 카리스마가 허구로 밝혀지는 일이 있긴 하지만, 실제로 그와 같은 자질을 갖는 경우도 더러 있다. 어쨌든 카리스마가 되려면 성인의 경우처럼 자신의 이상을 위해 산다는 인상을 심어주는 것이 중요하다. 아울러 겸손하고 온유한 모습을 지니는 것도 카리스마가 될 수 있는 또 하나의 방법이다. 해리 트루먼이나 링컨의 카리스마는 보통 사람처럼 보이는 평범하고 자상한 모습에서 우러나왔다.

웅변술: 카리스마는 말의 힘에 의존한다. 이유는 간단하다. 말은 사람의 감정을 자극하는 가장 빠른 방법이기 때문이다. 말은 실제로 아무 내용을 담고 있지 않아도 사람을 고양시키기도 하고 분노를 터뜨리게 만들기도 한다. 스페인 내전 당시 라 파시오나리아(la Pasionaria, '정열의 꽃' 또는 '수난의 꽃'이라는 뜻—옮긴이)라는 필명으로 더 유명한 돌로레스 이바루리 고메스(Dolores Ibáruri Gómez)는 공산당을 지지하는 강력한 연설로 사람들의 마음을 움직여 전쟁의 중요한 순간들을 결정지었다. 이런 웅변술을 발휘하려면 화자 스스로가 청중 못지않게 자신의 말에 깊이 빠져들어야 한다. 다행히 웅변술은 학습을 통해 익힐 수 있다. 라 파시오나리아는 연설을 하는 동안 표어, 슬로건, 반복, 청중이 따라할 수 있는 문구 따위를 사용했다. 이런 방법은 누구나 쉽게 습득할 수 있다. 루스벨트는 자상한 아버지 같은 웅변술로 사람들을 사로잡았다. 그는 두운(頭韻)을 이용했으며, 느린 말투로 상상력을 자극하는 한편 성경을 자주 인용했다. 대중은 그의 연설을 들

고 감동한 나머지 눈물을 흘리기도 했다. 열정적인 웅변술보다 다소 느린 듯한 웅변술이 더 효과적이다. 왜냐하면 그런 식의 웅변술은 듣는 사람이나 말하는 사람을 덜 지치게 하며, 은근한 매력을 발휘하기 때문이다.

무대 기질: 카리스마는 자신의 모습을 실제보다 크게 보이게 한다. 배우들을 보면 잘 알 수 있다. 배우들은 무대에서 관객들의 주의를 사로잡는다. 이상한 점은 큰 소리를 지르거나 격렬한 몸짓을 선보이는 배우보다 차분하게 확신에 찬 모습을 보이는 배우가 사람들의 이목을 더욱 사로잡는다는 사실이다. 사람들을 의식해 의도적으로 애쓰다 보면 오히려 원하는 효과를 얻기 어렵다. 관객이나 주변 상황을 의식하지 않고 확고한 자의식을 가질 수 있어야 한다. 드골의 카리스마는 이와 같은 강한 자의식에서 우러나왔다. 그는 나치가 프랑스를 점령했을 때나 제2차 세계대전 이후 국가를 재건해야 했을 때, 그리고 알제리에서 군사 반란이 일어났을 때도 한결같이 침착한 태도를 잃지 않았다. 다른 사람들이 모두 우왕좌왕 흔들리는 상황에서 그는 마치 올림포스의 신들처럼 초연한 태도를 취했다. 그가 말을 할 때면 누구도 그에게서 눈을 뗄 수 없었다. 이런 식으로 사람들의 마음을 사로잡은 후에는 환상을 자극하는 의식(儀式)을 곁들여 마치 군주나 신처럼 보이게 하면 효과가 한결 커진다. 하지만 너무 현란해서는 안 된다. 그럴 경우에는 오히려 사람들의 정신을 다른 곳으로 분산시킬 가능성이 높다.

자유로움: 대부분의 사람들은 감정을 억제하고 산다. 그들은 자신의 무의식에 도사리고 있는 욕망을 분출하지 못한다. 카리스마는 이런 심리적 상황을 십분 이용할 수 있어야 한다. 그는 사람들의 내면에 감추어진 환상과 열망을 투사할 수 있는 스크린이 되어야 한다. 카리스마는 자유로워야 한다. 다시 말해 뭔가 위험스러운 분위기를 연출하면서 죽음을 두려워하지 않는 초연한 삶을 사는 것처럼 보여야 한다. 그래야만 사람들에게 힘을 가지고 있다는 인상을 심어줄 수 있다. 1850년대에 활동했던 미국 여배우 애다 아이작스 멩켄(Adah Issacs Menken)은 자유분방한 성적 표현과 두려

움을 모르는 태도로 세상을 떠들썩하게 했다. 그녀는 반라의 모습으로 무대에 올랐으며, 과감한 연기를 펼쳤다. 빅토리아 시대에 그런 식으로 행동했던 여자는 거의 없었다. 사람들은 그녀를 거의 신처럼 숭배했다.

카리스마는 어떤 것에도 얽매이지 않는 자유로운 태도로 인간의 무의식 속에 존재하는 욕망을 분출할 수 있는 출구를 제시한다. 바그너와 피카소 같은 예술가도 이와 같은 특성을 가지고 있었기 때문에 사람들의 우상이 될 수 있었다. 카리스마는 몸과 마음이 모두 자유로우며, 욕망을 억누르고 사는 사람들과는 달리 느긋한 마음으로 삶에 유연하게 대처한다.

열정 : 무언가를 믿고 확신할 때 사람들은 온몸에서 활기가 넘쳐나고 눈에서는 빛이 난다. 카리스마는 강한 신념을 표출함으로써 대중의 마음을 사로잡는다. 열정적인 신념을 갖기 위해서는 명분이 필요하다. 카리스마는 대중에게 명분을 제시하고, 흔들리지 않는 신념을 보여줌으로써 유혹의 힘을 발휘한다. 1490년 피렌체의 지롤라모 사보나롤라(Girolamo Savonarola)는 교황과 가톨릭교회의 부정부패를 강하게 비판했다. 그는 신의 계시를 받았다고 주장하면서 열정적인 설교로 대중을 사로잡았다. 청중들은 그의 설교에 감정이 격앙된 나머지 히스테리 증세까지 보였다. 그는 그 여세를 몰아 다음 날 피렌체의 통치권을 거머쥐었다. 그는 교황의 명령으로 체포되어 화형에 처해질 때까지 피렌체의 지도자로 군림했다. 사람들은 그가 죽음을 각오하고 자신의 신념을 활활 불태웠기 때문에 그를 믿었다. 오늘날은 그 어느 때보다도 사보나롤라와 같은 카리스마가 필요하다. 사람들은 점점 더 소외감을 느끼고 있다. 그들에게는 공동의 경험이 필요하다. 열정적인 신념을 보여준다면 사람들은 기꺼이 따라오게 되어 있다.

의존성 : 카리스마는 대중의 사랑과 애정을 필요로 한다. 사실 카리스마는 대중 없이는 존재할 수 없다. 대중과 카리스마는 서로 의존하는 관계다. 카리스마는 대중에게 자신을 열어 보이고, 그 대가로 대중은 그에게 열광한다. 카리스마가 갖는 이런 취약성은 다가가기 힘든 그의 강한 모습

을 희석해주는 효과를 발휘한다.

카리스마는 대중을 사랑하고, 또한 대중의 사랑을 원한다. 마릴린 먼로가 보여준 카리스마에서 이러한 사실을 확인할 수 있다. 그녀는 자신의 일기에 이렇게 적었다. "나는 내가 대중과 세상에 속해 있음을 안다. 내가 재능이 있거나 아름다워서가 아니라, 대중 외에는 아무에게도 속해 있지 않은 까닭이다. 대중은 나의 유일한 가족이고 이상이며 내가 꿈꾸어온 유일한 가정이다." 먼로는 카메라 앞에만 서면 생기가 돌았고, 대중과 대화를 나누며 그들을 흥분시켰다. 이런 자질 없이는 대중을 사로잡을 수 없다. 하지만 그렇다고 해서 대중을 이용하려 들고, 그들의 사랑 없이는 살 수 없다는 인상을 심어서는 곤란하다.

모험심: 카리스마는 관습에 매이지 않는다. 카리스마는 모험과 스릴을 즐긴다. 그런 모습은 재미없는 인생을 살아가는 사람들의 관심을 사로잡을 수밖에 없다. 카리스마는 과감하고 용기 있게 행동하는 한편, 공동의 선(善)을 위해서는 위험도 불사한다는 인상을 심어주어야 한다. 나폴레옹은 전쟁터 한복판에서도 몸을 사리지 않고 부하들을 진두 지휘하는 모습을 보여주었으며, 레닌은 죽음의 위협에도 불구하고 스스럼없이 대로를 활보하며 다녔다.

카리스마는 위기 상황에서 더욱 빛을 발하는 존재다. 존 F. 케네디는 쿠바의 핵 미사일 문제를 다루면서 정치적 역량을 인정받았으며, 드골은 알제리 반란을 진압하는 과정에서 자신의 면모를 유감없이 과시했다. 카리스마가 자신의 역량을 드러내려면 위기 상황이 필요하다. 그 때문에 일부러 위기를 조장한다는 비판을 받는 경우도 있다(예를 들어 케네디의 외교는 매우 거칠고 공격적이었다). 이처럼 카리스마가 되려면 영웅심이 필요하다. 겁쟁이 같은 소심한 모습을 조금이라도 보인다면 결코 카리스마가 될 수 없다.

자석처럼 상대를 끌어당기는 힘: 인간의 육체 중에서 가장 큰 유혹의 힘을 발휘하는 부분은 눈이다. 눈은 흥분, 긴장, 초연함 같은 다양한 감정을 드러낸다. 따라서 말이 없더라도 눈빛을 보면 그 사람의 감정을 읽을 수 있다. 간접적인 의사 전달은 유혹의 과정에서 없어서는 안 될 필수 요소다. 따라서 카리스마가 되려면 간접적인 의사 전달 능력이 뛰어나야 한다. 카리스마는 침착하고 유연한 태도와 더불어 강렬한 눈빛을 가져야 한다. 즉 상대의 폐부를 관통하는 듯한 강렬한 눈빛으로 무언의 힘을 발휘할 수 있어야 한다. 피델 카스트로는 상대를 압도하는 강렬한 눈빛을 지니고 있었다. 무솔리니 역시 상대를 압도하기 위해 종종 눈동자를 굴리곤 했다. 그가 눈동자를 굴리며 흰자위를 드러내면 상대는 오금이 저리지 않을 수 없었다. 인도네시아의 수카르노 대통령도 마치 상대의 생각을 읽는 듯한 눈빛을 지니고 있었다. 루스벨트 대통령도 최면을 거는 듯한 눈빛과 위협적인 눈빛으로 상대를 마음대로 주물렀다. 카리스마는 결코 초조하거나 두려워하는 눈빛을 보이지 않는다.

지금까지 언급한 카리스마의 특성은 모두 훈련을 통해 습득할 수 있다. 나폴레옹은 거울 앞에서 당시 배웠던 탈마의 눈빛을 흉내 내려고 몇 시간씩 소비하곤 했다. 중요한 것은 자제심이다. 항상 공격적인 눈빛을 가질 필요는 없다. 때로는 만족스러운 눈빛을 보여주는 것도 필요하다. 눈빛은 카리스마를 내뿜을 수도 있고, 거짓말쟁이라는 인상을 심을 수도 있다. 따라서 눈빛은 매우 중요하다. 그러므로 우연에 맡기지 말고 연습해야 한다. 카리스마로서 원하는 결과를 얻기 위해서는 훈련이 필요하다.

> 내면과 외면에서 극도의 열정을 표출할 수 있는 능력, 곧 생각할 시간을 주지 않고 다른 사람들을 매료시킬 수 있는 강렬한 힘을 가진 자가 진정한 카리스마다.
>
> — 리아 그린필드(Liah Greenfield)

역사에서 본 카리스마의 유형

예언자적 카리스마: 1425년 동레미라는 프랑스 시골 출신의 순박한 처녀 잔 다르크는 첫 번째 환상을 보았다. 그녀는 "나는 열세 살 때 처음으로 나를 인도하시는 하느님의 음성을 들었다"고 말했다. 대천사 미카엘이

하느님의 메시지를 가지고 그녀를 방문했다. 프랑스의 대부분 지역을 점령하고 있던 잉글랜드군을 내쫓고 도탄에 빠진 프랑스 국민을 구할 신의 도구로 잔 다르크를 선택했으니, 프랑스의 왕권을 회복해 샤를 7세를 옹립하라는 메시지였다. 성녀 카트린과 성녀 마르그리트 역시 잔 다르크에게 메시지를 전했다. 그녀의 환상은 대천사 미카엘을 만져보고 그의 냄새를 맡을 수 있을 정도로 생생했다.

처음에 잔 다르크는 자신이 본 환상을 아무에게도 말하지 않았다. 누가 보더라도 그녀는 한낱 농사꾼의 딸에 지나지 않았기 때문이다. 하지만 환상은 점점 더 강렬해졌다. 그녀는 결국 1429년에 하느님이 주신 사명을 이행하기 위해 동레미를 떠났다. 그녀의 목적은 시농에 망명해 있는 샤를 황태자를 만나는 것이었다. 그곳까지 가는 동안 그녀는 수많은 장애를 만났다. 시농은 동레미에서 멀리 떨어진 곳이었고, 극도의 위험이 따르는 여행이었다. 더구나 그녀가 샤를을 만난다 하더라도, 그는 잉글랜드군과 맞서 싸우지도 못할 게으른 겁쟁이에 불과했다. 하지만 잔 다르크는 조금도 낙심하지 않고 마을과 마을을 돌아다니며 군인들에게 자신의 사명을 설명하고 자신을 도와 시농으로 가자고 호소했다. 당시에는 젊은 여인들이 종교와 관련한 환상을 보았다고 주장하는 일이 아주 흔했다. 게다가 잔 다르크의 외모에는 사람들에게 믿음을 줄 만한 요소가 전혀 없었다. 하지만 장 드 메스라는 군인은 그녀의 말에 진지한 반응을 보였다. 그는 잔 다르크가 보았다는 환상에 매료되었다. 그 내용은 잔 다르크가 잉글랜드군의 포위 공격을 받고 있는 오를레앙을 구출하고, 랭스에서 샤를 7세의 대관식을 거행한 뒤 군대를 이끌고 파리로 입성한다는 것이었다. 이 밖에도 그녀는 자신이 어디에서, 어떻게 부상을 입게 될 것인지를 알고 있었다. 더욱이 대천사 미카엘의 말이라며 전하는 내용은 예사 농사꾼의 딸이 사용할 수 있는 언어가 아니었다. 그녀는 매우 침착했으며, 확신에 차 있었다. 드 메스는 그녀에게 빠져들었다. 그는 충성을 맹세하고, 그녀를 호위해 시농으로 떠났다. 곧 다른 군인들도 행렬에 가담했다. 그즈음 샤를 7세는 이상한 소녀 하나가 그를 만나러 오고 있다는 전갈을 받았다.

시농까지의 거리는 563킬로미터에 달했다. 곳곳에 도적 떼가 우글거렸다. 그런 먼 거리를 겨우 몇 명밖에 안 되는 군인들의 호위를 받으며 간다는 것은 극히 위험한 일이었다. 하지만 잔 다르크는 조금도 두려워하거나 주저하지 않았다. 시농까지의 여행은 여러 달이 걸렸다. 그녀는 마침내 시농에 도착했다. 샤를은 신하들의 만류에도 불구하고 자신의 왕위를 회복시켜주겠다고 약속하는 잔 다르크를 만나보기로 결심했다. 아마도 잔 다르크를 상대로 장난이나 쳐보자는 심산이었던 것 같다. 잔 다르크는 알현실에서 샤를을 만났다. 그 광경을 구경하려고 궁궐의 귀족들이 구름처럼 모여들었다. 샤를은 그녀의 예언 능력을 시험해볼 속셈으로 다른 사람에게 왕자의 옷을 입히고 자신은 신하로 위장해 그녀 앞에 나타났다. 하지만 놀랍게도 잔 다르크는 곧바로 샤를 왕자 앞으로 걸어가 예의를 갖추며, "하늘의 왕이 저를 보내어 하늘 왕의 신하인 당신께서 장차 프랑스 왕이 될 것이라는 말씀을 전하게 하셨습니다"라고 말했다. 대화를 주고받는 동안 샤를은 잔 다르크가 사람의 속마음을 정확히 꿰뚫어보고 있다는 인상을 받았다. 잔 다르크는 자신이 본 환상을 자세하고 또렷하게 전달했다. 며칠 뒤 우유부단하고 변덕스러운 샤를 왕자는 그녀를 믿게 되었다. 그는 그녀를 축복하며 프랑스 군대를 이끌고 잉글랜드군과 맞서 싸울 것을 명령했다.

예사롭지 않은 환상과 경건한 신앙심 외에도 잔 다르크는 비범해 보일 수밖에 없는 기본적인 자질을 갖추고 있었다. 그녀의 환상은 강렬했으며, 그 내용이 너무나 구체적이고 생생했기에 믿지 않을 수 없었다. 사람들의 관심을 사로잡을 수 있었던 것은 바로 그와 같은 세부적인 내용이었다. 아무리 터무니없는 말이라도 세부적인 묘사가 곁들여지면 마치 현실 같은 착각을 불러일으키게 된다. 더욱이 당시는 혼란한 위기 상황이었다. 따라서 이 세상을 초월한 세계에서 온 신비로운 힘을 지닌 듯이 보이는 그녀의 모습은 더욱 호소력을 지녔다. 그녀는 확신에 차서 얘기했으며, 사람들이 바라는 일(잉글랜드군을 물리치고 프랑스가 번영을 회복하는 일)을 예언했다. 추측건대 그녀는 시농으로 가는 도중에 샤를 왕자에 관한 얘기를 들었던 게 분명하다. 시농에 도착한 그녀는 샤를 왕자가 자신을 시험해보리라는 것을 알았고, 무리 중에서 자란 듯한 그의 얼굴을 찾아낼 수 있었을 것이다. 이듬해 그녀의 환상은 곧 사라졌고, 그와 더불어 자신감도 없어졌다. 그녀는 많은 실수를 했으며, 결국 잉글랜드군의 포로가 되고 만다. 그녀도 결국에는 한 인간에 불과했던 것이다.

우리는 더 이상 기적을 믿지 않는다. 하지만 신비롭고 초자연적인 능력을 지녔다는 암시만으로도 카리스마를 발휘할 수 있다. 누구나 미래에 대한 환상을 가질 수 있으며, 놀라운 업적을 이루어낼 수 있다는 확신을 가질 수 있다. 이런 환상과 확신을 권위를 가지고 자세하게 묘사하면 곧 사람들의 주목을 받게 된다. 사람들의 심리는 모두 똑같다. 그들은 성공과 번영에 관한 말을 듣고 싶어한다. 따라서 그런 일이 반드시 이루어질 수 있다는 확신을 보여준다면 사람들은 귀를 기울이게 된다. 자신감을 보여주는 것이 매우 중요하다. 자신감 있게 말하면 사람들은 그러한 자신감이 확실한 지식과 예지에서 나오는 것이라고 믿게 된다. 성취 가능한 예언을 한 뒤 그 예언을 사람들이 믿을 수 있도록 한다면, 사람들은 행동하게 마련이고 결국 예언은 이루어질 수밖에 없다. 성공에 대한 암시만으로도 기적 같은 일이 얼마든지 일어날 수 있다. 카리스마의 힘은 바로 이와 같은 암시의 능력에서 나온다.

동물적 카리스마: 1905년의 어느 날 상트페테르부르크에 있는 이그나티예프 백작부인의 살롱에는 전례 없이 많은 인파가 몰려들었다. 정치가들, 사교계의 여성들, 궁궐 대신들이 일찍부터 나와 그리고리 예피모비치 라스푸틴(Grigori Yefimovich Rasputin)이라는 시베리아 출신의 유명한 수도사를 기다리고 있었다. 당시 마흔한 살이었던 그는 치유자이자 성자로서 이름을 떨치고 있었다. 하지만 라스푸틴이 도착하자 사람들은 실망을 금치 못했다. 못생긴 얼굴에 머리카락은 푸석푸석했으며, 체구도 깡말라 볼품없었다. 사람들은 실망을 감추지 못하고 괜히 왔다고 생각했다. 그때 라스푸틴이 다가와 큼지막한 손을 내밀어 한 사람씩 악수를 하며 그들의 눈을 깊숙이 들여다보았다. 처음에 그는 약간 불안정한 표정으로 마치 탐색이라도 하듯 사람들을 위아래로 훑었다. 하지만 곧 친절하고 온화한 표정을 짓더니 약간 과장 섞인 태도로 몇 명의 여인들을 포용하기까지 했

다. 그런 태도에 사람들은 모두 깊은 인상을 받았다.

조금 전까지만 해도 실망스러운 분위기가 감돌았던 살롱은 금세 흥분의 열기로 가득했다. 라스푸틴의 목소리는 침착하고 깊이가 있었다. 그의 언어는 투박했지만, 심오한 영적 진리를 담고 있었다. 그는 아주 쉬운 말로 깊이 있는 진리를 설파했다. 사람들은 이내 촌스러워 보이는 그의 모습에 편안함을 느꼈다. 바로 그 순간 그는 갑자기 버럭 화를 내기 시작했다. "나는 당신들을 알고 있소이다. 나는 당신들의 영혼을 들여다볼 수 있지. 당신들은 너무나 방탕하고 사치스러운 종자들이오……. 당신들이 걸치고 있는 이 좋은 옷들과 저기 저 장식품들은 해롭기만 할 뿐 아무짝에도 쓸모가 없소. 자신을 겸손하게 낮추는 법을 배우시오. 더 단순한 삶을 사시오. 그래야 비로소 하느님이 당신들을 가까이하실 것이오." 라스푸틴의 얼굴에는 영감이 가득 넘쳐흘렀고, 사람들은 그의 말에 귀를 기울이지 않을 수 없었다. 그는 처음과 전혀 다른 사람처럼 보였다. 그가 화를 내는 모습은 마치 예수가 성전에서 환전상들을 내쫓는 모습을 연상케 했다. 라스푸틴은 다시 고요하고 상냥한 표정을 되찾았다. 하지만 청중은 이미 그에게서 신비한 느낌을 받은 뒤였다.

다음 날 그는 상트페테르부르크의 살롱들을 돌아다니며 사람들에게 민요를 부르게 하고, 그들의 노래에 맞춰 춤을 추기 시작했다. 그의 춤은 낯설었지만 자유로운 혼이 담겨 있는 듯했다. 그는 춤을 추면서 청중 가운데 가장 매력 있는 여인들의 주위를 돌며 함께 춤을 추자는 눈빛을 보냈다. 그의 춤에는 점점 관능적인 분위기가 감돌기 시작했으며, 상대가 자신에게 빠져들었다고 생각하는 순간 그는 여인의 귀에 대고 아리송한 말을 속삭였다. 하지만 아무도 그의 말에 화를 내는 것 같지는 않았다.

그 뒤 몇 달 동안 라스푸틴은 상트페테르부르크에 머물렀다. 그가 도시에 머무는 동안 많은 여성들이 그의 숙소를 들락거렸다. 그는 그들에게 영적인 문제를 설파하다가 갑자기 돌변해 저속한 음담패설을 늘어놓았다. 그러면서 "죄를 짓지 않으면 어떻게 회개할 수 있는가?" "오직 타락한 사람만이 구원을 받을 기회도 생긴다" 식의 궤변을 늘어놓았다. 물론 그의 유혹을 뿌리친 여인들도 더러 있었다. 그의 유혹을 거절했던 여성에게 친

*온화함이 느껴졌다. 그는 맞은편에 앉아 그녀를 응시했다. 밝은 푸른색 눈은 어느새 어둠침침하고 진한 푸른색으로 바뀌어 있었다. 송곳처럼 날카로운 시선이 날아와 꽂히면서 마치 최면을 걸듯 그녀를 사로잡았다. 욕망으로 일그러진 그의 주름투성이 얼굴이 가까이 와 닿는 순간, 그녀는 마치 무거운 납덩이에 눌린 것처럼 꼼짝도 할 수 없었다. 뺨에 그의 뜨거운 숨결이 느껴졌다. 그의 눈구멍 깊숙한 곳으로부터 뜨거운 불길이 치솟는 것 같았다. 그는 이글거리는 눈으로 한동안 그녀의 무기력한 육체를 더듬더니 시선을 내리깔며 노골적으로 욕욕을 드러냈다. 그는 나직하지만 열정적인 목소리로 그녀의 귓가에 난생처음 들어보는 관능적인 말들을 쏟아냈다. 유혹자에게 막 굴복하려는 찰나, 어떤 기억이 그녀를 희미하게 일깨웠다. 그녀는 하느님에 대해 물어보려고 그를 방문했다는 것을 떠올렸다.
— 르네 퓔로프-밀레(René Fülöp Miller), 《라스푸틴: 성스러운 악마(Rasputin: The Holy Devil)》*

구가 물었다. "어떻게 너는 성자의 요구를 거절할 수 있지?" "그러면 너는 성자가 여자를 유혹해도 된다고 생각하니?" "그건 네가 몰라서 하는 말이 야. 그의 손길이 닿는 건 뭐든지 거룩해진다는 걸 왜 모르지? 나는 이미 그에게 속해 있어. 나는 그게 자랑스럽고 행복해." "하지만 너는 유부녀잖아. 남편이 뭐라고 할지 생각이나 해봤어?" "걱정하지 마. 남편도 내가 그와 관계를 가졌다는 사실을 영광으로 여기고 있어. 라스푸틴과 관계를 가지면 당사자는 물론이고 남편에게도 큰 축복이라고 믿거든."

라스푸틴의 유혹은 니콜라이 황제와 그의 아내인 알렉산드라에게도 미쳤다. 생명이 위급한 황제의 아들을 치유해준 일로 황제 부부의 신임을 한 몸에 받은 그는 곧 러시아에서 가장 영향력 있는 인물이 되었다.

인간은 타인의 눈에 비치는 모습보다 훨씬 복잡한 양상을 띤다. 고귀하고 부드러운 모습 이면에는 어두움이 도사리고 있을 가능성이 높다. 인간의 내면에 드리운 어두움은 때로 이상한 방법으로 표출된다. 고귀하고 세련된 외양이 가식이라면 언젠가는 본모습이 백일하에 드러나게 되어 있다. 위선이 밝혀질 경우 대개는 사람들의 지탄을 받고 배척된다. 하지만 우리는 때로 어떤 인물에게서 전혀 상반된 모습을 발견했을 때 더 편안하고 인간적인 느낌을 받기도 한다. 이것이 바로 라스푸틴이 지녔던 카리스마의 비결이다. 라스푸틴은 자신의 본성을 있는 그대로 드러냈으며, 위선적으로 행동한다는 죄의식이 전혀 없었다. 사악함과 성자의 면모를 동시에 지니고 있었던 그의 모습에서 사람들은 신비로움을 느꼈다. 그의 눈빛과 손길에서는 카리스마적인 광채가 뿜어져 나왔다.

인간은 대개 착한 기질과 나쁜 기질, 고귀한 기질과 천박한 기질을 동시에 지니고 있다. 하지만 대개의 경우 어두운 면을 억누르고 감추기 위해 노력한다. 라스푸틴처럼 양자를 유감없이 드러내는 경우는 거의 없다. 하지만 때로 도덕적인 억제력을 어느 정도 완화하고, 어두운 본성을 적당히 드러내면 카리스마를 만들어낼 수 있다. 카리스마가 되기 위해서는 감추어진 본능을 드러내는 것이 중요하다. 우리가 동물에게 끌리는 이유가 바로 여기에 있다. 동물들은 아름다우면서도 잔인하다. 하지만 동물들은 결코 그런 자신에 대해 고민하지 않는다. 사람들은 겉으로는 인간의 어두운 측면을 단죄한다. 하지만 미덕만이 카리스마를 만들어내는 것은 아니다. 무엇이되었든 평범한 것을 초월하면 카리스마를 만들어낼 수 있다. 어두움을 드러낸다고 해서 양심의 가책을 느끼거나 도중에 그만두어서는 안 된다. 감추어진 어두운 본성을 드러내면 낼수록 유혹의 흡인력은 그만큼 강해진다.

악마적 카리스마: 엘비스 프레슬리는 아주 내성적인 소년이었다. 테네시의 멤피스에 있는 고등학교에 다닐 무렵, 그는 올백 스타일에 구레나룻을 길렀으며 주로 분홍색과 검은색 옷을 입고 다녔다. 그의 모습은 주위의 이목을 끌기에 충분했다. 하지만 누군가 다가가 말이라도 걸라 치면 그는 수줍어하기 일쑤였다. 사람들은 그런 그를 재미없어했다. 그는 고등학교의 댄스 파티에서도 유일하게 춤을 추지 않는 학생이었다. 그는 자기 안에 갇혀 있는 듯했으며, 어디를 가나 기타를 가지고 노는 것만 좋아했다. 그는 종종 텅 빈 엘리스 오디토리엄에서 혼자 무대에 올라 기타를 연주하는 흉내를 낸 뒤 마치 관중이 앞에 앉아 있는 것처럼 꾸벅 인사를 하곤 했다. 건물 관리인이 그를 발견하고 나가라고 하면, 그는 총총히 사라졌다. 그는 매우 공손하고 예의 바른 젊은이였다.

1953년 고등학교를 막 졸업한 엘비스는 멤피스의 한 스튜디오에서 자신의 첫 번째 노래를 녹음했다. 엘비스에게는 자신의 목소리를 직접 들어볼 수 있는 기회였다. 1년 뒤 스튜디오의 사장인 샘 필립스가 그를 부르더니 두 명의 전문 음악인들과 함께 블루스 곡을 녹음해보자고 제안했다. 그들은 몇 시간 동안 연습했지만 별로 신통치 않아 보였다. 초조해진 엘비스는 더욱 소극적이 되었다. 그날 저녁 피곤에 지친 엘비스는 더 이상 참지 못하고 마치 어린아이처럼 천방지축 날뛰기 시작했다. 그 순간만큼은 엘비스도 자신을 완전히 내던졌다. 그러자 다른 음악인들도 엘비스와 함께 열정적인 분위기에 빠져들었다. 그들의 노래는 점점 거칠어졌다. 필립스의 눈빛이 갑자기 빛나기 시작했다. 그는 뭔가를 발견한 듯했다.

그로부터 한 달 뒤 엘비스는 처음으로 대중 앞에서 노래를 부르게 되었다. 장소는 멤피스의 한 공원에 있는 야외 무대였다. 그는 스튜디오에서 녹음을 할 때처럼 초조해하며 조바심을 쳤다. 심지어 말을 더듬기까지 했다. 하지만 일단 노래를 부르기 시작하자 그의 모습은 순식간에 돌변했다. 관중도 덩달아 흥분하기 시작했고 분위기는 절정에 달했다. 엘비스는 그 이유를 알 수 없었다. 그는 훗날 이때를 회상하며 이렇게 말했다. "나는 노래를 부른 뒤 매니저에게 가서 도대체 관중이 저렇게 흥분의 도가니에 빠진 게 무엇 때문이냐고 물었다. 그러자 그는 '확실히는 모르겠지만, 자네가 왼쪽 다리를 흔들어댈 때마다 관중들이 소리를 지르기 시작했네. 아무튼 잘 모르겠지만 그대로 밀고 나가게'라고 대답했다."

1954년에 발표된 엘비스의 솔로 앨범은 대성공을 거두었다. 여기저기서 공연 요청이 쇄도했다. 그는 무대에 오를 때마다 초조하고 불안해했지만, 일단 노래를 시작하면 전혀 딴 사람이 되었다. 그는 마치 신들린 듯했다. "나는 다른 가수들에게 무대에 설 때 떨리느냐고 물어보았다. 그들은 약간 떨리지만 일단 무대에 서면 마음이 가라앉는다고 했다. 하지만 나는 결코 그렇지 못했다. 그것은 일종의 에너지와 같았다……. 마치 섹스의 열정과도 비슷했다." 엘비스의 말이다.

엘비스는 그 후 몇 달 동안 새로운 동작과 음성을 개발했다. 그는 온몸을 떨어대며 추는 춤과 떨림이 강한 음성으로 무대에 섰다. 관중은 열광했다. 특히 10대 소녀들의 반응은 더욱 뜨거웠다. 그는 1년 만에 미국에서 가장 인기 있는 가수가 되었다. 그의 콘서트는 대중을 광란으로 몰아넣었다.

엘비스에게는 남들은 모르는 어두운 측면이 있었다(어떤 사람들은 그 이유를 그의 쌍둥이 형제가 태어나자마자 죽었기 때문이라고 설명한다). 어렸을 때만 해도 그는 이런 어두운 면을 억누르며 지냈다. 하지만 혼자 있을 때면 온갖 상상의 날개를 펼치며 그런 어두운 그늘에서 벗어날 수 있었다. 물론 사회적 관습에서 벗어난 그의 옷차림에서 그와 같은 징후를 어렴풋이 느낄 수 있다. 그는 노래를 부를 때 이와 같은 마성을 마음껏 펼쳤다. 그의 몸짓과 노래는 위험한 성적 욕구를 발산하는 출구였다. 그는 독특한 춤 동작과 도발적인 분위기로 대중에게 야릇한 환상을 불러일으켰다. 이를

그는 그들의 신이다.
그를 보면 인간을 빚어내는
자연의 손길이 아니라,
어떤 신이 만든 물건 같다는
생각이 든다. 그들은 여름
나비를 좇는 소년이나
파리를 죽이는 도살자처럼
무조건 그를 추종한다.
— 윌리엄 셰익스피어
(William Shakespeare),
《코리올라누스(Coriolanus)》

감지한 관중들은 흥분했다. 엘비스의 카리스마는 현란한 옷차림이나 용모가 아니라 내면에 감추어진 본능적 욕구를 발산함으로써 청중을 전율케 한 데 있었다.

대중은 감정적인 에너지를 발산하고 싶어한다. 겉으로 드러나는 표면 아래에는 욕망이 숨어 있다. 사람들은 사회적으로 억제되어 있는 성적 흥분을 발산하고 싶어한다. 만일 이러한 욕망을 일깨워줄 능력이 있다면, 카리스마가 될 수 있다. 엘비스의 경우처럼 자신의 무의식을 유감없이 드러내는 것이 관건이다. 즉 내면 깊숙한 곳에서 나오는 열정으로 충만해야 한다. 누군가 욕구를 솔직히 드러내는 것을 보면 다른 사람들도 덩달아 자신의 욕구를 드러내게 마련이고, 곧 연쇄 반응이 일어나 주변은 금세 흥분의 도가니로 바뀐다. 성적 욕구만 그런 것은 아니다. 모든 사회적 금기, 즉 인간의 내면 깊숙이 억눌려 있는 것이면 무엇이든 가능하다. 사람들은 금지된 것을 소망한다. 따라서 그 빗장을 열어줄 수만 있으면 카리스마로 군림할 수 있다.

구원자형 카리스마: 1917년 3월 러시아 의회는 니콜라이 황제를 폐위시키고 임시정부를 수립했다. 러시아는 거의 패망하기 직전이었다. 제1차 세계대전에 참여했던 게 재난의 원인이었다. 곳곳에서 기근이 일어났으며, 약탈과 폭력이 난무했다. 군인들은 집단으로 탈영했다. 정치는 당파 싸움으로 사분오열되어 있었다. 우익 노선을 지지하는 사회민주당과 좌익 노선을 지지하는 사회혁명당이 주도권 다툼을 벌였다. 두 진영 모두 배신과 이탈로 몸살을 앓았다.

이러한 혼란의 와중에 47세의 블라디미르 일리치 레닌(Vladimir Il'ich Lenin)이 등장했다. 마르크스주의 혁명가로서 볼셰비키 공산당의 지도자였던 그는 21년 동안 유럽에서 망명 생활을 하며 기회를 기다렸다. 러시아가 혼란에 빠지자 그는 서둘러 고국으로 돌아와 전쟁을 중단하고 사회혁명을 달성해야 한다고 호소했다. 하지만 사람들의 반응은 냉랭하기만 했다. 오로지 비웃음만 있었을 뿐이다. 그는 일단 생김새가 매력적이지 못했다. 작은 키에 외모도 평범했다. 게다가 그는 유럽에서 오랜 세월을

프레슬리가 무대에 등장하자 박수와 환호성으로 장내가 떠나갈 듯했다. 그가 노래를 부르는 동안(무려 스물네 시간 동안) 청중들은 활화산처럼 뜨겁게 달아올랐다. 영화감독 할 캔터는 그때를 회상하며 이렇게 말했다. "내 평생, 그전이나 그 후에도, 사람들이 그렇게 흥분하고 소리 지르는 광경은 본 적이 없다." 당시 옵서버 자격으로 참석했던 그는 "집단 히스테리 증세까지 보이며 열광하던 9000명의 사람들이…… 흥분을 참지 못하고…… 무대 주변에 배치된 경찰의 벽과 조명 장치들을 뛰어넘어 무대 위로 달려가 그를 들어올렸다……" 고 전했다.
— 1956년 12월 17일, 슈리브포트 헤이라이드 극장에서 있었던 엘비스 프레슬리의 공연 장면, 피터 휘트머(Peter Whitmer)의 《엘비스 안의 엘비스: 엘비스 아론 프레슬리의 심리 전기(The Inner Elvis: A Psychological Biography of Elvis Aaron Presley)》 중에서

다른 사람들로 하여금 그처럼 열정적으로 계획을 추진하게 만들 수 있는 사람은 없었다. 단지 의지와 인품의 힘으로 그처럼 능수능란하게 사람들을 조종하고 정복할 수 있는 사람은 없었다. 하지만 그는 뚜렷한 매력이라고는 전혀 찾아볼 수 없는, 얼핏 보아 지극히 평범하고 다소 초라하기까지 한 느낌을 주었다…… 플레하노프도, 마르토프도, 다른 어떤 누구도 레닌처럼 사람들을 사로잡는, 아니 휘어잡는 힘을 갖지는 못했다. 플레하노프는 존경을, 마르토프는 사랑을 받았지만, 레닌은 이론의 여지가 없는 유일한 지도자로 추앙받았다. 레닌은 (전 세계적으로) 아주 특이한 현상의 표본이었다. 강철 같은 의지와 꺾이지 않는 활력으로 자기 자신에 대한 믿음을 혁명운동과 대의명분에 대한 믿음으로까지 승화시킨 지도자는 특히 러시아에서는 오직 레닌밖에 없었다.
— A. N. 포트레소프(A. N. Potresov), 단크바르트 A. 루스토브(Dankwart A. Rustow)의 《철학자와 왕: 리더십 연구(Philosophers and Kings: Studies in Leadership)》

혼자 지내며 이론에만 몰두하느라 대중들과 격리되어 있었다. 더욱이 그가 이끄는 당파는 좌익 노선을 지지하는 사회혁명당에서 분열되어 나온 소수 집단에 지나지 않았다. 아무도 그에게서 국가 지도자가 될 가능성을 보지 못했다.

하지만 레닌은 조금도 굴하지 않고 활동을 시작했다. 그는 가는 곳마다 전쟁을 끝내고 프롤레타리아가 지배하는 세상을 만들어 사유재산을 폐지하고 부를 공평하게 나누어야 한다는 단순한 메시지를 반복해 전달했다. 끝없는 정쟁과 복잡한 문제들에 넌덜머리가 난 사람들은 그의 말에 귀를 기울이기 시작했다. 레닌의 모습은 매우 단호하고 자신감이 넘쳤다. 그는 냉정함을 잃는 법이 없었다. 열띤 논쟁을 하는 와중에서도 그는 침착한 태도로 상대방이 펼치는 논리의 허점을 정확히 찔렀다. 노동자와 군인들은 그의 단호한 모습에 감명을 받았다. 한번은 한창 폭동이 일어나고 있는데, 승용차 위로 뛰어올라 자신의 운전사에게 군중을 뚫고 나갈 수 있는 길을 가르쳐주었다. 위험을 아랑곳하지 않는 레닌의 모습에 운전사는 그저 놀랄 수밖에 없었다. 자신의 사상이 비현실적이라는 비판을 받을 때마다 그는 "바로 그와 같은 생각 때문에 현실이 이렇게 악화된 것입니다!"라고 받아쳤다.

레닌은 한 치의 흔들림도 없는 확고한 태도로 자신의 명분을 제시했을 뿐만 아니라 탁월한 조직 능력을 발휘했다. 유럽에 망명해 있는 동안 그가 이끄는 당은 뿔뿔이 흩어졌으며 점점 위축되었다. 하지만 그는 여러 가지 실용적인 방법을 동원해 당의 결속을 다졌다. 그는 대중 연설에도 뛰어난 능력을 보였다. 제1차 전 러시아 소비에트 대회에서 선보인 그의 연설은 돌풍을 불러일으켰다. 그는 혁명이냐 아니면 부르주아 정부냐 둘 중 하나를 선택하라고 촉구했다. 당시 좌파 가운데는 타협적인 자세를 취하려는 사람들도 많았다. 레닌은 중도는 없다고 외쳤다. 러시아 정치인들은 국가의 위기 상황에서 자신의 이익을 챙기기에 급급했다. 그들은 그런 과정에서 나약한 모습을 보일 수밖에 없었다. 하지만 레닌은 바위처럼 굳건했다. 그의 위상은 하늘 높이 치솟았으며, 덩달아 볼셰비키 당의 인기도 드높아졌다.

무엇보다도 놀라운 것은 노동자와 군인, 농민들에 대한 레닌의 영향력이었다. 그는 평민들을 대상으로 어디서나 연설을 했다. 길거리에서 또는 의자 위에 올라서서 농민들이 잘 아는 문구와 혁명 슬로건을 적절히 섞어가며 혁명을 외쳤다. 사람들은 그의 말에 귀를 기울이며 열광했다. 레닌은 맨주먹으로 1917년 10월 혁명을 완수함으로써 권력을 잡았다. 그는 혁명이 일어나고 나서 7년 뒤인 1924년에 사망했다. 그가 사망하자 전국의 노동자와 군인과 농민들이 애도의 물결을 이루었다. 레닌의 시신은 모두가 볼 수 있도록 방부 처리되었다. 사람들은 그의 무덤 앞에서 그를 숭배했으며, 그의 사상을 계승해나갔다. 새로 태어난 수천 명의 여자아이들이 레닌의 이름을 딴 '니넬'이란 세례명을 받았다. 레닌은 민중들로부터 거의 신처럼 숭배를 받았다.

카리스마에 관해서는 오해가 많다. 오해가 많다는 것은 그만큼 카리스마라는 존재가 신비하다는 증거다. 카리스마는 잘생긴 외모나 일시적인 재능과는 거의 무관하다. 그런 요소들은 단지 일시적인 관심을 끌 뿐이지만, 카리스마는 다르다. 사람들은 위기 상황에서는 즐거움을 원치 않는다. 그 대신 굳건한 사회적 결속 아래 더 낫고 안정된 삶을 살기를 원한다. 평범한 외모를 지녔더라도 비전과 생각이 분명하고, 일을 처리하는 능력이 뛰어나면 얼마든지 카리스마가 될 수 있다. 사람들은 대개 타협적이고 우유부단하다. 그로 인해 무질서와 혼돈이 야기된다. 이런 상황에서 확고한 자신감을 보여준다면 카리스마의 역할을 할 수 있다.

레닌은 러시아 혁명 이전에 취리히의 카페를 드나들던 때만 해도 전혀 카리스마가 없었다(물론 그때도 확고한 소신을 가지고 있었지만, 사람들은 그의 꼬장꼬장한 태도를 탐탁지 않게 생각했다). 하지만 러시아를 구할 수 있는 사람으로 여겨지는 순간 그는 카리스마를 획득했다. 카리스마는 처음부터 타고나는 신비로운 자질이 아니다. 엄밀히 말해 카리스마는 사람들이 만든다. 대중은 자신들을 이끌고 난국을 타개할 사람을 원한다. 따라서 어려운 시기에 침착함과 단호한 결단력을 가지고 뚜렷한 방안을 제시할 수만 있다면 누구나 카리스마가 될 수 있다. 이를 가리켜 '구원자 신드롬'이

나는 우리 당의 독수리를, 정치적으로뿐만 아니라 육체적으로도 위대한 사람을 만나게 된다는 희망에 부풀어 있었다. 나는 레닌이 위풍당당한 거인일 거라고 상상하고 있었다. 하지만 평균 키에도 못 미치는 평범한 남자, 말그대로 보통 사람들과 다른 구석이 전혀 없는 남자를 봤을 때 나는 이루 말할 수 없이 실망했다.
— 이오시프 스탈린(Joseph Stalin)의 《1905년, 레닌과의 첫 만남》, 로널드 W. 클라크의(Ronald W. Clark) 《레닌: 가면 뒤의 인간(Lenin: The Man Behind The Mask)》 중에서

라고 부른다. 일단 대중이 자신들을 혼란에서 구원해줄 사람이라고 생각하는 순간, 카리스마가 탄생한다. 카리스마는 이런 점에서 집단의 사랑을 받는 존재다. 블라디미르 레닌은 지극히 평범한 사람이었지만, 러시아인들은 그를 구원자로 믿고 따랐다.

정신적 지도자형 카리스마: 신지학회(Theosophical Society, 1875년 미국에서 신비주의적 종교관을 바탕으로 창설된 협회로 주로 인도에서 활동하고 있는 국제 단체 ―옮긴이)에 따르면, 2000년마다 한 번씩 마이트레야라고 불리는 정신적 지도자가 인간의 몸을 입고 세상에 내려온다고 한다. 그 가운데 첫 번째 인물은 예수보다 약 2000년 앞서 태어난 스리 크리슈나이고, 그 뒤를 이어 예수가 탄생했다. 이제 예수가 태어난 지 2000년이 지났으므로 또 다른 정신적 지도자가 나올 때가 된 셈이다. 1909년 어느 날 신지학회의 일원인 찰스 리드비터는 인도의 한 해변가에서 웬 어린 소년과 마주쳤다. 그의 이름은 지두 크리슈나무르티였는데 세계적인 정신적 지도자가 될 운명을 가지고 태어난 것처럼 보였다. 리드비터는 이기심이라고는 조금도 찾아볼 수 없는 그 소년의 천진한 모습에 깊은 감명을 받았다. 그의 동료 신지학자들도 리드비터의 생각에 동의하고 선생한테 늘 어리석다고 두들겨 맞기 일쑤였던 이 비쩍 마른 소년을 데려다 보살폈다. 그들은 그에게 음식과 의복을 제공했으며, 그를 영적으로 훈련시키기 시작했다. 초라하기 짝이 없었던 그 소년은 곧 놀라울 만큼 잘생긴 젊은이로 변모했다.

1911년 신지학자들은 '동방의 별 수도회(the Order of the Star in the East)'라는 모임을 결성하고 크리슈나무르티를 회장에 앉혔다. 크리슈나무르티는 영국으로 건너가 그곳에서 교육을 받았으며, 가는 곳마다 융숭한 대접을 받았다. 그의 단순하고 초연한 태도는 많은 사람들에게 깊은 인상을 남겼다.

크리슈나무르티는 곧 환상을 보기 시작했다. 1922년 그는 "나는 기쁨과 영원한 아름다움이 넘쳐흐르는 샘물을 마신다. 나는 신에게 사로잡혔다"라고 선언했다. 그 후 몇 년 동안 그는 일련의 정신적 체험을 하게 된다. 신지학자들은 이를 두고 정신적 지도자의 현현(顯現)을 체험한 것이라고 해석했다. 하지만 크리슈나무르티는 이와는 다른 종류의 계시를 받았다. 그는 우주의 진리는 인간의 내면에서 온다고 주장했다. 신이나 정신적 스승 또는 어떤 교리도 인간의 내면에 있는 진리를 깨닫게 할 수 없다고 믿었다. 그리고 자신은 신도 아니고 메시아도 아니며 단지 한 인간일 뿐이라고 했다. 1929년 그는 수도회를 해산시키고 신지학회와 결별을 선언했다. 추종자들은 그의 결정에 큰 충격을 받았다.

그 뒤에 크리슈나무르티는 철학자가 되었으며, 그가 발견한 진리, 곧 과거의 경험과 언어의 장막을 벗어버리고 단순한 삶을 살라는 가르침을 널리 전파하기 시작했다. 그는 자신의 가르침에 따르는 사람은 누구나 만족스러운 삶을 살 수 있다고 주장했다. 신지학회는 그에게 더 이상 관심을 기울이지 않았지만, 추종자는 전보다 더 많아졌다. 그는 대부분의 시간을 캘리포니아에서 보냈다. 추종자들은 그를 거의 신처럼 숭배하기 시작했다. 시인 로빈슨 제퍼스는 크리슈나무르티가 들어서면 온 방 안이 환하게 밝아지는 것을 느낄 수 있다고 말했다. 작가 올더스 헉슬리는 로스앤젤레스에서 크리슈나무르티를 만나보고 그에게 매료되었다. 크리슈나무르티의 얘기를 듣고 난 뒤 그는 이렇게 말했다. "마치 부처의 가르침을 듣는 것 같았다. 그의 말에는 권위와 힘이 있었다." 크리슈나무르티는 많은 사람들의 정신을 일깨워주었다. 배우 존 배리모어는 그에게 영화에서 부처의 역할을 맡아달라고 요청했다. 하지만 그는 겸손하게 거절했다. 그가 인도를 방문했을 때, 사람들은 무개차에 타고 있는 그를 만져보려고 너도나도 아우성을 쳤다. 다들 그 앞에 넙죽 엎드려 그를 경배했다.

크리슈나무르티는 자신을 경배하는 사람들을 피하기 위해 점점 더 세상과 거리를 두었다. 심지어 자신을 3인칭으로 호칭하기까지 했다. 과거를 잊고 세상을 새롭게 바라보라는 것이 그의 철학적 가르침이었지만, 반대의 결과가 나타났다. 사람들은 그를 전보다 더욱 존경하고 사랑했다. 추종자들은 그의 눈에 들기 위해 서로 다투었다. 그는 평생 독신으로 살았지만, 많은 여성들이 그를 깊이 흠모했다.

크리슈나무르티는 정신적 스승이나 카리스마가 될 생각이 없었지만, 위대하고 신비한 것을 원하는 인간의 묘한 심리를 발견하고 곤혹스러워했다. 사람들은 내면의 힘은 오랜 세월의 노력과 훈련을 통해 생겨난다는 말을 듣고 싶어하지 않았다. 그들은 그러한 힘은 나면서부터 주어지는 것이라고 믿었다. 그들은 카리스마나 위대한 정신적 스승과 접촉하기만 하면 저절로 그러한 힘을 소유할 수 있다고 생각했다. 그들은 크리슈나무르티가 저술한 책을 읽거나 그의 가르침을 실천하는 데는 관심이 없었다. 그들은 단지 그와 가까이 있기만 하면 자신들도 신비로운 힘을 얻을 수 있을 것이라고 생각했다. 크리슈나무르티는 단순한 삶이 진리에 이르는 방법이라고 가르쳤다. 하지만 사람들은 단순한 삶을 실천하기보다 그가 실천한 단순한 삶을 보려고 했을 뿐이다. 그들은 그에게 신비한 힘이 있다고 믿었다. 크리슈나무르티는 자신이 특별한 힘을 가지고 있다는 사실을 부인했을 뿐만 아니라, 사람들의 그런 태도를 비웃었다.

한 사람이 일순간에 정신적 스승으로 부각되는 것은 어쩌면 매우 간단한 일일지도 모른다. 특별히 카리스마의 자질이 없어도 단순한 깨달음만으로도 얼마든지 정신적 스승으로 존경받을 수 있다. 나름대로 인생을 깨달은 사람은 자신의 삶에 만족하며, 그러한 내면의 만족감은 겉으로 드러나게 된다. 사람들은 행복감이 넘치는 사람에게 끌리게 되어 있다. 그런 사람과 접촉하면 자신도 덩달아 행복해질 수 있다고 믿는다. 서두르지 않는 태도, 느긋하고 편안해 보이는 모습, 부드러운 미소 등이 몸에서 우러나오는 사람을 행복한 사람이라고 여기면서 그 주변으로 모여든다. "나는 행복하다"라는 식의 직접적인 표현을 피하고 가급적 애매모호한 말을 남겨 사람들이 원하는 대로 생각하게 만드는 것이 중요하다. 거리를 두는 듯한 초연한 태도를 지니면 효과는 더욱더 배가된다. 그런 사람은 신비감을 주기 때문이다. 한마디로 충만한 자기만족감과 초연한 태도가 혼합될 때 영향력 있는 카리스마가 될 수 있다.

성녀형 카리스마: 이야기는 라디오에서 시작되었다. 1930년대 말과 1940년대 초, 아르헨티나 여성들은 당시 인기 있는 라디오 드라마를 통해 에바 두아르테의 애처로우면서도 아름다운 목소리를 들었다. 그녀는 사람들을 결코 웃게 만들지 않았다. 그녀는 오히려 실연당한 사람의 자조

섞인 목소리나 마리 앙투아네트의 마지막 말과 같은 대사를 통해 사람들을 눈물짓게 했다. 그녀의 목소리를 떠올릴 때마다 사람들은 감정이 북받쳐올랐다. 게다가 그녀는 아름다웠다. 찰랑찰랑 흘러내리는 금발에 진지함이 풍겨나오는 용모는 종종 대중 잡지의 표지를 장식하곤 했다.

1943년 에바가 아르헨티나의 새로운 군사 정부에서 과감하기로 소문난 페론 대령과 열애 중이라는 소식이 일제히 대중 잡지에 실렸다. 그녀는 군사 정부의 선전 요원으로 활동하면서 "새로운 아르헨티나를 건설하자"고 외쳤다. 대중 잡지에 보도된 대로 에바와 페론은 1945년에 결혼했다. 페론은 투옥되기도 하고 여러 차례 재판을 받으며 시련을 겪었다. 그때마다 에바는 헌신적으로 그를 도왔다. 페론은 마침내 모든 시련을 딛고 아르헨티나 대통령으로 선출되었다. 그는 노동자와 가난한 사람들을 대변하는 정치인이었다. 이 점에서는 에바도 마찬가지였다. 당시 스물여섯 살이었던 그녀는 혼자 힘으로 가난을 딛고 일어선 입지전적인 인물이었다.

배우에서 대통령 부인이 된 그녀는 이전과 달라진 모습을 보여주었다. 우선 몸무게가 줄었고, 더 이상 사치스러운 옷을 입지 않았으며, 심지어 엄격할 정도로 검소한 생활을 하기 시작했다. 한때 아름답게 찰랑이던 금발은 뒤로 묶었다. 이제 그녀에게서는 인기 가도를 달리던 배우의 모습을 찾아보기 어려웠다. 하지만 아르헨티나 사람들은 달라진 그녀의 모습에 더욱 매혹되었다. 그녀는 '에비타'라는 애칭으로 불리기 시작했다. 어느 순간부터 그녀의 모습에서는 진지하고 성녀다운 풍모가 우러나왔다. 페론 대통령은 그녀를 가리켜 아르헨티나 국민과 자신을 이어주는 '사랑의 다리'라고 표현했다.

그녀는 계속해서 라디오 방송에 출연했으며, 대중 앞에서 연설을 하기도 했다. 그녀의 목소리는 여전히 사람들에게 감동을 주었다. 그녀는 나지막하면서 느린 목소리로 메시지를 전달했다. 그녀는 마치 청중을 어루만지기라도 하듯 손가락으로 허공을 가리키며 연설했다. 그녀의 말은 사람들의 심금을 울리기에 충분했다. "나는 다른 사람들의 꿈이 실현되는 것을 지켜보기 위해 내 꿈을 접었습니다……. 나는 내 영혼을 이 나라의 제단 앞에 기꺼이 바치겠습니다. 나는 온몸을 바쳐 여러분을 미래의 행복

에비타가 죽고 나서 겨우 한 달 뒤, 신문팔이 조합에서 그녀를 성녀로 인정해달라는 탄원서를 제출했다. 바티칸은 신문팔이 조합에만 국한된 이러한 움직임을 전혀 심각하게 받아들이지 않았지만, 사람들은 여전히 에비타가 성녀라고 생각하고 있었다. 그리고 이러한 생각은 정부에서 보조금을 지원받는 헌신적인 언론매체들에 의해 더욱 심화되었다. 그뿐만이 아니었다. 도시와 학교, 지하철 역의 이름이 바뀌었고, 대형 메달과 흉상이 제작되었으며, 기념우표가 발행되었다. 저녁 뉴스 방송 시간도 8시 30분에서 에비타가 "영원히 잠든" 시간인 8시 25분으로 바뀌었고, 그녀가 죽은 날을 기려 매월 26일마다 횃불행렬이 이어졌다. 그녀를 추모하는 1주기 기념식 날, 유력 일간지 《프렌사》가 달의 얼굴에서 에비타의 얼굴을 보았다는 독자에 관한 기사를 싣자 다른 신문들도 앞다투어 비슷한 기사들을 게재했다. 정부 기관지들은 그녀를 성녀로까지 치켜세우지는 않았지만 자제심을 잃을 때도 더러 있었다. 부에노스아이레스 신문팔이 조합에서 발행한 1953년도 달력을 보면, 그녀는 마치 성모 마리아처럼 묘사되어 있다.
— 니콜라스 프레이저 (Nicholas Fraser)와 마리사 나바로(Marysa Navarro), 《에비타(Evita)》

으로 이끄는 다리가 되겠습니다. 나를 밟고 지나가세요……. 새로운 조국의 웅대한 미래를 향해서 말입니다."

에비타는 잡지와 라디오에서만 자신의 모습을 드러내는 데 만족하지 않았다. 그녀는 모든 사람을 직접 만나고자 했다. 그녀의 집무실을 방문하거나 직접 그녀를 만나본 사람들이 점차 늘어갔다. 그녀의 사무실 문 앞은 그녀를 만나려는 사람들이 늘 긴 줄을 이루었다. 그녀는 침착하고 사랑이 가득한 모습으로 책상 앞에 앉아 사람들을 맞이했다. 촬영 기사들은 그녀의 자선 활동을 일일이 카메라에 담았다. 그녀는 모든 것을 잃어버린 여인에게 집을 주었으며, 병든 아이를 데려오면 좋은 병원에서 치료를 받게 해주었다. 어찌나 열심히 일했던지 그녀가 과로 때문에 병에 걸렸다는 소문이 퍼질 정도였다. 그녀는 빈민촌과 가난한 사람들이 입원한 병원을 방문했다. 수행원들의 만류에도 불구하고 그녀는 만나는 환자들(개중에는 나병 환자와 매독 환자도 있었다)마다 볼에 입을 맞추었다. 한번은 수행원이 환자에게 입을 맞추는 에비타의 모습에 깜짝 놀라 그녀의 입술을 소독하기 위해 알코올을 발라주려고 했다. 그러자 그녀는 알코올 병을 잡아채 벽에 던져 깨뜨려버렸다.

에바는 말 그대로 성녀였다. 그녀는 살아 있는 성모 마리아였다. 그녀의 모습을 보는 것만으로도 환자들은 병이 나은 것 같았다. 1952년 그녀가 암으로 사망하자 아르헨티나 국민들은 이루 말할 수 없이 크나큰 슬픔과 비탄에 잠겼다.

우리는 인생의 대부분을 반쯤은 몽유병에 걸린 듯한 상태에서 살아간다. 날마다 주어진 일들을 하다 보면 세월이 강물처럼 빠르게 흘러간다. 예외가 있다면 어린 시절과 누군가와 사랑에 빠졌을 때다. 두 경우 모두, 우리는 감정이 풍부해지고 적극적이 된다. 감정을 느끼는 순간 우리는 살아 있다는 느낌을 받게 된다. 사람들의 감정에 영향을 미치는 공인(公人), 즉 그들에게 공동의 희망과 슬픔과 기쁨을 느끼게 하는 사람도 이와 비슷한 영향을 미친다. 감정에 호소하는 것이 이성에 호소하는 것보다 훨씬 더 강력하다.

내가 보기에 나는 사람들을 감전시키는 재능을 가지고 있는 것 같다.
— 나폴레옹 보나파르트, 피터 게일(Peter Geyl)의 《나폴레옹: 장점과 단점 (Napoleon: For and Against)》 중에서

에바 페론은 성우로 활약하면서 일찍이 이러한 진리를 터득했다. 그녀의 떨리는 목소리는 청중을 울게 만들었다. 사람들이 그녀에게 카리스마를 느꼈던 것은 바로 이 때문이었다. 그녀는 그때의 경험을 결코 잊지 않았다. 공인으로서 그녀의 생활은 한 편의 드라마처럼 사람들의 심금을 울렸다. 게다가 그녀는 종교적 감정에 호소했다. 종교란 무력감을 느낄 때 의지할 수 있는 피난처다. 그녀는 가톨릭 신앙을 통해 무력감에 빠진 사람들에게 희망을 주고자 했다. 높이 쳐든 손, 자선 활동, 국민들을 위한 희생, 이 모든 것이 사람들의 마음속에 깊은 인상을 심었다. 선한 성품이 사람들의 마음을 끄는 것은 사실이지만, 선한 성품만으로는 카리스마가 될 수 없다. 에바 페론이 카리스마가 될 수 있었던 것은 자신의 선한 성품을 극적으로 표현했기 때문이다.

감정을 자극하는 가장 좋은 두 가지 방법은 드라마와 종교다. 드라마가 감정을 자극해 무료하고 진부한 삶에서 벗어나게 해준다면, 종교는 삶과 죽음의 문제를 다룬다. 선한 성품을 극대화하는 한편, 종교적인 뉘앙스가 담긴 말을 하라. 사람들의 감정을 자극하는 순간, 카리스마의 광채가 주위에 두루 비치게 될 것이다.

해방자형 카리스마: 1950년대 할렘에 거주하던 대부분의 아프리카계 미국인들은 이슬람 국가운동(the Nation of Islam, 20세기에 미국의 유사 종교 단체인 여러 흑인 민족주의 단체에서 발생한 종교·문화 공동체—옮긴이)에 대해 무지했으며, 이슬람 사원이 어떻게 생겼는지도 알지 못했다. 이슬람 국가운동은 백인은 악마의 후손이며 언젠가 알라가 흑인을 해방시킬 것이라고 주장했다. 이런 주장은 교회에 나가 정신적인 위로를 구하고, 지역 정치인들에게 의존해 현실적인 문제를 해결하려는 할렘 사람들에게 아무런 영향도 미치지 못했다. 하지만 1954년, 이슬람 국가운동에서 파견한 새로운 성직자 한 사람이 할렘에 도착하면서 상황은 바뀌기 시작했다.

그의 이름은 맬컴 엑스였다. 그는 교육 수준도 높고 설교도 잘했지만, 몸짓과 말투에 분노가 배어 있었다. 얼마 후 백인들이 과거에 맬컴의 아버지를 두들겨 팼다는 소문이 퍼졌다. 그는 소년원에서 성장했으며, 도둑질로

성인인 척하는 것은 아니지만, 나는 신께서 나를 인도하심과 그분의 힘과 그분의 계시를 믿는다. 나는 교육도 받지 못했고, 특별히 내세울 만한 지식도 없다. 하지만 나는 신실하며 나의 신실함이 나의 보증수표다.
— 맬컴 엑스(Malcolm X), 유진 빅터 볼펜슈타인(Eugene Victor Wolfenstein)의 《민주주의의 희생자들: 맬컴 엑스와 흑인 혁명(The Victims of Democracy: Malcolm X and The Black Revolution)》 중에서

목숨을 연명하다가 붙잡혀 6년 동안 감옥살이를 했다. 그러던 그가 박학한 지식과 자신감으로 무장한 이슬람 성직자가 되어 나타났던 것이다.

아무도 그를 도와주지 않았다. 그는 모든 일을 혼자서 처리해야 했다. 할렘 사람들은 전단을 뿌리며 젊은 사람들에게 무언가를 열심히 외치는 맬컴의 모습을 어디서나 쉽게 볼 수 있었다. 그는 할렘의 흑인들이 교회에서 예배를 드리는 동안 밖에 우두커니 서 있곤 했다. 그리고 예배가 끝나면 설교자를 가리키며 "그는 백인의 신을 대변하지만, 나는 흑인의 신을 대변한다"고 말했다. 호기심을 느낀 흑인들이 그의 설교를 듣기 위해 이슬람 국가운동 사원에 나왔다. 그는 흑인들에게 그들의 처지를 돌아볼 것을 종용했다. 그는 이렇게 외치곤 했다. "지금 여러분이 어떻게 살고 있는지를 알려면 센트럴파크를 거닐어보십시오. 그리고 백인들이 사는 동네와 그들의 월스트리트를 보십시오." 그가 하는 말에는 힘이 있었다. 특히 성직자의 신분이었기에 더욱 그랬다.

1957년 할렘의 한 젊은 이슬람 신자가 술에 취한 흑인이 백인 경찰들에게 몰매를 맞는 광경을 목격했다. 그는 곧 항의했지만, 경찰들은 오히려 그를 두들겨 패고 감옥에 가두었다. 격분한 군중이 경찰서 밖에 집결했다. 금세라도 폭동이 일어날 분위기였다. 그때 누군가 맬컴 엑스만이 군중을 달랠 수 있을 거라고 말했다. 경찰서장은 곧 그를 불러 군중을 해산시켜달라고 요청했다. 맬컴은 거절했다. 경찰서장은 좀 더 정중한 말투로 맬컴에게 도움을 구했다. 맬컴은 요구를 들어줄 테니 구타당한 무슬림을 치료해주고, 폭행에 가담한 경찰들을 처벌해달라는 조건을 제시했다. 서장은 마지못해 수락했다. 맬컴은 경찰서 밖으로 나가 군중을 설득하여 그들을 해산시켰다. 이 일로 맬컴은 할렘은 물론 전국에 영웅으로 널리 알려지게 되었고, 그의 이슬람 사원을 찾는 신자들도 급격하게 불어났다.

맬컴은 미국 각지에서 연설을 하기 시작했다. 그는 결코 원고를 들여다보지 않았고, 손가락으로 허공을 가리키며 청중의 눈을 직시했다. 그의 음성이나 몸짓에는 분노가 짙게 배어 있었다. 하지만 논리와 자제심을 잃지 않았다. 목의 핏줄이 선명하게 불거질 정도로 열변을 토하는 그의 모습에서는 강렬한 힘이 뿜어져 나왔다. 이전의 흑인 지도자들은 비록 현실이 부당하다고 하더라도 운명으로 받아들여 인내하며 살 것을 종용했다. 하지만 맬컴은 달랐다. 그는 인종 차별주의자와 자유주의자는 물론, 심지어 대통령까지 대놓고 조소했다. 그는 모든 백인을 경멸했다. 맬컴은 '폭력'이란 말은 폭력을 휘두르는 장본인인 백인들에게만 적용될 수 있다고 주장했다. 그는 "적개심은 신성한 것입니다. 우리는 너무 오랫동안 분노를 억눌러왔습니다"라고 외쳤다. 마틴 루서 킹 목사의 비폭력주의에 대한 흑인 민중의 호응이 날로 더해가자, 맬컴은 "누구나 가만히 앉아 있기는 쉽습니다. 늙은 여인도 앉아 있을 수 있고, 겁쟁이도 앉아 있을 수 있습니다……. 오직 용기 있는 자만이 일어설 수 있습니다"라고 말했다.

맬컴은 분노하면서도 두려움 때문에 차마 겉으로 드러내지 못했던 많은 사람들에게 영향을 미쳤다. 그의 장례식장에서(그는 1965년 연설 도중에 암살되었다) 배우 오시 데이비스는 그의 죽음을 애도하는 많은 사람들 앞에서 "맬컴은 우리 흑인들의 영원한 황태자입니다"라며 그를 칭송했다.

맬컴 엑스는 일종의 모세 같은 카리스마였다. 그는 해방자였다. 오랜 세월 억눌러온 분노의 감정을 표출할 때 맬컴 엑스 같은 카리스마가 될 수 있다. 해방자는 다른 사람들의 억눌린 분노, 즉 강요된 예절의 껍질 속에 갇혀 있는 적개심을 발산할 수 있는 기회를 제시한다. 해방자는 고통받는 민중과 하나가 되기를 바라기 때문에 고난의 생애를 살아갈 수밖에 없다. 맬컴의 카리스마는 그의 개인적인 경험에서 비롯되었다. 그는 흑인들 스스로가 권리를 쟁취해야지 백인들이 해주기를 가만히 기다려서는 안 된다는 교훈을 감옥에서 터득했다. 그런 경험 때문에 그는 독학으로 공부를 마쳤으며, 결국 밑바닥 인생에서 벗어날 수 있었다. 이렇듯 해방자는 해방이 무엇인지를 보여주는 살아 있는 본보기다.

카리스마가 되려면 몸짓과 목소리에 솟구치는 감정을 실어 전달하는 능력을 지녀야 한다. 그러기 위해서는 다른 사람들보다도 더욱 깊은 감수성과 통찰력이 필요하다. 증오심보다 더 강력한 감정은 없다. 특히 억눌린 감정에서 불출되는 증오심은 강력한 카리스마의 기풍을 형성해준다. 남들이 드러내기를 두려워하는 것을 거침없이 드러내는 카리스마에게서 사람들은 강한 인상을 받는다. 카리스마는 사람들이 하고 싶어하지만 할 수 없는 말을 대신 해줄 수 있어야 한다. 과격하다는 말을 들을까 봐 겁내서는 안 된다. 억압받는 이들의 편에 서서 해방을 부르짖는 순간 카리스마가 탄생한다. 모세는 발언 수위가 폭력성을 띨 만큼 매우 거칠었다. 그는 원수들을 최후의 한 사람까지 모조리 죽여야 한다고 말했다. 이런 식의 언어는 억압받는 사람들을 하나로 규합해 해방의 욕망을 부추긴다. 물론 카리스마는 자신의 분노를 적절하게 표현할 수 있는 능력을 지녀야 한다. 맬컴 엑스는 일찍이 분노를 느꼈지만, 감옥 안에서 웅변술을 익혀, 자신의 감정을 논리 정연하게 표출하는 방법을 배웠다. 억압의 상황에서도 체념하지 않고, 강한 적개심으로 그것을 극복하려는 카리스마를 사람들은 주목할 수밖에 없다.

뛰어난 연기자형 카리스마: 1960년 1월 24일, 프랑스의 식민지였던 알제리에서 폭동이 일어났다. 우익 성향의 프랑스 군인들이 주도한 폭동이었다. 폭동의 목적은 알제리에 자치권을 허용하려는 드골 대통령의 정책을 무산시키는 것이었다. 폭동을 일으킨 군인들은 필요한 경우에는 프랑스의 이름으로 알제리를 점령할 계획이었다.

팽팽한 긴장이 감도는 며칠 동안, 당시 75세였던 드골 대통령은 이상할 정도로 무거운 침묵을 지켰다. 1월 29일 저녁 8시, 그는 마침내 프랑스 국영 텔레비전 방송에 모습을 드러냈다. 국민들은 텔레비전 화면에 비친 그의 모습을 보고 깜짝 놀랐다. 그가 제2차 세계대전 당시의 군복을 입고 있었기 때문이다. 프랑스 국민이라면 그 군복을 몰라볼 리 없었다. 드골은 가장 어려웠던 시기에 프랑스를 구원한 영웅이었다. 하지만 전쟁이 끝난 후 그가 군복을 입고 나타난 것은 처음이다. 드골은 침착하고 확신에 찬 어조로 텔레비전을 지켜보는 국민들에게 함께 힘을 합쳐 프랑스를 독일의 손에서 구한 일을 상기시켰다. 그는 먼저 프랑스 국민의 애국심을 자극한 뒤, 알제리에서 일어난 폭동으로 화제를 옮겼다. 그리고 알제리 폭동이 해방 정신을 모욕하는 행위임을 강조했다. 마지막으로 1940년 6월 18일에 행했던 유명한 연설의 끝부분을 다시 인용하는 것으로 텔레비전 연설을 마무리했다. "다시 한 번 나는 모든 프랑스인들에게 호소합니다. 어디에 있든지, 무엇을 하든지 우리의 조국 프랑스를 위해 뭉칩시다. 공화국 만세! 프랑스 만세!"

드골의 연설은 두 가지 의도를 가지고 있었다. 하나는 반란군에 조금도 양보할 마음이 없다는 것을 보여주는 것이었다면, 다른 하나는 프랑스 국민, 특히 프랑스 군대의 애국심을 새롭게 각성시키려는 것이었다. 반란은 신속히 사그라졌다. 물론 드골이 텔레비전에서 보여준 뛰어난 연기 덕분이었다.

이듬해 치러진 투표에서 프랑스 국민은 알제리의 자치권을 인정하는 드골의 정책을 압도적으로 지지했다. 1961년 4월 11일, 드골은 기자 회견을 열어 프랑스 정부가 곧 알제리의 완전 독립을 선언할 것이라는 점을 분명히 밝혔다. 그런데 그로부터 11일 후에 알제리에 주둔하고 있던 프랑스군의 장군들이 알제리를 장악하고 계엄령을 선포했다. 상황은 매우 긴박했다. 알제리의 독립을 반대하는 우익 계열의 장군들은 전쟁도 불사하겠다는 각오였다. 내전이 일어나면 드골 정부가 전복될 가능성이 있었다.

다음 날 저녁 드골은 다시 한 번 군복을 입고 텔레비전에 모습을 드러냈다. 그는 반란군 장군들을 비난하며, 그들을 남아메리카의 혁명군에 비유했다. 그는 침착하고 단호한 어조로 말했다. 연설 마지막 순간에 그는 갑자기 떨리는 음성으로 "프랑스 국민 여러분, 저를 도와주십시오!"라고 호소했다. 이는 지금까지 그가 행한 텔레비전 연설 가운데 가장 감동적이었다. 당시 트랜지스터 라디오로 드골의 연설을 듣고 있던 알제리의 프랑스 군인들도 깊은 감동을 받았다. 그들은 다음 날 드골을 지지하는 쪽으로 돌아섰다. 반란을 주도한 장군들은 이틀 뒤 자진 투항했다. 1962년 7월 1일, 드골은 마침내 알제리의 독립을 선포했다.

1940년 독일이 프랑스를 침공하자 드골은 영국으로 피신해 프랑스를 해방시킬 군대 모집에 나섰다. 그는 혼자였고, 그의 계획은 희망이 없어 보였다. 그러던 중 윈스턴 처칠의 도움으로 〈BBC〉 방송을 통해 프랑스 국민들에게 라디오 방송 연설을 내보낼 수 있게 되었다. 마치 최면을 거는 듯한 그의 떨리는 음성이 저녁마다 프랑스 국민들의 귀를 파고들었다. 청취자들 가운데 그의 모습을 아는 사람은 거의 없었다. 하지만 그의 목소리는 자신감에 차 있었고 감동적이었다. 그는 그런 과정을 통해 소리 없이 많은 군대를 확보할 수 있었다. 개인적으로 놓고 보면 드골은 좀 이상한 사람이었다. 자신감 넘치는 태도는 보는 사람에게 깊은 인상을 주었지만, 그에 못지않게 눈에 거슬리는 구석도 많았다. 하지만 라디오를 통해 울려퍼지는 그의 음성에는 강력한 카리스마가 실려 있었다. 드골은 현대 대중매체를 이용할 줄 알았던 최초의 정치인이었다. 그는 텔레비전에 출연해 침착하고 냉정한 태도로 국민들에게 위로와 희망을 주었다.

이제 세상은 달라졌다. 더 이상 길거리나 광장에서 군중을 모아놓고 애국심을 고취시킬 수 없다. 요즘 사람들은 집에서 텔레비전을 시청하며 시간을 보내곤 한다. 따라서 카리스마는 대중매체를 통해 대중을 움직일 수 있어야 한다. 어떤 점에서 보면 텔레비전 연설이 직접적인 대중 연설보다 훨씬 쉽다. 텔레비전 연설은 시청자와 일대일의 의사 전달 효과를 만들어낼 수 있을 뿐 아니라, 마치 연기자처럼 자신을 효과적으로 연출할 수 있기 때문이다. 드골은 텔레비전에서 침착한 자제력을 보임으로써 극적인 효과를 자아냈다. 침착한 태도로 연설을 해나가다가 갑자기 목소리를 높이거나 한두 마디 우스갯소리를 던지는 그의 모습은 시청자들을 현혹시키기에 충분했다. 나아가 그는 군복이나 무대 배경 같은 시각 효과를 이용해 시청자의 감정을 자극하는 한편, 마치 잔 다르크처럼 '프랑스 만세' 같은 선동적인 어휘를 동원했다. 그의 연기는 너무나도 자연스러워 누구든 그의 진지함에 감동하지 않을 수 없었다.

카리스마는 지금까지 열거한 모든 특징들을 적절하게 혼합해 연출할 수 있어야 한다. 침착하게 연설을 하다가 적절한 순간에 갑자기 청중을 놀라게 하는 연기력, 연설을 서서히 절정으로 이끌어가는 능력, 간단하고 명료한 의사 전달력과 같은 기술을 습득해야 한다. 하지만 연기로 소화해낼 수 없는 것이 하나 있다. 바로 확고한 자신감이다. 자신감은 모세 이후의 모든 카리스마가 지녔던 핵심적인 자질이다. 카메라 앞에서 불안한 모습을 보이면 제아무리 연기를 잘하고, 효과적인 눈속임을 연출했다고 해도 원하는 결과를 얻을 수 없다.

| **상징** | 등잔. 등잔은 심지를 통해 불꽃을 피워올린다. 심지의 뿌리가 석유에 적셔져 있는 모습은 눈에 보이지 않는다. 우리는 다만 환하게 타오르는 불꽃을 볼 수 있을 뿐이다. 주변이 어두우면 어두울수록 등잔의 불꽃은 더욱 환하게 빛난다.

카리스마의 몰락

1794년 5월 어느 화창한 날 파리의 한 공원에서 '최고 존재'를 기리는 축제가 열렸다. 공원에 모여든 시민들의 관심은 공안위원회 위원장이자 이 축제를 생각해낸 막시밀리앙 드 로베스피에르에게 쏠려 있었다. 그는 "자연을 지배하는 최고 존재인 신과 영혼의 불멸을 믿는 참된 믿음으로" 무신론을 배격하자는 단순한 생각에서 그와 같은 축제를 계획했다.

사실상 그날은 로베스피에르의 승리를 자축하는 날이었다. 그는 대중의 지지를 얻어 프랑스 혁명의 명분을 좀 더 확실히 다지고자 했다. 그날 그는 하늘색 정장 차림에 하얀 양말을 신고 대중 앞에 서서 축제를 주도했다. 군중은 그를 칭송했다.

1년 전 로베스피에르는 공포정치를 시작했다. 그는 혁명에 방해가 되는 적들은 모두 단두대로 보냈다. 아울러 그는 국민들의 선봉에 서서 오스트리아 및 프로이센과 전쟁을 치렀다. 국민들, 특히 여성들이 그를 사랑했다. 그의 청렴결백한 생활과 타협을 거부하는 단호한 성품 때문이었다. 그는 혁명의 열정에 불타올라 몸을 아끼지 않고 일했으며, 연설을 할 때는 낭만적인 언어를 사용했다. 그의 일거수일투족이 프랑스 국민의 마음을 사로잡았다. 그는 마치 신과도 같았다. 축제의 날은 아름다웠고, 혁명의 위대한 미래를 환하게 밝혀주는 듯했다.

그로부터 두 달 뒤인 7월 26일, 로베스피에르는 국민공회의 연단에 올라 공포정치를 중단하고 프랑스의 새 역사를 열겠다는 취지의 연설을 했다. 자신의 이름을 역사에 길이 남기려는 의도였다. 그 무렵 그가 혁명의 앞길을 위협하는 마지막 세력을 단두대로 보낼 것이라는 소문이 돌았다. 로베스피에르는 축제 때와 같은 옷차림으로 의회 연단에 올라 의원들 앞에서 연설하기 시작했다. 연설은 거의 세 시간 동안 이어졌다. 그는 담담한 어조로 혁명의 가치와 명분을 설명하는 한편, 음모와 반역, 혁명의 적들에 대해 언급했다. 하지만 그는 혁명의 적들의 명단을 공개하지 않았다.

그의 연설에 의원들은 열광했지만 이전보다는 덜했다. 사실 그의 연설은 지루했다. 그때 부르동이란 의원이 일어나 로베스피에르의 연설을 인쇄해 배포하는 데 반대 의견을 표했다. 말하자면 간접적으로 그의 연설에 불만을 토로했던 것이다. 그러자 갑자기 여기저기서 사람들이 일어나 로베스피에르의 연설 내용이 너무 막연하다고 지적하고 나섰다. 그들은 음모와 반역을 도모하는 사람들의 명단을 공개하라고 요구했다. 하지만 그는 나중에 밝히겠다고 대답했다. 다음 날 열린 의회에서 로베스피에르는 자신이 했던 연설을 변호하기 위해 자리를 박차고 일어섰다. 하지만 의원들은 그에게 앉으라고 소리쳤다. 그리고 몇 시간 뒤 로베스피에르는 단두대로 보내졌다. 7월 28일, 군중은 최고 존재를 기리는 축제에 참가했을 때보다 더 즐거운 표정으로 로베스피에르가 처형당하는 장면을 지켜보았다. 그의 머리가 잘려 바구니에 떨어지는 순간 환호성이 울려퍼졌다. 로베스피에르의 공포정치는 이렇게 막을 내렸다.

많은 사람들이 겉으로는 로베스피에르를 칭송하는 것처럼 보였지만, 속으로는 그에 대한 분노를 감추고 있었다. 지나치게 엄격하고 청렴결백한 그의 모습이 오히려 사람들에게 심적으로 큰 부담을 주었기 때문이다. 사람들은 약점을 잡아 그를 제거할 기회를 호시탐탐 엿보고 있었다. 그가 마지막 연설을 했던 순간이 바로 운명의 날이었다. 로베스피에르가 반역자 명단을 밝히지 않았던 이유는 아마 유혈의 참극을 끝내려는 의도였거나, 아니면 그들을 처단하기 전에 반격을 받을까 봐 우려했기 때문일 것이다. 그를 반대하던 음모가들은 이 순간을 절호의 기회로 삼았다. 두 달 전만 하더라도 대중들의 신망과 존경을 받던 그가 단 이틀 만에 의원들과 국민의 미움을 사 단두대의 이슬로 사라지고 말았다.

카리스마는 사람들의 감정을 움직이는 존재이기 때문에 그만큼 불안정하다. 카리스마는 대중의 사랑을 받지만, 그런 감정이 오래 지속되기는 어렵다. 심리학자들이 말하는 이른바 '애정의 피로 현상' 때문이다. '애정의 피로 현상'이란 강렬한 사랑의 감정이 식으면서 피곤함을 느끼는 현상을 가리킨다. 이런 현상은 분노로 이어진다. 사랑의 감정에서 깨어나 현실을 보게 되면, 사랑은 증오로 바뀐다. 모든 유형의 카리스마에게 '애정의 피로 현상'은 커다란 위협이 된다. 카리스마는 종종 구원자가 되어 어려운 상황에서 사람들을 구해내지만, 일단 위기 상황을 벗어난 뒤에는 그에 대한 애정이 사그라지기 쉽다. 카리스마는 위기 상황에서 진가를 발휘한다. 그들은 묵묵히 자기 일에 열중하는 관료 유형과는 거리가 멀다. 카리스마는 대개 의도적으로 위기 상황을 조성하려는 습성이 있다(드골과 케네디, 로베스피에르의 경우도 마찬가지다). 하지만 사람들은 이러한 카리스마의 태도에 염증을 느낀다. 따라서 약점이 드러나는 순간 그에 대한 애정은 순식간에 증오로 변한다.

이러한 파국을 맞이하지 않으려면 한계를 넘지 말아야 한다. 열정과 분노와 자신감은 강력한 카리스마를 형성할 수 있지만, 그러한 카리스마적 특성을 지나치게 오래 지속하면 사람들은 피로를 느끼고 오히려 평화와 질서를 희구하게 된다. 그러므로 카리스마의 특성을 적당히 통제하는 것이 바람직하다. 자신감과 열정에 불타오르는 모습은 대중의 관심을 끌게 마련이다. 하지만 위기 상황이 지났다고 판단되면, 곧 열정을 누그러뜨리고 정상으로 돌아와야 한다(로베스피에르는 공포정치를 끝내려고 했지만, 안타깝게도 때를 놓치고 말았다). 만일 카리스마가 극한의 선을 넘지 않고 상황에 신속하게 적응하는 모습을 보여주면 더 많은 지지를 받을 수 있다. 사실 카리스마에 대한 사람들의 애정은 부부 사이의 애정에 비유할 수 있다. 신혼이 지나면 부부는 습관적인 애정 관계로 접어든다. 그때가 되면 삶은 단순해지고 약간 지루한 감이 들기도 한다. 하지만 그런 상황을 적절히 조절하면 여전히 사랑의 관계를 원활하게 유지해나갈 수 있다. 카리스마의 운명은 성공에 달려 있다는 점을 기억하라. 위기 상황을 극복한 후에는 좀 더 신중한 자세로 현실적인 문제를 다루는 것이 성공을 유지할 수 있는 최선의 방법이다.

마오쩌둥은 신비에 둘러싸인 존재였다. 그는 많은 사람들의 숭배를 받았던 카리스마였다. 그는 여러 가지 실책을 저질렀지만 그때마다 능숙한 기지로 위기를 모면하곤 했다. 만일 그가 덜 똑똑했더라면 권력을 유지하지 못하고 일찌감치 퇴진해야 했을 것이다. 하지만 그는 잘못을 저질렀을 경우에는 즉시 그 점을 솔직하게 시인하고 적어도 한동안은 관대한 태도로 유연하게 대처했다. 그랬기 때문에 그는 권력을 유지할 수 있었다.

카리스마로서의 지위를 유지하는 또 다른 방법은 대중을 철저하게 억압할 수 있는 힘을 갖는 것이다. 마키아벨리는 카리스마로서 생명을 유지해가려면 그것을 뒷받침해줄 물리적인 힘이 있어야 한다고 말했다. 간단히 말해 군대의 힘이 필요하다는 것이다. 대중이 카리스마에게 염증을 느낄 경우 힘으로 진압할 수 있어야 하기 때문이다. 군대와 같은 물리적 힘이 아니더라도 카리스마로서 군림하려면 힘이 필요하다. 카리스마는 대개 적을 만들기 쉽기 때문에 카리스마로서 권력을 유지하려면, 적을 무자비하게 제압할 수 있는 잔인함을 갖추어야 한다.

카리스마의 뒤를 잇는 것은 지극히 위험한 일이다. 카리스마는 모든 원칙을 무시하고 스스로를 법으로 군림하는 난폭한 성격의 소유자일 경우가 많기 때문이다. 카리스마가 지나간 자리에는 혼란이 따르게 마련이다. 따라서 카리스마를 추종하다가는 모든 책임을 뒤집어쓸 확률이 높다. 그런 결과가 생기지 않도록 주의하라. 만일 카리스마의 후계자가 될 수밖에 없는 상황이라면 그가 시작한 일을 계속 추진하지 말고, 새로운 활로를 모색하는 것이 좋다. 좀 더 현실적인 태도로 사람들에게 믿음을 주고, 평범한 어휘를 사용하면서 전임 카리스마의 그늘에서 서서히 벗어나라. 그러면 전임자와 대조되는 새로운 유형의 카리스마로 군림할 수 있을 것이다. 전임자 루스벨트의 이미지를 극복하고 자신의 카리스마를 구축했던 해리 트루먼이 이 경우에 해당한다.

CHARACTER 9

우러러볼 수밖에 없는 스타

인생살이는 고달프고 힘들다. 따라서 사람들은 누구나 환상과 꿈을 통해 현실에서 도피하고자 한다. 스타는 사람들의 이런 약점을 이용하는 존재다. 스타는 빼어난 용모와 스타일로 사람들이 우러러보는 우상이 된다. 아울러 스타는 대중과 거리를 둔 채 자신을 신비로 위장하기 때문에 더욱더 사람들의 호기심과 환상을 자극한다. 마치 꿈같은 삶을 사는 듯이 보이는 스타의 모습에 사람들은 무의식적으로 끌리게 된다. 아름답지만 손으로 잡을 수 없는 무지개와 같은 스타의 모습을 연출한다면 놀라운 유혹의 힘을 발휘할 수 있다.

페티시즘적 스타

1922년 독일 베를린에서 있었던 일이다. 어느 날 〈사랑의 비극(Tragedy of Love)〉이라는 영화에서 욕정에 사로잡힌 젊은 여성을 연기할 주인공을 찾는다는 광고가 신문지상을 장식했다. 수백 명의 젊은 여배우들이 오디션에 참가했다. 그들은 배역을 따내기 위해서라면 알몸까지 보여줄 태세로 오디션에 응했다. 어떤 방법을 써서라도 주인공으로 발탁되는 행운을 잡고 싶어하는 다른 여배우들과는 달리 아주 소박하게 차려입은 한 젊은 여성이 후보자들 틈에 끼어 있었다.

그녀는 강아지를 데리고 왔는데, 강아지의 목에는 아름다운 목걸이가 걸려 있었다. 감독은 강아지를 안은 채 초연한 태도로 차례를 기다리는 그녀에게 눈길이 끌렸다. 바로 그때 그녀는 담배를 꺼내 피우기 시작했다. 담배를 피우는 동작은 어딘가 나른하면서도 도발적이었다. 감독은 그녀의 늘씬한 다리와 용모에 넋이 나갔다. 그녀의 몸짓은 매우 독특했으며, 눈에는 차가운 빛이 감돌았다. 마침내 그녀의 차례가 되었을 즈음, 감독은 이미 속으로 그녀를 점찍었다. 그녀의 이름은 마를레네 디트리히였다.

1929년 오스트리아계 미국인 감독 요제프 폰 슈테른베르크가 베를린에 도착해 〈푸른 옷의 천사(Der Blaue Engel)〉라는 영화를 촬영하기 시작했다. 당시 스물일곱 살의 마를레네 디트리히는 이미 베를린 극장과 영화계에서 잘 알려진 배우로 활동하고 있었다. 〈푸른 옷의 천사〉는 가학적 변태 성욕자인 롤라-롤라라는 여성에 관한 이야기였다. 베를린의 모든 여배우들이 그 역할을 탐냈다. 그런데 유독 디트리히만큼은 그 배역이 천박하다는 이유로 오디션을 거부했다. 결국 슈테른베르크는 다른 배우를 캐스팅할 수밖에 없었다. 슈테른베르크는 베를린에 도착한 직후 뮤지컬을 관람했다. 〈푸른 옷의 천사〉에 출연할 남자 배우를 찾기 위해서였다. 그날 뮤지컬의 스타는 디트리히였다. 그녀가 무대에 올라선 순간 슈테른베르크는 그녀에게서 눈을 떼지 못했다. 그녀는 깔보는 듯한 눈초리로 그를 쏘아보았다. 그녀의 모습은 마치 남자 같았다. 그뿐만이 아니었다. 그녀의 눈부신 다리와 벽에 기대어 앉은 도발적인 모습에 슈테른베르크는 넋을 잃었다. 그는 남자 배우는 까맣게 잊어버린 채 그녀가 롤라-롤라 역을 맡아야 한다고 확신했다.

슈테른베르크는 가까스로 디트리히를 설득해 롤라-롤라 역을 맡길 수 있었다. 그는 즉시 일에 착수해 그녀를 자신이 생각하는 롤라-롤라로 바꾸기 시작했다. 그녀의 머리 모양을 바꾸고, 코를 더 가늘게 보이게 하려고 코 밑에 은색 선을 그려넣었다. 그러고는 그녀에게 뮤지컬에서처럼 경멸하는 듯한 눈초리로 카메라를 쳐다보라고 주문했다. 촬영이 시작되자 그는 그녀만을 위한 조명을 준비해 그녀의 일거수일투족을 비추도록 했다. 자신이 만들어낸 롤라-롤라의 모습에 매료된 그는 그녀가 가는 곳마다 따라다녔다. 그 때문에 다른 사람은 그녀에게 가까이 접근할 수 없었다.

〈푸른 옷의 천사〉는 독일에서 대성공을 거두었다. 관객들은 디트리히의 모습에 열광했다. 그녀는 의자에 다리를 벌린 채 앉아 속옷을 내비치면서 차갑고 냉혹한 눈빛을 던졌다. 슈테른베르크뿐만 아니라 다른 사람들도 모두 그녀에게 넋이 나갔다. 당시 암으로 죽어가던 자샤 콜로바르트 백작은 마지막 소원이 마를레네의 다리를 직접 보는 것이라고 말할 정도였다. 그를 가엾게 여긴 디트리히는 병원을 찾아가 치맛자락을 걷어올려 다리를 보여주었다. 그러자 백작은 한숨을 내쉬며 "고맙소. 나는 이제 행복하게 죽을 수 있소"라고 말했다.

파라마운트 영화사는 디트리히를 할리우드로 데려갔다. 그녀의 명성은 할리우드에도 파다하게 퍼졌다. 그녀가 파티 석상에 나타나면 모든 사람들의 눈길이 그녀에게 쏠렸다. 할리우드에서 가장 멋진 남자들이 늘 그녀의 주변을 어슬렁거렸다. 그녀는 아름다우면서도 특이한 복장을 자주 선보였다. 예를 들어 금사로 짠 바지와 해군복에 요트 모자를 쓴 차림으로 나타나 사람들의 시선을 끌기도 했다. 다음 날이면 도시 전체의 여성들이 그녀의 옷차림을 흉내 냈으며, 그다음 날에는 잡지에 소개되어 곧 새로운 유행을 주도했다.

하지만 사람들의 이목을 사로잡은 것은 말할 것도 없이 디트리히의 얼굴이었다. 슈테른베르크를 사로잡았던 것도 바로 가공미가 전혀 없는 그녀의 얼굴이었다. 그는 조명만으로도 그녀에게서 자신이 원하는 이미지를 만들어낼 수 있었다. 나중에 디트리히는 슈테른베르크와 결별하게 되

부도덕한 삶을 살아가는 여자들을 본 순간, 피그말리온은 자연이 여자에게 이식해놓은 수많은 결점에 실망한 나머지 오랜 세월을 독신으로 살았다. 하지만 그사이, 손재주가 특출했던 그는 눈처럼 하얀 상아를 깎아 조각상을 만들었다. 그가 만든 조각상은 이 세상의 어떤 여자보다도 사랑스러웠다. 그는 자신이 만든 조각상과 사랑에 빠졌다. 조각상은 겉으로 볼 때 실제 여자와 똑같았기 때문에 마치 살아 있는 것처럼, 금방이라도 움직일 것처럼 보였다. 피그말리온은 자기가 만들어놓고서도 감탄 어린 눈길로 조각상을 응시했다. 어느덧 그의 마음속에서는 인간의 모습을 한 이 조각상에 대해 사랑의 감정이 싹텄다. 그는 틈만 나면 조각상을 어루만지면서 살인지 상아인지 확인해보았다. 하지만 그때마다 그는 그 모든 게 상아라는 사실을 인정하기가 힘들었다. 그는 조각상에 입을 맞추면서 조각상에게 말을 걸고 조각상을 껴안는 상상을 했다. 심지어 조각상을 만지고 있노라면 마치 사람의 살결을 만질 때처럼 손가락이 움푹 들어가는 듯한 느낌마저 들었다. 그래서 그는 혹시나 그 부위에 멍 자국이 생기지 않을까 하고 염려까지 했다. 때로 그는 조각상에게 야부를 늘어놓기도 하고,

지만, 그에게 배운 것을 절대 잊지 않았다.

1951년 어느 날 밤 〈악명의 목장(Rancho Notorious)〉이라는 영화를 구상 중이던 프리츠 랑 감독은 자동차를 몰고 가다가 자신의 사무실에서 불빛이 새어나오는 것을 보았다. 사무실에 도둑이 들었다고 생각한 그는 차에서 내려 발소리를 죽인 채 계단을 올라갔다. 문틈으로 안을 들여다보았더니 다름 아닌 디트리히가 거울에 비친 자신의 모습을 관찰하며 다양한 각도에서 사진을 찍고 있었다.

마를레네 디트리히는 자신을 객관적으로 볼 줄 알았다. 그녀는 자신의 얼굴, 다리, 몸매를 마치 다른 사람처럼 연구하고 관찰했다. 그리고 그런 관찰을 바탕으로 얼굴 표정이나 생김새에 변화를 주었다. 그녀는 어떻게 하면 남자들을 흥분시킬 수 있는지를 잘 알고 있었다. 남자들은 그녀가 만들어내는 공허한 표정을 보면서 온갖 상상에 빠져들었다. 그녀는 관능적인 모습 또는 가학적이고 냉혹한 모습을 쉽게 연출해냈다. 그녀를 직접 만나본 사람들이나 스크린을 통해 그녀의 모습을 지켜본 사람들은 예외 없이 그녀에 대한 끝없는 환상에 사로잡혔다. 그녀는 남성들뿐만 아니라 여성들에게도 지대한 영향을 미쳤다. 한 작가는 디트리히를 가리켜 '성의 구별이 없는 성'을 연출했다고 평가했다. 하지만 자신의 모습을 늘 객관적으로 바라보려는 습성 때문에 그녀는 영화에서나 실생활에서나 차가운 인상을 풍겼다. 그녀는 마치 주물화(呪物化)하고 싶은 어떤 것, 다시 말해 소중히 간직하면서 감상하고 싶은 아름다운 예술 작품과도 같았다.

페티시(fetish)란 우리 스스로가 그 안에 생기를 불어넣어 감정적인 반응을 불러일으키는 물건을 말한다. 우리는 페티시를 상대로 무엇이든 자유롭게 상상할 수 있다. 페티시즘을 자극하는 스타는 자기 자신을 사람들의 온갖 상상을 자극하는 대상으로 만드는 능력이 있다. 이들은 고대 그리스의 신들처럼 완벽하다. 페티시즘을 자극하는 스타가 되려면 자신을 객관화할 수 있어야 한다. 스스로를 하나의 대상으로 바라볼 경우, 다른 사람들도 그런 식으로 반응한다. 페티시처럼 신비하면서 꿈결 같은 느낌을 줄 때, 강력한 유혹의 힘을 발휘할 수 있다.

마치 아무것도 없는 공백처럼, 아무것에도 매이지 않는 신기루처럼 자신을 연출할 때, 사람들은 거기에 끌릴 수밖에 없다. 온몸에서 사람들의 페티시즘을 자극할 수 있어야 한다. 신체 중에서도 가장 큰 영향력을 발휘하는 부분은 단연 얼굴이다. 그러므로 얼굴을 마치 악기처럼 다룰 수 있는 능력을 갖추어야 한다. 다시 말해 표정만으로도 모호하면서도 매혹적인 모습을 연출해야 한다. 하늘에 있는 수많은 별(스타)들 가운데 돋보이는 존재가 되려면 사람들의 이목을 끌 수 있는 스타일을 터득해야 한다. 마를 디트리히는 이 분야에서 독보적인 존재였다. 그녀는 눈이 부실 정도로 세련된 스타일을 연출했으며, 단번에 사람들의 혼을 빼놓을 만큼 신비로운 분위기를 풍겼다. 그렇게 되려면 사람들이 모방하고 싶어 못 견딜 정도로 자신의 이미지를 철저하게 관리해야 한다.

> 그녀(마를레네 디트리히)는 침착함을 타고났다……. 그녀의 몸짓은 늘 절제되어 있었다. 그녀의 모습은 모딜리아니의 그림처럼 강한 흡인력이 있었다……. 그녀는 그다지 노력을 기울이지 않는 듯하면서도 너무나도 세련된 모습을 보여주었다. 그녀는 위대한 스타의 기질을 타고난 사람이었다.
>
> — 베를린 여배우 릴리 다르바스가 디트리히에 대해 한 말

갔다. 그는 침상에 비스듬히 기대 조각상에게 입을 맞추었다. 그녀의 몸에서 온기가 느껴지는 듯했다. 그는 다시 그녀의 입술에 자신의 입술을 갖다댄 채, 손으로 그녀의 젖가슴을 만졌다. 그 순간, 딱딱한 상아의 감촉은 온데간데없고 부드러운 살결이 느껴졌다.
— 오비디우스,
《변신 이야기》

신화적 스타

민주당 전당대회가 열리기 몇 주 전인 1960년 7월 2일, 전임 대통령 해리 트루먼은 존 F. 케네디가 대통령직을 맡기에는 너무 젊고 경험이 없다고 선언했다(참고로 당시 민주당은 대통령을 배출하기에 충분한 선거인단을 확보하고 있었다). 케네디의 반응은 놀라웠다. 7월 4일 그는 전국에 생방송으로 중계된 기자 회견을 열어 자신의 입장을 밝혔다. 그가 휴가 중이라는 사실이 알려지면서 기자 회견은 더욱 화제가 되었다. 텔레비전 방송에 모습을 드러내기까지 아무도 그를 보지 못했고, 그의 말을 들을 수도 없었다. 마침내 케네디가 기자 회견장에 불쑥 나타났다. 그는 어떤 대가와 희생이 따르더라도 대통령 선거에 출마해 경쟁자들과 당당히 겨루어 승리를 거

존 F. 케네디는 텔레비전
뉴스와 포토저널리즘에
영화계의 가장 일반적인
요소들, 즉 스타 자질과
신화적 이야기를 접목했다.
텔레비전 방송에 알맞은
그의 외모와 자기 표현 기술,
영웅의 이미지, 톡톡 튀는
지성은 영화배우로도
손색이 없었다. 그는
대중문화, 특히 할리우드의
담론에 적합한 인물이었고,
그런 담론들을 뉴스에
적용했다. 이러한 전략에
의해 그는 뉴스를 꿈처럼,
나아가 영화처럼
만들었다……
출연한 적은 없었지만,
그는 텔레비전이라는
도구를 자신의 스크린으로
바꾸어놓음으로써
20세기의 가장 위대한
영화배우가 되었다.
— 존 헬먼(John Hellmann),
《케네디 신드롬: JFK의
미국적 신화(The Kennedy
Obsession: The American
Myth of JFK)》

두겠다고 말했다. 그는 트루먼이 민주화를 가로막는다고 비판하면서 다음과 같이 역설했다.

"미국은 젊은 사람들이 건설한 젊은 나라입니다. 이 나라는 여전히 젊은이의 마음을 지니고 있습니다. 세상은 변하고 있는데, 옛 방식만을 고집하는 사람들이 있습니다. 새 시대는 우리에게 새로운 도전과 기회를 제공하고 있습니다. 이에 대응하기 위해서는 젊은 지도력이 필요합니다."

케네디의 연설은 정적들조차도 수긍할 수밖에 없을 정도로 감동적이었다. 케네디는 자신의 경험 부족이 문제가 아니라 구세대의 권력 독점이 문제라고 주장함으로써 트루먼의 논리를 무력하게 만들었다. 그는 단지 말뿐만 아니라 스타일에서도 강한 호소력을 발휘했다. 그를 모델 삼아 만든 영화들을 보면, 그 점을 분명하게 알 수 있다. 예를 들어 영화 〈셰인〉에서 부패한 목장주들과 맞대결을 벌였던 앨런 래드나 〈이유 없는 반항〉에 나온 제임스 딘의 모습은 많은 부분에서 케네디를 연상시킨다. 특히 초연하고 냉정한 분위기를 지녔다는 점에서 케네디는 제임스 딘과 비슷했다.

몇 달 뒤 케네디는 민주당 대통령 후보로 지명되어 텔레비전 공개 토론에서 공화당 후보 리처드 닉슨과 한판 승부를 벌였다. 닉슨은 예리했다. 그는 질문에 정확하게 답변했으며, 자신이 한때 부통령으로 참여했던 아이젠하워 행정부가 이룩한 업적들에 대해 정확한 통계를 인용하며 침착하게 토론에 임했다. 하지만 흑백 텔레비전에 비친 닉슨의 모습은 마치 송장 같아 보였다. 불안하게 움직이며 자주 깜박거리는 눈, 경직된 자세, 피로에 지친 듯한 얼굴, 눈썹과 볼 위로 흘러내리는 땀은 좋지 못한 인상을 주었다. 한마디로 심각한 걱정거리가 있는 사람처럼 보였다.

하지만 케네디는 이와 대조적인 모습을 보여주었다. 닉슨은 경쟁자인 케네디만을 주시했던 데 반해, 그는 청중을 바라보는 한편 거실에 앉아 텔레비전을 시청하는 국민들에게 시선을 맞추며 자신의 의견을 피력했다. 그는 이전에 어떤 정치인에게서도 찾아볼 수 없는 신선한 인상을 풍겼다. 닉슨은 자료를 들이대며 자질구레한 논점에만 관심을 기울였지만, 케네디는 자유와 새로운 사회 건설을 언급하면서 미국인의 개척 정신에 호소했다. 그의 태도는 매우 진지하고 패기가 넘쳤다. 그의 말은 구체적이지는 않았지만, 아름다운 미래에 대한 청중의 상상력을 자극했다.

텔레비전 토론이 열린 다음 날, 케네디에 대한 지지율은 놀라울 정도로 상승했다. 그가 가는 곳마다 젊은 여성들이 소리를 지르며 모여들었다. 게다가 케네디 옆에는 아름다운 부인 재클린이 서 있었다. 그는 마치 민주주의의 황태자 같았다. 이제 그의 텔레비전 출연은 그 자체로 화제가 되었다. 마침내 그는 대통령으로 선출되었고, 텔레비전으로 전국에 중계된 그의 취임 연설은 매우 감동적이었다. 취임 연설을 하는 날은 아주 추운 겨울이었다. 그의 뒤에는 외투와 스카프로 몸을 감싼 아이젠하워가 앉아 있었다. 그는 영락없이 늙고 지친 패장의 모습이었다. 하지만 케네디는 외투도 입지 않고 모자도 쓰지 않은 채 전 국민을 상대로 연설을 했다. "우리 가운데 그 누구도 미국인으로 태어난 것을 자랑스럽게 여기지 않을 사람은 없을 것입니다. 아울러 오늘 이 시대에 태어난 것을 누구나 자랑스럽게 여기리라 믿습니다. 믿음과 헌신을 바탕으로 우리 모두가 힘을 합친다면 이 나라의 장래는 더할 나위 없이 밝을 것이며, 그 빛이 온 세계를 두루 비치게 될 것입니다."

케네디는 취임 후에도 몇 달 동안 텔레비전 생방송을 통해 자주 모습을 드러냈다. 전임 대통령들은 감히 엄두도 내지 못했던 일이었다. 온갖 질문 공세에도 그는 조금도 당황하지 않고 침착하게 답변했으며, 때로는 질문자를 은근히 비꼬는 여유를 부리기도 했다. 사람들은 케네디의 웃는 얼굴과 자신만만한 눈빛 뒤에 어떤 모습이 도사리고 있는지를 알고 싶어했다. 잡지사들은 아내와 자녀들과 함께 있는 케네디의 모습, 백악관의 잔디에서 축구를 하는 모습, 헌신적인 가장으로서의 모습, 위대한 스타들과 어울리는 모습 등을 사진에 담아 게재함으로써 대중의 호기심을 자극했다. 케네디는 트루먼에게 맞섰던 것처럼, 쿠바의 미사일 위기 때도 핵전쟁의 위험을 무릅쓰면서까지 소련에 과감히 대처했을 뿐만 아니라 우주 개발과 평화봉사단 창설을 주도하기도 했다.

케네디가 암살된 후, 그의 부인 재클린은 한 인터뷰에서 이런 이야기를 털어놓았다. 케네디는 잠자리에 들기 전에 브로드웨이 뮤지컬을 듣곤 했는데, 〈캐멀롯(Camelot)〉을 가장 좋아했다고 한다. 특히 그는 〈캐멀롯〉 중

하지만 우리는 총체적인 현상으로 간주되는 스타들의 역사가 신들의 역사를 되풀이하는 것을 지켜봐왔다. 신들 이전의 (스타들 이전의) 신화적 우주(스크린)에는 미모와 이중적인 매력을 타고난 요괴나 유령들이 살고 있었다. 이들 가운데 일부가 육체와 실체를 취해 형태를 이루고, 확대 증식하면서 신과 여신으로 만개했다. 고대 만신전의 주요 신들이 스스로 구원의 영웅-신으로 변모할 때도, 스타-여신은 스스로에게 인간성을 부여해 환상적인 꿈의 세계와 지상에서의 인간의 일상을 연결하는 새로운 중재자가 된다……. 영화의 영웅들은…… 좁은 의미에서 신화적 영웅들이며, 이러한 점에서 그들은 신성을 부여받는다. 스타는 영화 속 주인공의 영웅적 실체 중 일부를 흡수하는 배우다. 주인공의 이러한 영웅적 실체는 이번에는 배우들의 노력에 의해 더욱 풍부해진다. 이렇게 볼 때, 스타의 신화란 무엇보다도 영화배우가 경험하는 신성화의 과정, 다시 말해 그들 군중의 우상으로 만드는 과정을 의미한다.

— 에드가 모랭, 〈스타들〉

에서 "잊지 마세요. 한때 그곳이 존재했었다는 사실을. 한순간의 청명한 빛이 비칠 때. 캐멀롯이란 곳이 있었답니다"라는 대목을 좋아했다. 재클린은 앞으로 위대한 대통령은 많이 나올 테지만, '또 다른 캐멀롯'은 두 번 다시 존재하지 않을 것이라고 말했다. '캐멀롯'은 약 1000일 동안 대통령직을 수행하다 사라져간 케네디를 신화로 만들기에 충분한 말이다.

미국인들을 사로잡은 케네디의 능력은 우연한 결과가 아니었다. 그는 정확한 계산과 의도를 가지고 미국인들을 유혹했다. 정치가로서의 케네디의 생애는 할리우드 배우의 역할과 비슷했다. 그의 아버지 조지프가 한때 영화 제작자였으며, 케네디 자신도 할리우드 배우들과 교제하며 그들이 스타로 성공하게 된 비결에 관심을 기울였다는 사실은 새삼스러운 얘기가 아니다. 특히 게리 쿠퍼, 몽고메리 클리프트, 캐리 그랜트에게 관심이 많았으며, 그중에서도 종종 그랜트에게 조언을 구하곤 했다.

할리우드는 미국의 서부 개척 신화를 영상화함으로써 전 국민의 연대의식을 고양시켰다. 위대한 스타들이 마치 신화적 인물처럼 스크린에 등장했다. 할리우드는 가부장적인 이미지의 존 웨인, 프로메테우스와 같은 반항아의 이미지를 지닌 몽고메리 클리프트, 귀족적인 영웅의 이미지를 가진 지미 스튜어트, 세이렌의 이미지를 풍기는 마릴린 먼로와 같은 스타들을 배출했다. 이들은 단순한 인간이 아니라 신처럼 군림해 사람들의 상상력을 자극했다. 케네디의 모든 행동은 이와 같은 할리우드의 방식을 따른 것이었다. 그는 적과 사소한 언쟁을 벌이는 대신, 극적인 대조를 연출해냈다. 그는 아내든 자식이든 그 누구를 대하든지 늘 매혹적인 태도를 유지하려고 애썼다. 그는 제임스 딘과 게리 쿠퍼 같은 배우들의 분위기와 얼굴 표정을 모방했다. 또한 정치적인 세부 사항에 신경 쓰기보다 위대한 신화처럼 온 국민의 단결을 이끌어낼 수 있는 주제에 초점을 맞췄다. 그는 이 모든 것을 위해 텔레비전을 이용했다. 그의 이미지는 주로 텔레비전을 통해 만들어진 것이라고 해도 과언이 아니다. 그는 뉴프런티어 정책을 제시함으로써 개척자 정신을 고양시켰으며, 국민들에게 잃어버린 과거의 순수함을 되찾을 수 있다는 환상을 불러일으켰다.

모든 유혹자 가운데 가장 강력한 유혹의 힘을 지닌 유형은 신화적 스타가 아닌가 싶다. 사람들은 인종, 성, 신분, 종교, 정치 등과 같은 문제로 분열하고 대립한다. 이런 상태에서 그들 모두를 하나로 묶을 수 있는 절대적 명분을 제시한다는 것은 거의 불가능하다. 한쪽 집단에 신경을 쓰다 보면, 다른 쪽 집단은 소외감을 느끼기 쉽다. 하지만 인간은 공통된 면이 있게 마련이다. 인간은 모두 죽을 수밖에 없다. 인간은 누구나 두려움을 가지고 있으며, 부모의 영향을 받고 자란다. 이런 인간을 하나로 묶을 수 있는 것이 바로 신화다. 신화는 무력함을 극복하려는 인간의 감정과 불멸에 대한 욕구에서 생겨난다. 인간은 누구나 두려움을 극복하고 영원히 살기를 갈구한다.

신화적 스타는 신화를 살아 있게 만드는 존재다. 신화적 스타가 되고자 한다면, 먼저 외모부터 연구해야 한다. 독특한 스타일과 초연한 태도를 비롯해 시각적으로 사람들의 관심을 사로잡는 방법을 개발해야 한다. 앞서 언급한 대로 신화적 인물의 유형은 여러 가지다. 반항아, 지혜로운 가부장, 모험가 등등 다채롭다. 이러한 유형을 적절히 혼합해 은근하고 모호한 분위기를 연출할 수 있어야 한다. 직접적인 표현은 절대 금물이다. 겉으로 드러난 말과 행동만으로는 쉽게 판단할 수 없는 신비스러운 분위기가 감돌아야 한다. 구체적이고 현실적인 문제나 자질구레한 세부 사항에 집착하지 말고, 삶과 죽음, 사랑과 증오, 권위와 혼돈과 같은 문제를 다루는 것처럼 보여야 한다. 만일 맞서야 할 경쟁자가 있다면 그를 단순히 이데올로기적인 문제를 놓고 다투는 상대로만 바라보지 말고, 악당이나 악마로 규정하라. 사람들은 신화에 쉽게 영향을 받는다. 그렇기 때문에 자신을 위대한 드라마의 영웅으로 부각시킬 수 있어야 한다. 사람들과 항상 거리를 유지하라. 직접 접촉하지 않고 오직 바라보는 것만으로도 사람들이 환상에 젖을 수 있게 만들어야 한다.

> 케네디의 삶은 정치 이론보다는 신화, 마법, 전설, 영웅담과 더욱 깊은 관계를 맺고 있다.
>
> — 존 케네디 사후 일주일 뒤에 재클린 케네디가 한 말

나이: 22세,
성별: 여자,
국적: 영국,
직업: 의과대학교 학생
"(디나 더빈은) 나의 첫 번째이자 유일한 스크린 우상이었다. 나는 태도와 옷차림에서 그녀를 닮고 싶었다. 옷을 새로 살 때마다, 스크랩북에서 특히 디나가 멋지게 나온 사진을 눈여겨보고는 그녀가 입고 있는 것과 비슷한 옷을 주문하곤 했다. 나는 머리 모양도 그녀처럼 하고 다녔다. 짜증을 부리거나 화를 내고 나면, 디나라면 어떻게 했을까 생각하면서 나의 행동을 수정하곤 했다……"
나이: 26세,
성별: 여자,
국적: 영국
"나는 딱 한 번 영화배우와 사랑에 빠진 적이 있었다. 그는 콘래드 베이트였다. 나는 그의 매력과 성격에 반했다. 그의 목소리와 몸짓도 나를 사로잡았다. 나는 그를 증오했고, 두려워했으며, 그리고 사랑했다. 그가 죽었을 때 내 상상력의 중요한 일부도 죽은 것 같았고, 나의 꿈의 세계 역시 텅 비어버렸다."
— J. P. 메이어(J. P. Mayer), 《영국 영화와 관객들(British Cinemas and Their Audiences)》

미개인들은 나무와 돌로 만든 우상을 숭배하고, 문명인들은 살과 피로 이루어진 우상을 숭배한다.
— 조지 버나드 쇼
(George Bernard Shaw)

스타가 되는 길

눈에서 나오는 빛이
깨끗하고 광택이 나는
물체와 마주치면, 그것이
철이든 유리든 보석이든
어떤 물체든지 간에……
마주친 물체가 내뿜는 빛이
다시 눈에 반사된다.
그리고 나면 관찰자는
스스로를 보면서
자기 자신에 대한 상(像)을
얻게 된다. 거울을
볼 때가 바로 그런
경우다. 이런 상황에서는
마치 다른 사람의 눈을
통해 자신을 보고 있는
것처럼 느껴진다.
— 이븐 하즘(Ibn Hazm),
《비둘기의 반지: 아라비아의
사랑의 기술과 실천에 관한
소고(The Ring of the
Dove: A Treatise on
the Art and Practice of
Arab Love)》

유혹이란 의식을 우회해 무의식을 자극함으로써 상대를 자신이 원하는 대로 움직이는 것을 말한다. 한마디로 무의식을 자극해야 유혹에 성공할 수 있다. 이유는 간단하다. 우리 주변에는 직접적인 메시지로 관심을 끌려는 사람이 너무 많기 때문이다. 하지만 정치성을 드러내거나 노골적으로 상대를 이용하려는 사람은 결코 원하는 것을 얻어낼 수 없다. 오히려 냉소적인 반응을 불러일으킬 뿐이다. 자신이 원하는 것을 솔직하게 내비치거나 속마음을 모두 보인 채 상대를 설득하려 해서는 아무것도 얻을 수 없다. 사람들은 그런 사람을 귀찮게 여긴다.

이런 결과를 초래하지 않으려면, 상대의 무의식에 접근해 들어갈 수 있는 기술을 연마해야 한다. 인간의 무의식은 꿈을 통해 가장 잘 드러난다. 꿈은 신화와 밀접한 관계가 있다. 잠에서 깨어난 뒤에도 꿈속에서 본 모호한 이미지가 머릿속에서 떠나지 않는다. 꿈속에서는 현실과 비현실이 뒤섞여 나타난다. 꿈속에서도 현실에서 만나는 사람들을 만나고 현실과 비슷한 상황을 겪게 되지만, 대개 앞뒤가 안 맞고 뒤죽박죽이다. 꿈속에서 일어나는 일이 현실과 똑같다면, 아마도 우리는 꿈을 통해 기쁨이나 두려움을 느끼지 못할 것이다. 우리가 꿈에 매료되는 이유는 현실과 비현실이 뒤섞여 나타나는 현상 때문이다. 꿈은 낯설면서도 어디서 본 듯한 느낌을 준다. 이런 이유로 프로이트는 꿈을 '기괴하다'고 표현했다.

우리는 때로 현실 세계에서도 기괴한 현상을 체험하곤 한다. 데자부(기시감旣視感)도 그런 경우다. 데자부는 과거의 경험을 되살려주는 이상한 사건을 현실에서 체험하는 것을 말한다. 사람들도 그와 비슷한 효과를 낼 수 있다. 예를 들어 케네디와 앤디 워홀 같은 사람들의 말과 몸짓에서는 현실과 비현실이 뒤섞여 나타난다. 그들은 마치 꿈속의 인물처럼 느껴진다. 이들은 분명히 진지함과 장난기와 관능적 매력을 지닌 현실 속의 인물이지만, 동시에 초연한 듯, 현실을 넘어선 듯한 분위기를 발산함으로써 영화 속에서나 볼 수 있는 초현실적인 인상을 심는다.

이런 유형의 스타는 사람들의 무의식을 자극함으로써 유혹의 힘을 발휘한다. 그들은 공적으로나 사적으로 사람들을 유혹한다. 사람들은 그들의 몸과 마음을 소유하고 싶어한다. 하지만 꿈이나 영화에서 본 사람을 현실에서 소유하기는 불가능하다. 영화 속 스타든 정치적 스타든 마찬가지다. 소유할 수 없기 때문에 더욱더 그들에게 매료된다. 그들의 모습은 뇌리에 박힌 채 우리의 꿈과 환상 속에 등장한다. 사람들은 그들을 무의식적으로 모방한다. 심리학자 산도르 페렌치(Sandor Ferenczi)는 이를 '내적 투사(intro jection)'라고 표현했다. '내향적 투사'란 다른 사람의 속성을 자신의 것으로 받아들이는 심리 행위를 말한다. 스타의 매력은 바로 여기에 있다.

현실과 비현실을 적절하게 혼합해 신비로운 분위기를 만들어냄으로써 우리는 스타가 가진 유혹의 힘을 소유할 수 있다. 대다수의 사람들은 지겹도록 진부하다. 바꾸어 말하면 지나치게 현실적이다. 따라서 뭔가 비현실적인 모습을 보여주면 탁월한 유혹의 효과를 얻을 수 있다. 스타는 무의식의 세계에서 나온 듯한 말과 행동, 다소 초연한 듯한 태도, 이따금씩 '저 사람은 과연 어떤 사람일까?'라는 궁금증을 불러일으키는 특징을 지니고 있다.

사실 스타는 오늘날의 영화가 만들어낸 피조물이다. 영화는 꿈의 세계를 만들어낸다. 우리는 깜깜한 어둠 속에서 반쯤 졸린 듯한 상태로 영화를 관람한다. 스크린에 비친 영상이 현실감 있게 다가오고, 마치 현실인 듯한 상황이 펼쳐진다. 하지만 스크린에 비친 세계는 반짝이는 불빛으로 구성된 이미지에 불과하다. 우리는 그것이 현실이 아니라는 사실을 잘 안다. 영화를 보고 있으면 마치 다른 사람의 꿈을 보는 듯한 느낌을 받는다. 대개 대형 스타를 만들어내는 것은 연극이 아니라 영화인 것도 이런 이유에서다.

연극 무대에서는 배우들이 실물로 나오기 때문에 관객 속에 파묻혀버릴 뿐만 아니라 너무 현실적으로 비친다. 하지만 영화는 다르다. 영화는 배우들의 실제 크기를 확대함으로써 현실과 동떨어진 이미지를 창조해낸다. 사람들은 스크린에 비친 배우의 모습에 매료된다. 예를 들어 스크린을 가득 채운 그레타 가르보의 얼굴을 보는 순간, 대중은 그녀의 인상을 깊이 각인한다. 스타는 이러한 점들을 잘 활용한다. 먼저 스크린에 비친 배우들의 확대된 모습처럼 유혹하고자 하는 상대방에게 실제보다 큰 느

현대 세계가 생산한 집단적인 유혹 중에서 유일하게 중요한 별자리는 필름 스타, 혹은 시네마 아이돌이다. 그들은 신화나 예술에 등장하는 유혹에 비견할 만한 유혹의 인물을 만들어내지 못하는 시대에서 우리의 유일한 신화였다. 영화의 힘은 스스로의 신화 속에 살아 있다. 이야기나, 심리적 초상이나, 상상력이나, 리얼리즘이나 하는 것들은 모두 부차적인 위치를 차지할 뿐이다. 오직 신화만이 힘을 발휘하며, 영화적 신화의 중심에는 유혹적 인물 - 매혹적이면서도 위선적인 영화적 이미지와 연관된 - 의 유혹이 존재한다(여기서 유혹적 인물이란 무엇보다도 여성을 가리킨다)……. 스타는 결코 이상적이거나 숭고한 존재가 아니다. 스타는 만들어진다……. 그녀의 황홀한 시선과 허무한 미소 뒤에는 모든 감정과 표정이 녹아 있다. 그녀가 신화적 지위를 획득하고 열렬한 찬사의 주체가 될 수 있는 것은 바로 이 때문이다. 대중의 신인 시네마 아이돌의 즉위는 현대 사회의 중심적인 대화 주제다……. 이를 단지 기만당한 대중의 꿈으로 치부해서는 안 된다. 이는 분명 유혹적 사건이다……. 확실히 대중 시대의 유혹은 《위험한 관계》나 《유혹자의 일기》에 나오는 유혹과는 거리가 멀다. 물론 유혹(의 역사)에서 가장 풍부한 이야기를 담고 있는 고대 신화에서 발견되는 유혹과도 거리가 멀다. 이들의 경우에는 유혹이 뜨겁지만, 현대의 우상에 의해 이루어지는 유혹은 차갑다…….

위대한 스타나 여성
유혹자들이 눈부시지 않은
것은 재능이나 지성이 없기
때문이 아니라, 재능이나
지성을 갖고 있기 때문이다.
그들은 화장으로 연출한
공허한 분위기와 차가움
속에서 빛을 발한다…….
이들 위대한 유혹의 우상은
우리에게 가면이자 이스터
섬의 석상과 같은 존재다.
— 장 보드리야르,
《유혹에 대하여》

낌을 주어야 한다. 그러려면 외모나 스타일에서 다른 사람들보다 더 눈에
띄어야 한다. 꿈속과 같은 모호한 분위기를 연출하되 지나치게 거리감을
두어서는 안 된다. 지나치게 거리감을 두면 사람들에게 또렷한 인상을 심
을 수 없다. 시간이 지나도 상대방의 기억 속에 각인될 만큼 인상적이어
야 한다.

둘째, 스타가 되려면 용모를 신비롭게 가꾸어야 한다. 즉 사람들의 상상
력을 끝없이 자극하면서 성격은 물론 영혼까지도 뭐든 그들이 보고 싶어
하는 모습을 보여줄 수 있어야 한다. 스타는 과장된 연기를 하거나 자신
의 본모습을 드러내서는 안 된다. 오히려 모호한 인상으로 사람들이 저마
다 원하는 대로 생각하게 만들어야 한다. 가르보나 디트리히의 얼굴은 사
람들을 매료시켰다. 제임스 딘의 분위기를 모방한 케네디의 얼굴에서도
그와 같은 힘이 우러나왔다.

살아 있는 유기체는 항상 움직이고 변하게 마련이지만, 물건이나 이미
지는 수동적이다. 하지만 수동적일 때 환상을 자극하는 힘이 발산된다.
사람도 마치 수동적인 물건처럼 보일 때 그와 같은 힘을 발휘할 수 있다.

18세기의 위대한 협잡꾼이었던 생제르맹 백작은 여러모로 보건대 스타
의 원조였다. 그는 어느 날 갑자기 마을에 나타났다. 그가 어디에서 왔는
지 아는 사람은 아무도 없었다. 그는 여러 나라의 말을 썼고, 그의 억양에
도 외국에서 살았던 흔적이 역력했다. 심지어는 몇 살인지도 알 수 없었
다. 분명 젊은 나이는 아닌데 그의 얼굴에서는 건강미가 넘쳤다. 그는 밤
에만 활동했다. 항상 검은 옷을 입었고 번쩍이는 보석을 몸에 걸쳤다. 루
이 15세의 궁전에 나타난 그는 즉시 센세이션을 불러일으켰다. 그에게서
는 부유한 티가 줄줄 흘렀지만, 그 부의 출처가 어디인지는 아무도 알지
못했다. 루이 15세와 퐁파두르 부인은 평범한 물건도 금으로 바꾸는 능력
을 비롯해 그가 놀라운 능력을 지녔다고 믿어 의심치 않았다. 하지만 그
는 결코 스스로 그런 말을 한 적이 없었다. 다만 모든 것을 살짝 흘려놓는
식이었다. 그는 단정적으로 말하지 않고 "아마도, 어쩌면" 같은 애매한 표
현을 사용했다. 그는 식탁에 앉기는 했지만 음식을 먹는 모습을 보이지도
않았다.

한번은 그가 퐁파두르 부인에게 사탕을 선물로 주었는데, 사탕을 담은 상자가 집어드는 방향에 따라 모양과 색깔이 변했다. 퐁파두르 부인은 사탕 상자를 집어들 때마다 신기한 느낌이 들어 그를 생각하지 않을 수 없었다고 말했다.

생제르맹은 아무도 본 적이 없는 이상한 그림을 그렸다. 그의 그림은 어찌나 생생한 느낌을 주었던지 보석을 그리면 진짜처럼 보였다. 다른 화가들이 그 비결을 알고자 했지만, 그는 끝내 알려주지 않았다. 그는 처음에 그랬던 것처럼 어느 날 홀연히 마을을 떠났다. 그가 숭배했던 인물은 카사노바였다. 그는 카사노바를 만난 뒤 결코 그를 잊지 못했다. 심지어 사람들은 그의 죽음조차 믿지 않았다. 몇 년이 흐르고 몇 십 년이 흘렀지만 사람들은 그가 어딘가에 은둔해 있을 것이라고 믿었다. 스타는 결코 죽지 않는다는 것을 보여준 셈이다.

생제르맹 백작은 스타로서의 모든 자질을 가지고 있었다. 그에 관한 모든 것이 모호했다. 그래서 사람들마다 그를 생각하는 관점도 제각각이었다. 그의 다채롭고 생동감 넘치는 스타일은 사람들 사이에서 언제나 돋보일 수밖에 없었다. 사람들은 그를 불멸의 존재라고 생각했다. 스타는 결코 늙거나 사라지지 않는다. 그의 말 역시 그의 모습처럼 매력적이고 다채로웠으며, 의미가 모호했다. 모든 사람이 우러러보는 스타가 되려면 번쩍이는 물건처럼 자신을 변신시킬 수 있는 능력을 지녀야 한다.

앤디 워홀은 자신을 알고 있는 모든 사람을 사로잡았다. 그의 스타일은 독특했다. 그는 은색 가발을 썼으며, 얼굴은 무표정한 듯하면서도 신비로웠다. 사람들은 그가 무슨 생각을 하고 있는지 알 길이 없었다. 그의 그림처럼 그도 단순한 표면만을 드러냈을 뿐, 깊은 속마음을 드러낸 적이 없었다. 워홀과 생제르맹의 모습은 17세기에 유행했던 트롱프뢰유 기법('눈속임'이란 뜻의 프랑스어로, 회화에서 감상자가 그림을 실제로 착각할 정도로 대상을 사실적으로 재현하는 기법—옮긴이)의 그림이나 현실과 비현실을 흥미롭게 혼합한 에셔(M. C. Escher)의 그림을 연상시킨다.

스타는 단연 돋보여야 한다. 마를레네 디트리히가 파티 석상에 나타나면 모든 이목이 그녀에게 쏠렸던 것처럼, 톡톡 튀는 인상을 풍겨야 한다.

담배를 피우는 모습, 목소리, 걸음걸이 등을 비롯한 모든 태도가 마치 꿈이나 환상 같은 분위기를 불러일으킬 수 있도록 미묘해야 한다. 사람들은 종종 별것 아닌 듯한 일에 매료되는 법이다. 사람들은 스타의 일거수일투족을 모방하려고 든다. 예를 들어 오른쪽 눈 위를 덮는 베로니카 레이크의 머리 모양, 캐리 그랜트의 목소리, 케네디의 미묘한 미소 따위를 흉내내려 든다. 이런 모습은 사람들의 무의식을 자극한다. 사람들은 생김새나 색깔이 이상한 물건에 호기심을 느낀다. 마찬가지로 자신도 모르게 스타의 매혹적인 외모에 끌리게 되어 있다.

스타는 사람들의 호기심을 자극한다. 스타가 되려면 때로 사생활이나 성격의 일부를 살짝 내비침으로써 사람들의 호기심을 자극하는 방법을 배워야 한다. 제임스 딘은 동양 철학과 비학(秘學)에 관심이 많았다. 이러한 모습을 본 사람들은 그에게 보통 사람과는 다른 영적인 면이 있을 것이라고 상상했다. 착하고 관대한 마음씨를 보여주는 것도 비슷한 효과를 얻을 수 있다. 스타는 유희와 사랑을 즐기는 올림포스의 신들과 흡사한 존재다. 스타가 좋아하는 사람이나 동물, 취미 등에서 사람들은 도덕적 아름다움을 찾아내려 하고, 그런 점을 발견하게 되면 더욱 열광한다. 그러므로 누구를 사랑하며, 어떤 명분과 가치를 지향하며, 어떤 생활을 하고 있는지를 적절히 공개한다면 사람들의 관심을 한껏 자극할 수 있다.

스타가 지닌 또 다른 유혹의 힘은 사람들에게 대리 만족을 가져다준다는 데 있다. 기자 회견에서 트루먼의 견해를 반박한 케네디가 대표적인 경우다. 그는 젊다는 이유만으로 나이 든 트루먼에게 무시당하는 자신의 모습을 부각시켰다. 그는 젊은 세대와 자신을 동일시함으로써 세대 간의 갈등을 불러일으켰고, 이 점을 적절히 이용해 소기의 목적을 달성했다 (당시 부모 세대에 불만을 품고 반항아가 된 청소년들을 다룬 영화가 할리우드에서 유행했는데, 그와 같은 사회 분위기가 케네디에게 유리하게 작용했다). 사람들은 전형적인 미국의 중산층을 대표했던 지미 스튜어트나 귀족적인 분위기로 상류층을 대표했던 캐리 그랜트처럼, 자기들이 속한 사회 계층을 대변해줄 수 있는 스타에게 끌리게 마련이다.

유혹은 항상 무의식에 호소해야 한다. 따라서 직접적인 말은 금물이다.

몸짓이나 태도를 통해 은근하게 의도를 전달할 수 있어야 한다. 요즘 사람들은 과거 그 어느 세대보다 불안 심리가 강하다. 사람들은 정체성을 잃고 이리저리 표류한다. 그들은 자기들의 정체성을 대변해주는 스타를 갈구한다. 그리고 그런 스타를 발견하면 즉시 그를 모방하기 시작한다. 스타는 사람들의 이런 심리를 이용한다.

모든 사람은 일종의 연기자다. 사람들은 타인의 생각을 모른다. 겉으로 드러난 모습으로 서로를 판단할 수밖에 없다. 그런 점에서 우리는 연기자가 되어야 한다. 연기자는 디트리히처럼 자신을 객관화할 수 있어야 한다. 객관적인 눈으로 자신의 모습을 들여다보며 원하는 외모를 만들어내는 것이 중요하다. 스타는 자신을 상대로 이야기도 하고 놀기도 하면서 이미지를 만들어가는 한편, 시대에 맞는 적응력을 키워나간다. 10년 전에 유행했던 이미지를 그대로 유지한다는 것은 우스꽝스러운 일이다. 스타는 끊임없이 자신의 이미지를 개발함으로써 사람들의 기억에서 희미해지지 않도록 해야 한다.

> | **상징** | 우상. 돌을 깎아 형상을 만들고 금은보석으로 장식하면 신이 된다. 숭배자들의 눈에 비친 그 형상은 생명이 깃든 살아 있는 물체가 된다. 사람들은 그것이 실제적인 힘을 가지고 있다고 상상한다. 사람들은 그 형상을 보며 자신들이 보고자 하는 것, 곧 신을 발견한다. 하지만 그것은 결국 한낱 돌덩이에 지나지 않는다. 신은 오직 그들의 상상 속에서만 존재할 뿐이다.

스타의 몰락

스타는 대중의 눈을 즐겁게 하는 환상을 만들어낸다. 사람들은 어떤 스타에게 싫증이 나면 다른 스타에게 눈을 돌린다. 그렇게 되면 더 이상 유혹의 힘을 발휘하기 어렵다. 한번 몰락하면 예전의 인기를 누리기란 거의 불가능하다.

악명이나 오명을 남길까 봐 두려워해서는 안 된다. 사람들은 스타를 쉽게 용서하는 경향이 있다. 케네디가 암살된 후 그의 외교 정책이 지나치게 모험을 즐겼다드니, 여성 편력이 심했다드니 하는 온갖 비방과 추문이 나돌았다. 하지만 사람들은 그를 여전히 미국의 가장 위대한 대통령 가운데 한 사람으로 여기고 있다. 에롤 플린도 강간을 비롯해 수많은 추문에 직면했지만, 추문은 결국 레이크로서의 명성만 높여주었을 뿐이다. 일단 사람들이 스타로 인정하기만 하면 도덕과는 상관없이 그에게 푹 빠지게 되어 있다. 물론 너무 지나쳐서는 곤란하다.

스타는 신비하고 초연한 아름다움을 지녀야 한다. 인간적인 약점을 너무 많이 노출할 경우에는 사람들의 환상을 자극할 수 없다. 사람들을 너무 멀리한다든지, 너무 오랫동안 사람들의 시야에서 사라지는 것보다는 악평을 받으면서도 늘 사람들 앞에 모습을 보이는 편이 낫다. 사람들에게 모습을 보이지 않으면 그들의 상상력을 자극할 수 없다. 하지만 그렇다고 대중을 너무 가까이해서도 안 된다. 신비감이 사라져 싫증을 낼 수 있다. 그렇게 되면 스타로서의 운명은 끝이다. 싫증은 어떤 점에서 궁극적인 사회악이라고 할 수 있다.

스타가 직면할 수 있는 가장 큰 위험은 끝없이 사람들의 주목을 받아야 한다는 점이다. 대중의 관심과 호기심 아래 자신을 노출시키다 보면, 어떤 때는 스타로서의 생활을 때려치우고 싶은 마음이 들기도 한다. 매혹적인 여성은 늘 대중의 시선을 받아야 하기 때문에 피곤하다. 마릴린 먼로가 그랬듯이, 스타는 때로 스스로를 파괴하고 싶은 욕구에 사로잡히게 된다. 이럴 때는 디트리히처럼 자신을 객관화하는 한편 사람들과 적당히 거리를 유지하는 것이 해결책이다. 마치 유희를 즐기듯 자신의 이미지를 창출하고, 사람들의 관심과 주목을 받더라도 거기에 휩쓸리지 않는 마음자세를 갖는 것이 중요하다.

유혹할 줄 모르는
사람들

유혹자는 관심의 초점을 상대방에게 둔다. 하지
만 반유혹자는 그와는 정반대다. 반유혹자는 자
기 자신에게 매몰되어 있으며, 심리적으로 불안
하다. 따라서 상대방의 심리를 이해하지 못한다.
한마디로 반유혹자는 사람들을 멀리 쫓아버리는
존재다. 반유혹자는 자신을 객관적으로 보지 못
한다. 반유혹자는 상대를 귀찮게 하고, 자기 주장
이 강하며, 말이 많으면서도 그 점을 전혀 의식하
지 못한다. 이러한 반유혹자적인 특성을 자신에
게서 제거하는 한편, 그런 특성을 가진 사람들을
분별할 수 있어야 한다. 반유혹자와 관계를 맺
을 경우에는 아무런 이득이나 즐거움을 얻
을 수 없다.

반(反)유혹자의 유형

반유혹자의 형태와 종류는 다양하다. 하지만 공통점이 있는데, 바로 불안감이다. 이 불안감에서 유혹을 거부하려는 특성이 나타난다. 우리 모두는 불안에 시달린다. 하지만 우리는 이와 같은 불안 심리를 극복할 수 있다. 유혹을 하고, 반대로 유혹을 당하는 과정을 통해 우리는 자기도취의 심리에서 벗어나 자신감 있게 살아갈 수 있다. 하지만 반유혹자는 유혹의 과정에 참여하기를 거부함으로써 늘 불안한 심리를 안고 산다. 그들은 자신의 내면에 존재하는 불안, 자의식, 욕구에만 몰입해 폐쇄된 삶을 살아간다. 그들은 다른 사람에게서 약간이라도 모호한 구석을 발견하면 곧 자신에게 그런 모호함이 없는지 살피며, 다른 사람이 조금만 무관심한 것처럼 보이면 이를 마치 배신인 양 크게 확대해 불평하는 경향이 있다.

반유혹자는 자기 외의 다른 모든 것에 반발한다. 그러므로 그런 사람들은 피하는 게 상책이다. 하지만 불행히도 그 사람이 반유혹자인지 아닌지 판단하기가 어렵다. 그들은 매우 교묘하며, 주의 깊게 살피지 않으면 덫에 걸려 불행한 관계에 빠져들게 된다. 그들은 자기도취에 빠져 있고 심리적으로 불안한 상태다. 그러므로 그들의 심리 상태를 드러내는 여러 가지 증세를 유심히 살펴야 한다. 예를 들어 인색하거나 지나치게 논쟁을 좋아하고, 매사에 비판을 일삼는 모습을 보이면 반유혹자일 가능성이 높다. 이들은 때로 아부에 가까운 말로 접근해 상대를 잘 알지도 못하는 상태에서 사랑한다고 고백하기도 한다. 또한 상대에게 세심한 주의를 기울이지 않는다. 따라서 상대의 특별한 점을 발견할 수 없기 때문에 진지한 사랑의 관계를 구축해나갈 능력이 없다.

우리 모두는 한두 가지씩 반유혹자의 특성을 가지고 있다. 그런 부정적인 특성을 찾아 제거한다면, 우리는 더 많은 유혹의 힘을 발휘할 수 있다. 관대하지 못하다고 해서 반드시 반유혹자의 기질을 지녔다고 말할 수는 없지만, 대개 인색한 사람은 별로 유혹적이지 못한 것이 사실이다. 유혹자가 되려면 먼저 개방적이어야 한다. 돈을 잘 쓰지 않는다는 것은 다른 부분에서도 관대해지기 어렵다는 뜻이다. 그러므로 먼저 인색한 태도를 버려야 한다. 인색함은 유혹자가 되는 데 가장 큰 걸림돌이다.

유혹자가 되려면 반유혹자의 기질이 뿌리를 내리기 전에 그 싹을 잘라버려야 한다. 다음은 반유혹자의 주된 유형들이다.

조급한 성격의 소유자: 유혹이란 시간이 필요한 종교의식과도 같다. 유혹의 과정을 즐겁게 받아들일 수 있어야 한다. 기다리면 기다릴수록 기대감도 커지게 된다. 따라서 조급함은 금물이다. 조급한 성격을 가진 사람은 자신의 욕구를 충족시키기에 급급할 뿐, 상대방을 전혀 배려하지 않는다. 인내심을 가진다는 것은 곧 상대를 배려하는 행위다. 인내심으로 상대를 대하면 반드시 좋은 인상을 주게 되어 있다. 하지만 조급한 행동은 반대의 결과를 낳는다. 관심이 있다고 해서 성급하게 접근하면 상대의 기분을 상하게 만들기 쉽다. 그러므로 자기중심적인 사고방식을 버려야 한다. 자기중심적인 사고를 가진 사람은 기다릴 줄 모르고, 상대에게 거절을 당했을 때는 과잉 반응을 하게 된다. 왜냐하면 이런 사람들은 대개 열등감에 사로잡혀 있기 때문이다. 만일 성격이 조급한 사람이 사랑을 고백해올 경우에는 먼저 그를 시험하는 것이 필요하다. 시험의 방법은 기다리게 하는 것이다. 그런 다음 어떤 반응을 보이느냐에 따라 대응 전략을 세우면 된다.

아첨꾼: 아첨꾼도 조급한 성격의 소유자와 마찬가지로 성급하게 사랑을 고백한다. 그런데 아첨꾼에게 속아넘어가는 사람들이 의외로 많다. 우리는 사랑하는 사람을 이상화하려는 경향이 있다. 하지만 사랑이 무르익으려면 어느 정도 시간이 필요하다. 아첨꾼은 입에 침이 마르도록 상대를 치켜세운다. 누구나 칭찬을 들으면 기분이 우쭐해지게 마련이다. 하지만 한걸음 물러나 생각해보면 근거 없는 칭찬인 경우가 많다. 아첨꾼에게 속지 않으려면 자기 내면의 소리에 정직하게 귀 기울일 줄 알아야 한다. 아첨꾼에게 넘어가 몸과 마음을 주고 난 뒤 돌아오는 것은 공허한 자책감뿐이다. 아첨꾼은 상대를 손에 넣을 생각만 할 뿐 진정한 사랑을 할 능력이 없다. 이들은 마치 아무리 물을 부어도 결코 채워지지 않는 깨진 독과 같은 욕망을 가진 존재일 뿐이다.

이제 왜 사랑이 식는지, 그 이유를 살펴보기로 하자. 너무 쉽게 위로를 받을 경우, 연인과 만나서 대화하는 시간이 너무 길 경우, 연인의 옷차림이나 걸음걸이가 마음에 들지 않을 경우, 갑자기 궁핍해질 경우, 사랑이 식게 된다. 사랑이 식는 또 다른 경우는 연인이 평판도 나쁘고 성격도 나쁜 데다가 인색하기까지 하며 전반적으로 악한 사람이라는 생각이 들 때다. 다른 여자와 염문을 뿌리고 다닐 경우에도, 비록 사랑의 감정이 개입되지 않았다 하더라도, 사랑이 식게 된다.

여자 입장에서는 자기
남자가 어리석고 분별력이
없다는 것을 알게 될 경우,
혹은 상대방은 배려하지
않으면서 요구만 한다는
것을 알아차릴 경우에도
사랑이 식는다.
모름지기 충실한 연인은
상대방을 당황하게 하는
요구를 하거나 상대방에게
창피를 주면서
즐거워하기보다는 차라리
사랑의 고통을 감내하는
쪽을 택한다. 자신의 쾌락만
생각하고 상대방의 행복을
무시하는 사람은 연인이
아니라 배신자라고
불러야 마땅하다.
여자가 자기 남자가 전쟁을
두려워한다는 것을 알았을
경우, 혹은 참을성이 없거나
너무 잘난 척한다는 것을
알아차렸을 경우에도
사랑이 식는다.
바람직한 연인은 매사에
겸손할 줄 알고, 쓸데없이
자존심을 내세우지 않는다.
너무 바보 같거나 정신 나간
사람처럼 굴어도 사랑이
식는다. 일부러 바보처럼
행동하거나 입에서 나오는
대로 지껄이면 여자가
즐거워할 거라고 생각하고
늘어지게 너스레를 떠는
남자들이 많지만, 실은
완전히 잘못된 생각이다.
그런 바보 같은 행동이
현명한 여자를 기쁘게 할 수
있다고 생각하는 남자는
판단력이 부족해도
한참 부족하다.
— 앙드레 르 샤플랭,
《사랑이 식는 이유》,
《사랑에 대하여》 중에서

학대를 당해도 웃으면서 노예처럼 구는 사람도 아첨꾼이다. 이런 유형의 사람을 보면, 과연 주관이 있는지 의심스럽다. 자신의 생각을 말하지 않고 무조건 상대의 비위를 맞추는 데 급급한 사람과는 관계를 유지할 필요가 없다.

도덕주의자 : 유혹은 게임이다. 따라서 유혹의 게임을 하기 위해서는 가벼운 마음이 필요하다. 사랑과 유혹 앞에서는 모든 것이 평등하다. 거기에는 도덕이 비집고 들어갈 틈이 없다. 하지만 도덕주의자는 모든 것을 진지하게만 생각하려고 한다. 이들은 낡은 도덕관을 가지고 상대를 자신의 도덕 원칙에 복종시키려 한다. 상대를 자신이 생각하는 더 나은 사람으로 만들려 하기 때문에 끊임없이 비판하고 판단한다. 이들은 비판과 판단이 마치 인생의 유일한 낙인 양 행동한다. 이들은 주위에 있는 모든 사람을 지배하려 할 뿐 다른 사람의 즐거움을 배려하지 않으며, 다른 사람의 생각을 수용하려 들지 않는다. 한마디로 이들에게는 포용력이 없다. 이들은 대개 겉으로 보기에도 꼬장꼬장한 태도를 지니고 있다. 이런 사람과 마주치면 비판을 받기 쉬우므로 되도록이면 상대하지 않는 것이 좋다.

구두쇠 : 돈에 인색한 사람은 성격에도 문제가 있다. 그는 자신을 개방하지도 않을뿐더러 손해를 감수하려 들지도 않는다. 인색함은 반유혹자의 기질 가운데 가장 나쁜 기질이다. 절대 인색하게 굴어서는 안 된다. 구두쇠는 대부분 자신의 문제를 모른다. 그들은 다른 사람에게 조금만 나누어주어도 마치 엄청난 자선을 베푼 것처럼 생각한다. 자신을 객관적으로 살펴보기 바란다. 대개는 자신에게 구두쇠 기질이 있다는 사실을 발견할 것이다. 돈이든 자기 자신이든 늘 베풀려고 노력하라. 그러면 유혹의 힘을 발휘할 수 있다. 물론 지나치게 많은 것을 베풀어서도 곤란하다. 너무 많은 것을 주면 마치 상대방을 돈으로 사려는 듯한 부정적인 인상을 심어주기 쉽다.

소심한 사람: 소심한 성격은 지나치게 강한 자의식에서 비롯된다. 소심한 사람을 보면 처음에는 상대방이 자신을 의식해 저렇게 행동하는구나 싶어 은근히 우쭐해지기 쉽다. 하지만 사실은 그 반대다. 소심한 사람은 자신만을 생각할 뿐이다. 그는 상대에게 자신의 모습이 어떻게 비칠지, 또는 상대를 유혹하려는 자신의 시도가 과연 효과가 있을지를 놓고 한참 고민한다. 소심한 사람을 대하다 보면 자신까지 소심해질 수 있다. 소심한 사람은 전염성을 가진다. 소심한 성격으로는 유혹에 성공하기 어렵다. 유혹하는 도중에 소심함을 보이면 모든 것을 망치게 된다. 유혹에서 가장 중요한 것은 대담성이다. 기회가 무르익었다고 생각되는 순간이 오면 상대에게 멈추어 생각할 여유를 주어서는 안 된다. 소심한 사람은 타이밍에 대한 감각이 없다. 소심한 사람이라도 잘 길들이면 나아질 거라고 생각하면 오산이다. 그들은 시간이 흘러도 소심한 성격을 버리지 못한다. 자기를 벗어버리고 밖으로 나오기를 두려워하기 때문이다.

수다쟁이: 은근한 눈길, 간접적인 행동, 매력적인 외모는 유혹을 불러일으키는 중요한 요소다. 물론 말도 단단히 한몫을 한다. 하지만 말이 너무 많으면 유혹의 힘을 발휘할 수 없다. 말이 많으면 깊은 감정을 느끼기 어렵고 정신이 분산된다. 대개 말이 많은 사람은 자기 자신에 대한 말을 늘어놓기 일쑤다. 그들은 상대가 지루해한다는 사실을 결코 의식하지 못한다. 사실 수다쟁이의 심리 저변에는 이기심이 도사리고 있다. 이런 사람은 상대하지 않는 것이 좋다. 상대할수록 증세를 더욱 악화시킬 뿐이다. 유혹을 하려면 우선 말을 절제하는 방법을 배워야 한다.

과민한 사람: 성격이 과민한 사람은 매사에 지나치게 예민하게 반응한다. 그들은 상대의 모든 말과 행동이 자신을 향한 것이라고 생각한다. 유혹의 과정에서 전략상 잠시 거리를 두게 되면, 이런 사람은 그 일을 마음에 품고 있다가 "내가 싫어진 것이냐"며 원망과 불평을 털어놓는다. 이들은 징징거리며 불평을 늘어놓는 습성이 있다. 유혹에서 이런 습성은 큰 걸림돌이다. 상대가 과민한 사람인지 아닌지 알고 싶다면, 그를 주제 삼아

진정한 남자는 외모에 신경 쓰지 않는다……. 늘 청결한 상태를 유지하고, 적당한 운동을 하고, 옥외 활동을 하라. 살갗을 구릿빛으로 태우는 것이 좋다. 그대에게 잘 어울리는 토가(헐렁하고 우아하게 주름잡은 고대 로마 시민의 겉옷—옮긴이)를 고르도록 하라. 흠을 보여주지 말라. 너무 꽉 끼는 신발도 신지 말라. 녹이 슬었거나 너무 헐거운 허리띠는 피하도록 하라. 솜씨 없는 이발사가 그대의 인상을 망쳐놓지 못하게 하라. 머리나 수염을 손질할 때는 전문가를 찾아가도록 하라. 손톱은 항상 단정하게 깎고, 때가 끼지 않게 하라. 머리가 덥수룩하게 자랄 때까지 방치하지 말라. 콧속의 불순물은 항상 깨끗하게 제거하라. 악취를 풍기지 말라……. 나는 여성분들께 겨드랑이에서 나는 고약한 냄새와 다리에 난 털을 주의하라고 경고할 참이었다. 하지만 나는 지금 코카서스의 촌뜨기들이나 미시아 출신의 말괄량이들을 가르치고 있는 것이 아니다. 치아가 변색되는 것을 조심하라. 매일 아침마다 꼭 양치질을 하도록 하라. 그대는 분으로 낯빛을 밝게 하는 법을 알고 있다. 얼굴에 핏기가 없다면 연지를 덧칠하라. 눈썹도 가지런히 정리하고 밋밋한 뺨에는 애교점을 붙이도록 하라. 눈 주위는 검은 마스카라나 실리시아 샤프란으로 강조하라……

가벼운 농담이나 이야기를 해보라. 다른 사람은 모두 웃더라도 그는 결코 웃지 않을 것이다. 웃음은커녕 그의 눈빛에서 증오심을 발견하게 될 것이다. 이런 과민한 성격이 자신에게도 있다면 과감하게 제거하라. 과민한 성격의 소유자에게는 사람들이 모여들지 않는다.

속물 : 유혹을 하려면 세심한 부분까지 주의를 기울여야 한다. 하지만 속된 성격의 소유자는 옷차림이나 행동에 전혀 신경을 쓰지 않는다. 때로는 태도나 외양을 조금 바꿀 필요가 있는데도 아예 그런 생각을 하지 못한다. 그뿐만이 아니다. 공개적인 자리에서 아무 말이나 마구 지껄여댄다. 한마디로 이런 사람은 타이밍이나 상대의 취향을 전혀 고려하지 않고 무분별한 말과 행동을 일삼는다. 다른 사람의 눈총이나 생각을 전혀 고려하지 않는 속된 성격의 소유자는 가까이하지 않는 것이 좋다. 혹시라도 이런 성격이 자신에게서 발견되거든 신속하게 제거하라. 유혹자가 되기 위해서는 재치 있고, 멋도 알고, 상대를 세심하게 배려하는 눈이 필요하다.

사례 1 : 상대의 마음에 관심이 없는 사람들

로마 황제 아우구스투스의 손자 클라우디우스 1세(Claudius I)는 어렸을 때부터 저능아 취급을 받았다. 가족들 모두가 그를 학대했다. 특히 그의 조카였던 칼리굴라(37년에 로마 황제로 즉위)는 걸핏하면 재미삼아 그를 괴롭혔다. 칼리굴라는 그가 바보같다는 이유로 궁전 주위를 달리게 했으며, 식사 시간에 흙이 묻은 신발을 그의 손에 붙잡아매는 따위의 장난을 쳤다. 클라우디우스는 나이가 들수록 더욱 바보가 되는 것 같았다. 그 덕분에 그의 친척이나 가족들은 끊임없이 암살의 위협을 당하는 와중에도 혼자서만 별탈 없이 지낼 수 있었다. 그러던 중 41년에 비밀 결사대가 칼리굴라를 암살하고 클라우디우스를 황제로 옹립하는 사건이 일어났다. 이 사건은 클라우디우스뿐만 아니라 모든 사람을 놀라게 했다. 정치에 흥미가 없던 클라우디우스는 측근들에게 정치를 맡기고 자신이 좋아하는 일(먹고 마시고 도박하고 여자들과 노는 일)을 하며 시간을 보냈다.

클라우디우스의 아내 발레리아 메살리나는 로마에서 가장 아름다운 여성 가운데 하나였다. 클라우디우스는 그녀를 좋아했지만, 그녀에게 아무런 관심도 기울이지 않았다. 결국 그녀는 다른 남자와 애정 행각을 벌이기 시작했다. 처음에는 조심스러웠지만, 나중에는 남편이 전혀 무관심한 것에 화가 나서 드러내놓고 방탕한 생활을 즐겼다. 그녀는 궁전 안에 자기만을 위한 방을 지어놓고 여러 남자들과 환락에 빠졌을 뿐만 아니라, 심지어는 로마에서 가장 악명 높은 매춘부의 이름을 문에 새겨놓고 그녀를 닮으려고 애쓰기까지 했다. 그녀의 명령을 어기고 동침을 거부한 남자들은 모조리 죽여버렸다. 로마에서 메살리나의 추잡한 행실을 모르는 사람은 거의 없었다. 하지만 정작 클라우디우스는 아무 말도 하지 않았다. 그는 마치 모든 것을 망각한 사람 같았다.

메살리나는 특히 가이우스 실리우스를 사랑했다. 실리우스 역시 결혼한 몸이었지만 그녀는 그와 결혼하기로 작정했다. 그들은 클라우디우스 황제를 속여 그들의 결혼을 허락하는 문서에 서명하게 한 뒤, 그가 궁전을 비운 틈을 타서 결혼식까지 올렸다. 결혼식을 올린 뒤 가이우스는 궁전으로 이사했다. 이 일이 알려지자 로마 전역은 충격과 분노에 휩싸였다. 로마인들은 클라우디우스에게 조처를 취할 것을 요구했다. 클라우디우스는 가이우스와 메살리나의 다른 애인들을 사형에 처하라고 명령했다. 하지만 메살리나에게 격분한 군인들이 그녀까지 찾아내 칼로 찔러 죽여버렸다. 클라우디우스 황제는 메살리나가 살해되었다는 보고를 듣고서도 술을 더 가져오라고 명령한 뒤 한가로이 식사를 즐겼다. 며칠 후 왜 메살리나는 식사를 하러 나오지 않느냐고 태연히 묻는 황제를 보고 측근들은 놀라지 않을 수 없었다.

무관심보다 상대를 격분시키는 것은 없다. 유혹을 할 때는 때로 한걸음 뒤로 물러서는 전략도 좋다. 그럴 경우 상대는 저 사람이 정말 나를 사랑하는지 의구심을 갖게 된다. 하지만 너무 오래 무관심한 태도를 보이면, 유혹은 고사하고 미움을 사기 십상이다. 클라우디우스가 대표적인 경우다. 사실 그는 일부러 주변 일에 무관심한 척했다. 야망을 감추고 아둔한 것처럼 보여야만 권모술수가 기승을 부리는 정치판에서 목숨을 부지할

마치 난로 위의 겨울 고양이처럼, 연인이 가지 않으려고 버틴다면 그를 이해시키기 위해 뭔가 수단을 강구해야 한다. 그를 떠나보내려면, 그가 괴로워서 견딜 수 없을 때까지 갈수록 거만하고 무례하게 굴어야 한다. 그와의 잠자리를 거부하고, 그를 조롱하면서 머리끝까지 화가 나게 만들어야 한다. 그에 대한 어머니의 증오를 부채질해야 한다. 마지못한 듯 건성으로 대하면서 그의 파멸에 대비해 장기전에 돌입해야 한다. 그와의 이별을 공공연하게 떠들고, 그의 취향과 꿈을 헐뜯고, 그의 가난을 비웃어야 한다. 기회가 있을 때마다 가혹한 말로 그를 비난해야 한다. 거둬 먹어야 하는 식객에 대해 그에게 거짓말을 해야 하고, 그의 말을 가로채야 하고, 시시때때로 집에서 멀리 떨어진 곳으로 심부름을 보내야 한다. 다툴 건수를 찾아야 하고, 그를 가정 불화의 제물로 삼아야 한다. 그를 괴롭히기 위해 머리를 짜내야 하고,

그의 면전에서 다른 남자와
시시덕거려야 하고,
그가 보는 앞에서 바람난
여자처럼 굴어야 한다.
그가 보기에 별 뚜렷한
이유가 있는 것 같지
않은데도 가능한 한 자주
집을 비워야 한다. 이 모두가
남자를 좇아내는 데에는
그만인 방법들이다.
— 《동양의 사랑: 매춘부
크세멘드라의 성무 일과서》
2권

수 있었기 때문이다. 하지만 그렇게 하다 보니 무관심한 태도가 아예 습관으로 굳어버렸다. 그의 무관심한 태도는 아내 메살리나에게 심각한 영향을 미쳤다. '어떻게 클라우디우스와 같이 잘난 것도 없는 인간이 나에게 전혀 관심을 갖지 않는 거지? 더군다나 다른 남자들과 정을 통하는데도 그렇게 무관심할 수 있을까?' 모르긴 해도 그녀는 이렇게 생각했을 것이다.

클라우디우스는 분명 극단적인 경우다. 하지만 우리 가운데도 무관심한 사람들, 즉 상대의 마음을 읽는 데 관심을 기울이지 않는 덤덤한 사람들이 적지 않다. 때로는 일에 시달리느라, 때로는 생활에서 겪는 어려움 때문에, 때로는 자신에게만 너무 골몰한 탓에 감각이 둔해져 무관심한 태도가 생겨난다. 특히 오랜 세월 함께 살아온 부부에게서 그런 모습을 쉽게 발견하게 된다. 무관심한 태도가 오래 가면 서로를 원망하는 마음이 생겨난다. 이런 태도는 상대를 사로잡는 데 심각한 장애를 초래한다.

사례 2: 착각과 자만이 유혹을 망친다

1639년 프랑스 군대가 이탈리아의 토리노를 공격해 점령했다. 당시 프랑스 장교 가운데 슈발리에 드 그라몽(나중에 백작이 되었다)과 그의 친구 마타라는 인물이 있었다. 두 사람은 토리노의 아름다운 여성들을 유혹하기로 의기투합했다. 토리노의 저명 인사 부인들 가운데는 바쁜 남편을 둔 여인들이 더러 있었다. 그들은 남편의 관심을 받지 못하고 혼자 지내는 시간이 많았기 때문에 남성들의 유혹에 쉽게 넘어갔다. 이런 여인들은 상대가 정중하게 예의를 지킨다면 누구하고도 연애할 준비가 되어 있었다.

슈발리에와 마타는 곧 여자들을 사귀기 시작했다. 슈발리에는 생제르맹이라는 아름다운 여인을 선택했다. 그녀는 곧 약혼할 남자가 있었다. 한편 마타는 그녀보다 나이와 경험이 더 많은 세낭트 부인을 선택했다. 슈발리에와 마타는 상대 여성의 취향에 맞게 각각 녹색 옷과 푸른색 옷으로 차려입었다.

사귀기 시작한 지 이틀째 되는 날, 그들은 도시 외곽에 있는 한 궁전을 방문했다. 슈발리에는 자신의 매력을 한껏 발산했다. 생제르맹은 그의 재치와 농담에 웃음을 터뜨리며 즐거워했다. 하지만 마타는 별로 신통치 않았다. 그는 신사도를 지키며 여자를 유혹할 만큼 인내심이 없었다. 그는 세낭트 부인과 산책을 하면서 그녀의 손을 덥석 잡고 애정을 고백했다. 마타의 과감한 태도에 놀란 부인은 토리노로 돌아오자 그를 쳐다보지도 않고 가버렸다. 마타는 그녀가 화났다는 사실을 전혀 눈치채지 못한 채 오히려 그녀가 감정을 주체할 길이 없어서 그런 것이라고 생각했다. 하지만 그녀가 갑작스레 자리를 뜬 것을 의아하게 여긴 슈발리에는 그녀를 찾아가 자초지종을 물었다. 그녀는 마타가 예의를 저버린 채 무례하게 행동했다고 말했다. 슈발리에는 웃으면서 속으로 자기가 세낭트 부인을 유혹했더라면 그런 일은 일어나지 않았을 것이라고 생각했다.

그 뒤에도 마타는 상대의 마음을 전혀 알아채지 못했다. 그는 세낭트 부인의 남편을 방문하지도 않았는데, 이는 당시의 관습을 무시하는 처사였다. 더욱이 그는 그녀가 좋아하는 색깔의 옷을 입지도 않았다. 한번은 둘이 말을 타고 산책을 하는데 그가 갑자기 토끼를 쫓기 시작했다. 그런 모습은 그녀보다 토끼를 쫓는 데 더 정신이 팔려 있는 것처럼 보였다. 게다가 그는 담배를 피울 때도 그녀에게 권하는 법이 없었다. 그러면서도 그녀에게 계속해서 대놓고 추파를 던졌다. 마침내 인내심이 극에 달한 그녀는 불만을 털어놓았다. 마타는 엉겁결에 사과했지만, 자신이 무엇을 잘못했는지 깨닫지 못했다. 아무튼 마타의 사과에 마음이 풀린 세낭트 부인은 그와 계속 사귀어보기로 결심했다. 하지만 며칠 뒤 마타는 그녀가 자기와 동침할 준비가 되어 있다고 착각하고는 그녀에게 동침을 요구했다. 하지만 그녀는 "여자를 그렇게 화나게 하는 사람과 어떻게 밤을 지새우겠어요?"라고 말하며 거절했다. 그녀의 반응에 실망한 마타는 슈발리에에게 이렇게 말했다. "거참, 사소한 일로 시간을 낭비하지 말고 바로 핵심으로 들어가는 게 나은데. 안 그런가?" 하지만 세낭트 부인은 그런 그의 태도를 곱게 보지 않았다. 이를 놓치기 아까운 기회라고 생각한 슈발리에는 세낭트 부인의 불편한 심기를 적절히 어루만져주면서 그녀의 마음을 얻는 데 성공했다. 마타가 그렇게 애를 쓰고도 실패했던 일을 슈발리에는 쉽게 이루어낼 수 있었던 것이다.

유혹을 할 때 '저 사람은 결코 나를 거부하지 못할 거야' 또는 '저 사람은 이미 나한테 넘어왔어'라는 착각에 빠지는 것은 금물이다. 이런 자만심에 사로잡히면 결코 상대를 유혹할 수 없다. 상대의 마음을 얻기 위해서는 자신이 어떤 사람인지를 보여주면서 천천히 접근해야 한다. 물론 너무 뜸을 들이다가 혹시 관심을 잃게 되지는 않을까 우려할 수도 있다. 하지만 그런 걱정을 하다 보면 오히려 자신의 불안한 심리를 드러내기 쉽다. 유혹을 하려면 절대 불안한 심리를 드러내서는 안 된다. 시간을 두고 천천히 상대에게 관심을 보일수록 유혹의 힘을 발휘할 수 있다.

요즘 세상은 형식과 예절을 별로 중요하게 생각하지 않는다. 하지만 유혹은 과거부터 일종의 의식처럼 여겨져왔다. 따라서 거기에 따르는 법칙을 준수해야 한다. 성급하게 속셈을 드러내면 상대는 자연히 '이 사람은 나에게 관심이 있는 것이 아니라 자기 욕심을 채우는 데 급급할 뿐이야' 하고 생각하게 된다. 물론 때로는 상대를 한눈에 반하게 만들 수도 있다. 하지만 그럴 경우에는 시간을 두고 진득하게 사랑을 나누는 데서 오는 기쁨을 얻지 못한다. 만일 천성적으로 성격이 급한 사람이라면 그렇지 않은 것처럼 자신을 위장할 필요가 있다. 자신을 억제하면 할수록 상대를 더욱 깊이 유혹할 수 있다.

사례 3: 사랑의 신호를 읽지 못하는 사람들

1730년대 파리에는 이제 막 여자를 사귈 만한 나이가 된 메쿠르라는 청년이 살고 있었다. 그의 어머니 친구 중에 마흔 살가량의 미망인인 뤼르세 부인이 있었다. 그녀는 아름답고 매력적이었지만 정조 관념이 강한 여자라서 아무도 건드리지 못했다. 메쿠르는 어렸을 때부터 그녀를 좋아했지만 속으로만 애를 태우고 있었다. 하지만 이제는 사랑을 할 나이가 되어 있었다. 그는 자기를 바라보는 뤼르세 부인의 부드러운 눈길이 단순히 친구의 아들을 귀여워하는 의미만은 아니라고 생각했다.

약 두 달 동안 메쿠르는 뤼르세 부인의 모습을 보며 애를 태우기만 했다. 하지만 그녀를 두려워했기 때문에 어떻게 해야 할지를 몰랐다. 어느 날 저녁 두 사람은 최근에 상연된 연극에 대한 이야기를 나누고 있었다. 뤼르세 부인은 그 연극에서 남자가 여자에게 사랑을 고백하는 장면이 무척 인상 깊었다고 말했다. 메쿠르가 불편해하는 모습을 의식하면서 그녀는 계속 말을 이어나갔다. "내가 틀리지 않다면, 너도 연극의 그 등장인물처럼 누군가에게 사랑을 고백하고 싶어서 그렇게 당황스러워하는 것 같은데." 뤼르세 부인은 메쿠르의 어색한 태도가 자기 때문이라는 사실을 잘 알고 있었지만, 그를 놀려줄 생각으로 도대체 누구와 사랑에 빠졌느냐고 물었다.

마침내 메쿠르는 자신이 연모하는 사람은 바로 뤼르세 부인이라고 고백했다. 그녀는 어머니의 친구를 그렇게 생각해서는 안 된다고 말하면서도, 한숨을 내쉬며 못내 허전한 분위기를 풍겼다. 말은 그렇게 했지만 그녀의 눈빛에는 뭔가 다른 의도가 숨어 있는 것 같았다. 아마도 메쿠르는 그녀의 모습을 보면서 희망이 아주 없는 것은 아니라고 생각했을 것이다. 그날 저녁 뤼르세 부인은 그에게 그런 감정이 오래 가지는 않을 것이라고 말했다. 메쿠르는 사랑을 고백했건만 뤼르세 부인이 이렇다 할 반응을 보이지 않아 고민에 빠졌다.

그러고 나서 며칠이 지났다. 메쿠르는 뤼르세 부인에게 자신의 사랑을 받아달라고 간청했다. 하지만 그녀는 계속 거절할 뿐이었다. 결국 그는 제풀에 지쳐 포기하고 말았다. 며칠 후 그녀의 집에서 파티가 열렸다. 그녀의 옷차림은 어느 때보다도 유혹적이었으며, 그를 바라보는 눈길은 그의 피를 끓게 만들었다. 그는 그녀의 주변을 맴돌며 다시 구애를 하기 시작했다. 그녀는 다른 사람들의 눈을 의식한 탓인지 그와 약간 거리를 두었다. 하지만 다른 손님들이 하나둘 자리를 뜨기 시작하자 아무도 의심하지 않을 구실을 만들어 그를 붙잡아두었다.

마침내 사람들이 모두 떠나고 단둘이 남게 되었다. 그녀는 그를 자신의 옆에 앉게 했다. 그는 아무 말도 할 수가 없었다. 어색한 침묵을 깨고 그녀가 전과 똑같은 이야기를 꺼냈다. 지금은 젊은 혈기에서 자신에게 사랑을 고백하지만 그리 오래 가지는 못할 것이라고 했다. 그는 그렇지 않다고 대답하는 대신 다소 침울한 표정을 지으며 예의 바른 태도를 유지했다. 마침내 그녀는 야릇한 의미가 담긴 말을 내뱉었다. "만일 우리가 단둘이 있었다는 사실이 알려지면, 그것도 내가 자청해서 그렇게 했다는 사실이 알려지면 사람들이 뭐라고 하지 않을까? 하지만 그런 걱정은 전혀 할 필요가 없을 것 같구나. 너는 공손하고 예의 바른 사람이니까."

이 말에 자극을 받은 메쿠르는 그녀의 손을 붙잡고 뚫어질 듯 그녀의 눈을 쳐다보았다. 그녀는 얼굴을 붉히며 그에게 이제 가야 할 시간이라고 말했다. 그러면서도 그녀는 소파에 기댄 채 그를 바라다보았다. 그녀의 눈빛에는 그가 가지 말았으면 하는 기색이 역력했다. 하지만 메쿠르는 여전히 머뭇거렸다. 그는 그녀가 자기더러 가라고 말했다는 것만 생각했다. 만일 그녀의 말을 무시하고 과감하게 행동했다가는 그녀가 화를 내며 소란을 피울 테고, 그렇게 되면 어머니뿐만 아니라 주변의 모든 사람이 알게 될까 봐 겁이 났다. 그는 사람들의 웃음거리가 되고 싶지는 않았다. 결국 그는 자리에서 일어나 잠시나마 무례하게 굴어 미안하다고 사과한 뒤 그 집에서 나왔다.

메쿠르와 뤼르세 부인은 1738년에 크레비용 피스가 쓴 《방황하는 마음과 영혼》에 등장하는 인물이다. 크레비용의 견해에 따르면, 유혹은 상대의 의중을 읽는 한편 자신의 의사를 효과적으로 전달할 수 있는 능력을 의미한다. 물론 그렇다고 해서 성적 욕구는 무조건 억눌러야 하며 늘 암호를 주고받는 식의 관계를 유지해야 한다는 뜻은 아니다. 다만 유혹에 있어서는 말없는 의사 전달(옷차림, 몸짓과 태도 따위를 통한 의사 전달)이 훨씬 유혹적이고 흥미진진하다는 의미다.

그런 점에서 뤼르세 부인은 유혹에 능통한 여인이었다. 하지만 그녀조차도 메쿠르의 미숙한 어리석음을 극복하지는 못했다. 그는 자신의 생각에만 골몰했기 때문에 그녀가 보내는 사랑의 신호를 전혀 읽지 못했다. 소설에서는 나중에 뤼르세 부인이 메쿠르를 교육하는 장면이 나온다. 하지만 소설이 아닌 현실에서는 문제가 달라진다. 둔감한 사람을 교육하기란 불가능하기 때문이다.

사람들은 세심한 면이 부족하기 때문에 유혹에 실패한다. 연애를 할 때 상대의 의중을 곡해하거나 이해하지 못해서 상대를 화나게 하고 지치게 하는 일이 많다. 늘 자기 입장에서만 세상을 보려고 하기 때문에 사물의 실제 모습을 보지 못한다. 메쿠르 역시 자기 생각에만 갇혀 있었기 때문에 뤼르세 부인은 그가 과감하게 행동하기를 원하고 있다는 점을 간파하지 못했다. 그는 상대의 의중을 헤아리기보다는 자신에 대한 생각, 곧 자신이 상대에게 어떻게 비칠까만을 생각했다. 자기 자신만을 생각하는 소심한 사람은 유혹의 힘을 발휘하기 어렵다. 나이가 어렸을 때는 아직 미숙하기 때문에 그럴 수 있지만, 성인이 되어서도 그런 식으로 행동한다면 곤란하다.

사례 4: 도무지 만족을 모르는 사람들

10세기 말엽 일본의 헤이안 시대에 가오루라는 젊은 귀족이 있었다. 그는 당시 유혹의 대가였던 겐지의 아들로 알려져 있다. 하지만 그는 아버지와는 달리 연애에는 별로 재주가 없었다. 어쨌든 그는 오이기미라는 젊은 여인과 사랑에 빠지게 되었다. 당시 그녀는 가세가 기울어 다 쓰러져가는 시골 오두막에서 살고 있었다. 어느 날 그는 오이기미의 언니인 나카노키미를 만났다. 그런데 그녀는 그가 정말 사랑하는 사람은 오이기미가 아니라 자기 아니냐고 물었다. 그녀의 물음에 당황한 가오루는 궁궐로 돌아간 후 한동안 그들 자매를 만나지 않았다. 그러는 사이 자매의 아버지가 죽었고, 곧 오이기미도 죽고 말았다.

그제야 가오루는 자신이 줄곧 사랑했던 사람은 오이기미라는 것을 깨달았다. 하지만 그녀는 절망에 빠져 죽고 말았다. 가오루는 그녀를 돌봐주지 못한 자신을 질책했다. 그녀를 사랑했다는 사실을 알았지만, 때는 너무 늦고 말았다. 그는 두 번 다시는 그녀를 볼 수 없었다. 나카노키미는 아버지와 오이기미가 죽자 궁궐로 거처를 옮겼다. 가오루는 오이기미와 그녀의 가족들이 살던 집을 신당으로 만들었다.

어느 날 나카노키미는 가오루가 실의에 빠져 있는 모습을 보았다. 그래서 그녀는 우키푸네라는 또 다른 여동생이 있는데, 영락없이 오이기미를

여인의 얼굴을 보고는 그 자리가 단순히 산책을 하고 맑은 공기를 마시기 위해 마련된 자리가 아니란 걸 알아차렸다. 여인은 포도덩굴에 매달린 잘 익은 포도송이가 아니라 뭔가 다른 음식을 맛보고 싶어하는 게 분명했다. 그녀는 마치 바람난 여자처럼 열에 들떠 대담한 얘기까지 서슴지 않았다. 이보다 더 좋은 기회는 없을 듯했다. 그는 그럴 때 필요한 의식은 모두 생략한 채 그 자리에서 그녀를 낚아채 풀과 흙을 작은 침대로 삼아 그 위에 사정없이 쓰러뜨리고는 아주 기분 좋게 그녀를 취하는 일에 착수했다. 아니나 다를까, 그녀는 단지 이런 말만 할 뿐이었다. "맙소사, 대체 무슨 짓을 하려는 거예요? 당신은 분명 미쳤어요! 누가 오기라도 하면 어쩌려고요? 하느님 맙소사, 어서 저리 비켜요." 그러나 신사는 조금도 당황하지 않고 일단 시작한 일을 끝까지 잘 마무리했고, 그녀 역시 만족스러워했다. 둘은 오솔길을 서너 바퀴 더 돈 다음, 새로운 마음으로 다시 시작했다. 이윽고 사방이 탁 트인 또 다른 오솔길로 나온 두 사람은 공원 저쪽 편에서 다른 한 쌍이 좀전과 똑같은 모습으로 산책하고 있는 걸 보았다. 그러자 만족한 여인이 같은 처지의 신사에게 말했다. "얌전한 체하는 것도 좋지만, 저 정도면 바보 같은 짓이라고 할 수밖에 없어요. 저인 아마도 장황한 이야기와 산책하는 일 말고는 저에게 아무런 기쁨도 주지 못했을 거예요." 넷이 모두 모이자 두 여인은 서로 어떻게 시간을

닮았으며 지금 시골에 살고 있다고 말해주었다. 그 말에 가오루는 생기가 돌았다. 어쩌면 가슴 아픈 과거에서 헤어날 수 있는 기회일지도 몰랐다. 하지만 어떻게 해야 그녀를 만날 수 있는지 알지 못했다. 그는 그때까지 죽은 오이기미를 추모하기 위해 신당을 찾곤 했다. 그러던 중 그는 우키푸네라는 여인이 신당을 찾아와 예를 드리고 있다는 소식을 들었다. 흥분을 감추지 못한 그는 서둘러 신당으로 갔다. 신당 문틈으로 그녀의 모습이 어렴풋이 보였다. 그녀의 모습을 본 그는 숨이 멎는 듯했다. 비록 시골 처녀의 행색을 하고 있었지만, 오이기미가 환생한 듯했다. 그런데 그녀의 목소리는 나카노키미의 목소리와 비슷했다. 물론 그는 나카노키미도 사랑했다. 그의 눈에서 눈물이 샘솟듯 흘렀다.

몇 달 뒤 가오루는 우키푸네가 살고 있는 산속의 집을 가까스로 찾을 수 있었다. 그녀를 방문한 그는 이렇게 고백했다. "나는 전에 신당의 문틈으로 당신의 모습을 본 적이 있소. 그때 이후로 당신 생각만 해왔소이다." 그는 그녀를 안아 대기하고 있던 마차에 태우고 신당으로 향했다. 가오루는 돌아오는 길에 오이기미의 모습을 떠올리며 다시 눈물을 흘렸다. 우키푸네를 바라보면서 그는 조용히 그녀와 오이기미를 비교해보았다. 옷은 남루했지만, 그녀는 아름다운 머릿결을 가지고 있었다.

오이기미가 살아 있을 때 그녀와 가오루는 고토(일본 악기 중의 하나—옮긴이)를 연주하며 놀곤 했다. 신당에 돌아온 그는 곧 고토를 가지고 나왔다. 우키푸네는 오이기미만큼 고토를 잘 연주하지 못했다. 그녀의 행동거지 역시 오이기미와는 많이 달랐다. 가오루는 그녀를 교육해 어엿한 숙녀로 만들었다. 하지만 예전에 오이기미에게 했던 것처럼 가오루는 별안간 궁궐로 돌아가버렸다. 우키푸네는 신당에서 혼자 쓸쓸한 나날을 보내야 했다. 한참이 지난 후에야 그는 그녀를 다시 찾았다. 그녀는 전보다 훨씬 성숙하고 아름다운 모습으로 변해 있었다. 하지만 가오루는 오이기미를 잊을 수 없었다. 그는 그녀를 궁궐로 데려가겠다는 약속을 남기고 다시 그녀의 곁을 떠났다. 하지만 그대로 세월이 흘러가고 말았다. 그러던 어느 날 우키푸네가 사라졌다는 소식이 들려왔다. 사람들은 그녀가 강 쪽으로 걸어갔다고 말했다. 십중팔구 자살한 것이 틀림없었다.

우키푸네의 장례를 치르는 동안 가오루는 좀 더 일찍 그녀를 찾아오지 않은 것을 후회했다. 만약 그랬더라면 이런 일이 일어나지 않았을 거라는 죄책감으로 마음이 찢어질 듯했다.

가오루를 비롯한 인물들은 11세기에 무라사키 시키부가 쓴《겐지 이야기》에 등장한다. 소설의 등장인물들은 저자가 알고 있는 실제 인물들에 근거하고 있다. 하지만 가오루와 같은 사람은 시대를 막론하고 모든 문화권에서 눈에 띈다. 한마디로 가오루 같은 유형은 이상적인 연인을 갈망한다. 이런 유형에 속하는 사람은 연인을 만나더라도 완전히 만족하지 못한다. 처음에는 상대가 자신의 전부인 것처럼 행동하지만, 곧 상대의 결점을 발견하고 실망한다. 때로 이들은 상대를 문화적으로나 도덕적으로 교양 있는 사람으로 만들기 위해 상당한 노력을 기울인다. 하지만 결국에는 서로가 극도로 불만족한 상태에 이른다.

이상적인 연인을 찾아 헤매는 사람들은 결코 행복해하는 법이 없다. 완벽한 상대를 찾지 못해 불만족스럽다기보다는, 설사 완벽한 상대를 찾더라도 만족하지 못한다는 것이 이들의 문제다. 이유는 행복을 누릴 줄 모르기 때문이다. 이러한 유형에 속하는 사람들의 과거 경력을 살펴보면 격정적인 연인 관계를 맺은 적이 많다는 점을 발견할 수 있다. 하지만 한 번도 오래 가는 법이 없다. 이들은 끊임없이 상대를 다른 사람들과 비교하면서 자신이 원하는 모습으로 바꾸려고 하는 경향이 있다. 이들은 상대가 지닌 개성이나 아름다움을 보기보다는 자기만의 생각에 갇힌 채 도무지 만족할 줄을 모른다. 따라서 사랑의 관계가 제대로 무르익기도 전에 파괴되어버린다. 이런 유형의 사람은 상대에게 도저히 도달할 수 없는 완벽을 강요하는 일종의 폐쇄적 사디스트라고 할 수 있다.

사례 5: 물질적 대가를 노골적으로 바라는 사람들

1762년 카사노바는 이탈리아의 토리노에서 어떤 남자를 알게 되었다. 그는 밀라노 출신의 백작으로 카사노바를 무척 좋아하는 듯했다. 백작이 곤경에 처할 때마다 카사노바는 돈을 빌려주었다. 그는 감사하는 뜻에서 카사노바를 밀라노로 초대했다. 그녀의 아내는 바르셀로나 출신이었는데, 미모가 출중해 모든 사람들이 흠모했다. 백작은 카사노바에게 아내가 쓴 편지들을 보여주었다. 그녀의 편지는 재치가 넘쳤다. 카사노바는 이런 여자라면 유혹할 가치가 있다고 생각하고 곧 밀라노로 달려갔다.

백작의 집에 도착한 카사노바는 백작의 아내가 아름다운 외모를 지니고 있다는 것을 두 눈으로 똑똑히 확인했다. 그녀는 또한 조용하고 진지했다. 카사노바는 곧 여장을 풀고 가방 속에서 옷가지를 꺼내 정리했다. 곁에서 이를 지켜보던 백작부인은 그의 짐에서 가장자리를 공단으로 장식한 빨간 드레스에 시선을 고정했다. 카사노바는 밀라노에서 좋아하는 여자가 생기면 선물로 주려고 가져온 드레스라고 설명했다.

다음 날 저녁식사 자리에서 백작부인은 갑자기 카사노바에게 친절하게 굴면서 농담을 던졌다. 그녀는 카사노바의 드레스가 일종의 뇌물 같은 것이라고 말했다. 하지만 카사노바는 먼저 드레스를 주어 환심을 사려는 것이 아니라 나중에 서로 사랑하는 사이가 되면 선물로 주려는 것이라고 대답했다. 그날 저녁 오페라를 보고 돌아오는 마차 안에서 백작부인은 친구 가운데 부자가 하나 있는데, 그녀에게 그 드레스를 팔지 않겠느냐고 카사노바에게 물었다. 카사노바는 일언지하에 거절했다. 백작부인은 약간 떨떠름한 표정을 지었다. 카사노바는 그녀에게 자기를 잘 대해주면 드레스를 주겠노라고 제안했다. 하지만 카사노바의 말에 그녀는 화를 냈고, 두 사람은 서로 말다툼을 벌였다.

결국 카사노바는 백작부인의 요구에 못 이겨 드레스를 그녀의 부자 친구에게 1만 5000프랑을 받고 팔았다. 드레스를 산 부자 친구는 그 옷을 다시 백작부인에게 주었다. 이 모든 일은 사실 백작부인이 꾸민 것이었다. 돈에 별로 관심이 없었던 카사노바는 아무런 조건 없이 백작부인에게 1만 5000프랑을 주겠다고 말했다. 그러자 그녀는 이렇게 대답했다. "당신은 참 나쁜 사람이군요. 하지만 계속 저희 집에 머무세요. 어쨌든 전 당신이 있어 즐거우니까요." 백작부인은 다시 카사노바에게 요부처럼 교태를 부리기 시작했다. 하지만 카사노바는 그녀의 애교에 넘어가지 않았다. 그는 "부인, 당신의 매력이 내게 별로 효력을 발휘하지 못하는 것은 내 탓이 아니오. 여기 1만 5000프랑을 줄 테니 그것으로나 위안을 삼으시오"라고 말한 뒤, 돈을 탁자 위에 놓고 나가버렸다. 백작부인은 카사노바의 뒷모습을 바라보며 복수를 다짐했다.

카사노바가 백작부인을 처음 만났을 때, 그는 두 가지 이유로 그녀에게 매력을 느끼지 못했다. 첫 번째는 그녀가 교만했기 때문이다. 그녀는 유혹이란 주고받는 관계라는 점을 무시한 채 남자에게 일방적인 복종을 요구했다. 교만은 다른 사람 앞에서 천박하게 보이지 않으려는 자긍심일 수 있지만, 대개의 경우 열등감에서 비롯된다. 유혹은 상대를 존중하는 마음으로 자신을 개방할 때 이루어진다. 다시 말해 상대의 감정에 어느 정도 맞추어주려는 의지가 필요하다. 지나친 교만은 유혹의 힘을 결코 발휘할 수 없다.

카사노바에게 혐오감을 주었던 두 번째 이유는 백작부인의 탐욕이었다. 그녀가 애교를 부린 것은 오로지 드레스를 얻고자 했기 때문이다. 그녀는 애정에는 아무런 관심이 없었다. 하지만 카사노바에게 유혹이란 서로에게 즐거움을 주는 일종의 게임이었다. 그는 여자는 돈과 선물에 약하다는 사실을 잘 알고 있었다. 그는 관대한 사람이었다. 하지만 그런 욕망을 숨기고 아닌 척하는 백작부인의 가식적인 모습에 그만 정나미가 떨어졌던 것이다. 애정의 대가로 노골적으로 돈이나 물질을 바라는 사람은 유혹적이지 못하다. 만일 돈이나 권력 혹은 선물이 목적이라 하더라도 그런 마음을 겉으로 드러내서는 곤란하다. 상대에게 진짜 속셈이 노출될 경우에는 유혹의 힘을 발휘할 수 없다.

사례 6: 오로지 권력만 좇는 사람들

1868년 영국의 빅토리아 여왕은 새로 총리에 임명된 윌리엄 글래드스턴(William Ewart Gladstone)과 첫 개인 면담을 가졌다. 물론 여왕은 그가 총리가 되기 이전에도 얼굴을 본 적이 있었다. 그는 도덕을 중시하는 사람으로 평판이 나 있었다. 어쨌든 새로 임명된 총리와의 면담은 잠시 환담을 나누는 의례적인 행사에 불과했다. 하지만 글래드스턴은 한가로운 대화를 나눌 만큼 인내심이 많은 인물이 아니었다. 그는 첫 면담에서부터 왕권의 역할에 관해 설명하면서 여왕이 모범을 보여주어야 한다고 강조했다. 그는 여왕이 최근 들어 공적인 일에 관심을 기울이기보다는 개인적인 생활에 너무 빠져 있다고 지적했다.

앞으로 그와 여왕의 관계가 어떤 식으로 발전할지 불을 보듯 뻔했다. 빅토리아 여왕은 곧 글래드스턴 총리로부터 보고서를 전달받기 시작했다. 그의 보고서는 매우 상세했다. 여왕은 그의 보고서를 읽는 것을 귀찮아하지는 않았지만, 이런저런 핑계로 글래드스턴 총리와 마주치는 것을 피하기 시작했다. 어쩔 수 없이 만나야 하는 경우에는 최대한 간단히 끝내려고 했다. 그 때문에 그가 자리에 앉는 것을 허용하지 않았다. 나이 든 글래드스턴이 지쳐서 빨리 자리를 뜨게 하려는 속셈이었다. 글래드스턴은 의중에 둔 주제를 말할 때에는 여왕이 하품을 하거나 말거나 전혀 개의치 않고 끝까지 마쳐야 직성이 풀리는 듯했다. 그는 아주 하찮은 세부 사항까지 일일이 열거했으며, 여왕의 통역관은 그의 말을 이해하기 쉬운 단어로 바꾸어 설명해야 했다. 설상가상으로 글래드스턴은 여왕과 종종 말싸움을 벌였다.

그의 주장을 듣고 있노라면, 여왕은 자신이 멍청하다는 느낌을 받지 않을 수 없었다. 여왕은 글래드스턴의 주장에 차츰 묵묵히 고개만 끄덕이게 되었다. 겉으로는 그가 주장하는 것이면 무엇이든 동의하는 것처럼 보였다. 그렇게 하는 것이 속이 편했기 때문이다. 하지만 그녀는 자신의 비서관에게 다음과 같은 편지를 보냈다. "나는 글래드스턴의 태도가 지나치게 거만할 뿐만 아니라 주제넘는다고 생각하오. 나는 다른 누구에게서도 그와 같은 대접을 받은 일이 없소. 정말 혐오스러운 일이 아닐 수 없소." 시간이 지날수록 총리에 대한 여왕의 증오심은 더욱 깊어갔다.

당시 글래드스턴은 자유당 당수였고, 보수당 당수는 벤저민 디즈레일리였다. 글래드스턴은 디즈레일리를 비도덕적일 뿐만 아니라 간사한 유대인이라고 생각했다. 한번은 국회에서 이런 일이 있었다. 글래드스턴은 디즈레일리가 이끄는 보수당의 정책이 잘못되었다며 조목조목 꼬집었다. 그는 디즈레일리에게 호통을 치면서 분노를 억제하지 못하고 종이와 펜이 튕겨 나갈 정도로 세차게 연단을 내리쳤다. 하지만 디즈레일리는 글래드스턴이 열변을 토하는 내내 졸린 듯한 표정으로 앉아 있었다. 마침내 글래드스턴이 연설을 마치자 그는 눈을 뜨고 조용히 연단 앞으로 나가 입을 열었다. "방금 보수당 당수께서 많은 열정과 힘과, 에헴…… 많은 폭력을 사용해 말씀해주셨습니다." 여기서 그는 잠시 말을 멈추었다가 다시 입을 열어 이렇게 말했다. "하지만 그로 인해 손상된 것들은 모두 복구가 가능합니다." 그런 다음 몸을 굽혀 연단에서 떨어진 종이와 펜을 집어다가 원래 위치에 올려놓았다. 그러고는 본격적으로 연설을 하기 시작했다. 그의 연설은 매우 침착했으며 모든 점에서 글래드스턴의 연설과는 대조적이었다. 의원들은 모두 그의 연설에 매료되었다. 누가 봐도 그날의 승자는 디즈레일리였다.

디즈레일리가 매력적인 유혹자라면, 글래드스턴은 정반대로 전혀 유혹적이지 못한 인물이다. 물론 글래드스턴을 지지하는 세력도 있었다. 청교도적인 가치관을 지향했던 영국 국민의 정서에 맞았기 때문이다. 그는 총선에서 두 번이나 디즈레일리를 누르고 승리했다. 하지만 글래드스턴은 자신을 지지하는 세력 이외의 사람들에게는 그다지 매력적인 인물로 다가가지 못했다. 특히 여성들이 그를 싫어했다. 물론 여성들은 당시 투표권이 없었기 때문에 정치에 거의 영향력을 발휘하지 못했다. 그는 여성은 오직 남성이 하는 것을 보고 배워야 한다고 생각했다. 그는 신에게 버림받은 사람들이나 비이성적인 사람들을 바르게 교육하는 것을 인생의 목표로 삼았다.

글래드스턴 같은 유형의 사람은 남의 심기를 불편하게 만든다. 그들은 자기만 옳다고 생각해 다른 사람들의 생각이나 관점을 이해하려고 하지 않는다. 이런 유형의 사람은 일종의 불한당과 같아서 약한 자들을 밟고 잠시 동안 승승장구할 수 있다. 하지만 점차 사람들의 분노와 저항을 사게 된다. 이런 사람은 언뜻 보기에는 도덕적인 것 같다. 하지만 대개는 도덕을 빙자해 남을 얕보고 지배하려는 권력주의자일 가능성이 높다. 도덕이란 어떤 점에서 권력의 한 형태다. 유혹자는 결코 직접 설득하는 방법을 사용하거나, 자신의 도덕적 순결을 늘어놓거나, 다른 사람을 훈계하거나 가르치려 들지 않는다. 유혹자는 미묘하게, 상대의 심리를 읽으며 간접적으로 접근한다.

| **상징** | 바닷게. 바닷게는 거친 세상에서 두꺼운 껍데기로 자신을 보호하고, 톱니처럼 생긴 집게발을 휘두르며 모래 속에 웅크린다. 아무도 바닷게에 가까이 접근할 수 없다. 하지만 바닷게는 상대에게 위협을 줄 수 없으며, 둔하기 짝이 없다. 방어에 능할 뿐 결코 상대를 공략하지 못한다. 이것이 바닷게가 가지는 한계다.

반유혹자의 특성을 활용하는 법

반유혹자를 만나면 거리를 두는 것이 상책이다. 하지만 대개 반유혹자는 자신의 정체를 쉽게 드러내지 않는다. 반유혹자를 상대하는 것은 매우 괴로운 일이다. 그의 손아귀에서 빠져나가기도 쉽지 않다. 감정적으로 반응할수록 더욱더 말려들기 쉽다. 결코 화를 내며 맞상대해서는 안 된다. 반유혹자의 행동을 더욱 부채질할 뿐이다. 그저 적당히 거리를 두고 무관심한 척하는 것이 좋다. 그렇게 하면 반유혹자는 자신이 상대에게 별로 중요하지 않다는 사실을 알고 제풀에 물러가게 된다. 하지만 반유혹자의 특성도 때로는 자신을 보호하는 수단으로 활용할 수 있다.

클레오파트라는 자기한테 걸린 모든 남자를 유혹했던 탁월한 유혹자였다. 하지만 옥타비아누스는 그녀의 유혹에 넘어가지 않았다. 그는 클레오파트라의 연인이었던 안토니우스를 물리치고 훗날 아우구스투스 황제가 되었다. 그는 클레오파트라가 지닌 유혹의 힘을 정확하게 간파했다. 그는 그녀에게 예우를 갖추고 친절하게 대했지만, 이렇다 할 관심이나 싫다는 내색을 비치지 않고 무심한 마음을 유지함으로써 유혹을 극복할 수 있었다. 바꾸어 말하면 그는 클레오파트라를 보통 여자처럼 대했다. 제아무리 클레오파트라라고 해도 꿈쩍도 하지 않는 그를 어떻게 해볼 도리가 없었다. 이렇듯 옥타비아누스는 반유혹자의 특성을 이용해 역사상 가장 거부하기 힘든 유혹자였던 클레오파트라를 물리쳤다. 유혹이란 관심을 끌기 위한 게임이라는 사실을 기억하라. 유혹은 상대의 마음을 장악하는 과정이다. 따라서 거리를 두고 무관심한 척할 경우, 반대의 효과를 낳게 된다. 필요한 경우에는 이런 반유혹자의 특성도 하나의 전술로 사용할 수 있다.

만일 상대에게 반유혹자로 비치고 싶다면, 앞에서 열거한 특성들을 사용하면 된다. 징징거리기, 말 많이 하기(특히 자신에 관한 말), 상대의 취향에 맞지 않는 외양, 과민 반응, 무관심 등과 같은 특성을 활용하면 상대는 멀리 도망갈 것이다. 빅토리아 여왕처럼 겉으로 동의하는 척하면서 대화를 짧게 끝내는 것도 쓸 만한 방법이다. 물론 이런 반유혹자의 특성들은 자신을 방어할 필요가 있을 때만 사용해야 한다. 상대를 유혹하는 데는 절대 사용해서는 안 된다.

유혹당하기 쉬운 사람들

유혹을 하려면 먼저 상대가 어떤 유형인지부터 알아야 한다. 사람들은 저마다 삶에서 무언가를 놓치며 살고 있다고 생각한다. 각자가 놓쳤다고 생각하는 부분은 모험이 될 수도 있고, 관심이 될 수도 있고, 로맨스가 될 수도 있고, 외설스러운 경험이 될 수도 있고, 정신적이거나 육체적인 자극이 될 수도 있다. 그 부분이 무엇이냐에 따라 희생자들은 여러 유형으로 나뉜다. 유혹하고자 하는 대상을 관찰하면서 겉으로 드러난 외모 뒤에 숨어 있는 진짜 모습을 파악하라. 소심한 사람이 알고 보면 스타가 되고픈 욕망을 숨기고 있기도 하고, 내숭쟁이가 탈선의 스릴을 갈망할 수도 있다. 하지만 어떤 경우가 됐든 자기와 비슷한 유형은 유혹하지 않는 것이 좋다.

희생자 이론

이 세상 사람들 가운데 그 누구도 완전하고 충족된 삶을 살아가는 사람은 없다. 우리 모두는 스스로의 힘으로는 얻을 수 없는 무엇인가를 원하고 필요로 한다. 사람들은 사랑에 빠지는 순간 자신에게 부족한 부분을 상대가 채워줄 것이라고 기대한다. 우리는 누군가와 운명적으로 만나 사랑을 주고받게 되기를 무의식적으로 소망한다. 하지만 유혹자는 사랑이 우연히 이루어지기를 기다리지 않는다.

주변 사람들을 잠시 둘러보자. 그들의 사회적인 신분이나 겉으로 드러나는 성격상의 기질을 보지 말고, 무엇을 갈망하고 있는지 그들의 내면을 살펴보라. 유혹을 하기 위해서는 상대의 심리를 파악할 수 있어야 한다. 바꾸어 말해 상대의 옷차림, 몸짓, 즉석에서 던지는 말, 집에 있는 물건들, 특히 과거에 사랑했던 경험 등을 주의 깊게 관찰해야 한다. 그러면 상대가 무엇을 원하고 있는지를 알게 될 것이다. 그다음에는 상대가 원하는 것을 채워줄 수 있는 방법을 연구해야 한다. 사람들은 자신이 원하는 것을 은연중에 드러내게 되어 있다. 누구나 만족스러운 삶을 원하며, 자신에게 만족을 주는 것이 현실이 됐든 환상이 됐든 개의치 않는다. 설사 환상이라고 하더라도 만족을 얻을 수만 있다면 사람들은 기꺼이 환영한다. 사람들은 유혹의 희생자가 되기를 원한다. 사람들의 이런 심리를 적절히 이용할 수만 있다면 탁월한 유혹자가 될 수 있다.

이 장에서는 유혹의 희생자를 18가지 유형으로 나누어 다루고자 한다. 이들 유형의 사람들은 유혹의 희생자가 될 수밖에 없는 나름의 이유를 가지고 있다. 물론 여러 가지 복합적인 이유에서 유혹의 희생자가 된 경우도 있겠지만, 자세히 들여다보면 대개는 공통점이 있게 마련이다. 아마 '내숭쟁이'와 '좌절한 스타'의 유형에 모두 속해 있는 사람이 있을 테지만, 두 가지 유형 모두 억눌린 감정을 가지고 있다는 점에서 서로 통하는 면이 있다. 이들 유형의 희생자는 한번 제멋대로 살아보았으면 하는 심리를 가지고 있다. 다만 그런 식으로 살아갈 능력이 없거나 용기를 내지 못해 어쩔 수 없이 체념하며 살아가고 있을 뿐이다.

희생자의 유형을 식별하기 위해서는 겉으로 드러난 외모나 태도에 속아서는 안 된다. 외모나 겉으로 드러난 태도는 그 이면에 숨어 있는 근원적인 갈망을 위장하기 위한 수단일 뿐이다. 예를 들어 거칠고 냉소적인 태도를 보이는 사람이 있다고 하자. 그런 사람의 심리에는 반드시 부드럽고 감상적인 면모가 숨겨져 있다. 그들은 남몰래 아름다운 사랑을 갈망한다. 만일 겉으로 드러난 거친 태도 뒤에 가려진 부드러운 감성을 볼 줄 아는 눈이 없다면, 결코 그런 사람을 유혹할 수 없다. 더욱이 다른 사람들도 자기 자신과 똑같은 것을 필요로 하고 갈망한다고 단정짓는 어리석음을 범해서는 안 된다. 자신이 안정과 편안함을 원한다고 해서 다른 사람도 그렇겠거니 단정하고, 그들에게 편안함과 안락함을 안기려 든다면 오히려 역효과를 낳을 수 있다. 따라서 자신의 유형과 비슷한 사람을 유혹하려 해서는 안 된다. 유혹을 할 때는 자기와 다른 유형의 사람을 선택하는 것이 좋다.

18가지 유형

변형된 레이크 혹은 세이렌: 이 유형은 한때는 잘나가던 유혹자였지만, 나중에 어쩔 수 없는 외부 요인(결혼이나 사회적인 압력, 혹은 안정을 추구해야 할 나이 등) 때문에 유혹자로서의 삶을 더 이상 영위할 수 없게 된 사람이다. 이유야 어떻든 이런 유형의 사람은 상실감에 빠져 있으며, 마음속에서 치솟는 알 수 없는 분노를 느끼며 살아간다. 사람들은 과거에 즐거웠던 일을 다시 한 번 경험해보고 싶어하는 심리가 있다. 변형된 레이크나 세이렌은 그와 같은 심리가 한층 강렬하다. 이들은 누군가 자신을 유혹해주기를 기다린다. 이런 사람들을 유혹하기란 매우 쉽다. 그저 다가가서 그들의 본성을 자극하기만 하면 된다. 그러면 그들의 피는 다시 끓어오르고 활력 넘치는 삶이 재개된다.

하지만 이런 사람을 유혹할 때는 그들이 유혹의 희생자가 아니라 유혹의 주체라고 느끼게 하는 것이 중요하다. 변형된 레이크를 유혹하려면 간접적인 방법으로 그의 관심에 불을 붙여 욕망의 불길이 활활 타오르게 만들어야 한다. 변형된 세이렌을 유혹할 경우에도 마찬가지다. 상대가 여전히 거부할 수 없는 유혹의 힘을 가지고 있다는 인상을 심어야 한다. 이런 유형의 사람들을 유혹할 때는 또 다른 관계나 제약이 시작된다는 인상을 주어서는 안 된다. 오히려 그들을 억누르고 있는 관계로부터 벗어나 즐거움과 자유를 누릴 수 있는 기회라고 느끼게 해야 한다. 그들이 이미 누군가와 관계를 가지고 있다고 해서 주저할 필요는 없다. 그들의 기존 관계는 한갓 장식에 불과하다. 만일 그들과 관계를 맺는 것이 목적이라면 겉으로 그런 내색을 해서는 안 된다. 레이크나 세이렌은 결코 한 관계에 충실하지 못하는 본성을 가지고 있다. 따라서 그들을 유혹한다고 해도 그들과 충실한 관계를 지속하겠다는 생각은 하지 않는 것이 좋다.

좌절한 몽상가: 이 유형의 사람은 어렸을 때 혼자서 많은 시간을 지냈을 확률이 높다. 이런 사람은 혼자서 책도 읽고 영화도 보는 등 다양한 대중문화를 즐기며 이상적인 생활을 꿈꾼다. 하지만 나이가 들면서 현실과 이상의 괴리 때문에 점차 실망할 수밖에 없다. 이런 유형의 사람은 특히 사랑을 할 때 흥분과 스릴이 넘치는 로맨스를 원한다. 하지만 자신의 상대가 나약한 인간에 불과하다는 사실을 알게 되면서 서서히 꿈을 접는다. 세월이 지나면서 이들은 어쩔 수 없이 삶과 타협하기 시작한다. 그렇지 않으면 혼자 살아갈 수밖에 없기 때문이다. 하지만 그들의 내면에는 항상 불만이 가득 차 있으며, 무언가 멋지고 낭만적인 일이 일어났으면 하는 바람이 도사리고 있다.

사람들이 주로 읽는 책이나 즐겨 보는 영화를 보면 이런 유형의 사람을 금방 식별할 수 있다. 이들은 스릴 넘치는 삶을 산 사람들의 이야기에 귀를 쫑긋 세운다. 아울러 차림새나 집 안에 있는 장식품과 가구들을 보아도 이들이 무엇을 원하는지 알 수 있다. 이런 유형의 사람은 대개 현재의 결혼생활이나 연애를 탐탁지 않게 여긴다. 대놓고 드러내지는 않더라도 가끔씩 던지는 한마디 말에서 그들의 실망과 불만스러운 내면 상태가 드러난다.

이런 유형의 사람은 매우 만족스러운 유혹의 대상이 될 수 있다. 이들은 대개 내면에 강한 정열을 품고 있기 때문이다. 이들은 적합한 상대를 만낳다 싶으면 모든 정열을 아낌없이 쏟아붓는다. 이들은 상상력이 뛰어나기 때문에 신비롭고 낭만적으로 보이는 것을 제공하면 선뜻 반응한다. 그러므로 이런 유형의 사람을 유혹할 때는 자신을 낭만적으로 보이게 하는 것이 중요하다. 곧 그들이 간직해온 꿈을 이룰 수 있는 상대라는 인상을 심어주어야 한다. 그렇게 되면 나머지는 그들 스스로 알아서 하게 되어 있다. 이들은 일단 기다리던 상대를 만났다 싶으면 돈키호테처럼 물불을 가리지 않는다. 이들에게는 현실보다 환상이 중요하다. 따라서 환상을 심어주고 그것이 깨지지 않도록 주의해야 한다. 일단 환상이 깨지면 이들은 예전보다 더욱 실망하여 떠나버린다.

응석받이 : 이 유형의 사람은 전형적인 응석받이다. 응석받이는 부모로부터 원하는 것은 무엇이든지 다 받으며 자란다. 그에게는 끝없는 즐거움이 주어지고, 장난감도 하루나 이틀 가지고 놀다가 싫증이 나면 새로운 장난감이 공급된다. 어린아이들은 혼자서 놀이를 찾든지, 친구들을 사귀든지 하면서 스스로 재미있는 일을 창안해낸다. 하지만 응석받이는 다른 사람들이 자신의 즐거움을 위해 존재한다는 생각을 하며 자란다. 이들은 게으르고 나태하다. 나이가 들면 부모로부터도 더 이상 즐거움을 기대할 수 없다. 따라서 이런 유형의 사람은 늘 심심해하고 마음을 잠시도 한곳에 두지 못한다. 이들은 다양한 방법으로 즐거움을 찾으려고 한다. 친구도 수시로 바꾸고, 직장도 자주 옮겨다니는 등 이곳저곳을 기웃거리며 끊임없이 새로운 것을 찾아 헤맨다. 응석받이로 자란 습관 때문에 어떤 관계에서도 만족하지 못하며 늘 새로운 관계를 원한다. 하지만 언제까지나 계속해서 새롭고 다양한 것을 추구할 수는 없는 노릇이다. 현실이 그것을 용납하지 않기 때문이다. 결국 직장이나 사랑에 문제가 생기고 친구관계마저 깨진다. 응석받이가 늘 새롭고 다양한 것을 찾아 헤맨다고 해서 정말 현실에 안주하지 못하는 것으로 혼동해서는 안 된다. 사실 이런 유형은 단 한 사람, 즉 어렸을 때의 부모처럼 자신이 원하는 것을 항상 안겨줄 수 있는 사람을 원할 뿐이다.

이런 유형의 사람을 유혹하려면 늘 새로운 즐거움을 주어야 한다. 새로운 장소에 데려가고 멋진 경험을 하게 해주어야 한다. 늘 새로운 모습을 보여주는 한편, 아직도 보여줄 부분이 남아 있는 것처럼 보이는 게 관건이다. 응석받이는 일단 유혹에 걸려들면 상대에게 급속히 의존하기 때문에 즐거움만 안긴다면 다루기가 매우 쉽다. 물론 어렸을 때 지나치게 응석받이로 자란 사람은 돌봐주는 데 한계가 있겠지만, 그렇지 않을 경우 마음을 움직이기가 그렇게 어려운 편은 아니다. 이들은 일단 상대가 부모와 같다고 판단하면 충성스럽게 매달린다. 하지만 응석받이를 유혹하기 위해서는 적지 않은 노력을 기울여야 한다. 왜냐하면 늘 공주나 왕자처럼 받들어 모셔야 하기 때문이다.

내숭쟁이 : 요즘은 성적으로 개방돼서 그런지 과거보다 내숭쟁이가 적기는 하지만 그래도 전혀 없지는 않다. 물론 성적인 문제와 관련해서만 내숭쟁이가 존재하는 것은 아니다. 내숭쟁이란 속보다는 외형을 중시하는 유형으로 사회가 적절하고 온당하다고 인정하는 것에 지나치게 집착하는 사람을 말한다. 내숭쟁이는 사회의 눈총을 두려워하기 때문에 항상 올바른 삶을 살아가는 것처럼 보이려고 애쓴다. 그런 점에서 내숭쟁이는 과거나 지금이나 여전히 우리 주변에 많이 있는 듯하다.

내숭쟁이는 공평한 기준, 공동의 선, 멋진 취향, 도덕 따위에 지나친 관심을 보인다. 하지만 속으로는 탈선의 즐거움을 갈망한다는 점이 가장 뚜렷한 특징이다. 이들은 자신의 내면에 그와 같은 사악한 감정이 도사리고 있다는 사실에 놀라며 이를 억누르기 위해 겉으로 보기에 더욱 올바른 삶을 살아가려고 노력한다. 단조로운 색깔의 옷을 즐겨 입으며, 유행을 좇지 않는 경향을 보인다. 이들은 늘 우월감을 가지고 남을 판단하고 비판하기를 좋아한다. 또한 내면의 욕망을 억누르기 위해 단조로운 일상생활을 반복하며 살기를 원한다.

하지만 내숭쟁이는 올바른 삶을 살아야 한다는 강박에서 벗어나 탈선하고 싶다는 충동을 느낀다. 성적인 것을 추구하는 내숭쟁이는 레이크나 세이렌의 가장 훌륭한 먹이가 된다. 이들은 뭔가 위험하고 규범에서 벗어난 행동을 일삼는 사람들을 보면 겉으로는 비판하면서도 속으로는 관심을 기울인다. 따라서 내숭쟁이를 유혹하려면 이와 같은 심리를 십분 이용할 수 있어야 한다. 내숭쟁이에게는 일단 우월감을 갖게 하는 것이 중요하다. 그들의 비판에 맞장구치고, 옳다고 치켜세우는 것이 좋다. 그들이 하는 말에 전혀 신경 쓰지 말고, 그저 함께 시간을 보내며 놀아주라. 내숭쟁이는 상대방이 자신의 말을 들어주는 듯한 모습만 보여도 마음의 빗장을 풀게 되어 있다. 이들은 한번 마음을 열면 걷잡을 수 없는 열정과 감정을 분출한다. 그들의 삶이나 인간관계는 대개 무미건조하다. 그렇기 때문에 뭔가 흥미진진한 계기를 제공한다면 쉽게 유혹에 넘어간다.

좌절한 스타: 사람은 누구나 타인의 이목을 끌고 싶어한다. 하지만 그런 욕망을 발산하지 못하고 조용히 지내는 사람들이 대부분이다. 좌절한 스타는 한때 아름답고 매혹적이며 활기찬 용모로 사람들의 관심을 받았지만, 지금은 그렇지 못한 사람을 말한다. 이들은 현실을 인정해야 한다는 것을 잘 알면서도 쉽사리 과거의 꿈을 떨쳐버리지 못한다. 대개 직장이나 사회에서 남보다 튀어 보이려고 애쓰는 사람은 오히려 주변의 눈총을 받기 십상이다. 결국 그런 벽에 자꾸 부딪히다 보면 스타가 되고픈 욕망을 억제할 수밖에 없다. 하지만 욕망을 누르다 보면 그에 대한 한이 쌓이게 마련이다. 좌절한 스타를 식별하기란 어렵지 않다. 그들은 대개 화려한 과거를 지니고 있다는 공통점이 있다. 좋았던 옛 시절을 회상하는 그들의 눈에서는 광채와 생기가 감도는 것을 엿볼 수 있으며, 아쉬운 듯 한숨을 내쉬는 몸짓에서는 야릇한 활력마저 느낄 수 있다.

이런 유형의 사람을 유혹하려면 무조건 관심을 가져주면 된다. 상대가 마치 스타인 것처럼 느끼게 해주면 그만이다. 그들에게 말을 시켜 자신에 관한 이야기를 하게 만들어라. 자신의 색깔을 드러내지 말고 마치 그들이 더 멋지고 더 능력 있고 더 재미있는 존재로 느끼게 하라. 한마디로 이들에게는 차머의 역할이 필요하다. 마음껏 뽐낼 수 있는 기회를 만들어주면 좌절한 스타는 감사하는 마음으로 달려들게 된다. 욕망의 좌절로 인한 고통을 어루만져줄 경우 그들은 열정적으로 자신의 모든 것을 활짝 열어 보이게 된다. 그들은 자신을 인정해주는 사람에게 미친 듯이 빠져든다. 하

지만 스타나 댄디의 기질이 있는 사람은 이런 유형의 사람을 유혹하려고
해서는 안 된다. 그들의 성향은 머잖아 드러날 수밖에 없고, 그렇게 되면
서로 경쟁관계에 돌입하게 되기 때문이다.

풋내기 : 풋내기란 세상물정에 어두운 사람을 말한다. 이들의 지식은 간
접적이다. 즉 이들은 신문, 영화, 책에서 본 내용을 앵무새처럼 재잘거린
다. 하지만 이들은 자신의 순진한 모습에 싫증을 느끼고, 세상의 쓴맛, 단
맛을 직접 체험해보고 싶어한다. 모든 사람이 그들을 순진하고 착하다고
여기지만 정작 그들 자신은 사람들의 그런 시선을 부담스럽게 여긴다. 왜
냐하면 다른 사람들이 생각하는 것만큼 자신은 착하지 않다는 사실을 알
고 있기 때문이다.

풋내기를 유혹하기란 어렵지 않다. 하지만 좋은 결과를 얻으려면 몇 가
지 유혹의 기술이 필요하다. 풋내기는 인생 경험이 풍부한 사람에게 관심
을 가진다. 특히 악하고 타락한 생활을 하는 사람에게 이끌린다. 하지만
그렇다고 해서 노골적으로 정체를 드러내고 접근하면 이들은 깜짝 놀라
도망쳐버린다. 풋내기를 유혹하려면 먼저 가볍게 접근해야 한다. 즉 같이
순진한 척하면서 놀이를 하듯이 접근해 숨겨진 욕망이나 정체를 은근히
보여주어야 한다(이는 바이런이 순진한 여성들을 유혹할 때 사용했던 수법이다).
풋내기에게는 성적인 경험뿐만 아니라 새로운 생각, 새로운 장소, 새로운
세계를 경험할 수 있는 기회를 마련해주는 것도 중요하다. 성급히 욕심만
채우려고 해서는 안 된다. 다시 말해 다채롭고 풍요로운 방법으로 낭만을
즐길 수 있게 해주어야 한다. 인생의 악하고 어두운 측면도 이따금씩 맛
보게 하면서 말이다. 경험이 없는 풋내기는 대개 이상을 좇게 마련이다.
따라서 그들의 심미적인 욕망을 충족시켜줄 수 있어야 한다. 세심한 배
려, 감미로운 언어 등을 통해 그들의 경탄을 자아내는 한편, 다채롭고 화
려한 활동을 통해 그들의 감각을 일깨워주어야 한다. 그들은 경험이 미숙
해 눈앞의 일을 올바로 판단할 수 있는 능력이 없기 때문에 자기도 모르
는 사이에 유혹에 깊숙이 빠져들게 된다.

때로 나이도 어지간하게 들고, 교육도 많이 받은 사람들 가운데서도 풋

내기가 발견된다. 물론 이들 중에는 순진한 척하면 어디서나 잘 통하기 때문에 전략적으로 풋내기로 보이려는 사람들도 있다. 하지만 그렇다고 해도 본질은 풋내기일 뿐이다. 다만 완전한 풋내기를 유혹하는 것보다는 약간 어렵다는 차이가 있을 뿐이다. 이런 유형의 사람을 유혹하는 방법은 동일하다. 순진한 모습과 타락한 모습을 적절히 섞어서 보여주면 쉽게 걸려든다.

정복자: 이 유형의 사람은 대개 억제할 수 없는 엄청난 정력을 소유하고 있다. 그는 장애물이 있어도 개의치 않고 항상 정복할 대상을 찾는다. 그렇지만 외모만 보고 정복자를 식별할 수는 없다. 사회적인 분위기 때문에 어쩔 수 없이 충동을 억제하고 사는 정복자도 적지 않기 때문이다. 정복자를 식별하려면 말이나 태도보다는 일과 인간관계에서 어떤 식으로 행동하는지를 주의 깊게 살펴보아야 한다. 정복자는 힘을 숭배한다. 그는 수단 방법을 가리지 않고 사람들을 정복하고 싶어한다.

정복자는 대개 감정적이고 충동적이다. 이런 사람 앞에서는 쉽게 자신을 드러내서는 안 된다. 약점을 드러내면 이들은 금방 그 점을 이용해 욕심을 채운 뒤 미련 없이 새로운 정복 대상에게 눈을 돌린다. 정복자에게는 약간의 저항이나 장애물을 안기는 것이 좋다. 바꾸어 말하면 그들의 뜻대로 움직여서는 안 된다. 이들은 대개 공격적이지만 그렇다고 해서 겁먹을 필요는 없다. 때로는 변덕도 부리고 요구를 거절하기도 하면서, 나아가 때로는 적당히 술수도 부려가면서 상대하면 된다. 한마디로 코케트의 속성을 보여주는 것이 좋다. 그렇게 되면 오히려 그들을 이용할 수 있다. 정복자를 굴복시키려면 황소를 다룰 때처럼 이리저리 제멋대로 돌진하게 하다가 제풀에 지치게 만드는 방법을 구사해야 한다. 조제핀이 나폴레옹을 사랑의 노예로 만든 것이 좋은 예다. 제풀에 지친 정복자는 결국 의존적으로 변하게 된다.

정복자는 주로 남성이 많지만, 살로메나 나탈리 바니 같은 유명한 여성 정복자들도 없지 않다. 하지만 여성 정복자든 남성 정복자든 코케트 앞에서는 굴복하게 되어 있다.

색다른 즐거움을 추구하는 사람: 사람들은 대부분 이색적인 것에 마음이 끌린다. 그 가운데서도 특별히 색다른 것을 좋아하는 사람들이 있다. 이들은 삶의 모든 측면에서 뭔가 색다른 것을 원한다. 이들의 내면 세계는 매우 공허하며, 스스로를 혐오하는 경향이 있다. 이들은 자신이 속한 계층(이들은 대개 중산층이나 상류층에 속한다)이나 문화를 싫어한다.

이런 유형의 사람을 식별하기는 어렵지 않다. 이들은 대개 여행을 좋아한다. 또 이들의 집에 가보면 해외에서 구입한 물건들을 많이 볼 수 있다. 이들은 이국적인 문화와 예술을 숭배한다. 이들은 대개 반항적인 기질을 가지고 있다. 이런 유형의 사람을 유혹하려면 자신의 모습을 색다르게 꾸밀 수 있어야 한다. 그렇다고 해서 반드시 다른 문화권 출신일 필요는 없다. 하지만 그들의 취향에 맞추기 위해서는 옷차림, 대화 주제, 만나는 장소 따위가 이색적인 냄새를 물씬 풍겨야 한다. 약간만 과장하면 나머지는 그들이 알아서 상상하게 되어 있다. 왜냐하면 이런 유형의 사람은 스스로 현혹되는 성향이 있기 때문이다. 하지만 유혹의 대상으로는 별로 달갑지 않다. 이유는 간단하다. 색다른 것을 보여주면 잠시 즐거워하다가 금세 식상해져서 다른 것을 찾기 때문이다. 이들은 심리적으로 매우 불안정하기 때문에 끊임없이 자신의 관심을 사로잡을 수 있는 것을 추구한다. 결국 그들의 비위를 맞추는 데는 한계가 있다.

대개 관계가 무미건조해지거나, 직장생활이 재미가 없거나, 사는 게 무료해지면 사람들은 새로운 것을 원한다. 이런 상황에서는 사람들을 유혹하기가 쉬워진다. 자기 혐오감 때문에 색다른 즐거움을 추구하는 사람보다는 단순히 생활 환경이나 하는 일에 싫증이 난 사람을 유혹하기가 훨씬 쉽다. 왜냐하면 그런 현상은 일시적이기 때문이다. 본성적으로 색다른 것만을 찾는 사람은 궁극적으로 아무도 만족시킬 수 없다.

비극의 주인공: 우리 중에는 삶을 한 편의 비극적인 드라마처럼 엮어가고 싶어하는 사람들이 있다. 이들은 권태로움에서 벗어나기 위해 비극을 원한다. 이른바 비극의 주인공을 유혹하려면 이와 같은 욕망을 한껏 발산시켜주어야 한다. 이런 유형에는 대개 여성이 많지만, 남성도 적지 않다.

이들은 늘 불만족하는 가운데 고통을 즐긴다. 고통은 이들에게 쾌락을 주는 원천이다. 이들은 일종의 정신적 학대를 원한다. 이런 유형의 사람에게는 자상하고 친절한 태도는 금물이다. 그렇게 되면 그들은 흥미를 잃고 돌아서고 만다.

이런 유형을 식별하려면 과거 경력을 살펴보면 된다. 이들은 대개 인생에서 비극적인 고통과 정신적인 충격을 경험한 적이 있다. 물론 이런 유형의 사람은 극단적일 경우 지나치게 이기적이 되기 때문에 유혹의 대상으로 적합하지 않다. 하지만 대개는 유혹의 희생자가 되기에 적합한 소양을 지니고 있다. 이런 유형의 사람과 오랜 관계를 지속하려면 계속해서 드라마와 같은 상황을 만들어나가야 한다. 이런 유형과 관계를 오래 지속하는 것을 즐겁게 여기는 사람도 있지만, 대부분 일시적인 만남으로 끝나기 쉽다. 이런 유형의 사람은 그저 스쳐 지나가듯 한 편의 드라마 같은 관계가 있었다고 치부해버릴 만한 대상이다.

교수: 이 유형에 속하는 사람은 보는 것마다 모두 분석하고 비평하려는 경향이 있다. 이들은 매우 지성적이며, 주변 일에 지나치게 자극을 많이 받는다. 사랑과 성에 대해 이야기할 때도 뭔가 거창하고 위대한 사상이 깃들어 있는 것처럼 분석하고 정리한다. 이들은 육체보다는 지성을 중시하는 것으로 보이지만 육체적인 열등감에 사로잡혀 있으며 그러한 심리를 정신적인 것으로 보상하고자 한다. 이들은 대화를 나눌 때 항상 냉소적이고 비꼬는 듯한 태도를 취한다. 그들이 무슨 말을 하든 전반적인 분위기를 관찰해보면, 대화 상대를 얕보는 모습이 역력히 드러난다. 하지만 이들은 자신의 정신적인 감옥에서 탈출해 아무런 분석 없이 순수하게 육체적인 즐거움에 빠져봤으면 하는 심리를 갖고 있다. 물론 스스로는 그런 삶을 만들어나갈 능력이 없다. 교수 유형은 때로 다른 교수 유형의 사람이나 자기보다 좀 못하다고 생각하는 사람과 관계를 맺지만, 마음 깊은 곳에서는 레이크나 세이렌 같은 유혹자를 원한다.

교수 유형은 겉으로는 지성적이지만 그 내면에는 불안 심리가 가득하기 때문에 유혹에 빠지기 쉽다. 그에게 돈 후안이나 세이렌과 비슷하다는 착각을 심어주면 그들은 쉽게 유혹의 노예가 된다. 이들은 대개 마조히즘 성향을 띤다. 따라서 그러한 잠재적 본능을 분출할 수 있는 출구만 마련해준다면 물불을 가리지 않고 빨려든다. 하지만 지성적인 사람은 교수 유형을 유혹하지 않는 편이 낫다. 지성적인 사람이 교수 유형을 유혹하려고 하면 괜한 경쟁 심리만 부추기는 꼴이 되고 만다. 교수 유형의 사람은 항상 자신이 지적으로 우월하다고 생각해야 만족을 느낀다. 따라서 짐짓 그들보다 지적으로 열등한 사람처럼 행동하면서 육체적인 자극과 즐거움을 줄 수 있어야 한다.

미인: 미인은 일찍부터 사람들의 주목을 받으며 자란다. 미인은 그저 보는 것만으로도 사람들의 욕망을 자극한다. 그것이 미인이 가지는 힘이다. 하지만 미인의 아름다운 용모는 불행의 원인이 되기도 한다. 그들은 자신의 아름다운 매력이 사라질까 봐 늘 불안해한다. 게다가 미인은 사람들이 자신의 미모에만 관심을 기울이는 것을 못마땅하게 생각한다. 남자들은 그녀의 빼어난 미모를 멀찍이서 보며 경탄할 뿐 쉽게 다가서지 못한다. 설사 다가간다고 해도 육체적인 것에만 관심을 둘 뿐 진지한 대화를 나누려고 하지 않는다. 결국 미인은 외롭고 쓸쓸하다.

미인은 여러 가지 약점을 안고 있기 때문에 유혹하기가 비교적 쉽다. 적절한 유혹의 방법을 구사하면 미인의 마음까지 장악할 수 있다. 미인은 대개 얼굴이 예쁘다는 말을 수없이 듣는다. 따라서 다른 사람들이 칭찬해주지 않는 면, 곧 지성, 재능, 성품 따위를 칭찬해주는 것이 매우 중요하다. 물론 그녀가 무기로 내세우는 외모를 칭찬하는 것도 잊어서는 안 된다. 한마디로 그녀의 외모와 지성과 성품을 모두 치켜세워주어야 한다. 미인은 모든 사람이 외모에만 관심을 기울이는 상태에서 지적인 능력까지 갖추었다는 칭찬을 들으면 어쩔 줄 몰라한다. 그 순간 그녀는 외모뿐만 아니라 내면에 대해서도 자신감을 갖게 된다. 그런 자신감을 심어주는 사람에게 끌리는 것은 당연한 일이다.

미인은 늘 사람들의 주목을 받는 데 익숙해 있기 때문에 수동적인 성향을 띠기 쉽다. 하지만 그와 같은 수동적인 삶을 내심 불만스럽게 여긴다.

그녀는 좀 더 적극적인 사람이 되고 싶어한다. 따라서 미인을 대할 때는 약간의 변덕이 필요하다. 한껏 칭찬해주다가도 갑자기 약간 차가운 태도를 취함으로써 안달하게 만들어야 한다. 그녀에게 주도권을 주면 그녀는 더욱더 깊이 빨려들게 되어 있다. 그와 동시에 시기적절한 칭찬과 관심을 아끼지 않음으로써 그녀가 자기 확신에 빠져 행동할 수 있게 만들어야 한다.

철부지 : 우리 가운데는 성장을 거부하는 사람들이 있다. 아마도 죽음이나 늙는 것에 대한 두려움, 혹은 어렸을 때의 즐거운 추억에서 벗어나지 못하는 심리 때문인 것 같다. 이들은 책임지는 삶을 싫어하고, 모든 일을 놀이나 유희 정도로 생각하려고 든다. 이들은 20대에는 매력이 넘치는 사람으로, 30대에는 재미있는 사람으로 여겨지지만, 40대에 이르면 점차 그런 매력을 상실하기 시작한다.

철부지는 철부지와 어울릴 것 같지만, 실은 그렇지 않다. 그들은 아무리 재미있고 즐거워도 같은 철부지끼리는 어울리려고 하지 않는다. 이들은 자신의 응석을 받아줄 수 있는 어른을 원한다. 이런 유형을 유혹하기 위해서는 뭐든 다 들어줄 것 같은 믿음직한 모습으로 접근해야 한다. 즉 응석을 다 받아주면서도 점잖고 책임 있는 어른의 태도를 잃지 않는 것이 중요하다. 그들의 행동을 비판하거나 판단하지 않고 애정을 쏟아주면 그들은 즐거워하며 매달린다. 철부지 유형을 유혹할 경우 한동안은 즐겁기 그지없다. 하지만 이들은 어린아이처럼 철저히 자기중심적이기 때문에 관계를 지속하기가 어렵다. 따라서 이런 유형의 사람은 심심풀이 혹은 부성이나 모성 본능을 충족시켜주는 일시적인 배출구 이상으로 생각해서는 곤란하다.

구원자 : 우리는 종종 연약하고 상처받기 쉬운 사람들에게 동정심을 느낀다. 슬픔에 젖어 낙담하는 모습은 매우 유혹적이다. 인간이라면 누구나 연약한 사람에게 연민의 정을 보이게 마련이다. 그런데 이런 마음을 특별히 강하게 느끼는 사람이 있다. 이들은 마치 구원자라도 된 듯이 문제가 있는 사람들에게 헌신적이다. 어떻게 보면 이런 태도에는 숭고한 면이 없

지 않다. 하지만 이런 유형의 사람은 대개 복합적인 동기를 가지고 있다. 즉 남을 도우려는 순수한 마음도 있지만 동시에 남을 지배하려는 우월감을 가지고 있다. 이들은 남을 돕는다는 명목으로 자신의 문제를 회피한다. 이런 유형은 남의 문제를 마치 자기 일인 양 팔을 걷어붙이고 나선다. 이들은 주로 문제가 있는 사람들이나 의존적인 사람들과 관계를 맺는 경향을 보인다.

구원자는 기사도나 모성애를 발휘하고 싶어하기 때문에 그러한 점을 이용하면 쉽게 유혹할 수 있다. 이들은 특히 슬픔에 빠진 여성이나 어려움에 부딪혀 힘들어하는 남성을 보면 보호해주려고 뛰어든다. 여성 구원자는 모성애를, 남성 구원자는 기사도를 발휘한다. 이들은 구원자로 행세하면서 자신이 상대를 지배하고 통제한다는 만족감에 사로잡힌다. 이들을 유혹하려면 슬픔에 젖어 있는 듯한 모습을 보여주어야 한다. 따라서 자신의 약점을 과장해서 보여주는 것이 필요하다. 그렇다고 말이나 행동을 통해 대놓고 약점을 드러내서는 안 된다. 사랑을 받지 못하는 가련한 존재이자 인생의 실패자라는 점을 은근히 드러내 그들의 동정심을 간접적으로 유도해야 한다. 구원자의 동정심을 자극하는 데 성공한 다음에도 계속해서 연약한 모습을 보여줄 수 있어야 한다. 이들에게는 나쁜 사람이라는 인상을 심어주는 것도 효과를 거둘 수 있다. 그동안 나쁜 짓만 해왔다며 자책하는 모습을 보이면 이들은 도덕적인 우월감에 빠져 대속(代贖)의 기분을 느끼며 구원자로 나선다.

방탕아: 대개 풍요롭게 살아온 사람들에게서 이런 유형이 발견된다. 이들은 돈이 많아서 자기가 하고 싶은 대로 생활해온 사람들이다. 이들은 세상에 대해 냉소적이며, 마치 모든 것에 싫증이 난 듯한 태도를 지닌다. 하지만 남부럽지 않은 삶을 누려온 그들의 마음속에는 예민한 감수성이 도사리고 있다. 방탕아 유형은 사실은 탁월한 유혹자다. 하지만 이들도 역시 유혹의 희생자가 될 수 있다. 특히 이들은 어리고 순진해 보이는 사람에게 약하다. 이들은 나이가 들면서 잃어버린 젊음과 순진함을 되찾고 싶은 욕구에 사로잡힌다.

따라서 이런 유형을 유혹하려면 순진한 모습을 보여주어야 한다. 다시 말해 세상 경험이 별로 없는 듯이 행동해야 한다. 이런 사람들 앞에서는 마치 어린아이처럼 생각하고 행동하는 것이 중요하다. 그들이 육체를 요구하면 저항하는 듯 몸을 빼는 것도 좋은 방법이다. 그러면 그런 식의 반응에 흥미를 느끼고 더욱 빠져들 것이다. 심지어는 그들을 싫어하고 혐오스럽게 생각하는 듯이 행동할 수도 있다. 그런 행동은 그들의 욕망을 더욱 부채질한다. 거부하는 듯한 몸짓만으로도 그들을 쉽게 조종할 수 있다. 당신은 그들이 잃어버린 젊음을 가지고 있다는 점에서 관계의 주도권을 쥐고 있는 셈이다.

방탕아 유형은 나이가 들면서 낭만적인 욕구를 오랫동안 억눌러왔기 때문에 그것을 분출할 수 있는 기회가 주어졌을 때 쉽게 유혹에 빠져들게 된다. 그리고 한번 빠져들기 시작하면 스스로를 통제하지 못한다. 이런 유형의 사람에게는 너무 쉽게 허락하지 말고, 늘 경계심을 가지고 관계의 속도를 조절해나가야 한다. 그렇지 않으면 위험하다.

우상 숭배자: 사람은 누구나 내면의 결핍을 느낀다. 특히 우상 숭배자는 다른 사람들보다 더 큰 공허감에 시달린다. 그들은 스스로에게 만족하지 못한다. 따라서 자신의 내적 공허감을 채워줄 수 있는, 다시 말해 숭배할 대상을 찾는다. 이들은 종종 종교에 빠지기도 하고, 가치 있는 명분을 추구하기도 한다. 그들은 자기보다 위대하다고 생각하는 것에 관심을 기울임으로써 내면의 공허감을 달래려 한다. 우상 숭배자를 식별하기란 어렵지 않다. 종교나 기타 다른 명분에 시간과 에너지를 쏟아붓는 사람은 십중팔구 우상 숭배자일 가능성이 높다. 이들은 오랜 세월 동안 종교에 빠져 여기저기를 기웃거리며 숭배할 대상을 찾는다.

이런 유형을 유혹하는 방법은 그들이 섬길 수 있는 우상이 되는 것이다. 즉 그들이 헌신하는 종교나 대의명분을 대신할 수 있는 존재로 자신을 부각시켜야 한다. 그러려면 먼저 그들과 정신적인 관심사를 공유하면서 그들이 숭배하는 것을 함께 숭배하는 척하거나, 새로운 명분을 제시해주어야 한다. 그러면서 그들이 섬길 수 있는 우상으로 자리 잡아야 한다. 이런 유형을 유혹하려면 결점이나 약점을 드러내면 안 된다. 마치 성인이라도 되는 듯한 인상을 풍겨야 한다. 잠시라도 속된 모습을 보이면 이들은 멀리 도망가버린다. 하지만 그들이 원하는 속성과 성품을 보여주면, 곧 숭배자의 태도를 취하게 된다. 따라서 마치 뭔가 있는 듯한 모습을 보이면서 종교와 낭만을 혼합하는 전술을 구사해야 한다.

이런 유형을 유혹하려면 두 가지를 염두에 두어야 한다. 첫째, 이들은 생각이 복잡하고 쉽게 의심하는 경향이 있다. 이들은 육체보다는 정신을 중시하기 때문에 육체를 자극하는 약간의 활동이 필요하다. 등산, 보트 여행 또는 섹스 같은 것을 제공하면 좋다. 하지만 그들은 의심이 많기 때문에 신중해야 한다. 둘째, 이들은 열등감에 사로잡혀 있는 경우가 많다. 사실 무엇을 숭배한다는 것은 열등감 때문이다. 그렇다고 이들의 자긍심을 끌어올리려고 노력할 필요는 전혀 없다. 다시 말해 이들에게는 칭찬을 해주면 오히려 역효과가 생기기 쉽다. 그들을 섬기는 것이 아니라 그들의 섬김을 받도록 처신해야 한다는 점을 잊어서는 안 된다. 우상 숭배자들과의 관계는 대개 짧다. 그들은 끊임없이 새로운 것을 찾아 숭배하려는 경향이 있기 때문에 관계를 오래 지속하기 어렵다.

감각주의자: 감각주의자란 쾌락을 사랑하는 사람이 아니라 매사에 아주 예민하게 반응하는 사람을 말한다. 이들은 유행, 색깔, 스타일에 관심이 많다. 하지만 때로 지나치게 예민한 탓에 남의 눈에 띄거나 화려하게 보이는 것을 피하려는 경향이 있다. 이들은 환경에 매우 민감하며, 햇빛이 들지 않는 어두운 방을 싫어하고, 분위기나 색깔의 변화에도 금세 시무룩해지다가도 냄새나 향기 하나에 흥분하는 성향이 있다. 요즘 우리 문화는 감각적인 경험을 별로 강조하지 않는다. 따라서 감각주의자들은 더 많은 감각적인 경험을 하고 싶어한다.

이런 유형의 사람을 유혹하려면 그들의 감각적 욕구를 충족시켜주면 된다. 그들을 데리고 아름다운 장소에 가거나, 작은 것에 세심한 관심을 보이는 행위 따위가 도움이 된다. 멋진 광경을 보여주거나 옷차림, 액세서리와 같이 육체적인 매력을 드러낼 수 있는 방법을 사용하는 것도 좋다.

감각주의자들은 마치 동물처럼 색깔과 냄새에 쉽게 끌려든다. 가능한 한 모든 감각에 호소하라. 그러면 이들은 거의 정신없이 빠져든다. 이들을 유혹하기란 매우 쉬우며 시간도 그렇게 많이 걸리지 않는다. 일단 유혹한 뒤에는 계속해서 같은 전술을 구사하면 된다. 종류별로 다양한 감각에 호소함으로써 관심을 유도하면 이들은 결코 유혹을 거부하지 못한다. 대표적인 경우가 안토니우스다. 그는 증세가 매우 심한 감각주의자였다. 클레오파트라는 바로 그 점을 이용해 그를 유혹했다. 이런 유형의 사람들은 원하는 것만 쥐어주면 비교적 온순하게 따라오는 경향이 있기 때문에 유혹의 대상으로는 그만이다.

고독한 지도자: 권력을 가진 사람들도 보통 사람들과 별로 다르지 않다. 물론 그들은 어디를 가나 특별한 대우를 받는다. 그런 경험은 자연히 그들의 인격에도 지대한 영향을 끼치게 된다. 권력자의 주변에는 대개 아첨꾼이나 고분고분한 사람들이 많다. 사람들은 권력자의 비위를 맞추어 하나라도 더 얻어내려고 굽실댄다. 그래서인지 권력자들은 의심이 많고 남을 쉽사리 믿지 않는 경향이 있으며, 겉으로 보기에 약간 무섭기까지 하다. 하지만 겉으로 드러난 권력자의 모습에 지레 겁먹을 필요는 없다. 그들은 근본적으로 고독하다. 권력자는 자신을 유혹해줄 누군가가 나타나 외로움을 달래주기를 바란다. 대부분의 사람들은 권력자를 두려워해 감히 다가갈 용기를 내지 못한다. 단순히 아첨이나 육체적인 매력을 내세워 접근할 경우에는 금방 속셈을 들키게 될 뿐만 아니라 경멸을 받기 십상이다. 이런 유형의 사람을 유혹하려면 그들과 대등한 위치, 아니 그들보다 우월한 위치에 있는 것처럼 행동해야 한다. 그래야 그 앞에서 굽실대는 사람들과는 다르다는 인상을 줄 수 있다. 무뚝뚝하게 대하는 것도 한 방법이다. 그러면 그는 상대가 아무 사심이 없다고 믿게 될 것이다. 사실 권력자에게 뻣뻣하게 대할 경우 다소 위험이 따를 수도 있지만, 그럼에도 불구하고 정직하고 공평한 태도로 당당하게 대하는 것이 좋다. 권력자에게는 약간의 고통을 느끼게 한 뒤에 다시 부드럽게 대해주는 전술을 구사하는 것이 바람직하다.

권력자는 의심도 많고, 해야 할 일이나 신경 쓸 일도 많다. 그런 점에서 유혹하기 어려운 상대라고 할 수 있다. 권력자는 유혹에 넘어갈 만한 정신적인 여유가 별로 없다. 따라서 그를 유혹할 때는 인내심을 가지고 현명하게 대처하면서 서서히 마음을 장악해 들어가야 한다. 권력자는 고독하기 때문에 의지할 사람을 필요로 한다. 따라서 유혹이 성공을 거둘 경우, 그의 외로움을 달래주는 대가로 상당한 권력을 손에 넣게 될 것이다.

양성애자: 인간은 누구나 남성과 여성의 특성을 동시에 지니고 있지만, 사회화 과정을 통해 한쪽 특성만을 발달시키게 된다. 양성애자란 성의 구분이 잘 안 되는 사람을 말한다. 이들을 잠재적 동성애자라고 생각하는 견해도 있지만 그것은 오해다. 이들은 본질적으로 동성애자가 아니라 이성애자다. 이들은 다만 남성과 여성의 특성을 번갈아가며 나타내려는 속성을 지닐 뿐이다. 이들은 때로 다른 사람들이 그런 자신의 모습에 반감을 갖는 것처럼 보이면 곧 한쪽을 억누르고 다른 한쪽으로 치우치는 성향이 있다. 이들은 자신에게 있는 양성을 모두 완벽하게 표현하고 싶어한다. 사실 이런 유형은 생각보다 많다. 여성이면서도 남성처럼 행동하고 싶어하는 사람들, 남성이면서 여성과 같은 심미적 측면을 가지고 있는 사람들이 여기에 속한다. 이들은 대개 자신의 속성을 대놓고 드러내지 않고 속에 감추고 있다.

양성애자가 원하는 대상은 또 다른 양성애자다. 이들은 이성 사이에서 자신과 같은 양성애자를 원한다. 그래서 그런 상대를 만나면 그동안 억눌러온 성의 특성을 자연스럽게 표출한다. 만약 당신에게 그런 성향이 있다면, 동일한 성향을 지닌 상대를 이성 가운데서 찾는 게 좋다. 양성애자끼리 만날 경우에는 다른 사람의 이목을 걱정할 필요 없이 이중적인 성적 특성을 자연스럽게 표현할 수 있다. 만일 자신이 양성애자가 아니라고 생각한다면, 이런 유형은 상대하지 않는 것이 좋다. 이런 유형의 사람에게 생각 없이 접근했다가는 오히려 억눌려온 그들의 특성을 더욱 억누르게 해 불편을 가중시킬 뿐이다.

유혹의 기술

PART 2

유혹의 24가지 전략

상대를 즐겁게 해주는 행동이 유혹의 힘을 발휘한다는 것은 두말할 필요도 없다. 하지만 인간은 대개 자기 안에 갇혀 있기 때문에 상대를 즐겁게 해주기 어렵다. 바꾸어 말하면 다른 사람이 원하는 것보다 자신이 원하는 것에 관심을 둔다. 자신이 원하는 것을 너무 성급하게 얻으려고 하다 보면 은연중에 저속하고 유치한 측면을 드러내게 되고, 그로 인해 결국 상대방의 환상이 깨져 더 이상 유혹의 힘도 발휘할 수 없게 된다.

타고난 성격이나 고상하고 매력적인 면모가 자연스럽게 드러나기를 기다리기만 해서는 아무도 유혹할 수 없다. 유혹이란 시간이 필요한 과정이다. 오랜 시간을 두고 천천히 접근할수록 상대의 마음을 더욱 확고하게 장악할 수 있다. 유혹은 인내심과 집중력과 전략적 사고를 필요로 하는 기술이다. 항상 상대방보다 한 수 앞서 생각하고 행동할 수 있어야 한다. 상대의 눈을 흐리게 하고, 주문을 걸어 정신을 못 차리게 만들어야 한다.

2부에서는 관심의 초점을 자신이 아니라 상대에게 돌리는 유혹의 기술을 다루고자 한다. 이러한 기술을 익히는 순간, 우리는 상대의 마음을 악기처럼 다루는 방법을 터득하게 될 것이다. 2부에는 인간의 근본적인 심리에 기초해 목표 대상에 접근하는 순간부터 결정적인 마지막 순간에 이르기까지 유혹의 전 과정이 소개되어 있다. 사람들의 생각은 일상을 중심으로 다람쥐 쳇바퀴 돌듯 돌아간다. 아울러 사람들은 근본적으로 불안한 심리를 가지고 있다. 따라서 사람들을 유혹하려면 그들의 불안한 심리를 달래주어야 할뿐더러, 분주한 일상으로 분산된 마음을 장악할 수 있어야 한다. 처음 몇 장에서는 이러한 문제를 집중적으로 다룰 것이다. 아울러 사람들은 서로 친숙해지다 보면 관계가 식상해지기 쉽고, 그러다 보면 권태가 찾아든다. 신비감을 불러일으킨 뒤 그것을 계속 유지해나가는 것이 유혹의 생명이다. 이를 위해서는 때로 상대의 감정을 격렬히 자극할 수 있는 충격 요법이 필요하다. 2부의 중간과 마지막 부분에서는 희망과 절망, 쾌락과 고통을 적절하게 번갈아가며 사용해 상대를 굴복시키는 방법을 다룰 것이다. 유혹자는 한 가지 전술 뒤에 또 다른 전술을 계속 구사함으로써 더욱 과감하고 공격적인 태도로 상대를 완전히 정복할 수 있어야 한다. 이런 점에서 유혹자는 소심하거나 자비로운 마음을 가지면 안 된다.

2부를 구성하는 24개의 장은 다시 네 단계로 나뉜다. 각 단계마다 특별한 목적이 존재한다. 첫 번째 단계에서는 상대의 생각을 사로잡는 방법, 두 번째 단계에서는 즐거움과 혼돈을 교차시킴으로써 상대의 감정에 접근하는 방법, 세 번째 단계에서는 상대의 무의식을 자극하고 억눌린 욕망을 분출하게 함으로써 더욱 깊숙이 유혹으로 끌어들이는 방법, 네 번째 단계에서는 육체적인 굴복을 얻어내는 방법을 다룰 것이다(그리고 각 단계를 시작할 때마다 짧은 서론을 첨가해 각각의 단계를 확실히 구분했다). 이 네 가지 단계에 정통할 경우, 우리는 상대의 마음을 정복함으로써 유혹의 최면을 거는 방법을 터득할 수 있다. 사실 유혹의 과정은 일종의 종교적인 회심에 비유할 수 있다. 유혹이란 먼저 상대가 가지고 있는 과거의 습관을 제거하고 새로운 경험을 할 수 있도록 만드는 것이기 때문이다.

2부에 실린 모든 내용을 충실히 읽고 가능한 한 많은 지식을 습득하는 것이 좋다. 여기에 제시된 전술을 적용할 때는 상대에 맞게 적절한 방법을 선택하여 구사할 수 있어야 한다. 때로 몇 가지 전술만으로 충분한 경우도 있다.

어떤 경우에도 즉흥적인 유혹은 시도하지 말기 바란다. 성급하게 끝장을 보려는 태도는 결코 바람직하지 않다. 그것은 유혹이라기보다는 이기적인 욕구의 발산에 지나지 않는다. 시간을 두고 차분하게 유혹의 과정을 밟아나간다면 상대의 경계심을 무너뜨리고 사랑에 빠지게 만들 수 있다.

STEP 1
관심과 욕망을 자극하라
—
분리

사람들은 저마다 자기만의 세계 속에서 살아간다. 그들의 마음은 불안감과 일상의 염려로 가득 차 있다. 유혹의 첫 번째 단계는 사람들을 틀에 박힌 삶으로부터 끄집어내어 그들의 마음을 장악하는 것이다. 유혹의 대상을 결정한 뒤에는(1장: 유혹당할 만한 사람을 선택하라) 상대가 우리한테 관심을 집중하게 만들어야 한다. 상대의 저항이 만만치 않거나 유혹하기가 쉽지 않을 경우에는 시간을 두고 천천히 은밀하게 접근한 뒤 일단 우정을 쌓아야 한다(2장: 안심할 수 있을 만큼만 접근하라). 접근하기 용이한 상대에게는 좀 더 과감하게 접근해도 괜찮다. 이런 경우에는 신비감을 줄 수 있는 극적인 방법을 사용하거나(3장: 익숙함은 유혹의 적이다), 경쟁 심리를 불러일으키는 방법도 좋다(4장: 누구에게나 사랑받는 사람으로 보이도록 행동하라).

상대가 유혹에 걸려들었다고 판단되면, 단순한 관심을 넘어 강한 욕구를 느끼게 만들어야 한다. 일반적으로 먼저 공허한 감정, 즉 채워야 할 상실감이 있어야만 강한 욕구를 느끼게 된다. 의도적으로 그런 감정을 갖게 만들어 상대가 자신의 삶에서 부족한 모험과 낭만을 찾게 만들어야 한다(5장: 가장 큰 불안이 가장 큰 약점이다). 공허감을 느끼는 순간 상대의 관심은 욕망으로 발전하게 된다. 눈앞에 유혹적인 쾌락이 기다리고 있다는 기대 심리를 부추길 때 상대의 욕망은 더욱 불타오르게 된다(6장: 직설 화법은 금물이다). 아울러 상대를 적절히 부추김으로써 일종의 나르시시즘에 빠져들도록 만들어야 한다(7장: 상대방의 행동을 그대로 따라하라). 유혹의 과정이 순조롭게 진행되면 상대는 저도 모르게 온통 유혹자만을 생각하게 된다. 이 시기가 되면 거부할 수 없는 쾌락과 모험을 안겨줄 수 있어야 한다(8장: 상대의 가장 깊은 욕망에 집중하라). 그러면 상대는 정신을 잃고 끌려올 수밖에 없다.

유혹당할 만한
사람을 선택하라

• 목표 선정 •

무엇보다도 어떤 사람을 유혹의 대상으로 선정하느냐가 관건이다. 상대를 철저히 연구하고, 자신의 매력에 끌려올 사람인지를 판단해야 한다. 다시 말해 먼저 자신이 상대의 공허감을 채워주고 색다른 즐거움을 느끼게 해줄 수 있는지를 생각한 뒤 접근해야 한다. 외로움을 느끼는 상대 혹은 뭔가 불행한 일이 있는 듯한 상대를 고르는 것이 좋다. 자기만족에 빠져 있는 사람은 유혹하기 어렵다. 삶에 불만을 느끼는 사람이 훌륭한 유혹의 대상이 될 수 있다. 이런 상태에 있는 사람에게 접근해야만 유혹의 행위가 훨씬 더 자연스러운 힘을 발휘할 수 있다. 따라서 유혹을 받아들일 준비가 되어 있는 사람을 알아보는 눈이 필요하다.

사냥을 위한 준비

*4월 9일.
내가 눈이 멀기라도 했단
말인가? 내 영혼이 지닌
내면의 눈이 그 힘을
잃기라도 했단 말인가? 나는
분명 그녀를 보고 있었지만,
마치 하늘의 계시라도
본 것처럼 그녀의 모습은
내 눈에서 완전히
사라져버렸다. 내 영혼의
모든 힘을 다해 그녀의
모습을 떠올리려 해도
헛수고일 뿐이다. 아무리
많은 사람들 속에 있어도
그녀를 다시 본다면 금방
알아볼 수 있으련만.
이제 그녀는 달아나버렸다.
내 영혼의 눈은 그리움을
이기지 못해 그녀를
붙잡고자 하지만 허사였다.
나는 랑게리니에를
따라 걷고 있었다. 겉으로는
무관심한 척 주변 상황에
전혀 관심을 기울이지 않는
듯했지만, 살은 어느 것 하나
놓치지 않고 주변을 샅샅이
훑고 있었다. 그런데 바로
그때 내 눈에 그녀가
들어왔다. 내 눈은 그녀에게
고정된 채 움직일 줄을
몰랐다. 이제 내 눈은
더 이상 주인의 의지에
복종하지 않았다.
나는 그녀에게서 시선을
거두어들일 수가 없었다.
그리하여 나는 내가
만나고 싶어하던 대상을
바라보았다. 아니, 뚫어질
듯이 응시했다. 검객이
갑작스러운 돌진에 얼어붙는
것처럼, 나의 눈도 고정된 채
처음 자극이 날아왔던
방향에서 화석처럼 굳어
버렸다. 아래를 내려다보는
것도, 내 눈길을 거두는 것도,
그냥보기만 하는 것도
불가능했다. 그만큼 나는
멀리서 그녀를 보고 있었다.
그리고 내가 유일하게
기억하는 것은 그녀가 녹색*

비콩트 드 발몽(Vicomte de Valmont) 자작은 1770년대 파리의 악명 높은 방탕아였다. 그는 젊은 여성들을 수도 없이 농락했으며, 이름 있는 귀족 부인들을 유혹했던 탁월한 유혹자였다. 하지만 그는 유혹이 너무 쉽게 이루어지자 싫증을 느끼기 시작했다. 그래서 8월의 어느 무더운 여름날 잠시 파리를 떠나 시골에 있는 숙모의 저택을 방문했다. 그곳에서 그는 파리에서와는 사뭇 다른 생활을 했다. 그는 시골길을 산책하기도 하고, 마을 성당의 사제와 대화를 나누기도 하고, 카드 게임을 하기도 하면서 한가로운 시간을 보냈다. 도시에 있는 그의 친구들, 특히 동료 방탕아들과 그의 막역한 친구였던 메르퇴유 후작부인은 그가 하루빨리 돌아오기만을 바랐다.

숙모의 저택에는 투르벨이라는 스물두 살의 유부녀도 머물고 있었다. 그녀의 남편은 일 때문에 잠시 다른 곳에 가 있었다. 저택에서 지내는 생활에 다소 권태로움을 느낀 투르벨 부인은 발몽과 함께 보내는 시간을 기다리게 되었다. 발몽은 예전에 그녀를 만난 적이 있었다. 그녀는 아름다웠지만 남자라곤 남편밖에 몰랐으며, 내숭쟁이의 속성을 가지고 있었다. 그녀는 궁전을 들락거리는 귀부인은 아니었다. 옷 입는 취향도 그리 세련되지 못했으며(그녀는 항상 목을 커다란 주름 장식으로 가렸다), 말재주도 변변치 않았다.

하지만 막상 파리를 떠나 시골에 있다 보니 발몽의 눈에 그녀의 모습이 새롭게 다가왔다. 그녀는 매일 아침 기도하러 교회당에 나갔는데, 발몽은 그때마다 그녀를 따라갔다. 그는 식사를 하거나 카드놀이를 하는 그녀의 모습을 흘끔흘끔 쳐다보았다. 파리의 여성들과는 달리 그녀는 자신의 매력을 알지 못하고 있는 듯했다. 날씨가 무더웠기 때문에 그녀는 몸매가 살짝 드러나는 얇은 아마 드레스를 입고 있었다. 가슴을 모슬린 조각으로 가린 그녀의 모습은 발몽의 성적 상상력을 한껏 부추겼다. 약간 흐트러진 머리 모양새는 권태로운 듯한 느낌을 주었으며, 얼굴 생김새도 전보다 훨씬 더 매력적이었다. 게다가 거지에게 동냥을 베푸는 그녀의 순수하고 아름다운 모습도 발몽의 관심을 끌기에 충분했다. 그녀는 매우 자연스러웠으며, 전혀 자기 자신을 의식하지 않는 듯했다. 남편과 종교에 관한 이야기를 나눌 때면 그녀는 매우 열정적이었다. 그런 열정으로 연애를 한다면 걷잡을 수 없는 일이 벌어질 것 같았다.

발몽은 숙모의 저택에서 좀 더 머물기로 결정했다. 그의 속셈을 알 리 없는 숙모는 그가 더 있겠다고 하자 마냥 기뻐했다. 그는 메르퇴유 후작 부인에게 투르벨을 유혹하겠다는 내용의 편지를 보냈다. 메르퇴유 부인은 믿을 수가 없었다. 만일 그가 유혹에 성공한다고 해도 별다른 쾌락을 맛보지 못할 것 같았고, 실패할 경우에는 당대의 유명한 바람둥이가 남편과 떨어져 있는 유부녀를 유혹하지 못했다는 불명예를 안을 수밖에 없었기 때문이다. 그녀는 약간 냉소적이면서 부정적인 내용의 답장을 발몽에게 보냈다. 하지만 그녀의 편지는 오히려 발몽의 욕망을 더욱 자극했다. 그는 착하고 후덕하다는 평을 받고 있는 투르벨 부인을 정복해 유혹자로서의 자신의 면모를 과시하고 싶었다.

그런데 유혹의 성사를 가로막는 절대적인 장애물이 있었다. 발몽이 유명한 난봉꾼이라는 사실을 모르는 사람이 없었던 것이다. 사람들은 투르벨에게 그와 거리를 유지하는 게 좋을 거라고 충고했으며, 투르벨 부인 역시 잔뜩 경계심을 품고 그를 피해 다녔다. 발몽은 자신의 본모습을 감추기 위해 교회에도 나가고, 과거의 행실을 뉘우치는 척 연기를 하기도 했다. 투르벨 부인은 그런 그의 노력을 모르지 않았지만, 여전히 거리를 유지했다. 그럴수록 발몽은 그녀를 유혹하고 싶다는 마음이 더욱 불타올랐다.

방법을 연구하던 발몽은 투르벨 부인을 시험해보기로 했다. 어느 날 그는 투르벨 부인과 숙모에게 산책하자고 제안했다. 물론 한 번도 가보지 않은 산책길을 미리 물색해두었다. 누가 보더라도 산책하기에 매우 아름다운 길이었지만 도중에 작은 개울이 흐르고 있었다. 여자 혼자 건너기에는 약간 무리였지만, 발몽은 개울을 건너면 더 멋진 산책길이 있다고 말하면서 좀 더 가보자고 우겼다. 그는 우선 숙모를 안아올려 개울을 건넜다. 그 모습을 본 투르벨 부인은 웃음을 터뜨렸다. 곧이어 그녀의 차례가 되었다. 발몽이 일부러 약간 어정쩡한 자세로 그녀를 안아올렸기 때문에 그녀는 그의 팔을 힘껏 붙잡을 수밖에 없었다. 그는 그녀를 바짝 끌어당

외투를 입고 있었다는 것이다. 그게 전부다. 사람들은 이런 경우를 가리켜, 헤라 대신 구름을 잡았다고 말한다. 그녀는 나에게서 달아나버렸다……. 외투만을 남긴 채……. 그 소녀는 내게 깊은 인상을 주었다.

5월 16일
……나는 초조하지 않다. 그녀가 여기 이 도시에 살고 있는 것이 분명하며 지금 이 순간은 그것만으로 충분하기 때문이다. 이런 가능성만으로도 그녀의 모습을 그리는 데 적합한 조건을 갖춘 셈이다. 천천히 초안을 그리면서 모든 과정을 즐기리라…….

5월 19일
코델리아, 이것이 그녀의 이름이다! 코델리아! 아름다운 이름이다. 그리고 그 사실이 중요하다. 멋있는 이름에다 애정 어린 형용사를 갖다붙이는 것처럼 곤란한 일도 없기 때문이다.
— 키르케고르,
《유혹자의 일기》

졌다. 그 순간 그녀의 심장이 빠르게 뛰면서 얼굴이 발그레해지는 모습을 볼 수 있었다. 그의 숙모는 그 모습을 보고, "그 애가 무서워서 그러나보다!"라고 소리쳤다. 하지만 발몽은 개울을 건네주는 동안 투르벨 부인을 유혹할 수 있다는 확신을 가졌다. 유혹의 과정은 그런 식으로 시작되었다.

해석 ——

발몽, 투르벨 부인, 메르퇴유는 쇼데를로 드 라클로의 18세기 프랑스 소설 《위험한 관계》에 등장하는 인물들이다(발몽은 당시 여러 명의 유혹자들의 이야기를 바탕으로 형상화한 소설의 인물이다. 그 가운데 가장 유명한 유혹자는 리슐리외 공작이었다). 소설에서 발몽은 자신의 유혹이 늘 뻔한 결과로 척척 이루어지는 것에 대해 염려한다. 그가 유혹하면 여성들은 한결같이 동일한 반응을 보이곤 했다. 하지만 유혹의 대상을 달리하면 유혹의 과정도 완전히 달라진다. 발몽의 문제는 항상 같은 유형의 여성들을 유혹하려고 했던 데 있었다. 그는 투르벨 부인을 만나고 나서야 이 점을 깨닫게 된다.

발몽이 투르벨 부인을 유혹하려 했던 것은 그녀가 백작부인이었기 때문이거나 옷차림이 화려했기 때문이거나, 또는 다른 남자들이 흠모하던 대상이었기 때문이 아니다. 그가 그녀를 선택한 것은 그녀가 무의식적으로 그를 유혹했기 때문이다. 팔을 드러내 보인다든지, 꾸밈없는 웃음을 터뜨린다든지, 장난스러운 몸짓을 한다든지 하는 모습이 그의 관심을 사로잡았다. 이런 모습은 전혀 계획된 것이 아니었다. 일단 그녀에게 매혹된 발몽은 그녀를 정복하고 싶다는 욕망에 불타올랐다. 그래서 더 이상 생각할 겨를도 없이 그녀를 유혹하려는 계획을 밀고 나갔다. 그는 자신의 감정을 주체할 수 없었으며, 투르벨 부인 역시 그에게서 발산되는 강한 열정에 서서히 휘말려들기 시작했다.

투르벨 부인은 그 밖에도 유혹의 대상이 될 수밖에 없는 조건을 몇 가지 더 가지고 있었다. 먼저 그녀의 삶은 지루했다. 그녀는 마음 한구석에서 모험을 동경하고 있었다. 게다가 순진했기 때문에 발몽의 속셈을 간파하지 못했다. 무엇보다도 중요한 것은 자신은 결코 유혹에 넘어가지 않을

돈 후안에게 사랑은 일종의 사냥 취미에 가까운 감정이었다. 그것은 끊임없이 다양한 자극을 요하는 활동에 대한 갈망이다.
— 스탕달, 《연애론》

우리에게 쾌락을 주는 것은 우리가 갈망하는 대상(의 질)이 아니라, 우리의 욕망이 내뿜는 힘이다.
— 보들레르,
《돈 후안의 최후》

것이라는 그릇된 믿음을 가지고 있었다는 점이다. 사람은 누구나 매력 있는 사람에게 끌리게 되어 있지만, 복잡한 일에 얽혀드는 것을 싫어하기 때문에 조심하게 마련이다. 하지만 투르벨 부인은 너무 순진해서 미처 그런 생각을 하지 못했다. 발몽은 개울을 건너며 유혹의 가능성을 타진해본 뒤 자신의 계획이 성공하리라고 확신했다.

인생은 짧다. 별 볼일 없는 사람들을 유혹의 대상으로 정해 시간을 낭비하며 쫓아다닐 여유가 없다. 이런 점에서 누구를 유혹의 대상으로 삼느냐 하는 문제는 매우 중요하다. 유혹의 대상이 어떤 유형인가에 따라 유혹의 과정과 전술이 결정된다. 얼굴이 아름답다고 해서, 음악적인 취향이나 인생관이 비슷하다고 해서 유혹의 대상이 될 수 있는 것은 아니다. 질이 낮은 유혹자는 그런 것만 따져 대상을 결정하려고 한다. 하지만 진정한 유혹자는 외양에 매이지 않고 자신의 마음을 흔들어놓는, 곧 말로 설명하기 어렵지만 주체할 수 없는 감정을 불러일으키는 대상만을 공략한다. 즉 진정한 유혹자는 자신에게 없는 특성을 지닌 대상을 선정한다.

예를 들어 투르벨 부인에게는 발몽이 과거에 잃어버렸거나 아니면 결코 가지지 못한 순수함이 있었다. 발몽은 은근히 그런 투르벨 부인의 순수함을 흠모했던 것이 분명하다. 유혹의 과정에서 약간의 긴장은 있을 수밖에 없다. 발몽과 투르벨 부인의 관계에서처럼, 유혹하려는 대상의 저항에 부딪힐 수도 있다. 하지만 저항은 오히려 유혹을 더욱 생동감 넘치게 만든다. 유혹의 대상을 적절하게 선택할수록 그만큼 유혹의 과정은 흥미로워진다. 만일 유혹의 대상이 저항할 경우 발몽처럼 창의적인 방법을 사용해 유혹의 가능성을 타진해보는 것이 좋다. 일단 상대가 유혹에 넘어올 가능성이 있다고 판단되거든 그때부터 사냥을 시작하라.

> 유혹할 만한 가치가 있는 사람을 발견한다는 것은 큰 행운이다……. 대부분의 사람들은 너무 성급해서 어리석은 일을 저지르거나 거기에 연루되곤 한다. 그런 경우에는 얻은 것이 무엇이고, 잃은 것이 무엇인지도 알지 못한 채 순식간에 모든 일이 끝나버린다.
>
> ― 쇠렌 키르케고르

욕망의 딸은 아래에 소개하는 연인들을 번갈아가며 사로잡도록 해야 한다. 그래야 서로 편하기 때문이다. 아버지의 권위와 조언으로부터 너무 일찍 놓여난 소년, 다소 어리석은 왕자와 궁정놀이를 즐기는 작가, 다른 연인들과의 경쟁에서 자존심을 내세우는 상인의 아들, 남모르는 사랑에 애를 태우는 수도자, 아둔하기 그지없고 천한 여자에게 남다른 관심을 보이는 왕자, 시골 브라만의 촌스러운 아들, 유부녀의 정부, 이제 막 엄청난 부를 거머쥔 가수, 최근에 도착한 대상의 주인…….
보시다시피 설명은 간단하지만, 그 속에 내포된 의미는 상황에 따라 아주 다양하게 해석될 수 있다. 각각의 경우를 최대한 활용하려면, 머리와 통찰력과 생각이 필요하다.
―《동양의 사랑: 매춘부 크셰멘드라의 성무 일과서》 제2권

유혹의 열쇠

인생을 살다 보면 때로 다른 사람을 설득해야 할 일이 생긴다. 다시 말해 유혹할 일이 생긴다는 뜻이다. 은근한 유혹에 넘어가는 사람들도 많지만, 마치 난공불락의 요새처럼 전혀 꼼짝하지 않는 사람들도 있다. 그런 사람들을 만나면 우리는 지레 자신의 능력을 벗어난 일이라고 판단하고 물러서는 경향이 있다. 하지만 이는 잘못된 생각이다. 정치적인 유혹자든 성적인 유혹자든, 진정한 유혹자는 오히려 성공할 확률이 낮은 어려운 일을 즐긴다. 우리는 쉽게 유혹할 수 있는 대상에게만 접근하고 그렇지 않은 사람들은 피하려고 한다. 어떤 면에서는 이런 태도가 현명하다. 왜냐하면 어느 누구도 모든 사람을 다 유혹할 수는 없는 법이기 때문이다. 하지만 때로는 어려워 보이는 대상에게도 접근을 시도해보는 것이 좋다. 그러면 유혹의 과정에서 더 큰 흥분과 만족감을 얻을 수 있다.

어떻게 유혹의 대상을 선택할 수 있을까? 먼저 상대방의 반응과 태도를 면밀하게 관찰해야 한다. 상대방이 의식적으로 취하는 반응이나 태도에 지나친 관심을 쏟지 말고, 오히려 무의식적으로 드러나는 반응이나 태도, 즉 얼굴을 붉히며 수줍어한다든지, 아니면 버럭 화를 낸다든지 하는 모습에 관심을 기울여야 한다. 그런 반응이나 태도는 상대가 알게 모르게 영향을 받고 있다는 증거다.

발몽처럼 자신에게 없는 것을 가지고 있는 대상을 선정하는 것이 좋다. 그것은 어린아이와 같은 순진함일 수도 있고, 그동안 개인적으로 금기시해오던 조건이나 특성일 수도 있으며, 자신이 바라던 모습일 수도 있다. 아무튼 자신의 마음을 끌 만한 조건이나 특성을 지닌 상대를 골라야만 강렬한 열정을 가지고 유혹을 시도할 수 있다. 올바른 상대를 선택해야만 좀 더 활력 있게 대처할 수 있다. 그런 경우에는 비록 상대가 다소 저항한다고 해도 그것을 극복하려는 용기와 창의성을 발휘할 수 있다. 누차 말하지만 유혹은 일종의 게임이다. 흥미를 가질 때 더욱 재미있는 게임을 즐길 수 있다. 열정이 강렬할수록 상대에게 더 큰 감동을 줄 수 있으며, 뭔가 압도하는 듯한 느낌을 전달할 수 있다. 일단 상대의 감정을 움직이면 그때부터는 마음대로 좌지우지할 수 있다. 약간의 저항이 있더라도 자신의 마음을 끄는 대상을 선정할 수 있어야만 훌륭한 유혹자가 될 수 있다. 물론 훌륭한 유혹자는 자신을 언제, 어떻게 통제해야 할지를 잘 알고 있다.

자기를 좋아한다고 해서 무작정 그 사람을 유혹의 대상으로 결정하는 것은 바보 같은 짓이다. 그럴 경우에는 시간이 흐를수록 두 사람의 관계가 식상해지기 쉽다. 자기가 생각해보지 못한 유형의 사람들에게 관심을 기울일 때 더 큰 모험을 즐길 수 있다. 노련한 사냥꾼은 쉽게 잡을 수 있는 사냥감을 선택하지 않는다. 그는 추적의 스릴을 원하며, 생사의 투쟁을 즐긴다. 게다가 사냥감이 사나울수록 더욱 희열을 느낀다.

사람마다 제각기 자기에게 맞는 유혹의 대상이 있다. 그중에서도 좀 더 큰 만족을 느끼게 하는 대상이 있다. 카사노바는 행복해 보이지 않거나 최근에 불행한 일을 겪은 젊은 여성들을 좋아했다. 그런 여성들에게 그는 구세주처럼 나타나곤 했다. 하지만 그가 그런 여성들을 선택한 것은 어쩌면 그렇게 할 수밖에 없었기 때문일지도 모른다. 왜냐하면 행복한 사람들은 유혹하기가 훨씬 더 어렵기 때문이다. 현재 상태에 만족하는 사람에게는 접근하기가 곤란하다. 슬픔은 그 자체로 유혹적인 분위기를 자아낸다. 일본 소설 《겐지 이야기》에 등장하는 겐지는 우울한 분위기를 풍기는 여인들에게 마음이 끌렸다. 키르케고르의 《유혹자의 일기》에 나오는 요하네스라는 인물은 상상력이 풍부한 여성을 특히 좋아했다. 그는 환상의 세계에 사는 여성, 즉 자신의 일거수일투족을 시적으로 해석하는 여인을 좋아했다. 행복한 사람을 유혹하는 것도 어렵지만, 상상력이 전혀 없는 사람을 유혹하기도 쉽지 않다.

여인들에게는 호기로운 남성이 유혹의 대상으로 가장 적합하다. 대표적인 사례가 안토니우스다. 그는 쾌락을 좋아하고 매우 감정적이었기 때문에 여인들이 접근하면 이성적인 판단을 내리지 못했다. 그는 클레오파트라에게 쉽게 넘어갔다. 클레오파트라는 일단 그의 마음을 장악하자, 그를 마음대로 요리할 수 있었다. 지나치게 공격적인 남성은 여성의 유혹에 빠지기가 매우 쉽다. 특히 코케트에게 매우 약하다. 따라서 코케트의 전술을 구사하면 얼마든지 그를 노예로 만들 수 있다. 사실상 공격적인 남성은 여성을 쫓는 재미를 즐긴다.

*여가는 사랑을
생각나게 하고,
여가는 애인에게 버림받은
사람을 예의 주시하고,
여가는 이 달콤한 악의
원인이자 양식이다.
여가를 없애면 에로스의
화살은 부러지게 마련,
그의 횃불도 별수 없이
빛을 잃을 터.
버즘나무가 포도주를
좋아하듯이, 포플러가
물을 좋아하듯이,
갈대가 습한
땅을 좋아하듯이,
아프로디테도 여가를
사랑하나니……
아이기스토스가 왜 간통을
저질렀다고 생각하는가?
이유는 간단하다,
할 일이 없어서
권태로웠기 때문이다.
다른 사람들은
모두 배를 타고 트로이로
원정 나가 있었다.
그가 전쟁을 동경했을까?
아르고스에는 전쟁이
없었다. 그가 법정을
마음에 두고 있었을까?
아르고스에는 소송
사건이 드물었다.
아무 일도 하지 않으니
차라리 사랑이 나왔다.
에로스가 슬그머니 들어와
자리를 차지하고
앉을 수 있는 것은
바로 이런 이유 때문이다.
— 오비디우스,
《사랑의 치료약》*

중국 속담 가운데 "양의
기운이 상승하면 음의
기운이 생겨난다"는 말이
있다. 이를 서양식으로
풀이하면 이렇다. 남자가
일상에 너무 몰두하다보면
음의 기운, 다시 말해 그의
본성 가운데 감정적 측면이
표면으로 떠올라 자신의
권리를 주장한다는 뜻이다.
그런 시기가 찾아오면,
지금까지 중요하게 여겨졌던
모든 것들이 한순간에
의미를 잃게 된다. 사람을
홀리는 환영이 남자를
이리저리 끌고 다니면서
이전 삶과는 완전히 다른
낯선 곳으로 그를 데려간다.
당나라의 황제 현종은
이 이론이 옳다는 것을
입증해준 대표적인 사례다.
양귀비가 궁궐 근처의
호수에서 목욕하는
모습을 본 순간부터,
그는 그녀에게서 중국인들이
음이라고 부르는 감정의
비밀들을 배우면서 그녀의
발치를 떠나지 못했다.
— 엘로이즈 톨콧 히버트
(Eloise Talcott Hibbert),
《사(紗): 유명한 중국
여인들의 초상
(Embroidered Gauze:
Portraits of Famous
Chinese Ladies)》

사람은 겉보기와 다르다. 화산처럼 폭발적인 에너지를 가지고 있는 사람은 대개 불안한 심리를 가지고 있다. 이런 사람은 자기 자신에게 매몰되어 있기 쉽다. 19세기에 댄서이자 배우로 활동했던 롤라 몬테즈는 수많은 애인과 추종자들을 거느렸다. 그녀는 겉으로는 매우 드라마틱하고 재미있는 사람처럼 보였지만 그녀의 내면은 복잡하고 불안했다. 그녀에게 빠진 남자들은 나중에야 그 사실을 알았지만, 그때는 이미 그녀에게 몇 달 동안 정신적, 육체적으로 모진 시련을 당하고 난 뒤였다. 외향적인 성격의 소유자보다 겉으로 내향적으로 보이거나 수줍은 듯이 보이는 사람을 유혹의 대상으로 선정하는 것이 더 낫다. 그런 사람들은 알고 보면 누가 접근해주었으면 하는 마음이 도사리고 있다.

대개 게으른 사람일수록 유혹에 빠져들기 쉽다. 그들은 누군가가 나타나 자신의 정신적인 공백을 메워주기를 고대한다. 16세기 이탈리아의 코르티잔이었던 툴리아 다라고나는 젊은 남자를 유혹하기를 좋아했다. 젊은 남자를 선호한 데에는 육체적인 이유도 있었지만, 직업을 가진 남성들보다 일하기 싫어하는 게으른 젊은이들이 유혹에 훨씬 더 약하기 때문이었다. 사업이나 일에 몰두해 있는 사람은 유혹하기 어렵다. 유혹이 성립되려면 주의력을 끌 수 있어야 하는데, 바쁜 사람들에게는 그런 게 통하지 않기 때문이다.

프로이트에 따르면 유혹은 일찍부터, 즉 부모와의 관계에서부터 시작된다. 자식은 자신과 육체적으로 접촉하며, 배고픔과 같은 욕구를 해소시켜주는 부모에게서 유혹을 느낀다. 반대로 부모는 사랑스러운 어린 자녀의 모습에서 유혹을 느낀다. 이처럼 인간은 본질적으로 일생 동안 유혹을 받으며 살게 되어 있다. 우리는 누구나 유혹받기를 원한다. 우리는 우리 자신과 진부한 일상사에서 벗어나고 싶어하며, 우리가 갖지 못한 것을 가지고 있는 사람에게 끌린다. 사람은 자신이 갖지 못한 것을 채워줄 수 있는 사람을 사모한다. 따라서 자신과 반대되는 기질을 가진 사람을 유혹하는 것이 좋다. 서로 달라야만 흥미 있는 긴장감이 조성된다.

장칭이 마오쩌둥을 처음 만난 것은 1937년 중국 서부에 있는 어느 산에서였다. 그녀는 그가 인생에서 뭔가 재미있고 색다른 것을 찾고 있다는 사실을 감지했다. 당시 그의 군대에 속해 있던 여성들은 남자들과 똑같은 복장을 하고, 여성다운 아름다움과는 거리가 멀었다. 상하이의 연극 배우 출신이었던 장칭은 금욕적인 생활에 별로 익숙하지 않았다. 그녀는 마오쩌둥이 바라는 것을 안겨주었다. 그는 그녀에게 공산주의 이론을 가르칠 수 있다는 것에 은근히 재미와 자부심을 느꼈다. 이것이 그의 피그말리온 콤플렉스, 즉 다른 사람을 지배하고 교정하려는 욕구를 충족시켜주었다. 하지만 정작 마오쩌둥을 지배했던 사람은 바로 장칭이었다.

유혹은 흥분과 스릴을 느낄 수 있게 만들어야 성공한다. 중국 배우 시페이푸는 여자 흉내를 잘 내기로 유명했다. 1964년 그는 당시 중국 주재 프랑스 대사관에서 근무하던 베르나르 부리스쿠(Bernard Boursicout)라는 젊은 외교관을 만났다. 부리스쿠는 새로운 문화권에서 모험을 즐기기 위해 중국에 왔지만, 중국 사람들을 만나보고 나서 실망을 금치 못했다. 시페이푸는 어렸을 때부터 여자 흉내 내는 것을 좋아했다. 딸부자였던 그의 부모는 아들이 사내답게 성장해주기를 바랐지만, 시페이푸는 부모의 뜻을 저버리고 여자처럼 꾸미고 다녔다.

시페이푸는 권태와 불만에 빠진 부리스쿠가 원하는 것을 제공했다. 그는 자신이 지금까지 속고 살아온 것처럼 이야기를 꾸며 부리스쿠에게 접근한 뒤 그와 동성애를 시작했다. 그들의 관계는 수년 동안 지속되었다(부리스쿠는 동성애 경험이 있었지만, 자신을 이성애자라고 여겼다). 결국 부리스쿠는 중국을 위해 스파이 노릇까지 했다. 그는 시페이푸와 동성애를 즐기면서도 줄곧 그가 여자라고 생각했다. 부리스쿠는 자신의 동성애적인 욕구를 억누르고 있었기 때문에 그의 유혹에 쉽게 넘어갈 수 있었다.

쾌락의 욕구를 억누르고 있는 사람은 유혹에 넘어가기 쉽다. 8세기경 중국의 황제 현종은 궁궐에서 사치와 향락을 금지하고, 스스로 고결하고 금욕적인 생활의 모범을 보였다. 하지만 온천에서 목욕을 하는 양귀비의 모습을 보는 순간 모든 것이 변했다. 당시 궁궐에서 가장 매력적인 여인으로 손꼽히던 양귀비는 사실 현종의 아들인 수왕(壽王)의 비였다. 현종은 황제의 권력을 앞세워 아들의 아내를 빼앗았으며, 그녀의 노예가 되고 말았다.

이미 말했듯이 올바른 대상을 선정하는 것이 유혹의 관건이다. 나폴레옹이나 존 F. 케네디와 같이 대중을 상대로 한 유혹자는 대중이 원하는 것을 제공할 수 있어야 한다. 나폴레옹이 권력을 잡을 당시 프랑스 국민은 프랑스 혁명이 가져온 피비린내 나는 결과에 자존심이 상할 대로 상해 있었다. 나폴레옹은 대규모 정복 사업을 벌여 프랑스 국민의 자존심과 제국의 영광을 회복해주었다. 케네디는 아이젠하워 대통령의 태평치세에 싫증이 난 미국인들에게 모험과 개척정신을 일깨워주었다. 그는 모험을 갈망하는 젊은 세대에 주로 호소했다. 성공적인 정치가들은 자신이 모든 사람을 만족시킬 수 없다는 사실을 잘 알고 있다. 그들은 자신의 이미지가 먹혀 들어갈 수 있는 대상을 공략함으로써 지지 세력을 확보하고 그 여세를 몰아 대세를 장악한다.

| **상징** | 큰 사냥감. 사자는 사나운 동물이다. 사자를 사냥하려면 생명을 잃을 수도 있는 모험이 뒤따른다는 점을 알아야 한다. 표범은 영리하고 빠르다. 그 때문에 표범은 추적하기가 매우 어렵다. 하지만 동시에 추적의 스릴을 느낄 수 있다. 이런 맹수들을 사냥할 때는 성급한 태도는 금물이다. 유혹할 때도 마찬가지다. 자질구레한 유혹에 시간을 낭비하지 마라. 토끼나 밍크와 같이 순순히 덫에 걸려드는 사냥감은 별로 재미가 없다. 큰 사냥감은 사냥하기는 까다롭지만, 도전하는 즐거움을 가져다준다.

반전

반전의 가능성은 전혀 없다. 상대가 지닌 매력에 대해 마음을 굳게 닫고 있는 사람이나 추적의 기쁨을 제공해줄 수 없는 사람을 유혹할 경우, 공연히 시간만 낭비할 뿐이다.

안심할 수 있을
만큼만 접근하라

• 거리 두기 •

처음부터 너무 직접적으로 나올 경우, 수그러들 줄 모르는
저항에 직면할 수도 있다. 처음에는 유혹자의 분위기를 풍겨
선 안 된다. 유혹은 우회적으로 시작되어야 한다. 다시 말해
목표물이 서서히 자신의 존재를 의식하게 만들어야 한다. 목
표물의 주변에 자주 모습을 드러내라. 제3자를 통해 자연스
럽게 접근하거나 달리 사심이 없는 것처럼 행동하면서 친구
에서 연인관계로 차츰 발전시켜나가라. 마치 두사람은 서로
맺어질 수밖에 없는 운명인 것처럼, 우연히 마주치는 기회
를 만들어라. 운명의 예감만큼 유혹적인 것은 없다. 일단 상
대를 안심하게 만들어야 한다. 공격의 고삐는 그다음에 조
여도 늦지 않다.

친구에서 연인으로

17세기 프랑스에서 대모로 알려진 몽팡시에 여공작 안 마리 루이 도를
레앙은 평생 사랑이라는 것을 모르고 살았다. 어렸을 때 어머니를 여의었
고, 재혼한 아버지는 딸에게 별로 관심이 없었다. 그녀는 유럽의 명문 가
문 출신이었다. 앙리 4세가 그녀의 조부였고, 장차 루이 14세가 될 황태자
는 그녀의 사촌이었다. 어렸을 때부터 그녀는 많은 남자들과 혼담이 오갔
다. 거기에는 신성로마제국 황제의 아들인 스페인 왕과 사촌 루이도 포함
되어 있었다. 하지만 그녀에게 들어온 중매는 모두 정치적인 이유 때문이
거나 그녀 집안의 막대한 부 때문이었다. 그녀에게 진정으로 사랑을 고백
해온 남자는 한 명도 없었다. 하다못해 그녀는 청혼자들의 얼굴조차 보지
못했다. 더군다나 그녀는 용기, 정직, 미덕과 같은 기사도의 낡은 가치를
신봉하는 이상주의자였다. 그녀는 불순한 동기에서 자기와 결혼하려는 음
모가들을 끔찍이 싫어했다. 그녀는 아무도 믿지 못했다. 그 때문에 이런저
런 핑계를 대며 청혼자들을 하나씩 차버렸다. 노처녀로 늙어 죽는 게 그녀
의 운명인 듯했다.

1669년 4월 안 마리는 궁정에서 한 낯선 남자를 만났다. 그녀의 나이
마흔두 살 때의 일이었다. 그 남자는 나중에 로죙 공작으로 알려진 마르
키스 안토냉 페귈랭이었다. 루이 14세의 총애를 받던 로죙 공작은 당시
서른여섯 살로 신랄한 유머를 겸비한 용감한 군인이었다. 그는 또한 구제
불능의 바람둥이였다. 키도 작고 그다지 잘생기지도 않았지만, 거리낌없
는 태도와 군인다운 당당함 때문에 그는 여자들 사이에서 인기가 아주 높
았다. 안 마리는 몇 년 전부터 그를 알고 있었고, 그때부터 이미 그의 우아
함과 당당함에 반해 있었다. 하지만 그와 직접 대화를 나눈 것은 이번이
처음이었다. 비록 짧은 대화였고, 여자를 후리는 데 천재라는 소문을 익
히 들어 알고 있었음에도 그녀는 그에게 푹 빠져들었다.

며칠 후 두 사람은 다시 우연히 만났다. 이번 대화는 좀 더 길었고, 로죙
공작은 그녀가 생각했던 것보다 훨씬 지적이었다. 두 사람은 (그녀가 가장
좋아하는) 극작가 코르넬리우스와 영웅주의를 비롯해 꽤 고상한 얘기들을
나누었다. 그 뒤로 두 사람의 우연한 만남은 잦아졌다. 결국 두 사람은 친

구가 되었다. 안 마리는 자신의 일기에 로죙 공작과 만나 대화를 나누는 게 하루 중 가장 즐거운 시간이라고 썼다. 그가 궁정에 모습을 보이지 않으면 그녀는 허전함을 느꼈다. 두 사람의 만남은 우연이라고 하기에는 너무 자주 일어났지만, 그때마다 그는 늘 뜻밖이라는 표정을 지었다. 동시에 그녀는 일기에 설명하기 힘든 불편한 심사를 적기도 했다. 이상한 감정이 그녀를 휘감고 있었지만, 그녀는 그 이유를 알지 못했다.

시간이 흘러 안 마리는 1~2주 동안 파리를 떠나 있게 되었다. 이제 로죙 공작은 시도 때도 없이 그녀에게 접근했고, 자기를 허물없는 친구로 생각하고 집을 떠나 있는 동안 처리해야 할 일이 있으면 무엇이든지 부탁하라고 말했다. 그가 낭만적이고 인정이 많은 남자라는 건 분명했지만, 그녀로서는 그런 말을 하는 그의 진의가 궁금했다. 안 마리는 일기에서 자신을 뒤흔들어놓고 있는 감정을 솔직하게 인정했다.

"이건 막연한 생각이 아니다. 이 모든 감정에는 분명 대상이 있다. 나는 그 대상이 그 사람일 줄은 상상도 하지 못했다……. 며칠을 고민한 끝에 내가 로죙 공작을 사랑하고 있다는 사실을 깨달았다. 언제부터인가 내 마음속에 들어와 나를 사로잡은 사람은 바로 그 사람이었다."

자기 감정의 정체를 알게 된 안 마리는 좀 더 직접적으로 나왔다. 뭐든지 털어놓을 수 있는 친구 사이라면, 자신에게 들어오는 혼담에 대해 자문을 구하는 척하면서 그의 의중을 떠볼 수 있었다. 어쩌면 그가 자신의 감정을 솔직하게 표현할 수 있는 기회가 될지도 모른다고 생각했다. 하지만 로죙 공작은 그녀의 마음을 알아채지 못한 듯했다. 대신 그는 그녀가 결혼을 고려하고 있는 이유를 도무지 모르겠다며 그녀에게 어울릴 만한 짝이 있을 것 같으냐고 물었다. 이런 상태로 몇 주가 흘렀다. 그녀는 그의 속내를 알 수가 없었다. 그녀는 신분(그녀는 그보다 훨씬 신분이 높았다)과 나이(그녀가 여섯 살 더 많았다) 차이 때문이라고 이해했다. 그러고 나서 몇 달 후 왕의 동생 부인이 죽자, 루이 14세는 안 마리에게 동생과의 결혼을 제의했다. 하지만 그녀는 왕의 제의가 전혀 달갑지 않았다. 루이 14세의 동생은 자신이 아니라 그녀의 재산에 관심이 있다는 것을 알고 있었기 때문이다. 그녀는 로죙 공작에게 의견을 물었다. 그는 신하 된 입장에서 왕의 뜻에 따라야 한다고 대답했다. 그의 대답에 그녀는 실망했고, 설상가상으로 그는 두 사람이 친구 사이로 지내는 것도 더 이상은 적절하지 않다는 듯 발걸음을 뚝 끊었다. 하지만 안 마리는 그렇게 끝낼 수 없다고 생각했고, 왕에게 동생과 결혼할 의사가 없다고 말했다.

안 마리는 로죙 공작을 만나 자기가 결혼하고 싶은 남자의 이름을 종이에 써서 베개 밑에 넣어둘 테니 다음 날 아침 읽어보라고 말했다. 그는 그녀가 시키는 대로 했다. 거기에는 "바로 당신이에요"라고 적혀 있었다. 그날 저녁 안 마리를 만난 로죙 공작은 자신을 궁정의 웃음거리로 만들려고 장난을 치는 게 틀림없다고 말했다. 그녀가 진심이라고 주장하자, 그는 몹시 충격을 받은 듯했다. 몇 주 후 두 사람의 약혼이 발표되자 궁정 사람들은 그보다 더 큰 충격을 받았다. 하긴 프랑스에서 두 번째로 신분이 높은 데다 미덕까지 갖춘 귀부인이 상대적으로 신분이 낮은 바람둥이와 결혼한다는 얘기를 듣고 놀라지 않는다면 오히려 더 이상한 일이었다.

해석 ─

로죙 공작은 역사상 가장 위대한 유혹자 가운데 한 명이었다. 더디지만 차근차근 안 마리를 완전히 사로잡았다는 사실이 그의 능력을 입증해준다. 그의 방법은 간단했다. 다름 아닌 우회 전략이었다. 그는 첫 만남에서 그녀가 자신에게 관심이 있다는 걸 감지하고 우정을 앞세워 그녀의 마음을 빼앗기로 결심했다. 우선 그녀와 절친한 친구가 되는 게 중요했다. 그는 그녀가 좋아하는 주제인 시와 역사, 무훈에 대해 대화를 나누면서 그녀의 관심을 끌기 시작했다. 그녀는 처음에는 그저 호감을 느끼는 정도였다. 하지만 서서히 그를 신뢰하기 시작했고, 자신도 미처 깨닫지 못하는 사이에 사랑의 감정이 싹트기 시작했다. 그런데 바람둥이로 소문난 남자가 우정에만 관심이 있다니 이상한 일 아닌가? 그 사람한테는 내가 여자로 보이지 않는단 말인가? 그녀는 혼란을 느꼈고, 자기가 사랑에 빠졌다는 사실을 깨달았다. 그래서 왕의 동생과의 결혼도 거절했다. 로죙 공작은 갑자기 발걸음을 끊음으로써 교묘하고도 우회적으로 그런 결정을 내리게 했던 것이다. 그렇다고 해도 그는 어떻게 돈과 지위, 사랑을 한꺼번에 거머쥘 수 있었을까? 유혹자로서 그의 탁월함은 안 마리에게 애가 달아 적극적으로 나서는 쪽은 바로 그녀 자신이라고 믿게 만든 데 있었다.

일단 목표물을 선택하고 나면, 상대방의 관심을 끌면서 욕망에 불을 지펴야 한다. 우정에서 사랑으로 발전할 경우 잔머리를 굴리지 않고도 소기의 성과를 거둘 수 있다. 첫째, 목표물과 이런저런 얘기를 나누면서 그 사람의 성격, 취향, 약점, 어른이 되어서도 잊지 못하는 유년 시절의 꿈에 대해 귀중한 정보를 얻게 된다(예를 들어 로칭 공작이 안 마리의 취향을 속속들이 파악할 수 있었던 것은 그녀를 가까이에서 관찰할 기회가 많았기 때문이다). 둘째, 목표물과 많은 시간을 보냄으로써 편한 사람이라는 느낌을 줄 수 있다. 그리고 그 과정에서 사심 없는 사람이라는 믿음을 심어줌으로써 상대의 저항을 줄이는 한편 남녀 사이에 흔히 생길 수 있는 긴장을 해소할 수 있다.

우정을 잘 이용하면 육체에 이르는 황금 대문, 즉 상대방의 마음을 활짝 열어젖힐 수 있다. 이쯤 되면 상대방은 아주 사소한 육체적 접촉으로도 다른 감정, 즉 둘 사이에 뭔가 다른 게 있을지도 모른다는 미묘한 감정에 휩싸이게 된다. 일단 그런 감정이 일기 시작하면, 상대방은 당신이 가만히 있는 이유를 궁금하게 여기면서 적극적으로 나설 것이다. 가장 효과적인 유혹 방법은 상대방에게 유혹의 손길을 내미는 쪽은 바로 자기 자신이라는 생각을 하게 만드는 것이다.

> 나는 그녀에게 다가가지 않는다. 다만 그녀의 주변에서 맴돌 뿐이다……. 그녀는
> 반드시 (내가 친) 이 첫 번째 거미줄에 걸려들게 되어 있다.
>
> — 쇠렌 키르케고르

유혹의 열쇠

유혹자가 갖추어야 할 요건은 사람들을 자신이 원하는 방향으로 이끌어가는 능력이다. 하지만 게임에는 늘 위험이 따른다. 다른 사람의 각본에 따라 행동하고 있는 게 아닌가 하는 의심이 드는 순간, 상대방은 분노를 표출한다. 그리고 머잖아 등을 돌리고 말 것이다. 타인의 의지에 놀아나고

없었다. 그에게는 욕망을 참는 일이 가장 어려웠다. 이제 소는 까불대기도 하고, 푸른 풀밭을 뛰어다니기도 하고, 노란 모래밭 위에 온통 눈처럼 흰 몸을 누이기도 했다. 공주는 차츰 두려움을 잊고, 소가 다가와 머리를 들이밀면 그 흰 손으로 가슴팍을 쓸어주기도 하고, 금방 만든 꽃다발을 뿔에다 걸어주기도 했다. 그러다 마침내는 소의 잔등에 올라타기까지 했다. 물론, 공주는 자기가 누구의 등에 타고 있는지 전혀 알지 못했다. 그리고 나서 제우스는 해변에서 떨어진 곳을 향해 천천히 걸음을 떼어놓았다. 처음에는 발굽을 또각거리며 파도가 밀려오는 곳까지만 걸어났지만, 급기야는 전리품을 태운 채 너른 바다 한복판으로 나아갔다.
— 오비디우스,
《변신 이야기》

유혹의 성패는 먼저 공격을 시도하는 남자에게 달려 있다. 왜냐하면 유혹을 한다는 것은 거리를 좁히는 것에 다름 아니며, 이 경우 유혹은 남녀 사이의 차이를 좁히는 것을 말한다. 이를 위해서는 유혹자 스스로 여성화하거나 적어도 유혹하려는 대상과 자신을 동일시해야 한다······. 알랭 로제가 지적하듯이, "유혹에서 먼저 길을 잃는 쪽은 유혹자다. 자신의 성을 포기한다는 점에서 그렇다······. 유혹은 두말할 필요도 없이 육체적 합일을 목표로 하지만, 그런 상태에 이르려면 고모라(창세기에 나오는 죄악의 도시 —옮긴이)에 와 있는 듯한 환상을 만들어내야 한다. 유혹자는 레즈비언이라고 해도 과언이 아니다."
— 프레데릭 모네이롱 (Frédéric Monneyron), 《유혹: 돈 후안부터 믹 재거까지 유혹의 상상 (Séduire: L'imaginaire de la Séduction de don Giovanni à Mick Jagger)》

있다는 걸 아무렇지도 않게 받아들일 사람은 없다. 하지만 상대방이 눈치채지 못하게 자신이 원하는 대로 상대를 조종할 수 있다면? 그러면서도 기선을 잡고 있는 쪽은 바로 그들이라고 생각하게 만든다면? 이것이 바로 우회의 힘이며, 어떤 유혹자도 이런 힘 없이는 마술을 부리지 못한다.

방법은 간단하다. 일단 적당한 상대를 고르고 나면, 그 사람이 먼저 다가오게 만들어야 한다. 상대에게 먼저 접근한 쪽은 자기 자신이라고 믿게끔 한다면, 이미 게임의 승자가 된 것이다.

상대방이 먼저 다가오게 하려면, 그럴 수 있는 여지를 만들어주어야 한다. 여기에는 여러 가지 방법이 있다. 우선 상대의 주변을 맴돌며 자신의 존재를 알리는 방법이 있다. 이런 식으로 서서히 관심을 끌면서 상대방이 다가올 수밖에 없도록 만들어야 한다. 로칭 공작이 안 마리에게 썼던 방법처럼, 처음에는 친구 사이로 출발할 수도 있다. 이성 친구로서 늘 적당한 거리를 유지하면서 서서히 가까워지는 것이다. 이 밖에 처음에는 관심을 보이는 척하다가 뒤로 물러서는 방법도 있다. 말하자면 적극적으로 상대방을 유혹해서 우리가 친 거미줄에 걸려들게 만드는 것이다. 하지만 어떤 행동을 취하든, 어떤 유혹 방법을 택하든, 강요해서는 안 된다. 상대방의 흥미를 유발하려면 무조건 밀어붙여야 한다고 생각하기 쉽지만 이는 오산이다. 처음부터 너무 관심을 보이면, 불안감을 조성할 뿐만 아니라 우리의 저의가 무엇인지 의심하게 된다. 하지만 뭐니뭐니 해도 상대방에게 상상의 여지를 주지 못한다는 게 가장 큰 문제다. 우리의 생각대로 상대방을 움직이려면 한걸음 뒤로 물러서야 한다. 우리에게 강한 영향력을 행사하는 상대를 다룰 경우에는 이 점을 더욱 명심해야 한다.

이성을 완전히 이해한다는 것은 불가능한 일이다. 이성은 우리에게 늘 신비한 존재다. 이성을 유혹할 때의 긴장은 기쁨을 주기도 하지만, 불안의 근원이 되기도 한다. 프로이트는 여자들이 진정 원하는 게 무엇인지를 알기 위해 고민했던 것으로 유명하다. 이 위대한 심리학자에게도 이성은 미지의 땅이었다. 여자든 남자든 이성 앞에 서면 뿌리 깊은 두려움과 불안의 감정을 느끼게 된다. 따라서 유혹의 초기 단계에는 상대방이 느낄지도 모르는 불신의 감정을 완화해줄 방법을 찾아야 한다(나중에는 두려움이나 불안의 감정이 도움이 될 수도 있지만, 처음부터 이런 감정들을 휘저어놓을 경우 상대가 겁을 집어먹고 도망칠 수 있다). 거듭 말하지만 처음에는 어느 정도 거리를 유지해야 한다. 그래야 운신의 폭도 넓어진다. 카사노바는 옷과 극장, 가사 일에 관심을 보이는 등 여성스러운 면도 어느 정도 가지고 있었는데, 젊은 여성들은 그런 모습에서 편안함을 느꼈다. 르네상스기의 코르티잔 툴리아 다라고나는 당대의 위대한 사상가 및 시인들과도 친분을 쌓았다. 그녀는 그들과 대화를 나눌 때면 문학과 철학을 화제로 삼았을 뿐, 규방과 돈에 대해서는 일절 언급하지 않았다(그렇다고 그녀가 규방과 돈에 관심이 없었던 것은 아니다). 키르케고르의 《유혹자의 일기》의 화자 요하네스는 목표물로 점찍은 코델리아를 멀리서 지켜보기만 한다. 어쩌다 서로 마주쳐도 그는 정중하다 못해 수줍어하기까지 한다. 그런 모습에 코델리아의 두려움은 점차 사라지고, 그가 좀 더 적극적으로 나왔으면 하고 바라게 된다.

위대한 재즈 연주가이자 탁월한 유혹자였던 듀크 엘링턴은 잘생긴 외모와 맵시 있는 옷차림, 카리스마로 뭇 여성들을 설레게 했다. 하지만 여자와 단둘이 있으면, 그는 지나치다 싶을 만큼 정중한 태도를 취하며 시시한 잡담만을 늘어놓았다. 하지만 진부한 대화는 상대에게 최면을 건다는 점에서 뛰어난 전술이 될 수도 있다. 일부러 꾸민 어눌한 태도가 더없이 미묘한 의미를 전달하고, 무관심해 보이는 표정이 큰 힘을 발휘한다. 사랑이란 말을 하지 않고도 의미심장한 분위기를 풍겨야 한다. 그럴 경우 상대방은 그가 자신의 감정을 솔직하게 표현하지 않는 이유를 의아하게 여기고, 그가 속으로 무슨 생각을 하고 있는지 상상하면서 한걸음 더 다가오게 된다. 궁금한 마음에 사랑이나 연애를 화제로 삼게 되는 쪽도 그들이다.

일부러 답답하게 굴어서 소기의 목적을 달성하는 경우는 비단 유혹의 분야에만 국한되지 않는다. 헨리 키신저는 국제적인 협상 테이블에서 처음에는 지루한 세부 사항들만 늘어놓으며 상대방을 안심시켰다가 나중에 생각지도 못했던 과감한 요구들을 내놓아 외교관들의 허를 찌르곤 했다. 이처럼 유혹의 초기 단계에서는 직접적인 표현보다 애매한 표현이 효과

제우스는 이리저리 분주하게 왔다 갔다 하다가 아르카디아의 한 처녀를 보고는 그 자리에서 걸음을 멈추고 말았다. 정념의 불길은 그의 골수까지도 활활 타오르게 했다. 이 처녀는 털실을 잣거나 이런저런 모양으로 머리를 매만지면서 시간을 보내는 어느 처녀가 아니었다. 그녀는 브로치로 옷을 단정하게 여미고 흰 끈으로 치렁치렁한 머리를 질끈 동여맨 채 창이나 활을 들고 다니는 아르테미스의 전사 가운데 한 명이었다……. 머리 위의 태양이 천정(天頂)을 지날 즈음, 처녀는 도끼 한 번 스친 적이 없는 숲 속으로 들어갔다. 거기서 그녀는 어깨에 메고 있던 화살통과 활을 내려놓고는 화살통을 베개 삼아 베고 잔디에 드러누웠다. 그리하여 제우스의 눈에 띄었을 때는 지친 듯한 모습에 완전히 무방비 상태였다. 그는 속으로 중얼거렸다. '여기라면 아무리 내 마누라라도 알 턱이 없겠군. 알게 된다 한들, 까짓 마누라 잔소리쯤이야 좀 들은들 어떠랴.' 그는 두 번 생각할 것도 없이 당장 아르테미스로 변신해서는 처녀에게 다가가 말을 걸었다. "어디서 사냥을 하고 오는 중이냐? 어느 산자락에서 사냥을 하고 오는 중이냐?" 그러자 처녀는 잔디에서 일어나 이렇게 소리쳤다. "어서 오소서, 귀하신 여신님. 제가 보기에는 제우스보다도 귀하신 여신이시여, 설령 그분이 들으신다 해도 전 겁나지 않습니다." 제우스는 그녀의 말을 듣고 호탕하게 웃었다. 그는 본모습으로

적일 때가 많다. 처음에는 그런 식의 무덤덤한 태도에 별다른 반응을 보이지 않지만, 차츰 온갖 상상의 날개를 펼치면서 결국은 그가 쳐놓은 덫에 걸려들게 되어 있다.

다른 사람들을 통해 간접적으로 상대에게 접근하는 방법은 아주 큰 효과를 발휘한다. 상대의 주변을 맴돌면서 낯을 익혀두도록 하라. 17세기의 유혹자 그라몽 백작은 행동에 들어가기 전에 목표물로 정한 상대의 하녀나 시종, 친구, 심지어 연인과 안면을 익혔다. 그는 이렇게 해서 얻은 정보를 바탕으로 자연스럽게 상대에게 접근할 수 있었다. 나아가 그는 제3자를 통해 상대 여성이 호기심을 가질 만한 이야기들을 계속 흘림으로써 알게 모르게 자신의 이미지를 각인시켰다.

17세기 살롱의 여왕으로 불렸던 유혹의 천재 니농 드 랑클로는 유혹에서 자신의 의도를 숨기는 것은 반드시 필요할 뿐만 아니라 게임의 재미를 더해준다고 믿었다. 그녀는 어떤 일이 있어도 자신의 감정을 드러내서는 안 된다고 생각했다. 특히 처음부터 감정을 드러내는 것은 금물이다. 그럴 경우 오히려 상대에게 불신감을 심어주게 된다. 니농에 따르면, "여자는 상대가 아무리 사랑한다고 고백해도 스스로 사랑한다는 확신이 들지 않는 한 마음을 열지 않는다." 사람들은 상대를 기쁘게 해주려는 욕심에 서둘러 자신의 감정을 드러내려 한다. 하지만 섣불리 감정을 표현했다가는 오히려 역효과를 가져올 수 있다. 어린아이와 고양이, 코케트는 그다지 힘들이지 않고도, 심지어 무관심해 보이는 태도를 취함으로써 사람들의 관심을 끈다. 자신의 감정을 숨기고 상대에게 상황을 판단하게 만들어야 한다.

어떤 분야가 됐든 한쪽으로 치우쳐 있다는 인상을 주어서는 안 된다. 그럴 경우 완강한 저항에 직면할 수 있다. 사람들에게 접근할 때는 우회적인 방식을 취해야 한다. 자신의 색깔을 드러내기보다는 상대방 의견에 적당히 맞장구치면서 전혀 위협적이지 않다는 인상을 심어야 한다. 그래야 나중에 운신의 폭이 넓어진다. 정치에도 같은 원리가 적용된다. 지나친 야망은 대중에게 경계심을 불러일으킬 수 있다. 레닌은 언뜻 보면 그저 평범한 러시아인에 불과했다. 그는 노동자가 입는 옷을 입었으며 농민의 언어를 구사했다. 어느 모로 보나 위대한 사람이라는 느낌이 전혀 들지 않았다. 대중들은 그런 모습을 보면서 편안함을 느꼈고, 그도 자신들과 다를 게 없는 보통 사람이라고 생각했다. 하지만 겉으로 보이는 부드러운 모습 뒤에는 항상 대중을 조종했던 영악한 남자가 숨어 있었다. 사람들이 그 사실을 깨달을 즈음에는 때가 너무 늦어 있었다.

> | **상징** | 거미집. 거미는 거미집을 지을 안전한 장소를 물색한다. 거미집을 짓는 데에는 상당한 노력과 시간이 소요되지만, 일단 완성된 거미집은 여간해서는 눈에 띄지 않는다. 거미줄 자체가 워낙 섬세하고 가냘프기 때문이다. 거미는 먹이를 찾아 나설 필요도, 심지어 움직일 필요도 없다. 그저 구석에 가만히 웅크리고 앉아 희생자가 제 발로 거미집 안으로 들어오길 기다리기만 하면 된다.

반전

전쟁에서는 군대를 배치하고 작전을 펼칠 공간이 필요하다. 공간을 많이 확보할수록 그만큼 치밀한 전략을 세울 수 있다. 하지만 대응할 시간을 주지 않고 적을 정신없이 몰아붙이는 것이 더 나을 때도 있다. 카사노바는 상대 여성의 취향에 따라 다양한 전략을 구사했지만, 처음 만나는 순간 강한 인상을 남김으로써 상대의 마음을 흔들어놓는 방법도 자주 사용했다. 추측하건대 용맹한 기사처럼 위험에 처한 여자를 구해주었거나, 군중 속에서도 상대가 한눈에 알아볼 수 있도록 근사하게 차려입었을 확률이 높다. 어떤 경우든 일단 상대 여성의 관심을 끌고 나면, 그는 전광석화처럼 민첩하게 움직였다. 클레오파트라 같은 세이렌은 희생자가 뒤로 물러설 틈을 주지 않고 그 자리에서 육탄 공세를 펼친다. 한마디로 기습 효과를 노리는 것이다.

하지만 이런 식의 유혹은 수명이 짧다. 세이렌과 카사노바와 같은 유혹자들은 오로지 희생자들의 숫자를 늘리는 데 관심이 있을 뿐, 어느 한 사람한테 정착하지 못하고 금방 싫증을 낸다. 카사노바는 제풀에 지쳐 나가떨어졌고, 세이렌은 만족할 줄을 모른다. 이에 비해 우회적이고 신중하게

내가 알고 있는 어떤 남자의 애인은 그와 함께 있으면 더할 나위 없이 다정다감하고 편안해했다. 하지만 그가 눈곱만큼이라도 자신의 사랑을 내비쳤더라면, 그 애인은 하늘에 높이 떠 있는 플레이아데스가 무색할 정도로 그에게서 멀리 도망쳐버렸을 것이다. 이러한 경우에 필요한 것은 일종의 정치가 자질이다. 물론 당사자 입장에서야 사랑하는 사람과 함께 있어 뭐라 말할 수 없이 즐거웠다. 하지만 만의 하나 그가 속마음을 내보였더라면, 애인이 아무리 오만하고 변덕스럽게 굴어도 사랑이라는 미명 아래 한마디 항의도 못한 채 부탁이란 부탁은 모조리 들어주어야 하는 처량한 신세가 되었을 것이다. — 이븐 하즘, 《비둘기의 반지: 아라비아의 사랑의 기술과 실천에 관한 소고》

계획된 유혹의 경우 전리품의 숫자는 얼마 되지 않지만 질(質)을 통해 그 이상을 보상해준다.

익숙함은
유혹의 적이다

·분위기 연출·

일단 상대에게 자신의 존재를 알리고 희미하게나마 호감을
사는 데 성공했다면 다른 사람에게 눈길을 주기 전에 그의
관심을 온통 자신에게 집중하게 만들어야 한다. 처음에는 인
상적이고 충격적인 방법이 상대의 관심을 끄는 데 효과가 있
는 것처럼 보일지 몰라도, 그렇게 해서 관심은 쉽게 사그라
지는 경우가 많다. 장기적으로 보면 애매한 태도가 훨씬 더
설득력을 발휘한다. 우리 대부분은 매사에 지나치다 싶을 정
도로 똑 부러지게 행동한다. 그보다는 상대가 헷갈리도록 애
매한 태도를 취해야 한다. 거친 듯하면서도 부드럽게, 정신
적인 측면을 중요시하는 듯하면서도 세속적으로, 순진한 듯
하면서도 영악하게 대처해야 한다. 좀처럼 파악하기 힘든
수수께끼 같은 분위기를 풍길수록 사람들의 궁금증은 더
욱 커진다. 사람들은 내면에 어딘가 상반되는 모습을
간직하고 있는 듯한 사람에게 묘한 매력을 느
낀다.

좋은 면과 나쁜 면

라이하르트는 무도회장에서
다시 쥘리에트와 마주쳤다.
그녀는 수줍은 듯 춤을 추지
않겠다고 고집부리면서
묵직한 이브닝가운을
벗었다. 그러자 그 밑으로
하늘하늘한 드레스가 모습을
드러냈다. 빤히 보이는
그녀의 교태에 사방에서
중얼거림과 속삭임이
들려왔다. 어느 때처럼
그녀는 매력적인 어깨가
그대로 드러나는, 등이 깊게
파인 하얀 공단 드레스를
입고 있었다. 남자들은
그녀에게 자신들을 위해
제발 춤을 추어달라고
애걸했다…… 속이 비치는
그리스풍 드레스 차림의
그녀는 경쾌한 음악 소리에
맞추어 사뿐사뿐
무도회장으로 들어갔다.
그녀는 세모꼴의 모슬린
천으로 머리칼을 동여매고
있었다. 그녀는 청중을 향해
수줍게 인사한 뒤, 가볍게
한 바퀴 핑그르르 돌면서
손가락 끝으로 투명한
스카프를 흔들었다.
그러자 스카프는 크게
소용돌이치면서 장막처럼,
혹은 베일처럼, 혹은
구름처럼 보였다. 그녀의
행동 하나하나마다 자로
잰 듯한 정확함과 나른함이
뒤섞여 있어 묘한 분위기가
느껴졌다. 그녀는 자신의
눈을 교묘하게 사용해 보는
이들을 매혹시켰다. "그녀는
눈으로 춤을 추었다."
여자들은 뱀처럼 꿈틀거리는
그녀의 몸을 보면서,
리듬에 맞춰 무표정하게
고개를 흔드는 그녀의
모습을 보면서 육감적이라고
생각했다. 남자들은 이 세상
것 같지 않은 지복(至福)의
상태로 빠져들었다.
쥘리에트는 남자를 파멸로
이끄는 요부였다. 외양이

1806년 프로이센과 프랑스 사이에 전쟁이 발발했다. 그 와중에서 프리드리히 대왕의 조카이자 프로이센의 왕자 아우구스트는 나폴레옹에게 포로로 잡히는 신세가 되었다. 나폴레옹은 그를 감금하는 대신 프랑스 지역을 돌아다니도록 허락했다. 물론 그렇다고 해서 완전히 자유의 몸은 아니었다. 어딜 가나 첩자들이 그를 감시했다. 그러거나 말거나 스물네 살의 잘생긴 청년 아우구스트는 쾌락을 좇아 이 마을 저 마을 옮겨다니며 젊은 여자들을 유혹했다. 1807년 그는 스위스의 코페 성을 방문하기로 결심했다. 그 성의 안주인은 프랑스의 위대한 작가 스탈 부인(Madame de Staël)이었다.

스탈 부인은 최대한의 예를 갖춰 아우구스트를 맞이했다. 그녀는 다른 손님들에게 그를 소개했고, 잠시 후 손님들은 다시 응접실로 돌아가 스페인에서 나폴레옹이 펼치는 활약과 최근 파리의 유행 등을 주제로 담소를 나누었다. 그런데 갑자기 응접실 문이 열리면서 여자 손님 한 명이 들어왔다. 왕자의 방문으로 다들 북새통을 이루는 가운데서도 유독 그녀만은 자기 방에 틀어박혀 있다가 그제야 모습을 드러냈던 것이다. 그녀는 스탈 부인의 절친한 친구 레카미에 부인이었다. 그녀는 당시 서른 살이었다. 그녀는 왕자에게 자신을 소개하고 나서 다시 자기 방으로 들어가버렸다.

아우구스트는 레카미에 부인이 그 성에 머물고 있다는 정보를 이미 입수한 상태였다. 사실 그는 프랑스 혁명 이후 몇 년 동안 프랑스 최고의 미인으로 손꼽히는 이 악명 높은 여성에 관한 이야기를 익히 들어 알고 있었다. 남자들은 그녀를 손에 넣을 수만 있다면 무슨 짓이든 할 기세였다. 특히 무도회장에 나타나 이브닝 캡을 벗고 속살이 살짝살짝 비치는 하얀 드레스 차림으로 자유분방하게 춤을 추는 모습을 보면 남자들은 애간장이 녹지 않을 수 없었다. 화가 제라르와 다비드는 일찍이 그녀만큼 아름다운 여성은 본 적이 없다며 그녀의 얼굴과 옷차림은 물론 발까지 그려 후대에 남겼다. 나폴레옹 황제의 동생 뤼시앵 보나파르트도 그녀 때문에 한동안 열병을 앓았다. 하지만 아우구스트는 더 젊은 여성들을 좋아했기에 코페 성에는 그저 잠시 들렀다 갈 참이었다. 하지만 그녀의 갑작스러운 등장에 왕자는 마음이 흔들렸다. 그녀는 소문대로 매우 아름다웠다. 특히 슬픔을 띤 눈빛과 더없이 부드러우면서도 거룩해 보이는 표정은 그녀의 미모보다 더욱 인상적이었다. 다른 손님들은 계속해서 대화를 나누었지만, 아우구스트의 머릿속은 온통 레카미에 부인 생각뿐이었다.

그날 저녁식사를 하면서 그는 줄곧 그녀를 주시했다. 그녀는 눈을 아래로 내리깐 채 별로 말이 없었지만, 한두 번 눈을 들어 왕자를 똑바로 쳐다보았다. 식사가 끝나고 손님들이 회랑으로 모여들자 누군가가 하프를 가져왔다. 곧이어 레카미에 부인이 사랑의 노래를 부르며 연주를 하기 시작했다. 그녀는 조금 전과는 완전히 다른 사람으로 변했다. 그녀의 눈에는 장난기가 가득했고, 천사 같은 목소리와 장난기 어린 눈빛, 활기 넘치는 얼굴 표정이 그의 이성을 뒤흔들어놓았다. 그는 혼란스러웠다. 다음 날 저녁에도 똑같은 일이 일어나자, 왕자는 성에 더 머물기로 결심했다.

그 후 며칠 동안 왕자와 레카미에 부인은 같이 산책도 하고 호수에서 뱃놀이도 하고 무도회에도 참석했다. 무도회에서 그는 마침내 그녀를 품에 안을 수 있었다. 두 사람은 밤늦도록 대화를 나누기도 했다. 하지만 그는 여전히 혼란스러울 뿐이었다. 어쩌면 저리도 정숙하고 우아해 보일까 싶으면, 그녀는 갑자기 손을 뻗어 그의 손을 만지면서 경박한 농담을 던지곤 했다. 2주 후 유럽에서 최고의 남편감으로 정평이 나 있던 왕자는 그동안의 자유분방한 습관을 모두 잊은 채 레카미에 부인에게 청혼을 하기에 이르렀다. 그는 그녀를 따라 가톨릭으로 개종하기로 했고, 그녀는 자기보다 훨씬 나이가 많은 남편과 이혼하기로 했다(그녀는 남편과 합방을 한 적이 없기 때문에 교회에서 이혼을 인정해줄 것이라고 말했다). 이때까지만 해도 그녀는 프로이센으로 가서 그와 함께 살기로 하고, 그가 바라는 대로 하겠다고 약속했다. 왕자는 가족에게 허락을 받기 위해 서둘러 프로이센으로 떠났고, 레카미에 부인은 혼인 무효 선언을 하기 위해 파리로 돌아갔다. 그사이 아우구스트는 사랑이 담뿍 담긴 편지들을 보내며 그녀를 기다렸다. 그렇게 시간은 흘렀고, 기다림에 지친 그는 미칠 것만 같았다. 마침내 그녀로부터 마음이 바뀌었다는 편지가 날아들었다.

그로부터 몇 달 후 레카미에 부인은 아우구스트에게 선물을 보냈다. 소

마치 천사처럼 보였기 때문에 더욱더 위험했다. 음악 소리가 점점 희미해졌다. 무슨 재주를 부렸는지, 갑자기 머리를 묶고 있던 끈이 느슨해지면서 그녀의 풍성한 다갈색 머리칼이 구름처럼 흘러내렸다. 그녀는 가쁜 숨을 몰아쉬면서 희미하게 불이 켜진 내실로 사라졌다. 앞다투어 그녀를 쫓아가던 군중의 눈에 헐렁한 실내복 차림으로 소파에 비스듬히 누워 있는 그녀의 모습이 들어왔다. 그녀는 제라르의 그림에 나오는 프시케처럼 아주 창백해 보였고, 하녀들이 물수건으로 그녀의 이마를 식혀주고 있었다.
— 마르가레 트룅세
(Margaret Trouncer),
《레카미에 부인
(Madame Récamier)》

일부 비평가들은 모나리자의
미소에 두 가지 요소가
뒤섞여 있다는 의견을
제시해왔다. 그들에 따르면,
아름다운 이 피렌체 여인의
표정에는 여성들의 성생활을
지배하는 이중성이 완벽하게
묘사돼 있다. 즉 절제와
뚜렷한 대비를 이루는
유혹에 이어, 더없이 온화해
보이는 모습 뒤에는 마치
전혀 딴 사람인 듯 남성들을
애태우는 관능이 도사리고
있다는 것이다.
— 프로이트,
《레오나르도 다 빈치와
그의 유년기의 기억
(Leonardo da Vinch
and a Memoir of
tis Childhood)》

파에 기댄 그녀의 모습을 그린 제라르의 유명한 그림이었다. 왕자는 그녀
의 시선 뒤에 감추어진 수수께끼를 풀려고 그림 앞에서 몇 시간씩 서성였
다. 그는 작가 벵자맹 콩스탕처럼 그녀의 수많은 희생자 중 한 명에 불과
했다. 콩스탕은 이렇게 말했다. "그녀는 나의 마지막 사랑이었다. 남은 생
애 동안 나는 번개에 맞은 한 그루 나무 같았다."

해석 ———

나이가 들수록 레카미에 부인의 유혹에 넘어간 희생자들의 면면은 더욱
화려해졌다. 그 가운데에는 메테르니히 공, 웰링턴 공작, 작가 콩스탕과
샤토브리앙도 있었다. 이들에게 그녀는 눈에 보이지 않아도 더욱 강하게
옥죄어오는 일종의 강박관념이었다. 그녀가 가진 힘의 원천은 이중성이었
다. 우선 그녀는 뭇 남성들을 사로잡는 천사 같은 얼굴을 하고 있었다. 때
묻지 않은 순수함이 묻어나는 그녀의 얼굴은 보호 본능을 불러일으키며
남자들을 매료시켰다. 하지만 그러고 나면 그 뒤에 숨어 있던 제2의 성격
이 모습을 드러냈다. 첫인상과는 딴판으로 경박한 표정을 짓는가 하면, 정
신 나간 여자처럼 춤을 추었고, 또 어느 순간에는 갑자기 명랑해졌다. 이
모든 게 남자들의 경계심을 허물어뜨렸다. 그녀에게는 그들이 생각했던
것 이상으로 사람을 끄는 복잡미묘한 매력이 있었다. 그녀와 헤어져 혼자
있을 때면, 남자들은 그녀의 상반된 모습 때문에 고민에 휩싸였다. 그때마
다 마치 독이 온몸으로 퍼져나가는 것처럼 애가 타들어갔지만, 레카미에
부인은 풀 수 없는 수수께끼였다. 때로 그녀는 요염하기 그지없는 악녀처
럼 보였고, 때로는 감히 접근할 수 없는 여신처럼 보였다. 그녀는 남자들
과 어느 정도 거리를 둠으로써 더욱 신비감을 조장했다. 아무도 그녀의 진
면목을 알 수 없었다. 게다가 그녀는 치밀하게 계산된 연출 효과를 내는
데에도 가히 천재였다. 코페 성에서 갑자기 나타나 단 한순간에 사람들의
시선을 사로잡았던 것은 결코 우연이 아니었다.

유혹을 하려면 상대의 마음을 자신의 이미지로 가득 채워야 한다. 순수
함이나 미모, 쾌활한 성격만으로도 사람들의 관심을 끌 수 있지만, 속속
들이 사로잡지는 못한다. 좀 더 매력적인 대상이 나타나면 사람들의 관심

(오스카 와일드의) 손은
두툼하면서도
흐늘흐늘했다. 그래서 그와
악수를 하면 쥐는 힘이 거의
느껴지지 않을 정도였다.
그를 처음 본 사람들은
흐느적대는 그의 인상
때문에 자기도 모르게
주춤거렸지만, 그와
이야기를 하기 시작하면
이런 반감은 금세
극복되었다. 상대를 즐겁게
해주려는 그의 순수한
친절과 열망이 그의
외모에서 풍기는 불쾌감을
잊게 했기 때문이다.

은 금세 그리로 쏠리고 만다. 상대가 깊이 빠져들게 하려면 1~2주만으로는 파악할 수 없는 복잡미묘한 매력을 풍겨야 한다. 다시 말해 풀리지 않는 미스터리와 같은 존재, 저항할 수 없는 미끼와 같은 존재, 그래서 손에 넣기만 하면 엄청난 쾌락을 선사할 것 같은 존재로 비쳐야 한다. 그렇게 해서 상대가 일단 환상을 품기 시작하면, 그 사람은 이미 유혹의 내리막길 위에 서 있는 것이다. 행여 나중에 유혹에 넘어갔다는 사실을 안다 하더라도 도저히 멈출 수 없다.

인위적인 모습과 자연스러운 모습

1881년 런던에서 크게 유행하던 유미주의자와 댄디들의 세계를 풍자한 길버트와 설리번의 오페레타 〈인내(Patience)〉는 미국 브로드웨이에서도 공전의 히트를 기록했다. 이 작품의 성공에 자극받은 흥행주들은 그 여세를 몰아 영국에서 가장 유명한 유미주의자 가운데 한 명을 미국으로 초대하기로 했다. 명목은 순회강연이었지만, 실은 그를 앞세워 돈을 벌려는 목적이었다. 그의 이름은 오스카 와일드였다. 당시 스물일곱 살에 불과했던 와일드는 몇 편 안 되는 작품 수에 비해 명성이 꽤 높은 편이었다. 미국의 흥행주들은 외출할 때마다 한 손에 꽃을 들고 다닐 것 같은 이 남자가 대중을 사로잡을 것이라는 확신에 차 있었다. 하지만 그 효과가 그리 오래 가지는 않을 것이라고 생각했다. 그래서 몇 차례 강연을 한 뒤 참신함이 퇴색하면 다시 런던으로 돌려보낼 심산이었다. 어쨌든 괜찮은 돈벌이였고, 와일드는 미국행을 수락했다. 뉴욕에 도착하던 날, 세관원이 신고할 물건이 없느냐고 묻자 그는 "나의 천재성 말고는 신고할 게 아무것도 없소"라고 대답했다는 유명한 일화가 있다.

사방에서 초대가 쇄도해 들어왔다. 뉴욕 사교계 전체가 이 괴짜 청년을 만나고 싶어 안달을 했다. 특히 여성들은 한눈에 와일드에게 반했다. 하지만 신문은 그리 우호적이지 않았다. 〈뉴욕 타임스〉는 그를 가리켜 "입만 열면 유미주의를 떠들어대는 허풍선이"라고 불렀다. 뉴욕에 도착하고 나서 일주일 뒤, 와일드는 첫 번째 강연회를 열었다. 1000명이 넘는 사람들

외모와는 대조적으로, 그의 태도는 매력적이었으며 정확한 그의 말투는 우아하기까지 했다. 그를 처음 본 사람들의 반응은 제각각 달랐다. 어떤 이들은 웃음을 참지 못했고, 또 어떤 이들은 적의를 드러냈다. 섬뜩한 느낌을 받았다는 이들도 꽤 있었고, 그 자리가 불편했다는 사람들도 많았다. 하지만 처음의 불쾌감이 가시지 않아 계속 그를 멀리하는 사람은 거의 없었다. 남자든 여자든, 다들 그를 거부하지 못했다. 그 시대의 젊은이들에게 그는, 에이츠의 표현을 빌리자면, 다른 시대에서 온 당당하고 뻔뻔한 인물과도 같았다.
— 헤스커스 피어슨 (Hesketh Pearson), 《오스카 와일드: 그의 삶과 재치(Oscar Wilde: His Life and Wit)》

옛날 옛적에 자석이 하나
있었다. 자석의 이웃에는
철판들이 살고 있었다.
어느 날 두세 개의 작은
철판들이 갑자기 자석을
방문하고 싶다는 욕구를
느끼고, 그렇게 하면 정말
즐거울 거라는 이야기를
하기 시작했다. 곁에 있던
다른 철판들이 이들의
대화를 엿듣고는 그들과
똑같은 욕망에 사로잡히게
되었다. 다른 철판들도
여기에 가세하면서 마침내
모든 철판이 이 문제를 놓고
토의하기 시작했다.
그들의 희미한 욕구는
갈수록 억제할 수 없는
충동으로 바뀌었다.
"오늘 당장 가는 게 어때요?"
한 철판이 말했다.
하지만 다른 철판들은
내일까지 기다리는 게
좋겠다고 생각했다.
그런데 그들 자신도 미처
의식하지 못하는 사이에
그들은 어느새 자석에게
가까이 와 있었다. 그렇지만
자석은 아주 침착했고,
철판들이 다가오거나 말거나
전혀 신경 쓰지 않는
눈치였다. 그래서 그들은
계속 토론을 했다.
그동안에도 그들은 자꾸만
이웃에게 끌려갔다. 다만
의식하지 못했을 뿐이다.
이야기를 하면 할수록
그들은 충동이 점점
강해지는 것을 느꼈다.
마침내 참다 못한 일부
철판들이 나머지 철판들이
어떻게 나오든 그날 당장
자석을 찾아가겠다고
선언했다. 몇몇 철판들은
자석을 방문하는 것은
자신들의 의무이며, 그것도
오래전에 그래야 했다는
말까지 했다. 이렇게 말하는
동안에도, 그들은 여전히
의식하지 못한 채 자꾸만
자석에게 끌려갔다. 그러다
인내심이 극에 달한

이 몰려와 강연회장은 발 디딜 틈 없이 꽉 들어찼다. 그 가운데에는 단지 그가 어떻게 생겼는지 보려고 온 사람들도 많았다. 그들은 실망하지 않았다. 와일드는 꽃을 들고 오지도 않았고, 키도 예상했던 것보다 컸다. 그는 숱이 많은 긴 머리에 초록색 벨벳 재킷과 스카프 모양의 넥타이, 거기다 반바지와 비단 양말 차림으로 나타났다. 그의 모습에 청중은 놀라움을 금치 못했다. 큰 몸집에 어울리지 않는 앙증맞은 차림새가 사람들에게 다소 혐오감을 불러일으켰던 것이다. 어떤 사람들은 드러내놓고 웃었고, 또 어떤 사람들은 불편한 심기를 감추지 않았다. 이때까지만 해도 그에게 호감을 갖는 사람은 거의 없었다. 곧이어 그가 강연을 하기 시작했다.

강연 주제는 '영국의 르네상스', 즉 19세기 후반 영국에서 유행하던 '예술을 위한 예술' 운동이었다. 시를 읊조리는 듯한 와일드의 목소리는 마치 최면을 건 듯 사람들을 빨아들였다. 그의 강연 내용을 이해하는 사람은 거의 없었지만, 강연은 재치가 넘쳤고 물 흐르듯 거침이 없었다. 그의 겉모습은 분명 이상했지만, 일관성이 있었다. 뉴욕 시민들은 일찍이 그처럼 흥미로운 사람은 듣지도 보지도 못했으며, 그날의 강연은 대성공을 거두었다. 이번에는 신문에서도 열광적인 반응을 보였다. 몇 주 후 보스턴에서 약 60명의 하버드 학생들이 깜짝 쇼를 준비했다. 그들은 이 여자 같은 시인을 놀려주기 위해 반바지 차림에 꽃을 들고 있다가 그가 나타나자 일부러 장내가 떠나갈 듯 환호성을 내질렀다. 하지만 와일드는 눈도 꿈쩍하지 않았다. 청중은 그의 즉석 강연에 금방이라도 숨이 넘어갈 것처럼 웃어댔다. 하버드 학생들이 그를 향해 계속 야유를 보냈지만, 그는 화도 한 번 내지 않고 침착함을 유지했다. 외모와는 사뭇 다른 그의 태도에 사람들은 그를 달리 보게 되었다. 많은 사람들이 깊은 인상을 받았고, 와일드는 가는 곳마다 화제가 되었다.

원래 짧은 일정이었지만 대륙을 횡단하는 장기 여행으로 바뀌었다. 샌프란시스코에서 와일드는 술과 포커에서도 당할 사람이 없을 정도로 굉장한 실력을 발휘했다. 서부 해안에서 돌아오는 길에 와일드는 콜로라도주에 들를 예정이었다. 그런데 광산 도시 리드빌의 광부들은 그가 겁도 없이 자기네 마을에 나타나면 키 큰 나무에 목을 매달아버리겠다고 경고

했다. 하지만 와일드로서는 거절할 수 없는 초청이었다. 리드빌에 도착한 와일드는 쏟아지는 야유를 무시한 채 광산 지역을 여행하며 술도 마시고 카드놀이도 했다. 그런 다음 보티첼리와 첼리니를 주제로 강연을 했다. 다른 사람들처럼 광부들도 그의 주문에 걸려들었다. 심지어 그의 이름을 딴 광산이 생겨날 정도였다. 한 카우보이는 이렇게 말했다. "그 양반은 예술인지 뭔지를 하는 샌님이지만, 술을 어찌나 잘 마시는지 우리 모두 뻗어버렸지 뭐요. 그런데도 그 양반은 말짱한 정신으로 한 번에 두 사람씩 집으로 데려다줍디다."

철판들이 충동을 못 이겨 온몸으로 이렇게 소리쳤다. "기다려서 뭐해. 오늘 가자고. 지금 당장 가자니까." 결국 철판들은 누가 먼저랄 것도 없이 한 덩어리가 되어 자석에 들러붙었다. 그제야 자석은 회심의 미소를 지었다. 하지만 여전히 철판들은 자신들의 의지로 자석을 방문한 것이라고 철석같이 믿었다.
— 헤스커스 피어슨,
《오스카 와일드: 그의 삶과 재치》

해석 ——

어느 날 오스카 와일드는 저녁식사 모임에서 사람들에게 즉석에서 지은 우화를 들려주었다. 자석과 그 이웃에 사는 철판들이 등장하는 이야기였다. 갑자기 자석을 방문하고 싶은 욕구에 사로잡힌 철판들은 그 문제를 놓고 의논하다가 자기도 모르는 사이에 하나둘씩 자석 곁으로 모여들었다. 결국 철판들은 마치 약속이나 한 듯 한 덩어리가 되어 자석 쪽으로 끌려갔다. "그러자 자석은 만족스러운 미소를 지었다. 철판들은 어느 누구 할 것 없이 자기 의지로 그곳을 방문했다고 믿었기 때문이다." 와일드도 주변 사람들에게 바로 이 자석과 같은 영향력을 발휘했다.

와일드의 매력은 단순히 그의 성격에서 비롯된 부산물이 아니었다. 그의 매력은 철저하게 계산된 것이었다. 역설의 숭배자였던 그는 의식적으로 기묘하면서도 모호한 분위기를 연출했다. 인위적으로 꾸민 외모와 달리 재치 넘치는 즉흥 연설을 자주 했던 것도 그런 이유에서였다. 원래 성격이 따뜻하고 시원스러운 그는 이렇게 해서 자신의 본성에 반하는 이미지를 구축했다. 사람들은 혐오와 혼란, 호기심의 과정을 차례로 경험하다가 결국에는 파악이 불가능해 보이는 이 남자에게 푹 빠져들었다.

의미를 가지고 논다는 점에서 역설은 유혹적이다. 우리는 살아가면서 알게 모르게 합리주의에 짓눌려 있다. 우리의 삶에서는 모든 것이 확실한 의미를 지녀야 한다. 이에 비해 유혹에서는 모호하면서도 서로 상반된 분위기를 풍겨야 한다. 대부분의 사람들은 태도가 너무 분명하다. 성격이 시

원하고 분명한 사람을 만나면, 처음에는 끌릴지 몰라도 그런 매력은 곧 시들고 만다. 그런 사람에게는 상대를 끌어당기는 깊이가 없기 때문이다. 상대를 사로잡으면서 계속 상대의 관심을 끌려면 무엇보다도 신비감을 조성해야 한다. 하지만 원래부터 신비로운 사람은 없다. 설령 그런 사람이 있다 하더라도 그 신비감이 오래 지속되지는 않는다. 다시 말해 신비로운 분위기를 연출하려면 그만큼 노력해야 한다. 단 이런 방법은 유혹의 초기 단계에서 사용해야 한다. 일단 모든 사람이 알 수 있도록 자신의 성격 중 일부를 드러내 보여주도록 하라(와일드는 옷차림과 몸짓으로 신비감을 부각시켰다). 하지만 그와 동시에 상대를 헷갈리게 하는 상반된 신호를 보내야 한다. 즉 겉으로 보이는 모습이 전부가 아니라는 분위기를 풍겨야 한다. 다시 말해 역설의 효과를 최대한 활용하는 것이 좋다. 이를 두고 비열하고 비도덕적인 처사라고 생각하는 사람도 있을 것이다. 하지만 사람들은 수수께끼 같은 존재에 끌리게 되어 있으며, 순수한 미덕만으로는 유혹에 성공하지 못한다는 점을 명심하기 바란다.

그(오스카 와일드)에게는 역설이 사람들의 관심을 끌 수 있는 유일한 진리였다.

— 리샤르 르 갈리엔(Richard le Gallienne)

유혹의 열쇠

유혹이 진행되려면 상대를 매혹시켜 계속 우리에게 관심을 집중하게 만들어야 한다. 다시 말해 단순히 육체적인 존재가 아니라 상대의 마음을 온통 사로잡는 정신적인 존재가 되어야 한다. 사실 첫인상을 강하게 심어주는 것은 매우 쉽다. 예를 들어 화려한 옷차림이나 은근한 눈길만으로도 저 사람은 뭔가 특별하다는 느낌을 줄 수 있다. 하지만 그다음엔? 우리는 각종 매체뿐만 아니라 혼란스러운 일상을 통해 전달되는 이미지의 홍수 속에서 살아간다. 게다가 그중에는 우리의 시선을 사로잡는 이미지들이 태반을 넘는다. 사람들은 저마다 자기한테 관심을 가져달라고 비명을 지른다. 계속해서 사람들의 관심을 끌려면, 부재중일 때도 우리의 존재를 의식하게 만드는 일종의 주문을 걸어두어야 한다. 다시 말해 끊임없이 그들의 상상력을 자극하면서 저 사람에게는 겉으로 보이는 모습 이상의 무언가가 있다고 생각하게 만들어야 한다. 그렇게 해서 사람들이 일단 환상을 품기 시작하면, 미끼에 걸려든 것이다.

하지만 이런 과정은 목표로 정한 상대가 우리에 대해 너무 많은 것을 알기 전에 이루어져야 한다. 즉 상대의 눈길이 머무는 순간 우리의 이미지를 확실하게 심어놓아야 한다. 상대와 처음 마주쳤을 때, 상반된 신호를 보내 약간 긴장된 분위기를 조성하라. 다시 말해 순진무구하다고 생각하는 순간 포악한 모습을, 뻔뻔하다고 생각하는 순간 수줍어하는 모습을, 지적이라고 생각하는 순간 제멋대로인 모습을, 장난기가 많다고 생각하는 순간 슬퍼 보이는 모습을 보여주어라. 이때 태도의 변화는 상대가 겨우 알아차릴 정도로 미묘해야 한다. 태도 변화가 너무 심하면 조울증 환자처럼 보일 수도 있기 때문이다. 그렇더라도 뻔뻔하고 재기 넘치는 모습 이면에 어째서 저런 슬픈 표정이 숨어 있는지 궁금하게 만들어야 한다. 이도 저도 아닌 애매모호한 분위기를 풍겨 사람들이 자기가 보고 싶은 대로 보도록 내버려둬라. 타인의 어두운 영혼을 훔쳐보면서 마음껏 상상하게 만드는 것도 하나의 기술이다.

그리스 철학자 소크라테스는 역사상 가장 위대한 유혹자 가운데 한 명이었다. 그를 추종하던 아테네 청년들은 그의 사상에 끌린 것이 아니라, 그와 사랑에 빠져 제자가 되었다. 그중에는 기원전 5세기 말엽 정치가로 이름을 날린 알키비아데스도 있었다. 플라톤의 《향연》에서 알키비아데스는 소크라테스가 지닌 유혹의 힘을 당시 복제된 실레노스 조각상에 비유했다. 그리스 신화에서 실레노스는 모습은 추했지만 현명한 예언자였다. 알키비아데스가 언급한 실레노스 조각상은 속이 텅 비어 있었는데, 조각상을 분리하면 그 안에서 조그만 신의 형상들이 나왔다. 이는 추한 외모 속에 감추어진 내면의 진리와 아름다움을 의미했다. 알키비아데스가 보기에 소크라스테도 그런 사람이었다. 소크라테스는 혐오감을 불러일으킬 만큼 못생겼지만, 그의 얼굴에서는 내면의 아름다움과 만족감이 뿜어져 나왔다. 이런 그의 모습은 혼란스러우면서도 매력적이었다. 고대 세계를 풍

근사한 표정을 지으며 말했다. "그 일 때문에 당신을 아주 미워하진 않아요. 물론 그 일 때문에 당신을 사랑하는 것도 아니에요. 하지만 당신이 잘못을 뉘우치고 달라진 모습을 보인다면 마음이 풀릴 것 같아요. 두고 볼게요." 사랑스러운 여인의 대답이었다. 그는 따로 들를 데가 있기라도 한 듯 그녀에게 인사를 했고, 그녀는 몰래 한숨을 내쉬며 다정한 목소리로 말했다. "아, 가시게요. 하느님의 가호가 있기를 빌게요!" 이때부터 두 사람은 서로에 대한 생각에 골몰했다. 리발랑은 말 머리를 돌리면서 여러 가지 일을 되짚어보았다. 블랑슈플로르가 화가 난 이유를 요모조모 따져보았다. 처음 만났을 때 반가워하던 그녀의 표정, 그녀의 말, 그녀의 한숨, 그녀의 작별 인사……. 하지만 그는 그녀가 자신을 미워해서 그런 행동을 했는지, 아니면 사랑 때문에 그런 행동을 했는지 도무지 종잡을 수가 없었다. 이 생각이 맞는 듯하면 저 생각이 맞는 것 같았고, 이 방향이다 싶으면 다시 저 방향으로 가야 할 것 같았다. 그러다 결국은 (그 상태에서) 빠져나가고 싶지 않다는 자신의 욕망에 갇히는 신세가 되고 말았다……. 그는 진퇴양난에 빠졌다. 그녀가 자신을 좋게 생각하는지, 아니면 나쁘게 생각하는지 알 수가 없었기 때문이다. 그는 그녀가 자신을 사랑하는지, 아니면 미워하는지 도대체 판단을 내릴 수가 없었다. 희망과 절망이 번갈아가며 그를

괴롭히는 바람에 그는
앞으로 나가지도 못했고,
그렇다고 뒤로 물러서지도
못했다. 희망이 사랑을
얘기하면, 그다음 순간에는
절망이 미움을 이야기했다.
희망과 절망 간의 이런 의견
차이 때문에 그는 사랑에
대한 확신도, 미움에 대한
확신도 가질 수가 없었다.
그의 감정은 어디 한 군데
정박하지 못하고 이리저리
떠밀려 다녔다.
생각에 생각을 거듭했지만,
그는 아무런 결론도 내리지
못했다. 희망과 절망은 절대
서로 타협하지 않았다.
절망이 찾아와
블랑슈플로르는 그의 적이기
때문에 도망쳐야 한다고
말하면, 그다음에는 희망이
찾아와 사랑을 속삭이며
그의 기운을 북돋아주었다.
그는 이런 불화 속에서
어디로 방향을 틀어야 할지
알지 못했다. 도대체 나아갈
데라곤 없었다. 도망치려고
하면 할수록, 사랑은 더욱
세게 그의 발목을 붙잡았다.
빠져나가려고 하면 할수록,
사랑은 더욱 세게
그의 목을 움켜쥐어왔다.
— 고트프리트 폰
슈트라스부르크,
《트리스탄과 이졸데》

미했던 또 한 명의 위대한 유혹자 클레오파트라도 이처럼 상반된 분위기를 풍겼다. 목소리, 얼굴, 몸매, 태도 등 모든 면에서 뇌쇄적인 매력을 발산했지만 그와 동시에 그녀는 아주 적극적인 성격을 지니고 있었다. 당대의 수많은 작가들이 그녀를 다소 남성 쪽에 가깝게 묘사한 것은 그 때문이었다. 이처럼 상반되는 성격은 그녀가 복잡한 사람이라는 이미지를 심어주었고, 그런 이미지에 힘입어 그녀는 권력을 쥐게 되었다.

사람들의 관심을 끌려면 외모와 반대되는 성격을 보여주어야 한다. 그래야 알 수 없는 깊이와 신비감을 조성할 수 있다. 귀여운 얼굴에 천진난만한 외모를 지니고 있다면, 어딘가 어두운 분위기, 정체가 모호하지만 때로 잔인해 보이기까지 하는 분위기를 연출하라. 이때 주의할 점은 말로 떠드는 것이 아니라 태도에서 자연스럽게 묻어나야 한다는 것이다. 배우 에롤 플린은 소년처럼 천진한 얼굴에 약간 슬픈 듯한 표정을 짓곤 했다. 하지만 여성들은 그의 이런 외모 이면에 도사리고 있는 잔인함과 범죄자 기질, 위험한 성격을 감지했다. 그의 상반된 모습은 대중을 사로잡았다. 비슷한 예로, 여성 중에는 마릴린 몬로를 꼽을 수 있다. 그녀는 소녀 같은 얼굴과 목소리를 가지고 있었지만, 그녀의 내부에서는 관능적이고 야한 분위기가 강하게 뿜어져 나왔다. 레카미에 부인은 눈으로 다양한 분위기를 연출했다. 천사 같은 눈빛이다 싶으면, 어느 순간에는 육감적이고 음탕한 기운이 느껴졌다.

유혹의 역사에서 반대 성의 성격을 차용하는 것은 어제오늘의 일이 아니다. 돈 후안과 같은 남성 유혹자들은 때로 곱상한 용모와 여성스러운 성격을 무기로 이용했으며, 매력 넘치는 유명한 창부들은 살짝살짝 남성적인 분위기를 풍겨 자신의 가치를 더욱 높였다. 하지만 이런 전략은 간접적으로 구사될 때만 효력을 발휘할 수 있다. 지나치다 싶을 정도로 너무 다른 모습을 보이면 괴팍하거나 심지어 위협적으로 비칠 수도 있다. 17세기 프랑스 사교계를 주름잡았던 니농 드 랑클로는 외모는 더없이 여성스러웠지만, 그녀를 만나본 사람들은 적극적이고 독립심이 강한 성격에 놀랐다. 하지만 그녀는 이런 모습을 살짝 내비쳤을 뿐이다. 19세기 후반에 활동했던 이탈리아의 작가 가브리엘레 단눈치오는 겉으로 풍기는 분위기만 보면 전형적인 남성이었지만, 그 속에는 부드러움과 배려심, 아름다움을 추구하는 여성적인 취향이 혼재해 있었다. 이런 두 가지 성향을 어떻게 적절히 섞어야 할지에 대해서는 정답이 없다. 오스카 와일드는 외모와 태도에서는 여성스러웠지만, 그 이면에는 남성과 여성 모두를 빨려들게 하는 남성미가 숨겨져 있었다.

어쨌든 각자의 성격에 따라 육체적인 열정과 감정적인 냉정함을 적절히 조화시키는 것이 중요하다. 보 브러멀이나 앤디 워홀과 같은 댄디들은 일단은 눈에 띄는 용모로 사람들의 관심을 끈 다음 모든 것에 초연한 듯한 태도를 보인다. 사람들은 매력적이지만 여간해서는 손에 잡히지 않는 이들을 좇느라 평생을 소비한다(손에 잡히지 않을 것처럼 보이는 사람들은 유혹의 힘을 강력하게 발휘한다. 우리 안에는 그런 사람들을 붙잡아 파괴하고 싶다는 욕망이 도사리고 있기 때문이다). 그들은 모호하고 신비한 분위기로 스스로를 감싼 채 말도 거의 하지 않는다. 설령 입을 연다 하더라도 말 못할 사연을 감추고 있는 사람처럼 표면적인 문제들만 건드릴 뿐이다. 마를레네 디트리히가 방 안에 들어서거나 파티 석상에 나타나면, 모든 시선이 일제히 그녀에게 집중되었다. 처음에는 특이한 옷차림 때문에, 그다음에는 모든 것에 무관심한 듯한 태도 때문에 사람들은 그녀에게서 눈길을 떼지 못했다. 남자들은 물론 여자들도 그날 저녁의 기억이 희미해진 뒤에도 한참 동안 그녀를 생각하며 헤어나오지 못했다. 이처럼 첫인상은 아주 중요하다. 관심을 끌고 싶어 안달하는 모습을 보일 경우 불안해하는 상태로 비치기 쉽고, 그렇게 되면 사람들은 금세 떠나가고 만다. 반대로 지나치게 차갑고 무관심한 태도로 일관할 경우 어느 누구도 가까이 다가오려 하지 않는다. 속임수가 통하려면 두 가지 태도를 동시에 취해야 한다. 그것이 교태의 본질이다.

사람에 따라서는 남들과 확연히 구분되는 특이한 성격을 가지고 있을 수도 있다. 만약 그렇다면 그러한 성격 뒤에 다른 성격이 내재해 있는 것 같은 분위기를 풍김으로써 사람들의 관심을 끄는 게 좋다. 바이런은 누구보다도 어둡고 방탕하기로 소문나 있었다. 다소 차갑고 거만해 보이는 외모 뒤에 감추어진 이런 성격이 여자들을 미치게 만들었다. 여자들은 실은 그가 아주 낭만적이고 심지어 정신적으로 고결한 사람이라고 생각했다.

바이런은 우울한 표정과 가끔씩 보이는 친절한 행동으로 그런 믿음을 더욱 부추겼다. 수많은 여성들이 그런 모습에 속아 오직 자신만이 그를 새 사람으로 바꿔놓을 수 있다는 착각에 빠졌다. 일단 그런 생각이 들기 시작하면, 어떤 여성이든 그의 손아귀에서 헤어나오지 못했다. 이와 같은 유혹 효과를 내는 것은 그리 어렵지 않다. 가령 이성적인 사람으로 알려져 있다면, 비이성적인 측면도 가지고 있는 것처럼 분위기를 조성하라. 키르케고르의 《유혹자의 일기》에 나오는 요하네스는 처음에는 코델리아에게 사무적일 정도로 정중하게 대하면서 상당히 예의 바른 사람이라는 인상을 심어준다. 하지만 얼마 후 그녀는 실은 그에게 열정적인 시인의 기질이 숨어 있다는 얘기를 엿듣게 된다. 물론 이것은 그가 일부러 꾸며낸 얘기이지만 그녀는 차츰 그에게 관심을 보이게 된다.

이와 같은 원칙들은 이성을 유혹할 때뿐 아니라 여러 분야에 적용된다. 대중의 관심을 끌기 위해서도 때마다 서로 다른 모습을 보여주어야 한다. 어느 한 가지 성격만 집중적으로 내보이면, 비록 전문 지식이나 능력처럼 긍정적인 측면이 강한 경우라 하더라도 사람들은 인간성이 결여되어 있다고 생각한다. 우리 인간은 복잡미묘한 존재다. 우리의 내면은 모순된 충동들로 가득 차 있다. 어느 한쪽 면만 보여줄 경우, 그것이 좋은 면이라 하더라도 사람들의 신경을 건드리게 된다. 사람들은 일관되게 어느 한 면만 보이는 사람을 위선자라고 생각한다. 살아생전 성인으로 추앙받았던 마하트마 간디는 대중 앞에서 분노와 복수의 감정을 고백했다. 현대 미국 정치인 가운데 가장 뛰어난 유혹자로 손꼽히는 존 F. 케네디는 한마디로 걸어다니는 역설이었다. 그는 동부의 귀족 출신이었으면서 평민과 사랑에 빠졌고, 전쟁 영웅으로서 남성다운 면모를 과시했지만 그 이면에는 상처 입기 쉬운 성격이 숨어 있었다. 그리고 지식인이었으면서 대중문화를 사랑했다. 사람들은 오스카 와일드의 우화에 나오는 철판들처럼 그런 케네디에게 속수무책으로 끌려들었다. 밝은 외관은 장식적인 효과를 낼지 몰라도, 정작 사람들의 눈길을 그림 속으로 잡아끄는 것은 들판의 깊이와 설명할 수 없는 모호함과 초현실적인 복잡함이다.

| **상징** | 무대 커튼. 무대 위에 쳐진 묵직한 진홍색 커튼은 그 화려한 외양으로 마치 최면을 걸듯 관객들의 시선을 사로잡는다. 하지만 관객들이 거기에 빨려드는 것은 무대 뒤에서 무슨 일이 일어나고 있는지를 상상하기 때문이다. 커튼 틈새로 새어나오는 조명은 뭔가 비밀스러운 일이 진행되고 있는 듯한 분위기를 암시한다. 관객들은 이제 곧 시작될 공연에 앞서 중요한 장면을 훔쳐보는 듯한 스릴을 느낀다.

반전

복잡한 신호가 효과를 발휘하려면 상대방이 미스터리를 즐길 줄 아는 사람이어야 한다. 단순한 것을 좋아하는 사람들은 자신을 혼란스럽게 하는 사람을 끝까지 쫓아다닐 만큼 인내심이 강하지 않다. 그들은 밀고 당기는 것보다 한눈에 반해 정신없이 빠져드는 것을 더 좋아한다. 이른바 파리의 '좋은 시대(La Belle Epoque, 19세기 말에서 20세기 초에 걸친 파리의 번영기─옮긴이)'에 살았던 라 벨 오테로라는 무희는 자신에게 푹 빠진 화가와 정치가들을 상대로 복잡한 전술을 구사하며 그들의 애간장을 녹이곤 했다. 하지만 단순하고 육체적인 쾌락을 중시하는 남자들을 다룰 때는 화려한 미모로 단숨에 무릎을 꿇게 만들었다. 카사노바는 여자를 처음 만날 때면 보석까지 걸치고 최대한 화려하게 꾸미고 나갔다. 그런 다음 상대의 반응을 보고 나서 유혹에 필요한 전술의 수위를 결정했다. 그 가운데 특히 젊은 여성들은 눈길을 끄는 화려한 외모만으로도 충분히 공략할 수 있었다. 그들이 바라는 것은 오로지 그의 화려한 외모였기 때문에 굳이 복잡한 전술을 채택할 필요가 없었다.

어떤 전술을 구사할지는 상대에 따라 달라진다. 복잡미묘한 변화에 둔감하거나 그런 데 오히려 불안을 느끼는 사람에게는 깊이 있는 멋을 연출하려고 애쓸 필요가 전혀 없다. 삶에서 단순한 즐거움을 선호하거나 암시가 담긴 듯한 이야기를 참을성 있게 듣지 못하는 사람들이 그와 같은 유형에 속한다. 그런 사람들에게는 단순한 전술을 구사하는 것이 좋다.

누구에게나
사랑받는 사람으로
보이도록 행동하라

• 경쟁 유발 •

사람들은 이미 주목을 받고 있는 사람 주위로 모여드는 경향이 있다. 남들이 원하는 것을 덩달아 원하는 심리가 있기 때문이다. 사람들의 관심과 소유욕을 자극하려면, 그만큼 귀하고 가치 있는 존재라는 인식을 심어주어야 한다. 아울러 사람들의 허영심을 부추기는 것도 중요하다. 다시 말해 주변의 수많은 경쟁자들 가운데 자기가 좀 더 유리한 위치에 있다는 착각을 하게 만들어야 한다. 그런 점에서 삼각관계는 잘만 활용하면 아주 큰 효과를 거둘 수 있다. 거듭 말하지만 많은 사람들이 관심을 보이는 데에는 분명 그럴 만한 이유가 있다는 인식을 심는 것이 중요하다.

삼각관계 만들기

1882년의 어느 날 저녁, 로마에 체류 중이던 프로이센의 철학자 파울 레는 작가와 예술가들을 위해 살롱을 경영하는 한 여성의 집을 방문했다. 거기서 레는 러시아 출신의 루 살로메라는 신입 회원을 만났다. 당시 스물한 살이었던 살로메는 어머니와 함께 휴가차 로마에 와 있었다. 레는 자신을 소개했고, 두 사람은 밤늦은 시간까지 많은 대화를 나누었다. 신과 도덕에 관한 두 사람의 생각은 서로 통하는 구석이 많았다. 그녀는 심각한 어조로 얘기했지만, 그를 바라보는 그녀의 눈은 장난기로 가득했다. 그 후 며칠 동안 레와 살로메는 도시 이곳저곳을 산책했다. 그녀의 지성에 끌리면서도 그녀가 내비치는 감정에 갈피를 잡지 못했던 그는 그녀와 좀 더 많은 시간을 보내고 싶었다. 그러던 어느 날 그녀는 뜻밖의 제안을 했다. 마침 이탈리아를 방문 중이던 니체와 레가 절친한 친구 사이라는 사실을 알고 셋이서 함께 여행을 가자고 한 것이다. 그녀의 제안에 레는 다소 놀랐지만, 일종의 정신적인 삼각관계를 시험해볼 좋은 기회라고 생각했다. 기독교 윤리를 맹렬하게 비판했던 레는 그녀의 제안을 흔쾌히 받아들였다. 그는 니체에게 살로메가 무척 만나고 싶어한다는 내용의 편지를 보냈다. 몇 차례 편지가 오간 후 니체는 그녀를 만나러 로마로 왔다.

레가 니체를 불러들인 것은 살로메를 기쁘게 해주려는 목적도 있었지만, 자기가 반한 이 젊은 여성의 지성에 대해 니체가 어떻게 평가할지 궁금했기 때문이었다. 하지만 니체가 도착하자마자 예기치 못한 상황이 발생했다. 고독을 벗삼아 살아온 이 위대한 철학자는 살로메를 본 순간 한눈에 반하고 말았다. 니체는 셋이서 지적인 대화를 나누기보다 살로메를 독차지하기 위해 늘 궁리하는 것 같았다. 레는 니체와 살로메가 자기를 빼놓고 둘이 대화를 나누는 모습을 볼 때마다 질투심을 느꼈다. 정신적인 삼각관계를 시험해보자는 애초의 계획은 이제 안중에도 없었다. 살로메는 그의 것이었다. 그녀의 진가를 먼저 알아본 사람은 그였다. 그는 어느 누구와도, 심지어 절친한 친구인 니체와도 그녀를 공유하고 싶지 않았다. 무슨 수를 쓰든 그녀와 단둘이 있는 기회를 만들어야 했다. 그래야 그녀에게 구애를 해서 그녀를 차지할 수 있었기 때문이다.

살로메의 어머니는 딸을 데리고 러시아로 돌아가려 했지만, 살로메는 계속 유럽에 머물기를 원했다. 레가 살로메 모녀에게 조정안을 내놓았다. 일단 독일까지 같이 여행하면 자기 어머니한테 살로메의 샤프롱 역할을 부탁하겠다는 내용이었다(레는 자기 어머니가 그렇게 철저한 샤프롱은 못 될 거라는 점을 알고 있었다). 살로메의 어머니는 레의 제안에 동의했지만, 니체는 별로 탐탁하게 여기지 않았다. 그는 프로이센에 있는 레의 집까지 가는 그 여행에 동행하기로 결심했다. 여행 도중에 니체와 살로메는 단둘이 산책을 나갔다. 그들이 돌아왔을 때, 레는 두 사람 사이에 뭔가 심상치 않은 일이 벌어졌다는 것을 직감했다. 자신의 시선을 피하는 살로메의 모습을 본 레는 온몸의 피가 거꾸로 솟는 듯했다.

결국 그들은 각자 뿔뿔이 흩어졌다. 살로메의 어머니는 러시아로, 니체는 타우텐부르크에 있는 자신의 여름별장으로 돌아갔고, 살로메는 레와 함께 그의 집에 남았다. 하지만 살로메는 오래 머물지 않았다. 그녀는 자기를 방문해달라는 니체의 초대를 받아들여 샤프롱 없이 타우텐부르크로 떠났다. 그녀가 그곳에 가 있는 동안 레는 의심과 분노로 제정신이 아니었다. 그녀에 대한 그리움으로 밤잠을 설치던 레는 그녀가 돌아오자 신랄하기 이를 데 없는 태도로 니체를 마구 헐뜯었다. 그는 니체의 철학을 비판하는 한편, 그녀에 대한 동기의 순수성에 대해서도 의문을 제기했다. 하지만 살로메는 니체 편을 들었다. 레는 영영 그녀를 잃어버린 것 같아 절망에 빠졌다. 그런데 며칠 후 그녀는 그와 단둘이 살고 싶다는 말을 해 다시 한 번 그를 놀라게 했다.

드디어 레는 그토록 원하던 것을 손에 넣었다. 레와 살로메는 같이 살 아파트를 구해 베를린에 정착했다. 그곳에서도 살로메는 여전히 젊은 구애자들에게 둘러싸였다. 베를린의 지식인들은 타협을 거부하는 그녀의 독립적인 성격을 찬양해 마지않았다. 레는 '영부인'으로 통하는 그녀의 관심을 끌기 위해 다시 한 번 경쟁을 해야 했다. 절망을 견디다 못한 그는 몇 년 후 그녀를 떠났고, 결국 자살로 생을 마감했다.

1911년 프로이트는 독일에서 열린 한 회의에서 살로메(당시 살로메는 루 안드레아스 살로메라는 이름으로 알려져 있었다)를 만났다. 그녀는 프로이트에

역할이 더 어울리는 여자였기 때문이다. 흥미진진한 이 사건의 결말은 이렇다. 얼마 지나지 않아, 그녀가 연인에게 쓴 편지가 우연히 다른 여인의 손에 들어가게 되었다. 그 여인도 지위나 매력, 미모에서 두 번째 귀부인과 막상막하였다. 대부분의 여자들과 마찬가지로, 이 여인도 호기심을 참지 못하고 그만 편지를 뜯고 말았다. 그녀는 깊은 열정과 열렬한 사랑의 감정이 가득 담긴 편지를 읽고 처음에는 가슴 뭉클한 감동을 받았다. 편지를 쓴 사람이나 받을 사람이나 모두 잘 알고 있었기 때문이다. 하지만 거기서 끝나지 않았다. 곧이어 그녀는 그런 남자라면 그토록 위대한 사랑의 감정을 불러일으킬 만하다고 생각하기 시작했다. 이로써 그녀도 그와 사랑에 빠지고 말았다. 청년이 그녀에게 직접 편지를 보낸다 해도 이 편지보다 더 큰 효과를 거둘 수는 없었다. 왕자를 노리고 준비된 독약이 그에게 올릴 음식을 맛보는 사람을 죽일 때가 가끔 있듯이, 이 가련한 여인도 탐욕에 눈이 멀어 다른 사람을 위해 준비된 사랑의 독약을 마시고 말았다. 더 이상 무슨 말이 필요하겠는가? 이 연애 사건이 알려지자, 다른 여인들까지 가세해 서로를 힐뜯기도 하고 서로를 본받기도 하면서 이 남자의 사랑을 차지하기 위해 이전투구를 벌이는 지경으로까지 발전했다.
— 발다사레 카스틸리오네, 《궁정인》

게 정신분석학 운동에 투신하고 싶다는 의사를 내비쳤다. 프로이트 역시 살로메와 니체의 유명한 연애 사건을 알고 있었지만, 그녀에게 매료되지 않을 수 없었다. 살로메는 정신분석이나 심리치료 요법에 대한 사전 지식이 전혀 없었다. 하지만 프로이트는 자신의 측근들로 구성된 핵심 모임에 그녀를 가입시켰다. 그녀가 모임에 가입하고 얼마 지나지 않아 프로이트가 총애하던 제자 가운데 한 명인 빅토르 타우스크 박사가 그녀와 사랑에 빠졌다. 타우스크는 그녀보다 열여섯 살이나 연하였다. 살로메와 프로이트의 관계가 순수하게 정신적인 것이었다고 할지라도 그녀에 대한 그의 애정은 유별났다. 어쩌다 그녀가 강의에 빠지기라도 하면 그는 아주 슬픈 표정을 지었고, 편지와 꽃을 보내기도 했다. 타우스크와 살로메의 연애 사건은 프로이트의 질투심을 자극했고, 프로이트는 살로메의 관심을 얻기 위해 경쟁에 돌입했다. 그에게 타우스크는 아들과 같은 존재였지만, 그 아들이 아버지가 아끼는 보물을 훔치려 하고 있었다. 하지만 얼마 후 살로메는 타우스크와 헤어졌다. 프로이트와 살로메의 우정은 그 어느 때보다도 돈독해졌고, 두 사람의 이러한 관계는 1937년 그녀가 사망할 때까지 계속되었다.

해석 ──

남자들은 단지 살로메와 사랑에 빠진 것만이 아니었다. 그들은 그녀를 소유하고 싶다는, 다른 사람들에게서 그녀를 떼어놓고 싶다는, 그녀의 육체와 정신을 독차지하고 싶다는 욕망에 압도당했다. 그들이 볼 때, 그녀는 늘 다른 남자들에게 둘러싸여 있었다. 레가 자기한테 관심이 있다는 것을 알아챈 순간, 그녀는 니체를 만나고 싶다고 했다. 이런 태도는 그를 자극했고, 급기야는 그녀와 결혼해 영원히 그녀를 독차지하고 싶다는 생각을 하게 만들었다. 하지만 그녀는 친구로 지내고 싶다고 말했다. 니체에게 보낸 그의 편지들에는 살로메에 대한 열정이 숨김없이 드러나 있었고, 이를 본 니체는 그녀를 만나기도 전에 그녀에게 빠져들었다. 살로메가 두 남자 가운데 어느 한 명과 단둘이 있을 때면, 나머지 한 명은 뒷전으로 밀려났다. 나중에 그녀를 만난 남자들은 거의 대부분 살로메와 니체의 유명한 연애담을 알고 있었다. 하지만 이는 그녀를 손에 넣고 싶다는, 그리하여 그녀에게서 니체의 기억을 지워버리고 싶다는 욕망을 더욱 자극할 뿐이었다. 그녀에 대한 프로이트의 애정이 더욱 강해진 것도 그녀의 관심을 끌기 위해 타우스크와 경쟁을 해야 하는 처지로 바뀌면서부터였다. 살로메는 누가 보아도 지적이고 매력적인 여성이었다. 하지만 그녀의 가치를 더욱 돋보이게 만든 것은 자신을 쫓아다니는 남자들을 상대로 끊임없이 삼각관계를 연출했던 그녀의 전략이었다. 남자들이 그녀를 차지하기 위해 경쟁하는 한, 그녀는 모두가 원하지만 어느 누구도 소유할 수 없는 욕망의 대상이었다. 그럴수록 그녀는 남자들에게 강력한 힘을 발휘했다.

우리가 어떤 사람에게 욕망을 느끼는 데에는 다른 사람들의 태도도 중요한 영향을 미친다. 우리는 다른 사람들에게도 매력을 발하는 대상에게 끌린다. 우리는 만인이 원하는 대상을 보면 혼자서만 소유하고 싶어한다. 그러면서 누구나 한 번쯤은 그런 꿈을 꾼다고 치부해버린다. 하지만 그 이면에는 허영심과 탐욕이 상당 부분 반영되어 있다. 유혹자가 되려면 사람들의 이기심을 불평하기보다는 자신에게 유리하게 활용할 줄 알아야 한다. 다른 사람들도 소유하고 싶어하는 대상이라는 이미지를 심을 경우 아름다운 얼굴이나 완벽한 몸매보다 더 큰 매력을 발휘할 수 있다. 그런 이미지를 심는 데 가장 효과적인 방법은 삼각관계를 형성하는 것이다. 상대와의 사이에 제3자를 끼워넣어 그 사람이 얼마나 자신을 원하고 있는지를 은근슬쩍 과시하라. 제3자가 군이 한 명일 필요는 없다. 추종자는 많을수록 좋다. 다시 말해 여러 사람이 연인으로 삼고 싶을 만큼 매력적인 존재라는 인상을 심는 것이 중요하다. 희생자들로 하여금 현재뿐만 아니라 과거의 연인들과도 경쟁하게 만들어라. 쉽게 잡히지 않는 존재라는 인식이 강할수록 사람들에게 힘을 발휘할 수 있다. 그러려면 처음부터 사람들의 욕망에 불을 지펴야 한다. 그렇지 못할 경우 결국은 연인들의 변덕에 휘둘리는 신세가 되고 말 것이다. 계속해서 사람들의 관심을 끌 수 없다면, 버림을 받을 수밖에 없다.

(사람은) 자기가 존경하는 사람이 원하는 대상이라는 확신이 들면, 거기에 끌리게 되어 있다.

— 르네 지라르(René Girard)

유혹의 열쇠

그대와 사랑에 빠진 여성들의 수와 그들의 적극적인 구애 공세로 그대가 차지하려는 여성을 즐겁게 해줄 수 있다면, 그것만으로도 그대는 아주 유리한 위치에 서게 된다. 이는 그대가 여성들에게 인기 있으며, 진정 명예로운 남자라는 사실을 증명해주기 때문이다. 뿐만 아니라 상대 여성에게 자기도 똑같이 명예롭게 대접받을 수 있다는, 즉 그대를 아는 여성들 앞에서 그대처럼 칭찬을 들을 수 있다는 확신을 심어주기까지 한다. 너무 기쁜 나머지 그녀가 그 자리에서 당장 그대의 목을 껴안아 그대에게 얼마나 감탄하고 있는지를 입증해 보인다 해도 그리 놀랄 필요는 없다.
— 롤라 몬테즈
(Lola Montez),
《아름다움의 기술과 비밀, 더불어 신사들이 알아야 할 매혹의 기술(The Arts and the Secrets of Beauty, With Hints to Gentlemen on the Art of Fascinating)》

인간은 사회적 동물이다. 다시 말해 우리 인간은 타인의 취향과 욕망에 영향을 받을 수밖에 없다. 대규모 사교 모임에서 누구 하나 말을 거는 사람도 없이 혼자 이리저리 배회하는 남자가 있다고 가정해보자. 그 남자에게 고립을 자초하는 요인이 있는 것은 아닐까? 그 남자는 왜 혼자일까? 어째서 다들 그 남자를 피하는 것일까? 거기에는 분명 이유가 있게 마련이다. 누군가가 그를 가엾게 여겨 말을 걸면 모를까, 그렇지 않은 이상 그런 상태로 계속 겉돌 수밖에 없다. 하지만 맞은편 구석에는 한 여자가 사람들에게 둘러싸인 채 앉아 있다. 사람들은 그 여자의 말에 웃음을 터뜨리고, 곧이어 다른 사람들도 유쾌한 분위기에 끌려 거기에 가세한다. 그녀가 자리를 옮길 때마다 사람들도 따라 움직인다. 그녀의 얼굴은 사람들의 관심으로 발갛게 달아올라 있다. 여기에도 분명 이유가 있게 마련이다.

물론 두 경우 모두 뚜렷한 이유는 없다. 이야기를 해보면, 사람들이 외면하는 그 남자도 상당히 매력적일 수 있다. 하지만 문제는 말을 걸고 싶은 생각이 들지 않는다는 데 있다. 인기는 사람들이 만들어낸 허상에 불과하다. 인기는 그 사람의 말이나 행동이 아니라, 그 사람을 바라보는 다른 사람들의 평가에서 비롯된다. 즉 사람들 모두가 갈망하는 대상이라는 인식이 중요하다. 따라서 사람들의 관심을 끌려면, 모두가 탐낼 만큼 가치 있는 존재라는 인상을 주어야 한다. 욕망은 모방적 측면(우리는 남들이 좋아하는 것을 좋아한다)과 경쟁적 측면(우리는 남이 가진 것을 빼앗고 싶어한다)을 동시에 가지고 있다. 어렸을 때 형제나 자매로부터 부모의 관심을 독차지하고 싶어 안달했던 경험이 있을 것이다. 인간의 욕망 깊숙한 곳에는 이러한 경쟁 심리가 도사리고 있다. 사람들은 다들 탐내는 대상이 앞에 있으면, 서로 차지하려고 경쟁하게 되어 있다. 그 점을 이용하면 누구나 원하는 훌륭한 유혹자가 될 수 있다.

친구든 구애자든, 추종자는 많을수록 좋다. 나폴레옹의 여동생 폴린 보나파르트는 무도회장에서든 파티에서든 자신을 숭배하는 무리들로 주변을 채움으로써 자신의 가치를 높였다. 산책을 나갈 때도 그녀는 늘 두세 명의 남자를 대동했다. 이들은 단순히 친구거나 지지자일 수도 있지만, 그런 광경을 보는 사람들은 그녀처럼 인기 많은 여인이라면 힘들게 싸워서 차지할 가치가 있다는 생각을 하게 되었다. 앤디 워홀도 아주 매력적이고 재미있는 사람들로 주변을 채웠다. 그의 측근이 된다는 것은 그 사람 역시 관심의 대상이 된다는 것을 의미했다. 그는 늘 사람들에게 둘러싸여 있으면서도 모든 것에 초연한 듯한 태도를 보여 어느 누구 할 것 없이 그의 관심을 끌기 위해 경쟁하게 만들었다. 그는 사람들과 어느 정도 거리를 둠으로써 그를 소유하고 싶다는 욕망을 더욱 부채질했다.

이와 같은 행동은 단순히 경쟁 욕구뿐만 아니라 사람들의 약점인 허영심과 자긍심에도 호소한다. 사람들은 누군가가 자기보다 재능이나 돈이 더 많다는 것은 참을 수 있지만, 경쟁자가 자기보다 더 매력적이라는 것은 용납하지 못한다. 18세기 초반의 위대한 레이크였던 리슐리외 공작은 다소 경건하긴 하지만 남편이 자주 집을 비우는 젊은 유부녀를 유혹해 기어이 손에 넣었다. 그는 내친 김에 그녀의 이웃에 사는 과부까지 농락했다. 그러다 번갈아가며 두 여인과 잠자리를 같이했다는 사실이 들통나고 말았다. 시시한 남자 같았으면 줄행랑을 쳤겠지만, 공작은 달랐다. 그는 허영과 욕망의 함수관계를 간파하고 있었다. 두 여인 모두 그의 사랑을 양보하고 싶지 않은 눈치였다. 이제 그들은 그의 눈에 들기 위해 혈안이 되었다. 덕분에 그는 그 후로도 한동안 삼각관계를 지속할 수 있었다. 이처럼 허영심을 자극할 경우 사람들을 자신이 원하는 방향으로 끌고 갈 수 있다. 일찍이 스탕달은 눈독을 들인 여자가 있거든 언니나 동생에게 관심을 보이라고 말했다. 이는 곧 삼각관계를 통해 욕망을 자극하라는 의미로 해석할 수 있다.

유혹자로서의 화려한 과거를 이용해 자신의 매력을 한껏 부풀리는 것도 효과적인 방법이다. 뭇 여성들이 에롤 플린의 발아래 굴복한 것은 그의 잘

생긴 얼굴이나 연기 실력 때문이 아니라, 유혹자로서의 명성 때문이었다. 그들은 다른 여자들도 그 앞에 서면 속수무책이 된다는 사실을 잘 알고 있다. 일단 유혹자라는 명성을 얻게 되자 그는 더 이상 여자들을 쫓아다닐 필요가 없었다. 여자들이 먼저 다가왔기 때문이다. 바람둥이로 낙인찍힌 남자들은 여자들이 피하거나 경계할 거라고 생각하지만, 실은 그렇지 않다. 오히려 그 반대로 여자들은 그런 남자에게 매력을 느낀다.

17세기 프랑스에서 덕이 높기로 정평이 나 있던 몽팡시에 여공작은 로죙 공작이라는 레이크와 처음에는 친구 사이로 시작했지만, 곧이어 고민에 빠졌다. 로죙처럼 화려한 전력이 있는 남자가 전혀 유혹할 마음이 없다면, 자신에게 문제가 있는 게 분명하다는 생각이 들었기 때문이다. 이런 우려가 결국은 그녀 스스로 그의 품안에 뛰어들게 만들었다. 위대한 유혹자의 전리품 명단에 들어가느냐 못 들어가느냐 하는 것은 허영심과 자존심의 문제일 수 있다. 이러이러한 여자나 남자의 연인으로 자기 이름이 방송을 탈 때, 사람들은 행복을 느낀다. 유혹자로서 딱히 내세울 만한 경력이 없다 하더라도, 많은 사람들에게 매력적인 존재로 비치고 있는 것처럼 행동해야 한다. 알다시피 빈자리가 많은 식당에 선뜻 들어설 사람은 아무도 없다.

대비 효과를 이용하면 삼각관계 전략을 훨씬 다양하게 구사할 수 있다. 지루한 사람들과의 비교를 통해 자신의 매력을 부각시키는 것도 좋은 방법이다. 예를 들어 사교 모임에 나갈 경우, 거기서 가장 재미없는 사람을 골라 마음에 둔 상대와 얘기하게 만들라. 그런 다음 슬며시 다가가 구원의 손길을 내밀면, 상대는 마치 구세주라도 만난 듯 기뻐할 것이다. 키르케고르의 《유혹자의 일기》에서 요하네스는 순진한 처녀 코델리아를 유혹하기 위해 치밀한 계획을 짠다. 자기 친구 에드바르트가 대책 없이 지루하고 수줍음을 잘 타는 사람이라는 사실을 잘 알고 있는 그는 친구를 부추겨 그녀에게 구애하게 만든다. 몇 주가 지나자 그녀의 시선은 다른 사람에게 쏠리게 된다. 그녀가 관심을 보인 대상은 다름 아닌 요하네스였다. 요하네스는 일부러 그런 전략을 택했지만, 자연스럽게 대비 효과를 이용할 수 있는 기회는 주변에 많다.

17세기의 영국 여배우 넬 귄이 찰스 2세가 총애하는 정부가 될 수 있었던 것은 뻣뻣한 궁정의 귀부인들과 달리 유머 감각과 꾸밈없는 솔직한 태도가 돋보였기 때문이다. 상하이 출신의 여배우 장칭은 별로 힘들이지 않고도 마오쩌둥을 유혹할 수 있었다. 당시 옌안의 산간 막사에서 생활하던 여자들은 모두 남자 복장을 하고 있었기 때문에 여성다운 분위기가 전혀 느껴지지 않았다. 그런 상황에서 장칭의 모습은 마오쩌둥을 유혹하기에 충분했다. 마오쩌둥은 곧 아내를 버리고 그녀를 선택했다. 대비 효과를 극대화하려면, 주변의 다른 사람들에게서는 찾아보기 힘든 매력(이를테면 유머, 쾌활함 등)을 선보이거나 자신의 자연스러운 매력을 더욱 돋보이게 해줄 집단을 골라야 한다.

대비 효과는 양상만 좀 다를 뿐 정치인들 사이에서도 널리 사용된다. 대중을 유혹해야 한다는 점에서 정치인들도 자신의 매력을 부각시켜야 하기 때문이다. 무엇보다도 경쟁자에게 부족한 자질을 개발하는 것이 중요하다. 18세기의 러시아 황제 표트르 3세는 거만한 데다 무책임하기 짝이 없는 위인이었다. 이에 비해 그의 아내인 예카테리나는 겸손하고 믿을 만한 사람이라는 이미지를 구축해 마침내 남편을 퇴위시키고 황제가 될 수 있었다. 1917년 니콜라이 2세가 퇴위하고 나서 러시아로 돌아온 레닌은 과감한 결단력과 고도의 자제심을 보여주었다. 이는 당시의 다른 지도자에게서는 찾아볼 수 없는 특징이었다. 1980년 미국의 대통령 선거에서 지미 카터의 우유부단한 모습은 자신감 넘치는 로널드 레이건의 모습을 더욱 부각시켰다. 말로 떠든다고 해서 얻어지는 것이 아니기 때문에 대비 효과가 갖는 유혹의 힘은 매우 강력하다. 대중은 무의식적으로 그런 대비 효과에 영향을 받으며, 자신이 보고자 하는 것을 본다.

결국 다른 사람들에게 얼마나 매력적인 존재로 비치느냐에 따라 가치가 올라가지만, 어떻게 행동하느냐도 중요한 변수가 될 수 있다. 상대에게 자신을 너무 자주 보여주지 않도록 하라. 즉 일정한 거리를 두면서 다가갈 수 없는 존재라는 인식을 심어야 한다. 손에 넣기 힘든 대상일수록 사람들의 관심은 더욱 증폭되게 마련이다.

| **상징** | 트로피. 사람들이 트로피를 손에 넣고 싶어하는 이유는 다른 경쟁자들의 시선 때문이다. 배려하는 마음에서 다들 노력했으니 상도 공평하게 나누어 갖자는 의견이 나올 수도 있지만, 그렇게 되면 트로피의 가치는 사라지고 만다. 트로피는 우리의 승리를 상징하기도 하지만, 다른 사람들의 패배를 상징하기도 한다.

반전

반전은 없다. 무엇보다도 다른 사람들 눈에 매력적인 존재로 비치는 것이 중요하다.

가장 큰 불안이
가장 큰 약점이다

· 자극 ·

완벽하게 만족을 느끼는 사람은 유혹이 불가능하다. 유혹이
성사되려면 사람들의 마음속에 긴장과 부조화가 자리 잡고
있어야 한다. 사람들의 내부에 도사리고 있는 불만의 감정을
고조시켜라. 대부분의 사람들은 모험과는 거리가 먼 삶을 살
아간다. 살다 보면 어린 시절의 꿈은 저만치 멀어져 있고, 일
상은 지루하기 짝이 없다. 주변을 돌아보아도, 자기 자신을
돌아보아도 못마땅하기만 하다. 상대에게 자신의 존재를 은
근히 부각시키면서 저 사람이라면 문제를 해결해줄 수 있다
는 확신을 심어주는 것이 중요하다. 그러려면 먼저 상대의
내면에 자리하고 있는 뭔가 부족하다는 느낌, 이건 아니라는
느낌을 파고들어야 한다. 고통과 불안은 쾌락을 더욱 달콤
하게 만든다. 욕망을 자극한 다음, 부족한 부분을 채워준
다면 사람들은 자연스럽게 넘어오게 돼 있다.

상처 헤집기

불완전하게라도 자신의 삶에
만족하는 사람은 사랑에
빠질 수 없다. 사랑에 빠지는
것은 극도의 절망, 즉 일상의
삶에서 뭔가 가치 있는 것을
찾지 못하기 때문이다.
이러한 '증상'의 원인은
그리고 싶다는 의식적인
욕망 때문이 아니라, 우리의
삶을 풍요롭게 하고자 하는
강렬한 욕망 때문이다.
스스로 무가치하다는, 가치
있는 것이라고는 아무것도
없다는 뼈아픈 자각과
수치심이 우리를 사랑에
빠지게 만드는 근본
원인이다……. 그래서 젊은
사람들 사이에서 사랑에
빠지는 사례가 빈번하게
발생하는 것이다. 왜냐하면
그들은 자신의 가치에 대해
확신이 없으며, 종종
스스로를 부끄럽게 여기기
때문이다. 젊은 사람이
아니더라도, 삶에서 뭔가를
잃어버렸을 때,
즉 청춘이 끝나거나
나이가 들기 시작하면
똑같은 반응을 보인다.
— 프란체스코 알베로니
(Francesco Alberoni),
《사랑에 빠진다는 것
(Falling in Love)》

영국 중부의 이스트우드라는 광산촌에 사는 데이비드 허버트 로렌스(David Herbert Lawrence)는 이상한 아이 취급을 받았다. 창백하고 섬세한 소년 로렌스는 밖에서 뛰어 놀기보다 문학에 관심이 많았다. 게다가 여자아이들과 어울려 노는 것을 더 좋아했다. 그러다 보니 그의 주변에는 남자친구보다 여자친구들이 더 많았다. 로렌스는 이웃인 체임버스네 집을 자주 방문했다. 체임버스네가 이스트우드 외곽의 농가로 이사갈 때까지 그는 그 집 딸들과 함께 공부하곤 했다. 그중에서도 특히 제시와 친하게 지냈다. 제시는 진지하고 수줍음이 많은 소녀였지만, 그에게만은 자기 속 마음을 털어놓았다. 어느새 둘은 친한 친구 사이로 발전했다.

1906년 어느 날, 당시 스물한 살이었던 로렌스는 제시와 함께 공부하기로 한 시간에 나타나지 않았다. 전에는 없던 일이었다. 그는 약속 시간보다 훨씬 늦게 나타났다. 거기다 평소와 달리 입을 꾹 다문 채 뭔가를 골똘히 생각하는 표정이었다. 그녀는 그의 그런 모습을 여태껏 본 적이 없다. 이번에는 그녀가 그의 마음을 열 차례였다. 마침내 그가 입을 열었다. 그는 그녀가 자기한테 너무 기대는 것 같다고 운을 뗀 뒤, 그녀더러 누구와 결혼할지 생각해본 적이 있느냐고 물었다. 그러면서 두 사람은 단지 친구 사이일 뿐이므로 분명 자기는 그녀의 결혼 상대가 아니라고 말했다. 그러면서 자기 때문에 그녀가 다른 남자들을 만나지 못하는 것 같다고 했다. 물론 두 사람은 앞으로도 친구 사이로 남겠지만, 만나는 횟수를 줄여야 한다는 것이 그의 주장이었다. 그가 말을 끝내고 나가자, 그녀는 전에 없이 마음이 텅 빈 듯한 느낌을 받았다. 지금까지 그녀는 사랑이나 결혼을 진지하게 생각해본 적이 없었다. 그런데 갑자기 의심이 일었다. 나의 미래는 어떻게 될까? 왜 여태까지 미래에 대해 아무런 생각도 하지 않았을까? 그녀는 이유를 모른 채 불안하고 당혹스러웠다.

로렌스는 그 후에도 계속 제시를 찾아왔지만, 분위기는 예전 같지 않았다. 그는 이런저런 이유를 들어 그녀를 비난했다. 그는 그녀더러 육체적인 것을 너무 무시한다면서 공격의 포문을 열었다. 결혼하면 어떤 아내가 되고 싶은지 생각해본 적이 있느냐, 남자는 여자에게 대화 상대 이상을 원한다는 말을 하면서 그녀를 수녀 같다고 했다. 두 사람은 서로 만나는 횟수가 뜸해지기 시작했다. 그러고 나서 얼마 후 로렌스는 런던 교외에 있는 한 학교로부터 교사로 일해달라는 제의를 받았다. 그녀는 그와 잠시 떨어져 있는 것도 나쁘지 않다고 생각했다. 하지만 그가 작별 인사를 고하며 이번이 마지막 만남일지도 모른다고 하자, 그녀는 철퍼덕 주저앉아 눈물을 쏟고 말았다.

그 후 그는 그녀에게 매주 편지를 보내기 시작했다. 그는 자기가 만나는 여자들에 대해 얘기하면서 어쩌면 그 가운데 한 명과 결혼할지도 모른다고 썼다. 어느 날 제시는 그의 요청에 따라 런던으로 그를 만나러 갔다. 런던에서 다시 만난 두 사람은 옛날처럼 잘 지냈지만, 이번에도 그는 미래 운운하면서 옛 상처를 헤집으며 그녀를 괴롭혔다. 그는 크리스마스 휴가 때 이스트우드로 돌아와 제시를 방문했는데, 뭔가 신나는 일이 있는 사람처럼 보였다. 그날 그는 뜻밖의 고백을 했다. 자신이 결혼하고 싶은 사람은 제시라고 하면서 줄곧 그녀에게 끌렸다는 것이었다. 하지만 결혼 발표는 잠시 미루자고 했다. 이 무렵 그는 작가로서 인정을 받기 시작했는데(그의 첫 번째 소설이 곧 출간될 예정이었다), 더 많은 돈을 벌어야 한다는 것이었다. 갑작스러운 그의 고백에 마음이 풀린 제시는 행복감에 어쩔 줄 몰라하며 모든 것에 동의했고, 두 사람은 연인 사이가 되었다.

하지만 얼마 안 가 예전의 패턴이 반복되었다. 그는 계속해서 제시를 나무랐다. 그러고 나서 헤어지면 다른 여자를 사귀고 있다고 선언했다. 하지만 그럴수록 그녀는 그에게서 벗어나지 못했다. 그녀가 마침내 두 번 다시는 그를 만나지 않겠다고 결심한 것은 1912년이었다. 그의 자전적 소설인 《아들과 연인 *Sons and Lovers*》에서 그가 자신을 묘사한 부분에 마음이 상했기 때문이다. 하지만 그녀는 평생 로렌스를 잊지 못했다.

1913년 아이비 로라는 젊은 영국 여성이 로렌스의 소설을 읽고 그와 편지를 주고받기 시작했다. 그 무렵 로렌스는 프리다 폰 리히트호펜이라는 독일 여성과 결혼한 상태였다. 하지만 뜻밖에도 로렌스는 아내와 함께 머물고 있는 이탈리아로 그녀를 초대했다. 그녀는 그가 바람둥이일지도 모른다고 생각했지만, 그를 만나고픈 마음에 그의 초대를 흔쾌히 받아들였

"그렇다면 사랑(혹은 에로스)을 무엇이라고 할 수 있겠습니까?" 내가 말했다네. "죽을 수밖에 없는 운명입니까?" "절대 그렇지 않아요." "그렇다면 대체 무엇입니까?" "앞에서도 말씀드렸다시피, 그는 죽을 수밖에 없는 인간과 영생을 누리는 신의 중간 존재입니다." "그렇다면 그는 대체 어떤 종류의 존재입니까, 디오티마?" "그는 정령입니다, 소크라테스. 그는 본질상 반은 신이고 반은 인간인 정령입니다." ...... "그의 부모는 누구입니까?" 내가 물었다네. "다소 긴 이야기지만, 말씀드리죠. 아프로디테가 태어나던 날, 신들은 축하연을 베풀었는데 그 자리에는 메티스(발명)의 아들인 포로스(기지)도 있었습니다. 식사가 끝나자 주연이 무르익자, 페니아(빈곤)가 먹을 것을 구걸하며 문 앞에 서 있었습니다. 이때 포로스가 감로에 취해, 아직은 술이 발명되지 않았을 때니까요, 제우스의 정원에 들어가 잠이 들어버렸습니다. 페니아는 자신의 비참한 신세를 바꿀 절호의 기회라 여기고는 그와 동침하여 마침내 사랑을 잉태했습니다. 아프로디테의 생일날 잉태된 데다, 태어날 때부터 아름다움을 사랑했기에 사랑은 아프로디테를 섬기고 따랐습니다. 그리고 아버지로부터는 기지를, 어머니로부터는 빈곤을 물려받아 다음과 같은 성격을 지니게 되었습니다. 그는 언제나 가난했습니다. 게다가 사람들이 생각하는 것과는 정반대로, 예민하지도

다. 로렌스는 그녀가 예상했던 것과는 많이 달랐다. 고음의 목소리에다 두 눈은 상대를 꿰뚫어보듯 날카로웠으며, 어딘지 모르게 여성스러운 구석이 있었다. 곧이어 두 사람은 함께 산책을 나갔고, 그 자리에서 로렌스는 로에게 속마음을 털어놓았다. 두 사람이 친구 사이로 발전하고 있다는 생각에 그녀는 무척 기뻤다. 하지만 그녀가 떠나기 바로 직전에 로렌스는 그녀가 너무 철저하다는 둥, 도대체 비집고 들어갈 틈이 없다는 둥, 인간미가 전혀 느껴지지 않는다는 둥 갑자기 그녀를 비난하기 시작했다. 그녀는 뜻하지 않은 공격에 마음의 상처를 받았지만 수긍할 수밖에 없었다. 그의 말이 사실이었기 때문이다. 그에게 비친 나의 첫인상은 어땠을까? 나의 진짜 모습은 과연 무엇일까? 로는 공허감을 안은 채 이탈리아를 떠났다. 하지만 로렌스는 마치 아무 일도 없었다는 듯 그녀에게 계속 편지를 보냈다. 얼마 안 가 그녀는 그가 자신에게 퍼부은 그 모든 말에도 불구하고 그와 사랑에 빠졌다는 사실을 깨달았다. 아니, 어쩌면 그랬기 때문에 그를 사랑하게 됐는지도 몰랐다.

1914년 작가 존 미들턴-머리는 평소 친하게 지내던 친구 로렌스로부터 한 통의 편지를 받았다. 편지에서 로렌스는 소설가이기도 한 그의 아내 캐서린 맨스필드에게 너무 무뚝뚝하게 군다며 머리를 비난했다. 나중에 머리는 이렇게 썼다. "그의 편지를 읽기 전에는 남자한테 끌린 적이 단 한 번도 없었다. 그렇게 낯설고 독특한 경험은 내 평생 처음이었으며, 그 느낌은 쉽게 사그라지지 않았다." 그는 로렌스의 편지를 읽으면서 그가 자기한테 애정을 품고 있는 게 분명하다고 생각했다. 그 후 로렌스를 볼 때마다 그는 자신도 설명할 수 없는 묘한 육체적 매력을 느꼈다.

해석 ──

로렌스가 매우 신랄한 사람이었다는 점을 감안할 때, 남자들까지 포함해 그가 건 주문에 넘어간 희생자의 수가 많다는 것은 놀라운 일이 아닐 수 없다. 그는 거의 모든 관계에서 일단은 친구 사이로 출발했다. 그는 마음을 연 솔직한 대화로 사람들과 정신적인 유대감을 쌓았다. 그러고 나면 그는 갑자기 태도를 바꿔 상대에게 인신 공격을 해댔다. 그는 상대를 아주 잘 파악했고, 그 때문에 그의 지적은 상대의 심기를 흔들어놓을 정도로 정확했다. 당연히 그의 희생자들은 혼란과 불안의 감정, 뭔가 잘못됐다는 느낌을 받을 수밖에 없었다. 자기가 정상이라는 생각에 회의가 든 순간, 그들의 내면 깊숙한 곳에서는 갈등이 일기 시작했다. 마음 한편으로는 그가 왜 그렇게 나오는지 의아스러웠고, 나아가 그의 행동이 부당해보이기도 했지만, 다른 한편으로는 구구절절 옳은 말 같았다. 그러고 나서 사람들이 자기 회의에 빠져 있으면, 그는 편지를 보내거나 직접 방문해 자신의 매력을 과시했다.

그때부터 사람들은 그를 다르게 바라보기 시작했다. 마음의 상처를 받은 사람들은 이제 뭔가를 절실히 원했다. 그럴수록 그는 강하게 보였다. 이런 식으로 그는 우정의 감정을 애정과 욕망의 감정으로 발전시키면서 사람들을 자기 곁으로 끌어들였다. 자기 자신에 대해 회의를 느낀 순간, 사람들은 그와 사랑에 빠질 수밖에 없었다.

우리 대부분은 반복되는 일상에 매달림으로써, 다른 사람들이 뭘 하든 눈을 감아버림으로써, 가혹한 삶으로부터 우리 자신을 보호한다. 하지만 이러한 습관의 이면에는 불안과 방어 본능이 숨어 있다. 우리는 살아 있되, 정말 살아 있다는 느낌을 갖지 못한다. 유혹자는 사람들의 이런 상처를 끄집어내 그동안 어렴풋하게만 느끼던 부분을 확연하게 인식할 수 있도록 해야 한다. 로렌스가 바로 그런 경우였다. 그는 예상치 못한 기습 공격으로 사람들의 약점을 헤집었다.

알다시피 로렌스는 정공법으로 엄청난 성공을 거두었다. 하지만 다른 사람들과의 비교를 통해 그들의 삶이 그렇게 화려하지 않다는 점을 은근히 암시함으로써, 뭔가 부족하다는 생각을 간접적으로 일깨우는 쪽이 더 큰 효과를 거둘 때가 많다. 다시 말해 스스로 고민에 빠져 갈팡질팡하면서 불안감을 느끼게 만들어야 한다. 뭔가 결여되어 있다는 불안감이야말로 욕망의 전제 조건이다. 상대가 일단 이런 감정에 사로잡히게 되면 유혹은 성사된 것이나 다름없다. 그 틈을 노려 자신의 존재를 은근히 부각시키면서 모험의 기회를 준다면 상대는 저절로 끌려오게 되어 있다. 거듭 말하지만 불안과 상실감이 없이는 유혹도 존재할 수 없다.

아름답지도 못했습니다.
그의 삶은 늘 고단했습니다.
그는 신이 없어 늘 맨발로
다녔으며, 집도 없이 떠돌며
남의 집 문간이나, 땅바닥,
아니면 길거리에서 잠을
청했습니다. 여기까지는
어머니의 피를 받아 늘
가난하게 살았던 탓이지요.
그러나 다른 한편으로는
아버지의 피를 받아
아름답고 선량하게 되고자
애썼으며, 담대하고
추진력도 강했습니다. 그는
한시도 쉬는 법 없이, 교활한
사냥꾼처럼 늘 계책을
연구했습니다.
— 플라톤, 《향연》

우리 모두는 어린아이들이
기념으로 보관하기 위해
반으로 뚝 쪼개는
동전과도 같습니다.
하나에서 둘이 된 우리는
우리에게서 떨어져나간
나머지 반쪽을
평생 그리워하며
살아갑니다…… 따라서
이 모든 소동은 완전했던
우리의 원래 상태가 빚어낸
결과라고 하겠습니다.
우리는 먼 옛날 우리와
하나를 이루었던 반쪽을
애타게 좇아다니면서 사랑에
빠졌다고 말합니다.
— 플라톤의 《향연》에서
아리스토파네스가
연설하는 부분

인간은 뭔가 부족하다고 느낄 때 욕망과 사랑의 감정에 사로잡힌다.

— 소크라테스

유혹의 열쇠

모든 사람은 살아가면서 가면을 쓴다. 남들 앞에서 우리는 실제보다 훨씬 더 자신만만한 척한다. 속으로는 끊임없는 회의에 시달리면서도 다른 사람들에게는 그런 모습을 보이지 않으려 한다. 하지만 우리의 자아와 성격은 겉으로 드러난 것보다 훨씬 나약하다. 즉 겉으로는 강해 보여도 그 이면에는 혼란스러운 감정과 공허감이 도사리고 있다. 따라서 유혹자는 겉모습만으로 상대를 판단해서는 안 된다. 이 세상에 100퍼센트 만족하면서 사는 사람은 없다. 그런 점에서 사람들은 항상 유혹에 넘어갈 준비가 되어 있다고 하겠다. 그들의 불안과 근심을 수면 위로 끌어낸다면 쉽게 유혹할 수 있다.

유혹을 하려면 먼저 상대가 스스로의 모습을 볼 수 있게 만들어야 한다. 다시 말해 살아가면서 놓치고 있는 부분이 무엇인지를 깨닫게 만들어야 한다. 뭔가 결핍되었다는 느낌이 들 때, 자신의 빈 공간을 채워줄 사람을 찾게 된다. 우리 대부분은 게으르다. 우리 스스로 지루함이나 상실감을 달래려면 엄청난 노력을 쏟아부어야 한다. 그보다는 누군가 다른 사람에게 그 일을 맡기는 것이 훨씬 쉽고 짜릿하다. 우리는 다른 사람이 나서서 우리의 공허감을 채워주기를 바란다. 유혹자는 바로 이 점을 파고든다. 상대가 미래에 대해 불안감을 갖게 하라. 상대를 절망에 빠뜨려 자신의 정체성에 회의를 품게 만들라. 상대가 삶을 갉아먹는 지루함에 덜미를 잡히는 순간, 유혹의 씨앗은 저절로 움트게 되어 있다.

사랑을 다룬 서양 최고(最古)의 고전인 플라톤의 《향연》은 욕망에 대한 우리의 생각에 결정적인 영향을 미친 교과서라고 할 수 있다. 그 책에 보면 디오티마라는 무녀가 소크라테스에게 사랑의 신 에로스의 혈통을 설명하는 장면이 나온다. 에로스의 아버지는 계략 혹은 교활이었고, 어머니는 빈곤 혹은 결핍이었다. 항상 부족함을 느끼면서 그런 자신의 욕구를 채우기 위해 뭔가 음모를 꾸민다는 점에서 에로스는 부모를 쏙 빼닮았다. 사랑의 신 에로스는 사랑이 성립되려면 상대도 똑같이 결핍을 느껴야 한다는 점을 잘 알고 있다. 그가 가지고 다니는 화살이 바로 그런 역할을 한다. 에로스가 쏜 화살에 맞은 사람은 그 순간부터 결핍과 고통, 굶주림을 느끼게 된다. 이것이 바로 유혹자가 해야 할 일이다. 에로스처럼 유혹자는 상대의 아픈 곳을 찔러 생채기를 내야 한다. 일단 상대가 덫에 걸려들었다고 판단되면, 은연중에 상대의 상처를 파고들어 더 큰 고통을 느끼게 만들어야 한다. 사람들은 불안을 느낄 때 다른 사람에게 기대려는 경향이 있다. 따라서 사람들을 사랑에 빠지게 하려면 우선 불안감에 휩싸이게 만들어야 한다. 로렌스 역시 희생자의 약점을 파고드는 수법으로 불안감을 조성했다. 제시 체임버스에게는 육체적인 면을 너무 경시한다고 비난했고, 아이비 로에게는 지나치게 이성적이라고 비난했으며, 미들턴-머리에게는 남자답지 못하다고 비난했다.

클레오파트라는 카이사르와 처음 만난 날 동침했지만, 그를 그녀의 노예로 만든 진짜 유혹은 그 뒤에 시작되었다. 그녀는 카이사르와 대화를 나눌 때마다 자신의 조상이라고도 할 수 있는 알렉산드로스 대왕 얘기를 자꾸 언급했다. 그녀는 알렉산드로스를 따를 만한 영웅은 아무도 없다고 말했다. 카이사르는 은연중에 열등감을 느끼지 않을 수 없었다. 클레오파트라는 겉으로는 강해 보이는 카이사르의 이면에 불안감이 도사리고 있다는 사실을 간파했다. 그녀는 그의 내면에 숨어 있는 불안감을 건드렸고, 거기에 넘어간 카이사르는 자신의 위대성을 입증하기 위해서라면 어떤 일도 마다하지 않을 태세였다. 이후 유혹은 일사천리로 진행되었다. 카이사르에게는 자신의 남성다움에 관한 회의가 약점이었다.

카이사르가 암살당하자 클레오파트라는 그의 후계자 가운데 한 명인 안토니우스에게 눈을 돌렸다. 안토니우스는 쾌락과 화려한 오락을 좋아했으며, 취향이 유치했다. 그녀는 먼저 자신의 호화로운 유람선으로 그를 초대한 다음, 연회를 열어 술과 저녁식사를 대접했다. 적어도 쾌락에 관한 한 이집트인들의 생활방식이 로마인들을 압도한다는 인상을 심기 위해 모든 게 사전에 철저히 준비되었다. 이집트인들에 비하면 로마인들은

이게 다 그대의 빼어난 미모 때문이라오. 다른 사람 같았으면 6개월이 걸릴 터인데, 그대는 단 15분 만에 나를 사랑에 빠지게 하는구려.
— 몰리에르,
《돈 후안, 혹은 난봉꾼》

지루하기 짝이 없는 생활을 하고 있었다. 안토니우스는 아둔한 로마 병사들과 무뚝뚝한 로마인 아내와 지내는 생활이 너무 재미없다는 생각이 들었다. 그런 안토니우스에게 클레오파트라는 말 그대로 쾌락의 화신으로 비쳤다. 그렇게 해서 그는 그녀의 노예가 되었다.

사람들은 뭔가 색다른 것을 좋아한다. 유혹자로서 성공하려면 남들과는 다른 색다른 분위기, 마치 저 먼 세계에서 온 듯한 분위기를 연출해야 한다. 다시 말해 지루한 일상과 확연히 구분되는 파격적이라는 인상을 심어줄 수 있어야 한다. 주변을 상대가 돌아본 순간, 삶이 지루하고 친구들도 재미없다는 느낌이 들게 만들어야 한다. 로렌스는 신랄한 인신 공격을 통해 삶에 대한 희생자들의 의욕을 꺾어놓았다. 그렇게 가혹하게 굴 자신이 없다면, 친구들이나 주변 환경과 같이 상대의 삶을 둘러싼 외적인 조건을 파고들라. 돈 후안에 관한 수많은 전설에는 한 가지 공통점이 있다. 즉 돈 후안은 순진한 시골 처녀에게 접근해 자신의 삶이 너무 보잘것없다고 여기게 함으로써 상대를 유혹하는 모습으로 자주 등장한다. 화려한 의상에 행동거지까지 고상한 돈 후안은 순진한 시골 처녀가 보기에 어딘지 딴 세상 사람 같다. 낯설면서도 이국적인 돈 후안의 매력에 끌린 시골 처녀는 자신의 삶에 싫증을 느끼고, 결국은 그를 구세주로 여기게 된다. 사람들은 자신의 삶이 무료한 것은 주변 환경 때문이라고 여긴다. 그러면서 자신이 태어난 마을과 무뚝뚝한 주위 사람들을 탓한다. 상대가 일단 이국적인 것에 매력을 느끼게 되면 유혹은 쉽게 진행된다.

유혹자가 눈여겨볼 또 다른 요소는 희생자의 과거다. 사람들은 자라면서 자의든 타의든 어린 시절의 꿈과 타협해야 한다. 어렸을 때와 달리 기분 내키는 대로 할 수 있는 기회는 줄어들게 마련이고, 그럴수록 삶은 점차 활기를 잃게 된다. 이 때문에 사람들은 아쉬움을 안고 살아간다. 유혹자가 되려면 사람들의 내면 깊숙한 곳에 자리하고 있는 이런 아쉬움을 수면 위로 끌어올려 자신들이 과거의 꿈에서 얼마나 멀리 벗어나 있는지를 새삼 깨닫게 만들어야 한다. 거기서 한걸음 더 나아가 상대가 잃어버린 꿈과 젊음을 되찾을 수 있는 기회를 제공한다면, 상대는 자연히 끌려오게 되어 있다.

영국의 여왕 엘리자베스 1세는 말년으로 접어들면서 다소 완고하고 잔소리 심한 군주로 알려졌다. 그녀는 신하들이 자신의 약점을 지적하는 것을 절대 용납하려 들지 않았다. 그러던 어느 날 에식스 백작 로버트 데버루가 궁중에 오게 되었다. 여왕보다 나이가 어린 데버루는 여왕의 괴팍한 성격을 종종 비난하고 나섰다. 하지만 여왕은 그에게 관대했다. 그는 의욕이 넘치다 못해 자제력을 잃기 일쑤였지만, 그의 말은 여왕의 마음을 사로잡았다. 에식스 백작을 보면서 여왕은 이미 오래전에 사라져버린 젊은 시절의 꿈들, 예를 들어 삶의 활력과 여성스러운 매력을 떠올리게 되었다. 뿐만 아니라 그와 함께 있으면 소녀 시절로 돌아간 듯한 느낌마저 들었다. 이렇게 해서 에식스는 여왕이 가장 총애하는 신하가 되었고, 곧이어 그녀는 그와 사랑에 빠졌다. 나이 든 사람들은 젊은이들이 유혹을 하면 끌려오게 마련이다. 하지만 그렇더라도 젊은이들은 그들이 놓치고 있는 부분이 무엇인지, 어째서 꿈을 잃게 되었는지를 깨닫도록 해야 한다. 그렇지 않고서는 아무리 젊음을 무기로 내세운다 하더라도 나이와 사회적인 여건 때문에 억눌러왔던 그들의 반항 정신을 다시 타오르게 할 수 없다.

이와 같은 논리는 비단 유혹의 과정에만 국한되지 않고 여러 분야에 적용된다. 기업가와 정치가들은 제품을 팔거나 사람들을 움직이려면 먼저 대중의 욕구와 불만을 일깨워야 한다는 점을 잘 알고 있다. 상대가 자신의 정체성에 대해 의문을 품게 한 다음, 도움의 손길을 내밀라. 이는 개인뿐만 아니라 집단이나 국민들에게도 통용되는 이야기다. 개인이든 집단이든, 뭔가 결여되어 있다는 느낌을 주지 못하면 유혹은 성사될 수 없다.

1960년 민주당 대통령 후보로 나온 존 F. 케네디의 선거 전략 가운데 하나는 미국인들로 하여금 1950년대에 대해 불만을 갖게 하는 것이었다. 미국은 1950년대 들어 경제적인 안정을 누리며 강대국으로 부상했지만, 케네디는 이런 사실에 대해서는 일절 언급하지 않았다. 대신 그는 획일화와 모험 정신의 결여, 개척자 정신의 상실을 이 시기의 특징으로 꼽았다. 케네디에게 표를 던진다는 것은 곧 집단적인 모험에 나서는 것이자, 미국인들이 예전에 포기한 꿈을 되찾는 것이라는 의미로 받아들여졌다. 하지

여러분 가슴속에 있는
청년에게 외치고 있습니다.
— 존 F. 케네디,
민주당 대통령 후보 수락
연설 중에서

만 그의 십자군 원정에 합류하려면, 먼저 자신들이 무엇을 잃어버렸는지, 어떤 것을 놓치고 있는지부터 인식해야 했다. 개인과 마찬가지로 집단도 원래의 목표를 잃고 일상에 매몰될 수 있다. 따라서 집단적인 불안 심리를 자극할 경우, 다시 말해 모든 게 겉보기와는 다르다는 인식을 심어줄 경우, 국가 전체를 유혹할 수 있다. 현재에 대한 불만을 고조시켜 영광스러웠던 과거를 떠올리게 만든다면, 사람들은 자기정체성에 회의를 품게 된다. 그러고 나서 그들의 정체성을 다시 정의해준다면, 엄청난 유혹의 효과를 발휘할 수 있다.

| **상징** | 큐피드의 화살. 상대의 욕망을 자극하는 것은 부드러운 손길이나 유쾌한 기분이 아니다. 상대의 욕망을 자극하는 것은 다름 아닌 상처다. 화살에 찔린 상처는 고통과 아픔에 이어 안전을 바라는 욕구를 불러일으킨다. 욕망이 생기려면 먼저 고통이 따라야 한다. 상대의 약점에 화살을 날려 상처를 내라. 그리고 상처가 아물기 전에 계속 후벼파라.

반전

상대의 자긍심을 지나치게 훼손할 경우, 너무 불안한 나머지 유혹의 미끼를 물지 않을 수도 있다. 따라서 너무 고압적으로 나가서는 안 된다. 로렌스의 경우처럼 상처를 준 다음에는 부드럽게 달래주어야 한다. 그렇지 않고 계속 밀어붙일 경우, 상대와의 사이가 멀어지게 된다.

유혹의 과정에서 매력은 미묘하고도 효과적인 힘을 발휘한다. 빅토리아 여왕 통치기에 총리를 지낸 벤저민 디즈레일리는 사람들을 기분 좋게 만드는 데 천부적인 재능이 있었다. 그는 자신을 드러내기보다 다른 사람들을 관심의 대상으로 부각시키면서 그들 스스로 자신이 재치 있고 유쾌한 사람이라고 생각하게 만들었다. 사람들은 자신의 허영심을 만족시켜주는 그에게 점점 깊이 빠져들었다. 이런 식으로 성적인 차이가 만들어내는 긴장과 깊은 감정에 기대지 않고도 얼마든지 상대를 유혹할 수 있다. 디즈레일리는 뭔가를 성취하고픈 사람들의 욕구를 슬며시 어루만져줌으로써 소기의 성과를 달성할 수 있었다. 교묘하고 영리하게 분위기를 이끌어나가는 능력이 있다면, 확고한 우정을 쌓으면서 상대의 방어 본능을 잠재우는 것도 유혹의 한 방법이 될 수 있다. 그렇게 해서 상대가 주문에 걸려들면, 그때 가서 상대의 아픈 상처를 건드리면 된다. 실제로 디즈레일리는 빅토리아 여왕을 매료시켜 우정을 쌓은 뒤, 공적인 업무에서나 개인적인 꿈에 대해서나 뭔가 부족하다는 느낌을 갖게 만들었다. 어떤 방법을 쓸지는 상대에 따라 달라진다. 불안감이 큰 사람일수록 부드러운 변화를 필요로 할 수도 있다. 그럴 때는 성급하게 화살을 날리기 전에 상대가 편안함을 느끼게 해주어야 한다.

직설 화법은
금물이다
• 암시 •

상대의 불만을 고조시켜 누군가의 관심을 필요로 하게 만드는 것도 중요하지만, 너무 직접적으로 나올 경우 상대는 유혹자의 속셈을 간파하고 방어 자세를 취하게 된다. 하지만 암시의 기술을 익히면 그런 걱정은 할 필요가 없다. 암시는 애매한 말을 던지거나, 상대가 마치 자기 의견인 것처럼 믿게끔 사람들의 마음속에 어떤 생각을 심는 기술이다. 그런 점에서 암시는 사람들에게 영향을 미치는 최고의 수단이다. 암시를 할 때는 직접적인 언어를 사용해서는 안 된다. 다시 말해 대담한 고백에 이어 후퇴와 사과, 모호한 표현, 유혹적인 눈길을 곁들인 평범한 대화를 교묘하게 구사하면서 상대를 혼란스럽게 만들어야 한다. 상대의 무의식을 파고 들어 자신의 진짜 의도를 전달하려면, 모든 것이 암시적이어야 한다.

욕망의 암시

1770년대의 어느 날 저녁, 한 청년이 연인인 어느 백작부인을 만나기 위해 파리 오페라극장에 들렀다. 하지만 서로 심하게 다툰 뒤라 그는 그녀를 다시 보기가 두려웠다. 백작부인을 기다리고 있는데, 그녀의 친구인 T부인을 만났다. 그녀는 이렇게 만나다니 대단한 행운이라며 마침 여행을 가는데 함께 가자고 졸라댔다. 청년은 백작부인을 만나고 싶은 마음이 굴뚝같았지만, 부인이 하도 권하는 바람에 결국 그녀와 동행하기로 했다. 그녀는 그가 행선지를 묻기도 전에 밖에 대기하고 있던 마차로 그를 안내하더니 서둘러 그곳을 떠났다.

청년은 부인에게 어디로 가느냐고 물었다. 처음에 그녀는 웃기만 하더니 남편의 성으로 가고 있다고 대답했다. 그러면서 한동안 남편과 사이가 좋지 않았는데, 화해하기로 결심했다는 말을 덧붙였다. 그런데 남편이 워낙 따분한 사람이라서 그처럼 매력적인 청년이 분위기를 띄워주었으면 좋겠다고 했다. 청년은 호기심이 생겼다. 비록 정부가 있긴 했지만, 부인은 나이도 지긋한 데다 대체로 점잖다는 평을 듣고 있었다. 하지만 그녀는 왜 하필 그를 선택했을까? 그녀의 이야기는 그다지 신빙성이 없었다.

잠시 후 그녀는 창밖으로 펼쳐지는 풍경을 가리키며 그에게도 내다보라고 권했다. 그가 그렇게 하려면 그녀 쪽으로 몸을 기울여야 했는데, 그 순간 마차가 심하게 흔들렸다. 그녀는 그의 손을 움켜잡으며 그의 품에 와락 안겼다. 한동안 그런 상태로 있던 그녀는 다소 거칠게 그를 밀어냈다. 어색한 침묵이 흐른 뒤 그녀는 방금 전의 일로 자신을 경솔한 사람이라고 생각하지 말아달라고 말했다. 청년은 그 일은 어쩔 수 없는 사고였을 뿐이며 경거망동하지 않을 테니 안심하라고 했다. 하지만 그녀를 품에 안아본 그는 속으로는 다른 생각을 하고 있었다.

마침내 두 사람은 성에 도착했다. 곧이어 남편이 그들을 마중하러 나왔고, 청년은 굉장한 성이라며 칭찬을 아끼지 않았다. 그때 부인이 끼어들었다. "당신이 보고 있는 건 아무것도 아니에요. '신사의 방'을 보면 더 놀랄걸요." 그가 무슨 뜻이냐고 묻기도 전에 그녀는 화제를 바꾸었다. 남편은 정말 따분한 사람이었다. 그는 저녁식사 후 양해를 구하며 먼저 자리를 떴다. 부인과 청년만 남게 되자 그녀는 산책이나 하자며 그를 정원으로 안내했다. 더할 나위 없이 근사한 저녁이었다. 그와 나란히 산책을 하던 부인은 슬그머니 그의 팔짱을 끼었다. 그러면서 그가 자기한테 딴 마음을 품을 거라는 걱정은 하지 않는다고 했다. 왜냐하면 그가 자기 친구인 백작부인을 얼마나 사랑하는지를 누구보다도 잘 알고 있기 때문이라는 것이었다. 두 사람은 이런저런 얘기를 나누었다. 그러다 부인이 그의 애인인 백작부인에 대한 얘기로 화제를 옮겼다. "그녀가 당신을 행복하게 해주나요? 설마 그 반대는 아니겠죠……. 그녀의 이상한 변덕 때문에 마음이 상할 때가 많을 거예요, 안 그런가요?" 뜻밖에도 부인은 백작부인이 그에게 충실하지 않다는 식으로 이야기를 몰아가기 시작했다. 이야기를 마친 부인은 한숨을 내쉬며 친구에 대해 그런 식으로 말한 것에 대해 용서를 구했다. 그러고는 새로운 생각이 떠오르기라도 한 것처럼, 즐거운 추억이 담긴 별채 얘기를 꺼냈다. 하지만 안타깝게도 별채는 잠겨 있었고, 그녀에게는 열쇠가 없었다. 그래도 두 사람은 별채로 가는 다른 길을 발견했고, 다가가 보니 놀랍게도 문이 열려 있었다. 내부는 어두웠지만, 청년은 그곳이 밀회 장소라는 것을 알 수 있었다. 두 사람은 안으로 들어가자마자 소파 위로 몸을 던졌다. 그는 나중 일을 생각할 겨를도 없이 그녀를 품에 안았다. 부인은 처음에는 그를 밀쳐내는 듯했지만, 곧이어 백기를 들었다.

집으로 돌아오는 길에 부인은 "정말 멋진 밤이었어요"라고 말했다. 그녀는 계속해서 의미심장한 말을 던졌다. "성에는 그곳보다 훨씬 더 근사한 방이 있어요. 하지만 당신한테는 보여줄 수가 없어요." 그녀의 말에는 그에게 너무 앞서가지 말라는 의미가 담겨 있는 듯했다. 그녀는 처음 성에 도착했을 때도 이 방('신사의 방')에 대해 언급한 적이 있었지만 그때는 그냥 흘려들었다. 하지만 지금은 그 방을 보고 싶어 미칠 지경이었기 때문에 그녀에게 보여달라고 졸랐다. "신사답게 행동한다고 약속하면 보여드리죠." 그녀는 의외라는 듯 눈을 동그랗게 뜨며 말했다. 그녀는 집 안을 감싼 어둠을 뚫고 그를 방으로 안내했다. 그녀의 말은 빈말이 아니었다. 그의 눈에 비친 방은 흡사 쾌락의 사원 같았다. 벽에는 대형 거울들이 걸

그리 먼 옛날 얘기는 아닙니다만, 사랑이나 신앙보다 위선이 판을 치는 우리 도시에 미모도 출중한 데다 행실도 나무랄 데 없고 누구보다도 고상한 성품과 영민함을 타고난 귀부인이 살고 있었습니다……. 이 부인은 귀족 출신이면서도, 그 사람이 큰 부자라는 이유 때문에 모직물 장수와 결혼했습니다. 그래서 속으로는 남편을 경멸하고 있었습니다. 아무리 부자라도 신분이 낮은 남자는 귀부인을 차지할 자격이 없다는—그녀의 생각은 확고했습니다. 그녀는 아무리 큰 부자라고 해도 면에서 양탈을 골라내거나, 직조기의 상태를 감독하거나, 실의 질을 놓고 직부(織婦)들과 언쟁을 벌이는 남편을 보면서 힘이 닿는 한 무슨 수를 써서라도 야수 같은 그의 손길을 거부하기로 단단히 결심했습니다. 더욱이 그녀는 아예 자신의 사랑을 받을 자격이 있는 사람을 사귀어 다른 데서 쾌락을 찾을 작정을 하고 있었습니다. 그러던 차에 고상한 티가 줄줄 흐르는 30대 중반의 남자와 깊은 사랑에 빠지게 되었습니다. 낮에 그 남자를 보지 못하면 밤에 잠을 이루지 못할 만큼 그녀의 사랑은 깊었습니다. 하지만 그 신사는 그녀가 자기 때문에 애를 태우고 있다는 사실을 전혀 눈치채지 못했습니다. 게다가 그녀는 그녀대로 워낙 조심성이 많아 하녀를 보내거나 편지를 써 사랑을 고백하는 일은 감히 엄두를 내지 못했습니다. 자칫 잘못하면 위험한 상황에 빠질 수도 있었기

려 있었고, 마치 숲을 옮겨놓은 듯한 유화와 조그만 동굴, 화관을 두른 에로스 조각상이 보는 사람의 마음을 사로잡고도 남았다. 그 방의 화려한 분위기에 압도당한 청년은 별채에서 하다 만 일을 서둘러 다시 시작했다. 시간은 제 갈 길을 잃고 그 자리에서 멈추어버린 듯했다. 얼마나 지났을까. 하인이 달려와서 날이 밝아오고 있다고 귀띔해주었다. 이제 곧 남편이 깰 시간이었다.

두 사람은 서둘러 헤어졌다. 그날 오후 떠날 채비를 하고 있는 청년에게 부인이 다가와 말했다. "잘 가요, 신사 양반. 당신 덕분에 즐거웠어요. 그 빚은 당신한테 아름다운 꿈을 선물해주는 것으로 갚았다고 생각해요. 이제 당신 애인한테 돌아가야죠……. 백작부인에게 나와 싸울 빌미는 주지 마세요." 돌아오는 길에 청년은 자신이 겪은 일을 곰곰이 되짚어보았다. 하지만 그녀의 말이 무슨 뜻인지 알 수 없었다. 그는 막연히 자신이 이용당했을지도 모른다는 느낌이 들었지만, 그가 기억하는 쾌락은 그런 의심을 날려버릴 만큼 강렬했다.

해석 ——

T부인은 비방 드농이 18세기에 쓴 단편소설 《내일은 없다》에 나오는 인물이다. 청년은 소설의 화자다. 비록 꾸며낸 이야기이지만, 그 내용은 당대의 유명한 풍운아와 유혹의 달인들이 구사했던 기술을 토대로 한 것이었다. 그들의 무기 중에서 가장 위험한 무기는 암시였다. 부인은 바로 이런 암시의 기술로 청년을 유혹했다. 거기에 넘어간 청년은 그녀가 바라던 쾌락의 밤을 선사하면서도 마치 자기가 공격자인 듯한 착각에 빠져 모든 것이 자기 탓이라고 여겼다. 어쨌든 육체적인 접촉을 먼저 시도한 쪽은 그였다. 적어도 겉으로는 그렇게 보였다. 하지만 알게 모르게 그를 조종하며 상황을 주도한 사람은 T부인이었다. 예를 들어 마차에서 있었던 최초의 신체 접촉은 그녀의 철저한 계획 아래 이루어진 일이었다. 그 뒤에도 그녀는 너무 앞서나간다고 그를 나무랐지만, 그럴수록 그의 마음속에서는 흥분이 가시지 않았다. 백작부인에 대한 얘기를 꺼낼 때도 그랬다. 처음에는 청년에게 죄책감을 느끼게 했다가 나중에는 백작부인이 실은

때문입니다. 그런데 부인은 그가 어떤 사제와 친하게 지낸다는 데 퍼뜩 생각이 미쳤습니다. 그 사제는 뚱뚱하고 촌스러운 사람이었지만, 성자와 같은 고결한 인품으로 아주 훌륭한 수사라는 평을 듣고 있었습니다. 부인이 보기에 자신과 그 남자를 맺어주는 데에는 이 사제만큼 이상적인 중매자도 없을 듯했습니다. 그녀는 궁리를 거듭한 끝에, 그 사제가 있을 만한 시간에 성당으로 찾아가 고해를 들어줄 수 있느냐고 물었습니다. 사제는 첫눈에 그녀가 귀부인임을 알아보고, 기꺼이 그녀의 청을 들어주었습니다. 그녀는 고해를 하기 시작했습니다. "신부님, 제가 지금 말씀드릴 일에 대해서 신부님의 조언과 도움을 구하고 싶습니다. 제 이름은 이미 말씀드렸으니, 제 가족이 누구며 남편이 누구라는 것은 이제 아셨을 줄 압니다. 남편은 저를 끔찍이 아껴주는 데다, 돈도 아주 많아서 제가 바라는 것은 무엇이든 갖게 해준답니다. 결론을 말씀드리면 남편에 대한 저의 사랑은 끝이 없을 정도이며 실제 행동은 두말할 필요도 없고 생각으로라도 남편의 뜻과 명예를 거스르고 싶지 않습니다. 만약 그런 일이 일어난다면, 저는 지옥의 불길에 떨어져도 마땅할 것입니다. 저는 지금 아주 점잖아 보이는 신사분에 대해 말씀드리려고 합니다. 만일 제가 틀리지 않다면, 신부님과 가까이 지내는 사람입니다. 이름은 모르겠지만, 키도 훤칠하고 잘생긴 데다 옷도 고상하게

그렇게 충실하지 않다는 식으로 돌려 말함으로써 그의 마음에 또 다른 씨앗, 즉 분노와 복수심을 심어놓았다. 그러고 나서 그녀는 그런 말을 한 자신을 용서해달라고 하면서 암시의 전술을 구사했다. "부탁이니 내가 한 말은 모두 잊어버리세요. 물론 쉽지 않을 거라는 걸 알아요. 그 생각이 머릿속에서 떠나지 않을 테니까요." 이런 식으로 자극을 받은 청년은 별채에서 그녀의 손을 그러쥘 수밖에 없었다. 그녀는 신사의 방에 대해서도 여러 번 언급했다. 물론 보여달라고 조른 사람은 청년이었다. 하지만 그녀는 그날 저녁 내내 애매한 분위기를 풍겼다. "신사답게 행동하겠다고 약속하면"이라는 조건도 듣는 사람에 따라서는 여러 가지로 해석될 수 있었다. 청년의 머리와 마음은 그녀가 간접적으로 건드려놓은 불만과 혼란, 욕망의 감정들로 활활 타올랐다.

특히 유혹의 초기 단계에서는 무슨 말을 하든 암시적으로 해야 한다. 상대의 주변 인물들에 대해 이런저런 얘기를 하면서 은근슬쩍 의심의 씨앗을 심을 경우, 상대는 알게 모르게 상처를 입게 된다. 그런 상태에서 가벼운 신체 접촉은 욕망을 일깨운다. 그런 점에서는 한순간이지만 의미심장한 표정이나 따뜻한 목소리도 마찬가지 효과를 발휘한다. 지나가는 듯한 말로 상대에 대한 관심을 넌지시 비치되, 결코 직접적이어서는 안 된다. 다시 말해 상대로 하여금 저 사람이 자기한테 관심이 있는지 없는지 반신반의하게 만들어야 한다. 이런 식으로 일단 씨를 뿌려놓으면 몇 주 후 결과가 나타나게 된다. 이제 사람들은 유혹자가 그 자리에 없더라도 그가 불어넣은 환상에 빠져 의심의 노예가 되고 만다. 사람들은 자신이 조종당하고 있다는 사실조차 모른 채 서서히 유혹자가 던진 그물에 걸려든다. 무슨 일이 일어나고 있는지조차 알지 못하는 상태에서 어떻게 저항을 할 수 있겠는가?

심리에 영향을 미친다는 점에서는 비슷하지만, 암시는 명령이나 정보 전달, 지시와 같은 방법과는 분명한 차이가 있다. 즉 암시를 통해 다른 사람의 머릿속에 어떤 생각을 불어넣을 경우, 출처를 따져보지도 않고 마치 스스로 그런 생각을 한 것처럼 자연스럽게 받아들인다.

— 프로이트

갈색만 입고 다닙니다. 그런데 그분은 저의 굳은 결심을 모르는지, 암만 보아도 절 노리고 있는 것 같습니다. 제가 창밖을 내다보거나 현관에 서 있거나 집을 나설 때마다 어김없이 제 앞에 나타나니 말입니다. 지금 이곳에 그분이 없다는 게 놀라울 따름입니다. 두말할 필요도 없이, 전 이 모든 일이 무척 당황스럽습니다. 그분이 계속 그런 식으로 행동한다면, 제가 아무리 결백하다 하더라도 좋지 않은 소문이 나돌 테니까요…… 제발 부탁드리건대, 그분한테 따끔하게 한 말씀 하셔서 다시는 그런 행동을 하지 않게 잘 좀 설득해 주세요. 다른 부인들은 이런 일을 기쁘게 여기고 남자가 추파를 던지며 몰래 엿보면 즐거워하는 모양이지만, 저는 그러고 싶은 생각이 탈끝만큼도 없거니와 그분의 그런 행동이 그저 불쾌할 따름입니다." 얘기가 끝나자 부인은 금방이라도 눈물을 쏟을 듯이 고개를 숙였습니다. 사제는 부인이 말한 남자가 누군지 금세 알아차리고는 그녀의 순결한 마음씨를 칭찬하면서…… 그가 다시는 그녀를 괴롭히지 못하도록 필요한 모든 조치를 취하겠다고 약속했습니다…… 그 직후 문제의 신사가 평소처럼 사제를 방문하러 왔습니다. 두 사람은 잠시 이런저런 대화를 나누었습니다. 그러고 나서 사제는 그를 구석으로 데려가 정숙한 부인에게 추파를 던진 것은 잘못이라며 아주 점잖게 나무랐습니다. 사제는 부인의 말을 곧이곧대로 듣고는 그가 정말 그런

유혹의 열쇠

살다 보면 어떤 식으로든 다른 사람을 설득해야 할 일이 생긴다. 정공법을 택해 자신이 원하는 것을 정확하고 솔직하게 얘기할 경우, 자기 자신이 자랑스럽게 느껴지긴 하겠지만 대신 얻는 것은 거의 없다. 사람들은 습관에 의해 돌처럼 굳어진 자기만의 사고방식을 지니고 있다. 그 때문에 우리가 하는 말은 이미 사람들의 마음속을 차지하고 있는 수천 개의 개념들과 경쟁해야 한다. 게다가 사람들은 누가 자신을 설득하려고 하면 마치 스스로는 결정할 능력이 없는 사람으로 취급받는 것 같아 화를 내기 일쑤다. 암시의 기술이 필요한 것은 그 때문이다. 암시의 기술을 사용하려면 어느 정도 인내심이 필요하지만, 그만큼 좋은 결과를 이끌어낼 수 있다.

암시를 하는 방법은 의외로 간단하다. 평범한 말이나 우연한 만남을 가장해 뭔가 힌트를 주면 된다. 어떤 면에서 암시는 사람들의 감정에 호소하는 기술이라고 할 수 있다. 다시 말해 암시는 지루한 일상 속에서 뭔가 재미와 변화를 바라는 사람들의 심리를 이용하는 기술이다. 유혹자가 던진 힌트는 상대의 마음 한구석에 등록되고, 시간이 지날수록 상대는 미묘한 불안감에 시달리게 된다. 일단 그런 심리 상태가 되면 불안감의 출처는 쉽게 잊힌다. 불안감의 정도가 너무 미묘해서 당시에는 눈치채지 못하지만, 나중에 그 작은 씨앗이 뿌리를 내리고 자라게 되면 상대는 처음부터 줄곧 그런 생각을 하고 있었다는 착각에 빠진다. 이처럼 암시의 기술을 사용하면 사람들의 저항을 피해갈 수 있다. 사람들은 스스로의 머릿속에서 나온 의견에만 귀를 기울이는 경향이 있기 때문이다. 암시는 그 자체로 상대의 무의식과 직접 대화를 나누는 하나의 언어. 암시의 언어와 기술을 터득하지 않고서는 어떤 유혹자나 설득자도 성공을 기대할 수 없다.

어떤 낯선 남자가 루이 15세의 궁정에 도착했다. 한마디로 그는 수수께끼에 휩싸인 인물이었다. 하다못해 억양도 매번 달랐고 나이도 가늠하기 어려웠다. 그는 스스로를 생제르맹 백작이라고 불렀다. 한 가지 분명한 점은 그가 엄청난 부자라는 것이었다. 그는 옷에서부터 신발, 손가락에 이르기까지 거의 온몸을 보석과 다이아몬드로 휘감고 다녔다. 게다가 그의 바이올린 연주 실력은 완벽에 가까웠고, 그림 실력도 뛰어났다. 무엇보다도 사람들을 사로잡았던 것은 화술이었다.

생제르맹 백작은 실존 인물로, 18세기의 가장 위대한 협잡꾼이었다. 바꿔 말하면 그는 암시의 달인이었다. 그의 말을 듣다 보면, 그가 마치 비금속을 금으로 바꾸는 현자(賢者)의 돌이나 불로불사의 영약을 가지고 있는 것처럼 여겨졌다. 물론 그는 결코 자기 입으로 그런 말을 한 적이 없었다. 그럼에도 사람들은 흡사 최면에 걸린 듯 그의 주변으로 모여들었다. 만약 그가 그런 물건들을 가지고 있다고 주장했더라면, 아무도 그의 말을 믿지 않았을 테고 결국 다들 그에게 등을 돌렸을 것이다. 백작은 50년 전에 죽은 사람 얘기를 꺼내면서 마치 그와 개인적인 친분이 있었던 것 같은 분위기를 풍겼다. 만약 그 말이 사실이라면, 백작은 적어도 80대 노인이어야 했다. 하지만 그는 40대로밖에 보이지 않았다. 그러면서 그는 불사의 영약에 관한 이야기를 슬쩍 흘렸다. 그래서 그렇게 젊게 보이는 것처럼······.

백작이 구사했던 대화술의 핵심은 모호함이었다. 그는 넌지시 내던진 몇 마디 말로 활기찬 대화를 이끌어냈고, 몇 가지 장식음으로 끊임없는 멜로디를 만들어냈다. 사람들은 한참 후에야 그가 한 말을 곱씹어보았다. 곧이어 사람들은 그에게 몰려와 현자의 돌과 불로불사의 영약에 관해 이것저것 물어보기 시작했다. 당연히 그들은 자신들의 마음속에 그런 생각을 심어준 사람이 바로 백작이라는 사실을 알지 못했다. 백작의 경우에서 알 수 있듯이, 사람들의 마음속에 뭔가 솔깃한 생각을 심으려면 그들의 상상력과 환상, 깊은 동경을 자극해야 한다. 백작의 성공 열쇠는 쾌락과 부, 건강, 모험과 같이 사람들이 열망하는 것들을 은근히 암시하는 능력이었다. 거기에 넘어간 사람들은 백작이 그런 것들을 제공해줄 수 있다는 착각에 빠졌다. 그들은 백작에게 조종당하고 있다는 사실은 꿈에도 모른 채 그의 주변으로 모여들었다.

1807년 나폴레옹 보나파르트는 상황을 유리하게 이끌어나가려면 러시아 황제 알렉산드르 1세를 자기편으로 끌어들여야 한다고 판단했다. 그는 황제로부터 두 가지, 즉 평화조약과 결혼 동맹을 얻어내고자 했다. 그의 계획이 성사된다면, 유럽과 중동을 사이 좋게 나누는 한편 조제핀과 이혼하고 황제의 가족이 됨으로써 양국의 우의를 돈독하게 다질 수 있었다.

나폴레옹은 이 두 가지를 직접적으로 제안하는 대신 황제를 유혹하기로 결심했다. 나폴레옹은 우연을 가장한 사교 모임과 우호적인 대화를 통해 작업을 계속해나갔다. 그는 무심결에 조제핀이 아이를 낳을 수 없다고 말한 뒤 재빨리 화제를 바꾸는 방법을 사용했다. 프랑스와 러시아의 운명적 관계를 암시하는 듯한 발언도 심심찮게 흘러나왔다.

그러던 어느 날 저녁이었다. 황제와 헤어지기 직전, 나폴레옹은 슬프게 한숨을 내쉬며 자식이 없어 허전하다는 얘기를 늘어놓은 뒤 황제를 남겨둔 채 이만 자러 가야겠다며 자리를 떴다. 당연히 황제는 나폴레옹의 말을 곰곰이 생각하며 잠자리에 들었다. 나폴레옹은 황제와 함께 영광과 명예, 제국을 주제로 한 연극을 관람하기도 했다. 그날 이후 그는 연극 이야기를 하면서 자신의 의도가 드러나지 않게 위장할 수 있었다. 몇 주가 지나자, 황제는 마치 자신의 생각인 것처럼 신하들에게 프랑스와의 결혼 동맹과 평화조약에 관해 언급하기 시작했다.

무심결에 나온 말, 잠자리에 들기 전에 언뜻 내뱉는 듯한 말, 상대의 마음을 끄는 말은 엄청난 암시의 효과를 발휘한다. 이런 말들은 마치 독처럼 사람들의 피부 밑으로 스며들어 스스로 생명력을 발휘한다. 이런 식의 암시는 상대가 긴장을 풀고 있거나 주의가 분산되어 있을 때 시도하는 것이 좋다. 다시 말해 암시가 제대로 먹히려면 상대가 무슨 일이 일어나고 있는지 인식하지 못하는 상태가 가장 바람직하다. 정중한 농담을 던져 기선을 제압하는 것도 좋은 방법이 될 수 있다. 대개 대화를 하다 보면 사람들은 다음번에 할 말을 생각하거나 자기만의 생각에 빠지게 된다. 그 틈을 노려 뭔가 암시적인 말을 던진다면 상대는 전혀 눈치채지 못한다.

선거전 초반에 존 F. 케네디는 재향 군인들을 모아놓고 연설을 했다. 그들 모두 제2차 세계대전 당시 케네디가 보여준 용감한 행동을 잘 알고 있었다. 그 덕분에 케네디는 일약 전쟁 영웅이 되었지만, 그는 PT형 어뢰정에 타고 있던 다른 사람들 얘기만 했다. 하지만 그는 자신의 용감한 행동이 모든 이들의 마음속에 각인되어 있다는 것을 잘 알고 있었다. 사실 그는 자기 얘기는 쏙 빼고 동료들만 언급하면서 사람들이 스스로 그 일을 상기하게 했다. 그 결과 케네디는 영웅에 걸맞게 겸손함까지 겸비한 인물로 비쳤다. 바로 그런 효과를 노린 것이었다. 니농 드 랑클로가 충고했듯이, 유혹에서 상대에게 직접 사랑을 고백하는 것은 금물이다. 다시 말해 행동이나 태도를 통해 상대가 느낄 수 있게 만들어야 한다. 케네디의 경우처럼 직접 말을 하는 것보다 침묵을 지키는 것이 오히려 더 큰 유혹의 힘을 발휘한다.

말뿐만 아니라 행동이나 표정으로도 얼마든지 암시의 효과를 얻을 수 있다. 레카미에 부인이 가장 즐겨 사용했던 기술은 말은 평범하게 하되 눈빛으로 유혹적인 분위기를 연출하는 것이었다. 남자들은 대화의 흐름 때문에 언뜻언뜻 비치는 그녀의 표정 변화를 의식하지는 못했지만, 자신들도 모르는 사이에 거기에 사로잡혔다. 바이런은 '내리까는 듯한 시선'으로 유명했다. 재미없는 대화 주제가 나오면 그는 겉으로는 고개를 숙인 듯했지만, 실은 미리 점찍어둔 젊은 여성과 눈을 맞추곤 했다. 고개를 비스듬하게 기울인 채 내리까는 듯하면서도 위로 치켜뜬 그의 시선은 위험스럽고 도전적으로 보였지만, 그와 동시에 모호해 보이기도 했다. 수많은 여성들이 그에게 빠져들었던 것은 이 때문이었다.

얼굴은 스스로 말을 한다. 우리는 대화를 하면서 다른 사람들의 표정을 읽으려 애쓴다. 통제하기 쉬운 말보다 얼굴 표정을 통해 상대의 감정 상태를 파악하는 것이 더 나을 때가 많기 때문이다. 따라서 자신이 암시하고자 하는 내용을 표정에 담아 전달한다면 소기의 성과를 거둘 수 있다.

마지막으로 암시가 효과적인 이유는 단지 사람들의 저항 본능을 피해가게 해주기 때문만은 아니다. 암시는 쾌락의 언어이기도 하다. 이 세상에 미스터리는 거의 존재하지 않는다. 사람들은 자신들이 느끼는 것이나 원하는 것을 분명하게 표현한다. 그럴수록 우리는 수수께끼 같은 것, 우리의 환상을 채워줄 수 있는 그 무엇을 동경한다. 틀에 박힌 일상 속에서 알 듯 모를 듯 애매한 암시의 기술을 사용한다면, 상대에게 뭔가 꿈을 이루어줄 것 같은 사람이라는 인상을 심을 수 있다. 암시가 유혹적인 분위기를 자아내는 것은 사람들에게 지루한 일상에서 벗어나 새로운 세계로 들어선 듯한 착각을 불러일으키기 때문이다.

눈빛은 바람둥이의 중화기다. 표정 안에 모든 걸 담을 수는 있지만, 그런 표정은 늘 거절당하게 마련이다. 왜냐하면 그럴 경우, 말을 위한 말을 표현해내지 못하기 때문이다.
— 스탕달

| **상징** | 씨앗. 정성스럽게 밭을 갈고 몇 달 전부터 미리 준비해둔 씨앗을 뿌린다. 일단 씨앗이 땅에 뿌려지고 나면, 누가 뿌렸는지 아무도 알 수 없다. 씨앗은 땅의 일부가 된다. 스스로 뿌리를 내리는 씨앗을 뿌려 자신의 의도를 위장하라.

반전

암시는 상대에게 잘못 읽힐 수도 있다는 위험이 있다. 유혹의 마무리 단계에서는 상대에게 자신의 생각을 직접 표현하는 것이 가장 효과적일 수 있다. 분위기로 보아 상대가 직접적인 고백을 환영할 것 같은 경우가 특히 그렇다. 카사노바는 종종 그런 방법을 사용했다. 상대 여성이 자신을 원하고 있다는 확신이 들면, 그는 직접적이고 거침없는 말로 그녀의 머릿속을 파고들어 자신의 마력에 빨려들게 만들었다. 레이크였던 작가 단눈치오는 탐나는 여성을 만나면 망설이는 법이 없었다. 처음부터 그는 유창한 화술과 유려한 문체로 상대를 공략했다. 그의 이런 '성실함'은 먹혀들 때가 많았다(성실함은 얼마든지 가장할 수 있으며, 다른 특성들과 마찬가지로 하나의 전략이다). 하지만 이런 방법은 상대가 완전히 넘어왔다는 확신이 들 때만 사용해야 한다. 그렇지 않을 경우, 오히려 상대의 방어 본능과 의심을 자극하게 된다. 그렇게 되면 당연히 유혹은 실패할 수밖에 없다. 따라서 의심이 들 때는 우회적으로 나가는 것이 더 낫다.

STRATEGY 7

상대방의 행동을
그대로 따라하라

• 거울 •

대부분의 사람들은 자기만의 세계에 갇혀 있기 때문에 설득하기가 어렵다. 사람들로 하여금 딱딱한 껍데기를 깨고 나오도록 하려면, 그들의 마음속으로 들어가야 한다. 그들의 규칙에 따라 게임을 하고, 그들이 즐기는 것을 함께 즐기면서, 그들의 기분에 적응해야 한다. 그렇게 하면서 그들의 뿌리 깊은 나르시시즘을 어루만지는 한편, 그들의 방어 본능을 서서히 허물어뜨려야 한다. 마치 스스로의 모습을 보는 듯한 거울의 이미지로 최면을 걸어 상대가 마음을 활짝 열어젖히게 만들어야 한다. 그러고 나면 상대는 알게 모르게 유혹자에게 끌려오게 되어 있다. 일단 상대의 마음속으로 들어가는 데 성공하면, 상대 역시 유혹자의 마음속으로 들어가고 싶다는 열망을 품게 된다. 이른바 역학의 축이 바뀌는 순간이라고 할 수 있다. 그때가 되면 돌아가고 싶어도 너무 늦다.
마치 입안의 혀처럼 상대의 기분과 변덕을 맞춰주면서 저항할 거리를 제공하지 않는 것이 중요하다.

관대한 전략

1961년 10월, 미국 언론인 신디 애덤스(Cindy Adams)는 인도네시아의 수카르노(Sukarno) 대통령으로부터 단독 인터뷰를 따내는 데 성공했다. 그 일은 일대 사건이었다. 당시 애덤스는 거의 무명이었던 데 비해 수카르노는 위기의 와중에서 세계적으로 알려진 인물이었기 때문이다. 인도네시아의 독립 투쟁을 이끌었던 수카르노는 네덜란드가 식민 통치를 거둔 1949년 이후부터 줄곧 대통령직에 있었다. 1960년대 초반 그는 대담한 외교 정책으로 미국의 미움을 사 아시아의 히틀러라는 별명을 얻기도 했다.

전 세계의 이목이 집중한 가운데 애덤스는 수카르노에게 주눅들어서는 안 된다고 마음을 다잡았다. 그녀는 가벼운 농담으로 대화를 시작했는데, 놀랍게도 그녀의 해빙 전술은 효과가 있는 듯했다. 수카르노는 그녀를 따뜻하게 격려하면서 한 시간이 넘는 인터뷰 동안 줄곧 우호적인 태도를 보여주었다. 더군다나 인터뷰가 끝나자 그녀에게 선물까지 한아름 안겨주었다. 그녀의 성공은 분명 주목할 만했지만, 그보다 더 놀라운 일은 그녀가 남편과 함께 뉴욕으로 돌아간 후에 일어났다. 수카르노에게서 호의가 넘치는 편지들이 속속 날아들었던 것이다. 몇 년 후 그는 그녀에게 자신의 자서전을 집필해달라는 제안을 해왔다.

삼류 명사들을 어르고 달래는 데 이골이 난 애덤스였지만 이번만큼은 혼란스러웠다. 그녀는 수카르노가 악명 높은 바람둥이라는 사실을 익히 알고 있었다. 프랑스인들은 그를 가리켜 위대한 유혹자라고 부를 정도였다. 그는 정식 부인만 네 명인 데다 수백 명의 첩을 거느리고 있었다. 게다가 그는 미남이었다. 그가 그녀에게 호감을 가지고 있다는 것은 분명했지만, 그렇게 중요한 일에 왜 하필이면 그녀를 선택했을까? 거기에 대한 설명은 없었다. 어쩌면 그의 리비도가 너무 강해서 그처럼 사소한 일에는 미처 신경을 쓰지 못했을 수도 있었다. 그렇더라도 그녀는 그의 제안을 거절할 수가 없었다.

1964년 1월 애덤스는 다시 인도네시아로 날아갔다. 그녀는 이번에도 같은 전략으로 밀고 나가기로 했다. 3년 전 수카르노가 자신에게 반했던 이유는 보통 여자들과는 다른 뻔뻔스러운 태도와 직접적인 화법 때문이라고 판단했던 것이다. 자서전 집필 때문에 그와 처음 만나는 자리에서 그녀는 다소 강한 어조로 숙소에 대한 불만을 나타냈다. 그녀는 그가 마치 자신의 비서라도 되는 양 그에게 그녀를 특별 대우를 해주도록 하라는 내용의 편지를 받아쓰게 했다. 그런데 놀랍게도 그는 군말 없이 편지를 쓴 뒤 서명까지 했다.

애덤스의 다음 일정은 인도네시아 국내를 다니며 젊은 시절의 수카르노를 기억하고 있는 사람들을 인터뷰하는 것이었다. 그녀는 이번에는 타고 갈 비행기가 안전하지 않다며 그에게 불평을 늘어놓았다. 그녀는 이렇게 말했다. "저기요, 말씀드릴 게 있어요. 제게 전용 비행기를 내주셨으면 해요." 그는 약간 당황한 듯이 보였지만 그렇게 하겠다고 대답했다. 하지만 한 대로는 성에 차지 않았다. 그녀는 계속해서 여러 대의 비행기와 헬리콥터, 전용 비행사까지 요구했다. 그는 모든 것에 동의했다.

인도네시아의 대통령은 애덤스가 요구하는 것은 다 들어주었을 뿐만 아니라 그녀가 건 주문에 완전히 넘어간 듯이 보였다. 그는 그녀의 지성과 재치에 칭찬을 아끼지 않았다. 어느 날 그는 이런 고백을 했다. "내가 왜 자서전을 출간하려고 하는지 아오? 오로지 당신 때문이오. 다른 이유는 없소." 수카르노는 그녀가 입을 옷까지 챙겨주며 세심하게 신경 썼다. 그리고 옷차림에 조금만 변화가 있어도 단박에 알아챘다. 그는 '아시아의 히틀러'라기보다 여자의 비위를 맞추기 위해 혈안이 되어 있는 구애자에 가까웠다.

당연한 얘기지만, 그는 기회만 생기면 그녀를 유혹하려 들었다. 그녀는 매력적인 여성이었다. 처음에는 그녀의 손에 키스를 했지만, 그다음에는 입술을 훔쳤다. 그때마다 그녀는 자기가 얼마나 행복한 결혼생활을 하고 있는지를 상기시키면서 그를 매정하게 밀어냈다. 하지만 그녀는 슬슬 걱정이 되기 시작했다. 그가 원하는 게 단지 연애라면, 자서전 집필은 물 건너간 이야기가 될 수도 있었다. 하지만 이번에도 그녀의 정공법이 먹혀드는 듯했다. 뜻밖에도 그는 화를 내지 않고 조용히 물러났다. 그는 그녀를 향한 자신의 사랑이 육체보다는 영혼을 주고받는 정신적인 사랑으로 남

어린아이는 부모의 관심을 끌려고 애쓴다. 동양 문학에서는 모방이 상대를 매혹하는 방법의 하나로 여겨졌다. 산스크리트어로 쓰인 문헌들을 보면, 연인의 옷차림새와 표정, 말투를 그대로 모방하는 여성의 속임수를 꽤 비중 있게 다루고 있다. 즉 "연인을 완전히 휘어잡지 못하는" 여성일수록 이와 같은 기술로 "연인을 모방해 그의 생각을 돌리도록'" 하라는 이야기가 심심찮게 등장한다. 어린아이도 어머니나 아버지를 매혹해 그들의 생각을 돌리려는 목적에서 태도와 옷차림 등을 모방하는 기술을 사용한다. 동일시는 스스로를 포기하는 것이지, 사랑받고자 하는 욕구까지 포기한다는 의미는 아니다. 어린아이는 부모를 사로잡기 위해 일종의 미끼를 던지는 것이다. 지도자를 모방하는 대중의 경우에도 마찬가지다. 그들은 그의 이름을 연호하고, 그의 행동을 똑같이 따라하며, 그에게 고개를 숙인다. 하지만 이와 동시에 그들은 자신들도 의식하지 못하면서 그를 사로잡기 위해 미끼를 던진다. 대규모 기념 행사와 대중 집회는 대중과 지도자가 서로를 매혹하기 위해 사용하는 일종의 미끼인 셈이다.
— 세르게이 모스코비치, 《군중의 시대》

아 있게 하겠다고 약속했다. 그녀는 그가 자신이 생각했던 것과는 전혀 다른 사람이라는 점을 인정하지 않을 수 없었다. 그를 둘러싼 소문도 잘 못된 게 틀림없었다. 어쩌면 그는 한 여자에게 지배당하기를 원했는지도 몰랐다.

몇 개월 동안 인터뷰를 진행하면서 그녀는 그에게서 약간의 변화를 감지했다. 그녀는 예전처럼 과감한 농담으로 대화에 양념을 치면서 친밀한 분위기를 유도해나갔다. 그런데 이제 그는 건방지게 들릴 수도 있는 그런 식의 농담을 즐기면서 자기도 질세라 일일이 응수했다. 처음에 그는 군복이나 정장 차림이었지만, 지금은 그들의 막역한 관계에 걸맞게 캐주얼 복장에 심지어 맨발로 나타날 때도 있었다. 어느 날 밤 그는 그녀의 머리 색깔이 마음에 든다고 말하면서 자기도 똑같은 색깔로 물들이고 싶다고 했다. 그녀는 그 말을 농담으로 받아들이면서도 감청색 염색약을 가져다주었다. 며칠 뒤 그는 그녀에게 대통령궁으로 와서 머리를 염색해달라고 부탁했다. 그렇게 해서 두 사람의 머리칼은 똑같은 색깔을 띠게 되었다.

신디 애덤스가 집필한 수카르노 자서전은 1965년에 출간되었다. 미국 독자들의 예상과는 달리 수카르노는 아주 매력적이고 온화한 사람으로 묘사되어 있었다. 그 점에 대해 누군가가 이의를 제기하면, 애덤스는 사람들이 그를 잘 몰라서 그런 것이라고 대답했다. 수카르노는 아주 만족스러워했고, 그의 자서전은 널리 읽혔다. 당시 군사 쿠데타로 위협받고 있던 그는 그 책 덕분에 국민들의 지지를 끌어낼 수 있었다. 수카르노는 이런 결과에 대해 전혀 놀라지 않았다. 그는 애덤스가 다른 '진지한' 언론인들보다 자신의 회고록을 '훌륭하게' 집필해줄 것이라는 사실을 처음부터 알고 있었다.

해석 ──

누가 누구를 유혹했던 것일까? 물론 유혹을 한 사람은 수카르노였다. 그는 애덤스를 유혹하면서 교과서대로 착실히 한 단계 한 단계씩 밟아나갔다. 먼저 그는 올바른 대상을 선택했다. 경험이 많은 언론인이라면 취재원과 개인적인 관계를 맺지 않으려 할 것이고, 남자라면 그의 매력에 영향을 덜 받았을 것이다. 그래서 그는 취재 경험이 적은 여성을 택했다. 애덤스와 처음 만나는 자리에서 그는 뒤섞인 신호를 보냈다. 그는 그녀를 친절하게 대했지만, 뭔가 다른 종류의 관심이 있는 것 같은 분위기를 풍겼다. 그러고 나서 그녀의 마음속에 의심(어쩌면 이 사람은 연애만 원하는 것이 아닐까?)을 심어주는 한편, 마치 거울처럼 그녀를 비추기 시작했다. 그는 그녀가 불평을 늘어놓을 때마다 한걸음 뒤로 물러서면서 그녀의 기분을 맞춰주었다. 이처럼 상대의 마음속으로 들어가려면 당분간은 상대가 마음대로 하게 내버려두어야 한다.

수카르노가 애덤스를 상대로 수작을 벌였던 것은 어쩌면 일에 대한 그의 주체할 수 없는 리비도 때문이었는지도 모른다. 아니면 처음부터 교활한 의도가 숨어 있었을 수도 있다. 어쨌든 그는 자타가 공인하는 돈 후안이었다. 만약 그가 애덤스를 집적거리지 않고 가만히 내버려두었다면, 오히려 그녀의 감정을 상하게 했을 것이다(여자들은 매력적으로 보이고 싶어하기 때문에 상대가 수작을 걸어와도 생각보다 화를 덜 낸다. 수카르노는 네 명의 아내 모두에게 그가 정말 사랑하는 여자는 자기밖에 없다는 생각을 심어줄 정도로 영리했다). 그런 다음 그는 그녀처럼 허물없는 태도를 취하거나 심지어 그녀와 같은 색깔로 머리를 염색하면서 차츰 그녀의 마음속을 파고들었다. 그 결과 그녀는 선입견과는 전혀 다른 사람이라고 생각하게 되었다. 그는 위협적이기는커녕 얼마든지 주무를 수 있는 상대라고 믿었다. 애덤스는 경계심이 느슨해지면서 그가 자신의 감정과 생각을 꿰뚫고 있다는 사실을 놓치고 말았다. 그녀가 그를 유혹한 것이 아니라 그가 그녀를 유혹했다. 그는 처음부터 줄곧 자기한테 호의적인 외국인이 자서전을 집필해주기를 원했다. 그의 의도대로 애덤스는 많은 사람들이 의심의 눈초리로 바라보는 한 남자를 매력적인 남자로 묘사했다.

유혹의 전술 가운데 상대의 마음을 파고드는 기술이 어쩌면 가장 잔인할 수도 있다. 상대로 하여금 유혹을 하는 쪽은 바로 자신이라는 착각을 하게 만든다는 점에서 그렇다. 그러려면 상대의 기분을 맞춰주고, 상대의 일거수일투족을 모방하면서 상대의 마음속을 파고들어야 한다. 경계해야 할 위험 인물이 아니라 유순하고 친절한 사람이라는 인상을 심어주어야

과묵하기가 둘째가라면 서러워할 저의 여섯 번째 오라비 이름은 샤카시크입니다. 젊었을 때, 오라비는 매우 가난했습니다. 어느 날, 오라비는 바그다드 거리에서 구걸을 하다가 웅장하고 화려한 어느 저택을 지나가게 되었습니다. 대문 앞에는 하인들이 즐비하게 늘어서 있었습니다. 오라비가 물어본 결과, 저택의 주인은 명문가인 바르메시드 가문 사람이었습니다. 샤카시크는 문지기에게 다가가 자비를 청했습니다. "들어가게, 주인님께서 그대의 소원을 모두 들어주실 것이네." 그들이 말했습니다. 오라비는 높다란 현관을 지나 대리석이 깔린 널찍한 복도로 나아갔습니다. 복도 벽에는 비단 색실로 짠 양탄자가 걸려 있었고, 아름다운 정원이 내다보였습니다. 그는 어디로 가야 할지 몰라 잠시 멍청하게 서 있다가 복도 끝으로 발걸음을 옮겼습니다. 방석들 틈에서, 턱수염이 하얀 잘생긴 노인이 비스듬히 기대 있는 모습이 보였습니다. 오라비는 한눈에 그가 저택의 주인이라는 것을 알아보았습니다. "뭘 도와드릴까, 친구여?" 노인은 이렇게 말하며 자리에서 일어나 오라비를 반갑게 맞이했습니다. 샤카시크가 자기는 배고픈 거지라고 대답하자, 노인은 정말 안됐다는 표정을 지으며 입고 있던 옷을 벗어주었습니다. 그러고는 이렇게 소리쳤습니다. "내가 사는 이 도시에 그대처럼 배를 곯는 사람이 있단 말인가? 참을 수 없는

한다. 사람들은 자기한테 관심을 쏟는 사람에게 끌리게 마련이다. 유혹자는 마치 거울처럼 사람들을 비추는 존재가 되어야 한다. 다시 말해 자신을 통해 사람들이 보고 듣는 모든 것에 그들의 에고와 취향이 반영되도록 해야 한다. 사람들의 허영심을 부추기는 데 이보다 더 좋은 방법은 없다. 일단 경계심이 풀리면, 사람들은 자기도 모르는 사이에 유혹자의 영향을 받게 된다. 바야흐로 주도권이 유혹자에게 넘어가는 순간이다. 하지만 사람들은 그런 변화를 눈치채지 못한 채 유혹자의 마음속을 파고들려는 자신을 발견하게 된다. 이로써 게임은 끝이 난다.

> 여자들은 호시탐탐 기회를 노리면서 자신의 마음속을 꿰뚫어보는 사람과 함께 있을 때 오히려 편안함을 느낀다.
>
> — 니농 드 랑클로

유혹의 열쇠

삶에 지친 우리를 절망하게 만드는 요인 가운데 하나는 사람들의 완고함이다. 그런 사람들에게 다가가 우리와 같은 눈으로 사물을 바라보게 만드는 것은 여간 어려운 일이 아니다. 그들이 우리의 말을 경청하는 것처럼 보이더라도, 우리의 의견에 동의하는 것처럼 보이더라도 겉으로만 그럴 뿐이라는 인상을 받을 때가 종종 있다. 우리는 삶의 대부분을 다른 사람들과 부딪치면서 보낸다. 하지만 사람들의 오해와 무시를 불평하기보다는 뭔가 다른 노력을 기울이는 게 훨씬 바람직하지 않을까? 다른 사람들이 악의적이거나 무관심하다고 치부하는 대신, 그들은 왜 그렇게 행동할 수밖에 없는지를 고민하는 대신, 유혹자의 눈으로 그들을 바라보면 어떨까? 사람들을 자기중심적인 생각에서 벗어나게 하려면 먼저 그들의 마음속으로 들어가야 한다.

우리는 모두 나르시시스트다. 유아기에는 나르시시즘이 육체적인 측면을 지닌다. 어린아이들은 마치 다른 대상을 바라보듯 자신의 이미지와 몸에 관심을 보인다. 하지만 성장하면서 우리의 나르시시즘은 심리적인 측면을 지니게 된다. 우리는 이제 자신의 기호, 의견, 경험에 몰두하게 된다. 그 결과 우리 주변에는 두꺼운 껍질이 형성된다. 역설적으로 들리겠지만, 사람들을 두꺼운 껍질에서 나오게 하려면 그들처럼 되어야 한다. 다시 말해 마치 거울을 통해 자신을 보고 있는 듯한 착각마저 들게 해야 한다. 그렇다고 사람들의 마음을 연구하느라 며칠씩 소비할 필요는 없다. 그저 그들의 기분을 맞춰주고, 그들의 취향에 적응하고, 그들이 뭐라고 하건 같이 놀아주기만 하면 된다. 그렇게 하면 사람들은 서서히 경계심을 풀게 되어 있다. 이 단계에 이르면 그들은 자기와 다른 부분이나 습관을 접하더라도 위협을 느끼지 않게 된다. 사람들은 자신을 사랑하지만, 다른 사람에게 투영된 자신의 생각과 취향을 보면서 더할 나위 없는 자긍심을 느낀다. 왜냐하면 이를 통해 자신의 생각과 취향이 옳다는 것을 확인하기 때문이다. 그 순간 평소 그들을 괴롭히던 불안은 씻은 듯이 사라진다. 거울의 이미지에 최면이 걸린 사람들은 이제 긴장을 풀게 된다. 내부의 벽이 허물어진 순간 주도권은 유혹자의 손에 넘어가게 된다. 상대가 일단 마음을 열고 나면, 나머지는 수월하게 진행된다. 상대의 마음속으로 들어가는 것은 일종의 최면술과도 같다. 상대를 설득하는 데 이보다 더 은밀하고 효과적인 방법은 없다.

18세기에 쓰인 중국 소설 《홍루몽(紅樓夢)》에서는 쟁쟁한 가문인 가씨(賈氏)가의 젊은 규수들이 약속이나 한 듯 모두 보옥(寶玉)이라는 레이크와 사랑에 빠진다. 그는 누구나 인정하는 미남이었지만, 그의 매력은 젊은 여성들의 마음을 파고드는 신비한 능력이었다. 보옥은 어렸을 때부터 여자들 틈바구니에서 지냈다. 그래서인지 그에게서는 다른 남자들처럼 위협적이거나 공격적인 면을 찾아볼 수 없었다. 그는 수시로 여자들의 방을 들락거렸고, 그럴 때마다 여자들은 그에게 빠져들었다. 그렇다고 해서 보옥이 마냥 여성스러웠던 것만은 아니다. 그는 분명 남자였다. 상황이 요구하면 그는 남성적인 면모를 보이기도 했다. 유소년기부터 여자들과 친하게 지낸 경험은 그에게 여자의 마음을 꿰뚫어볼 수 있는 능력을 주었다.

이런 능력은 굉장한 장점이다. 여성과 남성이 서로 다르기 때문에 사랑과 유혹이 가능하지만, 이성 간의 차이점은 서로에게 두려움과 불신의 이

눈처럼 흰 이 빵도 좀 들어보게나."
샤카시크는 속으로 노인이 농담을 좋아하는 게 분명하다고 생각했습니다. 그래서 그는 이렇게 말했습니다. "이렇게 희고 맛있는 빵은 제 평생 처음 먹어봅니다."
"이 빵은 내가 5000디나르를 주고 산 노예 여자가 구운 것이네." 노인은 이렇게 말하고 나서 노예 한 명을 불렀다. "가서 고기 만두를 가져오너라. 속을 꽉 채워야 하느니!"
…… 노인은 마치 접시에서 음식을 집으려는 듯 손가락을 움직이더니 눈에 보이지 않는 그 음식을 오라비의 입에 넣어주었습니다. 노인은 계속해서 이런저런 요리 이름을 거론하며 칭찬을 늘어놓았습니다. 그러는 동안 오라비는 너무나 배가 고픈 나머지 보리로 만든 빵이라도 한 조각 먹었으면 여한이 없겠다고 생각했습니다.
"여기 이 음식 말인데, 양념 맛이 어디 한 군데 나무랄 데가 없군, 안 그런가?" 노인은 계속했습니다.
"이런 양념 맛은 처음입니다. 정말 훌륭합니다." 샤카시크가 대답했습니다.
"그렇다면 사양 말고 마음껏 들게!"
"감사합니다. 어르신. 그런데 배가 꽉 차서 더 이상 들어갈 데가 없습니다." 그런데도 노인은 다시 손뼉을 치며 소리쳤습니다. "술을 가져오너라!"
…… "어르신의 넓은 마음씨에 몸둘 바를 모르겠습니다!" 오라비는 보이지 않는 잔을 입으로 가져가 마치 술을 들이켜기라도 하듯 단숨에

유가 되기도 한다. 여성들은 남성의 공격성과 폭력성을 두려워할 수도 있고, 남성들은 대개 여성의 마음을 잘 헤아리지 못하기 때문에 낯설고 위협적인 존재로 여겨질 수밖에 없다. 카사노바에서 존 F. 케네디에 이르기까지 역사상의 위대한 유혹자들은 여성들에게 둘러싸여 성장하면서 약간은 여성스러운 측면을 지녔다. 철학자 키르케고르는 《유혹자의 일기》에서 이성과 좀 더 많은 시간을 보내면서 '적'의 약점을 파악할 것을 권유하고 있다. 그래야 그런 지식을 장점으로 활용할 수 있기 때문이다.

위대한 여성 유혹자 가운데 한 명인 니농 드 랑클로는 지극히 여성스러웠지만, 남성적인 특징도 가지고 있었다. 그녀는 날카로운 철학 지식으로 남자들에게 깊은 인상을 주는 한편, 정치와 전쟁에도 남자들 못지않은 관심을 보이면서 그들을 매료시켰다. 남자들은 대개 처음에는 그녀와 깊은 우정을 쌓았지만, 시간이 지날수록 미친 듯이 그녀에게 빠져들었다. 남성에게서 발견되는 여성적 특징이 여성의 경계심을 완화시키듯이, 여성에게서 발견되는 남성적인 특징도 같은 효과를 낸다. 여성의 낯선 특성들은 남성들에게 절망감과 심지어 적대감까지 유발할 수 있다. 성적 매력으로도 남자들을 유혹할 수 있지만, 주문이 오래 지속되려면 정신적인 유혹이 동반되어야 한다. 즉 남자의 마음을 읽을 줄 알아야 한다. 남자들은 대개 여성의 행동이나 성격에서 남성적인 요소를 발견할 때 쉽게 유혹에 넘어간다.

새뮤얼 리처드슨의 소설 《클라리사*Clarissa*》(1748)에서 믿음이 독실한 처녀 클라리사 할로는 악명 높은 레이크 러블레이스로부터 구애 공세를 받는다. 클라리사는 러블레이스의 명성을 알고 있지만, 그의 행동은 번번이 그녀의 예상을 빗나간다. 그는 정중한 데다 다소 슬프고 혼란스러워 보이기까지 한다. 어느 날 그녀는 그가 비탄에 빠진 그녀의 가족에게 고결하고 자비로운 행동을 했다는 것을 알게 된다. 알고 보니 그는 아버지에게 돈을 주고, 언니가 결혼할 수 있도록 도와주었으며, 가족들에게 조언까지 해준 고마운 사람이었다. 마침내 러블레이스는 클라리사에게 과거의 행동을 깊이 뉘우치고 있으며 그동안의 생활방식을 바꾸고 싶다는 고백을 했다. 그는 또 종교적인 열정으로 가득한 편지들을 보냈다. 그녀

는 자신이 나서서 그를 바른 길로 인도해야 할 것 같았다. 이는 물론 러블
레이스가 쳐놓은 덫이었다. 그는 상대의 취향을 그대로 모방하는 유혹자
의 전술을 사용하고 있었다. 이 경우 그가 공략한 것은 그녀의 숭고한 정
신이었다. 그녀가 경계심을 늦추고 그를 개조할 수 있다고 믿는 순간, 그
녀의 운명은 정해진 셈이다. 이제 그는 편지와 우연을 가장한 만남을 통
해 그녀에게 서서히 자신의 생각을 주입시켰다. 중요한 것은 바로 '생각'
이다. 상대와 비슷한 가치관을 지닌 것처럼 보일 경우, 두 사람 사이에 뿌
리 깊은 조화가 형성되어 있는 것처럼 느껴질 수 있다. 그리고 나면 자연
스럽게 육체적인 접촉의 단계로 옮겨갈 수 있다.

1925년 파리로 건너간 조세핀 베이커는 이국적인 정서와 매력으로 하
룻밤 사이에 스타가 되었다. 하지만 프랑스인들은 예나 지금이나 매우 변
덕스러웠다. 조세핀은 그들의 관심이 얼마 안 가 다른 사람에게 옮겨갈
거라는 점을 알고 있었다. 대중을 영원히 유혹하려면 그들의 마음속을 파
고들어야 했다. 그녀는 프랑스어를 배워 프랑스어로 노래를 부르기 시작
했다. 옷차림과 행동거지도 멋쟁이 프랑스 여성을 모방했다. 그녀는 마치
미국보다 프랑스가 더 좋다고 말하는 것 같았다. 국가라는 집단도 개인과
비슷하다. 국가도 거대한 불안감을 안고 있으며 다른 관습에 위협을 느낀
다. 이방인이 자신들의 방식을 채택하는 모습은 그 나라 국민들에게 상당
히 유혹적인 효과를 발휘한다.

벤저민 디즈레일리는 영국에서 태어나 평생을 그곳에서 살았지만, 유대
인 출신인 데다 용모도 이국적이었다. 그 때문에 영국인들은 그를 이방인
으로 여겼다. 하지만 그의 태도와 취향은 영국인보다 더 영국적이었고,
이는 그가 지닌 매력의 일부이기도 했다. 결국 그는 보수당 당수가 됨으
로써 자신의 매력을 입증했다. 만약 이방인의 위치에 있다면(궁극적으로 우
리 대부분은 이방인이다), 그 부분을 장점으로 전환하라. 이방인이라는 점을
십분 이용해 자신이 태어난 나라보다도 이주해온 나라의 취향과 관습에
얼마나 깊이 심취해 있는지를 보여주라.

1752년 악명 높은 레이크 살티코프는 나중에 예카테리나 여제가 되는
스물세 살의 대공녀를 유혹하기로 결심했다. 만약 성공한다면, 러시아 궁

하인들에게 좀전에
상상으로만 먹었던
음식들을 모두 내오라고
명령했다. 더 이상 먹을 수
없을 때까지 배가 차자
노인과 오라비는 자리를
옮겨 술판을 벌였습니다.
아름다운 여인들이 두
사람을 위해 노래를 부르며
음악을 연주했습니다.
노인은 황송하게도
샤카시크에게 따로 옷을
내려주었고, 평생
친구로 삼았습니다.
— 이발사의 여섯 번째
오라비 샤카시크 이야기,
《천일야화》 중에서

정에서 최초로 그녀를 유혹한 남자가 되는 셈이었다. 그는 그녀의 외로운 처지를 십분 활용했다. 그녀는 궁정 대신들뿐만 아니라 남편 표트르 3세로부터도 무시를 당하는 신세였다. 하지만 그녀는 밤낮으로 감시를 받고 있었고, 장애물이 너무 많았다. 그럼에도 살티코프는 그녀와 친구가 되어주었고, 결국 그녀의 측근으로 들어가게 되었다. 마침내 그녀와 단둘이 있는 기회를 잡게 되자, 그는 그녀의 외로움과 남편에 대한 깊은 증오와 유럽을 휩쓸고 있는 새로운 사상에 대한 그녀의 관심을 누구보다도 잘 알고 있다고 말했다. 얼마 지나지 않아 그는 그녀와 좀 더 은밀한 만남을 가질 수 있었다. 그때마다 그는 그녀와 함께 있으면 나머지 일은 어떻게 돼도 상관없다는 듯한 인상을 심어주었다. 예카테리나는 그에게 깊이 빠져들었고, 실제로 그는 그녀의 첫 번째 연인이 되었다. 그녀의 마음속을 파고든 결과였다.

거울처럼 사람들을 비추려면, 상대에게 엄청난 관심을 쏟아야 한다. 사람들은 유혹자가 기울이는 노력을 감지하고 아부한다고 생각하기 쉽다. 유혹자는 상대가 없으면 자신의 인생도 없다는 인상을 심어줄 수 있어야 한다. 귀찮을 정도로 관심을 쏟아부어 상대의 허영심을 자극할수록 유혹자가 건 주문의 효과는 커지게 마련이다.

우리 대부분은 현재 모습과 되고자 하는 모습 사이에서 갈등을 겪는다. 우리는 젊은 시절의 꿈과 타협하며 살고 있다는 데 대해 절망을 느낀다. 그럴수록 우리는 그렇게 되고픈 마음은 간절했지만 주변 여건 때문에 어쩔 수 없이 포기했던 인물이 되어보는 상상을 한다. 상대를 비출 때에는 그들의 현재 모습에서 멈추지 말고 그들이 되고 싶었던 이상적인 사람의 영혼까지 비추어주라. 프랑스 작가 샤토브리앙은 추한 외모에도 불구하고 그런 능력을 이용해 위대한 유혹자가 될 수 있었다. 그가 성장했던 18세기 후반은 낭만주의가 유행하던 시기로, 당시 수많은 여성들은 자신의 삶에 낭만적인 로맨스가 결여되어 있다는 사실에 깊은 절망을 느꼈다. 샤토브리앙은 소녀 시절에 그들을 열광시켰던 환상을 다시금 일깨워주었다. 사람들에게 자기 자신을 실제보다 더 크게 느끼도록 해준다는 점에서, 다른 사람의 마음속을 파고드는 이런 기술이야말로 어쩌면 가장 효과적인 유혹의 방법일 수도 있다. 잃어버린 꿈까지 비춰주는 유혹자가 있는한 사람들은 자신이 꿈꾸었던 삶을 살아갈 수 있다. 사람들의 부서진 꿈을 찾아내 비춰주라. 상대는 유혹자에게 투영된 과거의 꿈을 통해 마치 그 꿈이 되살아나는 듯한 느낌을 받게 될 것이다. 그런 유혹에 넘어가지 않을 사람은 거의 없다.

| **상징** | 사냥꾼의 거울. 종달새는 어여쁜 새지만 잡기는 어렵다. 새를 잡으러 들로 나간 사냥꾼은 탁자 같은 데다 거울을 올려놓는다. 어디서 내려왔는지 종 달새는 거울 앞에 자리를 잡고는 종종거리며 주변을 왔다 갔다 한다. 그러다 자기가 움직이는 모습을 보고 다른 종달새가 구애의 춤을 추는 줄로 착각하고 는 무아지경에 이른다. 이렇게 해서 최면에 걸린 종달새는 사냥꾼의 그물이 거 울을 덮쳐올 때까지 그 상태로 있게 된다.

반전

　시인 라이너 마리아 릴케는 1897년 베를린에서 러시아 태생의 작가 루 살로메를 만났다. 그녀는 이미 니체의 가슴을 갈갈이 찢어놓은 것으로 악 명이 드높았다. 베를린의 지식인치고 그녀를 흠모하지 않는 사람은 없었 다. 당시 릴케는 스물두 살이었고 그녀는 서른여섯 살이었지만, 그는 첫 눈에 그녀에게 반하고 말았다. 그는 그녀에게 보내는 연서 세례를 통해 그녀의 책은 모조리 읽었으며 그녀의 취향도 잘 알고 있다고 말했다. 두 사람은 친구가 되었다. 곧이어 그녀는 그의 시를 봐주기 시작했고, 그는 그녀의 말을 한마디도 놓치지 않았다.

　살로메는 자신의 영혼을 거울처럼 비추는 릴케에게 마음이 흔들렸다. 그가 보여주는 열렬한 관심과 이제 막 생겨나기 시작한 두 사람 사이의 정신적인 유대감은 그녀를 매혹시키기에 충분했다. 살로메는 그의 연인 이 되었다. 하지만 그녀는 그의 미래가 걱정스러웠다. 시를 쓰는 것만으 로는 생계를 꾸려나가기가 어려웠기 때문에 릴케에게 러시아어를 배워 번역가로 나서라고 권유했다. 그는 군말 없이 그녀의 충고를 받아들였다.

우리와 다르되 우리를 쪽 **빼닮은** 이성에 대한 이러한 갈망은, 독립적인 존재로서 우리와 다른 특성을 지니고 있으면서도 우리 자신이기도 한 신비한 창조물에 대한 이러한 갈망은…… 진부하기 이를 데 없는 사랑의 환경에서도 그 흔적을 발견하게 된다. 다시 말해 상대에게서 자신과 비슷한 모습을 발견할 경우, 약간의 변화나 위장만으로도 그 사람에게 끌리게 된다……. 우리는 다른 사람의 눈을 덮은 장막을 들추고 스스로를 엿보고 있다는 착각에 빠진다. 위대한 사랑의 열정은 이러한 사실과 밀접하게 관련되어 있다.
— 로버트 무질(Robert Musil), 드니 드 루즈몽 (Denis de Rougemont)의 《공표된 사랑(Love Declared)》 중에서

어찌나 열심히 했는지 그는 몇 달 만에 러시아어를 구사할 수 있게 되었다. 그들은 함께 러시아를 방문했고, 릴케는 러시아의 농부와 풍습, 예술, 건축에 압도당했다. 그는 베를린으로 돌아온 뒤 러시아 농민복을 입기 시작했으며, 자기 집을 러시아를 경배하는 일종의 사당으로 개조했다. 그뿐만이 아니었다. 그는 대화를 할 때도 러시아식 표현을 자주 썼다. 하지만 그렇게 되자 거울로서의 그의 매력은 이내 사라져버렸다. 처음에 살로메는 자신과 비슷한 그의 취향에 마음이 움직였지만, 지금은 얘기가 달랐다. 그는 자기정체성이 없는 사람처럼 보였다. 그는 갈수록 그녀에게 의존했다. 자긍심을 잃어버린 사람은 노예와 다를 바 없었다. 1899년 결국 그녀는 릴케에게 절교를 선언했다.

이 이야기가 주는 교훈은 간단하다. 즉 다른 사람의 영혼을 비추는 목적은 상대를 유혹하는 데 있다는 점을 잊지 말라는 것이다. 상대의 기분을 그대로 빨아들이는 스펀지가 되어서는 안 된다. 릴케처럼 상대의 영혼을 너무 오랫동안 비추다 보면 결국은 그만의 매력을 잃고 버림받는 신세가 되고 만다. 그렇게 되지 않으려면 단순해 보이는 모습 이면에 강한 자의식이 숨어 있다는 것을 보여주어야 한다. 어느 정도 시간이 지나면 상대를 자신의 영혼 안으로 끌어들이고픈 욕구가 생길 것이다. 다른 사람의 영혼만 비추면서 살 수는 없기 때문이다. 상대의 영혼을 비추되 너무 멀리 비추어서는 안 된다. 어느 시기가 되면 힘의 관계가 뒤바뀌기 때문에 거울 효과는 유혹의 초기 단계에서만 유용하다.

상대의 가장 깊은 욕망에 집중하라

• 집중 •

거부할 수 없는 쾌락을 제공함으로써 상대가 깊이 빠져들게 하라. 뱀이 금지된 지식에 대한 약속을 미끼로 이브를 유혹했듯이, 상대의 깊은 욕망을 일깨워야 한다. 사람에게는 누구나 이루지 못한 꿈이 있다. 그 꿈을 찾아내 실현해줄 수 있을 것 같은 분위기를 풍기면 상대는 끌려오게 되어 있다. 상대가 이루지 못한 꿈은 부(富)가 될 수도 있고, 신나는 모험이 될 수도 있고, 금지된 쾌락이 될 수도 있다. 이때도 역시 모호한 태도가 관건이다. 금방이라도 줄 것처럼 선물 꾸러미를 흔들어 보이면서 상대가 그 안에 든 것이 무엇인지 상상하게 만들어야 한다. 상대가 앞으로 일어날 일에 대해 잔뜩 호기심을 갖게 하라. 호기심은 불안을 동반한다. 일단 상대가 불안을 느끼게 되면 조종하기가 훨씬 쉬워진다.

감질나게 하는 대상

두 가지 죄 때문에
탄탈로스는 자신의 왕국이
파괴당하는 벌을 받은 데
이어 제우스의 손에 죽임을
당했다. 그리고 나서는
익시온, 시시포스, 티티오스,
다나오스의 딸들과 함께
무한 지옥에 갇히는 신세가
되고 말았다. 거기서 그는
수풀이 우거진 호수 위로
가지를 드리운 과일나무에
매달려 영원히 갈증과
굶주림에 시달려야 하는
형벌을 당했다. 호수의 물은
보통 그의 허리까지 차
있었고, 때로 턱까지 찰 때도
있었다. 하지만 그가 고개를
숙여 물을 마시려고 하면
물은 순식간에 사라져 그의
발밑에는 시커먼 진흙만
남아 있곤 했다. 어쩌다
손으로 물을 퍼올리는 데
간신히 성공하더라도, 그가
갈라진 입술을 채 축이기도
전에 물은 손가락에서
빠져나가버렸다. 그러고
나면 갈증은 그 어느
때보다도 심해졌다.
그가 매달린 나무에는
먹음직스러운 배와 햇볕을
받아 반짝이는 사과,
달콤한 무화과, 잘 익은
올리브와 석류가 주렁주렁
달려 있었지만, 그가 따
먹으려고 하면 갑자기
돌풍이 불어닥쳐
잎을 수조차 없었다.
— 로버트 그레이브스,
《그리스 신화》 제2권

1880년대에 있었던 일이다. 돈 후안 데 토델라스라는 신사가 마드리드의 한 공원을 어슬렁거리다 20대 초반의 여성이 두 살쯤 되어 보이는 아기와 유모와 함께 마차에서 내리는 모습을 보았다. 우아해진 옷차림새가 다를 뿐, 그녀는 돈 후안이 3년 전에 만났던 여자와 아주 비슷했다. 하지만 그는 같은 사람일 리가 없다고 생각했다. 그가 알고 지내던 여자는 이류 극장의 무희였다. 이름은 크리스테타 모레누엘라였는데, 고아인 데다 몹시 가난했다. 아무리 세월이 흘렀다고 해도 이렇게 많이 달라질 수는 없다. 좀 더 가까이 다가가 그 여자의 얼굴과 목소리를 확인했을 때 그는 깜짝 놀랐다. 그녀는 정말 그가 알고 지내던 여자였다.

돈 후안은 타고난 유혹자였다. 그에게 희생된 여자들은 이루 헤아릴 수 없이 많았고, 희생자 유형도 가지각색이었다. 하지만 그는 크리스테타를 똑똑히 기억하고 있었다. 당시 그녀는 나이도 아주 어린 데다 그때까지 그가 만나본 여자 중에서 가장 매력적인 여자였기 때문이다. 그는 극장에서 그녀를 처음 본 뒤 밤낮으로 쫓아다닌 끝에 바닷가 마을로 함께 여행을 떠나는 데 성공했다. 그들은 각자 다른 방을 썼지만, 그렇다고 해서 순순히 포기할 돈 후안이 아니었다. 그는 꾸며낸 이야기로 그녀의 동정을 얻은 뒤, 분위기가 부드러워진 틈을 타 그녀의 약점을 파고들었다. 그러고 나서 며칠 뒤 그는 사업상 중요한 일이 생겼다며 그녀 곁을 떠났다. 그녀를 두 번 다시 볼 일은 없을 거라고 생각했지만 약간의 죄책감을 느끼고(이런 일은 거의 드물었다) 5000페스타를 보내면서 곧 돌아올 것 같은 분위기를 풍겼다. 그렇게 그는 파리로 떠나버렸고, 최근에야 마드리드로 돌아온 참이었다.

그는 지나간 일을 떠올리다가 문득 이상한 생각이 들었다. 그렇다면 그 아기는? 그의 아이일 수도 있었다. 만약 그의 아이가 아니라면, 그녀는 그와 헤어진 직후에 결혼을 했다고 볼 수밖에 없었다. 지금 그녀는 누가 보아도 귀부인 티가 났다. 그녀의 남편은 어떤 사람일까? 그는 그녀의 과거를 알고 있을까? 그는 혼란스러운 와중에서도 강한 욕망을 느꼈다. 그녀는 여전히 젊고 아름다웠다. 그는 그렇게 일찍 그녀를 포기했던 게 못내 아쉬웠다. 그녀가 결혼한 유부녀라 하더라도 어떻게든 다시 되찾아오고 싶었다.

돈 후안은 매일 공원에 갔다. 날이 갈수록 그녀와 맞닥뜨리는 일이 잦아졌다. 서로 눈이 마주친 적도 있었지만, 그녀는 그를 모르는 척했다. 어느 날 그는 심부름을 가는 유모의 뒤를 쫓아가 이것저것 말을 시키면서 마님의 남편이 누구냐고 물었다. 유모는 그녀의 남편은 마르티네스이며, 지금은 사업 때문에 멀리 떠나 있다고 말했다. 그러면서 크리스테타의 집주소도 알려주었다. 돈 후안은 마님에게 전해달라며 유모에게 쪽지를 건넸다. 그러고 나서 그는 크리스테타의 집 주변을 배회했다. 그녀의 집은 아름다운 궁전 같았다. 설마 하던 그의 의심은 이제 확고해졌다. 그녀는 돈 때문에 결혼한 게 분명했다.

크리스테타는 만나자는 그의 제안을 거절했다. 그는 계속해서 쪽지를 보내며 만나달라고 간청했다. 결국 그녀는 공원에서 딱 한 번뿐이라는 조건을 달고, 만남을 허락했다. 그는 둘의 만남을 위해 세심하게 준비했다. 다시 그녀를 유혹하려면 치밀한 계획이 필요했다. 하지만 자신을 향해 다가오는 그녀를 본 순간, 그는 강한 욕망에 사로잡혀 이성을 잃고 말았다. 저토록 아름다운 여자를 다른 남자에게 양보할 수는 없었다. 그는 자신의 마음을 고백했다. 그러자 그녀는 화를 내면서 자기는 이제 결혼한 몸이기 때문에 더 이상은 만날 수 없다고 했다. 하지만 그는 그녀의 냉랭한 태도 이면에서 뜨거운 감정을 느낄 수 있었다. 그는 다시 만나달라고 간청했지만, 그녀는 아무런 약속도 없이 가버렸다. 그는 그녀에게 더 많은 편지를 보내며 오직 한 가지 생각에 매달렸다. 마르티네스는 대체 어떤 사람일까? 하필이면 왜 무희와 결혼했을까? 어떻게 하면 그녀를 그에게서 떼어 놓을 수 있을까?

결국 크리스테타는 돈 후안을 한 번 더 만나기로 했다. 이번에는 극장에서였다. 극장이라면 스캔들이 날 염려가 없었기 때문이다. 그들은 안심하고 대화를 나눌 수 있는 특등석을 잡았다. 그녀는 아이의 아버지가 그가 아니라는 것을 다시 한 번 못박았다. 그러면서 그가 자기를 원하는 것은 자기가 다른 남자의 아내이기 때문에, 그래서 가질 수 없기 때문이라고 말했다. 그는 극구 부인하면서 자기도 변했다고 말했다. 그리고 그녀를 얻을 수 있다면 무슨 짓이든 하겠다고 했다. 그 순간 그를 바라보는 그녀의 눈빛에서 도발적인 기운이 느껴지는 듯했다. 곧이어 그녀는 금세 울음을 터뜨릴 듯한 표정으로 그의 어깨에 머리를 떨구었다. 하지만 곧 실수라는 듯 자세를 고쳐 앉았다. 그녀는 이것이 마지막 만남이라고 말하고는 서둘러 자리를 떴다. 돈 후안은 제정신이 아니었다. 그녀는 그를 가지고 놀고 있었다. 그녀는 코케트였다. 그는 둘러대기 위해 변했다고 말한 것이지만, 어쩌면 진심인지도 몰랐다. 지금까지 이런 식으로 그를 대한 여성은 한 명도 없었다. 그렇게 되도록 그가 내버려두지 않았기 때문이다.

그 후 며칠 동안 돈 후안은 거의 잠을 이루지 못했다. 그의 머릿속은 온통 크리스테타에 대한 생각뿐이었다. 그는 심지어 그녀의 남편을 죽이고 혼자 외롭게 늙어가는 악몽에 시달리기도 했다. 너무 끔찍한 일이었다. 그는 이 도시를 떠나기로 결심하고, 그녀에게 작별의 편지를 보냈다. 그런데 놀랍게도 답장이 왔다. 할 말이 있으니 만나고 싶다는 내용이었다. 이제 그는 저항할 기운도 없었다. 그녀가 요구하는 대로 그는 밤에 다리에서 그녀를 만났다. 그런데 이번에는 그녀도 감정을 숨기려 들지 않았다. 그녀는 여전히 돈 후안을 사랑하고 있었고, 그와 함께 도망갈 준비가 되어 있었다. 다만 날이 밝은 후 대낮에 집으로 자기를 데리러 오라는 단서를 붙였다.

기쁨에 겨워 제정신이 아닌 돈 후안은 그러겠다고 약속했다. 다음 날 그는 약속 시간에 그녀의 저택을 찾아가 마르티네스 부인을 불러달라고 했다. 그런데 현관에 있던 여자가 그런 이름을 가진 사람은 없다고 말했다. 돈 후안은 이번에는 크리스테타를 찾았다. 그제야 그녀는 크리스테타는 다른 세입자들과 함께 집 뒤편에 살고 있다고 알려주었다. 돈 후안은 이상하다고 생각하면서 저택 뒤편으로 갔다. 그리고 거기서 더러운 옷을 입고 거리에서 놀고 있는 자기 아들을 보았다. 하지만 그는 그럴 리가 없다며 스스로를 달랬다. 그러는 사이에 그는 크리스테타의 집 앞에 와 있었다. 그런데 하인이 아니라 크리스테타가 직접 문을 열어주었다. 그는 안으로 들어갔다. 방은 초라하기 짝이 없었다. 임시로 만든 시렁 위에는 크리스테타가 입었던 우아한 옷들이 걸려 있었다. 그는 마치 꿈을 꾸는 듯했다. 그는 말문이 막힌 채 털썩 주저앉았고, 크리스테타가 털어놓는 이야기를 들었다.

그녀는 결혼도 하지 않았고, 아이도 낳지 않았다. 그가 떠나고 나서 몇 달 후 그녀는 자기가 타고난 유혹자인 그에게 농락당했다는 것을 깨달았다. 그래도 여전히 돈 후안을 사랑했지만, 복수를 하기로 결심했다. 그녀는 그가 마드리드로 돌아왔다는 소식을 듣고, 일전에 그가 보내준 5000페스타로 비싼 옷을 구입했다. 옆집에 양해를 구해 아이를 빌리고 아이의 사촌에게 유모 역할을 해달라고 부탁한 다음 마차를 세냈다. 이 모든 것이 그의 마음속에서만 존재하고 있던 복잡한 환상을 다시금 일깨워주었다. 크리스테타는 거짓말을 할 필요조차 없었다. 실제로 그녀는 결혼했다거나 아이가 있다는 말을 직접 한 적이 없었다. 사람들은 소유할 수 없는 대상일수록 더 큰 애착을 갖게 된다. 그녀는 바로 이 점을 노렸다. 돈 후안 같은 남자를 유혹하려면 그 방법밖에 없었다.

해석 ──

크리스테타와 돈 후안은 스페인 작가 자신토 옥타비오 피콘의 소설《달콤 쌉싸름하게 Dulce y Sabrosa》(1891년)에 등장하는 인물이다. 피콘은 남성 유혹자와 그들의 여성 희생자를 다룬 작품을 많이 썼다. 돈 후안에게 버림받은 크리스테타는 그의 성격을 치밀하게 연구한 후 한꺼번에 두 마리 토끼를 잡기로 결심했다. 즉 복수도 하고 그를 다시 돌아오게 만들 수 있다면 그야말로 일석이조인 셈이었다. 하지만 무슨 수로 그런 남자를 유혹한단 말인가? 그는 한번 맛본 과일은 두 번 다시 쳐다보지 않는 남자였다. 쉽게 품에 안을 수 있다는 인상을 준다면 그를 유혹할 수 없었다. 크리스테타는 그를 잘 파악하고 있었다. 그가 다시 자기를 원하게 만들려면, 정신없이 자기를 쫓아다니게 만들려면, 자기는 이미 다른 사람의 여자라는, 다시 말해 금지된 과일이라는 인식을 심어주어야 했다. 그것이 그의 약점이었다. 그가 처녀와 유부녀, 즉 손에 넣기 힘든 여자들을 쫓아다닌 것도 그 때문이었다. 남자들은 임자 있는 여자에게 더 목을 매는 경향이 있다.

야훼 하느님께서 만드신 들짐승 가운데 제일 간교한 것이 뱀이었다. 그 뱀이 여자에게 물었다. "하느님이 너희더러 이 동산에 있는 나무 열매는 하나도 따 먹지 말라고 하셨다는데 그것이 정말이냐?" 여자가 뱀에게 대답하였다. "아니다. 하느님께서는 이 동산에 있는 나무 열매는 무엇이든지 마음대로 따 먹되, 죽지 않으려거든 이 동산 한가운데 있는 열매만은 따 먹지도 말고 만지지도 말라고 하셨다." 그러자 뱀이 여자를 꾀었다. "절대로 죽지 않는다. 그 나무 열매를 따 먹기만 하면 너희의 눈이 밝아져서 하느님처럼 선과 악을 알게 될 줄을 하느님이 아시고 그렇게 말하신 것이다." 여자가 그 나무를 쳐다보니 과연 먹음직하고 보기에 탐스러울뿐더러 사람을 영리하게 해줄 것 같아서 그 열매를 따 먹고 같이 사는 남편에게도 따주었다. 남편도 받아 먹었다.
— 〈창세기〉 3장 1절

적어도 그녀가 볼 때는 그랬다. 그녀는 일정한 거리를 두면서도 손만 뻗으면 닿을 수 있다는 듯 그를 감질나게 했다. 거기에 넘어간 그는 격한 감정에 사로잡혀 스스로를 주체할 수 없는 지경에 이르렀다. 그는 과거의 경험을 통해 그녀만큼 매력적인 여성도 드물다는 사실을 잘 알고 있었다. 그런 그녀를 다시 소유할 수 있다는 생각과 그가 다시 맛보게 될 쾌락은 그의 마음을 벅차오르게 했다. 결국 그는 그녀가 내미는 미끼를 덥석 물고 말았다.

유혹을 하려면 동전의 양면처럼 동시에 두 가지 측면을 지녀야 한다. 먼저 요염하면서도 교태가 넘치는 모습을 보여주라. 일상에서 벗어난 쾌락을 약속하면서 상대의 욕망을 자극하라. 그와 동시에 적어도 손쉬운 방법으로는 소유할 수 없는 존재라는 인식을 심어주어야 한다. 다시 말해 상대가 쉽게 넘을 수 없는 장벽을 만들어 긴장을 조성해야 한다.

과거에는 신분, 인종, 종교, 기혼과 같은 사회적 장애물을 이용해 그런 장벽을 쉽게 만들 수 있었다. 하지만 요즘 사람들이 만드는 장벽들은 심리적인 측면이 훨씬 강하다. 예를 들어 나는 이미 다른 사람에게 마음을 빼앗겼다, 당신에게는 정말 관심 없다, 비밀을 알면 당신은 태도를 바꾸고 말 것이다, 시기가 좋지 않다, 어느 모로 보나 지금 만나는 사람이 당신보다 낫다, 등등. 이런 장벽들은 신분이나 종교의 차이가 만들어내는 예전의 장벽들에 비하면 덜 위협적이지만, 그럼에도 사람들의 심리에 미치는 영향은 동일하다. 사람들은 가질 수 없는 것일수록 더욱 열렬하게 원하는 경향이 있다. 따라서 상대의 흥미와 관심을 자극하되 가질 수 없다는 인식을 심어주면, 상대는 물을 바로 앞에 두고도 마실 수 없는 탄탈로스처럼 갈증에 허덕이게 될 것이다. 돈 후안과 크리스테타의 경우처럼, 상대가 스스로 애가 달아 쫓아다니게 만들어야 한다. 그러려면 완벽한 위장이 필요하다.

> 유혹에서 벗어나려면 유혹에 항복하는 길밖에 없다.
>
> — 오스카 와일드

유혹의 열쇠

대부분의 사람들은 안정과 균형 감각을 유지하기 위해 안간힘을 쓰며 살아간다. 만약 새로운 상대나 환상을 좇아 자신을 송두리째 던지는 생활을 반복하는 사람이라면 다시 지루한 일상으로 돌아왔을 때 단 한순간도 견디지 못할 것이다. 사람들은 대개 이런 싸움에서 승리를 거두지만, 거기에는 상당한 노력이 따른다. 세상은 온통 유혹으로 가득하다. 매일 접하는 신문마다 우리보다 더 많이 가진 사람들, 다른 사람들이 즐기고 있는 모험, 부와 행복을 동시에 거머쥔 사람들의 얘기가 실려 있다. 사람들은 안정을 추구하기 위해 노력할 뿐만 아니라 자신의 삶이 안정되어 있다고 생각하지만, 이는 착각일 뿐이다. 그 이면에는 끊임없는 긴장이 도사리고 있다.

유혹자는 사람들의 겉모습과 실제 모습을 혼동해서는 안 된다. 사람들은 질서정연한 삶을 유지하기 위해 매 순간 싸움을 벌인다. 그 때문에 그들은 지칠 대로 지쳐 있으며, 의심과 후회로 자신을 갉아먹고 있다. 강한 욕망을 억누르면서 도덕군자처럼 생활하기란 쉬운 일이 아니다. 그 점을 염두에 둔다면 유혹은 훨씬 쉬워진다. 사람들이 원하는 것은 유혹이 아니다. 유혹은 매일 일어난다. 사람들이 원하는 것은 유혹에 빠지는 것이다. 그것만이 그들의 삶을 지배하는 긴장에서 벗어날 수 있는 유일한 방법이기 때문이다. 유혹에 저항하느니 차라리 항복하는 편이 훨씬 편하다.

유혹자는 일상의 변화보다 강한 유혹을 만들어내야 한다. 사람들의 일거수일투족을 관찰하면서 그들의 약점을 찾아내야 한다. 누구에게나 어린 시절의 경험에서 비롯된 약점이 있다는 점을 명심하라. 그들의 삶에서 결핍된 부분을 찾아내 그들을 유혹하는 미끼로 사용하라. 그들의 약점은 탐욕이 될 수도, 허영심이 될 수도, 지루함이 될 수도, 깊이 억눌린 욕망이 될 수도, 금지된 과일에 대한 허기가 될 수도 있다. 사람들은 사소한 단서를 통해 은연중에 자신의 약점을 드러낸다. 옷 입는 취향이나 무심코 내뱉는 말에 주목하라. 그들의 과거, 특히 과거에 있었던 연애 사건은 중요한 단서를 제공해줄 수 있다. 그들의 약점을 파고들어 거기에 맞는 강력한 미끼를 던진다면, 상대는 걸려들 수밖에 없다.

그대 강력한 유혹자의 이름은 기회다.
— 존 드라이든

1621년 스페인의 펠리페 3세는 자신의 딸을 영국 왕 제임스 1세의 둘째 아들 찰스와 결혼시켜 양국간의 결속력을 다지고자 했다. 제임스 1세는 겉으로는 그의 생각에 동의하는 척하면서 차일피일 시간을 끌었다. 참다 못한 펠리페 3세는 영국 왕실에 파견된 곤도마르라는 스페인 대사에게 제임스를 설득하라는 임무를 맡겼다. 그는 제임스 1세가 총애하던 버킹엄 공작을 일차 목표로 삼았다.

곤도마르는 버킹엄 공작의 약점을 알고 있었다. 다름 아닌 허영심이었다. 버킹엄은 자신의 명성을 드높여줄 영광과 모험에 목말라 있었다. 그는 자신의 제한된 임무에 싫증이 나 있었고, 틈만 나면 그 점에 대해 불만을 토로했다. 스페인 대사는 공작처럼 유능한 사람에게 중요한 일을 맡기지 않는 것은 영국 왕실의 수치라며 그를 잔뜩 치켜세웠다. 그런 다음 위대한 모험에 관한 얘기를 슬며시 꺼냈다. 그는 이런 말로 공작을 살살 달래기 시작했다. '공작이 스페인 공주와의 결혼을 찬성하고 있다는 것은 잘 알고 있다. 하지만 제임스 1세와의 결혼 협상은 시간만 질질 끌 뿐 아무런 성과도 거두지 못하고 있지 않은가. 공작이 왕의 아들이자 절친한 친구 사이이기도 한 찰스 왕자와 스페인까지 동행한다면 뭔가 돌파구가 마련되지 않겠는가? 물론 그 일은 철저히 비밀에 부쳐야 한다. 만약 영국 정부와 대신들이 알면 그런 여행을 반대할 게 뻔하지 않은가. 하지만 모험은 위험할수록 스릴이 넘치는 법이다. 일단 마드리드에 도착하면, 왕자는 마리아 공주의 발밑에 몸을 던져 영원한 사랑을 고백하고 당당하게 그녀를 영국으로 데려올 수 있다. 이보다 더 기사다운 행동이 어디 있겠는가. 그렇게 되면 공작은 사람들의 신임을 한 몸에 받고 대대손손 그 이름을 떨치게 될 것이다.'

대사의 제안에 귀가 솔깃해진 버킹엄 공작은 그 즉시 달려가 찰스를 설득했다. 한참 옥신각신한 끝에 두 사람은 미적거리는 제임스 1세를 설득하러 나섰다. 결국 그 여행은 재앙에 가까웠고(마리아와 결혼하려면 찰스는 가톨릭으로 개종해야 했다), 결혼은 성사되지 않았지만 어쨌든 대사는 자신의 본분을 다했다. 그는 돈이나 권력으로 공작을 매수하지 않았다. 대신 그는 공작의 어린아이 같은 점을 노렸다. 어린아이는 저항할 힘이 거의 없다. 어린아이는 그저 원하기만 할 뿐, 결과에 대해서는 거의 생각하지 않는다. 모든 사람에게는 어린아이의 모습이 숨어 있다. 단지 억누르고 있을 뿐이다. 그 점을 노려 적당한 장난감(예를 들어 모험이나 돈, 쾌락)으로 그들을 유혹한다면, 그들이 평소에 보여주던 어른의 이성은 온데간데없이 사라지고 말 것이다.

나폴레옹 보나파르트는 1796년 프랑스군 최고사령관에 임명되었다. 그의 임무는 북부 이탈리아를 점령하고 있던 오스트리아 군대를 물리치는 것이었다. 하지만 장애물이 너무 많았다. 당시 나폴레옹은 스물여섯 살에 불과했다. 그의 휘하에 있던 장군들은 그를 시기한 나머지 그의 능력에 의문을 제기했다. 게다가 그의 병사들은 피곤에 찌든 상태에서 제대로 먹지도 못하고 있었다. 봉급 수준도 형편없었다. 당연히 불만의 소리가 높을 수밖에 없었다. 경험 많은 오스트리아 군대와 싸우려면 병사들에게 강한 동기를 부여해야 했다. 알프스 산맥을 넘어 이탈리아로 진격하기에 앞서 나폴레옹은 병사들을 모아놓고 연설을 했다. 그 자리에서 나폴레옹은 이렇게 말했다.

"제군들, 그대들은 지금 헐벗고 굶주려 있다. 프랑스 정부는 제군들에게 많은 빚을 지고 있다. 하지만 제군들을 위해 아무것도 해줄 수 없다. 제군들이 보여준 인내심과 용기는 제군들의 명예를 드높여주었지만, 영광을 가져다주지는 못했다……. 나는 이제 세상에서 가장 비옥한 평야로 제군들을 인도하려 한다. 저 산맥만 넘으면 풍요로운 도시와 마을들이 제군들을 기다리고 있다. 거기서 제군들은 명예와 영광, 부를 수확하게 될 것이다."

그의 연설은 강력한 효과를 발휘했다. 며칠 후 프랑스 군대는 고된 산악 행군 끝에 빙하에 덮인 계곡을 내려다보고 있었다. 나폴레옹의 말이 그들의 귓가에 울려왔다. 누더기를 걸친 불평분자들은 어느새 사기가 충천한 군대로 바뀌어 있었다. 그들은 북부 이탈리아를 누비며 맹추격전을 펼친 끝에 마침내 오스트리아 군대를 몰아냈다.

나폴레옹이 사용한 미끼는 두 가지 요소를 대비시켰다. 그들 뒤에는 어두운 과거가 버티고 있다는 점과 자신을 따를 경우 부와 영광스러운 미래

그는 벙어리처럼 손짓 발짓을 해가며 장작을 패줄 테니 먹을 것을 좀 달라고 애걸했습니다. 관리인은 기꺼이 먹을 것을 준 다음, 누토가 패지 못한 아름드리 통나무들을 날라 왔습니다…… 관리인은 그가 일을 아주 잘하는 것을 보고는 손짓으로 여기에 머물 생각이 있느냐고 물었습니다. 그러자 마세토는 손짓 발짓으로 시켜만 준다면 무슨 일이든 하겠다고 대답했습니다…….

어느 날 마세토가 힘든 일을 마치고 잠시 쉬고 있는데 마당을 거닐고 있던 젊은 수녀 두 명이 그의 곁으로 다가왔습니다. 두 수녀는 그가 잠든 줄 알고는, 위아래로 그를 훑어보기 시작했습니다. 둘 중에서 좀 더 대담한 수녀가 동료 수녀에게 말했습니다. "네가 비밀을 지키겠다고 약속하면, 요즘 내가 어떤 생각을 하는지 말해줄게. 모르긴 해도, 우리 모두에게 득이 되는 일일걸." 이에 다른 수녀가 대꾸했습니다. "아무한테도 말하지 않을 테니 어디 얘기해봐." 그러자 대담한 수녀는 자신의 의중을 솔직하게 털어놓기 시작했습니다. "넌 이런 생각을 해보지 않았을지 모르겠지만, 우리가 얼마나 재미없는 생활을 하고 있니? 너도 알다시피 이곳에서 우리가 구경할 수 있는 남자라고는 나이 든 관리인하고 여기 이 벙어리 정원사가 전부잖니. 그런데 우리를 방문하러 오는 부인들 얘기가 남자와 함께 자는 쾌락에 비하면 이 세상의 다른 쾌락은 모두 하찮을것이라는 거야. 그래서 생각해봤는데, 달리

가 그들을 기다리고 있다는 점이었다. 현재는 보잘것없지만 미래는 쾌락과 흥분으로 가득 채워질 수 있다. 이처럼 미끼를 던질 때는 잃을 것은 없고 얻을 것만 있다는 점을 상대에게 분명히 인식시켜야 한다. 하지만 미래의 청사진은 항상 모호해야 한다는 점을 명심하라. 너무 구체적으로 제시할 경우 상대에게 실망을 안겨줄 수도 있다. 약속이 이루어지는 시점을 너무 가까이 잡게 되면, 자기가 원하는 것을 얻을 때까지 만족을 유보하기가 어려워진다.

사람들은 앞에 장벽과 긴장이 있을수록 쉽게 포기하려 들지 않는다. 따라서 그들의 투쟁심을 자극하면서 저항 의지를 불태울 수 있어야 한다. 빅토리아 여왕은 벤저민 디즈레일리 총리와 사랑에 빠졌지만, 둘 사이에는 종교(그는 피부가 가무잡잡한 유대인이었다)와 계층(익히 알다시피 그녀는 여왕이었다), 사회적 취향(그녀는 도덕의 화신이었던 데 비해, 그는 유명한 댄디였다)이라는 장벽이 가로놓여 있었다. 그들의 관계가 극점에 달한 적은 한번도 없었지만, 그런 장벽들은 자칫 밋밋하게 흐를 수도 있는 그들의 만남에 활기를 불어넣어주었다.

요즘은 그런 사회적 장벽들이 많이 사라졌기 때문에 일부러 만들어야 한다. 유혹에서 장벽은 음식의 맛을 내는 양념과 같은 역할을 한다. 종류를 불문하고 금기는 긴장을 유발한다. 상대의 억눌린 욕망을 찾아내 자극하라. 그러면 상대는 불안한 기색을 보이며 잔뜩 움츠러들겠지만, 그럴수록 유혹의 힘은 더욱 강해진다. 상대의 과거를 탐색하면서 상대가 두려워하거나 피하는 것이 무엇인지 파악하라. 그 속에 실마리를 푸는 열쇠가 숨겨져 있을지도 모르기 때문이다. 그 열쇠는 아버지나 어머니에 대한 동경이 될 수도 있고, 아니면 동성에 대한 욕망이 될 수도 있다. 상대의 어두운 욕망을 채워주기 위해서는 때로 여자 같은 남자나 남자 같은 여자, 혹은 어린 소녀나 아버지의 역할을 해야 하는 경우도 있을 것이다. 다시 말해 유혹자는 그들의 성격에 드리운 어두운 그늘을 찾아내 그 속에 숨어 있는 인물을 투사할 수 있어야 한다. 하지만 어떤 경우가 되었든, 유혹자는 모호한 분위기를 풍겨야 한다. 즉 선뜻 잡히지 않는 존재, 마치 그들의 마음속에서 걸어나온 듯한 존재로 비쳐야 한다.

*남자를 구할 수 없으니 이 벙어리의 도움을 받아 그 부인들 얘기가 맞는지 확인해보는 게 어떨까 싶어. 그 일에는 이 벙어리만 한 적임자가 없을 것 같아. 비밀을 누설하고 싶어도 할 수가 없잖니. 너도 보다시피, 지능이 모자라는 얼간이라 어떻게 설명해야 할지도 모를 테고 말야. 게다가 젊으니까 힘이 넘쳐날 테고, 네 생각은 어떤지 알고 싶어."
"무슨 소리야! 그럼 순결을 지키기로 한 하느님과의 약속은 어떻게 하고?" 다른 수녀가 말했습니다. "우린 끊임없이 하느님께 약속하지만, 한 번도 지키지 못하는 걸 뭐. 순결의 서약을 지키지 못한다고 해서 무슨 큰일이라도 난다니? 하느님을 위해 순결을 지키는 건 다른 여자들로도 충분해."
…… 두 수녀는 헛간을 나서기 전에 이 벙어리가 대체 몇 번이나 자기들에게 올라탈 수 있을지를 놓고 계속 시험해보았습니다. 나중에 두 수녀는 이 일에 대해 호들갑스럽게 떠들다가 생각했던 것보다 훨씬 더 기분이 좋았다는 데 의견의 일치를 보았습니다. 그 후 두 수녀는 기회만 있으면 벙어리의 품에 안겨 쾌락을 즐겼습니다. 그러던 어느 날, 다른 수녀 하나가 창밖을 내다보다가 우연히 이 광경을 발견하고는 다른 두 수녀에게도 보여주었습니다. 처음에는 원장 수녀에게 보고할 생각이었지만, 곧 마음을 바꾸어 나머지 두 명과 함께 마세토의 품에서 공평하게 쾌락을 누리기로 합의를 보았습니다. 그리고*

1769년 카사노바는 런던에서 샤필롱이라는 젊은 여성을 만났다. 그녀는 그보다 나이도 훨씬 어렸을 뿐만 아니라, 그가 그때까지 알고 있던 여성 중에서 가장 아름다웠다. 게다가 그녀는 남자들의 신세를 망친 요부로서도 악명이 드높았다. 두 사람이 우연히 만난 자리에서, 그녀는 그를 유혹해 파멸시키겠다고 선언했다. 그런데도 카사노바는 열심히 그녀의 꽁무니를 쫓아다녔다. 만날 때마다 그녀는 그가 잘해주면 자기도 다시 생각해보겠다는 의사를 은연중에 내비쳤다. 그녀는 지금까지 그런 일은 한 번도 없었지만 만약 자기를 길들이는 남자가 있다면 그 최초의 남자는 그가 될 것이라며 그의 호기심에 불을 댕겼다. 카사노바는 나중에 이렇게 회고했다. "욕망이라는 독이 나의 전 존재 구석구석으로 스며들었다. 그녀가 장담했던 대로 그녀는 나의 모든 것을 파괴했다. 나는 한 번의 키스를 위해 스스로 거지가 되었다."

결과는 카사노바의 참패였다. 한마디로 그녀는 카사노바를 가지고 놀았던 것이다. 샤필롱은 카사노바의 약점을 정확하게 간파하고 있었다. 카사노바는 다른 남자들이 맛보지 못한 쾌락을 반드시 맛보고야 말겠다는 욕망이 누구보다도 강했다. 그녀는 바로 이 점을 노렸다. 그러한 정복욕의 이면에는 상대 여성이 주는 고통을 통해 기쁨을 느끼는 일종의 마조히즘이 자리하고 있었다. 그녀는 손에 넣을 수 없는 여자라는 인상을 심어준 다음 그를 유혹해 결국은 절망에 빠뜨림으로써, 궁극적인 유혹을 제공했다. 샤필롱이 그랬듯이 손에 넣기가 어려워서 그렇지 일단 손에 넣기만 하면 굉장한 쾌락을 맛볼 수 있다는 인식을 심어주는 것이 중요하다. 다시 말해 일단 장애를 극복할 수만 있다면 아무도 가져보지 못한 것을 갖게 된다는 점을 강조해야 한다. 그 과정에서 상대는 고통을 맛볼 수도 있지만, 고통은 쾌락의 친구다. 그런 점에서 고통은 그 자체로 유혹의 힘을 발휘한다.

구약성서에는 다음과 같은 대목이 나온다. "다윗은 침대에서 일어나 궁전 옥상을 거닐었다……. 옥상에서 그는 한 여인이 목욕하는 모습을 보게 되었다. 그 여인은 매우 아름다웠다." 그 여인은 밧세바였다. 다윗은 그녀를 불러 유혹한 뒤, 전쟁터에 나간 그녀의 남편 유리아를 제거하기에 이르

무심결에 비밀을 누설하는 바람에, 이들 다섯 명 외에도 세 명이 더 합류하게 되었습니다. 그러던 어느 날이었습니다. 그날은 무척 더웠습니다. 이 모든 일을 까맣게 모르고 있던 원장 수녀가 혼자서 마당을 거닐다가 편도나무 그늘 아래서 세상 모르고 잠들어 있는 마세토와 마주치게 되었습니다. 밤에 승마를 과하게 하느라 낮에는 조금만 일해도 기운이 빠져 그렇게 늘어져 있었던 것이지요. 그런데 마침 바람이 휙 불어와 마세토의 옷 앞자락을 걷어버리는 바람에 그의 모든 것이 드러나고 말았습니다. 원장 수녀는 주변에 아무도 없다는 것을 확인하고는, 멈춰선 채 이 광경에 눈을 고정시켰습니다. 그러다 그만 이미 젊은 수녀들을 굴복시킨 바 있는 바로 그 욕정에 사로잡히고 말았습니다. 그녀는 마세토를 깨워 자기 방으로 데리고 들어가서는 며칠 동안 밖으로 나오지 않았습니다. 일이 그렇게 되자, 수녀들은 정원사가 없어 정원이 엉망이라며 불만을 터뜨렸습니다. 원장 수녀는 그를 다시 숙소로 돌려보내기에 앞서, 그토록 맹렬하게 비난해 마지않았던 그 쾌락을 수도 없이 맛보았습니다. 그 후로도, 그녀는 자신에게 할당된 몫을 한참 넘길 정도로 시도 때도 없이 그를 불러들였습니다.
— 보카치오, 《데카메론》

렀다. 하지만 다윗을 유혹한 것은 실은 밧세바였다. 그녀는 다윗이 옥상으로 나오리라는 것을 알고 한 시간 전부터 자기 집 지붕 위에서 목욕을 하고 있었다. 여자에게 약한 다윗의 약점을 잘 알고 있던 그녀는 일단 미끼를 던진 다음, 코케트처럼 굴면서 그가 먼저 손을 내밀게 만들었다. 이것이 바로 기회의 전략이다. 마치 우연인 것처럼 상대의 주변을 맴돌면서 그들 쪽에서 먼저 손을 내밀게 하라. 유혹에서는 특히 타이밍이 중요하다. 적시에 상대 앞에 나타나 그들 스스로 정복자가 될 수 있는 기회를 제공한다면, 상대는 아무 생각도 못하고 끌려오게 되어 있다.

밧세바는 자신의 몸 전체를 미끼로 사용했지만, 육체의 일부만을 사용하는 것이 더 효과적이다. 레카미에 부인은 속이 비치는 얇은 드레스를 즐겨 입었다. 그녀가 춤을 추기 위해 겉옷을 벗는 짧은 순간에 그녀의 속살을 훔쳐본 남자들은 그날 밤 집으로 돌아가 낯뜨거운 꿈을 꾸곤 했다. 이밖에도 나폴레옹의 부인 조제핀은 아름다운 팔을 은근히 드러내곤 했다.

> | **상징** | 에덴동산의 사과. 에덴동산의 사과는 매우 먹음직스러워 보이지만 따 먹을 수는 없다. 하지만 바로 그 때문에 사람들은 밤낮으로 사과 생각만 하게 된다. 에덴동산의 사과는 쳐다볼 수는 있지만 가질 수는 없다. 유혹에 항복하고 금단의 열매를 맛보는 것만이 유혹에서 벗어나는 유일한 길이다.

반전

만족이나 안정을 느끼는 사람에게는 미끼가 통하지 않는다. 일상의 안락함으로부터 상대를 꾀어낼 수 없다면, 유혹은 불가능하다. 상대가 욕망을 채우는 순간, 유혹은 끝이 난다. 여기서 반전은 없다. 몇몇 단계들을 생략한다 하더라도, 미끼가 없다면 유혹은 더 이상 진행될 수 없다. 따라서 상대의 약점을 항상 염두에 두면서 거기에 맞는 미끼를 던질 수 있도록 사전에 철저한 계획을 세워야 한다.

STEP 2

혼란에 빠뜨려라

고립

상대가 자신에게 호감을 가지고 있다 하더라도 아직은 애정이나 욕망의 강도가 약하기 때문에 마음만 먹으면 언제라도 등을 돌릴 수 있다. 이 단계의 목표는 상대를 수렁에 빠뜨려 더 이상 뒤로 물러설 수 없게 만드는 데 있다. 그러려면 계속 상대의 감정을 고조시키면서 쾌락을 제공하되 더 많은 것을 원하게 만들어야 한다. 상대에게 뜻밖의 즐거움을 주어 예측 불허의 사람이라는 인상을 심어주도록 하라. 하지만 아직까지는 상대가 갈피를 잡지 못하게 해야 한다(9장: 예측할 수 없는 행동이 호기심을 일으킨다). 부드럽고 달콤한 말은 상대를 흥분시켜 환상의 세계로 인도한다(10장: 모호함도 무기가 된다). 가벼운 신체 접촉과 작지만 유쾌한 의식은 상대의 감각을 자극하는 한편, 정신을 산란하게 하는 효과가 있다(11장: 사소한 표현이 가장 자극적이다).

이 단계에서 가장 주의할 점은 어떤 경우에도 친숙한 느낌을 주어서는 안 된다는 것이다. 유혹자는 계속해서 일정 거리를 유지하면서 자신을 신비하게 포장해야 한다. 그럴수록 상대는 더욱 강하게 끌릴 수밖에 없다(12장: 유혹의 가장 큰 걸림돌은 평범함이다). 이쯤 되면 상대는 홀딱 반한 상태이기 때문에 자기가 조종당하고 있다는 생각을 절대 하지 못한다. 적당한 때를 봐서 약점을 드러내거나 상대 때문에 자신이 얼마나 감정적으로 휘둘렸는지를 보여주는 것도 자신의 속셈을 감출 수 있는 좋은 방법이다(13장: 약점을 드러내어 연민을 끌어내라). 상대를 흥분시키고 감정을 최고조로 끌어올리려면, 환상 속에서 살고 있는 듯한 느낌을 갖게 만들어야 한다(14장: 감정은 이성을 마비시킨다). 상대에게 환상의 일부를 제시해 더 이상 물러설 수 없게 만들어야 한다. 상대에게 관심을 쏟아부어 나머지 세상에 흥미를 잃고 오로지 자신에게 기대게 하라(15장: 세상에 단 둘뿐이라고 여기게 하라). 그때가 되면 돌아가려고 해도 돌아갈 수가 없다.

예측할 수 없는 행동이
호기심을 일으킨다

· 태도 ·

사람들에게 자신을 읽히는 순간, 그들에게 걸어둔 주문은 깨지고 만다. 그 순간부터 권력은 그들의 손으로 넘어간다. 유혹자의 입장에서 계속 우위를 차지하려면 깜짝 쇼를 통해 상대의 호기심을 끊임없이 유발해야 한다. 사람들은 미스터리를 좋아한다. 따라서 이 점을 활용한다면 상대를 깊이 유혹할 수 있다. 상대로 하여금 저 사람이 대체 무슨 일을 꾸미려고 저러나, 하는 궁금증을 갖도록 해야 한다. 예상 밖의 행동을 함으로써, 보는 이로 하여금 예기치 않은 즐거움을 맛볼 수 있도록 해야 한다. 상대를 주무르려면 항상 한걸음 앞서 나가야 한다. 갑자기 방향을 바꿔 상대가 스릴을 느끼도록 만들라.

계산된 깜짝 쇼

1753년 당시 스물여덟 살이었던 조반니 카사노바는 카테리나라는 이름의 한 아가씨를 만나 사랑에 빠졌다. 카테리나의 아버지는 카사노바가 어떤 사람인지 잘 알고 있었기에 만약의 불상사를 막으려고 딸을 베네치아의 무라노 섬에 있는 수녀원으로 보내버렸다. 그녀는 그곳에서 4년을 보냈다.

하지만 카사노바는 쉽게 포기할 남자가 아니었다. 그는 카테리나에게 몰래 편지를 보냈다. 그뿐만이 아니었다. 그는 일주일에도 몇 번씩 수녀원에서 열리는 미사에 참석해 그녀를 훔쳐보았다. 곧이어 수녀들은 미사 시간에 자주 모습을 드러내는 이 잘생긴 청년을 화제에 올리기 시작했다. 어느 날 아침 카사노바가 미사를 마치고 막 곤돌라에 올라타려고 할 때였다. 수녀원에서 일하는 하녀가 지나가는 척하면서 그의 발치에 슬쩍 편지를 떨어뜨렸다. 그는 카테리나가 보냈을지도 모른다는 생각에 편지를 집어들었다. 그로서는 그렇게 생각할 수밖에 없었지만, 정작 편지를 보낸 사람은 카테리나가 아니었다. 편지의 발신인은 수녀원의 수녀였다. 그녀는 미사에 참석한 그를 여러 번 보았다면서 그와 사귀고 싶다고 썼다. 그녀는 만약 자기한테 관심이 있다면, 특정한 날, 특정한 시간에 수녀원 응접실로 오라고 했다. 그 시간에 친구를 만나러 나올 예정이니 먼발치에서 보고 있다가 자기가 마음에 드는지 마음에 들지 않는지를 결정하라는 것이었다.

카사노바는 그 편지에 호기심이 발동했다. 문체는 고상했지만 어딘지 모르게 장난기가 배어 있었다. 더구나 상대는 수녀였다. 그는 그녀에 대해 좀 더 알아보기로 했다. 약속된 날짜와 시간에 맞춰 그는 수녀원 응접실로 갔다. 그곳에서 그는 우아하게 차려입은 어떤 여자가 격자문 뒤에 앉아 있는 수녀와 이야기를 나누는 모습을 보았다. 수녀의 이름을 엿듣게 된 그는 몹시 놀랐다. 그녀는 20대 초반 무렵, 베네치아 남자들을 설레게 한 그 유명한 마틸다였다. 그녀가 수녀원에 들어가겠다고 하자 도시 전체가 들썩였을 정도로 당시 그녀의 인기는 대단했다. 무엇보다도 그를 놀라게 한 것은 수녀복 뒤에 감춰진 그녀의 외모였다. 그녀는 아직도 젊고 아름다웠다. 특히 푸른빛을 발하는 그녀의 눈은 매혹적이었다. 만약 그녀가 부탁만 한다면, 그는 그녀의 하인 노릇도 할 수 있을 것 같았다.

그의 호기심은 극에 달했다. 며칠 후 그는 다시 수녀원을 방문해 면회를 신청했다. 그녀를 기다리는 동안, 그의 심장은 마구 요동치고 있었다. 그는 어떤 일이 일어날지 전혀 몰랐다. 마침내 그녀가 모습을 드러내더니 격자문 뒤로 가서 앉았다. 방 안에는 두 사람밖에 없었다. 그녀는 그가 원한다면 근처에 있는 조그만 별장에 저녁을 준비해놓을 수 있다고 말했다. 카사노바는 뛸 듯이 기뻤고, 상대가 대체 어떤 사람인지 궁금했다. "저, 사귀는 남자가 있습니까?" 그의 질문에 그녀는 "친구이자 내게는 주인과 같은 사람이 있습니다. 내가 재산을 모은 것은 모두 그분 덕분이랍니다"라고 대답했다. 이번에는 그녀가 그에게 애인이 있느냐고 물었다. 그는 그렇다고 대답했다. 그러자 그녀는 의미심장한 목소리로 이렇게 말했다. "딱 한 번만 내게 그 여자의 역할을 할 수 있는 기회를 준다면, 지상의 어떤 힘도 나와 당신을 갈라놓지 못할 거예요." 그러고 나서 그녀는 그에게 별장 열쇠를 주면서 이틀 뒤에 그곳에서 만나자고 했다. 그는 격자문 사이로 그녀에게 키스를 하고 그곳을 나왔다. 그는 뭐가 뭔지 도무지 종잡을 수가 없었다.

그는 나중에 이렇게 썼다. "참을 수 없는 호기심에 휩쓸려 이틀을 보냈다. 그 이틀 동안 나는 먹지도 자지도 못했다. 훌륭한 가문 출신에다 미모와 재치까지 겸비한 내 새 주인은 흔치 않은 매력까지 갖추고 있었다. 말하자면 그녀는 금단의 열매였다. 바야흐로 나는 하느님의 경쟁자가 되려 하고 있었다." 그는 빡빡 깎은 머리에 수녀복을 입은 그녀를 상상했다.

그는 약속된 시간에 별장에 도착했다. 마틸다가 그를 기다리고 있었다. 그런데 뜻밖에도 그녀는 수녀복이 아닌 우아한 드레스 차림에 어떻게 된 일인지 머리도 깎지 않았다. 뒤로 땋아 쪽을 진 그녀의 머리는 아름다웠다. 카사노바는 그녀에게 키스를 퍼붓기 시작했다. 그녀는 저항했지만 시늉일 뿐이었다. 잠시 후 그녀는 식사가 준비되었다고 하면서 자리를 떴다. 식사를 하는 동안 그녀는 몇 가지 정보를 더 알려주었다. 그녀는 돈으로 사람들을 매수해 수녀원에서 자주 탈출한다고 했다. 그녀로부터 이미 그녀의 친구이자 주인에 대한 이야기를 들은 적이 있었기 때문에 카사노

생크리크 남작은 아이스크림 장화로 사람들을 놀라게 했다. 어느 무더운 여름날, 그는 아이스크림 두 개를 주문해 왼쪽 장화에는 바닐라 아이스크림을, 오른쪽 장화에는 딸기 아이스크림을 퍼담았다. 생제르맹 남작은 친구들을 극장에 데려가는 것을 좋아했는데, 그때마다 분홍색 비단 띠를 두르고 꼬리 숱이 엄청나게 많은 두 마리의 검은 말이 끄는 마차가 어김없이 등장했다. 그는 아무도 흉내 낼 수 없는 독특한 목소리로 친구들에게 이렇게 묻곤 했다. "뭘 보고 싶은가? 보드빌을 보러갈까, 아니면 버라이어티 쇼를 보러갈까, 아니면 왕립 극장으로 갈까? 세 군데 모두 표를 사두었으니, 말만 하게." 그렇게 해서 어느 한 곳이 정해지면, 그는 오만하기 이를 데 없는 표정을 지으며 나머지 표들을 또르르 말아 궐련에 불을 붙이는 데 사용했다.
— 뫼드 드 벨레로슈 (Maud de Belleroche), 《댄디 혹은 바람둥이 (Du Dandy au Play-Boy)》

바는 별 거부감 없이 그 두 사람의 관계를 인정했다. 그 남자가 나이가 많냐는 카사노바의 질문에 그녀는 눈을 빛내면서 40대이고 아주 잘생겼다고 했다. 식사가 끝나자 종이 울렸다. 그녀가 서둘러 수녀원으로 돌아가야 한다는 신호였다. 그러지 않으면 들통 날 것이 뻔했다. 그녀는 다시 수녀복으로 갈아입고 그곳을 떠났다.

카사노바 앞에는 아름다운 경치가 펼쳐진 듯했다. 앞으로 몇 달 동안 아름다운 마틸다와 별장에서 밀회를 즐길 생각을 하니 콧노래가 절로 나왔다. 게다가 비용은 신비에 싸인 그녀의 주인이 모두 대줄 터였다. 곧이어 그는 다음번 만남을 위해 다시 수녀원을 방문했다. 그들은 베네치아의 한 광장에서 만나 함께 별장으로 갈 약속을 정했다. 정해진 시간에 약속 장소에 나간 카사노바는 한 남자가 자기를 향해 다가오는 것을 보았다. 그는 그 자가 그녀가 말한 그 주인이거나 자기를 죽이러 온 사람이라고 생각하고는 뒷걸음질 치기 시작했다. 그래도 그 자는 여전히 그의 주변을 뱅뱅 맴돌며 그와의 거리를 좁혀왔다. 알고 보니 그 자는 다름 아닌 마틸다였다. 그녀는 가면을 쓰고 남자 옷을 입고 있었다. 그녀는 그가 겁을 집어먹은 것을 보고 깔깔 웃어댔다. 수녀가 짓궂기도 하지! 남장을 한 그녀의 모습은 그를 더욱 흥분시켰다.

카사노바는 모든 것이 겉보기와 다를지도 모른다고 의심하기 시작했다. 그가 그렇게 생각하게 된 첫 번째 이유는 마틸다의 집에서 애정 행각을 다룬 소설들을 발견했기 때문이다. 게다가 마틸다는 가끔씩 불경스러운 말을 내뱉었다. 예를 들어 그녀는 사순절 기간 동안의 단식과 참회 의식에 대해 '정욕을 억제한다'는 표현을 쓰기도 했다. 이제 그녀는 자신의 친구를 애인이라고 지칭했다. 그는 그 남자의 품과 수녀원에서 그녀를 빼내 어디 먼 곳으로 도망칠 계획을 세웠다. 그녀를 혼자만 소유하고 싶었기 때문이다.

며칠 뒤 그는 그녀로부터 편지 한 통을 받았다. 편지에서 그녀는 그들이 별장에서 격정적인 밀회를 즐기는 동안 자기의 애인이 벽장에 숨어서 그 모습을 지켜보았다고 고백했다. 그녀는 자기의 애인이 실은 베네치아 주재 프랑스 대사인데, 언젠가 카사노바를 보고 반했다고 했다. 카사노바는

샤흐자만은 창가에 앉아 왕의 정원을 바라보다가, 궁전으로 통하는 문이 열리면서 스무 명의 노예 여자와 스무 명의 흑인이 안으로 들어오는 모습을 보았다. 그들 틈에는 미모가 빼어난 그의 형수(샤푸리 야르 왕의 부인)도 있었다. 그들은 곧장 샘가로 가서 옷을 훌훌 벗고 풀밭에 앉았다. 그러고 나서 왕의 부인이 소리쳤다. "마수드, 이리 나오너라!" 그러자 흑인 노예 하나가 그녀에게로 달려와 그녀를 껴안고 입을 맞추더니 냉큼 그녀 위에 올라탔다. 그 자리에 있던 검둥이들도 밤이 다가올 때까지 노예 여자들을

이런 이야기에 속아넘어갈 사람이 아니었지만 또 다른 밀회를 준비하기 위해 다음 날 다시 수녀원으로 갔다. 이번에도 그녀는 약속된 시간에 정확하게 나타났다. 그는 그녀를 와락 껴안았다. 그런데 상대는 마틸다가 아니라 그녀의 옷을 입은 카테리나였다. 알고 보니 마틸다와 카테리나는 친구 사이였다. 카테리나의 이야기를 듣고 그녀를 가엾게 여긴 마틸다가 카테리나가 수녀원을 빠져나가 카사노바를 만날 수 있도록 일을 꾸민 것이었다. 불과 몇 달 전만 해도 그녀와 사랑에 빠졌는데, 지금 그는 그녀를 까맣게 잊고 있었다. 가식이라곤 찾아볼 수 없는 마틸다와 비교할 때, 카테리나는 따분하기 그지없었다. 그는 실망감을 감추지 못했다. 그는 마틸다가 보고 싶어 미칠 지경이었다.

카사노바는 마틸다가 그런 식으로 자기를 속였다는 데 무척 화가 났다. 하지만 며칠 뒤 다시 그녀를 본 순간, 모든 것을 용서했다. 처음 만난 날 그녀가 공언했던 대로, 그에 대한 그녀의 영향력은 막강했다. 그는 그녀의 노예가 되었고, 그녀의 변덕과 그녀가 제공하는 위험한 쾌락에 완전히 빠져들었다. 주변 여건 때문에 그들의 애정 행각이 방해받지 않았다면, 그는 그녀를 위해 무슨 짓이든 했을 것이다.

해석 ——

카사노바는 늘 유혹의 주도권을 쥐고 있었다. 미지의 세계로 상대를 인도하면서 자신이 친 거미줄에 걸려들게 만들었던 쪽은 늘 그였다. 그의 회고록에 등장하는 마틸다의 이야기는 상황이 역전되는 유일한 예다. 마틸다의 유혹 앞에서 그는 어찌 할 바 모르는 희생자로 전락한다.

카사노바를 마틸다의 노예로 만든 것은 그가 무수한 여자에게 사용했던 것과 똑같은 전술이었다. 즉 마틸다는 저항할 수 없는 미끼를 던져 상대를 유혹한 다음 계속 놀라게 함으로써 자기한테 빠져들게 만들었던 것이다. 마틸다와 헤어질 때마다 그의 머릿속은 온통 의문으로 가득 찼다. 그녀는 끊임없이 사람을 놀라게 하는 능력으로 그를 사로잡았고, 결국 그의 마음속에서 카테리나를 몰아냈다. 그녀가 마련한 깜짝 쇼는 상대를 놀라게 하기 위해 사전에 치밀하게 준비된 것이었다. 뜻하지 않은 첫 편지는

껴안고 뒹굴었다…….
샤흐자만은 샤푸리 야르
왕에게 그날 왕의 정원에서
목격한 일을 하나도
빠짐없이 소상히
아뢰었다…….
이에 샤푸리 야르 왕은
군대를 데리고 다시 원정을
떠나겠다고 선언했다.
군대가 천막을 가지고
도시를 빠져나가자,
왕도 그뒤를 쫓았다. 막사에
잠시 머무른 왕은
노예들에게 아무도
왕의 막사에 들이지
말라고 명령했다.
그리고 나서 그는 변장한 뒤,
아무도 모르게 궁전으로
되돌아왔다. 그의 동생이
그를 기다리고 있었다.
그들은 정원이 내다보이는
창가에 앉았다. 잠시 후,
왕비와 시녀들이 검둥이
노예들과 함께 나타나
샤흐자만이 이야기했던 대로
그 짓을 하기 시작했다.
샤푸리 야르 왕은 환궁하는
즉시, 아내와 시녀들, 검둥이
노예들을 처단했다.
그때부터 그는 매일 밤
처녀를 신부로 맞아
동침한 후, 다음 날 아침에
어김없이 죽였다.
왕의 이런 행동은
3년 동안 계속되었다.
마침내 소문이 파다하게
퍼져나갔고, 딸들을
데리고 몰래
그 나라를 빠져나가는
사람들이 생겨났다.
왕의 고관 중에 두 딸을
둔 이가 있었다. 언니는
세헤라자데라 했고,
동생은 두냐자데라 했다.
세헤라자데는 교양도
높았고, 시와 왕들의 전설도
많이 알고 있었다.
어느 날, 세헤라자데는
아버지의 표정이 어두운
것을 보고 무엇 때문에
그러느냐고 물었다.
아버지가 고민을 털어놓자,

그의 호기심을 잔뜩 긁어놓았다. 그런 점에서 보면 응접실에서의 첫 만남도 마찬가지다. 그러고는 갑자기 수녀복이 아닌 평상복을 입고 나타나 그의 욕망을 부채질했다. 그런 다음에는 남장을 한 모습으로 나타나 그렇지 않아도 위험한 그들의 관계에 더욱 강렬한 스릴을 제공했다. 이런 식의 깜짝 쇼는 그를 정신없게 만들었지만, 그는 호기심에 몸을 떨며 다음번 만남을 기다렸다. 마틸다는 심지어 일부러 카테리나와 마주치게 함으로써, 그가 더욱 자기를 찾게 만들었다. 다소 따분한 카테리나를 만난 순간, 그는 그 어느 때보다 더 강렬하게 마틸다를 원했다.

이처럼 유혹자는 상대가 아무것도 예상하지 못하도록 긴장과 호기심을 끊임없이 유발해야 한다. 어렵게 생각되겠지만, 막상 시작해보면 그렇지 않다. 실제로 이야기를 지어내다가 보면 창작 에너지가 솟구치면서 재미있어진다. 상대를 놀라게 할 수 있는 깜짝 쇼의 종류는 수없이 많다. 예기치 않았던 편지를 보내거나, 불쑥 나타나거나, 상대가 한 번도 가보지 않은 장소에 데려가거나…… 방법은 다양하다. 하지만 뭔가 새로운 모습을 보여줄 때 상대는 가장 많이 놀란다. 그러려면 계획을 치밀하게 세워야 한다. 처음 몇 주가 지나는 동안 상대는 유혹자의 외모를 바탕으로 판단을 내리려고 한다. 가령 상대가 저 사람은 수줍음을 조금 타고 실용적이며 청교도적인 성향이 있다는 판단을 내렸다고 가정해보자. 물론 남들 앞에서만 그렇게 행동할 뿐 실제 모습은 그렇지 않다. 하지만 상대가 그렇게 생각하도록 내버려두라. 그런 다음 기회를 봐서 평상시와 조금 다른 모습을 보여주도록 하라. 일단 그런 식으로 여지를 만든 다음, 어느 날 갑자기 과감하거나 시적이거나 짓궂은 행동을 보여주면 상대는 깜짝 놀랄 것이다. 그렇게 해서 상대가 자신에 대한 생각을 바꾸면, 마틸다가 카사노바에게 했듯이 다시 또 놀라게 만들라. 마틸다는 연애를 바라는 수녀에서 자유 연애가로, 그다음에는 다시 사디스트적인 기질이 있는 여성 유혹자로 자신을 변모시켰다. 상대의 궁금증을 자극하면서 저 사람에 대해 더 많이 알고 싶다는 생각을 갖게 만들어야 한다. 일단 호기심에 불이 붙으면 상대는 저절로 끌려오게 되어 있다. 그때가 되면 너무 늦어서 돌아가려고 해도 돌아갈 수 없다.

이 게임에는 언제나 똑같은 법칙이 적용된다. 즉 놀라게 만드는 방법을 아는 사람이 항상 이기게 되어 있다. 거기에 말려든 사람은 일시적으로 힘을 잃은 채 꼼짝도 할 수 없게 된다.

— 쇠렌 키르케고르

유혹의 열쇠

어린아이들은 제멋대로인 데다 고집도 세서 어른들이 뭘 시키면 무조건 반대로 하려고 한다. 하지만 깜짝 놀랄 만한 일을 준비해놓고 살살 구슬리면 기꺼이 고집을 꺾는다. 예를 들어 상자 안에 감춰둔 선물이라든가, 결과를 예측할 수 없는 게임이라든가, 낯선 곳으로의 여행이라든가, 손에 땀을 쥐게 하는 이야기를 미끼로 내걸면 어린아이들은 기대감에 부푼 나머지 떼쓰는 것도 잊고 마치 순한 양처럼 온순해진다. 계속해서 호기심을 자극할 만한 거리를 제공할 수 있다면 그들을 다루는 것은 그야말로 식은 죽 먹기다. 어른이 되어서도 내면 깊숙한 곳에는 어린아이 같은 습관이 자리하고 있다. 우리가 누군가의 손에 이끌려 낯선 세계를 여행할 때 무한한 기쁨을 느끼는 것은 그 때문이다(우리가 느끼는 이와 같은 기쁨은 어쩌면 부모의 손에 이끌려 낯선 세계를 경험하면서 한없이 즐거워했던 어린 시절의 추억과 관련이 있는지도 모른다).

우리는 영화를 보거나 괴기소설을 읽으면서 똑같은 스릴을 경험한다. 적어도 그 순간만큼은 우리를 안내하는 감독이나 작가의 손에 자신을 맡긴다. 우리는 관객석에 앉아 혹은 책장을 넘기면서 기꺼이 호기심의 노예가 된다. 여성들은 자신만만한 남성 무용수가 자신들을 이끌 때 긴장을 늦추고 순수한 쾌락에 빠져든다. 사랑에 빠진 사람은 뭔가 설렘으로 가득차 있다. 모든 것이 낯설기만 한 새로운 세계가 우리를 기다리고 있기 때문이다. 유혹에 빠진 사람은 마치 어린아이처럼 누군가가 자신을 이끌어주기를 바란다. 하지만 호기심이 사라지고 상대방이 어떻게 나올지 뻔히 보이면, 매력은 사라진다. 그런 경험은 일상만으로도 충분하기 때문이다.

아라비아의 《천일야화》에 나오는 샤푸리 야르 왕은 매일 밤 처녀를 아

터라, 세헤라자데의 이야기가 몹시 듣고 싶었다. 세헤라자데는 이야기를 시작했다. 옛날 바스라에 놀기 좋아하는 부유한 재봉사가 살고 있었습니다…….
(거의 3년이 지났다.) 그동안 세헤라자데는 샤푸리 야르 왕의 아들을 셋이나 낳았다. 천하루째 되는 날, 마루푸의 이야기가 끝나자 그녀는 자리에서 일어나 왕의 발 앞에 입을 맞추며 이렇게 말했다. "위대하신 왕이시여, 천 일하고도 하루 동안 폐하께 옛날 우화와 옛 왕의 전설을 이야기해 드렸습니다. 감히 청하건대, 폐하께 부탁을 하나 드려도 되겠는지요?"
"말해보아라, 뭐든 들어주마."
왕이 대답했습니다. 세헤라자데는 유모를 불러 이렇게 말했습니다. "가서 왕자들을 데려오게."
…… "알라께서 우리에게 내려주신 이 세 아이를 보십시오. 이 아이들을 봐서라도 부디 제 목숨을 살려주십시오. 어미인 저처럼 이 아이들을 사랑할 여자는 이 세상에 없습니다."
왕은 세 아들을 껴안더니, 눈물을 흘리며 이렇게 말했다. "알라께 맹세코, 세헤라자데 그대는 이 아이들이 보는 앞에서 이미 용서를 받았노라. 정숙하고 상냥하고 현명하고 말솜씨도 좋은 그대를 내 어이 사랑하지 않았겠는가. 그대의 부모와 조상과 후손에게 알라의 축복이 있을지니. 오, 세헤라자데여, 우리가 부부의 연을 맺은 지 천하루째가 되는 오늘밤은 낮보다 더 환하구려!"
— 《천일야화》

내로 맞이했다가 다음 날 아침이 되면 죽여버렸다. 세헤라자데도 예외일 수는 없었다. 하지만 그녀는 왕에게 다음 날까지도 끝나지 않는 이야기를 들려줌으로써 자신의 운명을 가까스로 피해나갔다. 그녀는 밤마다 이야기 보따리를 풀어 왕의 호기심을 자극했다. 하나의 이야기가 끝나면 그녀는 서둘러 또 다른 이야기를 시작했다. 그녀는 거의 3년 동안 이야기를 쏟아놓았고, 마침내 왕은 그녀의 목숨을 살려주기로 했다. 유혹자는 세헤라자데와 같아야 한다. 유혹이 계속해서 힘을 발휘하려면, 새로운 이야기로 상대의 기대감을 끊임없이 채워줄 수 있어야 한다. 상대가 다음에 어떤 일이 일어날지 전혀 예상할 수 없게 만들어야 한다. 계속 놀랄 거리를 제공하면서 궁금증을 유발한다면, 상대는 샤푸리 야르 왕이 그랬던 것처럼 얌전하게 끌려오게 되어 있다.

1765년 카사노바는 클레멘티나라는 이름의 젊고 아름다운 백작부인을 만났다. 당시 그녀는 자매들과 함께 이탈리아의 한 성에서 살고 있었다. 그녀는 책읽기를 좋아했고, 자기 주변에 몰려드는 남자들에 대해서는 관심이 없었다. 카사노바도 그녀 주변에서 맴돌던 남자 중 한 명이었다. 그는 그녀에게 책도 사주고 일부러 문학에 관한 이야기도 하면서 그녀의 환심을 사려고 했지만, 그녀는 다른 남자한테 그랬던 것처럼 그에게도 전혀 눈길을 주지 않았다. 그러던 어느 날 그는 그녀의 가족들을 나들이에 초대했다. 그는 행선지를 밝히지 않았다. 그녀들은 마차를 타고 가는 동안 내내 호기심을 감추지 못했다. 몇 시간 후 그녀들은 밀라노에 도착했다. 그녀들은 깜짝 놀랐다. 밀라노가 처음이었기 때문이다. 카사노바는 그녀들을 자기 집으로 데려갔다. 그는 세 자매에게 미리 준비해둔 세 벌의 드레스를 보여주었다. 세 자매는 그렇게 화려한 드레스는 여태껏 한 번도 본 적이 없었다. 그는 자매들을 위해 한 벌씩 마련했다고 하면서 클레멘티나에게는 초록색 드레스를 권했다. 그녀는 기절할 듯한 표정이었다. 새 옷으로 갈아입은 그녀는 그제야 환하게 미소를 지었다. 깜짝 쇼는 거기서 끝나지 않았다. 맛있는 식사와 샴페인, 재미있는 게임이 그들을 기다리고 있었다. 그날 저녁 다시 성으로 돌아왔을 때, 클레멘티나는 어느새 카사노바에게 푹 빠져 있었다.

이유는 간단했다. 뭔가에 깜짝 놀라게 되면, 경계심을 풀고 새로운 감정에 자신을 송두리째 맡기기 때문이다. 뜻밖의 놀라움이 즐겁게 느껴질수록, 유혹의 독은 자신도 모르는 사이에 정맥을 파고든다. 이처럼 깜짝 쇼를 이용한다면 상당한 효과를 발휘할 수 있다. 우리가 미처 방어하기 전에 감정을 직접 공격하기 때문이다. 레이크들은 누구보다도 깜짝 쇼의 위력을 잘 알고 있다.

18세기 프랑스에서 있었던 일이다. 이야기의 주인공은 루이 15세의 궁정을 드나들던 젊은 유부녀. 어느 날 그녀는 이상한 생각이 들었다. 오페라 극장에서도, 교회에서도 젊고 잘생긴 한 대신이 줄곧 자신을 지켜보고 있는 것 같았기 때문이다. 그녀가 여기저기 수소문을 해본 결과, 그 대신은 프랑스에서 가장 악명 높은 레이크인 리슐리외 공작이었다. 그녀의 주변 사람들은 그에게 걸려들면 어떤 여자도 안전할 수 없다며 조심하라고 경고했다. 그리고 그에게 저항한다는 것은 불가능하므로 무조건 도망치는 것이 상책이라고 했다. 하지만 그녀는 사람들의 말에 코웃음을 치며 자기는 결혼생활에 만족한다고 대답했다. 그가 별의별 방법을 다 동원했지만, 그녀는 끝내 그의 유혹에 넘어가지 않았다. 다시 그를 만났을 때, 그녀는 그의 끈질긴 노력을 마음껏 비웃어주었다. 그는 거지로 변장해 공원에 있는 그녀에게 접근하는가 하면, 자신의 마차를 그녀가 타고 가는 마차 옆에 바짝 붙이고는 했다. 하지만 그가 공격적으로 나온 적은 한 번도 없었다. 어느 모로 보나 그다지 해가 될 것 같지 않았다. 그래서 그녀는 그가 궁정에서 자기한테 말을 거는 것 정도는 허용하기로 했다. 알고 보니 그는 매력적이고 재치도 있었다. 그녀는 남편에게까지 그를 소개시켰다.

몇 주가 지나고 나서 그녀는 자신이 실수를 했음을 깨달았다. 언제부터인지 그를 만나지 못하면 허전한 느낌이 들었기 때문이다. 그동안 방심했던 것이 화근이었다. 그쯤에서 멈춰야 했다. 이제 그녀는 그를 피하기 시작했고, 그는 그런 그녀의 감정을 존중해주는 듯했다. 그는 더 이상 그녀를 괴롭히지 않았다. 다시 몇 주가 지났다. 그 무렵 그녀는 시골에 있는 친구의 저택에 묵고 있었다. 그런데 갑자기 그가 그곳에 나타났다. 그녀는 얼굴을 붉힌 채 몸까지 떨면서 그 자리를 피했지만, 그의 예기치 않은 방문은 그녀의 무의식에 깊은 인상을 남겼다. 이로써 그녀의 이성은 마비되고 말았다. 며칠 후 그녀는 리슐리외의 수많은 희생자 가운데 한 명이 되었다. 물론 그는 시골에서의 뜻밖의 만남을 비롯해 처음부터 모든 것을 철저히 계획하여 진행했다.

갑작스러움은 유혹의 효과를 배가시킬 뿐만 아니라, 유혹자의 의도를 가려주기도 한다. 뜻하지 않은 장소에 나타나거나 갑자기 어떤 말이나 행동을 하면, 사람들은 그 안에 계산된 의도가 숨어 있음을 미처 파악하지 못한다. 갑자기 생각났다는 듯 상대를 낯선 장소로 데려가거나 예기치 않은 순간에 비밀을 털어놓는 것도 한 방법이다. 감정적으로 충격을 받을 경우, 사람들은 당황한 나머지 경계심을 풀게 된다. 하지만 어떤 경우에도 의도적으로 보여서는 안 된다. 예상치 못한 상황이지만 자연스럽게 느껴질 때 사람들은 매력을 느낀다.

1926년 파리에 도착한 조제핀 베이커는 불과 몇 달 만에 도발적인 춤으로 프랑스인들을 사로잡았다. 하지만 1년도 채 되지 않아 그들의 관심은 사그라들었다. 어렸을 때부터 그녀는 남의 손에 자기 인생을 맡기는 것을 끔찍할 정도로 싫어했다. 왜 변덕이 죽 끓듯 하는 대중에게 좌지우지되어야 한단 말인가? 그녀는 1년 동안 파리를 떠나 있기로 했다. 그리고 나서 다시 파리로 돌아온 그녀는 완전히 변해 있었다. 이제 그녀는 우아한 프랑스 여성의 역할을 철저하게 소화해냈다. 프랑스인들은 자기만의 독특한 춤을 선보이는 그녀에게 다시 열광했고, 권력은 다시 그녀의 손으로 넘어갔다. 만약 대중을 상대하는 직업을 가지고 있다면, 조제핀 베이커처럼 사람들을 깜짝 놀라게 할 수 있어야 한다.

사람들은 늘 지루해한다. 그들은 자신들의 삶에 지루해하고, 그런 자신들의 지루함을 달래기 위해 고군분투하는 사람들에게 지루해한다. 사람들에게 다음번 행동을 읽히는 순간, 유혹자로서의 생명은 끝난다. 앤디 워홀은 화가에서 영화감독으로, 다시 사교계 인물로 변신에 변신을 거듭했다. 아무도 그의 다음 행보를 예측하지 못했다. 이처럼 항상 사람들을 놀라게 할 준비가 되어 있어야 한다. 대중의 시선을 붙잡아두려면, 계속해서 그들의 궁금증을 유발해야 한다. 핵심이 없다느니, 정체성이 없다느니 하는 도덕주의자들의 비난은 신경 쓰지 말라. 그들이 입에 거품을 무는 것은 실은 자기들한테는 없는 자유분방함과 쾌활함을 시기하기 때문이다.

마지막으로 상대에게 믿음직한 사람이라는 인상을 심어주는 것이 더 현명하다고 생각할지도 모르겠다. 하지만 그것은 너무 단순한 생각이다. 사람들을 유혹하려면 용기와 노력이 필요하다. 신뢰감은 분명 사람들을 끌어들이는 데 호재로 작용하지만, 그 상태로 계속 있으면 사람들은 지루해한다. 개는 믿음직스럽지만, 유혹자는 거기서 그쳐서는 안 된다. 이와는 정반대로, 뭔가 계획을 세우거나 미리 준비를 하면 기습 효과가 반감된다고 생각해 즉흥적인 행동을 선호할 수도 있다. 하지만 이 역시 오산이다. 계속해서 즉흥적인 행동만 고집한다면, 게으르고 자기중심적이라는 인상을 준다. 사람들을 유혹하는 것은 상대방이 자신을 위해 끊임없이 노력하고 있다는 느낌이다. 일부러 크게 떠벌릴 필요는 없지만, 작은 선물이나 소박한 여행을 준비해 상대에게 자신의 관심과 애정을 보여주도록 하라. 상대의 마음을 움직이는 것은 이런 작은 노력들이다.

| **상징** | 롤러코스터. 롤러 코스터는 꼭대기까지 천천히 올라가다가 갑자기 요동치면서 공중 회전을 한다. 한쪽 구석으로 쏠리다 급기야 거꾸로 매달린 승객들은 웃음과 함께 비명을 내지른다. 차가 어느 방향으로 갈지 아무도 알 수 없다. 그들이 스릴을 느끼는 것은 잠시 동안이긴 하지만 누군가 다른 사람에게 자신의 운명을 맡기기 때문이다. 사람들은 다음번에는 차가 어디로 방향을 틀지 점치면서 새로운 스릴을 만끽한다.

반전

계속해서 똑같은 패턴을 반복하게 되면 깜짝 쇼도 효과가 없다. 장칭은 갑작스러운 태도 변화로 남편 마오쩌둥을 놀라게 했다. 차갑게 굴다가 다시 친절하게 대하는 그녀의 전략은 얼마 동안 효과가 있었다. 마오쩌둥은 앞으로 어떻게 될지 예측할 수 없을 때의 그 느낌을 좋아했다. 하지만 몇 년 동안 똑같은 상태가 계속되자 마오쩌둥은 끝도 없이 이어지는 부인의 변덕에 화를 내기 시작했다. 계속해서 상대를 놀라게 하려면 다양한 방법을 구사해야 한다. 루이 15세의 애인이었던 퐁파두르 부인은 새로운 오락거리와 새로운 게임, 새로운 옷, 새로운 분위기로 권태에 시달리던 그를 매번 놀라게 했다. 그는 앞으로 일어날 일을 전혀 예측할 수 없었고, 다음번 만남을 기다리는 동안 그의 판단력은 잠시 마비되었다. 이렇게 해서 루이 15세는 퐁파두르 부인에게 완전히 빠져들었다. 방향을 바꿀 때는 이처럼 상대가 전혀 예측할 수 없는 방향을 선택해야 한다.

모호함도
무기가 된다
• 언어 •

사람들의 이목을 사로잡는 일은 쉽지 않다. 사람들은 자신의 생각과 욕망에 사로잡혀 있기 때문에 다른 사람의 말을 잘 들으려 하지 않는다. 따라서 그들을 귀 기울이게 만들려면 그들이 원하는 것, 곧 그들을 즐겁게 만들 수 있는 이야기를 해주어야 한다. 유혹의 언어란 바로 그런 것이다. 사람들의 감정을 자극할 수 있는 말, 그들의 비위에 맞고 그들의 불안 감을 달래줄 수 있고 그들의 환상을 불러일으킬 수 있는 말, 달콤한 말, 약속의 말 따위를 해주면 사람들의 귀를 사로잡을 수 있고, 궁극적으로 유혹에 빠뜨릴 수 있다. 유혹의 말은 가급적 모호해야 한다. 즉 사람들이 듣고 저마다 자기가 원하는 대로 해석하고 생각할 수 있는 말이어야 한다. 유혹자 는 자기 자신을 이상화해 사람들의 상상력을 불러일으 킬 수 있는 언어를 구사할 수 있어야 한다.

유혹적인 연설

1958년 5월 13일, 프랑스 군대 가운데 우익 계열의 장군과 지지자들이 알제리를 장악했다. 당시 알제리는 프랑스의 식민지였다. 그들은 알제리를 독립시키려는 프랑스 사회주의 정권을 반대했다. 알제리를 장악한 그들은 그 여세를 몰아 프랑스 좌파 정권을 몰아내겠다고 나섰다. 프랑스 내전이 눈앞에 닥친 상황이었다.

일촉즉발의 위기에 사람들의 이목은 드골에게 집중되었다. 그는 프랑스를 독일의 손에서 구해내는 데 중요한 역할을 한 제2차 세계대전의 영웅이었다. 드골은 당쟁에 휘말리던 프랑스 정계를 혐오해 10년 동안 정치 활동을 접고 있었다. 그는 사람들에게 인기가 높았으며, 프랑스를 결집시킬 수 있는 유일한 인물로 여겨졌다. 우파 계열은 보수적인 성향이 매우 강한 그가 정권을 잡으면 자기들을 지지해줄 것이라고 확신했다. 5월 13일의 쿠데타가 일어나고 며칠 후, 제4공화국이 무너지자 의회는 드골에게 새 정부, 곧 제5공화국을 구성해달라고 요청했다. 이에 드골은 4개월 동안 절대 권력을 행사하게 해달라고 요구했다. 이렇게 해서 새 정부의 수장이 된 드골은 6월 4일 알제리를 방문했다.

알제리의 프랑스인들은 그의 방문을 환영했다. 그들의 쿠데타가 그가 대통령이 되는 데 간접적인 영향을 미쳤기 때문이다. 그들은 드골이 자신들에게 감사의 뜻을 전하고, 알제리를 프랑스의 식민지로 남겨둘 것이라고 굳게 믿고 있었다. 그가 알제리에 도착하자, 수천 명의 인파가 도시의 광장을 가득 메웠다. 곳곳에서 휘날리는 깃발, 밴드가 연주하는 음악 소리, 군중의 환호 등 마치 축제 같았다. 사람들은 '프랑스의 알제리'를 외쳐댔다. 그때 드골이 광장이 바라보이는 발코니에 모습을 드러냈다. 군중은 열광했다. 그는 두 손을 머리 위로 올려 군중의 환호에 답했다. 환호 소리가 더욱 커졌다. 그가 팔을 내렸다. 그러자 군중의 환호가 잠시 멈췄다. 그는 두 팔을 벌린 채 천천히 입을 열어 묵직한 목소리로 "저는 여러분들을 이해합니다"라고 말했다. 잠시 침묵을 지키던 군중은 다시 귀가 먹먹할 정도로 함성을 질렀다. 그의 목소리는 군중의 함성에 파묻혀 더 이상 들리지 않았다. "저는 여러분들을 이해합니다"라는 이 말이야말로 그들이 듣

소요 진압 작전이
끝나고 나면,
우리의 작전 주제는
유혹으로 바뀐다.
— 샤를 드골이 권력을
장악한 직후에 한 말

애인이 문을 잠그고
열어주지 않기에……/
나는 발걸음을 돌려
나의 천연 무기인 시와
찬사를 가지러 갔다네./
달콤한 말은 제아무리
단단한 문고리도
벗겨내는 법/
시에는 핏빛 달을
끌어내리거나,/
태양을 되돌리거나,
뱀을 내쫓거나,/
강물의 흐름을 뒤바꾸는/
신비한 힘이 들어 있다네./
그와 같은 주문(呪文)
앞에서는 굳게 닫힌 문도/
견고한 자물쇠도
상대가 안 되는 법./
하지만 서사시는

고 싶어하던 것이었다.

　드골은 느릿한 어조로 프랑스의 위대함을 언급해나갔다. 군중들은 다시 환호했다. 그는 곧 새로운 선거가 있을 예정이며, 새로 선출된 대표와 함께 새로운 정부를 구성해나가겠다고 약속했다. 새로운 정부. 그렇다. 이것이야말로 군중들이 듣고 싶은 말이었다. 군중은 또다시 환호했다. 아울러 드골은 알제리와 프랑스의 관계를 적절히 이끌어나가겠다는 말과 함께, 조건과 자격을 불문하고 적절한 징계가 있을 것이라는 말을 덧붙였다. 그러고 나서 그는 "공화국 만세, 프랑스 만세!"라는 말로 연설을 마무리했다. "공화국 만세, 프랑스 만세!"라는 말은 나치와 싸우면서 프랑스 국민의 대동단결을 이끌어냈던 구호였다. 그의 연설을 듣고 있던 군중도 같은 구호를 외치며 화답했다. 그 후 며칠 동안 드골은 알제리 지역을 돌며 환호하는 군중을 상대로 이와 비슷한 연설회를 몇 차례 더 가졌다.

　프랑스 식민주의자들은 드골이 프랑스로 돌아가고 나서야 그의 연설 의도를 대충 알아차렸다. 드골은 연설 도중에 알제리를 프랑스에 영구 귀속하겠다는 약속을 단 한 차례도 하지 않았다. 사실 그는 아랍인들에게 투표권을 주고, 프랑스에 대항했던 알제리 반군을 사면하겠다는 의사를 암시적으로 밝히고 있었다. 다만 그의 연설이 군중을 열광 속으로 몰아넣는 바람에 식민주의자들이 그의 진의를 파악하지 못했을 뿐이다. 결국 드골은 1962년에 마침내 알제리의 독립을 선언했다.

해석 ──

　드골은 프랑스의 옛 식민지에 관심을 기울이지 않았다. 그는 식민지를 국력의 상징으로 여기는 사람들의 생각에 동조하지 않았다. 나아가 내전을 조장하는 사람들을 지지할 마음도 없었다. 그의 유일한 관심은 프랑스를 강국으로 만드는 데 있었다. 그는 우익 세력을 약화시킨 다음 알제리를 독립시킨다는 장기적인 계획을 세운 뒤 알제리를 방문했다. 그의 단기적인 목적은 일단 긴장을 완화시켜 시간을 조금 버는 것이었다. 그는 식민지주의자들이 내세우는 명분을 지지하겠다는 식의 약속은 결코 하지 않았다. 그런 약속은 거짓말이나 다름없었고, 나중에 큰 부담을 안을 수

*내게는 무용지물./
날랜 아킬레우스나
아트레우스의 아들들
이야기로 대체 무엇을
얻을 수 있으리./
누구더라, 저 불쌍한
핵토르는 20년 동안 전장을
전전하다 먼지만
뒤집어쓰지 않았던가─/
하릴없어라.
하지만 젊은 아가씨의 귀에
듣기 좋은 말을 쏟아놓으면
조만간 아가씨는
상냥하게 나온다네./
그만하면 수고한 보람이
있지 않은가./
그러니 전설 속의
영웅들이여, 이만 안녕히─/
그대들이 아무리 응분의
보상을 해준다 한들 나를
유혹하지는 못할지니,/
내가 원하는 것은 내 사랑의
노래를 듣고 까무러칠
미인들이라네.
─ 오비디우스, 《사랑》*

*그녀가 편지를 받게 되면,
그리하여 그 달콤한 독약이
그녀의 핏속으로 흘러들어
가게 되면, 한마디 말로도
그녀의 사랑을 활짝
피어나게 할 수 있다……
바로 눈앞에 있는 나의
존재는 무아경의 상태에
빠지는 것을 방해할 것이다.
하지만 내가 편지 속에만
존재할 경우, 그녀는 나와
쉽게 만날 수 있다.
이렇게 되면, 그녀가 나를
자신의 사랑 속에 살고 있는*

만능의 존재로 착각할
여지가 높다. 나아가 편지
속에서는 누구든 쉽사리
자유로워질 수 있기 때문에
나 역시 멋지게 그녀의
발치에 나를 내던질 수도
있다. 하지만 편지 속이
아닌 현실에서 실제로
그렇게 하면, 실없어 보이기
십상이고 그 순간 착각도
사라지고 말 것이다……
대체적으로 편지는 젊은
아가씨에게 감동을 줄 수
있는 아주 귀중한 수단이며,
그 점에서는 앞으로도
마찬가지일 것이다.
편지라는 죽은 문자가
살아 있는 말보다 훨씬 더큰
영향을 미칠 때가 많다.
편지는 은밀한 대화다.
따라서 그 상황에
익숙해지면, 실제적인
대상에게서 압박감을
느끼지 않아도 된다.
이로써 젊은 아가씨는
자신의 이상과 홀로 있는
것을 더 좋아할 수밖에
없게 된다.
— 키르케고르,
《유혹자의 일기》

밖에 없었기 때문이다.

대신에 그는 유혹적인 언변을 통해 그들을 현혹시켰다. 말하자면 말재주로 그들의 판단을 흐려놓은 것이다. "여러분들을 이해합니다"라는 말은 사실 "여러분들이 얼마나 위험한 생각을 하고 있는지 이해합니다"라는 의도였지만, 환호하는 군중은 그의 말을 자기들을 지지하는 발언으로 해석했다. 드골은 그들의 흥분을 더욱 가열시키기 위해 제2차 세계대전 당시 프랑스 레지스탕스 활동을 생각나게 하는 감정적인 표현들을 사용했다. 예를 들어 그는 '징계'라는 용어를 사용했다. 이 말은 우파 계열의 구미에 딱 맞아떨어졌다. 아울러 그는 그들에게 새로운 정부, 영광스러운 미래 등과 같은 약속의 말을 했다. 그는 그들의 감정을 자극해 환호성을 지르게 만들었다. 감정을 자극하면서 극적인 효과를 연출하는 웅변술을 통해 그는 일종의 환각 상태를 조성했다.

드골은 자신의 감정이나 진정한 속셈을 드러내지 않았다. 그는 자신이 원하는 효과에만 집중했다. 이것이 바로 유혹적인 연설의 핵심이다. 개인을 상대로 하든 집단을 상대로 하든, 작은 실험을 해보기를 바란다. 말을 할 때는 결코 속셈을 드러내서는 안 된다. 말을 하기 전에 "듣는 사람들을 즐겁게 하려면 어떤 말을 해야 할까?"라는 질문을 반드시 염두에 두라. 일단 상대방의 자존심을 높여주고 난 다음에 불안감을 어루만지면서 미래의 희망을 제시하라. 그러고 나면 상대의 고통을 이해한다는 식으로 말을 이어나가는 것이 좋다. 즐겁고 부담 없이 받아들일 수 있는 말로 말문을 열라. 그러면 상대는 친근감을 느끼고 마음의 문을 열 것이다. 마치 마약과 같이 사람들의 감정을 자극하고 혼란스럽게 만들 수 있는 언변이 필요하다. 될 수 있는 대로 모호하고 야심 찬 말을 사용해 청중을 상상과 환상 속으로 빠뜨려야 한다. 짜증을 불러일으키거나 방어적인 자세를 취하게 하거나 지루함을 줄 수 있는 말은 피하고, 달콤하고 부드러운 말로 유쾌한 마음을 갖게 하라.

유혹적인 글

1830년대 후반의 어느 봄날 오후, 코펜하겐의 한 거리에서 요하네스라는 이름의 한 남자가 미모의 아가씨를 목격했다. 약간 소심해 보이면서도 유쾌하리만큼 순진한 그녀의 모습에 그는 그만 매료되고 말았다. 그는 먼 발치에서 그녀를 뒤쫓아가 그녀가 살고 있는 곳을 알아냈다. 그다음 몇 주 동안 그는 여기저기 수소문을 해서 그녀에 관한 정보를 모았다. 그녀의 이름은 코델리아 발이었고 숙모와 함께 살고 있었다. 두 사람의 삶은 조용하기 그지없었다. 코델리아는 독서와 혼자 있는 것을 좋아했다. 요하네스는 특히 젊은 여성을 유혹하기를 좋아했다. 코델리아는 이미 몇몇 유능한 남자들의 유혹을 거절한 바 있었다.

요하네스는 코델리아가 뭔가 일상적인 삶을 넘어선, 좀 더 원대한 것, 즉 그녀가 읽는 책 속에 등장하는 것이나 혼자 지내면서 꿈꾸던 환상과 같은 것을 원한다는 사실을 직감했다. 그는 그녀에게 자신을 소개한 뒤, 에드바르트라는 이름의 친구를 대동하고 그녀의 집을 방문하기 시작했다. 에드바르트 역시 코델리아에게 구애할 생각이었다. 하지만 태도가 어정쩡했을 뿐만 아니라 코델리아를 즐겁게 하려고 일부러 노력하는 모습이 역력했다. 하지만 요하네스는 그녀를 거의 무시하다시피 했다. 그는 코델리아의 숙모에게 관심을 기울이는 척했다. 그들은 농장 생활이나 신문에 나오는 이야기와 같이 통속적인 내용을 주제로 대화를 나누곤 했다. 그러다가도 요하네스는 코델리아가 자신의 말에 주의를 기울이는 기척이 있으면 얼른 철학적인 내용으로 화제를 바꾸곤 했다.

이런 식으로 몇 주가 흘렀다. 요하네스와 코델리아는 거의 대화를 나누지 않았지만, 그는 그녀가 에드바르트에게 흥미를 잃고 점차 자신에게로 관심을 돌리고 있음을 눈치 챌 수 있었다. 어느 날 아침, 코델리아의 숙모가 외출 중이라는 정보를 입수한 요하네스는 일부러 혼자 있는 그녀를 방문했다. 그들은 처음으로 단 둘이 있게 되었다. 그는 가능한 한 점잖고 정중한 태도로 그녀에게 청혼을 했다. 두 말할 필요도 없이 그녀는 몹시 당혹스러워했다. 그동안 자기에게 전혀 관심을 보이지 않던 남자가 갑자기 결혼하자고 했기 때문이다. 그녀는 너무 놀라 그 일을 숙모와 의논했다.

매끈한 서판에 밀랍을 고르게 펴바르고,/ 편지를 써 그대의 마음을 증명해 보이도록 하라/ 연인의 말을 빌려 그녀에게 온갖 찬사를 늘어놓도록 하라./ 그리고 명심하라./ 그대가 어떤 사람이든, 편지에는 호소의 내용이 담겨 있어야 함을./ 아킬레우스도 호소에 못 이겨 헥토르의 시신을 프리아모스에게 돌려보내지 않았던가./ 제아무리 성난 신도 애원의 목소리에는 감동을 받게 마련인 법./ 약속하라./ 약속하는 데 돈이 드는 것은 아니지 않은가./ 말로는 누구든 부자가 될 수 있나니……/ 우선 설득력 있는 편지를 보내 그녀의 속내를 떠보고,/ 주변을 정찰하도록 하라./ 키디페도 사과에 적어보낸 글 때문에 발목을 붙잡히지 않았던가(델로스에서 아르테미스 축제가 열리는 동안 키오스 섬의 아름다운 청년 아콘티우스는 부유한 귀족 가문의 처녀 키디페를 보고 사랑에 빠져 사과에 "나는 아콘티우스와 혼인할 것을 맹세합니다."라는 글을 새겨 그녀의 발치에 던졌는데 사과를 집어든 키디페가 그 글을 크게 읽어 스스로 맹세에 묶이고 말았다는 이야기 ―옮긴이)./ 그러니 로마의 젊은이들이여, 그대들에게 웅변가의 요하네스가 기대했던 대로 그녀의 숙모는 청혼을 받아들이라고 했다. 코델리아가 거절했더라도 숙모는 그녀의 의사를 존중해주었을 테지만, 그녀는 마다하지 않고 숙모의 말을 따랐다.

삽시간에 모든 상황이 돌변했다. 요하네스와 코델리아는 약혼했다. 요하네스는 이제 혼자 코델리아의 집을 방문해 그녀와 단 둘이 시간을 보냈다. 하지만 그는 여느 때처럼 거리를 둔 채 코델리아를 정중하게 대했다. 그는 코델리아가 좋아하는 문학에 관해 대화를 나누다가도 어떤 시점에 이르면 다시 좀 더 일상적인 주제로 되돌아오곤 했다. 이제는 약혼도 했으니 요하네스가 좀 더 다른 식으로 자신을 대해줄 줄 알았던 코델리아는 그런 그의 태도에 실망했다. 하지만 요하네스는 그런 사실을 잘 알고 있었다. 그뿐만이 아니었다. 둘이 외출할 때도 그는 그녀를 데리고 약혼한 사람들을 위한 공식 사교 모임에 나갔다. 코델리아는 자신을 그런 진부한 모임에 데려가는 요하네스를 이해할 수 없었다. 마치 다 늙은 부부처럼 가정의 미래를 주제로 지리멸렬한 대화를 나누는 이런 식의 모임이 사랑이고 결혼이란 말인가? 그녀의 마음속에는 회의가 일기 시작했다. 그녀는 마침내 요하네스에게 자기를 더 이상 그런 곳에 데리고 가지 말아 달라고 부탁했다.

코델리아의 인내심이 극에 달했다. 그녀는 매우 혼란스럽고 불안했다. 그런데 약혼식이 있은 뒤 몇 주가 지나, 요하네스가 그녀에게 한 통의 편지를 보내왔다. 그는 편지에 자신의 마음 상태를 상세하게 묘사한 뒤, 분명 그녀를 사랑하고 있다고 말했다. 그는 비유적인 언어를 사용하면서 그녀가 나타날 때까지 참으로 오랫동안 기다려왔다고 썼다. 그의 편지는 시적이었으며, 한 단어 한 단어 뜨거운 열정이 담겨 있었다. 그의 언어는 비유와 현실을 오갔다. 특히 코델리아가 열 번은 읽어야 무슨 말인지 알 수 있을 정도로 전체적인 내용이 너무 모호했다. 다음 날 요하네스는 답장을 받았다. 그녀의 편지는 단순하고 솔직했다. 그의 편지를 받고 매우 기뻤다는 내용이었다. 그녀는 편지를 통해 그의 다른 면을 보게 되었다고 고백했다. 그는 다시 자신이 어떻게, 왜 변했는지는 모르겠지만 변한 것은 사실이라는 답장을 적어보냈다. 하지만 그의 편지에는 그녀 때문에 자신이 변하게 되었다는 속뜻이 암시되어 있었다.

요하네스는 거의 매일 편지를 보냈다. 편지의 길이는 대개 비슷했으며, 마치 사랑에 중독된 듯한 열정이 담겨 있었다. 물론 여전히 시적인 용어가 사용되었다. 그는 그리스 신화를 인용해 코델리아를 요정에, 자신을 그녀와 사랑에 빠진 강물에 비유했다. 그는 자신의 영혼에 그녀의 형상이 비친다고 썼으며, 온통 그녀에 대한 생각으로 가득하다고 표현했다. 편지를 주고받는 동안, 그는 코델리아가 변하고 있음을 감지했다. 그녀의 편지도 점차 시적으로 변해갔으며 표현도 풍부해졌다. 그녀는 자신도 모르게 요하네스의 필체와 표현과 생각을 적어보냈다. 한마디로 그녀는 그를 닮아가고 있었다. 하지만 직접 만나면 그의 태도는 여전히 변함이 없었다. 그는 초연한 듯한 태도로 그녀를 점잖게 대했다. 코델리아는 그런 그의 모습을 보면서 초조했다. 하지만 그녀는 점점 그를 다르게 보기 시작했다. 그녀는 그가 헤아릴 수 없는 깊이를 가지고 있는 사람이라고 느끼게 되었다. 그녀는 대화 중에 그가 사용했던 용어를 사용했다. 아마도 그의 편지를 모조리 외운 것이 분명했다. 그들은 점차 서로의 비밀을 공유하게 되었다. 손을 잡을 때도 그녀는 전보다 더욱 세차게 그의 손을 잡았다. 그녀의 눈은 필요하면 언제든 더 과감한 행동도 할 수 있다는 듯, 뜨거운 정열이 불타올랐다.

요하네스는 편지의 길이를 좀 더 짧게 줄이고, 그 대신에 전보다 더 자주 보냈다. 어떤 날은 하루에 몇 통씩 보냈다. 그의 편지는 점차 암시적으로 변해갔으며, 자신의 마음을 더 이상 가눌 수 없다는 인상을 주려는 듯 필체가 흔들렸다. 그는 때로 한두 문장이 적힌 쪽지 편지를 보내기도 했다. 코델리아의 집에서 파티가 있던 날, 그는 쪽지 편지를 그녀의 뜨개질 상자 안에 던져놓고는 코델리아의 모습을 멀리서 지켜보았다. 서둘러 편지를 읽던 코델리아는 그만 얼굴을 붉히고 말았다. 그는 최근에 받은 그녀의 편지들에서 격렬한 감정을 읽을 수 있었다. 그녀의 편지들은 초기에 그가 보낸 편지에 담긴 열정을 그대로 재현해놓은 듯했다. 그녀는 형식적인 약혼 기간은 필요치 않다고 썼다.

모든 준비가 다 끝났다. 그녀는 그가 원하는 대로 그의 것이 되었다. 그

여신 중 여왕 헤라는 올림포스 산정에 서서 자신의 오라버니이자 남편이 인간의 전쟁터에서 분주하게 움직이는 모습을 보고 속으로 콧노래를 불렀다. 그러고 나서 이다 산 정상에 앉아 있는 제우스를 보자, 이번에는 분노로 속을 태웠다. 눈이 큰 헤라는 제우스를 속일 방법을 생각하느라 한동안 궁리했다. 그러다 아주 기가 막힌 생각이 떠올랐다. 무엇인고 하니, 곱게 몸단장을 하고 이다 산으로 가서 제우스를 유혹한 다음 그의 눈꺼풀과 교활한 마음에 감미로운 잠을 떨어드릴 심산이었다……. 모든 것이 완벽하게 준비되자, 헤라는 자기 방에서 나와 아프로디테를 불러 귀엣말을 했다. "얘야, 부탁이 있는데 들어주겠니? 넌 트로이 편인데, 내가 그리스 편을 든다고 화가 나서 거절하지는 않겠지?" 이에 제우스의 딸, 아프로디테가 대답했다. "크로노스의 딸로 존경받는 여신이시여, 말씀해보세요. 제가 할 수 있는 일이라면, 기꺼이 들어드리지요." 그래서 헤라는 마음에 품고 있던 계책을 꺼내놓았다. "내가 신과 인간을 정복하기 위해 사용하는 사랑과

녀는 약혼 기간이고 뭐고 필요 없이 그와의 달콤한 만남에 빠져들었다. 시골에서 몰래 만나 사랑을 나누는 일은 그렇게 어렵지 않았다. 사실 그런 만남을 제안한 쪽은 코델리아였다. 이 모든 결과는 요하네스의 숙련된 유혹의 기술에 의해 이루어졌다.

해석 ——

요하네스와 코델리아는 덴마크의 철학자 키르케고르의 자전적 소설 《유혹자의 일기》에 등장하는 인물이다. 요하네스는 숙련된 유혹자다. 그는 상대의 마음을 정복하는 탁월한 능력이 있었다. 코델리아에게 청혼했던 사람들이 실패한 이유는 상대를 당장 손아귀에 넣으려고 성급하게 접근했기 때문이다. 그들은 유혹의 과정에서 초조한 마음을 드러냈고, 인내심을 발휘하지 못했다. 공격적인 태도로 접근할 경우, 성적인 욕구를 억제하지 못하는 속마음을 상대에게 그대로 드러내는 꼴이 된다. 요하네스는 현명했기 때문에 자신의 노골적인 속셈을 처음부터 내비치지 않았다. 대신 그는 한 걸음 뒤로 물러나 조금 차가운 태도를 취함으로써 코델리아의 관심을 끌었다. 그는 정중하게 예의를 지키며, 뭔가 비밀을 간직한 듯한 인상을 풍겼다. 그런 다음 첫 번째 편지를 통해 그녀를 놀라게 했다. 그녀는 요하네스가 자신이 생각했던 것 이상의 무엇인가를 가진 사람이라고 생각하게 되었다. 일단 거기에 생각이 미치자, 그녀의 상상력은 활발하게 활동하기 시작했다. 그는 편지로 그녀의 마음을 사로잡았으며, 마치 유령처럼 늘 그녀를 따라다니는 듯한 인상을 심어주었다. 그녀의 마음속에는 그가 사용한 비유와 시적인 표현이 맴돌았다. 육체를 정복하기 전에 마음을 정복하는 것이 바로 유혹의 묘미다.

요하네스의 이야기는 편지가 유혹의 수단으로 사용될 수 있음을 보여준다. 하지만 무작정 편지를 보낸다고 효과가 나타나는 것은 아니다. 편지 왕래는 첫 만남 이후 어느 정도 시간이 흘러야만 가능하다. 먼저 상대를 만나 자신을 소개하라. 하지만 상대에게 특별한 관심이 있다는 내색을 비쳐서는 안 된다. 그리고 나서 상대가 자신에게 다소 끌리고 있다고 생각될 때, 첫 번째 편지를 날려라. 편지를 통해 상대에 대한 감정을 털어놓을 경우, 상대는 반드시 놀랄 것이다. 뜻밖의 고백으로 허영심을 슬쩍 자극하고 나면 상대는 이제 더 큰 것을 바라게 된다. 그런 다음에는 직접 만나는 시간보다 편지를 보내는 데에 시간을 더 많이 할애하라. 편지는 상대에게 직접 만날 때와는 다른 인상을 심어줄 수 있다. 상대는 편지를 읽으며 편지를 보낸 사람을 이상화하고 그에 대한 환상에 젖어들게 된다. 일단 상대가 유혹에 걸려들었다고 판단되면, 한걸음 뒤로 물러나 편지를 좀 뜸하게 보내라. 그러면 상대는 마음이 다급해지고, 더 많은 욕망에 사로잡히게 된다.

편지에는 상대를 한껏 띄워주는 내용이 담겨 있어야 한다. 온통 상대에 대한 생각으로 어쩔 줄 몰라하는 마음을 적어보내면 놀라운 효과를 거둘 수 있다. 편지를 상대를 비춰주는 거울이라 생각하라. 즉 상대가 편지를 보고 "이 사람이 이렇게 나를 좋아하다니 내가 그렇게 멋있는 사람인가?" 하는 나르시시즘에 빠질 수 있게 만들어야 한다. 만일 상대가 별로 탐탁지 않게 여기는 것 같더라도 결코 자신을 옹호하거나 냉정하다고 상대를 비난해서는 안 된다. 오히려 자신을 좋아하지 않을 수도 있다는 점을 인정하고, 시적이고 창조적인 언어를 사용해 늘 상대를 칭찬해야 한다. 그렇게 해야만 상대를 유혹할 수 있다.

때로 이런저런 이야기를 두서없이 주어담아 산만한 듯하면서도 감정을 자극하는 내용의 편지를 보내는 것이 좋다. 그럴 경우 사랑 때문에 마음이 혼란스러워 아무것도 생각할 수 없다는 인상을 줄 수 있다. 사고가 논리성 없이 산만한 듯 보이는 것이 더 낫다. 현실적인 정보나 사실을 적어보내기보다는 암시적인 내용이 가득한 표현을 사용해 감각과 느낌에 호소할 수 있어야 한다. 상대방을 훈계하는 내용이나 자신의 지식을 자랑하는 내용은 절대 금물이다. 그런 내용은 자신의 우월감을 드러내는 것이나 다름없다. 너무 진부하다는 인상을 주지 않으려면 가끔 시적인 표현을 사용해야 하지만, 문어체보다는 구어체를 사용하는 것이 더 낫다. 지나치게 감상적인 표현도 삼가야 한다. 그런 내용은 상대를 지루하게 만들 수 있다. "나는 당신을 이렇게 생각해요. 당신에 대한 나의 감정은 이래요" 등과 같이 자신의 감정을 직접적으로 토로하는 것보다는 "당신 때문에 요즘

백주 대낮에요! 신들 가운데 하나가 우리가 잠들어 있는 것을 보고 다른 신들에게 소문을 내면 어쩌려구요? 나는 부끄러운 나머지 자리에서 일어날 수도 다시 집으로 갈 수도 없을 거예요. 그러나 그대가 진정 원하신다면, 그대의 아들 헤파이스토스가 그대를 위해 튼튼한 문짝을 달아 지은 침실로 가십시다. 정 마음이 동한다면, 그리로 가자구요." 이에 제우스는 구름을 모으며 대답했다. "헤라, 그 점은 염려 붙들어 매요. 어떤 신이나 인간도 우리를 보지 못할 거요. 두꺼운 구름으로 그대를 둘러쌀 테니, 아무리 시력이 좋은 황금빛 태양도 우리를 엿보진 못할 거요."
— 호메로스, 《일리아드》

나는 이렇게 변했어요. 당신을 본 뒤로부터 이런 마음이 생겼어요"라는 식으로 상대로 인해 느끼게 된 감정이나 인상을 담아서 보내는 것이 더 좋다. 거듭 말하지만 처음부터 끝까지 모호한 표현을 사용해야 한다. 이는 상대가 편지를 읽을 때 상상이나 환상에 젖을 수 있도록 하기 위함이다. 자신을 표현하는 것이 아니라 상대의 감정을 자극해 혼란과 욕망을 불러 일으키는 것이 편지의 목적임을 잊어서는 안 된다.

그런 편지를 계속 보내다보면 상대는 결국 편지를 보내는 사람의 생각을 닮아가고, 편지에 적힌 내용을 자신도 모르는 사이에 일상적인 대화나 편지에 사용하게 된다. 이쯤 되면 좀 더 에로틱하고 육체적인 단계로 넘어가야 할 단계다. 성적인 냄새가 물씬 풍기는 표현을 사용함과 동시에, 편지의 길이를 줄이고 전보다 훨씬 더 산만한 내용을 담아 좀 더 자주 보내는 것이 좋다. 기대하지 못했던 짧은 편지는 에로틱한 정서를 한껏 자극한다. 이제 상대의 행동을 기다리는 일만 남았다.

> 스가나렐이 돈 후안에게 : 글쎄요. 제가 말하고 싶은 것은…… 음, 무슨 말을 해야 할지 잘 모르겠군요. 당신이 말을 그런 식으로 돌려서 했기 때문인 것 같아요. 당신이 옳은 것 같기도 하고요. 하지만 사실은 당신은 옳지 않아요. 나는 세상에서 가장 명쾌하고 논리적인 생각을 가지고 있어요. 하지만 당신의 말은 내 생각을 송두리째 엉클어뜨리고 말았어요.
>
> ― 몰리에르, 《돈 후안》

유혹의 열쇠

말을 하기 전에는 반드시 먼저 생각을 해야 한다. 하지만 대부분 그렇지 못하다. 우리는 머리에 떠오르는 첫 번째 생각을 주저하지 않고 내뱉는 습성이 있다. 그리고 말의 내용은 대개 자신에 관한 것이다. 우리는 말을 사용해 자신의 감정, 생각, 견해를 표현한다(아울러 불평을 토로하거나 논쟁을 하기도 한다). 이는 우리 모두가 일반적으로 자기 자신에 관한 생각에만 매몰되어 있기 때문이다. 사람은 누구나 자기 자신에게 가장 큰 관심을 갖게 마련이다. 어떤 점에서 이것은 어쩔 수 없는 현상이고, 살아가는 데 아무런 지장도 초래하지 않는다. 하지만 유혹에서는 이와 같은 자기중심적인 태도와 사고는 별로 도움이 되지 않는다.

유혹의 힘을 발휘하려면 자신의 껍데기를 깨고 나와 상대의 내면으로 들어가야 한다. 그리하여 그들의 심리를 꿰뚫어야 한다. 말을 번지르르하게 한다고 해서 혹은 유혹적인 언어나 표현을 사용한다고 해서 유혹이 이루어지는 것은 아니다. 유혹을 하려면 관점과 습관을 완전히 개조해야 한다. 그러려면 머릿속에 떠오르는 생각이라고 무작정 입 밖으로 뱉어서는 안 된다. 자신의 견해를 토로하고 싶은 충동을 억제할 수 있어야 한다. 속마음을 그대로 드러내는 말을 해서는 안 된다. 유혹에서 말은 때로 상대를 혼란에 빠뜨리기도 하고 즐겁게 하기도 하면서 상대의 마음을 사로잡는 도구다.

일상적인 언어와 유혹적인 언어의 차이는 소음과 음악의 차이에 비유할 수 있다. 소음은 현대 생활의 특성이라고 할 만큼 어디서나 접할 수 있다. 우리는 할 수만 있으면 그와 같은 소음을 피하고자 한다. 일상적인 언어는 그런 소음이나 매한가지다. 만일 우리가 자신에 관한 말만 늘어놓는다면 사람들은 그다지 귀 기울이지 않을 것이다. 겉으로 보기에는 우리의 말을 듣고 있는 것 같지만, 생각은 수천 리나 멀리 달아나 있다. 그러다가 자기들에 관한 말을 하는 것 같으면 귀를 쫑긋 세워 정신을 차리고 듣는다. 하지만 우리가 다시 자신에 관한 이야기를 꺼내면 그들은 다시 딴 생각에 빠진다. 어렸을 때부터, 특히 부모의 훈계나 잔소리를 듣고 자란 탓에 우리에게는 일상적인 언어를 소음으로 여기는 습성이 있다.

하지만 음악은 유혹적이다. 음악은 우리의 내면을 뚫고 들어온다. 이유는 간단하다. 음악은 우리에게 즐거움을 주기 때문이다. 음악을 듣고 나서 며칠 동안은 그 멜로디나 리듬이 생각나 콧노래가 절로 나온다. 음악은 차분한 마음을 갖게 하기도 하고 흥분시키기도 한다. 음악을 들으면 기분이 전환되고 감정적인 자극을 받게 된다. 이처럼 소음이 아닌 음악을 만들어내려면 상대를 즐겁게 해주고, 그 혹은 그녀의 상상력을 자극할 수 있는 말, 곧 상대의 삶과 관련된 말을 해주어야 한다. 상대가 많은 문제를 안고

카이사르의 경우가 바로 그렇습니다……. 브루투스의 말을 반박하고자 하는 것은 아니지만, 이 자리에서 저는 제가 알고 있는 바를 말하고자 합니다. 이 자리에 계신 여러분 모두 한때 그를 사랑했습니다. 거기에 무슨 특별한 이유가 있었던 것은 아닙니다. 그렇다면 대체 무엇 때문에 그의 죽음에 애도를 표하지 않는 것입니까? 판단력이 잔인한 야수들에게 길을 내어준 뒤로, 사람들은 이성을 잃고 말았습니다! 여러분의 양해를 부탁드립니다. 제 심장은 지금 카이사르와 함께 관 속에 있습니다. 그 심장이 다시 제게로 돌아올 때까지 잠시 쉬어야겠습니다……. 플레비아누스: 가엾어라! 울어서 눈이 불처럼 벌겋구나! 로마 천지에 안토니우스보다 더고결한 사람은 없을 터. 자, 그에게 주목합시다. 그가 다시 말을 하려고 합니다. 안토니우스 어제까지는 카이사르의 말이 비난을 받았을지 모르나, 지금 그는 저기 누워 있습니다. 그에게 경의를 표하자니 가슴이 찢어지는 듯합니다. 아, 만약 제가 여러분의 가슴과 머리를 뒤흔들어 증오와 분노의 감정을 유발하고자 했다면, 브루투스와 카시우스를 부당하게 대했을 것입니다. 하지만 여러분도 잘 알다시피, 그들은 명예를 아는 사람들입니다. 저는 그들을 부당하게 대할 마음이 추호도 없습니다……. 하지만 여기 카이사르의 인장이 찍힌 양피지가 있습니다. 벽장에서 발견했는데,

있을 경우에는 재치 있고 유쾌한 말을 통해 상대로 하여금 자신의 문제를 잊어버리게 하는 한편, 희망으로 가득 찬 밝은 미래를 볼 수 있도록 해주어야 한다. 굳은 약속이나 칭찬의 말은 상대에게 음악처럼 들리게 마련이다. 그런 말을 해주면 상대는 감동하고 마음의 빗장을 연다.

이탈리아의 작가 가브리엘레 단눈치오는 매력적이지 않은 외모를 가졌지만, 여인들은 그를 거부하지 못했다. 그가 돈 후안처럼 여인들을 유혹하는 유혹자라는 사실 때문에 그를 싫어했던 여자들조차(예를 들어 여배우 엘레오노라 두세와 무용가 이사도라 덩컨과 같은 여인) 그의 마력에 빨려들 수밖에 없었다. 그는 뛰어난 언변으로 여인들의 마음을 사로잡았다. 그의 목소리는 음악과 같았고 그의 언어는 시적이었다. 무엇보다도 여인들의 기분을 우쭐하게 만들었던 아첨의 달인이었다. 그는 상대 여인의 약점을 간파하고는 정확하게 그녀가 듣고 싶어하는 말을 해주었다. 예를 들어 외모는 아름답지만 재치나 지성이 떨어지는 여인을 만나면 그는 이렇게 말했다. "내가 당신을 사모하는 이유는 당신의 아름다움이 아니라 당신의 고귀한 생각에 매료되었기 때문이라오." 그러면서 그는 그녀를 문학 속에 나오는 여주인공이나 신화 속의 인물에 비유했다. 그와 대화를 나누는 동안 상대 여성은 무한한 자긍심을 느꼈다.

아첨이나 칭찬은 유혹의 힘이 있다. 아첨이나 칭찬의 목적은 진실이나 실제 감정을 표현하기보다는 상대의 감정을 자극하는 데 있다. 단눈치오처럼 상대의 가려운 곳을 긁어줄 수 있는 말을 해야 한다. 예를 들어 만일 상대가 뛰어난 배우인 데다 자신의 연기에 상당한 자신감을 가지고 있다고 가정해보자. 그럴 경우 연기가 정말 뛰어나다고 말해봤자 아무런 효과도 거둘 수 없다. 오히려 그런 말은 상대에게 지극히 당연한 말을 한다는 생각을 갖게 할 뿐이다. 하지만 상대가 음악이나 미술을 통해 생계를 이어가는 아마추어 음악가나 화가라면 다르다. 그런 경우는 상대의 예술적인 재능을 추어올리는 말이 엄청난 효력을 발휘한다. 전문가나 대중의 인정을 받지 못한 채 예술적 재능을 키워나가는 사람은 남들한테 인정받고 싶어하는 욕구가 강하다. 따라서 이들에게는 아첨이나 칭찬의 말이 먹힐 수밖에 없다. 하지만 누구나 다 할 수 있는 진부한 표현을 사용해 칭찬이나 아첨을 하지 않도록 주의해야 한다. 아첨이나 칭찬을 할 때는 지금까지 다른 사람들이 보지 못했던 상대의 재능이나 자질을 꼬집어줄 수 있어야 한다. 아울러 상대의 매력에 감동받은 듯한 표정을 지으며 다소 떨리는 목소리로 칭찬을 해준다면 더욱 큰 효과를 볼 수 있다.

아첨과 칭찬은 유혹의 사전 작업과 같다. 아프로디테는 강력한 유혹의 힘(그녀가 착용한 화려한 허리띠에서 나온다고 믿어졌다)을 지녔다. 그녀는 달콤한 말로 상대를 유혹했다. 그녀는 에로틱한 생각을 자극하기 위해 부드럽고 달콤한 말을 사용했다. 자기 의심과 불안은 성욕을 위축시킨다. 성욕은 자신감이 넘칠 때 생겨난다. 따라서 아첨과 칭찬으로 상대의 자신감을 회복시켜준다면 상대는 결코 거부하지 못할 것이다.

이 밖에도 사람들은 뭔가 굉장한 약속의 말을 듣고 싶어한다. 모호한 표현으로 장밋빛 미래가 바로 눈앞에 이른 것처럼 보이게 만드는 약속의 말은 특히 효과적이다. 프랭클린 루스벨트 대통령은 대중 연설을 할 때 결코 경제대공황을 극복할 수 있는 구체적인 청사진을 제시하지 않았다. 그는 오히려 뛰어난 웅변술로 미국의 영광스러운 미래상을 그렸다. 위대한 유혹자로 널리 알려진 돈 후안 역시 말로 상대 여성에게 환상적인 미래를 보여주며 그곳으로 데려다줄 수 있는 것처럼 인식하게 만들었다. 이처럼 상대의 환상을 자극할 수 있는 달콤한 언어를 적절히 구사할 때 강력한 유혹의 힘을 발휘할 수 있다.

실현 가능해 보이는 약속을 해야 하지만, 그렇다고 너무 구체적인 약속을 하는 것은 금물이다. 만일 상대가 일상에 매몰된 단조로운 삶을 살아가고 있다면, 모험으로 가득 찬 미래를 약속하는 것이 좋다. 그것이 언제, 어떻게 현실로 나타날지에 대해서는 분명하게 말하지 않아도 된다. 마치 미래의 어느 날에 마술적으로 일어날 것만 같은 환상을 갖게 하는 것만으로도 충분하다. 막연한 듯하면서도 현실적인 느낌을 갖게 만들면 상대는 경계심을 풀고 마음의 문을 열 것이다. 일단 그와 같은 상태가 되면 그다음부터는 상대를 조정하기가 훨씬 쉬워진다. 마치 환각제와 같은 작용을 할 수 있는 말을 해야 한다는 점을 늘 잊지 말라.

논쟁은 가장 반유혹적인 언어 형태다. 논쟁을 일삼다 보면 눈에 보이지

얼마나 그를 아꼈는지
신들도 아실 것입니다!
무엇보다 이 핏자국이 가장
잔인했습니다. 고결한
카이사르가 브루투스가
자신을 찌르는 것을 본 순간,
반역자의 팔보다도 더 강한
배은망덕이 그를 제압하고
말았습니다……
자, 이제 우십시오.
여러분의 심정, 충분히
이해합니다. 우리가 흘리는
이 눈물은 영광스러운
눈물입니다. 여러분은 지금,
겨우 카이사르의 상처투성이
옷을 보고 우는 것이겠지요?
여길 보십시오! 여러분이
보다시피, 반역자들의 손에
무참히 훼손당한 그가
바로 여기 있습니다.
— 윌리엄 셰익스피어,
《율리우스 카이사르》

않는 적을 많이 만들게 된다. 하지만 논쟁을 해야 하는 불가피한 상황이라면 가벼운 유머를 사용해 부드럽게 접근하는 것이 좋다. 19세기 영국의 정치가 벤저민 디즈레일리가 바로 그런 경우다. 의회에서는 상대방의 공격적인 언사나 비난에 적절히 응수하지 못하면 치명적인 약점을 잡히게 된다. 그리고 침묵하면 상대가 옳다고 인정하는 꼴이 된다. 하지만 그렇다고 해서 상대의 공격에 맞서 화를 낸다든지 격렬한 논쟁을 벌이는 것도 추잡한 인상을 준다. 디즈레일리는 다른 전술을 구사했다. 그는 매우 침착한 태도로 상대의 공격을 받아넘겼다. 그는 자신이 말할 차례가 되면 연단으로 천천히 걸어나갔다. 그러고 나서는 잠시 조용히 서 있다가 유머와 풍자가 섞인 말로 연설을 시작했다. 그가 입을 여는 순간 모든 사람이 폭소를 터뜨렸다. 그는 일단 사람들을 한바탕 웃게 만든 뒤 상대의 공격에 서서히 응수해나갔다. 그는 연설 도중에도 주제를 바꿀 때면 간간이 재미있는 말을 했다. 그의 유머는 상대방의 예리한 공격을 무마시켰다. 웃음은 도미노 현상을 일으킨다. 한번 웃기 시작하면 다시 웃을 가능성이 높다. 웃음을 통해 분위기가 가벼워지면 사람들은 마음을 열고 상대의 말에 귀 기울이게 되어 있다. 가벼운 농담이나 풍자를 사용하면 사람들을 설득하기가 훨씬 쉽다. 논쟁을 하려면 이런 식으로 접근해가는 것이 좋다. 그래야만 사람들을 자기 편으로 끌어들이는 한편, 적들을 효과적으로 조롱할 수 있다.

율리우스 카이사르가 살해된 직후, 그를 살해한 음모자 가운데 우두머리였던 브루투스는 화가 난 군중을 향해 연설을 시작했다. 그는 모든 논리를 동원해 자신은 로마를 독재에서 해방시키고 싶었을 뿐이라고 했다. 사람들이 생각할 때 그의 말이 맞는 것 같기도 했다. 하지만 그런 분위기는 잠시뿐이었다. 안토니우스가 일어나 매우 감정적인 언어를 사용해 카이사르를 칭송하기 시작했다. 그는 자신은 카이사르를 사랑하며 카이사르도 로마를 사랑했다고 말했다. 그는 카이사르의 유언을 알고 있다고 말했다. 그러자 사람들은 아우성을 치며 카이사르의 유언을 밝히라고 요구했다. 하지만 안토니우스는 거절했다. 안토니우스는 자신이 카이사르의 유언을 밝히게 되면 그가 로마를 얼마나 사랑했는지, 나아가 그를 살해한 것이 얼마나 비열한 짓인지가 백일하에 드러날 것이기 때문이라고 했다. 사람들은 카이사르의 유언을 읽어 달라고 다시 요구했다. 안토니우스는 카이사르의 유언을 읽기 전에, 그의 피묻은 망토를 들어 칼에 찢긴 흔적들을 보여주었다. 그러면서 그는 이곳은 브루투스가 찌른 곳이고, 또 이곳은 카시우스가 찌른 곳이라고 말했다. 그런 다음 그는 카이사르의 유언을 읽었다. 유언장에는 카이사르가 로마 사람들에게 많은 부를 남겨준다는 내용이 적혀 있었다. 사람들은 카이사르를 살해한 음모자들에게 달려가 그들을 두들겨패기 시작했다.

안토니우스는 군중을 동요시킬 줄 알았던 영리한 사람이다. 그리스 역사가 플루타르코스는 그런 그를 가리켜 이렇게 말했다. "그(안토니우스)는 웅변술로 군중을 사로잡았다. 그는 군중이 자신의 말에 동요되는 모습을 본 순간, 카이사르를 칭송하던 태도를 바꾸어 그의 죽음을 안타깝게 여기며 사람들의 분노를 자극했다." 유혹의 언어는 사람들의 감정을 겨냥한다. 그 이유는 감정이 격앙된 상태에 있는 사람은 쉽게 속아넘어갈 수 있기 때문이다. 안토니우스는 군중을 격앙시키기 위해 여러 가지 방법을 사용했다. 먼저 그는 떨리는 목소리로 사람들의 감정을 자극하다가 분노의 말로 바꾸었다. 감정이 실린 목소리는 듣는 사람에게 즉각적인 영향을 미친다. 게다가 안토니우스는 카이사르의 유언장을 선뜻 공개하지 않음으로써 군중의 호기심을 자극했다. 더욱이 카이사르의 피묻은 망토를 들어 보여 시각적인 효과까지 더했다.

이와는 달리 군중을 격앙시키기보다 단순히 자기를 지지하도록 만들어야 할 때도 있다. 그럴 때에도 말을 선택하는 데 신중해야 한다. 논리적인 말로 사람들에게 자신의 생각을 자세하게 설명하는 편이 더 낫다고 여길 수도 있겠지만 사실은 그렇지 않다. 남의 말을 들으면서 그것이 논리적으로 합당한지 합당하지 않은지를 판단하기란 쉬운 일이 아니다. 상대의 말을 일일이 경청하려면 상당한 집중력과 노력이 필요하기 때문이다. 사람들은 논리적인 설명을 들을 때 그것을 전부 이해하지 못하면, 당혹감과 지적 열등감뿐만 아니라 심지어 막연한 불안감마저 느낀다. 따라서 사람들을 설득하려면 다른 방법을 사용하는 것이 낫다. 즉 머리보다는 감정에 호소하는 것이 상책이다. 감정을 자극하는 말은 사람들에게 열등감을 불러일으키지 않는다. 오히려 사람들은 한마음이 되어 동일한 감정을 경험하게 된다. 안토니우스는 죽임을 당한 당사자인 카이사르의 관점에서 그의 죽음을 바라볼 수 있도록 사람들을 자극했다. 사람들의 감정을 자극해 그들의 관점을 자신이 원하는 방향으로 전환시켰던 것이다. 그는 카이사르를 동정하는 말, 피묻은 망토, 유서 낭독과 같은 일련의 행동을 통해 청중의 감정을 자극했다. 그는 그렇게 하여 카이사르를 살해한 사람들에 대한 청중의 분노를 효과적으로 끌어냈다.

감정을 자극할 때는 될 수 있는 대로 강한 감정에 호소해야 한다. 예를 들어 우정 혹은 불화의 감정에 호소하기보다는 사랑이나 증오의 감정에 호소하는 편이 효과가 더 크다. 또한 자신이 유도해내려는 감정에 자신의 감정이 실려야 한다. 이것은 매우 중요하다. 다른 사람들로부터 증오심을 이끌어내려면 먼저 자신부터 그런 감정을 느껴야 한다. 그래야 설득력이 있다. 감정을 싣는 일은 그다지 어렵지 않다. 말하기 전에, 증오해야 할 이유나 사랑해야 할 이유를 떠올리면 된다. 필요하다면 과거에 화났던 일이나 사랑의 감정을 갖게 만들었던 사건을 곰곰이 되씹어볼 수도 있다. 감정은 전염성이 있다. 우는 모습을 보여주면 그것을 보고 있는 사람들도 슬픈 마음이 생겨 함께 운다. 목소리를 악기처럼 사용해 감정을 전달할 수 있도록 하라. 진지해 보이는 태도를 연습하는 것도 중요하다. 나폴레옹은 당시의 유명한 배우들을 연구하면서 혼자 있을 때 목소리에 감정을 싣는 방법을 연습했다.

상대에게 최면을 거는 것이 유혹의 언어가 지향하는 목적이다. 그렇게 하려면 사람들의 정신을 빼앗고 경계심을 늦추게 하는 한편, 여러 가지 암시적인 방법을 통해 그들의 감정을 자극해야 한다. 최면술사는 반복과 확언이라는 기교를 통해 상대를 가수면 상태에 빠뜨린다. 반복이란 동일한 말을 여러 번 사용하는 것을 말한다. 특히 감정을 자극하는 말을 선택해서 반복적으로 사용하는 것이 중요하다. 같은 말을 계속 반복하다보면, 사람들의 무의식 속에 저절로 박히게 된다. 확언이란 최면술사가 내리는 명령처럼 강하고 긍정적인 언어를 말한다. 유혹의 언어는 대담해야 한다.

강하고 단정적인 언어를 사용하면, 청중은 그 말이 사실인지 아닌지를 판단할 겨를도 없이 감정적인 자극을 받는다. 예를 들어 "나는 저 사람들이 현명하다고 생각하지 않습니다"라는 말보다는 "우리는 더 나은 대우를 받을 자격이 충분합니다" 또는 "저 사람들은 모든 일을 망쳐놓은 장본인들입니다"라는 식으로 말하는 것이 좋다. 확언의 언어는 명령어처럼 짧고 적극적이어야 한다. "내가 생각하기에는……" 또는 "아마"라는 따위의 말을 사용해서는 안 된다. 다시 말해 직접적으로 감정을 겨냥해 직격탄을 날릴 수 있는 언어를 사용할 수 있어야 한다.

이 밖에도 다른 사람들과는 다른 방식으로 언어를 사용하는 것이 필요하다. 사람들은 대부분 상징적인 언어를 사용한다. 사람들은 이런 상징적인 언어를 통해 자신의 감정, 생각, 신념을 표현하기도 하고, 세상에 존재하는 구체적인 사물을 표현하기도 한다[그리스어에서 유래한 '상징적인(symbolic)'이란 단어는 원래 '합친다'라는 의미를 갖는다. 이렇게 볼 때, 상징적이라는 표현은 말과 현실을 합친다는 뜻으로 이해할 수 있다]. 유혹자는 상징적인 언어 대신, 악마적인 언어를 사용해야 한다[그리스어에서 유래한 '악마적인(diabolic)'이란 단어는 원래 '분리한다'라는 의미를 갖는다. 이렇게 볼 때, '악마적'이라는 표현은 말과 현실을 따로 분리한다는 뜻으로 이해할 수 있다]. 유혹자의 말은 구체적인 현실을 가리킬 필요가 없다. 현실을 가리키는 것보다는 감정을 자극하는 것이 중요하다. 그러려면 상상력과 환상을 자극하는 말이 필요하다. 즉 현실을 망각하게 만드는 달콤하고 환상적인 언어를 구사할 줄 알아야 한다. 상대의 판단력을 흐리게 하여 진실과 거짓, 현실과 비현실을 구분하기 어렵게 만들어야 한다. 모호한 표현을 통해 말하고자 하는 진의나 속셈이 무엇인지를 가늠할 수 없게 해야 한다. 상대가 환상에 사로잡힐수록, 그만큼 유혹하기가 쉬워진다.

| **상징** | 안개. 안개 속에서는 사물의 정확한 형태를 식별하기가 어렵다. 모든 것이 모호해 보이고 상상력이 날개를 편다. 존재하지 않는 것들이 마치 존재하는 것처럼 보인다. 이처럼 유혹자의 언어는 상대를 안개 속으로 이끌어 어디가 어딘지 분간할 수 없게 만든다.

반전

화려한 언어와 유혹의 언어를 혼동해서는 안 된다. 화려한 언어는 상대의 신경을 건드릴 수 있을 뿐만 아니라, 거짓된 것처럼 보이게 한다. 지나치게 과장된 언어는 자연스럽지 못할 뿐만 아니라, 자칫 자신의 이기적인 속셈을 들킬 수도 있다. 말을 할 때는 가급적 말수를 줄이고 모호한 표현을 사용하는 것이 좋다. 그래야 상대가 상상의 나래를 펼칠 수 있는 여지를 남길 수 있다.

말을 할 때는 항상 상대를 염두에 두고, 상대가 듣고자 하는 말을 해줄 수 있어야 한다. 침묵이 금일 때가 있다. 즉 어떤 경우에는 침묵을 지키는 것이 더 암시적이고 웅변적인 효과가 있다. 말을 하지 않고 가만히 있으면 뭔가 신비롭게 비치기 때문이다. 세이 쇼나곤의 《마쿠라노소시》는 11세기 일본의 궁정 생활을 알 수 있는 일기 형식의 글이다. 이 책에 요시키카라는 인물이 마차 안에서 한 여인을 보고 그녀의 매력에 사로잡히게 된다는 이야기가 나온다. 그는 그녀의 조용하고 아름다운 모습에 반해 곧 그녀에게 쪽지 편지를 보냈다. 그녀도 답장을 보내왔다. 그녀의 편지를 읽은 사람은 요시키카 한 사람뿐이었지만, 그의 반응을 보고 사람들은 사태를 짐작했다. 그 편지는 그녀의 아름다움에 오히려 흠집을 냈다. 쇼나곤의 말처럼 "잘 쓰지 못한 답장을 보내는 것보다는 차라리 답장을 보내지 않는 편이 훨씬 낫다." 만일 수사력이 뛰어나지 않거나 유혹적인 언어를 구사할 수 있는 능력이 없다면, 혀에 재갈을 물리고 조용히 침묵을 지키는 편이 좋다.

마지막으로 유혹에는 속도와 리듬이 필요하다. 처음에는 우회 전략을 구사하면서 신중해야 한다. 자신의 의도를 감추려면 중립적인 언어를 사용하는 것이 좋다. 일단 아무런 사심도 없다는 사실을 상대에게 인식시켜 상대가 안심하고 대화를 나눌 수 있게 만드는 것이 첫 번째 단계다. 두 번째 단계에 이르면 좀 더 공격적인 전술을 구사해야 한다. 이때부터는 유혹의 언어를 사용해야 한다. 유혹의 말, 유혹의 편지를 동원해 상대에게 예기치 않았던 즐거움을 선사하라. 상대로 인해 시인이 되고, 상대에게 온통 마음을 빼앗기고 말았다는 느낌이 물씬 풍기는 편지를 보내거나 말을 하라. 그러면 상대는 무한한 기쁨을 느끼게 될 것이다.

사소한 표현이
가장 자극적이다

· 표현 ·

지나치게 고상한 말과 근사한 행동은 속셈이 있기 때문에 잘 보이려 한다는 의심을 불러일으킬 수 있다. 유혹에서는 사소한 부분, 즉 미묘한 몸짓이나 무심코 한 행동이 더 매력적으로 비칠 때가 많다. 조촐하지만 유쾌한 의식으로 상대가 정신을 차리지 못하게 만들어야 한다. 상대의 취향에 딱 맞는 선물을 준다거나, 상대가 좋아하는 스타일의 옷을 입는다거나, 상대에게 얼마나 많은 시간과 관심을 투자하고 있는지를 입증하는 행동을 보여주는 것도 좋은 방법이다. 사람들은 사소한 부분까지 신경 쓰면서 자신에게 관심을 보이는 사람에게 끌린다. 상대의 눈을 현혹시키는 장면을 연출하라. 상대는 눈앞의 광경에 정신이 팔려 유혹자의 진짜 속셈을 눈치채지 못할 것이다. 사소한 부분을 통해 상대에게 관심이 있음을 암시하라.

최면 효과

1898년 12월 중국 주재 서구 7개국 대사 부인들은 이상한 초대를 받았다. 당시 예순세 살이던 서태후(西太后)가 베이징의 자금성에서 연회를 연다는 것이었다. 서구 7개국 대사들은 몇 가지 이유로 서태후를 아주 못마땅하게 여기고 있었다. 서태후는 17세기 초반 중국을 정복한 북방 민족인 만주족 출신이었다. 만주족이 세운 청은 그 후 약 300년 동안 중국을 통치했다. 1890년대에 들어서면서 서구 세력이 중국을 분할하기 시작했다. 그들은 중국을 근대화시키고자 했지만, 만주족은 보수적이라 개혁을 달가워하지 않았다. 서태후의 조카로 황제가 된 젊은 광서제(光緖帝)는 1898년 서구 세력의 지원 아래 일련의 개혁을 단행하기 시작했다. 그러고 나서 100일 뒤, 서구 외교관들은 자금성으로부터 황제의 건강 상태가 너무 나빠 서태후가 권력을 넘겨받았다는 통보를 받았다. 그들은 음모가 있다고 생각했다. 아무래도 서태후가 개혁에 제동을 걸려고 모종의 조치를 취한 것 같았다. 황제의 신변이 위험했다. 어쩌면 독에 중독되었거나 이미 죽었을지도 모르는 일이었다. 대사들은 뜻밖의 초대를 받은 부인들에게 서태후를 믿지 말라고 경고했다. 서태후는 잔인하고 교활한 여자였다. 서거한 황제의 첩이라는 미천한 신분에서 막강한 권력을 휘두르는 자리에까지 올라선 그녀를 중국인들은 황제보다 더 두려워했다.

약속된 날, 대사 부인들은 화려한 제복 차림의 황궁 환관들이 끄는 인력거를 타고 자금성으로 갔다. 부인들은 얄잡아 보이지 않으려고 꼭 조이는 코르셋에 어깨 부분을 부풀린 기다란 벨벳 드레스, 풍성한 페티코트, 불룩 솟은 모자 등 최신 서구 스타일로 치장을 하고 갔다. 자금성 주민들은 그들의 옷차림을 보고 몹시 놀라는 눈치였다. 특히 일부러 가슴을 강조한 것을 보고는 입을 다물지 못했다. 부인들은 자기들이 주민들에게 깊은 인상을 준 것이 틀림없다고 생각했다. 대기실에서 그들은 서열이 낮은 황족을 비롯해 왕자와 공주의 환대를 받았다. 중국 황실의 여성들은 보석으로 장식한 가발을 쓰고 화려한 만주 전통 의상을 입고 있었다. 각자의 신분을 반영하는 옷 색깔에 맞추어 질서정연하게 도열해 있는 그들의 모습은 마치 눈부신 무지개 같았다.

여왕이 탄 배는 마치 번쩍이는 옥좌처럼 물 위에서 찬란하게 빛났습니다. 고물에는 금박이 입혀져 있고, 자줏빛 돛은 또 어찌나 향기롭던지 바람조차 홀딱 반할 지경이었습니다. 어디 그뿐인가요, 노까지 은으로 만들었습디다. 피리 소리에 맞추어 노를 젓자, 노에 밀려난 물결은 마치 노에 홀린 것처럼 금세 뒤따라오더군요. 당사자인 여왕으로 말할 것 같으면, 필설로는 도저히 표현할 수 없을 만큼 눈이 부셨습니다. 금실로 짠 천막 안에 비스듬히 누워 있는 자태가 자연보다 인간의 상상력을 더 돋보이게 해주는 저 베누스 여신을 무색하게 했으니 말입니다. 그 양옆에는 보조개가 움푹 들어간 미소년들이 오색 부채를 들고 서 있었습니다. 그 모습이 마치 빙그레 웃는 큐피드를 연상시켰습니다. 부채 바람이 그들의 섬세한 뺨을 식히나 싶더니 어느새 다시 달아오르게 하는 것 같았습니다…… 물의 요정들인지, 인어들인지 분간이 안 가는 시녀들이 여왕 앞에 지켜 서서 시중을 드니, 이 또한 아름다운 광경이 아닐 수 없었습니다. 고물에는 언뜻 인어처럼 보이는 여자 사공이 키를 부인들은 우아한 도자기 잔에 차를 대접받은 뒤, 서태후를 알현하러 갔다. 그들은 눈앞에 펼쳐진 광경에 그만 숨을 죽이고 말았다. 서태후는 각종 보석이 박힌 용상에 앉아 있었다. 그녀는 능라로 만든 황실 전통 복장에 다이아몬드와 진주, 옥으로 장식한 화려한 가발을 쓰고 있었다. 거기다 목에는 보는 이를 압도할 정도로 큰 진주 목걸이가 걸려 있었다. 그녀는 몸집이 작았다. 그러나 용상에 앉아 있는 그녀는 거인이었다. 그녀는 마음으로부터 우러나오는 듯한 따뜻한 태도로 부인들을 맞이했다. 그들이 우려했던 것과 달리, 용상에서 좀 떨어진 곳에 그녀의 조카인 황제가 앉아 있었다. 그는 창백해 보였지만, 그들을 진심으로 환영했고 활기도 있어 보였다. 어쩌면 그는 정말 병이 난 것일 수도 있었다.

서태후는 부인들과 일일이 악수를 했다. 그녀가 악수를 하는 동안 옆에서 대기하고 있던 환관이 그녀에게 커다란 진주가 박힌 금가락지를 건넸다. 그러자 그녀는 부인들의 손에 가락지를 일일이 끼워주었다. 알현식이 끝나고 부인들은 다른 방으로 안내되었다. 그곳에서 그녀들은 다시 차를 마셨고, 그런 다음 연회실로 자리를 옮겼다. 그곳에서 서태후는 황금색 공작 의자에 앉아 있었다. 황금색은 황실의 색깔이었다. 그녀는 잠시 그들과 담소를 나누었다. 목소리가 정말 아름다웠다(그녀의 목소리는 말 그대로 새들을 나무에서 꾀어낼 정도로 아름다웠다고 전해진다). 담소가 끝날 무렵 그녀는 다시 부인들의 손을 일일이 잡으며 감정을 실은 목소리로 "우리는 한 가족이오. 암, 모두 한 가족이지"라고 말했다. 그러고 나서 부인들은 황실 극장에서 공연을 관람했다. 서태후는 마지막으로 한 번 더 그들을 접견했다. 그녀는 서구인들의 눈에는 형편없을 거라며 공연에 대해 사과했다. 다시 찻잔이 돌았다. 미국 대사 부인의 회고에 따르면, "이번에는 서태후가 직접 앞으로 걸어나와 우리 각자 앞에 놓인 찻잔을 들어 한 모금 마시고는 다시 우리를 향해 찻잔을 내밀며 '우린 한 가족이오, 한 가족'이라고 말했다"고 한다. 부인들은 선물을 한아름 받아들고 인력거를 타고 자금성을 빠져나왔다.

부인들은 남편들에게 자신들이 보고 들은 것을 전하면서 그동안 서태후에 대해 오해하고 있었다고 말했다. 미국 대사 부인은 이렇게 보고했다.

"그녀는 밝고 행복해 보였으며 그녀의 얼굴에는 선의가 가득했다. 잔인함의 흔적은 어디에서도 찾아볼 수 없었다……. 그녀의 행동에서는 자유분방함과 따뜻함이 묻어났다……. 우리는 그녀가 보여준 위엄과 중국에 대한 희망에 감탄하며 그곳을 나왔다." 남편들은 본국 정부에 부인들에게서 들은 이야기를 그대로 타전했다. 서태후는 좋은 사람이며, 믿어도 될 것 같다는 내용이었다.

해석 ——

중국에 파견되어 있던 서양 외교관들은 자금성에서 어떤 일이 벌어지고 있는지 전혀 몰랐다. 사실 황제는 서태후를 체포해서 죽이려는 계획을 세웠지만 실행에 옮기기 전에 서태후에게 발각되었다. 유교적 관점에서 보면 이는 매우 중대한 범죄 행위였다. 그녀는 황제를 강제로 퇴위시키고 연금한 다음, 바깥 세상에는 그가 아프다고 말했다. 황제는 서태후를 시해하려 했던 벌로, 조정에 크고 작은 행사가 있을 때마다 마치 아무 일도 없었다는 듯 모습을 드러내야 했다.

서태후는 서양인들을 끔찍하게 싫어했다. 그녀는 서양인들을 야만인이라고 여겼다. 그녀는 이상한 옷을 입고 헤프게 웃어대는 대사 부인들도 싫어했다. 연회는 황제가 살해되었을 경우 침략도 불사하겠다고 위협하던 서구 열강을 달래기 위한 쇼이자 미끼였다. 유혹의 목적은 단순했다. 즉 화려한 색깔과 구경거리, 공연을 내세워 대사 부인들을 현혹시키는 것이었다. 서태후는 그 일을 위해 자신의 지식과 기술을 총동원했다. 그녀는 분위기 연출의 귀재였다. 그녀는 갈수록 화려함이 돋보이도록 구경거리를 순차적으로 배치했다. 처음에는 제복 차림의 환관, 그다음에는 가체 머리를 한 만주족 귀부인 그리고 마지막에는 서태후 자신이었다. 그것만으로도 가히 압도적인 광경이라고 할 수 있었다. 그러고 나서 서태후는 수위를 한 단계 낮춰 가락지 선물과 따뜻한 환대, 차, 결코 서구에 뒤지지 않는 공연으로 인간다운 면모를 물씬 풍겼다. 거기다 황제의 건재를 확인할 수 있는 기회까지 마련해 그들의 의심을 불식시켰다. 끝으로 그녀는 소규모 드라마로 연회를 마무리했다. 그녀는 부인들과 찻잔을 돌려서 마신 뒤, 생각지도 못했던 화려한 선물 보따리를 안겨주었다. 대궐을 떠날 때쯤 부인들은 완전히 넋이 나가 있었다. 사실 그들은 그렇게 이국적인 광경을 한 번도 본 적이 없었다. 서태후가 왜 그토록 세세한 부분에까지 신경 썼는지에 대해서도 그들은 알 길이 없었다. 눈앞의 광경에 매혹당한 그들은 서태후에게 자신들의 행복한 느낌을 숨김없이 전달했다. 그들은 서태후를 인정했고, 그것으로 서태후는 목적을 달성한 셈이었다.

사람들의 정신을 빼놓으려면, 자잘한 의식과 다채로운 물건들로 그들의 눈과 귀를 가득 채워야 한다. 이런 작은 것들은 현실적인 느낌을 준다. 사려 깊은 선물은 유혹자의 속셈을 가려주는 효과도 있다. 소박하지만 매력적인 장면으로 꾸며진 의식은 보는 사람의 눈을 즐겁게 한다. 보석이나 예쁜 가구, 화려한 색깔의 옷은 사람들의 눈을 현혹시킨다. 사람들에게는 누구나 유치한 구석이 있다. 즉 우리에게는 큰 그림보다는 작고 예쁜 것을 더 좋아하는 경향이 있다. 감각에 호소할수록, 최면 효과는 더욱 커진다. 유혹에서 우리가 사용하는 소품(선물이나 옷 등)은 그 자체가 하나의 언어로 강력한 효과가 있다. 사소한 것을 무시하지 말라. 만약 그렇게 한다면 기회를 놓칠 것이다. 사소한 것을 묶어 하나의 장관을 연출한다면, 상대는 자신도 의식하지 못하는 사이에 자연스럽게 끌려올 것이다.

감각적 효과

겐지 왕자는 10세기 후반, 일본의 헤이안 시대 때 궁정 여인네들을 사로잡았던 탁월한 유혹자였다. 나이가 들었어도 유혹자로서의 그의 명성은 여전했다. 어느 날 심부름꾼이 와서 그의 젊은 첩 중 한 명이 다마카주라라는 어린 딸을 남겨놓고 갑자기 죽었다는 소식을 전했다. 그는 다마카주라가 자신의 딸은 아니지만, 그녀를 대궐로 데려와 보호자 역할을 해주기로 했다. 그녀가 대궐에 도착하자마자 최고의 신분을 자랑하는 남자들이 그녀에게 구애를 하기 시작했다. 겐지는 사람들에게 그녀가 잃어버렸던 자기 딸이라고 했다. 그 말을 곧이곧대로 믿은 사람들은 당연히 그녀가 미인일 것이라고 생각했다. 그도 그럴 것이 겐지는 대궐에서 가장 잘

뛰어났다고는 하나 언제 보아도 우아한 옷차림에 백 보 밖에서도 맡을 수 있는 달콤한 냄새를 뿌리고 다니지 않았다면 과연 그렇게까지 아름답고 매력적이었을까? 이런 이유로 향수는 사랑을 부추기는 강한 힘을 지니고 있는 것으로 여겨져왔다. 고대 로마의 왕비나 귀족 부인들처럼, 프랑스의 위대한 귀부인들이 향수를 즐겨 사용하는 이유가 바로 여기에 있다. 특히 스페인과 이탈리아 여인들은 아주 오랜 옛날부터 향수와 화려한 옷차림은 물론, 정교한 사치품에도 지대한 관심을 보여왔다. 이 점에 관한 한, 프랑스의 내로라 하는 미인들도 그들의 까다로운 장인정신을 본받고 있다. 프랑스 여인들의 교사가 스페인과 이탈리아 여인들이라면, 그들의 교사는 아직도 남아 있는 고대 로마의 조각상과 유물들이었다. 이들 유물을 주의 깊게 살펴보면, 사랑을 자극하기에는 더 이상 말이 필요 없는 완벽한 머리 모양과 옷차림을 발견하게 될 것이다.
— 세뇌르 드 브랑톰
(Seigneur de Brantôme),
《염부전(Lives of Fair & Gallant Ladies)》

생긴 남자였다(당시 남자들은 결혼할 처녀의 얼굴을 거의 보지 못했다. 원칙적으로 그들은 병풍을 사이에 두고 처녀와 이야기하는 것만 허용되었다). 겐지는 그녀가 받은 연서를 함께 검토하면서 적당한 상대에 대해 조언을 해주는 등 그녀에게 관심을 쏟아부었다.

겐지는 그녀의 보호자였기 때문에 그녀의 얼굴을 볼 수 있었다. 그녀는 정말 아름다웠다. 그는 사랑에 빠지고 말았다. 그는 이토록 사랑스러운 여성을 다른 남자에게 양보하는 것은 수치라고 생각했다. 어느 날 밤 그녀의 매력에 넋이 나간 겐지는 그녀의 손을 꼭 잡은 채 그녀가 한때 자신이 사랑했던 그녀의 어머니와 꼭 닮았다고 말했다. 그녀는 몸을 떨었다. 흥분 때문이 아니라 두려움 때문이었다. 비록 아버지는 아니었지만, 어쨌거나 그는 구애자가 아니라 그녀의 보호자였다. 그녀의 시녀들도 모두 물러간 뒤였고 아름다운 밤이었다. 겐지는 소리 없이 겉옷을 벗고 그녀를 자기 옆으로 끌어당겼다. 그녀는 울면서 저항했다. 겐지는 신사였다. 그는 그녀의 의사를 존중할 것이며, 앞으로도 잘 돌봐줄 테니 아무것도 두려워할 필요 없다고 말했다. 그러고 나서 그는 정중하게 양해를 구하고 그 자리를 떴다.

며칠 후 겐지는 그녀가 답장을 쓰는 것을 도와준다는 핑계로 자신의 동생인 호타루 왕자가 보낸 연서를 읽고 있었다. 호타루 왕자도 그녀를 탐내는 수많은 구혼자 중 한 명이었다. 편지에서 호타루는 도무지 자신의 감정을 고백할 기회를 주지 않는다며 다마카주라를 심하게 나무라고 있었다. 하지만 다마카주라는 답장을 보내지 않았다. 궁정의 예의범절에 익숙지 않았던 그녀는 편지 내용에 오히려 겁을 집어먹고 있었다. 겐지는 그녀를 도와주는 척하면서 하인을 시켜 그녀의 이름으로 호타루에게 편지를 보내라고 했다. 향수까지 뿌린 아름다운 종이에 쓰인 편지에는 왕자에게 그녀를 만나러 오라는 내용이 적혀 있었다.

호타루는 약속된 시간에 나타났다. 신비하면서도 유혹적인 향 냄새가 그의 코끝에 와닿았다(거기에는 겐지가 뿌리는 향수 냄새도 뒤섞여 있었다). 왕자는 흥분을 느꼈다. 그는 다마카주라를 가리고 있는 병풍 쪽으로 다가가 자신의 사랑을 고백했다. 그녀는 조용히 또 다른 병풍 뒤로 물러났다. 이제 그와 그녀의 거리는 더 멀어졌다. 그 순간 갑자기 횃불을 밝힌 것처럼 불이 켜졌다. 병풍 뒤에서 어른거리는 그녀의 희미한 윤곽이 호타루의 시선을 사로잡았다. 그녀는 그가 상상했던 것보다 훨씬 아름다웠다. 예기치 않은 두 가지 선물이 왕자를 즐겁게 했다. 갑자기 켜진 신비한 불빛 덕에 왕자는 잠시나마 그녀의 모습을 볼 수 있었다. 이제 그는 정말 사랑에 빠지고 말았다.

호타루는 그녀에게 열심히 구애를 하기 시작했다. 그러는 동안 다마카주라는 보호자인 겐지를 더 자주 만났다. 겐지가 더 이상 자신을 쫓아다니지 않을 것이라는 확신이 들었기 때문이다. 이제 그녀는 겐지의 사소한 부분까지 볼 여유가 생겼다. 겐지의 옷은 마치 신의 솜씨로 염색한 것처럼 색채가 선명했다. 그에 비해 호타루의 옷은 칙칙해 보였다. 사람을 홀리는 듯한 향수 냄새도 겐지의 의상과 완벽한 조화를 이루었다. 아무도 그런 냄새를 흉내 내지 못했다. 호타루의 편지는 문체도 좋고 정중했지만 겐지는 향수를 먹인 화려한 편지지에 시를 적어보냈다. 겐지가 인용한 시구는 늘 파격적이었지만 매번 그때의 상황과 딱 들어맞았다. 겐지는 꽃을 키웠는데, 그녀를 만나러 올 때 선물로 가져오곤 했다. 그 가운데 특히 야생 카네이션은 그의 독특한 매력을 상징하는 것 같았다.

어느 날 저녁 겐지는 다마카주라에게 고토를 연주하는 법을 가르쳐주겠다고 제안했다. 그녀는 매우 기뻤다. 그녀는 연애소설을 즐겨 읽었는데, 겐지가 고토를 연주할 때마다 자신이 마치 소설 속의 주인공이 된 듯한 착각에 빠졌다. 겐지만큼 고토 연주를 잘하는 사람은 없었다. 그에게 배운다면 그녀로서는 영광이었다. 이제 그는 그녀를 더 자주 볼 수 있게 되었다. 그의 교수법은 아주 간단했다. 그녀가 고른 곡을 그가 먼저 연주한 후 그녀가 그를 따라하는 방식이었다. 연주가 끝나면 그들은 고토에 머리를 기댄 채 나란히 누워 밤하늘의 달을 올려다보았다. 그때마다 겐지는 정원에 횃불을 밝혀놓았다. 횃불이 만들어내는 정원의 밤 풍경은 이루 말할 수 없이 달콤했다.

그녀는 호타루 왕자를 비롯해 다른 구애자에 대해 알면 알수록 겐지만한 남자가 없음을 뼈저리게 느꼈다. 물론 그는 그녀의 보호자였다. 하지

그리고 나서 보옥은 청문을 불러 이렇게 말했다.

"가서 대옥 아가씨가 어떻게 하고 있는지 보고 오너라. 나에 대해 묻거든, 나는 이제 괜찮다고 전하거라."

"좀 더 그럴싸한 핑곗거리를 생각해내시는 게 좋을 듯한데요. 특별히 보내실 물건이나 빌려오실 물건 없으세요? 아무 용무도 없이 가서 바보처럼 멍청하게 앉아 있다 오긴 싫단 말이에요."

청문이 말했다.

보옥은 잠시 뭘 생각하는 눈치더니, 베개 밑에서 손수건 두 장을 꺼내 하녀에게 건네 주면서 이렇게 말했다.

"그럼, 내가 이 손수건들을

만 그렇다고 해서 그를 사랑하는 것이 죄가 될까? 그녀는 혼란스러웠다. 어느새 그녀는 그의 애무와 키스를 용인하게 되었다. 하지만 지금 와서 저항하기에는 그녀는 너무 약해져 있었다.

해석 ——

겐지는 무라사키 시키부라는 헤이안 시대의 궁중 여인이 쓴《겐지 이야기》에 등장하는 인물이다. 겐지는 후지와라라는 실제 유혹자를 모델로 해서 탄생한 인물이다.

겐지의 전략은 단순했다. 그는 직접적인 말보다는 주변의 사소한 것을 이용해 다마카주라로 하여금 자신이 얼마나 매력적인 사람인지를 깨닫게 만들었다. 그는 그녀를 자신의 동생과 만나게 하기도 했다. 따분하고 고지식한 동생과 비교하면 겐지의 매력이 더욱 명확하게 드러날 것이었기 때문이다. 호타루가 그녀를 처음 만나러 오던 날 밤, 겐지는 마치 그녀를 돕는 척하면서 모든 일을 꾸몄다. 그는 정체불명의 신비한 냄새를 피워올린 데 이어, 갑자기 병풍을 불에 비추었다(불빛은 기발한 발상이었다. 그날 저녁 겐지는 일찌감치 수백 마리의 반딧불이를 잡아 자루에 가두어두었다. 그리고 적절한 순간에 자루에 있던 반딧불이를 한꺼번에 풀어놓았다). 다마카주라는 겐지가 잘해보라며 호타루를 격려하는 모습을 보고 그에 대한 경계심을 풀었다. 그러는 동안 이 유혹의 달인은 그녀의 마음을 서서히 사로잡아 나갔다. 겐지는 이용 가능한 소품을 총동원했다. 향수 뿌린 편지지, 화려한 옷, 정원의 횃불, 야생 카네이션, 상황에 맞는 적절한 시, 두 사람 사이를 급격하게 좁혀준 고토 교습에 이르기까지 그는 철저하게 준비했다. 그 결과 다마카주라는 자신도 모르는 사이에 감각의 웅덩이에 풍덩 빠져들었다. 겐지는 섣부른 말이나 행동은 상대의 수줍음과 불신을 더욱 악화시킬 뿐이라는 점을 잘 알고 있었다. 대신 그는 상대의 감각에 호소하는 물건과 소리, 냄새로 자신의 주변을 에워쌌다. 사실 그가 직접 모습을 드러냈더라면 상대는 겁을 집어먹고 꽁무니를 뺐을 것이다. 그는 젊은 여자들은 감각에 약함을 간파하고 있었다.

겐지가 주변의 소품을 적절히 활용해 소기의 성과를 거둘 수 있었던 것

은 상대에게 깊은 관심을 기울였기 때문이다. 겐지처럼 상대의 감수성에
자신의 감수성을 맞추어야 한다. 그러려면 먼저 상대를 주의 깊게 관찰하
면서 그들의 기분에 적응해야 한다. 그러다 보면 그들이 언제 방어적으로
나오는지 알 수 있다. 나아가 그들이 언제 경계심을 풀고 한발 앞으로 다
가서는지도 알 수 있다. 그때그때 상황을 봐가며 그들의 취향과 기호에
맞는 소품을 준비하라. 겐지는 상대가 연애 소설을 즐겨읽는다는 사실을
잘 알고 있었다. 야생 카네이션과 고토 연주, 책에서 인용한 시는 그녀의
꿈을 현실로 만들어주었다. 상대의 행동과 욕망에 주목하면서 사소한 부
분까지 챙기는 세심함을 보여주도록 하라. 말은 거부감을 불러일으킬 수
있지만 감각에 호소한다면 이야기가 달라진다.

> 내가 아는 한, 궁정인은 말보다는 행동을 통해 자신의 사랑을 입증하고자 한다. 때
> 로 인간의 감정은 수천 마디 말보다······ 존경심이 담긴 몸짓이나 수줍은 태도에
> 의해 더 명확하게 전달되기 때문이다."
>
> — 발다사레 카스틸리오네

유혹의 열쇠

어린아이들의 감각은 어른에 비해 훨씬 풍부하다. 어린아이들은 새로
생긴 장난감의 색깔이나 서커스 같은 장면에 정신없이 빠져든다. 그들은
냄새나 소리에도 매우 민감하다. 어린 시절 주변의 소품을 이용해 어른들
의 세계를 흉내 내면서 즐거워했던 기억이 있을 것이다. 그때는 모든 것
이 신기하고 새로웠다.

하지만 나이가 들면서 우리의 감각은 무뎌진다. 늘 서둘러 일을 처리해
야 하고, 일이 하나 끝나면 그다음 일을 해야 하기 때문에 더 이상 주변에
신경 쓸 여유가 없다. 유혹이 성공하려면 상대를 우리 인생의 황금기라고
할 수 있는 어린 시절로 다시 데려갈 수 있어야 한다. 어린아이는 판단력
이 미숙하기 때문에 쉽게 속는다. 어린아이는 감각이 주는 쾌락에도 쉽게
빠져든다. 따라서 상대와 함께 있을 때는 정신없고 무자비한 현실 세계에

있다는 생각을 잊어버릴 수 있게 해야 한다.

어렸을 때는 모든 것이 천천히 진행되었기 때문에 삶이 지금보다 훨씬 단순했다. 그때처럼 시간이 천천히 흘러가는 듯한 느낌을 줄 수 있어야 한다. 자연이 발산하는 즉각적인 매력 앞에서 우리는 마치 어린아이처럼 기뻐한다. 색깔이나 선물, 조촐한 기념 행사 같은 사소한 것도 우리의 감각을 즐겁게 해준다. 감각이 즐거운 것으로 가득 차 있으면 이성이 비집고 들어갈 틈은 그만큼 좁아진다. 주변의 사소한 것에 관심을 갖게 되면, 행동이나 태도에 여유가 배어나온다. 사람들은 그런 사람 앞에서는 자기도 모르게 경계심을 푼다. 유유자적한 모습이 사려 깊고 온화해 보이는 인상을 주기 때문이다. 잊고 지냈던 어린 시절의 감각을 일깨워줌으로써, 현실 세계에서 벗어나 어디 먼 곳에 와 있는 듯한 기분을 느낄 수 있게 해주어야 한다. 이는 유혹의 필수 요소다. 사람들을 사소한 것에 집중하게 할수록 자신의 의도를 감추기가 쉬워진다는 점을 명심하라.

8세기 중국의 당나라 황제 현종은 궁궐 뜰을 거닐다 연못가에서 머리를 빗고 있는 한 아리따운 여인에게 시선이 머물렀다. 그 여인의 이름은 양귀비였다. 그녀는 원래 현종의 아들의 비였으나 현종은 막무가내였다. 그가 황제였기 때문에 아무도 그를 말리지 못했다. 현종은 현실적인 사람이었다. 그는 후궁을 수없이 거느리고 있었고 그들 모두 매력적이었지만 어느 한 여인에게 푹 빠진 적은 단 한 번도 없었다. 하지만 양귀비는 달랐다. 그녀의 몸에서는 향기로운 냄새가 났다. 그녀는 속이 훤히 비치는 얇은 갑사 옷을 입었는데, 계절에 따라 각기 다른 꽃이 수놓아져 있었다. 걸을 때면 그녀는 마치 공중에 떠다니는 것 같았다. 조그만 발이 치렁치렁한 옷에 가려져 보이지 않았기 때문이다. 그녀는 춤 솜씨도 뛰어났고 현종을 찬양하는 노래를 직접 지어 부르기도 했다. 그를 바라보는 그녀의 눈빛은 그의 욕정을 끓어오르게 만들었다. 그녀는 곧 그가 가장 총애하는 비가 되었다.

양귀비는 현종의 넋을 완전히 빼놓았다. 그는 그녀를 위해 궁궐을 지었고, 국사도 팽개친 채 그녀 곁에 머물면서 그녀의 변덕을 모두 받아주었다. 머지않아 그의 왕국은 파산 상태에 이르러 결국 망하고 말았다. 한마디로 양귀비는 교활한 유혹자였다. 그녀를 거쳐간 남자들은 하나같이 파멸의 길을 걸었다. 그녀는 냄새, 목소리, 행동거지, 재치 넘치는 대화, 고혹적인 눈빛, 계절마다 다른 꽃을 수놓은 화려한 의상 등 수많은 방법을 동원해 자신의 매력을 부각시켰다. 사소하지만 상대를 즐겁게 만드는 이런 것들은 한 나라의 왕을 한낱 아기로 전락시켰다.

태곳적부터 여자들은 겉으로 강해 보이는 남자일수록 육탄 공세에 약하다는 사실을 잘 알고 있었다. 목소리, 몸짓, 걸음걸이, 옷, 눈빛의 중요성을 간과하지 말라. 역사상 탁월한 유혹자로 이름을 날린 여성들은 관능적인 매력이 물씬 풍기는 행동으로 남자들의 마음을 사로잡았다. 그들에게 홀린 남자들은 그 모든 것이 허상일 뿐이라는 사실을 끝까지 눈치채지 못했다.

파멜라 처칠 해리먼은 1940년대부터 1960년대 초까지 세계 최고의 갑부들과 염문을 뿌리고 다녔다. 그중에는 에이버럴 해리먼(나중에 그녀와 결혼했다)과 지아니 아넬리(피아트가의 상속자), 엘리 드 로스차일드도 끼어 있었다. 이 남자들을 사로잡은 것은 그녀의 미모나 집안, 쾌활한 성격이 아니라 사소한 것 하나도 놓치지 않는 그녀의 남다른 관심이었다. 그녀는 상대의 생각을 모두 이해한다는 표정으로 상대의 말 한마디 한마디에 귀를 기울였다. 상대 남성이 그녀의 집을 방문할 때면, 그녀는 그가 가장 좋아하는 꽃으로 집 안 구석구석을 장식했을 뿐만 아니라 요리사에게 최고급 레스토랑에서나 맛볼 수 있는 음식을 내놓게 했다. 상대가 지나가는 말로 이런 화가를 좋아한다고 하면, 며칠 뒤면 상대가 개최하는 파티에 바로 그 화가가 참석하곤 했다. 그뿐이 아니었다. 그녀는 상대의 취향에 딱 들어맞는 골동품을 귀신같이 찾아냈고, 옷도 상대가 좋아하는 스타일로 입었다. 그렇다고 상대가 자신의 취향이 이러이러하다고 말한 적은 단 한 번도 없었다. 그녀는 제3자를 통해 정보를 입수하거나 상대가 다른 사람에게 하는 이야기를 엿듣고 그 모든 일을 해냈다. 남자들은 어느 누구 할 것 없이 사소한 부분까지 완벽하게 챙기는 해리먼에게 푹 빠져들었다. 그들에게 그녀는 자신들의 응석과 요구를 받아주면서 삶에 질서와 안정을 가져다주는 어머니와도 같은 존재였다. 삶은 가혹하고 잔인하다. 그럴수록 우리는 사소한 데까지 관심을 보이면서 우리를 위로해주는 사람에게 기대게 되어 있다. 상대가 원하는 것을 미리 알아내 마치 상대의 마음을 읽기라도 한 듯 그 부분을 정확하게 채워준다면, 상대는 별다른 의심 없이 넘어오게 되어 있다. 파멜라의 성공 비결은 상대로 하여금 모든 욕구가 충족되었던 어린 시절로 돌아간 듯한 느낌을 갖게 해주었다는 데 있다.

루돌프 발렌티노는 1920년대 초반부터 후반까지 전세계 여성의 '위대한 연인'으로 군림했다. 여기에는 예쁘장하다는 표현이 더 잘 어울릴 것 같은 그의 잘생긴 얼굴과 화려한 춤 솜씨, 태도에서 언뜻언뜻 묻어나는 잔인한 기질이 한몫했다. 하지만 뭐니뭐니해도 여성들을 사로잡은 가장 큰 매력은 상대를 위해서라면 무엇이든 다 해줄 듯한 자상한 태도가 아니었나 싶다. 그는 출연하는 영화마다 상대 여성을 '은근하게' 유혹하는 모습으로 등장했다. 상대 여성에게 꽃을 보내고(그는 분위기에 따라 다양한 꽃을 선택했다), 차에서 내릴 때면 손을 잡아주고, 담뱃불을 붙여주고, 낭만적인 곳으로 데려가고, 댄스 플로어로 안내하는 등 사소한 부분까지 세심하게 배려하는 그의 모습에 여성 관객들은 열광했다. 당시에는 무성 영화였기 때문에 관객들은 그의 목소리를 들을 수 없었다. 이 모두가 그의 행동을 통해 표현되었다. 남자들은 그를 미워했다. 부인과 애인들이 발렌티노처럼 은근하면서도 세심하게 대해주기를 바랐기 때문이다.

발렌티노는 여성적 기질이 있었다. 그는 여성이 여성에게 접근하듯 구애했다고 한다. 하지만 여성적 기질이 꼭 필요한 것은 아니다. 1770년대 초반 그레고리 포템킨은 러시아의 예카테리나 여제와 연인 관계를 맺기 시작했다. 그들의 관계는 그 후로도 오랫동안 지속되었다. 포템킨은 천생 남자였고 잘생기지도 않았다. 하지만 그는 사소한 것으로 여제의 마음을 사로잡았다. 그는 근사한 선물로 그녀의 환심을 샀으며, 그녀에게 거의 매일 장문의 편지를 보내면서도 지겨워하는 법이 없었다. 그뿐이 아니다. 그녀를 위해 온갖 종류의 오락을 준비하는가 하면, 심지어 그녀의 아름다움을 찬양하는 노래까지 지었다. 하지만 머리도 제대로 빗지 않은 채 맨발에 후줄근한 옷차림으로 그녀 앞에 나타나기도 했다. 그는 섬세한 구석이라고는 전혀 없었지만, 그 점이 오히려 그녀를 위해서라면 지구 끝까지

갈 것 같은 믿음을 심어주었다. 여성의 감각은 남성보다 훨씬 섬세하다. 만약 남자가 양귀비처럼 처음부터 줄곧 관능적인 매력으로 밀고 나간다면, 여자들은 너무 성급하고 직접적이라고 생각할 것이다. 따라서 남성이 여성을 유혹할 때는 상대를 위해 작은 것에까지 신경 쓰면서 유혹이 하나의 의식이 되도록 해야 한다. 이런 식으로 시간을 가지고 천천히 진행해나간다면, 결국 상대 여성의 마음을 사로잡을 수 있을 것이다.

유혹에서는 모든 것이 신호가 된다. 그중에서도 옷이 갖는 효과는 이루 말할 수 없이 크다. 안토니우스를 유혹할 때 클레오파트라가 입었던 옷은 그다지 관능적이지 않았다. 그녀는 안토니우스가 신화 속의 여인에 대한 환상이 있다는 사실을 알고 마치 그리스 여신 같은 복장을 하고 나타났다. 루이 15세의 정부였던 퐁파두르 부인은 왕의 약점이 고질적인 권태라는 점을 잘 알고 있었다. 그녀는 색깔뿐만 아니라 스타일까지 바꿔가며 늘 다른 옷을 입어서 왕의 눈을 즐겁게 해주었다. 파멜라 처칠 해리먼은 고급 사교계 여성이라는 자기 위치와 상대 남성의 고상한 취향을 고려해 점잖은 스타일의 옷을 즐겨입었다. 집에서나 일터에서와는 전혀 다른 옷차림으로 나가 상대를 놀라게 하는 것도 좋은 방법이다. 마릴린 먼로가 그랬다. 그녀는 집에서는 청바지에 티셔츠 차림으로 있었지만, 상대와 함께 있을 때는 한껏 차려입어 마치 상대를 위해 일부러 신경 쓴 듯한 인상을 주었다. 신데렐라와 같은 변신은 흥분을 자아낼 뿐만 아니라, 함께 있는 사람을 위해 각별히 신경 썼다는 느낌을 준다. 자기를 위해 특별히 신경 썼다는 느낌이 들 때, 상대는 무한한 감동을 받는다.

1870년대로 접어들면서 빅토리아 여왕은 당시 수상이었던 벤저민 디즈레일리가 자신에게 은근히 구애를 하고 있다는 사실을 눈치 챘다. 그는 틈만 나면 아부성 발언을 했고 태도도 상당히 암시적이었다. 뿐만 아니라 꽃과 선물도 보내왔다. 하지만 대부분의 남자들이 보내는 꽃이나 선물과는 종류가 달랐다. 그가 보낸 꽃은 소박하면서도 아름다운 우정을 상징하는 앵초였다. 그때 이후로 빅토리아 여왕은 앵초를 볼 때마다 디즈레일리를 떠올렸다. 그는 발렌타인 데이 때면 편지를 보내기도 했다. 편지에는 이런 글귀가 적혀 있었다. "인생의 황혼기에서 그는 불안과 혼란으로 가득한 삶과 마주쳤습니다. 하지만 이 세상에서 가장 고귀한 분을 위해 봉직하고 있다고 생각하면 마음이 들뜹니다!" 그리고 한쪽 면에는 화살에 찔린 심장이 새겨져 있고 다른 한쪽 면에는 '충실한 당신의 벗'이라는 글귀를 새겨넣은 자그마한 상자를 보내기도 했다. 결국 빅토리아는 디즈레일리와 사랑에 빠졌다.

선물이 갖는 유혹적 효과는 상당히 크지만, 그 안에 담긴 미묘한 생각이나 감정에 비하면 물건 자체는 그다지 중요하지 않다. 사람들이 선물을 받고 좋아하는 이유는 그것을 통해 추억을 떠올리거나 주는 사람의 정성을 느낄 수 있기 때문이 아닐까? 디즈레일리가 빅토리아를 감동시킨 것은 돈이 아니라 적당한 물건을 고르기 위해 그가 들인 시간이었다. 값비싼 선물에는 감정이 실려 있지 않다. 값나가는 물건은 받는 사람을 일시적으로는 흥분시킬지 모르지만 마치 어린아이가 새 장난감을 금세 잊어버리듯 쉽게 잊혀진다. 이에 비해 주는 사람의 세심한 배려가 담긴 선물은 감상적인 효과가 길게 이어진다. 그 선물을 받은 사람이 볼 때마다 그것을 준 사람을 떠올리기 때문이다.

1919년 이탈리아의 작가이자 전쟁 영웅이었던 가브리엘레 단눈치오는 자신을 따르는 사람들을 조직해 아드리아 해안에 있는 피우메를 장악했다. 그들은 자신만의 정부를 수립해 1년이 넘게 그곳을 통치했다. 단눈치오는 다른 지역의 정치가들에게 막대한 영향력을 미칠 일련의 행사를 개최했다. 그는 시가지의 광장이 내려다보이는 발코니에서 대중을 상대로 연설을 하곤 했다. 그때마다 광장은 형형색색의 현수막과 깃발, 종교적인 상징물로 가득 뒤덮였다. 거기다 밤이 되면 횃불을 밝혀놓았다. 연설이 끝나면 행진이 이어졌다.

단눈치오는 파시스트와는 거리가 멀었지만, 그가 피우메에서 보여준 행동은 베니토 무솔리니에게 결정적인 영향을 끼쳤다. 무솔리니는 단눈치오에게서 로마식 경례법 외에도 상징물을 통해 분위기를 고조시키는 그의 대중 연설 방식을 빌려왔다. 그때 이후 이와 같은 성격의 행사는 전세계 정부가 차용하고 있다. 심지어 민주적인 정부도 예외가 아니다. 전체적으로는 웅장한 느낌을 줄지 모르지만, 이런 행사가 사람들에게 먹히는 이유는 다양한 감각과 감정에 호소하기 위해 사소한 것까지 고려해서 넣는 치밀한 연출력 때문이다. 사람들의 정신을 흩뜨려놓으려면 끊임없이 볼거리를 제공해야 한다. 그보다 더 좋은 방법은 없다. 불꽃놀이, 깃발, 음악, 제복, 행진하는 병사의 물결 속에서 군중은 일체감을 느꼈다. 행사에 동원된 상징물이 특히 애국심을 자극한다면 올바르게 판단하기가 어려워진다.

마지막으로 말은 유혹에서 중요한 부분을 차지한다. 상대를 혼란스럽게 만들고 정신을 흩뜨려놓으며 허영심을 부추기는 데 말은 굉장한 힘을 발휘한다. 하지만 장기적으로 가장 유혹적인 것은 직접적인 말이 아니라 간접적인 대화다. 말을 하는 것은 쉽다. 그래서 사람들은 말을 신뢰하지 않는다. 누구든 올바른 말을 할 수는 있다. 하지만 일단 입 밖으로 나간 말은 구속력이 없으며, 심지어 깡그리 잊히기도 한다. 이에 비해 상대를 배려하는 행동이나 사려 깊은 선물과 같은 사소한 것은 훨씬 현실감 있게 다가온다. 유혹에서 이런 것들은 사랑을 고백하는 달콤한 말보다 훨씬 효과가 크다. 행동이나 선물 같은 사소한 것은 그 자체로 말을 할 뿐만 아니라 상대로 하여금 실제보다 더 많은 것을 읽게 해주기 때문이다. 상대에게 자신의 감정을 절대 말하지 말라. 표정이나 태도를 통해 상대가 추측하게 만들라. 그보다 더 확실한 언어는 없다.

| **상징** | 연회. 연회는 누군가를 축하하기 위해 마련되는 자리다. 꽃, 장식물, 손님 명단, 무희, 음악, 음식, 와인 등 모든 것이 정성스럽게 준비된다. 연회에 참석한 사람들은 자신들을 옥죄고 있던 규제에서 잠시 벗어나 축제 분위기에 젖어든다.

반전

반전은 없다. 사소한 것을 무시하고서는 유혹이 성사될 수 없다.

유혹의 가장 큰
걸림돌은 평범함이다

· 이상화 ·

중요한 일들은 상대가 혼자 있을 때 일어난다. 상대가 혼자 있으면서 불안을 느끼기 시작하면 유혹은 성사된 것이나 마찬가지다. 상대로부터 이런 반응을 이끌어내려면 우선 모습을 자주 드러내 친근감을 쌓아야 한다. 하지만 그런 다음에는 거리를 두면서 상대로 하여금 다시 보고 싶다는 각을 하게 만들어야 한다. 관심을 보였다가 거리를 두고, 둘이서 즐거운 시간을 보냈다 싶으면 일부러 모습을 감추어 상대를 애타게 만들어야 한다. 일단 시적인 이미지와 물건을 이용해 강한 인상을 남겨라. 그렇게 하면 상대는 유혹자를 생각하면서 이상화 과정에 들어가기 시작한다. 상대에게 환상을 심어주려면 무엇보다 상대의 마음을 차지할 수 있어야 한다. 그런 다음 태도나 행동에 미묘한 변화를 주어 상대의 환상을 키워나가야 한다.

시적 존재와 부재

1943년 아르헨티나 군부는 취약한 정부를 전복시켰다. 대중에게 인기가 높았던 마흔여덟 살의 후안 페론 대령은 노동사회복지부 장관에 임명되었다. 그는 나이 어린 여자를 밝히는 독신남이었다. 장관에 임명될 당시에도 그는 한 10대 소녀에게 푹 빠져 있었다. 그는 사람들에게 그녀를 자기 딸이라고 소개했다.

1944년 1월 어느 날 저녁 페론은 부에노스아이레스에 있는 한 경기장에서 다른 군부 지도자들과 함께 예술가들의 축제를 관람하고 있었다. 늦은 시간이라 그런지 그의 주변에 빈 좌석이 몇 개 있었다. 어디서 나타났는지 미모의 여배우 두 명이 그에게 앉아도 되냐고 물었다. 그는 속으로 쾌재를 불렀다. 여배우 중 한 명은 그도 아는 사람이었다. 그녀는 라디오 연속극의 스타로 타블로이드판 신문 표지에 심심찮게 등장하던 에바 두아르테였다. 다른 여배우가 더 젊고 예뻤지만, 그는 에바에게서 눈을 뗄 수가 없었다. 그녀는 옆에 있던 다른 대령에게 말을 걸고 있었다.

사실 에바는 페론이 좋아하는 타입과는 거리가 멀었다. 그녀는 이미 스물네 살로, 그의 기준에서 볼 때 나이가 너무 많았다. 그녀는 다소 야한 옷을 입고 있었으며, 태도에서는 차가운 분위기가 느껴졌다. 하지만 이따금 그를 쳐다보는 그녀의 시선은 그를 흥분시켰다. 그가 잠시 다른 데 정신을 파는 사이, 그녀는 자리를 옮겨 그의 곁에 다가와서 앉아 있었다. 그들은 대화를 나누기 시작했다. 그녀는 그가 하는 말 한마디 한마디에 깊은 관심을 보였다. 그녀는 자기도 그와 똑같은 생각을 가지고 있다고 말했다. 두 사람은 빈민과 노동자야말로 아르헨티나의 미래라는 데 의견의 일치를 보았다. 그녀도 빈민 출신이었다. 대화가 끝날 무렵, 그녀는 눈물을 글썽이며 이렇게 말했다. "당신 같은 사람이 이 세상에 있다는 것이 너무 감사해요."

그러고 나서 며칠 뒤, 에바는 페론의 '딸'을 쫓아버리고 그의 아파트를 차지했다. 그가 고개를 돌리는 곳마다 그녀가 있었다. 그녀는 그를 위해 식사를 챙겨주고, 그가 아플 때면 정성껏 돌봐주었다. 정치에 관한 조언도 아끼지 않았다. 그전까지 그는 겉멋만 잔뜩 든 나이 어린 여자들을 데리고 놀다가 자기한테 너무 집착하는 것 같으면 차버리곤 했다. 하지만 에바에게서는 겉멋이라고는 찾아볼 수 없었다. 시간이 지날수록 그는 에바에게 빠져들었다. 그녀는 더할 나위 없이 충실했다. 그녀는 마치 거울을 들여다보듯 그의 속마음을 읽어냈으며, 늘 칭찬과 격려를 아끼지 않았다. 그는 그녀와 함께 있으면 더욱 남성다워지는 듯한 느낌이 들었다. 그녀는 그가 언젠가 아르헨티나의 위대한 지도자가 될 것이라고 믿어 의심치 않았다. 그녀의 그런 믿음은 그에게 용기를 불어넣어 주었다. 그는 고통받는 거리의 여인이 성스러운 어머니로 변모해 주변의 남자들을 돌보아준다는 이야기를 골자로 한 탱고 발라드를 무척 좋아했다. 그녀는 바로 그런 여인상을 연상시켰다. 페론은 매일 그녀를 보면서도 그녀를 완전히 알고 있다고 생각한 적이 한 번도 없었다. 그녀는 어느 날은 다소 음탕해 보이다가도, 다음 날이면 완벽한 요조 숙녀가 되어 있었다. 그에게는 걱정거리가 하나 있었다. 그녀는 그와 결혼하기를 원했지만, 그는 그럴 수 없었다. 수상쩍은 과거가 있는 여배우였기 때문이다. 다른 대령들이 벌써부터 그와 그녀의 관계를 문제삼고 있었다. 그럼에도 두 사람의 관계는 지속되었다.

1945년 페론은 모든 직위에서 축출됨과 동시에 투옥되었다. 동료 대령들이 날로 높아가는 그의 인기를 두려워했기 때문이다. 그들은 그에게 막강한 영향력을 행사하는 그의 정부에 대해서도 곱지 않은 시선을 보냈다. 그는 약 2년 만에 처음으로 정말 혼자가 되었다. 에바와 떨어져 지낸 것도 그때가 처음이었다. 갑자기 그는 새로운 감정에 휩싸였다. 그는 감옥의 벽을 그녀의 사진으로 도배하다시피 했다. 밖에서는 그의 투옥에 항의하는 대규모 시위가 조직되고 있었지만, 그의 머릿속은 온통 에바뿐이었다. 그녀는 성녀이자 운명의 여인이었다. 그는 그녀에게 편지를 썼다. "사랑하는 사람과 헤어져 봐야 애정의 깊이를 알 수 있는 것 같소. 그대 곁을 떠난 그날부터 슬픈 마음을 달랠 길이 없소……. 엄청난 고독과 함께 내 머릿속은 온통 당신에 대한 추억으로 가득 차 있소." 그는 그녀에게 결혼을 약속했다.

시위 강도는 점점 거세졌다. 8일 후 페론은 감옥에서 풀려났다. 그는 풀

*여주인공이나 연인의 역할을
훌륭하게 소화하거든,
아낌없이 박수를 보내라./
그녀가 자리를 뜨면 같이
자리를 뜨도록 하라./
그러나 그녀가 자리를
지키고 있는 한 그대도
자리를 지켜야 하느니./
애인이 원하는 대로
그대의 일정을
조정하도록 하라……./
그녀가 그대에게
익숙해지게 하라./
습관은 중요한 법이다./
그녀가 그렇게 되기까지는
수고를 아끼지 말라./
늘 그대를 바라보게 하고,/
늘 그대의 말에
귀 기울이게 하라./
밤이나 낮이나 그녀에게
그대의 얼굴을
보여주도록 하라./
그녀가 그대를 보고
싶어한다는 확신이 들거든,/
그대의 부재로 인해 그녀가
허전해하는 것 같거든,/
당분간 그녀를 혼자
내버려두도록 하라./
한동안 놀린 밭이
토질이 좋아지고,/
메마른 땅이 비를 흠뻑
빨아들이는 법이다./
데모폰이 곁에 있는 동안
필리스의 반응은 그저
뜨뜻미지근할 뿐이지만,/
그가 돛을 올리고
배를 띄우자
그녀의 심장은
활활 타올랐다./
명민한 율리시스가 집을
비우자 페넬로페는
그리움에 몸부림쳤고,/
프로테실라오스가 외국으로
떠나 있는 동안
라오다메이아는 불꽃 속에
몸을 던졌다./
그러나 이별의 시간은
짧을수록 좋다./
세월은 애정을 식게 만들고,/
오랜 부재는 사랑을
바래게 하는 법이다./
메넬라오스가 집을*

비운 사이, 혼자 잠자리에
드는 것을 싫어했던
헬레네는 밤이 되자 손님의
따스한 품에 안겼다. /
메넬라오스여, 미치지
않고서야 어찌 집을
비웠단 말인가?
— 오비디우스, 《사랑의 기술》

려나자마자 에바와 결혼했다. 몇 달 후 그는 대통령에 선출되었다. 영부인이 된 에바는 각종 국가 행사에 참석했다. 다소 번쩍거리는 의상에 보석을 주렁주렁 걸친 그녀의 모습은 아직도 전직 여배우 같았다. 1947년 그녀는 유럽 순방길에 올랐다. 아르헨티나 국민들은 그녀의 일거수일투족을 주시했다. 스페인에서의 광적인 환영 인파와 교황과의 접견을 지켜보면서 아르헨티나 국민들은 그녀에 대한 생각을 바꾸었다. 아르헨티나를 떠나 있는 동안 그녀는 귀족적이면서도 소박한 아르헨티나의 국민성을 상징하는 인물이 되어 있었다. 몇 주 후 그녀가 돌아왔을 때 사람들은 그녀에게 열광했다.

유럽 여행을 하는 동안 에바도 변했다. 이제 그녀는 머리를 금발로 염색해 뒤로 틀어올렸고, 옷차림도 고상한 정장으로 바꾸었다. 가난한 사람들의 구세주로 떠오른 여인의 이미지에 딱 맞는 변신이었다. 곧이어 아르헨티나 전역에서 그녀의 모습을 볼 수 있었다. 가난한 사람들을 위한 병원 벽과 침대 시트, 수건에 그녀의 머릿글자가 등장했다. 그녀가 후원하던 아르헨티나 빈민 지역의 한 축구 팀은 유니폼에 그녀의 얼굴을 넣었다. 건물마다 환하게 웃는 그녀의 초대형 얼굴 사진이 내걸렸다. 하지만 그녀의 사생활은 철저히 베일에 가려져 있었다. 그럴수록 그녀를 미화하는 온갖 종류의 추측이 난무하기 시작했다. 1952년 그녀가 서른셋(예수가 죽은 나이와 일치했다)이라는 이른 나이에 암으로 세상을 뜨자 온 나라가 슬픔에 잠겼다. 수백만 명의 애도 행렬이 방부 처리를 한 그녀의 시신을 지켰다.

해석 ——

에바 두아르테는 사생아였다. 빈민가에서 성장한 그녀는 도망치듯 부에노스아이레스로 가서 배우가 되었다. 그녀는 연예계에서 살아남기 위해 천박한 일도 마다하지 않았다. 그녀는 야망이 컸다. 어떻게 해서든 불안한 미래로부터 탈출하고 싶었다. 페론은 완벽한 제물이었다. 그는 스스로 위대한 지도자라고 여겼지만, 사실은 자기 힘으로는 아무것도 할 수 없는 늙어가는 호색한에 불과했다. 에바는 그의 인생에 시를 주입했다. 그녀는 화려하고 극적인 언어를 구사했다. 그녀는 숨이 막힐 정도로 그에게 관심을 쏟아부었다. 위대한 남자를 뒷바라지하는 헌신적인 여인의 이미지는 탱고 발라드의 단골 소재였다. 하지만 그녀는 스크린에서만 볼 수 있을 뿐 현실에서는 만날 수 없는 영화배우처럼, 여전히 신비롭고 다가갈 수 없는 존재였다. 감옥에서 혼자가 된 순간, 페론의 마음속에는 이런 시적 이미지가 마구 떠올랐다. 그는 그녀를 이상화하기 시작했다. 그녀는 이제 더 이상 부끄러운 과거를 지닌 여배우가 아니었다. 그녀는 이와 똑같은 방법으로 국민 전체를 유혹했다. 그녀는 자신을 시적 존재로 부각시킨 다음, 일부러 거리를 두어 신비감을 더했다. 그녀의 성공 비결은 바로 여기 있었다. 시간이 지날수록 사람들은 그녀에게서 자신들이 보고자 하는 모습만 보았다. 오늘날까지도 사람들은 에바에 대해 환상을 품고 있다.

친밀감은 유혹을 방해한다. 물론 처음에는 그럴 염려가 거의 없다. 새로운 사람에 대해 알아야 할 것이 너무 많기 때문이다. 하지만 시간이 어느 정도 지나면 상대가 당신에게 품기 시작한 환상이 깨질 수 있다. 사람들은 너무 자주 만나서 그렇다고 생각하지만 사실은 그렇지 않다. 오히려 너무 뜸하게 만나면 관계가 발전할 토양이 마련되지 않기 때문에 상대의 관심이 다른 사람에게 쏠릴 수 있다. 무엇보다 상대의 마음을 사로잡는 것이 중요하다. 자주 만난다고 해서 당신에 대한 상대의 환상이 깨지는 것은 아니다. 계속해서 너무 똑같은 모습만 보여주기 때문에 문제가 발생할 뿐이다.

상대가 당신에 대해 너무 많이 알면, 다시 말해 당신을 너무 인간적으로 보기 시작하면 환상이 들어설 여지가 사라진다. 어느 정도 거리를 유지함과 동시에 뭔가 신비하고 환상적인 분위기를 연출해 상대의 마음속에 즐거운 환상을 심어줄 수 있어야 한다. 에바는 아르헨티나 사람들이 이상적인 여인이라고 여겼던 성스럽고 헌신적인 어머니의 이미지로 자신을 포장했다. 당신이 차용할 수 있는 시적 이미지는 무수히 많다. 기사도, 모험, 로맨스 등 시적 이미지가 사람들에게 주는 효과는 상당히 크다. 따라서 그런 이미지를 이용해 뭔가 색다른 자기만의 분위기를 만들어나간다면, 사람들의 마음을 환상과 꿈으로 가득 채울 수 있다. 어떤 경우에도, 심지어 사악한 악당의 모습으로 비쳐지는 한이 있더라도, 평범하고 낯익은 인상을 주어서는 안 된다.

사랑의 발생에 관하여 마음속에 다음과 같은 현상이 생겨난다.
1. 감탄.
2. '그녀에게 입을 맞추고, 입맞춤을 받으면 얼마나 행복할까!' 하고 생각한다……
3. 희망.
상대의 장점이 눈에 들어온다. 여자가 최대한의 육체적 쾌락을 얻기 위해 몸을 내맡겨야 한다면, 이때가 적기다. 아무리 소극적인 여자라도 이 희망의 시기에는 눈 흰자위가 붉어진다. 열정이 너무나도 격렬하고 쾌감이 너무나도 강하기 때문에 누가 보아도 첫눈에 그렇다는 것을 알 수 있다.
4. 사랑이 탄생한다.
사랑한다는 것은 자기가 사랑하고 자기를 사랑해주는 대상을 가능한 한 가까이에서 보고 만지고 느끼는 것이다.
5. 1차 결정화(結晶化)가 시작된다.
상대 여성이 당신을 사랑하고 있다는 확신을 갖게 되면, 당신은 천 가지도 넘는 장점을 그녀에게 갖다붙이면서 웬 축복인가 싶어 한없이 즐거워한다. 그러다 결국은 그녀를 하늘에서 뚝 떨어진, 아직 확실한 정체는 모르지만 자기 소유인 것만은 분명한 보물이라고 여기기 시작한다. 이 정도면 이만저만한 과대평가가 아니다. 사랑에 빠진 남자를 24시간 동안 자기 멋대로 생각하게 내버려두면, 모르긴 해도 다음과 같은 일이 일어날 것이다. 잘츠부르크의 소금 광산에서는 겨울에 잎이 떨어진 나뭇가지를 폐갱 깊숙이 던져넣는다. 두세 달이 지난 다음

내가 원하는 것은 뭔가 특별한 여성이다. 아주 아름답거나 아주 친절하거나, 그도 저도 아니면 차라리 사악한 여성, 남달리 재치가 뛰어나거나 아니면 한없이 아둔한 그런 여성을 나는 원한다.

— 알프레드 드 뮈세(Alfred de Musset)

유혹의 열쇠

우리에게는 실제보다 자신을 부풀려 생각하는 경향이 있다. 다시 말해 우리는 자기 자신이 실제보다 더 관대하거나, 더 정직하거나, 더 친절하거나, 더 지적이거나, 더 근사하다고 생각한다. 자신의 한계를 솔직히 인정하는 사람은 드물다. 우리 모두 스스로를 이상화하려는 욕구가 강하기 때문이다. 작가 안젤라 카터가 지적했듯이 우리는 스스로를 우리의 조상인 고등 영장류보다 천사와 연계시키려고 한다.

스스로를 이상화하고 싶어하는 이런 욕구는 우리의 연애 관계에까지 영향을 미친다. 왜냐하면 우리는 사랑하는 사람에게서 자신의 모습을 보기 때문이다. 실제로 배우자나 애인을 통해 자신에 관한 중요한 정보를 흘린다. 그것을 알기에 우리는 자기가 사랑하는 사람이 천박하거나 저속하다는 사실을 인정하기 싫어한다. 상대가 천박하고 저속하다면 자신도 그렇다는 말이 되기 때문이다. 우리에게는 어떤 식으로든 우리와 닮은 사람에게 끌리는 경향이 있다. 상대가 부족하거나 평범하다면, 우리도 뭔가 부족하거나 평범함을 인정하는 셈이 된다. 우리가 기를 쓰고 자기가 사랑하는 사람을 과대평가하고 이상화하려는 것은 이 때문이다. 게다가 실망만으로 가득한 가혹한 세상에서 누군가에 대해 환상을 품을 수 있다는 것은 커다란 즐거움이 아닐 수 없다.

유혹자는 바로 그 점을 노려야 한다. 그래야 일하기가 쉽다. 사람들은 기회만 있어도 자신이 좋아하는 사람을 이상화하고 싶어 안달한다. 그런 상대에게 자신을 있는 그대로 보여주는 것은 절호의 기회를 스스로 걷어차는 것이나 다름없다. 물론 그렇다고 해서 천사나 덕의 화신이 될 필요는 없다. 그럴 경우 오히려 지루한 느낌을 줄 수 있다. 상대의 취향에 따라

때로는 위험하고 짓궂은, 심지어 악당 같은 분위기를 풍길 수도 있어야 한다. 하지만 평범하거나 틀에 박힌 듯한 인상을 주어서는 안 된다. 현실에서와 달리 시 속에서는 모든 것이 가능하다는 점을 명심하라.

누군가와 사랑에 빠지면, 우리 마음속에는 그 사람에 대한 어떤 이미지가 만들어진다. 우리는 혼자 있을 때 그 사람을 떠올리면서 이런 이미지를 더욱 이상화하는 경향이 있다. 소설가 스탕달은 《연애론》에서 이런 현상을 '결정화(結晶化)'라고 지칭했다. 그 부분을 보면 오스트리아의 잘츠부르크 사람들이 한겨울에 버려진 소금 광산에 잎사귀가 없는 앙상한 나뭇가지를 던져넣는 이야기가 나온다. 몇 달 후 나뭇가지를 꺼내면 나뭇가지 전체가 눈부신 결정체로 뒤덮여 있곤 했다. 누군가와 사랑에 빠질 때 우리 마음속에서도 똑같은 일이 일어난다.

하지만 스탕달에 따르면, 이러한 결정화에는 두 종류가 있다. 첫 번째 결정화는 상대를 처음 만났을 때 일어난다. 두 번째 결정화는 첫 만남 이후 시간이 어느 정도 지났을 때 일어난다. 그때가 되면 슬슬 불안해지면서 상대를 더욱 원하게 되지만, 상대는 오히려 자기를 피하는 것 같다. 암만 봐도 상대가 자기 것이라는 확신이 서지 않는다. 불안을 느낄수록 온갖 상상을 하면서 상대를 더욱 이상화한다.

17세기의 위대한 레이크 로칭 공작은 역사상 가장 극적인 유혹을 성사시킨 인물로 유명하다. 그가 노렸던 상대는 루이 15세의 사촌인 라 그랑 마드무아젤(2장에 등장한 몽팡시에 여공작 안 마리 루이즈 도를레앙과 동일 인물이다—옮긴이)이었다. 그녀는 프랑스에서 가장 부유하고 영향력 있는 여성이었다. 그는 궁정에서 우연을 가장한 몇 차례의 짧은 만남을 통해 그녀의 상상력에 불을 지폈다. 그는 그 짧은 시간을 이용해 자신의 재치와 대담함을 한껏 과시했다. 곧이어 혼자 있을 때에도 그를 생각하기 시작했다. 그 이후로 그녀는 궁정에서 그와 마주치는 기회가 잦아졌다. 그때마다 두 사람은 가벼운 대화를 나누거나 같이 산책을 하곤 했다. 그녀는 그와 헤어지고 난 후 혼자 남으면 불안에 휩싸였다. 그가 자신에게 관심이 있는지 도무지 종잡을 수 없었기 때문이다. 사실 그는 개선의 여지가 전혀 없는 불한당에 불과했다. 하지만 그녀는 그런 그를 이상화하기 시작했다.

"그렇다, 그녀는 역시 나를 사랑하고 있다." 그리하여 결정화는 다시 새로운 매력을 드러내기 시작한다. 그러고 나서 다시 사나운 의심의 눈초리가 그를 노려보면, 그는 그 자리에서 얼어붙고 만다. 그는 숨을 쉬는 것도 잊어버린 채 이렇게 중얼거린다. "그런데 그녀는 정말 나를 사랑하고 있는 것일까?" 불쌍한 남자는 이처럼 의심과 기쁨 사이에서 죽도록 고민하다가 그녀가 주는 기쁨은 이 세상 어디에서도 찾을 수 없다는 결론에 이른다.
— 스탕달, 《연애론》

우리는 쉽게 얻은 물건에 대해서는 별로 애착을 느끼지 못한다. 그 대상이 물건이 아니라 사람일 때도 마찬가지다. 쉽게 다가오는 사람에 대해서는 환상을 품기가 어렵다. 먼저 관심을 보이되, 그러고 나면 조금 거리를 두면서 손에 넣기 어려운 사람이라는 점을 분명히 인식시켜야 한다. 그럴 경우 상대는 슬슬 불안을 느끼면서 저 사람에게는 뭔가 특별하고도 남다른 면이 있다고 생각하게 된다. 다시 말해 상대의 마음속에 자신의 이미지를 확고하게 심을 수 있어야 한다.

클레오파트라는 자신이 여느 여자와 다르지 않음을 잘 알고 있었다. 실제로 그녀의 얼굴은 특별히 아름다운 편이 아니었다. 하지만 남자들에게는 여성을 과대평가 하는 경향이 있음을 잘 알고 있었다. 보통 사람들과는 다른 뭔가 특별한 점이 있음을 암시하면서 상대로 하여금 굉장한 존재와 함께 있다는 느낌을 갖게 만들어야 한다. 클레오파트라는 과거에 이집트를 통치했던 위대한 왕이나 여왕과 같은 당당한 이미지로 카이사르를 사로잡았다. 나아가 안토니우스에게는 자신이 아프로디테의 후손이라는 환상을 심어주었다. 이들이 그녀에게 반한 것은 단지 당찬 여성이 아니라 여신 같은 분위기가 느껴졌기 때문이다. 요즘은 이와 같은 연상 효과를 얻기가 힘들긴 하지만 사람들은 여전히 다른 사람을 어린 시절의 이상형과 연결시키면서 커다란 기쁨을 느낀다.

존 F. 케네디는 자신을 귀족적이고 용감하고 매력적인 기사와 연관시켰다. 파블로 피카소는 단지 어린 여자를 밝히던 위대한 화가가 아니라 그리스 전설에 나오는 미노타우로스나 여자라면 사족을 못 쓰는 극악한 트릭스터(원시 민족의 신화에 나와 주술, 장난 등으로 질서를 문란하게 만드는 신화적 형상—옮긴이)였다. 하지만 이와 같은 연상이 너무 일찍 이루어져서는 안 된다. 이 방법은 상대가 유혹자의 주문에 걸려들기 시작했을 때에만 유효하다. 다시 말해 상대가 암시에 민감하게 반응할 때에만 이 방법이 먹힌다는 말이다. 가령 이제 막 클레오파트라를 만나고 온 남자가 아프로디테를 본다면 매력을 느끼기는커녕 가소롭다고 생각할 것이다. 하지만 사랑에 빠진 사람은 어떤 것이든 믿으려 한다. 이 경우 옷차림이나 말투 등을 통해 자신의 이미지를 신화적인 것과 연계시키는 것이 관건이다.

마르셀 프루스트의 소설 《잃어버린 시간을 찾아서》를 보면 스왕이라는 등장인물이 자신의 이상형이 아닌 여성에게 점차 끌리게 되는 과정이 자세하게 묘사되어 있다. 그는 탐미주의자로 고상하고 세련된 것을 좋아한다. 반면 그녀는 하층 계급 출신으로 덜 세련되었고 심지어 조금 저속하기까지 하다. 그가 그녀를 이상화하게 된 계기는 둘이서 함께 즐거운 시간을 보내면서부터다. 어느 날 그는 그녀와 함께 소규모 연주회에 갔는데 그곳에서 그는 어떤 소나타 곡조에 매료되었다. 그 후 그는 그녀를 생각할 때마다 그 곡조를 떠올리게 되었다. 그녀에게서 받은 작은 선물과 그녀의 손때가 묻은 물건도 그 자체로 생명력을 얻기 시작했다.

연주회도 좋고, 연극도 좋고, 정신적인 교류도 좋다. 아무리 시간이 많이 걸리더라도, 상대와 그런 순간을 공유할 수 있는 방법을 찾아야 한다. 그럴 경우 상대는 당신을 뭔가 고상한 것과 연결시키게 된다. 둘이서 즐겁게 보낸 시간은 유혹적인 효과가 상당히 크다. 마지막 장에서 언급하겠지만, 물건도 시적 울림과 낭만적인 연상 효과를 낼 수 있게 해준다. 상대는 당신에게서 받은 선물과 자잘한 물건을 통해 점차 당신의 존재를 느끼게 된다. 만약 그런 물건이 즐거운 추억과 연관되어 있다면, 상대는 그것을 볼 때마다 당신을 생각하면서 이상화 과정에 박차를 가하기 시작한다.

상대의 애간장을 태우려면 뜸하게 만나는 것이 좋지만, 처음부터 이런 방법을 사용하면 결정화 과정에 오히려 치명적인 영향을 미칠 수 있다. 에바 페론처럼 처음에는 상대에게 관심을 쏟아부어야 한다. 그럴 경우 상대는 혼자 있는 시간에 당신을 떠올리면서 즐거운 상상을 하게 된다. 편지, 기념품, 선물, 뜻밖의 만남 등 가능한 한 모든 방법을 동원해 상대가 계속해서 당신에 대해 생각하게 만들어야 한다. 그러려면 상대의 주변을 온통 당신을 떠올리게 하는 것으로 에워싸야 한다.

마지막으로 상대가 일단 당신을 고결하고 시적인 존재로 바라보기 시작하면 그때부터는 거꾸로 당신이 더 많은 것을 돌려받게 된다. 프랑스 작가 샤토브리앙은 상대 여성으로 하여금 자신이 마치 여신 같다는 느낌을 갖게 만들었고, 그러고 나면 그녀는 정말 여신처럼 그에게 강한 영향을 미쳤다. 그는 그녀에게서 받은 영감을 바탕으로 시를 써 그녀에게 바치곤

익숙한 환경에서 벗어나 예상치도 못했던 수백 가지의 사물을 만나게 해준다. 그런 점에서, 광인의 피난처를 폐쇄하고 그의 봉인된 의식 안에 있는 수로를 열어 신선한 공기와 정상적인 정치가 들어오게 하는 데에는 여행만한 치료약도 없다.
— 호세 오르테가 이 가세트, 《사랑에 관한 연구》

했다. 벤저민 디즈레일리는 빅토리아 여왕을 신화적 인물이나 엘리자베스 1세와 같은 위대한 선조에 비유함으로써, 그녀 스스로 매력적인 여성이자 위대한 지도자라는 느낌이 들게 만들었다. 이런 식으로 상대를 이상적인 존재로 치켜세울 경우, 상대도 당신을 이상적인 존재로 여기게 된다. 누구든 자신의 훌륭한 면을 알아보고 칭찬해주는 사람에게 호감을 갖게 마련이기 때문이다. 그럴수록 그들은 당신이 제공하는 고양된 감정에 중독되어 점점 당신에게 의지하게 될 것이다.

| **상징** | 후광. 혼자 있을 때, 상대는 유혹자가 제공하게 될 쾌락을 상상하면서 서서히 그를 이상화하기 시작한다. 일단 이상화가 진행되면, 상대는 마치 후광 같은 것이 유혹자를 둘러싸고 있는 듯한 착각에 빠진다. 이러한 후광은 다른 사람 사이에서 유혹자를 단연 돋보이게 만든다. 하지만 평범하고 친숙한 모습으로 다가가는 순간, 그를 감싸고 있던 후광은 사라지고 만다.

반전

장점은 물론 단점까지 포함해 자신의 모든 것을 솔직히 드러내 보여주는 것도 하나의 전술이 될 수 있다. 바이런의 경우가 그랬다. 그는 음탕하고 추한 자신의 성격을 고백하면서 스릴을 느끼기까지 했는데, 말년에 가서는 이복 여동생과 성관계를 맺었다는 사실을 공공연하게 떠들고 다닐 정도였다. 자칫 위험한 결과를 초래할 수도 있는 이런 종류의 고백은 상당히 유혹적일 수 있다. 자신의 치부까지 솔직하게 고백하는 모습이 오히려 남다른 매력으로 다가올 수 있기 때문이다. 그럴 경우 상대는 실제보다 더 많은 것을 보기 시작한다. 다시 말해 이상화 과정이 진행될 수밖에 없다. 유혹에서 가장 큰 걸림돌은 평범함이다. 평범함과 이상화는 절대 양립할 수 없다. 상대에게 환상을 심어주지 못하는 한 유혹은 성사될 수 없다.

약점을 드러내어
연민을 끌어내라

• 무장 해제 •

너무 완벽한 모습만 보여줄 경우 의심을 불러일으킬 수 있다. 자신의 속셈을 감추는 가장 좋은 방법은 상대로 하여금 자기가 더 우월하고 강하다는 느낌을 받게 하는 것이다. 나약하고, 남한테 쉽게 반하고, 스스로를 통제할 수 없을 것 같은 사람은 어떤 행동을 해도 자연스럽다. 눈물을 흘리거나 얼굴을 붉히거나 하얗게 질린 모습을 상대에게 보여주면 그런 효과를 낼 수 있다. 그런 다음 서서히 신뢰를 쌓으면서 장점뿐만 아니라 약점까지 서슴없이 보여주어 성실한 사람이라는 인상을 심어주도록 하라. 사람들은 착한 사람보다 성실한 사람에게 더 호감을 느끼게 마련이다. 그렇다고 해서 고백의 내용이 사실일 필요는 없다. 이런 식으로 일단 상대의 동정심을 자극한 다음, 상대가 품고 있는 연민의 감정을 서서히 사랑으로 바꾸어나가라.

희생자 전략

1770년대의 찌는 듯한 8월, 투르벨 부인은 평화롭고 조용한 시골 생활을 즐길 요량으로 오랜 친구인 로즈몽드 부인의 성을 혼자 방문했다. 그곳에서의 일상은 따분할 정도로 규칙적이었다. 그녀는 매일 미사에 참석하고, 주변을 산책하고, 이웃 마을로 봉사를 나가고, 저녁에는 카드 놀이를 했다. 그러던 중 로즈몽드 부인의 조카가 한동안 머물기 위해 성을 찾았다. 그녀는 불편하기도 했지만, 한편으로는 호기심이 동하기도 했다.

로즈몽드 부인의 조카인 발몽 자작은 파리에서 가장 악명 높은 난봉꾼이었다. 그는 자타가 공인하는 미남이었지만, 그녀의 이상형은 아니었다. 그는 우울해 보이는 인상에 다소 기가 죽어 있었고, 무엇보다 그녀에게 거의 관심이 없었다. 투르벨 부인은 코케트와는 거리가 멀었다. 그녀는 유행에 아랑곳하지 않고 소박하고 검소한 옷차림을 고집했으며, 남편을 사랑했다. 그러나 그녀는 젊고 아름다웠으며, 남자들의 시선을 받는 데 익숙했다. 그가 자기를 보고도 아무런 반응을 보이지 않자, 그녀는 내심 언짢은 느낌이 들었다. 그러던 어느 날, 그날도 예외 없이 미사에 참석한 그녀는 우연히 기도에 몰입해 있는 발몽을 보았다. 그 모습을 보면서 그녀는 그가 과거의 자신의 잘못을 반성하고 있다고 생각했다.

발몽이 성에 와 있다는 소식이 새어나가자마자, 투르벨 부인은 친구로부터 그를 조심하라는 편지를 받았다. 하지만 그녀는 다른 여자들은 어떨지 모르지만 자기는 그에게 절대 넘어가지 않을 거라고 생각했다. 게다가 그는 자신의 부끄러운 과거를 뉘우치고 있는 것처럼 보였다. 어쩌면 그녀가 그의 새출발을 도울 수 있을 것도 같았다. 그렇게만 된다면, 하느님께서 얼마나 흡족해하실까! 그때부터 그녀는 그가 무슨 생각을 하는지 알아내려고 그의 일거수일투족을 관찰하기 시작했다. 그런데 이상한 일이 한두 가지가 아니었다. 예를 들어 그는 아침부터 사냥을 나갈 때가 많았는데 늘 빈손으로 돌아왔다. 어느 날 그녀는 하인을 시켜 그의 뒤를 밟게 했다. 그런데 하인은 뜻밖의 소식을 가지고 돌아왔다. 그 소식을 듣고 그녀는 한편으로는 놀랍기도 하고, 한편으로는 기쁘기도 했다. 하인의 설명인즉 발몽은 사냥을 하러 간 것이 아니라 이웃 마을을 방문해 살던 집에서

사실은 나약한 사람들이 우리를 지배한다. 나는 똑똑한 힘센 사람 없이도 잘 지낼 수 있다. 천성이 소심하고 우유부단하다. 조용하고 수줍음을 잘 타고 자신을 포기하면서까지 남자의 뜻을 잘 따르는 여자가 훨씬 호소력이 있다. 남자는 그런 여자를 더 좋아한다. 왜냐하면 자기가 바라는 대로 모양을 빚을 수 있기 때문이다.
— 무라사키 시키부,
《겐지 이야기》

쫓겨날 처지에 놓인 한 불쌍한 가족에게 돈을 주고 왔다는 것이었다. 그러면 그렇지. 그녀가 예상했던 대로, 그의 열정적인 영혼은 이제 육욕의 굴레를 벗어나 미덕을 추구하고 있었다. 그녀는 더없이 행복했다.

그날 저녁 발몽과 투르벨 부인은 처음으로 단둘이 있게 되었다. 그 자리에서 발몽은 갑자기 놀라운 고백을 하기 시작했다. 그는 그녀에게 깊이 빠졌으며, 그런 사랑의 감정은 지금껏 한 번도 느껴본 적이 없다고 했다. 그의 고백은 거기서 끝나지 않았다. 그는 그녀의 미덕, 선의, 미모, 온화한 성품에 완전히 압도당했다고 했다. 그날 오후에 가난한 사람들에게 자선을 베푼 것도 실은 그녀를 위해서였다고 했다. 그녀에게 감화를 받아서 그랬을 수도 있지만, 그보다는 그녀에게 잘 보이려는 나쁜 의도에서 그랬을 가능성이 더 크다고 했다. 그리고 이런 말은 끝까지 하지 않으려고 했는데, 그녀와 단둘이 있으니 자기 감정을 주체할 수 없다고 했다. 그러고 나서 그는 그녀의 발밑에 무릎을 꿇고 이런 비참한 상태에서 벗어날 수 있도록 도와달라고 간청했다.

투르벨 부인은 경계심을 풀고 펑펑 울기 시작했다. 그녀는 너무 충격을 받은 나머지 방에서 뛰쳐나가고 말았다. 그 후 며칠 동안 그녀는 일부러 아픈 척했다. 그녀는 발몽이 용서를 구하며 보낸 편지에 어떻게 대응해야 할지 몰랐다. 그는 그녀의 아름다운 얼굴과 아름다운 영혼을 칭찬했으며, 그녀가 자신의 인생을 다시 생각하게끔 만들었다고 주장했다. 투르벨 부인은 그의 격정적인 편지에 잠시 마음을 빼앗겼지만, 곧 분별력을 되찾았다. 그녀가 생각하기에, 그가 성을 떠나는 것 외에는 달리 해결책이 없었다. 그녀는 자신이 내린 결론을 편지에 적어보냈다. 그는 마지못해 동의했지만, 한 가지 조건을 내걸었다. 파리에 가서도 그녀에게 편지를 보낼 수 있도록 허락해달라는 것이었다. 그녀는 편지 내용이 문제가 될 것이 없다면 그렇게 해도 괜찮다고 대답했다. 그가 로즈몽드 부인에게 성을 떠나기로 했다는 이야기를 했을 때, 투르벨 부인은 양심의 가책을 느꼈다. 로즈몽드 부인은 부인대로 아쉬움을 감추지 못했고, 그는 그대로 몹시 창백해 보였기 때문이다. 누가 봐도 그는 고통을 겪고 있었다.

곧이어 발몽에게서 편지가 오기 시작했고, 투르벨 부인은 그에게 편지

사모스 섬에서 태어난(혹자는 아르고스라고 하기도 하지만) 크로노스와 레아의 딸 헤라는 아르카디아에서 펠라스고스의 아들인 테메노스의 손에서 자랐다. 사계절이 그녀의 유모였다. 헤라의 쌍둥이 오빠 제우스는 아버지 크로노스를 내쫓고 나서 크노소스 혹은 토르낙스(지금의 뻐꾸기 산)에 있는 그녀를 찾아왔다. 거기서 그는 그녀에게 청혼했지만, 처음에는 거절당했다. 그가 흠뻑 젖어 뻐꾸기로 둔갑하자, 그녀는 그제서야 그를 가엾게 여기며 따뜻하게 품어주었다. 그는 바로 이때다 하고는 다시 본모습으로 돌아가 그녀를 강제로 취했다. 그래서 그녀는 할 수 없이 그와 부부가 되었다.
— *로버트 그레이브스, 《그리스 신화》*

를 보내도 된다고 한 것을 후회하게 되었다. 그는 사랑에 관한 주제는 삼가라는 그녀의 요구를 무시한 채 그녀에게 영원한 사랑을 맹세했다. 그는 그녀의 냉담한 태도를 비난했다. 그는 자기가 왜 나쁜 길로 빠져들게 되었는지를 설명했다. 그는 그 이유를, 자신의 탓이 아니라 뚜렷한 방향 없이 헤매다 남들에게 휩쓸렸기 때문이라고 했다. 그리고 그녀의 도움이 없으면 다시 그 세계로 빠져들지도 모른다고 했다. 그는 자기한테 잔인하게 굴지 말라면서 자기를 유혹한 사람은 다름 아닌 그녀라고 했다. 나는 당신의 매력과 착한 성품에 희생당한 당신의 노예다, 당신은 강하기 때문에 나와 같은 감정을 느끼지도 않을 테고 두려워할 것도 없을 것이라는 것이 발몽의 요지였다.

투르벨 부인은 발몽을 가엾게 여기기 시작했다. 그는 정말 나약해 보였다. 적어도 그녀가 보기에는 그랬다. 어떻게 하면 그를 도울 수 있을까? 그녀는 자신도 모르게 자꾸만 그를 생각하고 있었다. 하지만 그녀는 유부녀였고, 남편과의 결혼생활도 원만한 편이었다. 계속 이런 상태로 갈 수는 없었다. 적어도 이 지루한 편지 왕래에 종지부를 찍어야 했다. 그녀는 더 이상 사랑 운운하면 답장을 쓰지 않겠다고 선언했다. 그러자 그에게서 오던 편지가 뚝 끊겼다. 그녀는 안도감을 느꼈다. 드디어 평화가 찾아온 것이다.

하지만 어느 날 저녁식사를 하고 있던 그녀는 등뒤에서 갑자기 들려온 발몽의 목소리에 깜짝 놀랐다. 언제 나타났는지, 발몽이 로즈몽드 부인과 이야기를 나누고 있었다. 발몽은 잠시 머물러 다시 돌아왔다고 했다. 그녀는 서늘한 기운이 등뼈를 훑고 지나가는 것을 느꼈다. 그녀는 얼굴까지 붉혔다. 그가 다가와 그녀 옆에 앉았다. 그녀는 자신을 바라보는 그의 시선을 얼른 피했다. 곧이어 그녀는 양해를 구하고 자기 방으로 올라갔다. 하지만 그녀는 그 후 며칠 동안 그를 완전히 외면할 수는 없었다. 그는 전보다 더 창백해 보였다. 그는 정중하게 행동했으며, 하루 종일 그녀 앞에 나타나지 않을 때도 있었다. 하지만 그가 안 보이면, 그녀는 오히려 더 불안했다. 이제 투르벨 부인은 자신에게 일어난 변화를 인정할 수밖에 없었다. 그녀는 그를 그리워했으며, 그를 보고 싶어했다. 덕의 화신인 그녀가 구제불능의 레이크와 사랑에 빠지고 만 것이다. 자기 자신에게 실망한 그녀는 아무한테도 알리지 않고 한밤중에 성을 빠져나가 파리로 향했다. 그 후 그녀는 자신이 저지른 끔찍한 죄를 반성하며 지냈다.

해석 ──

편지 형식의 소설인 쇼데를로 드 라클로의 《위험한 관계》에 등장하는 발몽은 18세기 프랑스에서 이름을 떨쳤던 실제 난봉꾼을 모델로 해서 탄생시킨 인물이다. 발몽의 행동은 하나에서부터 열까지 미리 계획된 것이었다. 모호한 행동으로 투르벨 부인의 호기심을 자극했던 것이나, 마을에서 자선을 베풀었던 것이나(그는 누군가가 자신의 뒤를 밟고 있음을 알고 있었다), 다시 성으로 돌아온 데에도 어떤 목적이 숨겨져 있었다. 얼굴이 창백해 보였던 것도 성에서 어떤 여자와 밤새 노닥거리느라 기력을 소진했기 때문이다. 그는 이런 점을 내세워 자신이 오히려 희생자인 것처럼 굴었다. 그런 상태에서 투르벨 부인은 그가 자신의 육체적·정신적 아름다움에 압도당한 줄만 알았지, 자기를 조종하고 있다는 사실을 꿈에도 상상하지 못했다. 더구나 틈만 나면 '진실'을 고백하는 그를 도저히 사기꾼이라고 생각할 수 없었다. 그는 자신의 자선 행위가 어쩌면 불순한 의도에서 출발했을지도 모른다는 것을 인정했으며, 자신이 방황하는 이유를 설명했고, 그녀 앞에서 자신의 감정을 있는 그대로 드러냈다. (이런 '솔직함'은 물론 철저히 계산된 것이었다.) 그는 본질적으로 여자 같은, 적어도 그 시대의 여자 같은 남자였다. 다시 말해 그는 감정적이고 절제력이 부족했으며 변덕스러웠다. 이에 비해 그녀는 남자처럼 차갑고 잔인했다. 스스로를 투르벨의 희생자로 규정함으로써, 발몽은 자신의 의도를 감추었을 뿐만 아니라 동정심과 관심까지 이끌어냈다. 희생자 역할을 하면서 그는 몸이 아픈 아이나 상처 입은 동물에게서 느끼게 되는 딱한 감정을 유발했다. 그리고 이런 감정은 쉽게 사랑으로 발전했다.

어떤 면에서 유혹은 상대에게서 의심과 저항을 없애는 게임이다. 게임에서 이기려면, 상대로 하여금 자기가 주도권을 쥐고 있다는 느낌을 갖도록 해야 한다. 의심은 대개 불안에서 비롯된다. 자신의 속셈을 들키지 않

미국 속담 중에 누군가에게 사기를 치려거든, 먼저 신뢰를 쌓거나 적어도 그 사람에게 우월감을 심어주어(이 두 가지 생각은 서로 관련되어 있다) 경계심을 누그러뜨려야 한다는 이야기가 있다. 텔레비전 광고는 이 속담을 충실하게 따르고 있다. 사람들이 어리석지 않다는 전제에서 출발할 경우, 그들은 우월감을 가지고 텔레비전 광고를 대하면서 자기네들이 주도권을 쥐고 있다고 믿는다. 이러한 착각이 깨지지 않는 한, 그들은 텔레비전 광고를 전혀 두렵게 여기지 않을 것이다. 사람들은 자기가 지배하고 있다고 생각하는 대상에 대해서는 쉽게 믿는 경향이 있다…… 텔레비전 광고는 일부러 어리석고, 꼴사납고, 아무 효과도 없는 것처럼 보이려고 한다. 언뜻 보면 광고는 대부분 비웃음을 사고 거절당하기 위해 만들어지는 것 같다…… 광고업계에 종사하는 사람들 대부분이 지난 수년 동안 언뜻 최악인 것처럼 보이는 광고들이 최고의 수익을 올렸다는 데 동의할 것이다. 효과적인 텔레비전 광고는 일부러 시청자들의 지적 수준을 모욕함으로써, 그들의 방어 심리를 파고든다. ─ 윌슨 브라이언 키 (Wilson Bryan Key), 《잠재 의식을 노리는 유혹 (Subliminal Seduction)》

수줍음을 이용하려면 고도의 기술이 필요하지만, 잘만 활용하면 상당한 성과를 거둘 수 있다. 나만 해도 그동안 수줍음을

으려면, 상대가 우월감을 느낄 수 있도록 만들어야 한다. 자기 감정 하나 추스르지 못하는 나약한 모습을 보면서 음모를 꾸미고 있다고 생각할 사람은 거의 없다. 기회가 있을 때마다 자신의 감정을 드러내 상대로부터 얼마나 깊은 영향을 받고 있는지를 보여주도록 하라. 누군가에게 영향력을 행사하고 있다는 느낌을 싫어할 사람은 없다. 실제로 행한 일이든, 마음속으로만 행한 일이든, 상대에게 자신의 과오를 인정하는 모습을 보여주도록 하라. 정직은 미덕보다 중요하며, 한 번의 정직한 행동은 그동안의 파렴치한 행동들을 덮어준다. 육체적·정신적·정서적으로 나약하다는 인상을 심어주도록 하라. 힘과 자신감은 상대에게 두려움을 불러일으킬 수 있다. 하지만 약한 모습을 보이면, 사람들은 경계심을 풀고 안심한다. 상황에 끌려다니는 희생자인 척하면서 상대의 동정심을 자극하라. 그렇게 하는 것이 자신의 속셈을 감출 수 있는 최상의 방법이다.

제때 울지 못하는 사람은 바보다.

— 린든 베인스 존슨(Lyndon Baines Johnson)

유혹의 열쇠

이 세상에 약점이 없는 사람은 없다. 다만 화장을 하듯 감추고 있을 뿐이다. 우리는 약점이 있다는 것 자체를 부끄럽게 여기거나 그것에 대해 지나치게 예민하게 반응한다. 그래서 약점을 보상하려 하거나 숨기려고 한다. 하지만 이는 잘못된 생각이다. 약점을 감추려는 사람은 신뢰가 가지 않거나 어딘지 부자연스럽다. 자연스러운 것이 유혹적임을 명심하길 바란다. 스스로의 힘으로는 도저히 통제가 안 되는 것처럼 보이는 약점이 오히려 그 사람의 매력으로 작용할 때가 많다. 반면 약점을 드러내지 않는 사람은 질투심이나 두려움, 분노를 유발하기 쉽다. 사람들은 그런 사람을 보면 무조건 깎아내리고 싶어한다.

굳이 약점을 숨기거나 억누르려고 하기보다는 유리한 쪽으로 활용하도록 하라. 다시 말해 약점을 장점으로 변화시킬 수 있어야 한다. 하지만 너무 약한 모습만 보여주면, 동정을 구걸하는 것처럼 비칠 수도 있다. 약한 모습은 관계가 어느 정도 진전되고 나서 가끔씩 보여주는 것이 가장 좋다. 너무 완벽한 사람에게서는 인간미가 느껴지지 않는다. 보통 때는 강하고 절제된 모습을 보이다가도 때로는 약점에 굴복하는 모습을 보여주도록 하라. 그래야 상대의 경계심을 누그러뜨리고 더욱 깊은 사랑을 끌어낼 수 있다.

발몽은 자신의 약점을 장점으로 활용했다. 그는 이미 오래 전에 순수함을 잃어버렸지만, 속으로는 그 점을 후회하고 있었다. 그는 정말 순수한 사람 앞에서는 마음이 약해졌다. 그가 투르벨 부인을 유혹하는 데 성공할 수 있었던 것은 순전히 연기를 잘해서가 아니라 실제로 약한 측면이 있었기 때문이다. 그는 때로 울기까지 했다. 그는 중요한 순간에 자신의 약한 모습을 드러냈고, 이를 본 투르벨 부인은 자신도 모르게 무장해제되고 말았다. 발몽과 같은 유혹자가 되려면, 연기가 단지 연기로 그치는 것이 아니라 그 속에 진지함이 배어 있어야 한다. 가령 원래 수줍음을 많이 타는 성격이라면, 가끔 과장해도 상대는 전혀 눈치채지 못한다. 성격 자체가 그래서 연기를 해도 자연스럽기 때문이다.

1812년 바이런은 처음으로 이렇다 할 만한 시를 발간하면서 단숨에 유명 인사가 되었다. 그는 재능이 있는 작가를 떠나 예쁘장하다는 표현이 더 어울릴 정도로 미남이었으며, 자신의 시에 등장하는 인물처럼 침울하고 불가사의한 인상의 소유자였다. 여자들은 곧 그에게 열광했다. 고개를 살짝 숙이면서 여자를 올려다보는 그의 시선은 특히 악명이 높았다. 하지만 바이런은 다른 측면도 지니고 있었다. 그를 처음 만나는 사람은 안절부절못하는 그의 행동과 전혀 어울리지 않는 옷차림, 수줍어하는 얼굴, 심하게 절뚝거리는 다리에서 눈을 떼지 못했다. 모든 관습을 조롱하면서 지극히 위험해 보였던 이 악명 높은 남자는 사실은 열등감에 시달리는 나약한 인간에 불과했다.

바이런의 시 《돈 후안》의 주인공은 유혹자면서도 스스로 여성을 유혹하기보다는 끊임없이 그들에게 시달리는 인물이다. 이 시는 그의 자서전이라고 할 수 있다. 여성들은 자신의 감정을 제어하지 못하는 것처럼 보이는

나의 말이 사실임을 증명하려고 전에도 몇 번 언급했던 보라유 함장의 경험담을 소개하고자 한다. 그러니까 그가 그를 몹시 총애하던 로렌 추기경 가문의 일원으로 전장에 나갔을 때의 이야기다. 어느 날, 그는 쾌속 범선을 타고 추기경을 호위하러 가다가 말타에서 시칠리아 갤리선에 붙잡혀 팔레르모에 있는 카스텔 아 마레로 끌려갔다. 거기서 그는 비좁고 어둡고 더러운 감옥에 갇혀 석 달을 지냈다. 그런데 스페인 사람인 성주에게는 매우 아름다운 두 딸이 있었다. 어느 날, 두 딸은 그가 끙끙 앓는 소리를 듣고 아버지에게 그를 방문하게 해달라고 부탁했다. 신의 가호가 있었는지, 아버지가 딸들의 청을 흔쾌히 들어주었다. 허풍이 심한 보라유인지라 좀 과장된 점이 없지 않아 있겠지만, 아무튼 그 딸들은 남자다운 그의 모습에 반해 그날로 아버지의 허락을 얻어 그를 감옥에서 빼내고서는 꽤 괜찮은 방에서 편안히 지낼 수 있도록 해주었다. 거기서 그치지 않고, 그들은 매일 그를 찾아가 자유롭게 이야기를 나눌 수 있도록 아버지의 허락을 받아냈다. 게다가 일이 잘 풀리려고 그랬는지 자매는 동시에 그를 사랑하게 되었다. 참고로 자매는 둘 다 출중한 미인이었던 데 비해 그는 그렇게 잘생긴 편은 아니었다. 이렇게 해서 그는 가혹한 감옥 생활과 죽음에 대한 공포에서 벗어나 이 두 여자를 즐겁게 해주는 데 결과 성을 다하기 시작했다. 이와 같은 쾌락은 아무런 잡음 없이 여덟 달이나 이어졌다.

이 나약한 남자를 돌봐주고 싶어서 안달했다. 그로부터 1세기 후, 소년 존 F. 케네디는 바이런에게 깊이 빠져들었다. 바이런은 그가 가장 닮고 싶어 했던 인물이다. 심지어 바이런의 그 유명한 '시선'을 흉내 내려고 했을 정도로, 그에 대한 케네디의 집착은 대단했다. 케네디도 끊임없이 자신을 괴롭혔던 건강상의 문제 때문에 힘든 어린 시절을 보냈다. 게다가 외모도 곱상한 데다 여성적인 면도 있었다. 바이런처럼 케네디 역시 자신의 육체적·정신적 결함 때문에 수줍음을 많이 탔고 지나칠 정도로 예민했다. 하지만 여성들이 그에게 끌린 것은 바로 이런 점 때문이었다. 만약 바이런과 케네디가 강한 남자처럼 허세를 부리면서 자신들의 약점을 감추려고 했다면, 그런 유혹의 힘을 발휘하지 못했을 것이다. 대신 그들은 자신의 약점을 교묘하게 드러내 여성들에게 부드러운 남자라는 인상을 심어주었다.

남녀가 이성에 대해 느끼는 두려움과 불안은 내용이 다르다. 자신의 약점을 전략적으로 사용하려면 이러한 차이를 염두에 두어야 한다. 예를 들어 여성은 남성의 힘과 자신감에 끌릴 수 있지만, 그 정도가 너무 심하면 두려움을 느끼기도 한다. 특히 위협적인 태도는 차갑고 잔인한 인상을 준다. 그럴 경우 섹스만 밝히는 남자로 비쳐져 여성의 불안 심리를 가중시킬 수 있다. 과거의 남성 유혹자들은 여성적인 측면도 지니고 있었다. 그들은 자신의 감정을 솔직하게 드러내는 한편, 여성들의 생활에 대해서도 관심을 보였다. 처음으로 이러한 전략을 구사했던 남성 유혹자는 중세의 음유 시인들이었다. 그들은 여성을 찬미하는 시를 지어서 바쳤으며, 끊임없이 자신의 감정을 표현했다. 나아가 그들은 몇 시간씩 귀부인의 규방에 틀어박혀 그들의 불평을 들어주는 척하면서 여성의 심리를 익혔다. 그 대가로 그들은 사랑할 권리를 얻었다.

사정은 그때나 지금이나 비슷하다. 가브리엘레 단눈치오나 듀크 엘링턴, 에롤 플린과 같은 현대의 위대한 유혹자들은 여자의 환심을 사려면 노예처럼 비굴하게 굴어야 한다는 점을 잘 알고 있었다. 이 경우 남성적인 면은 그대로 살리면서 부드러운 모습을 보여주는 것이 중요하다. 예를 들어 가끔 수줍어하는 모습을 보여주는 것도 한 방법이다. 철학자 쇠렌 키르케고르는 남성이 이런 전술을 채택하면, 상당히 유혹적인 효과를 발휘할 수 있다고 생각했다. 여성은 그런 남성을 보면서 안도감을 넘어 우월감까지 느낀다. 하지만 도가 지나쳐서는 안 된다. 그런 기색을 살짝 내비치기만 하면 된다. 지나치게 수줍어하는 모습을 보일 경우, 상대 여성은 자기가 모든 일을 처리해야 할지도 모른다는 불안감 때문에 일찌감치 포기해 버릴 수 있다.

남성의 경우 두렵고 불안할수록 더 남자다워 보이려고 애쓴다. 대개 남성은 지나치게 영악해 보이는 여성에게 위협을 느낀다. 역사상 위대한 여성 유혹자들은 자신의 의도를 감추기 위해 남성의 보호가 필요한 어린 소녀처럼 행동할 때가 많았다. 고대 중국의 유명한 요부였던 소소는 일부러 창백해 보이도록 화장을 했다. 그녀는 걸을 때도 금방 쓰러질 것처럼 휘청거리며 걸었다. 19세기의 위대한 코르티잔 코라 펄은 말 그대로 어린 소녀 같은 옷차림과 행동으로 남성들을 유혹했다. 마릴린 먼로도 살아남으려면 남성의 힘에 기댈 수밖에 없다는 이미지를 내세워 성공을 거둔 경우다. 이 여성들은 겉으로만 남성의 힘에 굴복하는 것처럼 보였을 뿐, 궁극적으로는 지배자의 위치에 있었다. 유혹의 효과를 극대화하려면, 남성의 보호본능과 성욕을 자극함과 동시에 환상을 제공해야 한다.

나폴레옹 보나파르트의 부인이었던 조제핀 황후는 처음에는 치밀하게 계획된 애교 작전으로 남편을 사로잡았다. 하지만 나중에는 눈물 작전을 통해 남편에 대한 영향력을 유지했다. 누가 우는 모습을 보면 사람들은 감정적으로 금방 자극받게 되어 있다. 다시 말해 중립을 유지할 수 없게 된다. 안됐다는 생각이 들면서 눈물을 그치게 하기 위해 무슨 짓이라도 하려고 든다. 우는 것은 분명 효과적인 전술이지만, 우는 사람의 의도가 항상 순수한 것은 아니다. 눈물을 흘리는 데에는 대개 그럴 만한 사정이 있게 마련이지만, 뭔가 효과를 바라는 속셈이 숨어 있을 수도 있다. 눈물이 감정에 미치는 충격을 떠나서, 슬픔에는 무엇인가 유혹적인 것이 있다. 우리는 우는 사람을 보면 달래주고 싶다는 욕구를 느낀다. 그리고 그런 욕구는 투르벨 부인의 경우처럼 곧 사랑으로 발전한다. 남자도 슬픈 표정을 짓거나 가끔 눈물을 보이는 전략을 통해 큰 효과를 볼 수 있다. 이런 기술은 얼마든지 배울 수 있다. 마리보가 쓴 18세기 프랑스 소설 《마리안의 일생》에 보면, 주인공 가운데 한 명이 눈물을 보이거나 슬픈 표정을 짓기 위해 과거에 있었던 슬픈 일을 떠올리는 장면이 나온다.

하지만 눈물을 너무 남발해서는 안 된다. 아껴두었다가 필요한 순간에 사용해야 한다. 상대가 당신의 동기를 의심하는 것처럼 보이거나 당신의 말이 먹히지 않는 것처럼 생각될 때가 적시라고 할 수 있다. 눈물은 상대가 느끼는 감정의 깊이를 측정하는 척도다. 눈물을 보여도 화를 내거나 미끼를 덥석 물지 않으면, 희망이 없다고 봐야 한다.

사회생활에서도 너무 야심만만하거나 지나치게 절제된 모습을 보일 경우, 사람들에게 두려움을 심어줄 수 있다. 그런 점에서 부드러운 면을 보여주는 것은 매우 중요하다. 사람들은 약자에게 후하다. 감정이나 눈물은 여기에서도 큰 위력을 발휘한다. 하지만 뭐니뭐니 해도 희생자 역할만큼 유혹적인 효과를 발휘하는 것은 없다. 벤저민 디즈레일리는 의회에서의 첫 번째 연설을 위해 고심 끝에 연설문을 작성했다. 하지만 그가 연단에 오른 순간, 반대파의 고함과 웃음소리 때문에 그의 말은 거의 들리지 않았다. 그는 이에 굴하지 않고 연설을 마쳤지만, 자기 자리로 돌아가서 앉을 때는 실패했다는 생각에 비참한 기분마저 들었다. 그런데 그의 동료들은 아주 훌륭한 연설이었다며 칭찬을 아끼지 않았다. 만약 그가 불평을 했거나 중간에 포기했다면, 그는 정말 실패자로 낙인찍혔을지도 모른다. 하지만 그는 끝까지 포기하지 않았고, 그 결과 잔인하고 비이성적인 반대파의 희생자라는 인상을 심어주었다. 사람들은 그에게 동정표를 던졌고, 덕분에 그는 상황을 자신에게 유리하게 끌고갈 수 있었다. 상대가 야비하게 나온다고 해서 같이 공격하면 똑같은 취급을 받는다. 그보다는 상대의 공격을 묵묵히 감수하면서 희생자처럼 굴어야 한다. 대중은 희생자의 편에 서게 되어 있고, 그와 같은 감정적 반응은 차후에 있을 더 큰 유혹을 위한 발판을 마련해준다.

| **상징** | 결점. 아름다운 얼굴은 보는 것만으로도 사람을 즐겁게 하지만, 너무 완벽하면 차가운 느낌을 넘어서서 위협적인 느낌마저 든다. 하지만 거기에 애교점 같은 것이 살짝 찍혀 있으면, 훨씬 인간적이고 사랑스러운 분위기가 연출

된다. 따라서 결점을 모두 감추기보다는 적당히 드러내는 것이 좋다. 부드러운 인상을 주면서 상대의 호감을 끌어내리려면 결점도 어느 정도 필요하다.

반전

유혹에서는 타이밍이 관건이다. 상대가 자신의 주문에 걸려들었는지 어떤지를 항상 주시해야 하는 이유는 그 때문이다. 사랑에 빠진 사람은 상대의 약점을 보지 못하거나, 약점조차 사랑스럽게 보려는 경향이 강하다. 반면 유혹에 넘어가지 않은 사람은 감정에 휩쓸리는 사람을 딱하게 여길 수 있다. 상대가 아무리 사랑에 빠졌다 하더라도, 유혹의 효과가 없는 약점까지 눈감아주지는 않는다.

17세기의 위대한 코르티잔 니농 드 랑클로는 부드러운 남자를 좋아했다. 하지만 때로는 도가 지나쳐 그녀에게 외면당하는 남자들도 있었다. 그때마다 남자들은 그녀의 사랑이 식었다느니, 그녀가 너무 변덕스럽고 독립적이라느니, 그녀가 자신을 박대하고 있다느니 하면서 불평을 늘어놓았다. 그럴수록 니농은 상대에게 정이 떨어져 재빨리 관계를 청산했다. 불만을 터뜨리거나 우는소리를 하면서 동정심에 호소할 경우, 오히려 역효과를 불러올 뿐이다. 희생자 연기를 통해 효과를 보려면 과대 광고는 금물이다. 약점을 보이되, 교묘하게 접근해야 한다. 사랑스럽게 보일 수 있는 약점만 가치가 있다. 다른 약점은 어떤 대가를 치르더라도 억눌러야 한다.

감정은 이성을 마비시킨다

• 환상 •

사람들은 삶의 어려움을 보상받으려는 마음에서 때로 공상을 통해 성공과 모험과 로맨스로 가득한 삶을 꿈꾼다. 사람들은 자신들의 꿈을 이루어줄 수 있는 환상을 심어줄 누군가의 유혹을 기다린다. 그런 사람들을 유혹하려면 먼저 천천히 신뢰를 쌓아가다가 점차 그들의 욕망을 실현시켜줄 환상을 제공해야 한다. 사람들의 억눌린 욕망이나 소원에 초점을 맞추어 억제할 수 없는 감정을 부추기는 한편, 이성적인 판단을 내릴 수 없게 만드는 전략을 구사하는 것이 좋다. 완벽한 환상이란 백일몽처럼 현실과 지나치게 동떨어지지 않으면서도 동시에 비현실적이어야 한다. 바꾸어 말하면, 상대를 혼란스럽게 만들어 더 이상 환상과 현실을 분별할 수 없게 만들어야 한다.

육체적인 환상

1964년 베르나르 부리스쿠라는 스물한 살의 프랑스 청년이 주중 프랑스 대사관에서 회계사로 근무하기 위해 베이징에 도착했다. 하지만 기대했던 것과는 달리, 중국은 그에게 실망을 안겨주었다. 프랑스 시골에서 성장한 부리스쿠는 여행과 모험을 꿈꾸었다. 처음에 중국으로 발령을 받았을 때 그는 자금성과 마카오의 도박굴에 대한 설렘으로 가득차 있었다. 하지만 당시 중국의 공산주의자들은 서양인과 중국인의 접촉을 엄격히 금지했다. 부리스쿠는 베이징에 머물던 다른 서구인과 어울릴 수밖에 없었다. 그는 늘 대하던 서구인과 다시 상대하려니 지겹고 신물이 났다. 그는 점차 외로워졌고, 중국 근무에 동의한 것을 후회하면서 다시 프랑스로 돌아가려고 했다.

그런 와중에 그는 그해 성탄절 파티에 참석하게 되었다. 그는 파티장 한쪽 구석에 있던 젊은 중국 청년에게 눈길이 갔다. 그런 파티에 중국인이 참석했다는 사실이 무척 의아스러웠다. 그는 마른 체격이고 키가 작았으며, 조금 내성적인 듯 보였지만, 매력적이었다. 부리스쿠는 그에게 다가가 인사를 건넸다. 이름이 시페이푸라는 그는 경극 대본을 쓰는 작가로, 대사관의 프랑스인들에게 중국어를 가르치고 있었다. 그의 나이는 스물여섯이었고, 프랑스어를 완벽하게 구사했다. 부리스쿠는 그의 모든 것에 흥미를 느끼지 않을 수 없었다. 그의 목소리는 마치 음악처럼 부드럽고 잔잔했다. 부리스쿠도 다소 내성적이었지만, 그의 매력에 이끌려 서로 전화번호를 주고받았다. 부리스쿠는 그를 통해 중국을 알고 싶었다.

며칠 뒤 두 사람은 식당에서 만났다. 식당에 있는 사람들은 모두 중국인이었다. 부리스쿠가 유일한 서구인이었다. 드디어 뭔가 이국적인 분위기를 맛보는 듯했다. 시페이푸는 유명한 경극 배우였으며, 고대 중국 왕실의 후손이었다. 그는 배우를 그만두고 대본을 쓰고 있었다. 하지만 그가 자기를 소개하는 말에는 조금 빈정대는 듯한 태도가 담겨 있었다. 첫 만남 이후 그들은 정기적인 만남을 갖기 시작했다. 시페이푸는 부리스쿠에게 베이징의 관광 명소를 보여주었다. 부리스쿠는 그의 이야기를 듣는 것이 좋았다. 중국 역사를 설명하는 시페이푸의 느릿한 말투는 마치 역사의 현장을 생생하게 재현해 놓는 듯했다. 말을 할 때 가끔씩 보이는 손동작은 그의 말을 더욱 살아 있게 만들었다. 예를 들어 그는 손을 들어 한 장소를 가리키며 "저곳이 명나라 마지막 황제가 목을 매단 곳입니다"라고 말하기도 하고, 음식점에 들어가 음식을 먹을 때는 "이곳에서 일하는 요리사가 마지막 황제의 음식을 만들던 사람입니다"라고 운을 떼우며 역사에 얽힌 또 다른 놀라운 이야기를 들려주기도 했다. 또한 베이징의 경극 배우로 일하던 때의 이야기도 들려주었다. 그의 말에 따르면, 남자 배우들이 종종 여자 역할을 하기도 했으며 그 때문에 유명해지는 경우가 있었다고 했다.

두 사람은 가까운 친구 사이로 발전했다. 외국인과 중국인의 접촉은 법으로 금지되어 있었지만, 그들은 사람들의 눈을 피해 만날 기회를 만들었다. 그러던 어느 날 저녁 부리스쿠는 시페이푸를 따라 그가 가정 교사로 일하는 프랑스 관리의 집을 방문하게 되었다. 시페이푸가 그 집 아이들에게 '나비 이야기'라는 중국 경극에 나오는 이야기를 들려주는 동안, 부리스쿠도 열심히 귀를 기울였다. 이야기의 내용은 이랬다. 왕립 학교에 가고 싶어하는 한 어린 소녀가 있었다. 하지만 여자가 왕립 학교에 입학하는 것은 금지되어 있었다. 그래서 그녀는 소년으로 위장한 뒤 시험을 치르고 학교에 들어갔다. 한 소년이 그녀를 좋아하게 되었고, 그녀 역시 그의 매력에 반했다. 그녀는 그에게 자신이 여자라는 사실을 털어놓았다. 그런 이야기가 대부분 그렇듯 그 이야기도 역시 비극으로 끝이 났다. 그 이야기를 하는 시페이푸는 여느 때보다 더욱 감정이 실린 모습이었다. 사실 그는 예전에 경극 배우로 일할 때 그 이야기에 나오는 소녀 역할을 한 적이 있었다.

며칠 후 그들은 자금성 앞을 걷고 있었다. 시페이푸는 다시 '나비 이야기'를 꺼냈다. 그는 "내 손을 보세요. 내 얼굴도요. 나비 이야기는 곧 나의 이야기랍니다"라고 말했다. 그는 천천히 놀라운 비밀을 털어놓기 시작했다. 그는 자기 어머니가 낳은 첫 번째 두 아이 모두 딸이었다고 했다. 중국 사회에서는 아들을 훨씬 귀하게 여겼다. 그의 아버지는 만일 세 번째도 딸을 낳으면 둘째 부인을 얻겠다고 선언했다. 그의 어머니는 세 번째 아

콘라드 프리드리히 중위라는 젊은 독일 장교를 본 순간, 폴린은 다시 연애 감정에 빠져들었다. 그는 그녀에게 도움을 청하러 뇌이에 있는 그녀를 방문했다.
그는 교황령 안에 주둔 중인 프랑스 군대에 보급품을 조달하는 문제와 관련해 그녀가 나폴레옹에게 영향력을 행사해줄 것을 바라고 있었다. 첫눈에 그에게 끌린 폴린은 그를 자신의 암석 정원으로 안내했다. 거기서 그녀는 이상야릇한 눈빛으로 청년을 쳐다보면서 다음 날 같은 시간 같은 장소로 나오면 뭔가 좋은 소식이 기다리고 있을 거라고 말했다. 젊은 장교는 인사를 하고 그곳을 나왔다……. 회고록에서 그는 폴린과의 첫 만남 이후에 일어난 일을 자세하게 기록하고 있다.
"약속된 시간에 맞추어 나는 다시 뇌이에 있는 그녀의 정원으로 가서 선 채로 기다리고 있었다. 곧이어 한 숙녀가 나타나 나를 반갑게 맞이해주었다. 나는 그녀의 안내를 받으며 옆문을 통해 암석 정원 안으로 들어갔다. 객실과 복도를 지나자, 화려한 목욕통이 준비되어 있는 휘황찬란한 방이

나왔다. 아직 모르고 있었을
뿐, 바야흐로 동화 속에나
나올 법한 낭만적인 모험이
시작되고 있었다. 속이 훤히
비치는 옷을 입은 웬 여인이
옆문을 통해 들어올
때까지만 해도 나는 그녀가
누군지 몰랐다. 하지만
그녀는 곧바로 내게 다가와
활짝 웃으며 방이 마음에
드냐고 물었다. 나는 한눈에
그녀가 다름 아닌
나폴레옹의 아름다운
여동생이라는 것을
알아보았다. 그녀가 움직일
때마다 하늘한 옷 속에
감추어진 완벽한 몸매가
그대로 드러났다.
나는 그녀가 내미는
손등에 키스를 한 다음,
그녀가 권하는 대로 그녀
옆에 있는 소파에 앉았다.
이 경우만큼은 나는 결코
유혹자가 아니었다……
잠시 후, 폴린이 종을 매단
끈을 잡아당기자 시녀들이
들어와 목욕할 준비를 하기
시작했다. 그녀는 나에게
같이 하자고 청했다. 우리는
올이 가는 무명 천으로 된
목욕 가운 차림으로 거의
한 시간 동안 수정처럼
투명한 물속에 몸을 담그고
있었다. 그리고 나서
다른 방으로 옮겨 근사한
저녁을 먹고는 땅거미가 질
때까지 함께 노닥거렸다.
떠날 때가 되자 나는 곧
다시 오겠다고 약속할
수밖에 없었다. 그 후 나는
이런 식으로 공주와 함께
많은 시간을 보냈다."
— 해리슨 브렌트
(Harrison Brent),
《폴린 보나파르트: 연애의
대가(Pauline Bonaparte: A
Woman of Affairs)》

이를 낳았지만 역시 딸이었다. 하지만 그 사실을 남편에게 알리는 것이 너무나 두려워서 그녀는 산파와 단단히 약속을 하고 아들을 낳았다고 말한 뒤 딸을 아들처럼 키웠다. 그 세 번째 아이가 바로 시페이푸였다.

오랜 세월 동안 그는 자신이 여자라는 사실을 숨기기 위해 힘든 삶을 살아야 했다. 대중 목욕탕에도 갈 수 없었고, 사내아이처럼 머리를 깎아야 했다. 부리스쿠는 그의 말에 놀라지 않을 수 없었다. 하지만 동시에 시페이푸가 여자라는 사실이 너무나도 반가웠다. '나비 이야기'에 나오는 소년처럼 그 역시 시페이푸의 매력에 깊이 빠져 있었기 때문이다. 말을 듣고 보니 남자답지 않은 작은 손, 높은 음색, 섬세한 목선 등 그동안 이상하게 여겨졌던 모든 것이 확연하게 이해가 되었다. 부리스쿠는 그녀와 사랑에 빠졌다. 물론 시페이푸도 그를 사랑했다(부리스쿠는 시페이푸가 지어낸 이야기와 연기에 완전히 속아넘어가 이후부터 그를 여자로 착각하며 일생을 살게 된다).

시페이푸가 부리스쿠의 집을 방문하기 시작했다. 그들은 곧 함께 잠을 잤다. 그녀는 계속 남장을 했다. 중국에서는 여자들이 남장을 하는 일이 보통이었다. 하지만 그녀는 그가 본 어떤 중국 여인보다 더욱 여성스럽게 굴었다. 그녀는 잠자리에서 무척 수줍어했으며, 손짓이나 몸짓에서 여성 특유의 섬세함이 실려 나왔다. 그녀의 모든 행위가 그렇게 사랑스럽고 낭만적일 수 없었다. 공무로 잠시 그녀와 떨어져 있을 때에도 부리스쿠의 머리는 온통 그녀 생각뿐이었다. 무엇보다도 비밀을 지켜야 한다는 사실이 두 사람의 관계를 더욱 스릴 넘치게 만들었다.

1965년 12월 부리스쿠는 베이징을 떠나 파리로 돌아갔다. 그는 여행을 하며 다른 여인들과 관계를 맺었지만, 결코 시페이푸를 잊을 수 없었다. 그러다 중국에서 문화혁명이 일어나면서 그녀와의 연락이 두절되었다. 그가 떠나기 전에 그녀는 자신이 임신했다고 말했다. 당시 그는 아이를 낳아야 할지 말지를 결정할 수 없었다. 어쨌든 그녀와 헤어지고 난 뒤, 그는 한시도 그녀를 잊지 못했다. 결국 1969년 그는 수단과 방법을 총동원해 다시 베이징의 프랑스 관리로 왔다.

그 무렵 외국인과 중국인의 접촉을 금지하는 법은 예전보다 훨씬 더 강화되어 있었다. 하지만 그는 가까스로 시페이푸를 찾았다. 그녀는 그에게

1966년에 아들을 낳았다고 했다. 하지만 아들이 부리스쿠를 닮은 데다가 외국인에 대한 중국인의 증오심이 고조되고, 자신이 여성임을 숨겨야 했기 때문에 러시아 근처의 외진 곳으로 아들을 보낼 수밖에 없었다고 했다. 그녀는 그곳이 너무 추워서 아마도 아들이 죽었을 것이라고도 했다. 그녀는 부리스쿠에게 아들의 사진을 보여주었다. 사진 속의 아들은 그와 닮은 구석이 꽤 있었다. 그 후 몇 주 동안 두 사람은 남의 눈을 피해 이곳 저곳에서 만났다. 그러던 중 그에게 한 가지 묘안이 떠올랐다. 중국의 법을 피해 시페이푸와 자유롭게 만나려면 스파이 노릇을 하는 것이 좋을 듯했다. 그렇지 않아도 문화혁명에 동조하는 입장이었기 때문에 그는 기꺼이 그 일을 할 수 있다고 생각했다. 중국공산당은 그의 제안을 받아들였으며, 그는 곧 공산주의자들에게 필요한 문서를 빼내 넘겨주기 시작했다. 그의 아들 베르트랑도 베이징으로 소환되었고, 마침내 그는 아들을 만났다. 부리스쿠는 스파이 노릇을 하면서 시페이푸와 아들을 데리고 프랑스로 갈 방법을 강구했다.

1972년 부리스쿠는 베이징을 떠났다. 그 후 몇 년 동안 그는 시페이푸와 자기 아들을 프랑스로 데려오기 위해 온갖 노력을 기울였다. 그는 10년이 지나서야 계획을 이룰 수 있었다. 세 사람은 드디어 한 지붕 밑에서 살게 되었다. 하지만 1983년 프랑스 정부는 이 둘의 관계를 의심하고 조사에 들어갔다. 그 과정에서 부리스쿠의 스파이 행각이 드러났고, 그는 체포되었다. 그는 자기와 함께 살고 있는 중국 남자가 여자라는 놀라운 사실을 털어놓았다. 그의 고백에 당황한 프랑스 당국은 곧 시페이푸를 조사하라고 명령했다. 조사 결과 그들이 생각했던 대로 시페이푸는 틀림없는 남자였다. 부리스쿠는 투옥되었다.

부리스쿠는 자신의 연인 입에서 직접 고백을 들은 뒤에도 여전히 그를 여자라고 확신했다. 두 사람은 부부관계까지 맺지 않았던가? 그런 상황에서 그는 자신이 틀렸다는 생각을 추호도 할 수 없었다. 같은 감방에 투옥된 시페이푸가 결정적인 증거를 보여주었을 때에야 비로소 그는 그 사실을 받아들였다.

해석 ——

시페이푸가 부리스쿠를 발견한 순간, 그는 완벽한 희생 대상이 걸려들었다고 생각했다. 부리스쿠의 삶은 외롭고 지루했으며, 사랑할 대상을 필사적으로 찾고 있었다. 부리스쿠의 반응으로 미루어보건대 그는 아마도 동성애자거나 양성애자였던 것 같다(부리스쿠는 사실 소년 시절에 동성애를 경험한 적이 있었다. 하지만 자라면서 그는 자신의 행위에 죄책감을 느꼈고 자신의 동성애적인 욕구를 억누르고 있었다). 시페이푸는 경극 배우로 일하면서 여인의 역할을 해봤기 때문에, 여인처럼 행동하는 데 매우 익숙했다. 그의 외모는 여성처럼 연약해 보였고, 행동거지 역시 여성스러웠다. 하지만 그렇다고 해도 누가 그런 이야기를 믿겠는가? 적어도 의심하는 것이 당연하다.

해답은 모험을 원했던 부리스쿠의 환상을 시페이푸가 현실화시켜주었다는 데 있다. 그의 유혹은 부리스쿠의 마음을 천천히 장악해갔다. 그는 완벽한 프랑스어 실력으로, 중국적인 표현을 섞어가면서 부리스쿠에게 여러 가지 이야기를 들려주었다. 그 가운데 사실인 것도 있었고 사실이 아닌 것도 있었지만, 표현이 너무나 생생해 마치 모두 사실인 것처럼 느껴졌다. 그런 다음 그는 '나비 이야기'를 통해 부리스쿠에게 자신이 여성이라는 생각을 갖게 만들었다. 그가 자신의 성에 관해 진실을 고백할 즈음에 부리스쿠는 이미 그에게 완전히 매료된 상태였다.

부리스쿠는 그의 이야기를 진실로 믿고 싶었기 때문에 모든 의심을 떨쳐버렸다. 그때부터는 모든 일이 일사천리로 진행되었다. 시페이푸는 거짓으로 생리를 하는 척했으며, 마치 아들을 낳은 것처럼 위장했다(그는 많은 돈을 들이지 않고 아이를 입양했다). 무엇보다도 그는 자신의 과거와 서로의 관계를 마치 한 편의 흥미진진한 역사 드라마처럼 엮어가며 자신을 환상 속의 주인공으로 만들었다(그는 대부분의 서구인들이 동양 여성에게 기대하는 신비감을 완벽하게 연출했다). 부리스쿠는 나중에 이렇게 설명했다. "시페이푸는 내 혼을 쏙 빼앗아갔습니다……. 그와 관계를 맺는 동안 내 생각은 현실과는 동떨어진 꿈속을 헤매고 있었어요."

부리스쿠는 자신이 색다른 모험을 즐기고 있다고 생각했다. 그는 자신만의 환상 속에 빠져 있었다. 그런 환상을 통해 그는 그동안 억제해온 동성애를 발산할 수 있는 출구를 찾은 셈이었다. 시페이푸는 그의 환상을 실현시켜주었다. 인간의 정신은 어떤 사실을 한 번 믿기 시작하면 끝까지 믿으려는 습성이 있다. 물론 반대로 어떤 일을 한 번 의심하면 끝까지 의심하려는 습성도 있다. 따라서 상대에게 어떤 사실을 믿게 만들려면 너무 과장된 거짓말을 꾸며내서는 곤란하다. 환상을 만들어내려는 노력이 지나치다 보면 오히려 상대의 의심을 산다. 따라서 천천히, 충분한 신뢰를 구축하는 것이 필요하다. 일단 상대가 관심을 기울이기 시작했다고 판단되면 자신에 관한 허구적인 이야기를 만들어야 한다. 일단 신뢰가 구축된 후에는 아무리 꿈같은 이야기라 하더라도 얼마든지 사실처럼 들린다.

사람들은 뭔가 색다른 것을 믿으려는 습성이 있다. 따라서 사전 작업만 조금 확실하게 해놓으면 사람들은 쉽게 환상 속으로 빠져든다. 실제적인 소품(예를 들어 시페이푸가 부리스쿠에게 보여주었던 어린아이와 같은)을 사용하는 한편, 환상적인 이야기를 만들어내거나 뭔가 비현실적인 냄새를 풍기는 몸짓 따위를 곁들여라. 일단 상대가 유혹에 걸려들었다고 느껴지면, 더욱더 강한 환상을 만들어내라. 그러면 상대는 환상 속에 빠져 현실과 꿈을 구별하지 못하는 상태에 이르게 된다. 그럴 경우에는 더 이상 사실 같은 이야기나 상황을 만들어낼 필요가 없다. 그때부터는 상대가 스스로 주어진 환상을 사실인 양 굳게 믿고 발전시켜나갈 것이기 때문이다.

꿈의 실현

1762년 표트르 3세의 아내인 예카테리나(Yekaterina II Velikaya)는 무능한 자기 남편을 무혈 쿠데타로 권좌에서 몰아내고 러시아의 여황제로 등극했다. 여황제가 된 예카테리나는 몇 년 동안 혼자 러시아를 통치했다. 하지만 그녀는 여러 명의 연인을 거느리고 있었다. 러시아에서는 이런 남자를 가리켜 '순간의 사람들'이라고 했다. 1774년 예카테리나 여제가 총애했던 연인은 그레고리 포템킨이라는 이름의 장교였다. 그는 당시 서른다섯 살로 예카테리나 여제보다 열 살 아래였다. 그는 여제의 연인이 되기에는 부족한 점이 많은 사람이었다. 그는 행동거지도 거칠었고, 얼굴

괴테가 나중에 '에마의 태도'로 알려진 그 유명한 공연을 기록한 것은 글로스터 공작이 윌리엄 경에게 편지를 쓴 날인 3월 16일이었다. 곧 알게 되겠지만, 무엇보다도 이 공연은 혜택받은 몇몇 사람들만을 위한 쇼였다는 점을 염두에 두기 바란다. …… 동시대의 한 작가가 쓰고 있듯이, 빙켈만의 제자였던 괴테는 그날 인간의 아름다움에 깊은 감명을 받았다. 이 자리에는 에마와 윌리엄 경이 긴 겨울날 저녁에 엮어갔던 고전적인 드라마에 푹 빠진 관객이 있었으니, 바로 괴테였다. 우리도 괴테 옆에 자리를 잡고 앉아 그가 묘사하고 있는 공연을 관람하기로 하자. "오랜 세월 예술과 자연의 연구를 위해 헌신했던 윌리엄 해밀턴 경은…… 이제 아름다운 얼굴과 완벽한 몸매를 지닌 스물 살짜리 영국 처녀에게서 기쁨의 극치를 발견했다. 그는 그녀를 위해 그녀에게 너무도 잘 어울리는 그리스풍 의상을 준비했다. 그 옷을 입고 머리를

도 미남과는 거리가 멀었다(심지어 그는 사고로 한쪽 눈을 잃었다). 하지만 그는 예카테리나 여제를 즐겁게 해줄 수 있는 방법을 알고 있었다. 그는 그녀를 숭배하다시피 했으며, 그녀는 그런 그에게 마침내 마음을 주었다.

예카테리나는 포템킨의 직위를 계속 높여주었으며, 급기야 벨라루스의 총독으로 승격시켰다. 벨라루스는 우크라이나를 포함한 광활한 남서부 지역이었다. 벨라루스의 총독이 된 포템킨은 상트페테르부르크를 떠나 남쪽으로 가서 살아야 했다. 그는 예카테리나가 남자 없이 지낼 수 없는 여인임을 잘 알고 있었다. 그는 예카테리나에게 자신이 다음 남자를 직접 소개시켜주겠다고 제안했다. 하지만 예카테리나는 그의 제안을 거절했을 뿐만 아니라, 앞으로도 그를 가장 총애하겠다고 약속했다.

예카테리나의 꿈은 투르크와의 전쟁과 더불어 시작되었다. 그녀는 그리스 정교회를 위해 콘스탄티노플을 회복하고, 투르크족을 유럽에서 몰아낼 포부를 가지고 있었다. 그녀는 합스부르크 왕가의 젊은 황제인 요제프 2세에게 함께 군대를 일으키자고 제안했다. 하지만 요제프 황제는 동맹조약에 서명하지 않았다. 예카테리나는 기다리다 못해 혼자 군대를 일으켜 1783년에 크림 반도를 합병했다. 크림 반도에는 주로 이슬람교도인 타타르족이 거주하고 있었다. 그녀는 포템킨에게 이미 우크라이나에서 진행되고 있는 일, 곧 도적 떼를 몰아내고 도로와 항만을 건설하는 한편 가난한 자들에게 번영을 가져다주는 정책을 크림 반도에서도 실시해줄 것을 부탁했다. 포템킨이 예카테리나의 말대로 해준다면 투르크족과 전쟁을 할 수 있는 전진 기지가 마련될 수 있었다.

크림 반도는 개발이 전혀 안 된 오지였다. 하지만 포템킨은 도전을 좋아했다. 그는 수백 가지 일을 한꺼번에 추진해나가면서 기적을 일구어내고 말겠다는 원대한 꿈에 도취되어 있었다. 그는 상트페테르부르크에 버금갈 만한 도시를 드네프르 강가에 세우고, 그 명칭을 예카테리노슬라프('예카테리나의 영광'이란 뜻)라고 하고자 했다. 또한 그곳에 유럽에 있는 대학을 뛰어넘는 최고의 대학을 세우려고 했다. 나아가 시골 지역에는 동방의 희귀한 과실을 수확할 수 있는 과수원과 옥수수 밭을 개간하는 한편, 누에 농사를 짓고 새로운 마을과 시장을 건설할 계획도 세웠다. 포템킨은 1785년 예카테리나 여제를 방문한 자리에서 이런 일이 마치 이미 이루어진 것처럼 설명했다. 그의 설명은 사실처럼 생생했다. 예카테리나 여제는 매우 기뻐했다. 하지만 각료들은 포템킨이 말만 늘어놓는다고 의심했다. 각료들의 만류에도 불구하고, 예카테리나 여제는 1787년 크림 반도를 순회할 계획을 세웠다. 그는 요제프 2세에게 자신과 함께 가자고 요청했다. 그녀는 요제프 2세가 현대화된 크림 반도의 모습을 보면 즉시 투르크와의 전쟁에 동의하고 동맹 조약에 서명할 것이라며 내심 희망에 차 있었다.

그 해 5월 드네프르 강이 해빙되자, 예카테리나는 우크라이나의 키예프에서 크림 반도의 세바스토폴로 떠날 채비를 했다. 포템킨은 예카테리나와 수행원들을 태울 일곱 척의 호화선을 마련했다. 곧 여행이 시작되었고, 예카테리나와 요제프 2세는 대신들과 함께 배를 타고 가며 강 옆의 광경을 구경했다. 그들은 새로 색을 칠해 말끔해 보이는 마을들을 볼 수 있었다. 특히 마을 입구마다 아치형의 개선문이 서 있는 모습은 매우 인상적이었다. 그뿐이 아니었다. 건강해 보이는 가축들이 한가로이 풀을 뜯고 있는 모습도 보였고, 행군 중인 군대도 눈에 띄었으며, 가는 곳마다 건물들이 우뚝우뚝 솟아 있었다. 해가 지자 밝은 옷을 차려입은 농부들과 머리에 꽃을 장식한 소녀들이 웃으면서 강가에서 춤을 추는 모습이 보였다. 그 광경은 그들의 여흥을 돋우기에 충분했다. 예카테리나는 전에도 이 지역을 방문한 적이 있었다. 하지만 그때는 가난한 농부들의 모습에 마음이 울적했다. 그 모습을 보면서 언젠가 그들의 운명을 바꾸어주겠노라고 다짐했던 그녀였다. 그런데 드디어 그와 같은 변혁이 눈앞에서 일어나고 있었다. 그녀는 포템킨을 비난했던 대신들을 호되게 꾸짖으며 자신이 사랑하는 연인이 일구어놓은 기적을 보라고 말했다.

그들은 여행 도중에 세 곳에 정박했다. 세 곳 모두 웅장한 궁전이 새로 건설되어 있었다. 궁전에는 인공 폭포가 있었으며, 잉글랜드 양식으로 꾸민 정원이 보기 좋게 들어서 있었다. 그들은 마을을 돌아보았다. 마을마다 활기찬 시장이 형성되어 있었으며, 농부들은 집을 짓기도 하고 수리를 하기도 하면서 행복한 모습으로 열심히 일하고 있었다. 그들이 밤을 지샜던 곳마다 놀라운 장면이 펼쳐졌다. 춤과 행진, 신화를 재현한 활인화(活

人畵), 무어 양식으로 단장한 정원을 비치는 인공 화산 등이 황홀한 광경을 자아냈다. 마침내 그들은 여행을 마치고 세바스토폴의 궁전에 도착했다. 그곳에서 예카테리나와 요제프 2세는 투르크와의 전쟁에 대해 논의했다. 요제프 2세는 여전히 머뭇거렸다. 바로 그때 갑자기 포템킨이 그의 말을 가로막더니 "지금 저 밖에서는 10만 대군이 저의 명령을 기다리고 있습니다"라고 말했다. 그의 말이 떨어지기 무섭게 궁전의 창문들이 활짝 열렸다. 그와 동시에 우렁찬 대포 소리와 함께 끝없이 열을 지어 서 있는 군대와 항만을 가득 채운 함대의 모습이 궁전 안에 있는 사람들의 눈에 들어왔다. 그 위용에 깊은 인상을 받은 요제프 2세는 투르크족에게서 동유럽의 아름다운 도시를 되찾을 꿈에 부풀기 시작했다. 그는 곧 예카테리나와의 조약에 서명했다. 예카테리나는 흥분 때문에 정신을 잃을 지경이었다. 포템킨을 향한 그녀의 사랑은 더욱 뜨겁게 불타올랐다. 그는 그녀의 꿈을 현실로 만들어주었다.

예카테리나는 자기가 본 모든 것이 순전히 속임수이며, 한 남자에 의해 정교하게 만들어진 환상에 지나지 않는다는 사실을 전혀 눈치채지 못했다.

해석 ——

포템킨은 4년 동안 크림 반도를 통치하면서 이룬 것이 거의 없었다. 왜냐하면 크림 반도 같은 오지를 새롭게 개척하는 데에는 수십 년이 걸리기 때문이다. 하지만 예카테리나의 예정된 방문이 있기 불과 몇 달 전부터 그는 길가나 해안에 있는 모든 건물을 새로 도색하고, 보기 흉한 곳에는 나무를 옮겨 심어 보이지 않게 했으며, 부서진 지붕은 얇은 판자를 입힌 뒤 마치 타일처럼 보이게 칠을 했다. 그리고 여제 일행이 볼 사람들에게는 가장 좋은 옷을 입고 행복한 표정을 지으라고 지시했으며, 노인이나 병자들은 모두 집 안에 머물러 있으라는 명령을 내렸다. 여왕 일행이 드네프르 강을 유람하면서 본 새로 건설된 마을은 겉만 그럴듯하게 꾸며놓은 일종의 세트에 지나지 않았다. 가축 떼는 먼 곳에서 배로 실어온 다음, 야음을 틈타 예카테리나 여제 일행이 지나는 길목의 풀밭에 풀어놓았다. 춤추는 농부도 훈련받은 사람들이었다. 행진하는 군인도 마찬가지였다.

그들은 한 곳에서 행진하는 일이 끝나면 마차를 타고 서둘러 다음 장소로 이동해 새로운 곳에서 다시 행진을 했다. 그러니 도처에서 군인들이 행진하는 것처럼 보일 수밖에 없었다. 새 궁전에 있던 정원도 며칠이 지나면 죽게 될 급히 옮겨 심은 나무로 장식되어 있었다. 궁전 역시 급조된 것이어서 허술한 곳이 많았다. 하지만 화려한 장식물로 꾸며놓았기 때문에 아무도 눈치채지 못했다. 예카테리나 여제 일행이 지나갔던 길목에 있는 한 성은 심지어 모래로 지어놓아 얼마 지나지 않아 폭풍이 몰아치자 모두 무너져 내렸다.

이러한 준비를 갖추는 데에는 엄청난 노력과 희생이 요구되었다. 투르크와의 전쟁도 결국 실패로 끝났다. 하지만 포템킨은 자신의 목적을 이루었다. 물론 예카테리나 여제 일행 가운데는 뭔가 이상하다고 생각한 사람도 있었다. 하지만 여왕이 모든 것이 사실이며 너무나 훌륭하다고 칭찬과 감탄을 연발하는 바람에 대신들은 묵묵히 거기에 동의할 수밖에 없었다. 유혹이란 바로 이런 것이다. 예카테리나 여제는 관대하고 진보적인 통치자로 인정받기를 원했다. 그녀는 투르크를 물리치고 유럽을 해방시키는 구원자가 되기를 소망했다. 크림 반도에서 변화가 일고 있는 모습을 보는 순간, 그녀는 마침내 자신의 꿈을 이룰 수 있다는 착각에 빠졌다.

사람들은 누구나 감정에 빠지게 되면, 사실을 사실대로 보기 어렵다. 사랑의 감정이 시야를 가리는 순간, 사람들은 모든 것을 자신의 꿈과 일치시켜서 이해하려고 한다. 따라서 사람들로 하여금 환상을 믿게 하려면 일단 그들의 감정을 자극해야 한다. 감정을 자극하는 가장 좋은 방법은 상대의 실현되지 않은 욕구, 즉 그들이 간절히 바라는 소원이 무엇인가를 알아내 집중 공략하는 것이다. 사람들 가운데는 귀족처럼 살고 싶다는 꿈을 가진 사람도 있고, 낭만적인 사랑을 하고 싶다는 바람을 가진 사람도 있다. 하지만 현실이 그들의 그와 같은 욕구를 충족시켜주지 못할 때가 많다. 물론 모험을 원하지만 그렇게 하지 못하는 사람도 있다. 그런 사람에게 그와 같은 바람을 인정해주고, 마치 그것이 실현 가능한 일처럼 보이도록 해준다면 그들은 곧 감정적으로 변해 이성을 잃게 되고, 환상에 사로잡히게 된다.

천천히 환상에 사로잡히게 만들어야 한다는 점을 잊지 말라. 포템킨은 처음부터 거창한 광경을 보여주지 않았다. 그는 처음에는 풀을 뜯는 가축과 같은 단순한 광경을 보다가 점차 화려하고 인상적인 광경을 볼 수 있도록 일을 계획했다. 그는 마치 한 편의 드라마를 엮듯이 발단에서 전개, 전개에서 절정에 이르도록 계획을 세웠다. 궁전의 창문이 열리며 나타난 강력한 군대와 함대의 모습이 바로 절정이었다. 사실은 그것도 수천 명의 군대와 배에 지나지 않았다. 하지만 그는 더 많아 보일 수 있도록 군인들을 재치 있게 배열시켰다. 포템킨은 상대를 유혹하기 위해 여행이라는 방법을 사용했다. 하지만 실제 여행만이 여행은 아니다. 중요한 것은 어떤 형태의 여행이 되든 환상적인 효과를 자아낼 수 있도록 철저하게 준비되어 있어야 한다는 점이다. 다시 말해 상대의 깊은 열망을 채울 수 있는 무엇인가를 보고 느낄 수 있게 해주어야 한다. 예카테리나 여제는 행복해 보이는 마을을 보며 자신의 열망이 성취되는 것을 느꼈다. 비록 그녀가 본 광경이 영화 세트와 같은 외관에 지나지 않았지만, 그녀는 그런 사실을 전혀 알지 못했다.

> 포템킨이 만든 동화의 나라를 향한 여행이 시작되었다. 그것은 마치 자신의 비전을 구체화시킬 수 있는 비결을 발견한 마술사들이 펼치는 백일몽과 같았다……. 예카테리나 일행은 현실 세계를 뒤로하고 환상의 여행을 떠났다……. 그들은 이피게네이아와 고대의 신들을 화제로 삼았으며, 예카테리나는 자신이 알렉산드로스와 클레오파트라가 된 것 같은 착각에 빠졌다.
>
> — 기나 카우스(Gina Kaus)

유혹의 열쇠

현실 세계는 무자비하다. 날마다 우리가 통제할 수 없는 사건들이 일어나고, 사람들은 상대가 어떻게 느끼든 상관없이 각자 자신의 목표만 이루려고 한다. 거기다 우리가 원하는 것을 다 이루기도 전에 시간은 무정하게 흘러가 버린다. 만일 현재와 미래를 오로지 객관적인 관점에서만 바라본다면 절망할 수밖에 없다. 하지만 다행히도 인간에게는 꿈을 꿀 수 있는 능력이 있다. 꿈속에서는 미래가 온통 장밋빛 가능성으로 가득차 보인다. 꿈속에서 사람들은 내일 멋진 아이디어가 떠올라 부자가 될 수도 있을 텐데, 언젠가는 내 삶을 한순간에 바꾸어줄 누군가를 만날 수도 있을 텐데, 하는 생각을 한다. 오늘날의 문화는 기적 같은 사건과 행복한 로맨스에 관한 많은 이미지와 이야기를 만들어냄으로써 이와 같은 환상을 더욱 자극하고 부추긴다.

문제는 이런 환상이 오직 생각이나 영화 속에만 존재한다는 것이다. 우리는 손에 잡힐 것 같으면서도 잡히지 않는 꿈이 아니라 실제를 갈망한다. 유혹자는 사람들의 이와 같은 심리에서 착안해야 한다. 즉 상대가 꿈꾸는 환상에 피와 살을 공급해줄 수 있어야 한다. 그러려면 유혹자는 자신을 환상의 인물로 꾸며서 나타나든지, 상대의 꿈과 흡사한 시나리오를 만들어내든지 해야 한다. 마음에서 원하던 비밀스러운 욕망이 현실에 나타난 것 같은 착각을 하도록 하면 그 누구도 거부할 수 없다. 이런 점에서 실현되지 않은 꿈이나 억제된 열망을 가진 사람이야말로 유혹의 대상으로 제격이다. 환상을 천천히 만들어내면서 상대로 하여금 자신의 꿈이 성취되는 듯한 착각에 빠지게 만들라. 일단 착각에 빠지면, 상대는 그때부터 현실 감각을 모두 잃어버리고 유혹자가 만들어내는 환상을 현실보다 더욱 현실적인 것으로 믿게 된다. 그렇게 되면 그 후부터는 상대를 마음대로 다룰 수 있다.

사람들은 대부분 거창한 환상을 만들어내야 한다고 생각한다. 하지만 잘못된 생각이다. 거창하고 웅장한 환상을 만들려고 하려다가는 오히려 쉽게 속셈이 노출될 것이다. 상대에게 신뢰를 심어주려면 일단 정상적인 것에서부터 조금씩 환상을 만들어나가야 한다. 상대를 충분히 안심시킨 뒤에 속임수를 사용해야만 일사천리로 먹혀들 수 있다. 시페이푸는 처음부터 자신을 여성이라고 속이지 않았다. 그는 시간을 두고 부리스쿠가 자신을 신뢰하도록 만들었다. 부리스쿠가 자신을 여성이라고 믿게 한 뒤에도 그는 여전히 남장을 했다. 비현실적이어야만 환상을 불러일으킬 수 있다는 생각은 오해다. 지나치게 비현실적일 경우, 재미있을지는 몰라도 유혹의 힘을 가질 수는 없다. 기시감이나 어린 시절의 기억과 같이 낯설면서도 낯익은 듯한, 프로이트의 말을 빌리면 '기묘한' 분위기를 풍겨야 유혹의 힘을 발휘할 수 있다. 어떤 것이 기묘해 보일 때, 곧 현실과 비현실이 혼합된 것처럼 보일 때 비로소 상상력에 발동이 걸린다. 조금 비이성적이면서 동시에 꿈과 같은 현실을 만들어낼 수 있어야 한다. 따라서 터무니없어 보이는, 즉 완벽한 비현실적인 환상을 만들어내는 것은 금물이다. 현실에 근거를 두면서 동시에 극적이고 신비한 환상을 만들어내야 한다. 그런 환상을 만들어내야만 상대에게 어린 시절의 기억을 어렴풋이 떠올리게 할 수 있고, 영화나 책 속에 나오는 주인공과 같은 느낌을 줄 수 있다. 부리스쿠는 시페이푸에게서 '나비 이야기'에 얽힌 내용을 듣기 전부터 그에게서 이상하고 환상적인 느낌을 받았다. 시페이푸의 모습과 행동은 매우 정상적이었음에도 불구하고, 부리스쿠는 그에게서 기묘한 인상을 받았다. 이처럼 상대에게 기묘한 느낌을 갖게 만드는 비결은 정상적인 듯하면서도 암시적이고 미묘한 인상을 풍기는 것이다.

에마 하트는 18세기 영국의 평범한 가정 출신이었다. 그녀의 아버지는 시골의 대장장이였다. 에마는 아름다웠지만, 그 외에 남한테 내세울 만한 재능은 없었다. 하지만 그녀는 역사상 가장 위대한 유혹자 가운데 한 사람이 되었다. 그녀의 첫 번째 유혹 상대는 나폴리 왕국 주재 영국 대사였던 윌리엄 해밀턴이었다. 그녀는 해밀턴을 유혹해 그의 부인이 된 후에도 해군 제독 넬슨을 유혹했다. 사람들은 그리스 신화나 고대 역사에 나오는 여성과 같은 분위기를 풍기는 그녀에게서 기묘한 느낌을 받았다. 윌리엄 해밀턴은 그리스와 로마 시대의 물건을 수집하는 취미가 있었다. 에마는 그를 유혹하기 위해 그리스의 조각품 또는 당시의 그림에 나오는 신화적 인물과 비슷한 분위기를 연출했다. 그녀는 머리 스타일과 옷차림새뿐만 아니라 분위기와 행동거지까지 그리스 신화에 나오는 인물처럼 꾸몄다. 그녀는 마치 해밀턴이 수집한 그림 가운데 하나가 살아난 듯한 착각을 불러일으켰다. 해밀턴은 나폴리의 저택에서 여러 차례 파티를 열었다. 그때마다 에마는 고대 역사와 신화를 재현한 듯한 의상과 머리를 하고 나타났다. 그녀는 남자들에게 미의 화신처럼 보였다. 결국 수십 명의 남자들이 그녀와 사랑에 빠졌다. 그 이유는 간단했다. 그녀의 모습이 어린 시절부터 그리스 신화나 클레오파트라와 같은 역사적 인물에 익숙한 남자들의 추억을 되살려주었기 때문이다. 어느 문화권을 막론하고 사람들은 어렸을 때부터 신화와 역사에 얽힌 여러 가지 이야기를 듣고 자란다. 이런 정서를 되살려줄 수 있는 분위기와 자태를 연출할 수만 있다면 놀라운 유혹의 힘을 발휘할 수 있다.

어느 날 밤 나폴레옹의 누이였던 폴린 보나파르트는 자기 집에서 성대한 파티를 열었다. 파티가 끝나고 난 뒤 잘생긴 독일 장교가 그녀에게 접근해 나폴레옹 황제를 알현할 수 있도록 도와달라고 부탁했다. 폴린은 최선을 다해보겠다고 대답한 뒤, 이상야릇한 눈빛으로 다음 날 저녁 같은 장소로 와달라고 했다. 다음 날 그는 약속 장소로 나갔다. 그러자 한 젊은 여성이 기다리고 있었다는 듯 그를 반기더니 정원 근처에 있는 방들을 지나 화려한 목욕통이 준비된 휘황찬란한 객실로 안내했다. 얼마 지나지 않아 속이 훤히 비치는 옷을 입은 한 여성이 옆문을 통해 안으로 들어왔다. 다름 아닌 폴린이었다. 종이 울리자, 하녀들이 나타나 목욕을 준비했고, 그에게 가운을 입혀주고는 사라졌다. 나중에 그는 그날밤의 일을 마치 동화 속의 한 장면 같았다고 술회했다. 그가 받은 인상대로, 폴린은 의도적으로 자신을 신화에 나오는 유혹자처럼 꾸몄다. 폴린은 아름다웠을 뿐 아니라 권력까지 있었기 때문에 자신이 원하는 남자는 누구든 쉽게 손에 넣을 수 있었다. 하지만 그녀는 남자와 잠자리를 함께하는 것에는 별로 흥미를 느끼지 못했다. 그녀는 낭만적인 모험을 맛보게 해 남자의 마음을 사로잡고 싶었다. 그녀는 혼자서만 그런 모험을 즐겼던 것이 아니라, 상대방도 같은 환상에 빠져들게 만들었다.

다른 사람이 되어 보는 것은 상당히 즐거운 일이다. 이런 경험은 엄마도 되고, 아빠도 되고, 동화 속 주인공도 되면서 스릴을 만끽했던 어린 시절의 추억에서 비롯된다. 나이가 들고, 개인이 할 수 있는 사회적 역할이 고정되면서부터 사람들은 다양하게 역할을 바꾸며 놀았던 어린 시절을 그리워한다. 그래서 어른이 되어서도 여전히 그런 놀이를 즐기고 싶어한다. 사람들의 이런 심리를 이용해 환상에 빠져들게 만든다면 놀라운 유혹의 힘을 발휘할 수 있다. 마치 연극이나 소설처럼 분위기를 신비롭게 연출할수록 효과는 더욱 커진다. 폴린은 독일 장교에게 아무런 설명도 없이 다음 날 같은 장소에 나오라고 함으로써 이상야릇한 기대감을 불어넣었다. 그런 다음 그가 약속 장소에 모습을 드러내자 한 여성이 나타나 마치 동화에서처럼 이 방 저 방 보여주다가 넓은 객실에 혼자 덩그러니 놔두고 사라졌다. 폴린은 잠시 뜸을 들이다가 속이 비치는 옷을 입고 나타났다. 그러고는 나폴레옹 황제를 만나는 일에 대해서는 한 마디도 하지 않고 신비로운 분위기를 자아내면서 그를 동화의 세계로 인도했다. 그날밤의 일은 분명 현실이었지만, 에로틱한 꿈속을 거니는 듯한 착각을 불러일으키기에 충분했다.

카사노바도 종종 이와 같은 수법을 사용했다. 그는 여러 가지 물건이 가득 담긴 트렁크와 커다란 이동식 옷장을 가지고 여행을 다녔다. 그 안에는 주로 그가 유혹할 여성들에게 선물로 줄 부채나 보석, 장신구 따위가 들어 있었다. 그는 말이나 행동을 할 때도 자신이 읽었던 소설이나 예전에 들었던 이야기를 참고해서 그대로 재현했다. 그는 낭만적인 분위기를 한껏 고조시키며 상대방의 감각에 호소했다. 유혹자가 되려면 카사노바처럼 세상을 일종의 극장처럼 여겨야 한다. 허구적이고 비현실적인 이야기나 몸짓으로 사람들을 혼란스럽게 만들라. 배우들은 마음대로 역할을 바꿀 수 있다. 우리가 배우들을 부러워하는 이유는 그 때문이다. 하지만 굳이 배우가 아니더라도, 세상 전체를 극장처럼 생각하고 행동한다면 얼마든지 그와 같은 자유를 누리며 강력한 유혹의 힘을 발휘할 수 있다.

로앙 추기경은 마리 앙투아네트 왕비와 오랫동안 사이가 좋지 않았다. 그는 자신이 혹시 왕비의 비위를 거슬린 것은 아닌지 걱정되었다. 그도 그럴 것이 왕비는 그에게 눈길조차 주지 않으려고 했다. 그런데 1784년 라모트 백작부인이 왕비가 상황을 개선할 준비가 되어 있을 뿐만 아니라, 그와 친하게 지내고 싶어한다고 귀띔해주었다. 백작부인은 거기에 덧붙여, 왕비가 다음번에 있을 공식 접견 자리에서 고개를 끄덕여 이런 마음을 표할 것이라고 했다.

접견이 이루어지는 동안 로앙은 자신을 향한 여왕의 태도가 조금 변화했음을 감지했다. 왕비는 거의 눈치채지 못할 정도였지만, 어쨌든 그에게 은근한 눈길을 보냈다. 로앙은 말할 수 없이 기뻤다. 라모트 백작부인은 왕비에게 편지를 보내라고 제안했다. 로앙은 왕비에게 보낼 첫 번째 편지를 쓰느라 며칠을 소비했다. 그는 편지를 몇 번이나 고치고 또 고쳤다. 기쁘게도 여왕은 그에게 답장을 보내왔다. 그뿐이 아니었다. 왕비는 베르사유 궁전의 정원에서 개인적인 만남을 갖자고 청해왔다. 로앙은 행복하기도 하고 뭔가 불안한 마음이 들기도 해 제정신이 아니었다. 저녁 어스름에 그는 정원에서 왕비를 만났다. 그는 무릎을 꿇고 왕비의 옷자락에 입을 맞추었다. 왕비는 "당신은 과거가 잊히기를 바라겠죠"라고 말했다. 그 순간 두 사람은 인기척을 느꼈다. 왕비는 누군가가 자신들을 보고 있을지도 모른다는 두려움 때문에 시종들과 함께 얼른 모습을 감추었다.

하지만 로앙은 다시 왕비로부터 전갈을 받았다. 물론 이번에도 라모트 백작부인이 중간 다리 역할을 했다. 백작부인이 전하는 말에 따르면, 왕비는 세상에서 가장 아름다운 다이아몬드 목걸이를 손에 넣고 싶어한다고 했다. 하지만 왕이 너무 비싸다는 이유로 사주지 않으려고 해, 그 목걸이를 대신 구입해줄 중개인이 필요하다고 했다. 그녀는 그 일을 로앙에게 맡기고 싶어했다. 로앙은 기꺼이 그 일을 맡아서 처리해주겠노라고 했다. 그는 그 일을 통해 자신의 충성심을 입증하려고자 했다. 그는 그 일만 해주면 여왕이 자신에게 평생 잊지 못할 신세를 지게 되리라고 생각했다. 로앙은 결국 그 목걸이를 손에 넣었고, 여왕에게 전달하는 일은 라모트 백작부인이 맡았다. 로앙은 왕비가 곧 감사하다는 말과 함께 그에 상응하는 보답을 해줄 것이라고 기대했다.

하지만 그런 일은 결코 일어나지 않았다. 사실 라모트 백작부인은 굉장한 사기꾼이었다. 왕비는 로앙에게 눈길조차 준 적이 없었다. 그것은 순전히 로앙의 상상에 불과했다. 그가 받은 왕비의 편지 역시 가짜였다. 정원에서 만난 여인도 왕비의 역할을 하는 조건으로 돈을 받고 고용된 여자였다. 물론 로앙이 건넨 목걸이는 진짜였다. 하지만 백작부인의 손에 들어간 목걸이는 감쪽같이 증발해버렸다. 목걸이는 여러 부분으로 분해되어 유럽 전역에서 엄청난 가격에 매매되었다. 로앙이 마침내 왕비를 찾아가 불평을 토로했다. 곧이어 로앙이 다이아몬드 목걸이를 구입해 왕비에게 주었다는 소문이 온 세상에 파다하게 퍼졌다. 로앙은 왕비가 목걸이를 구입했으면서도 시치미를 뗀다고 말했다. 사람들은 로앙의 이야기를 진실로 받아들였다. 이 사건으로 앙투아네트 왕비의 위신은 땅에 떨어졌다. 하지만 이것은 시작에 불과했다.

사람들은 누구나 인생에서 무엇인가를 잃어버렸다고 생각하면서 실망의 고통에 휩싸인 채 살아간다. 따라서 잃어버린 것을 되찾을 수 있다는 생각, 즉 잘못된 것을 바로잡을 수 있다는 생각은 유혹적이다. 로앙은 왕비가 자신이 저지른 실수를 용서해줄 것이라는 생각이 들자, 즉시 환상에 사로잡혔다. 그는 왕비가 자신에게 눈길을 주었다고 생각했으며, 위조된 편지도 왕비의 친서로 착각했고(사실 왕비가 보냈다고 하는 편지들은 어딘지 어색한 점이 많았다), 매춘부와 왕비도 구별하지 못했다. 인간의 마음은 유혹에 약하다. 강한 욕구가 있을 때는 더더욱 그렇다. 과거를 바꾸고, 잘못된 일을 시정하고, 절망을 희망으로 바꾸고 싶은 욕구보다 더 강한 것은 없다. 이런 욕구가 있는 상대를 찾아 그럴듯한 환상을 심어준다면 마음대로 유혹할 수 있다. 그런 사람은 결코 유혹자의 속셈을 간파할 수 없다.

| **상징** | 지상 낙원. 모든 사람은 마음속으로 지상 낙원을 꿈꾼다. 그 안에서는 자신의 꿈과 소원이 이루어지고, 인생은 모험과 낭만으로 가득하다. 상대에게 그러한 지상 낙원이 바로 눈앞에 있다는 환상을 심어주라. 그러면 유혹의 덫에 깊이 걸려들 것이다.

반전

이 장에서 다룰 반전의 내용은 없다. 다만 환상을 만들어내지 않고서는 유혹이 성립될 수 없다는 말을 다시 한 번 강조하고 싶다. 현실적인 듯하지만 현실과는 동떨어진 세상을 꿈꾸게 만드는 환상이야말로 놀라운 유혹의 힘을 발휘할 수 있다.

세상에 단 둘뿐이라고
여기게 하라

· 고립 ·

고립된 사람은 나약하다. 천천히 상대를 고립시키면 다루기
가 훨씬 쉬워진다. 우선 심리적인 고립이 필요하다. 상대를
유쾌하게 해주며 관심을 끈 다음, 다른 생각을 모두 몰아내
야 한다. 한마디로 오직 유혹자만 바라보고 생각하게 만들어
야 한다. 둘째, 육체적인 고립이 필요하다. 자질구레한 일상
과 친구, 가족, 가정에서 벗어나 또 다른 세계로 들어가도록
만들어야 한다. 일단 이와 같은 고립 작전이 성공하면 상대
는 외부적인 도움을 전혀 받을 수 없기 때문에 유혹의 늪에
더욱 깊이 빠져들 수밖에 없다. 그러므로 유혹자는 상대를
자신의 세계로 깊숙이 끌어들일 수 있어야 한다. 그러면 낯
선 세상에 들어선 상대는 혼란 속에서 더욱더 유혹자에
게 의존하게 된다.

고립화: 이색적인 효과

기원전 5세기 초 중국 오나라의 왕 부차는 적수였던 월나라의 왕 구천과 전쟁을 벌여 대승을 거두었다. 구천은 포로로 잡혀 부차 왕의 마구간 일을 하는 하인으로 전락하고 말았다. 그러다가 그는 마침내 풀려나 고향으로 돌아가게 되었다. 하지만 그는 매년 공물로 많은 돈과 선물을 부차 왕에게 바쳐야 했다. 해가 거듭될수록 공물의 양이 늘어났고, 덕분에 오나라는 번영을 구가했다. 부차 왕 역시 점점 더 부자가 되었다.

그러던 어느 해 구천은 부차 왕에게 사절단을 보냈다. 아리따운 두 여인을 공물로 보내려고 하는데, 이에 대한 부차 왕의 의중을 알아오는 것이 그들의 임무였다. 호기심이 발동한 부차 왕은 그 제안을 흔쾌히 받아들였다. 며칠 뒤 두 여인이 오나라에 도착했다. 부차 왕은 그들을 궁궐로 데려오라고 명했다. 왕 앞에 나온 두 여인의 머리 모양은 진주를 비롯한 여러 가지 장신구와 물총새 깃털로 매우 화려하게 장식되어 있었다. 그들이 걸음을 옮길 때마다, 허리띠에 달린 보석 장신구들이 아름다운 소리를 내며 흔들렸다. 주위는 온통 두 여인이 풍기는 향수 냄새로 가득했다. 부차 왕은 몹시 기뻤다. 두 여인 가운데서도 유독 한 여인의 자태가 눈길을 끌었다. 그녀가 바로 서시다. 그녀는 부끄러운 기색도 없이 왕의 눈을 똑바로 쳐다보았다. 사실 그녀는 어린 나이에 어울리지 않게 요부와 같은 자태를 하고 있었으며, 온몸에서는 자신감이 흘러넘쳤다.

부차는 마음이 흡족해져 당장 연회를 열라고 명령했다. 궁궐 사람들은 곧 향연을 즐기기 시작했다. 서시는 술에 취해 왕 앞에서 춤을 추기 시작했고 노래도 불렀다. 그녀의 목소리는 매우 아름다웠다. 백옥으로 장식된 의자에 비스듬히 기대어서 누워 있는 그녀의 모습은 여신이 내려온 듯했다. 왕은 그녀 곁을 한시도 떠날 수 없었다. 다음 날부터 왕은 그녀의 뒤만 졸졸 따라다녔다. 더욱이 그녀는 뛰어난 재치와 해박한 지식까지 겸비해 왕을 놀라게 했다. 그녀는 왕보다 고전에 나오는 내용을 더 많이 알고 있었다. 정사를 논하기 위해 잠시 그녀 곁을 떠나 있을 때도 왕의 머릿속은 온통 그녀 생각뿐이었다. 왕은 곧 그녀도 정사를 논하는 자리에 참여시켰고, 그녀의 조언도 구했다. 그녀는 왕에게 대신들의 말에 귀 기울이지 말라고 했다. 그녀는 왕이 대신들보다 훨씬 현명하고 판단력도 뛰어나다면서 왕을 한껏 치켜세웠다.

　서시의 권력은 나날이 커져갔다. 하지만 그녀를 즐겁게 하기란 결코 쉬운 일이 아니었다. 부차 왕이 그녀의 소원을 들어주지 않으면, 그녀는 금세 눈물을 글썽거렸다. 그러면 왕은 마음이 눈 녹듯이 녹아 그녀의 소원을 들어주지 않을 수 없었다. 어느 날 그녀는 왕에게 수도 외곽에 자신을 위한 궁궐을 지어달라고 애걸했다. 물론 왕은 그녀의 소원을 들어주었다. 새로 지은 궁궐을 방문한 왕은 비록 자신의 돈으로 짓기는 했지만 그 화려함과 웅장함에 깜짝 놀랐다. 서시는 궁궐을 화려한 장식물로 가득 채웠다. 정원에 만들어진 인공 호수 위로는 아름다운 대리석 다리가 놓여 있었다. 부차는 그곳에서 점점 더 많은 시간을 보내기 시작했다. 그는 연못가에 앉아서 서시가 연못을 거울삼아 머리를 빗는 모습을 바라보거나, 보석으로 치장한 새장 안의 새들과 노는 모습을 넋을 잃고 바라보곤 했다. 특히 그는 그녀의 걸음걸이에 매료되었다. 그녀는 마치 미풍에 흔들리는 버드나무처럼 하늘거리며 궁궐 안을 걸어다녔다. 눈 깜짝할 사이에 여러 달이 지나갔다. 그는 대신들과 정사를 논하는 일도 빼먹었고, 가족과 친구들을 돌아보는 일도 잊었다. 그는 자신이 한 나라의 왕이라는 사실마저 까맣게 잊은 듯했다. 시간이 어떻게 흘러갔는지 알 수 없었다. 대신들이 와서 긴급하게 의논할 문제가 있다고 해도 정신이 산만해진 왕은 그들의 말을 귀담아듣지 않았다. 그는 날마다 서시와 시간을 보냈으며, 그녀가 혹시라도 화를 낼까봐 전전긍긍했다.

　마침내 그에게 나쁜 전갈이 날아들었다. 궁궐을 새로 짓느라 국고가 바닥이 났고, 백성들의 불만이 고조되고 있다는 소식이었다. 그는 성으로 돌아왔지만 때는 너무 늦고 말았다. 월나라가 오나라를 침략해 수도를 공격해 들어왔다. 부차 왕은 모든 것을 잃고 말았다. 그는 그토록 사랑하는 서시를 다시 만날 겨를도 없었다. 그는 한때 자신의 마구간을 돌보던 구천에게 사로잡히는 것보다는 죽는 것이 낫다고 생각했다.

　부차 왕은 구천이 수년 동안 이를 갈며 침략을 계획했다는 사실도, 서시의 유혹이 그 계획에서 주된 역할을 했다는 사실도 전혀 모른 채 몰락했다.

것을 직감했다……. 곧이어 주연이 베풀어졌고, 그 자리에서 서시는 이미 자신에게 기울어진 군주의 마음을 완전히 사로잡았다…….

"취흥이 오르자 그녀는 오나라의 노래를 불러 얼빠진 왕을 더욱 즐겁게 했다. 춤을 출 때도 그녀는 규칙적인 동작을 반복하는 듯하면서도 어느 순간에 이르면 온몸에서 육감적인 매력을 뿜어냈다……." 하지만 그녀는 춤과 노래만으로 왕을 기쁘게 한 것이 아니었다. 그녀는 기지도 있었고, 정치에 대한 식견도 뛰어나 왕을 놀라게 했다. 원하는 것이 있으면 그녀는 그저 눈물을 떨구기만 하면 되었다. 왕은 그녀가 우는 모습에 그만 마음이 녹아내려 그녀의 부탁이라면 뭐든 들어주었다. 범려가 말했던 대로, 그녀에게는 만인을 끌어당기는 자석 같은 매력이 있었다. 수많은 사람들이 자신들의 의지와는 상관없이 그녀에게 넘어가고 말았다……. 수를 놓은 비단 천 위에 산호와 보석을 박아넣은 휘장과 옥과 진주를 아로새긴 병풍은 그녀 주변에 넘쳐나는 사치품 가운데 일부일 뿐이었다……. 대궐 근처의 언덕에는 그때 이후로 우왕의 연못이라 불리는 유명한 연못이 있었다. 여기서 서시는 연못의 물을 거울삼아 목욕을 하면서 왕을 즐겁게 하곤 했다. 넋을 빼앗긴 왕은 그녀의 머리를 빗겨주기도 하면서 연못 주변을 서성였다.
— 엘로이즈 톨콧 히버트, 《사(紗) : 유명한 중국 여인들의 초상》

구천은 오나라를 침략하려는 자신의 계획이 착오 없이 진행되기를 원했다. 그의 적은 부차의 군대나 재력이 아니라 그의 정신이었다. 그는 부차의 관심을 딴 데로 돌릴 수만 있다면, 공무를 내팽개치고 결국에는 스스로 무너질 것이라고 생각했다.

구천은 자기 나라에서 가장 아름다운 여성을 물색했다. 그는 수년 동안 그녀에게 춤, 노래, 서예뿐만 아니라 옷 입는 법, 말하는 법, 요부처럼 행동하는 법 등 여러 가지 기술을 가르쳤다. 그녀는 자신의 역할을 충분히 소화해냈다. 그녀는 부차에게 잠시도 쉴 틈을 주지 않았고 부차는 그녀에게서 날마다 새롭고 이색적인 분위기를 느꼈다. 그녀의 머리 모양, 기분, 시선, 몸짓에 관심을 기울이면 기울일수록, 외교와 전쟁은 먼 나라 이야기가 되었다. 한마디로 그는 정신이 분산되어 아무것도 생각할 수 없었다.

오늘날의 사람들은 저마다 자신의 조그만 삶의 영역을 보호하며 살아가야 한다는 점에서 왕과 같다고 할 수 있다. 사람들은 주변 사람들과 친구들의 조언에 귀 기울이며 나름대로 책임감 있는 삶을 살아간다. 그리고 다른 사람들의 영향을 받지 않으려고 마치 성채처럼 높은 벽을 쌓고 그 안에 안주한다. 따라서 누군가를 유혹하려면 서시처럼 생각을 가득 채우고 있는 일들로부터 상대를 천천히, 부드럽게 격리시킬 수 있어야 한다. 사람들이 성채를 떠나게 하려면 이색적인 효과를 이용하는 것이 가장 좋다. 상대를 매료시킬 수 있는 특별한 것을 제공하라. 태도나 외모를 이색적으로 꾸미고, 상대를 다른 세계로 천천히 이끌어내야 한다. 요부처럼 순간순간 모습을 바꾸면서 상대가 정신을 차릴 수 없게 만들어야 한다. 그런 식으로 흔들어대면 상대는 감정적으로 변하게 마련이다. 이는 점차 상대가 무력해지고 있다는 증거다. 사람들은 대부분 자신들의 습관이나 의무에 편안함을 느끼지만, 한편으로는 지루해하며 색다른 것을 찾는 모순된 감정을 가지고 있다. 따라서 색다른 즐거움이 제공될 때, 조금 고민도 하고 의심도 하지만 결국에는 수용한다. 색다른 즐거움을 제공하면 제공할수록 상대는 더욱더 무력해진다. 그리고 대부분 오나라 부차처럼 정신을 차렸을 무렵에는 이미 늦은 경우가 많다.

고립화: '오직 당신뿐'이라는 생각

리타 헤이워스(Rita Hayworth)는 한때 사랑의 여신으로 알려졌던 미모의 여배우다. 1948년 당시 스물아홉이었던 그녀는 혼란에 빠져 있었다. 남편 오손 웰스와의 이혼, 모친 사망, 인기 침체 등과 같은 일련의 사건으로 그녀의 심경은 매우 복잡했다. 그녀는 그 해 여름, 유럽으로 건너갔다. 당시 오손 웰스는 이탈리아에 있었다. 그녀의 마음 한구석에는 남편과 다시 화해하고 싶다는 생각이 자리하고 있었다.

리타는 우선 프랑스령 리비에라로 갔다. 당시 그녀는 세상에서 가장 아름다운 여성으로 정평이 나 있었기 때문에 그녀가 도착하자마자 사방에서 초청이 쇄도했다. 특히 부유한 남성들이 그녀와 만나고 싶어했다. 선박왕 오나시스와 이란의 왕족도 거의 매일 그녀에게 전화를 해대며 만나달라고 간청했다. 하지만 그녀는 모두 거절했다. 며칠 뒤 그녀는 엘자 맥스웰로부터 칸에서 작은 파티를 열 계획이니 와달라는 초대를 받았다. 리타는 거절했지만 맥스웰은 드레스를 사줄 테니 파티가 끝날 무렵에 나타나 피날레를 장식해달라며 간곡하게 부탁했다.

리타는 이리저리 시간을 보내다가 어깨가 드러나는 그리스풍의 흰색 드레스 차림에 붉은 머리를 휘날리며 파티 석상에 모습을 나타냈다. 늘 그랬듯 사람들은 그녀의 모습에 넋을 잃었다. 파티에 참석한 사람들은 남녀를 불문하고 잠시 대화를 멈춘 채 그녀를 응시했다. 남자들이 찬탄의 시선으로 바라보았다면, 여자들의 시선에서는 질투심이 가득 느껴졌다. 한 남자가 급하게 다가와 그녀를 테이블로 안내했다. 당시 서른일곱이었던 그는 이슬람 세계의 지도자이자 세계 최대 갑부 가운데 한 사람인 아가 칸 3세의 아들 알리 칸(Aly Khan) 왕자였다. 그는 레이크로 악명을 떨치고 있었고, 리타 역시 그런 그의 명성을 익히 알고 있었다. 칸 왕자는 한시도 그녀 곁에서 떠나지 않았다. 그는 할리우드에 관한 일과 그녀의 관심사를 비롯해 많은 질문을 던졌다. 그녀는 잠시 숨을 돌린 뒤, 질문에 대답하기 시작했다. 파티장에는 다른 아름다운 여인도 많았지만, 알리 칸은 다른 여인을 모두 무시한 채 마치 그곳에 여인이라곤 리타 한 사람밖에 없는 듯 행동했다. 잠시 후 그는 그녀에게 춤을 추자고 청했다. 그의 춤 솜씨는 나무랄 데

카이로에서 알리는 줄리에트 그레코와 다시 마주쳤다. 그가 그녀에게 춤을 청했다. "당신, 평판이 아주 나쁘던데요. 우린 서로 멀찍이 떨어져 있는 것이 좋겠어요." 그녀가 대답했다. "내일 뭐할 거요?" 그는 물러서지 않았다. "내일은 베이루트행 비행기를 탈 거예요." 그녀가 비행기에 오르자, 언제 탔는지 알리가 씩씩 웃으며 그녀를 놀라게 했다……. 몸에 딱 달라붙는 검정 가죽 바지와 검정 스웨터 차림의 그레코는 느긋한 자세로 파리에 있는 자택의 안락 의자에 앉아 이렇게 말했다. "사람들은 나더러 위험한 여자라고 하죠. 알리야말로 위험한 남자였어요. 그에게서는 아주 독특한 매력이 느껴졌어요. 왜, 여자를 아주 잘 다루는 남자들 있잖아요. 여자를 레스토랑에 데리고 가서는 굉장한 미인이 들어와도 쳐다보지도 않죠. 그런 남자는 여자를 여왕처럼 느끼게 해주죠. 물론 난 다 알고 있었어요. 그럴 때면 난 웃으면서 미인을 가리키곤 했죠. 하지만 난 미인은 아니에요……. 대부분의 여자들은 그런 식의 관심에 매우 행복해하죠. 그러고는 이렇게 생각하죠. '그래, 내가 주인공이야.' …… 알리와 함께 있으면 여자들은 자기가 이 세상에서 가장 중요하다는 착각에 빠질 수밖에 없어요……. 한마디로 그는 탁월한 유혹자예요. 그와 함께 있으면 근심 걱정은 사라지고 모든 것이 잘될 거라는 생각을 하게 되어요. 그는 늘 '당신을

위해 뭘 해주면 좋을까,
뭐 필요한 거 없소?'라고
물죠. 그러고는 비행기표,
자동차, 배, 뭐든 대령하죠.
마치 분홍빛 구름을 타고
있는 듯한 기분이었어요."
— 레너드 슬레이터
(Leonard Slater),
《알리 전기
(Aly: A Biography)》

앤: 왕(헨리 6세)을 죽이지
않았단 말인가요?/
리처드: 시인하오……/
앤: 당신에게 어울리는 곳은
지옥밖에 없어요./
리처드: 아니, 또한 군데
있소, 당신이 듣고 싶다면,
얘기해주리다./
앤: 그야 지하 감옥일 테지./
리처드: 당신의 침실이오./
앤: 어디에 눕든
저주가 있어라!/
리처드: 그럴 거요,
당신과 함께 눕게
되기까지는……
그렇지만 앤……/
플랜태저넷 왕가의 헨리와
에드워드 왕자를/
때이른 죽음으로 몰아넣은
장본인도 살인자 못지않게
비난받아야 하지 않겠소?/
앤: 당신이야말로 저주받아
마땅한 그 장본인 아닌가요./

없이 훌륭했지만, 리타는 불편함을 느꼈다. 춤을 추는 동안 그가 몸을 너무 밀착시켰기 때문이다. 하지만 그가 호텔까지 데려다주겠다고 제안했을 때 그녀는 마다하지 않았다. 그들은 전망 좋은 도로를 시원하게 질주했다. 아름다운 밤이었다. 그녀는 그날 저녁만큼은 자신의 모든 문제를 잊어버릴 수 있었다. 그녀는 알리 칸 왕자의 호의가 고맙기는 했지만, 여전히 웰스를 사랑했다. 그녀는 알리 칸 왕자와 같은 레이크와는 사랑을 나눌 생각이 전혀 없었다.

알리 칸 왕자는 사업차 며칠 떠나 있어야 했다. 그는 자신이 돌아올 때까지 그녀에게 리비에라에 머물러 달라고 애걸했다. 일을 하는 중에도 그는 그녀에게 계속 전화를 했다. 매일 아침 커다란 꽃바구니가 배달되었다. 그는 이란의 팔레비 왕이 그녀를 만나기 위해 혈안이 되어 있다는 사실 때문에 매우 초조해 보였다. 결국 그는 리타를 설득해 팔레비 왕을 만나지 않겠다는 약속을 받아냈다. 그 사이 한 집시 점쟁이가 리타가 묵고 있는 호텔을 방문했다. 리타는 점쟁이에게 운세를 봐달라고 부탁했다. 그러자 집시 점쟁이는 "당신은 지금 인생에서 가장 멋진 로맨스를 시작할 즈음에 있습니다……. 상대는 당신이 이미 알고 있는 사람입니다……. 당신은 그에게 상냥하게 대해야 하며, 그를 받아들여야 합니다. 그러면 당신은 오랫동안 행복을 누리게 될 것입니다'라고 말했다. 리타는 자신의 상대가 누군지 알 수 없었지만, 어쨌든 리비에라에 좀 더 머물기로 결정했다. 마침내 알리 칸이 돌아왔다. 그는 지중해가 보이는 자신의 성에 가면 성가신 취재기자도 피할 수 있고 복잡한 일도 잊을 수 있을 것이라며 같이 가자고 제안했다. 그러면서 신사답게 행동하겠다고 약속했다. 그녀는 그의 제안을 받아들였다. 성에서의 생활은 마치 동화 속 같았다. 그녀가 가는 곳마다 인도인 하인들이 따라다니며 시중을 들었다. 밤이면 그는 성에 있는 거대한 무도회장으로 그녀를 안내해 단둘이 춤을 추었다. 그녀는 혹시 알리 칸 왕자가 점쟁이가 말한 그 남자가 아닐까 하는 생각이 들었다.

알리 칸은 자기 친구들을 불러 그녀를 소개했다. 알리 칸의 친구들 틈에 낀 그녀는 다시 혼자라는 느낌이 들었다. 그녀는 성을 떠나기로 결정했다. 그때 마침 알리 칸은 그녀의 마음을 읽기라도 한 듯 그녀를 스페인으로 데려갔다. 그녀는 스페인의 정취에 흠뻑 취했다. 하지만 낌새를 챈 기자들이 그 둘 사이의 관계를 취재하려고 몰려들었다. 당시 리타는 웰스와의 사이에서 낳은 딸이 있었다. 그녀는 자신이 알리 칸과 같은 레이크와 어울린다는 소문이 나면 딸아이 앞에서 떳떳하지 못할 것이라는 생각이 들었다. 하지만 알리 칸은 그림자처럼 붙어다니며, 그녀를 취재 기자들로부터 보호해주었다. 그녀는 전보다 더욱 고립되었으며, 자연히 알리 칸을 의지하게 되었다.

여행이 끝날 무렵 알리 칸이 그녀에게 청혼을 했다. 그녀는 그의 청혼을 거절했다. 그가 결혼 상대자로는 적합하지 않다고 생각했기 때문이다. 그러나 그는 할리우드까지 그녀와 동행했다. 그런데 할리우드로 돌아온 그녀는 자신의 친구들이 웬일인지 예전만큼 친절하지 않다는 느낌을 받았다. 그런 상황에서 그녀가 의지할 사람은 알리 칸밖에 없었다. 일 년 뒤 그녀는 마침내 고집을 꺾고 연예계 생활을 뒤로한 채 알리 칸이 있는 지중해의 성으로 옮겨 그와 결혼했다.

해석 ———

다른 많은 남자처럼 알리 칸 역시 〈질다(Gilda)〉라는 영화를 보는 순간부터 리타 헤이워스를 연모했다. 1948년의 일이었다. 그는 어떻게 해서든 그녀를 유혹하겠다고 결심했다. 그는 그녀가 리비에라에 온다는 소식을 듣자마자 친구인 엘자 맥스웰에게 그녀를 파티에 초대해 자기 옆에 앉게 해달라고 부탁했다. 그는 그녀가 남편과 이혼한 상태이며, 정신적으로 매우 약해진 상태임을 알고 있었다. 그녀의 삶을 구성하고 있는 부분, 즉 그녀가 안고 있는 문제와 다른 남자로부터 그녀를 고립시키는 것이 그의 전략이었다. 물론 자신의 동기에 관한 그녀의 의심을 불식시키는 것도 중요했다. 우선 그는 그녀의 삶에 지대한 관심을 보이는 것으로 작전을 개시했다. 그는 날마다 전화를 해대는 한편, 꽃다발과 선물을 보내 그녀의 마음속에 자신의 존재를 심어놓았다. 그는 심지어 점쟁이까지 고용해 리타의 마음을 흔들어놓았다. 그는 그녀가 자기에게 의존하기 시작하자, 친구들을 초대해 그녀가 소외감을 느끼도록 하고 자기에게 더욱더 기대게 만

리처드: 당신의 미모가
바로 이 일의 원인이었소./
당신의 미모는 자는
동안에도 유령처럼
나를 따라다녔소/
단 한 시간만이라도 당신의
그 포근한 가슴에 안길 수만
있다면, 온 세상
사람들인들 죽이지 못할까.
— 윌리엄 셰익스피어,
《리처드 3세》

내 사랑, 내 누이여/
생각해보라/
거기 가서 같이
사는 감미로움을!/
한가로이 사랑하고/
사랑하다 죽으리/
그대 닮은 그 고장에서!/
그 흐린 하늘의 젖은 태양은/
내 마음에는 무한한
신비로운 매력/
눈물 속에서/
반짝거리는/
믿지 못할 그대 눈동자처럼/
거기엔 모두가
질서와 아름다움/
호사와 고요,
그리고 쾌락……/
보라, 저 운하에
잠이 든 배들을/
방랑벽에 젖은 그들을./
하늘은 그대 욕망/

들었다. 스페인 여행은 그에 대한 리타의 의존심을 더욱 증폭시켰다. 낯선 나라에서 취재 기자들에게 휩싸인 그녀는 그의 도움을 받을 수밖에 없었다. 그는 점차 그녀의 마음을 정복하기 시작했다. 그녀가 도움이 필요한 순간 그는 기꺼이 손을 내밀어 도왔다. 약해질 대로 약해진 그녀는 결국 그의 유혹에 말려들 수밖에 없었다. 유혹에 말려든 순간, 그녀는 그가 악명 높은 레이크라는 사실을 까맣게 잊어버린 채 그에 대한 의심의 마음을 모두 접고 말았다.

알리 칸이 위대한 유혹자가 될 수 있었던 것은 그가 가진 부나 외모가 아니었다. 그는 사실 별로 잘생기지 않았다. 더구나 재산은 많았지만 워낙 악명이 높아서 사람들에게 그다지 좋은 소리도 듣지 못했다. 그가 성공을 거둔 이유는 상대를 천천히 고립시킨 전략 때문이었다. 그는 상대 여성에게 이 세상에 여자는 오직 그대뿐이라는 생각을 갖게 만들 정도로 강렬한 관심을 쏟아부었다. 여성들은 대부분 남성으로부터 강렬한 관심을 받게 되면 언뜻 거부감을 느끼지만 속으로는 매우 즐거워한다. 그러면서 그들은 자신도 알지 못하는 사이에 상대 남성에게 천천히 의존하게 된다. 리타의 경우도 마찬가지였다. 그녀는 친구들을 비롯해 그동안 알고 지냈던 세계로부터 점차 고립되었다. 그럴수록 그녀는 오직 자기만 사랑하며 관심을 기울여주는 알리 칸에게 끌렸다. 게다가 알리 칸은 때맞춰 스페인과 같은 멋진 장소로 리타를 데리고 갔다. 스페인은 그에게는 익숙한 곳이었지만 리타에게는 생소하고 낯선 곳이었다. 알리 칸은 바로 그 점을 노렸다.

유혹을 하려면 상대가 의심할 만한 기회를 제공해서는 안 된다. 상대가 다른 생각과 근심, 문제를 모두 잊을 수 있을 만큼 강렬한 관심을 쏟아부어야 한다. 사람들은 자신을 위해 모든 것을 다 알아서 처리해주는 사람의 유혹을 기다린다는 사실을 기억하라. 사람들은 대개 이런 사람 앞에서는 무기력하게 고립되는 것조차 즐거움으로 여긴다.

상대를 오지에 빠뜨려라. 그러면 그들은 달아나기 전에 죽고 말 것이다.

― 손자(孫子)

유혹의 열쇠

사람들은 겉으로는 강해 보인다. 그들은 각자 자신의 삶을 잘 통제하며 사는 것처럼 보인다. 하지만 사실은 그렇지 않다. 겉보기와는 달리 사람들은 연약하기 짝이 없다. 친구와 가족, 일상생활에 둘러싸여 살아가는 동안은 아무런 두려움 없이 자신만만한 삶을 살아가는 것처럼 보인다. 하지만 낯익은 것으로부터 고립되는 순간에는 전혀 다른 사람이 된다.

겉으로 보기에 강하고 안정된 삶을 살아가는 사람은 유혹하기가 어렵다. 하지만 아주 강한 것처럼 보이는 사람이 의외로 약할 수 있다. 강렬한 관심을 퍼부으며 친구와 가족을 비롯해 익숙한 세계로부터 고립시키면 상대는 무너진다. 유혹자가 되려면 상대가 오로지 자신만을 바라볼 수 있도록 모든 것을 차단할 수 있어야 한다. 상대의 습관을 뒤흔들어놓음과 동시에, 한 번도 해보지 않은 일을 하게끔 만들라. 그러면 그들은 감정적으로 변해 다루기가 훨씬 쉬워진다. 중요한 점은 어떤 일을 하든 그런 경험이 즐겁게 느껴지도록 해야 한다는 것이다. 그럴 경우 상대는 자신이 익숙하게 해오던 일이나 그동안 의지해오던 것들로부터 점차 멀어진다. 그렇게 되면 상대는 어둠이 무서워 엄마를 애타게 찾는 아이처럼 도움을 청하게 된다. 전쟁에서처럼 유혹에서도 상대방을 고립시켜 무력하게 만들어야 한다.

새뮤얼 리처드슨이 1748년에 쓴 《클라리사》라는 소설에 보면, 러블레이스라는 레이크가 소설의 여주인공을 유혹하는 내용이 나온다. 그녀의 이름은 클라리사로 아름답고 정숙한 처녀였다. 그녀는 가족들의 사랑과 보호를 받으며 지냈다. 하지만 러블레이스는 교활한 유혹자였다. 그는 먼저 클라리사의 언니인 아라벨라를 유혹했다. 그들은 서로 잘 어울리는 것 같았다. 하지만 러블레이스는 클라리사에게 갑자기 관심을 돌려 자매끼리 경쟁을 붙여 아라벨라를 분노하게 만들었다. 러블레이스의 태도 변화를 못마땅하게 여긴 오빠 제임스는 그와 결투를 벌이지만 부상을 입고 만다. 온 집안 사람들이 달려들어 러블레이스의 행위를 저지했지만, 그는 여전히 클라리사에게 몰래 편지를 보내기도 하고, 친구 집을 방문한 그녀를 찾아가 만나기도 했다. 그 사실을 안 가족들은 그녀의 행실이 단정하지 못하다고 나무라지만 클라리사는 결백했다. 그녀는 러블레이스에게 편지를 보내라고 한 적도 없었고, 방문해달라고 호소한 적도 없었다. 모두 러블레이스 혼자 꾸민 일이었다. 결국 그녀의 부모는 그녀를 나이가 지긋한 부자 남자에게 시집보내기로 결정했다. 하지만 그녀는 그와의 결혼을 원치 않았다. 세상에서 혼자가 된 듯한 클라리사의 마음은 결국 러블레이스에게로 향했다. 그녀는 그만이 자신을 어려운 상황에서 구원해 줄 수 있다고 생각했다. 러블레이스는 그녀를 빼돌려 런던으로 데려갔다. 이로써 클라리사는 끔찍한 결혼은 피했지만, 세상의 모든 것으로부터 철저히 고립되고 말았다. 상황이 그렇게 되자, 그녀의 마음은 자연스럽게 러블레이스에게 기울었다. 하지만 이 모든 것이 처음부터 끝까지 러블레이스의 철저한 계획 아래 이루어진 일이었다. 자매 사이를 이간질시킨 일, 식구 모두를 소란에 휘말리게 한 일, 클라리사를 점차 그들로부터 고립시킨 일 등 모든 것이 그의 시나리오였다.

유혹을 가로막는 가장 큰 장애물은 종종 상대의 가족이나 친구들이다. 그들은 상황을 객관적으로 볼 수 있는 입장에 있기 때문에 잘못된 유혹에 빠지지 않도록 조언과 보호를 제공할 수 있다. 따라서 상대를 유혹하려면 먼저 가족과 친구로부터 고립시켜야 한다. 가족과 친구들이 말리는 이유는 오히려 행운을 시기하기 때문이라는 암시를 주든지, 아니면 인생의 진정한 행복을 모르는 사람들이라고 몰아붙여라. 아직 삶의 주관이 뚜렷하게 서 있지 않고 권위에 저항하려는 경향이 있는 젊은 사람들에게는 두 번째 이유를 대는 것이 좀 더 효과적이다. 지루한 일상을 대변하는 부모나 친구들과 달리, 그들에게 인생의 즐거움과 모험을 제공할 수 있는 사람이라는 인상을 심어주어야 한다.

셰익스피어의 희곡 《리처드 3세》에 보면 리처드는 왕이 되기 전, 글로스터 공작일 때 헨리 6세와 그의 아들 에드워드 왕자를 살해했다. 그들을 살해한 직후 그는 에드워드 왕자의 미망인인 앤을 유혹했다. 그녀는 글로스터 공작이 자신과 가장 가까운 사람들을 살해한 사실을 잘 알고 있었기 때문에 그를 증오했다. 하지만 리처드는 이에 조금도 굴하지 않고 그녀를 유혹했다. 그의 방법은 단순했다. 그는 그녀를 너무 사랑했기 때문에 그들을 죽일 수밖에 없었다고 말했다. 그는 자기 외에 다른 누군가가 그녀를 사랑한다는 것을 참을 수 없었고, 결국 그런 감정이 너무나 강렬해 살인을 저질렀다고 설명했다. 물론 앤은 그의 뻔뻔스러운 설명을 믿지 않았다. 그녀는 그를 미워했다. 하지만 리처드는 매우 집요했다. 앤은 세상에서 자신을 보호해줄 사람은 아무도 없다는 생각에 극도의 외로움을 느꼈다. 그런데 놀랍게도 그 순간 집요한 그의 구애가 효과를 발휘하기 시작했다.

물론 유혹하기 위해 살인은 결코 필요하지 않다. 하지만 유혹을 하려면 상대의 과거를 지워없애는 작업이 필요하다. 사람은 누구나 과거에 관계를 가졌던 사람을 잊지 못한다. 상대가 과거의 사람을 생각하며 현재의 사람이 그보다 못하다는 생각을 갖게 되면 유혹은 결코 성사되지 않는다. 따라서 상대가 그러한 생각을 가지지 못하게 해야 한다. 다시 말해 현재의 즐거움과 관심으로 과거를 깡그리 잊게 만들어야 한다. 필요하다면 은근히 옛 연인들을 깎아내릴 수 있는 방법을 찾는 것도 좋다. 과거가 남긴 상처를 헤집는 한이 있더라도 훨씬 더 즐겁고 행복한 현재와 비교하게 함으로써 다시는 과거로 돌아가고 싶지 않다는 인식을 심어줘야 한다. 상대를 과거로부터 고립시킬수록 현재의 유혹에 더욱 깊게 빠져들게 만들 수 있다.

상대를 고립시키는 방법이 반드시 심리적일 필요는 없다. 실제로 낯선 장소로 여행을 떠나는 것도 방법이 될 수 있다. 알리 칸이 사용했던 방법이 바로 그런 경우다. 세상과 격리된 장소에 가면 사람들은 좀 더 관능적인 즐거움을 추구하게 된다. 티베리우스 황제는 카프리 섬에 안착한 뒤 방탕한 삶에 빠져들었다. 유혹할 상대와 여행을 갈 경우 자칫 신비감이 깨어질 수도 있고 속셈이 드러날 수도 있지만, 볼거리가 많은 여행을 할 경우 그런 위험을 얼마간 피할 수 있다. 이는 여행의 즐거움에 도취되어 서로의 속된 모습을 어느 정도 감출 수 있기 때문이다. 클레오파트라는 카이사르에게 나일 강 유람을 제안했다. 이집트의 풍취에 빠져든 카이사르는 점차 로마로부터 고립되었고, 그럴수록 클레오파트라에게 깊이 끌려들었다.

21세기 초 레즈비언이었던 나탈리 바니는 프랑스의 여류 시인 르네 비비앙과 사랑을 나누었다. 두 사람의 관계는 만남과 헤어짐을 반복하면서 한동안 계속되었다. 한 번은 나탈리 바니가 비비앙의 사랑을 얻으려고 그녀를 레스보스 섬으로 데려갔다. 그녀는 전에도 여러 차례 방문한 적이 있었기 때문에 섬에 대해 잘 알고 있었다. 그렇게 함으로써 나탈리는 르네를 세상으로부터 고립시키는 한편 레스보스 섬의 매혹적인 정취에 흠뻑 취하게 만들었다(레스보스 섬은 전설적인 레즈비언 시인이었던 사포의 고향이다). 다시 마음의 문을 연 비비앙은 나탈리가 마치 사포라도 된 것처럼 생각했다. 유혹할 상대를 아무 데나 데려간다고 능사는 아니다. 가장 큰 효과를 발휘할 수 있는 장소를 선택하는 것이 중요하다.

고립이 지닌 유혹의 효과는 단순히 성적인 영역에 머물지 않는다. 마하트마 간디의 추종 세력이 되려면, 입문자는 일단 친구와 가족을 비롯해 세상과의 모든 끈을 끊어야 했다. 이는 종교의 경우도 마찬가지다. 사람들은 과거를 버리고 모든 관계로부터 단절된 상태에 이를 때 오로지 한 가지에 매달리게 된다. 카리스마 넘치는 정치가들도 사람들의 소외감을 조장해 자기에게만 관심을 쏟게 만든다. 예를 들어 존 F. 케네디가 그랬다. 그는 아이젠하워가 통치하던 1950년대의 안정기를 가리켜 미국인의 모험 정신을 나약하게 만든 시대라며 은근히 깎아내렸다. 그는 '뉴프런티어'를 내세우며 미국인들에게 자기와 함께 새로운 모험의 시대를 열어가자고 호소했다. 그의 말은 당시의 젊은 세대를 사로잡았고, 그들은 결국 가장 열성적인 그의 지지 세력이 되었다.

마지막으로 유혹에는 즐거움과 동시에 위험이 따른다는 점을 상대에게 암시할 수 있어야 한다. 다시 말해 스릴 있는 쾌락을 얻는 대신 과거의 일부, 즉 그동안 소중하게 여겨왔던 것들을 버려야 한다는 점을 주지시켜야 한다. 비행기에서 낙하할 경우 스릴과 동시에 약간의 공포심을 느낀다. 공포심이 너무 커도 문제지만, 약간의 공포심은 마치 음식의 양념처럼 유혹의 즐거움을 더욱 증폭시킨다. 유혹자는 이런 인간의 심리를 잘 이용할 줄 알아야 한다.

| **상징** | 피리 부는 사나이. 빨강과 노랑 얼룩무늬 옷을 입은 피리 부는 사나이를 따라 동네 꼬마들이 마을을 빠져나온다. 그들은 피리 소리에 매혹되어 어디로 가는지도 모르고 가족들을 뒤에 버려둔 채 그를 따라간다. 그들은 그가 자신들을 세상과 영원히 단절된 동굴 속으로 끌고 가는 줄 전혀 눈치채지 못한다.

반전

고립화 전략을 사용할 때 자칫 범하기 쉬운 잘못은 다음과 같다. 즉 너무 빠른 속도로 상대를 고립시키면 놀라서 도망칠 가능성이 농후하다. 따라서 고립화 전략을 사용할 때는 서두르지 말고 천천히 진행해야 한다. 고립 자체를 눈치채지 못하고 오히려 그것을 즐거움으로 생각할 수 있도록 만들어야 한다. 사람들은 매우 연약하기 때문에 대개는 자기가 맺어온 과거의 끈을 끊으려고 하지 않는다. 파멜라 해리먼은 자신의 희생자들을 가족들과 옛 연인들로부터 격리시켜 새로운 즐거움과 쾌락을 제공하는 전략을 사용했다. 그녀는 그들에게 강렬한 관심을 쏟아부으며, 그들이 원하는 것을 모두 제공했다. 억만장자인 에이버럴 해리먼을 유혹할 때도 그녀는 말 그대로 그에게 새로운 가정을 만들어 주었다(결국 그녀는 그와 결혼했다). 그 안에서 그는 과거를 잊고 현재의 즐거움을 만끽할 수 있었다. 상대를 과거의 익숙한 것과 단절시킨 이후에는 너무 오랫동안 그런 상태로 방치해서는 안 된다. 상대가 다시 익숙하게 여길 수 있는 분위기와 환경을 만들어 새로운 안락함을 느낄 수 있도록 해야 한다.

STEP 3
빠져나갈 수 없게 하라
—
가속화

지금까지 해온 모든 유혹의 과정을 더욱 가속화시키는 것이 이 단계의 목적이다. 즉 3단계는 상대가 가지고 있는 사랑의 감정과 긴장감을 더욱 강렬하게 만드는 단계다. 상대를 완전히 유혹하려면 희망과 절망 사이를 오가게 만들어 무력해질 대로 무력해진 상태에서 유혹의 미끼를 덥석 물게끔 해야 한다. 상대를 위해 무슨 일이라도 할 수 있다는 고귀한 희생 정신을 보여줄 때 상대의 마음을 움직일 수 있다(16장: 상대방에 대한 나의 진심을 입증하라). 사람은 누구나 어린 시절의 상처와 억눌린 욕망과 잃어버린 꿈을 가지고 있다. 이러한 욕망과 상처를 파고들면서 잃어버린 꿈과 이상을 다시 이룰 수 있다는 확신을 심어주면, 자연히 상대의 내면 깊숙한 곳으로 뚫고 들어가 주체할 수 없는 감정을 자극할 수 있다(17장: 상대의 보호본능을 자극하라). 이 시점에 이르면, 위기 의식을 조성해 상대가 지니고 있는 억눌린 욕구를 과감하게 드러내도록 만들어야 한다(18장: 은밀한 일을 함께해 죄책감을 공유하라).

유혹의 마력을 깨뜨리지 않으려면 뭔가 고상한 면이 있는 것처럼 위장해야 한다. 즉 상대에게 접근하는 이유가 욕망 때문이 아니라 피할 수 없는 운명, 심지어는 뭔가 성스럽고 고상한 생각 때문인 것처럼 보여야 한다(19장: 정신적 고귀함을 공유한다고 여기도록 만들라). 다시 말해 관능적인 것을 정신적인 것으로 덮어야 한다. 이때부터는 공포와 불안을 조성하면서 마치 낭떠러지에서 밀어 떨어뜨리듯 상대를 유혹의 깊은 골짜기로 떨어지게 만들어야 한다(20장: 나로 인해 상대방이 불안을 느끼도록 행동하라). 이런 상태에 처하면 상대는 엄청난 긴장감을 느끼면서 구조를 요청해올 것이다.

상대방에 대한
나의 진심을 입증하라

· 기사도 ·

사람들은 대부분 유혹받기를 원한다. 그러면서도 유혹에 선
뜻 넘어가지 않는 이유는 유혹자의 동기나 진의를 의심하기
때문이다. 상대의 의심을 불식시키려면 적절한 시기에 사랑
을 입증할 수 있는 행동을 보여주어야 한다. 어리석게 보이
면 어쩌나 혹은 실수를 하면 어쩌나 하는 생각을 버리고 상
대를 위해 기꺼이 모든 것을 희생할 수 있는 것처럼 보여야
한다. 일단 그런 행동을 통해 상대에게 깊은 인상을 남기면,
상대는 다른 것을 보지 않게 된다. 그러므로 사람들의 지탄
이나 비웃음을 겁내지 말고 적절한 시기에 한껏 기사도를 발
휘하라. 아무도 흉내 낼 수 없는 일을 할 때, 사람들은 감동
한다.

사랑의 증거

사람들은 종종 억눌린 자들을 위해 정의를 실현하겠다고 호언장담하기도 하고, 온갖 고상한 말로 상대방을 진정으로 사랑한다고 주장하기도 한다. 하지만 말만 하고 실천이 뒤따르지 않으면, 그들의 진의는 의심받을 수밖에 없다. 우리는 그런 사람을 사기꾼이나 위선자 아니면 겁쟁이라고 여긴다. 입에 발린 말은 시간이 지나면 들통 나게 되어 있다. 따라서 유혹을 하려면 말과 행동이 일치하는 사랑의 증거를 보여주어야 한다.

사랑의 증거는 두 가지 기능을 수행한다. 첫째, 상대의 의심을 불식시켜준다. 둘째, 그 자체로 무한한 유혹의 힘을 발휘한다. 용감하고 사심 없는 행동은 상대의 마음을 감동시킨다. 물론 그렇다고 상대를 유혹하는 과정에서 모든 것을 잃어버릴 정도로 용감하고 사심 없는 행동을 할 필요는 없다. 고상하게 보이는 것만으로도 충분하다.

유혹을 하는 과정에서 저항에 부딪히는 것은 당연하다. 물론 많은 장애물을 극복할수록 그에 따르는 기쁨은 크겠지만, 상대의 저항을 잘못 해석함으로써 실패하는 경우도 적지 않다. 무엇보다 상대의 저항에 부딪힐 때 너무 쉽게 포기하는 것이 문제다. 이는 유혹의 본질을 전혀 모르기 때문이다. 사실 상대의 저항은 알게 모르게 유혹에 끌려오고 있다는 증거다. 냉정하고 초연한 사람은 유혹하기 어렵지만, 긍정적이든 부정적이든 일단 감정을 드러내는 사람은 유혹하기가 쉽다. 저항을 한다는 의미는 상대의 감정이 움직였음을 의미한다. 저항의 감정은 애정의 감정으로 발전할 가능성이 높다. 상대가 당신을 믿지 못해 저항할 경우, 사심 없는 행동을 통해 사랑을 입증해야 한다. 상대가 도덕을 이유로 혹은 다른 사람에게 충실하기 위해 저항하는 경우에도 용감하고 사심 없는 행동을 보이면 마음을 움직일 수 있다. 위대한 유혹자 나탈리 바니는 "도덕적일수록 유혹을 원한다"는 유명한 말을 남겼다.

사랑을 입증할 수 있는 방법은 두 가지다. 첫째, 상대가 도움을 필요로 하거나 부탁해올 때 기꺼이 나서서 처리해주는 방법이다. 물론 그런 상황은 부지불식간에 오기 때문에 미리 예측할 수는 없다. 하지만 언제든 준비된 상태로 대기할 수는 있다. 상대에게 도움을 줄 때는 원하는 것 이상으로 충분히 해주는 것이 좋다. 즉 상대가 기대하는 것보다 더 많은 시간과 물질과 희생을 아끼지 말아야 한다. 상대가 일부러 시험해보려고 도움을 요청하거나 부탁을 해올 수도 있다. 따라서 조금이라도 주저하거나 내키지 않는 모습을 보여서는 안 된다. 상대의 요구가 지나쳐도 직접적인 말로 싫다는 의사를 내비치지 말고, 간접적인 방식(예를 들어 피곤한 기색이나 제3자를 통한 의사표시 등)을 사용하는 것이 좋다.

둘째, 미리 계획하고 있다가 적절한 순간에 용감한 행동을 보여 선수를 치는 방법이다. 특히 상대가 전보다 더 많이 의심할 때가 적기다. 애쓴 흔적이 역력하게 보이는 어렵고 극적인 행동을 계획하라. 위험이 클수록 유혹의 효과도 크다. 의도한 대로 상대를 위기와 어려움에 빠뜨리거나, 불편한 입장에 처하게 한 뒤 용감한 기사처럼 나타나 구해주면 큰 감동을 준다. 그렇게 되면 상대의 감정은 자연히 애정으로 발전한다.

사랑은 일종의 전쟁./ 굼뜬 병사들이여,/ 그곳만은 피해가기를!/ 다음의 기준들을 지키려면 겁쟁이는 어림없지./ 한겨울의 불침번,/ 길고 긴 행군, 갖은 고난,/ 온갖 형태의 고통이/ 물정 모르는/ 신병을 기다린다네./ 폭우 속에서 맨땅에 야영을 해야 할 때도 많으리……/ 영원한 사랑을 꿈꾸는가?/ 그렇다면 자존심은 모두 버려라./ 탄탄대로는 기대하지 않는 것이 좋으리/ 그대의 면전에서 문이 닫히면/ 채광창을 통해 지붕까지 기어가 기회를 엿보든지/ 위층 창문을 이용해 몰래 들어가야 할 터./ 그대가 자기 때문에 목숨을 걸고 있다는 것을 알면 그녀는 기뻐하리/ 어떤 연인이 그대의 눈물겨운 사랑의 증거를 의심하리오.
— 오비디우스,
《사랑의 기술》

사례 1: 재치 있고 용감한 행동

1640년대 프랑스에서 있었던 일이다. 마리옹 드 로름은 모든 남성이 한 번쯤 품어보고 싶어하는 정부였다. 미모가 뛰어난 그녀는 리슐리외 추기경을 비롯해 군과 정계 거물을 상대했다. 남성 사이에서는 그녀와 잠자리를 같이하는 것이 마치 대단한 업적인 양 치부되었다.

레이크로 이름을 날리던 그라몽 백작은 몇 주 동안 끈질기게 쫓아다닌 결과, 결국 그녀로부터 하룻밤 같이 보내주겠다는 약속을 받았다. 그라몽 백작은 그녀와의 즐거운 만남을 위해 만반의 준비를 했지만 약속한 날에 그녀로부터 한 통의 편지를 받았다. 그녀는 매우 정중하고 부드러운 어조로 심한 두통을 앓고 있어서 약속을 지킬 수 없으니 다음으로 미루자고 했다. 그녀가 아름다운 만큼이나 변덕스럽다는 사실을 알고 있던 그라몽 백작은 다른 사람과의 약속 때문에 자신이 밀렸음을 직감했다.

그라몽은 주저하지 않았다. 그날 밤 그는 드 로름의 집으로 달려갔다. 그녀의 집 근처 광장에 다다른 그는 한 남자가 다가오는 것을 보았다. 그라몽 백작은 그 남자가 브리삭 공작임을 한눈에 알아보았다. 그를 밀어내

남자가 말하기를,
"…… 자기 과수원에서 딴
과일은 모르는 사람의
나무에서 딴 과일보다
달콤하게 마련이고,
많은 노력을 기울여 얻은
것은 쉽게 얻은 것보다
소중한 법이오.
속담에도 있듯이,
'힘들게 노력하지 않고서는
큰 상을 탈 수 없다오.'"
여자가 말하기를, "힘들게
노력하지 않고서는 큰 상을
탈 수 없다면, 당신은 엄청난
수고를 해야겠네요.
당신이 바라는 것은
큰 상인 셈이니까요."
남자가 말하기를, "당신이
사랑만 약속해준다면
기꺼이 수고를 하리다.
나나 다른 사람이나 공을
들이지 않고서야 여인의
귀중한 사랑을 어찌 얻겠소"
— 앙드레 르 샤플랭,
《사랑에 대하여》

고 드 로름과 잠자리를 같이할 남자는 다름 아닌 브리삭 공작이었다. 브리삭 공작은 그라몽 백작을 만난 것이 못내 못마땅한 듯했다. 그라몽은 급히 그에게 다가가 이렇게 말했다. "안녕하시오, 공작. 내게 정말 중요한 일이 있어서 그러니 협조 좀 해주시오. 나는 처음으로 이 근처에 살고 있는 여성과 만나기로 약속을 했소이다. 이번 방문은 서로 잠시 얼굴을 보는 것이니 그리 오래 걸리지는 않을 것이외다. 공작의 망토를 좀 빌려주시고, 내가 돌아올 때까지 내 말을 데리고 산책을 즐겨주신다면 정말 고맙겠소이다. 아참, 너무 멀리 가진 마시오." 브리삭 공작이 미처 대답도 하기 전에 그는 그의 망토를 취한 뒤 말고삐를 그에게 넘겨주었다. 그가 가다 말고 뒤를 돌아보니 브리삭 공작이 자신을 쳐다보고 있는 모습이 눈에 들어왔다. 그는 다른 집으로 들어가는 척하면서 공작이 눈치채지 못하게 뒤로 돌아 드 로름의 집으로 들어갔다.

그라몽 백작은 문을 두드렸다. 하인은 그를 브리삭 공작으로 착각하고 문을 열어주었다. 그는 곧장 드 로름의 침실로 향했다. 그녀는 속이 훤히 비치는 잠옷을 입고 소파에 누워 있었다. 그는 망토를 벗어던졌다. 그를 본 그녀는 소스라치게 놀랐다. 하지만 그는 천연덕스러웠다. "이게 어찌 된 일이오? 보아하니 두통이 모두 사라진 것 같구려." 그의 말에 그녀는 짜증스러운 표정을 지으며, 아직도 두통이 남아 있다며 그냥 가달라고 요구했다. 그녀는 약속을 하든 약속을 어기든 모두 자기 마음이라고 주장했다. 그러자 그라몽 백작은 조용한 음성으로 이렇게 말했다. "그대가 당황해하는 이유를 알고 있소. 혹시 브리삭 공작이 나와 부딪칠까봐 걱정하는 줄 다 알고 있소. 하지만 그 문제는 조금도 염려하지 마시오." 그러고 나서 그는 창문을 열어 광장 모퉁이에서 충실한 마부처럼 말을 지키며 왔다 갔다하고 있는 브리삭 공작의 모습을 보여주었다. 그의 그런 모습은 매우 우스꽝스러웠다. 드 로름은 웃음을 터뜨리며 그라몽 백작을 감싸안았다. 그러고는 이렇게 말했다. "나의 용감한 기사님, 난 더 이상 참을 수 없어요. 당신은 너무 괴짜예요. 너무 사랑스러워 용서하지 않을 수 없군요." 그는 그녀에게 자초지종을 설명해주었다. 그녀는 그라몽 백작에게 공작을 안으로 들이지 않을 것이며 밤새 광장에서 말을 돌보도록 놔두겠다고 약

어느 날, 생프뢰유는 전에
없이 강한 어조로
메종포르 부인이 자신에게
여인이 제공할 수 있는
궁극적인 친절을 베풀어야
한다고 주장했다. 하지만
그의 말은 단순한 항의
차원이 아니었다. 부인은
그에게 도가 지나쳤다고
말하면서 두 번 다시 자기
앞에 나타나지 말라고
단단히 못박았다. 그는
힘없이 그녀의 방을 나갔다.
그러고 나서 한 시간 후,
그녀는 여느 때처럼
바그놀레의 아름다운 운하를
따라 산책을 하고 있었다.
그때 생프뢰유가 알몸으로

속했다. 뿐만 아니라 다음 날 저녁에 다시 만나자는 약속까지 했다. 그녀의 집을 나선 그라몽 백작은 브리삭 공작에게 망토를 돌려주며 오래 걸려서 미안하다는 말과 함께 정중하게 예의를 표했다. 브리삭 공작은 친절하게도 그라몽 백작을 위해 말을 붙잡아주었을 뿐만 아니라 떠나는 그를 향해 잘 가라며 손까지 흔들어주었다.

해석 ——

어설픈 유혹자들은 상대의 변덕이나 냉정한 태도를 무관심의 표시로 알고 쉽게 포기하는 경향이 있다. 그라몽 백작은 이 점을 잘 알고 있었다. 하지만 상대가 변덕을 부리거나 냉정한 태도를 취하는 데는 여러 가지 의미가 함축되어 있다. 특히 변덕을 부릴 경우에는 유혹자의 진의를 시험해보려는 의도가 숨어 있을 확률이 높다. 따라서 섣불리 포기하면 별로 진지하지 않다는 인상을 심어주게 된다. 또한 유혹자에 대해 확신이 서지 않거나, 여러분과 다른 사람 중 어느 한쪽을 선택해야 할 기로에 서 있을 때도 상대는 변덕을 부리거나 냉랭한 태도를 취할 수 있다. 어떤 경우가 되었든 포기는 금물이다. 얼마만큼 상대를 원하고 있는지를 확연히 보여준다면 상대의 모든 의심을 불식시킴과 동시에 경쟁자를 제압할 수 있다. 사람들은 대부분 소심한 편이고, 스스로 어리석게 보이지 않으려고 신경 쓰기 때문에 위험한 일을 자초하려고 하지 않는다. 이런 사람들 속에서 용기 있고 과감한 행동은 단연 돋보일 수밖에 없다.

저항이 강한 어려운 상대를 다룰 때는 그라몽 백작처럼 즉흥적인 행동을 취하는 것이 효과적이다. 상대를 놀라게 하는 갑작스러운 행동은 감정을 자극해 방어적인 태도를 누그러뜨릴 수 있다. 그러려면 약간의 정보를 수집하고 상대의 동태를 파악하는 것이 좋다. 장난기 어린 행동으로 상대를 웃게 한다면 사랑을 입증함과 동시에 상대를 즐겁게 해줄 수 있다는 점에서 일석이조다. 그런 경우에는 약간의 속임수를 사용했다는 사실이 나중에 발각되거나 일이 꼬인다 해도 그렇게 큰 문제가 되지 않는다. 누구나 즐거운 분위기를 만들어내는 사람은 귀엽게 봐준다. 그라몽 백작은 나가 달라고 요구하는 드 로름에게 화를 내거나 불평을 늘어놓지 않았다.

생울타리 뒤에서 불쑥 나타나더니 그녀 앞에 선 채로 이렇게 소리쳤다. "마지막으로 인사를 하려고요. 그럼, 안녕히!" 그와 동시에 그는 운하에 풍덩 뛰어들었다. 그 광경을 보고 겁에 질린 부인은 울면서 자신의 집 쪽으로 뛰어가기 시작했다. 집에 도착한 순간, 그녀는 그만 기절하고 말았다. 정신이 들자, 그녀는 사람을 시켜 생프뢰유에게 무슨 일이 일어났는지 알아보고 오라고 했다. 사실을 말할 것 같으면, 생프뢰유는 그리고 나서 곧 물에서 나와 다시 옷을 입고는 서둘러 파리로 가 며칠 동안 숨어 지냈다. 그러는 동안 그가 죽었다는 소문이 퍼졌다. 메종포르 부인은 그가 자신의 감정을 증명해 보이려고 채택한 방법에 몹시 감동했다. 그가 그렇게까지 행동한 것을 보면 모르긴 해도 그녀를 무척 사랑하는 모양이었다. 적어도 그녀가 보기에는 그랬다. 그의 나체에서 옷을 입고 있을 때라는 또 다른 매력을 발견한 그녀는 자신의 잔인함을 깊이 후회하면서 사람들 앞에서 이러한 상실감을 공공연하게 드러냈다. 그녀의 말은 생프뢰유의 귀에도 들어갔다. 그는 그 즉시 무덤에서 다시 나와 연인의 호의적인 감정을 최대한 활용했다.
— 뷔시-라뷔탱(Bussy-Rabutin) 백작, 《갈리아 풍속사 (Histories Amoureuses des Gaules)》

대신 그는 커튼을 열어젖히고 말과 함께 거닐고 있는 백작의 모습을 보여
주었다. 그 모습에 그녀는 웃음을 터뜨렸고, 이로써 그에 대한 저항도 눈
녹듯이 녹아내렸다. 그는 재치 있는 행동 하나로 그녀와의 하룻밤을 위해
얼마나 노력했는지를 유감없이 보여주었다.

사례 2: 기사도 정신

나폴레옹의 여동생인 폴린 보나파르트는 의사가 그녀의 건강을 염려할
정도로 수년 동안 여러 남자를 상대로 애정 행각을 벌였다. 그녀는 한 남
자와 한 달 이상 지낸 적이 없었다. 번갈아가며 새로운 남자를 만나는 것
이 그녀의 즐거움이었다. 1803년 나폴레옹은 그녀를 카밀로 보르게제 왕
자에게 시집 보냈지만, 그녀의 애정 행각은 전보다 더 심해졌다. 그 와중
에 그녀는 1810년 쥘 드 카누빌 소령을 만났다. 사람들은 둘의 관계가 여
느 때처럼 얼마 가지 못할 것이라고 생각했다. 물론 카누빌 소령은 혁혁
한 공훈을 세운 영웅이었으며, 교육 수준도 높았고 춤 솜씨도 뛰어났으며
용모도 출중했다. 하지만 당시 서른이었던 폴린은 그 정도 경력이나 외모
를 지닌 남자와는 이미 수없이 관계를 맺어온 경험이 있었다.

그들의 애정 행각이 시작되고 며칠 뒤, 왕궁 치과의사가 폴린의 집을 방
문했다. 그녀는 치통 때문에 밤새 한숨도 자지 못했다. 치과의사는 충치
를 빼야 한다고 했다. 그런데 당시만 해도 마취제 사용은 꿈도 꿀 수 없었
다. 치과의사가 도구를 챙기는 동안 공포감에 사로잡힌 폴린은 마음을 바
꿔 치료를 거부했다.

그때 실크 가운 차림으로 소파에서 치과의사와 폴린을 지켜보던 카누빌
소령은 그녀를 설득해 이를 빼게 하려고 했다. 그는 "고통은 잠깐뿐이
오…… 어린아이도 소리 한 번 지르지 않고 이빨을 뺄 수 있어요"라고 말
했다. 그러자 폴린은 "그렇다면 당신이 먼저 이를 빼보세요"라고 말했다.
카누빌 소령은 일어나 치과의사에게 다가가더니 뒤쪽에 난 이를 빼라고
요구했다. 성한 이를 뽑았지만 그는 눈 하나 깜짝하지 않았다. 그 모습을
본 폴린은 이를 뺐을 뿐만 아니라 그에 대한 생각도 바뀌었다. 지금까지

그녀 앞에서 그처럼 용기 있게 행동한 남자는 없었기 때문이다.

단지 몇 주면 끝날 줄 알았던 둘의 관계는 그 후로도 계속되었다. 하지만 나폴레옹은 이를 탐탁지 않게 여겼다. 폴린은 결혼한 유부녀였다. 짧은 외도는 눈감아줄 수 있었지만 깊은 애정 관계는 문제가 있었다. 그는 부하 장군에게 훈령을 전달하라는 명령과 함께 카누빌 소령을 스페인으로 보내버렸다. 대개 그런 임무는 몇 주가 걸리는 것이 통례였다. 나폴레옹은 그 사이에 폴린이 다른 애인을 찾을 것이라고 생각했다.

하지만 카누빌 소령은 평범한 남자가 아니었다. 그는 먹지도 자지도 않고 밤낮을 달려 며칠 만에 살라망카에 도착했다. 그러고 나서 통신이 두절되자, 그는 더 이상 전진할 수 없다고 판단하고는 명령을 기다리지도 않고 적지를 뚫고 파리로 돌아왔다. 그는 폴린과 다시 만났지만 둘의 해후는 아주 짧았다. 나폴레옹이 다시 그를 스페인으로 보냈기 때문이다. 그는 몇 달 후에나 파리로 돌아올 수 있었다. 하지만 그가 돌아오자마자 폴린과 그의 애정 행각이 다시 시작되었다. 폴린이 한 남자를 그런 식으로 대한 것은 그때가 처음이었다. 나폴레옹은 이번에는 그를 독일로 보냈다가 마침내 러시아로 보내버렸다. 1812년 카누빌 소령은 전투 중에 용감하게 전사했다. 그는 폴린이 기다렸던 유일한 남자였다. 폴린은 그의 죽음을 애도했다. 그것도 그녀에게는 처음 있는 일이었다.

해석

유혹의 과정에서는 상대가 유혹에 걸려들기 시작하다가 갑자기 주춤거리는 일이 종종 발생한다. 이는 유혹자의 동기가 의심스럽기 때문이다. 단순히 성적 욕구를 채우려는 것처럼 보이거나, 권력이나 금전을 탐내 접근한다는 인상을 주면 그와 같은 일이 발생한다. 상대가 유혹자의 동기를 의심하면 유혹이 성립되지 않는다. 폴린 보나파르트는 자신의 쾌락을 위해 남자들을 이용했지만, 반대로 남자들이 그녀를 이용하려고 접근해온 경우도 많았다. 따라서 그녀는 냉소적인 태도로 모든 남자를 잠깐의 쾌락을 위한 도구로 여겨 자신을 방어하고자 했다. 그녀는 남자들 가운데 자신을 진정으로 사랑하는 사람은 아무도 없다고 여겼다. 다시 말해 모든 남자가 단지 성적 쾌락이나 정치적인 목적으로 자신을 이용하려고 한다고 생각했다. 하지만 카누빌이 그녀를 위해서라면 어떤 희생이라도 감수할 수 있음을 구체적인 행동을 통해 보여주자, 그녀도 쾌락을 위한 도구로 그를 이용하려던 이기적인 태도를 버리고 헌신적인 연인이 되었다. 물론 그녀가 전적으로 사심 없는 사랑을 베풀었다고 생각하기는 어렵다. 하지만 어찌 되었든 카누빌의 행동은 그녀의 허영심을 한껏 자극했다. 만약 카누빌이 폴린에게 잘 보이려고 그런 용감한 행동을 했다면, 그녀는 마땅한 대우를 받은 셈이다. 하지만 만일 그가 그녀의 본성 가운데 고상한 측면을 되살리려고 한 행동이었다면, 그녀 역시 희생적인 사랑의 의미를 깨닫고 그에게 충실함으로써 자신의 사랑을 입증해 보여야 했다.

가능한 한 과감하게 기사도를 발휘한다면, 상대의 감정을 자극할 수 있을 뿐만 아니라 당신의 숨은 동기까지 은폐할 수 있다. 하지만 주의해야 할 점이 있다. 상대를 위해 희생을 감수했다고 하더라도 당신의 입으로 그것을 말해서는 안 된다. 그럴 경우 공치사처럼 비쳐지기 십상이다. 그저 희생하는 모습을 상대가 가만히 지켜볼 수 있게 해야 한다. 사랑을 위해 잠도 설치고, 시간도 버리고, 사업이나 직장도 내팽개치고, 금전도 과용하고, 심지어는 아픈 모습까지 보여주라. 물론 사랑을 위해 얼마만큼 많은 것을 희생했는지를 은근히 과장할 수는 있지만, 그렇다고 그것을 자랑삼아 말하거나 아깝게 여기는 듯한 태도를 보여서는 안 된다. 세상 사람들은 대개 불순한 동기를 가지고 있기 때문에, 고상하고 사심 없는 행동을 보여준다면 반드시 상대의 마음을 사로잡을 수 있을 것이다.

사례 3: 포격도 두려워하지 않는 용기

가브리엘레 단눈치오는 19세기 말과 20세기 초에 활동했던 이탈리아 최고의 소설가이자 희곡작가 가운데 한 명이다. 하지만 그는 보통 사람들은 이해할 수 없는 매우 기이한 인물이었다. 그는 현란한 문체를 구사했으며, 개인적으로 볼 때 자기 자신이 최고라는 생각에 사로잡혀 살았던 듯하다. 예를 들어 세상은 안중에도 없다는 듯 벌거벗은 채 해변에서 말을 타는가 하면, 르네상스 시대의 사람인 양 흉내를 내기도 했다. 그의 작품은 전쟁이나 죽음에 맞서 싸우는 영광스러운 행동을 주제로 한 것이 많았다. 그의 소설은 실제로 그런 용감한 삶을 살아본 적이 없는 사람들에게 손에 땀을 쥐게 하는 흥미를 선사했다. 제1차 세계대전이 시작될 무렵, 단눈치오는 이탈리아가 연합군 편에 서서 싸워야 한다고 주장했다. 그는 전국을 돌아다니며 이탈리아도 참전해야 한다고 부르짖었다. 1915년 그의 노력이 결실을 맺어, 마침내 이탈리아는 독일과 오스트리아를 상대로 선전포고를 하게 되었다. 그는 쉰둘의 나이로 군에 입대해 세인들을 깜짝 놀래켰다. 그는 군대와 무관한 사람이었고, 배만 타도 멀미를 했기 때문이다. 사람들이 만류했지만 그는 굽히지 않았다. 이탈리아 정부는 결국 그를 기병 사단에 배치했다. 이는 보병보다는 기병이 훨씬 안전하다는 판단에서 단눈치오를 위해 내린 결정이었다.

이탈리아는 전쟁 경험이 거의 없었고, 군대 조직도 허술했다. 그런 상황에서 장군들이 단눈치오의 행적을 일일이 감시하는 것은 무리였다. 기병 사단을 이탈한 단눈치오는 자기가 직접 군대를 조직해 지휘자가 되었다(예술가였기 때문에 군령에 복종할 필요가 없다는 판단에서 그와 같은 행동을 했던 것 같다). 그는 결국 뱃멀미를 극복하고, 적군을 상대로 여러 차례 과감한 공격을 펼쳤다. 한 번은 모터보트 부대를 이끌고 한밤중에 오스트리아 항구에 접근해서는 정박된 군함을 향해 어뢰를 발사하기도 했다. 이 밖에도 그는 비행기 조종법을 배워 위험한 작전을 감행하기도 했다. 1915년 8월 그는 적의 수중에 있던 트리에스테 상공을 날며 자기가 직접 쓴 수천 장의 전단지와 이탈리아 국기를 살포했다. 그 전단지에는 "여러분들의 희생은 이제 더 이상 없을 것입니다. 기쁨의 새벽이 곧 밝아올 것입니다. 하늘 높은 곳에서 이탈리아의 비행기를 타고 내 마음에서 우러나오는 이 약속을 전합니다"라는 희망의 메시지가 적혀 있었다. 그는 지금까지 어느 조종사도 흉내 내지 못한 높이를 비행하며, 적군의 대공포화를 뚫고 유유히 돌아왔다. 오스트리아는 그의 목에 현상금을 걸었다.

1916년 단눈치오는 작전을 수행하다가 자신의 기관총에 넘어져 얼굴을 부딪히는 바람에 한쪽 눈을 잃고 다른 한쪽 눈마저 심각한 부상을 입었다.

더 이상 비행기를 조종할 수 없게 된 그는 베네치아로 돌아와 치료를 받았다. 당시 이탈리아에서 가장 아름다운 멋쟁이로 소문난 여성은 독일 황제의 정부였던 모로시니 백작부인이었다. 그녀의 저택은 단눈치오의 집과 반대쪽인 대운하 근처에 있었다. 단눈치오는 그녀에게 자신의 무용담과 사랑의 감정을 담은 편지를 보내기 시작했다. 적군의 공습이 한창일 때고 한쪽 눈을 잃었는데도 그는 대운하를 건너 최근에 쓴 시를 그녀에게 전달했다. 단눈치오는 신분상으로 보면 모로시니와 비교할 수 없는 작가였지만, 용기 있는 행동을 보여 마침내 그녀의 마음을 사로잡는 데 성공했다. 이는 다름이 아니라 언제 죽을지 모르는 상황에 전혀 개의치 않고 과감하게 행동한 결과였다.

단눈치오는 의사의 경고를 무시한 채 다시 비행기를 조종하면서 전보다 더 과감한 공격을 감행했다. 전쟁이 끝날 무렵 그는 이탈리아에서 가장 훈장을 많이 받은 영웅이 되어 있었다. 그가 가는 곳마다 군중이 그의 연설을 듣기 위해 광장을 가득 메웠다. 전쟁이 끝나고, 그는 아드리아 해 연안에 있는 피우메라는 도시에 입성했다. 휴전협정이 진행되는 동안, 이탈리아 국민들은 전쟁에 참여한 보상으로 피우메를 얻을 것이라고 믿었다. 하지만 연합군은 여기에 동의하지 않았다. 단눈치오는 피우메를 장악한 뒤 자치정부를 세워 1년 이상 통치했다. 시간이 흐르면서 사람들은 그가 과거에 보여준 영웅적인 행동을 잊기 시작했다. 그는 결국 이탈리아 정부에 의해 추방되었다.

해석 ──

인간은 일상에서 벗어나 미지의 일을 경험할 때 스릴을 느낀다. 유혹은 상대로 하여금 바로 그와 같은 경험을 하게 만든다. 인간에게 가장 큰 신비와 두려움을 안겨주는 것은 죽음이다. 중세시대 유럽을 휩쓴 전염병, 프랑스 혁명기의 공포정치, 제2차 세계대전 당시 런던을 휩쓸었던 공습 등과 같이 혼돈과 죽음이 판을 치는 시기에 사람들은 종종 평상시에는 감히 엄두도 내지 못할 과감한 행동을 하기도 한다. 말하자면 일종의 광란 상태에 빠진 것이다. 죽음을 두려워하지 않는 과감한 행동을 펼친다면 많은 사람들을 감동시킬 수 있다.

사실 다른 사람에게 보이고자 하는 마음으로는 그런 행동을 할 수 없다. 돈키호테처럼 자기 자신에게만 몰두해 있을 때 그런 과감한 행동이 나온다. 다시 말해 기꺼이 자기를 산화시킬 수 있는 자세가 되어 있어야 한다. 말이나 허세가 아니라 행동으로 보여줄 수 있어야 한다. 처칠, 드골, 케네디와 같은 정치인들은 전쟁터에서 용감한 행동을 하여 대중의 마음을 사로잡았다. 그전까지만 해도 사람들은 대부분 단눈치오를 멋쟁이 호색한 정도로만 생각했다. 하지만 전쟁을 치르면서 그는 영웅으로 부상했다. 그는 그전에도 탁월한 유혹자였지만, 용감한 행동으로 인해 훨씬 더 커다란 유혹의 힘을 발휘할 수 있었다. 물론 단눈치오처럼 굳이 목숨까지 건 행동을 할 필요는 없다. 하지만 그와 유사한 행동을 보여준다면 한층 더 효과적인 유혹의 힘을 발휘할 수 있다(상대를 기분 좋게 놀라게 하는 행동은 항상 좋은 결과를 얻는다). 유혹을 하려면 일상에서 쉽게 경험할 수 없는 행동을 할 수 있어야 한다. 목숨을 건 행동보다 더 강력한 유혹의 힘을 지닌 것은 없다. 사람들은 모험 정신이 강한 사람을 보면 자연히 그를 본받고 싶어하는 마음을 갖게 된다. 이처럼 모험적인 행동은 사람의 이목을 끄는 힘이 있다.

사례 4: 범죄자 마차에 올라탄 기사

아서 왕 전설에 따르면, 위대한 기사 랜슬롯(Lancelot) 경은 아서 왕의 아내인 기네비어 왕비의 모습을 보는 순간 미친 듯이 그녀를 사랑하게 되었다고 한다. 어느 날 기네비어 왕비가 사악한 기사에게 납치되었다는 소식을 접한 랜슬롯은 기사로서의 임무마저 저버린 채 곧바로 추격에 나섰다. 격렬한 추격 끝에 말이 견디지 못하고 쓰러지자, 그는 뛰고 걸으면서 추격을 계속했다. 마침내 아주 가까운 곳까지 다가선 듯했지만, 그는 피로가 쌓여 더 이상 앞으로 나아갈 수 없었다. 그때 마차 한 대가 그의 곁을 지나갔다. 마차 안에는 끔찍한 몰골을 한 남자들이 쇠고랑을 찬 채 빼곡이 들어차 있었다. 당시에는 살인자, 배신자, 겁쟁이, 도둑과 같은 범죄자들을 마차에 태워 사람들이 볼 수 있도록 마을을 돌아다니는 전통이 있었다. 일단 그 마차에 타게 되면, 모든 권리와 직위를 박탈당했다. 따라서 그 마차는 공포의 상징이었다. 사람들은 그 마차를 볼 때마다 마치 십자가를 보는 듯한 두려움에 빠졌다. 그런데도 랜슬롯은 마차를 모는 난쟁이 마부에게 다가가 "왕비께서 이 길로 지나가는 것을 혹시 보지 못했는가?"라고 물었다. 그러자 마부는 "기사님께서 제가 모는 이 마차에 타신다면 내일쯤에는 왕비님을 볼 수 있을 것입니다"라고 대답했다. 그러면서 그는 마차를 몰고 앞으로 달려나갔다. 랜슬롯은 조금 주저하다가 몸을 날려 마차에 올라탔다.

마차가 가는 곳마다 마을 사람들이 몰려와 야유를 퍼부었다. 사람들은 마차에 탄 사람 가운데 기사가 섞여 있는 것을 보고 의아해했다. 저 기사의 죄는 무엇일까, 그는 어떤 형에 처해질까, 껍질을 벗길까, 물에 빠뜨려 죽일까, 아니면 화형을 시킬까? 행인들은 나름대로 고약한 상상을 해댔다. 마침내 마부는 왕비가 있는 곳은 가르쳐주지 않고 그를 길 위에 내려놓았다. 그가 마차에서 내리는 것을 본 사람들은 아무도 그에게 가까이 다가가거나 말을 걸려고 하지 않았다. 그는 계속 왕비를 추격했으며, 가는 내내 다른 기사들의 조롱과 야유를 받았다. 이는 그가 범죄자를 실은 마차에 올라타서 기사의 명예를 더럽혔기 때문이다. 하지만 아무도 그를 저지하지 못했다. 그는 마침내 왕비가 멜리건트라는 사악한 기사에게 납치당했음을 알았다. 그는 멜리건트를 추격해 결투를 벌였다. 하지만 오랜 추격으로 힘이 빠진 랜슬롯은 거의 패배 직전까지 갔다. 그때 왕비가 싸움을 지켜보고 있다는 말이 그의 귀에 들렸다. 그는 사력을 다해 멜리건트를 몰아붙여 기선을 제압했다. 멜리건트가 목숨을 잃을 위기에 처하자 싸움은 중단되었다. 기네비어 왕비는 랜슬롯에게 넘겨졌다.

다시 왕비를 만나게 된 랜슬롯은 기쁨을 감추지 못했다. 하지만 기네비어 왕비는 화가 난 듯 그를 쳐다보지도 않았다. 그는 왕비의 태도에 깜짝 놀랐다. 왕비는 멜리건트의 아버지에게 "사실, 그는 쓸데없는 짓을 했어요. 나는 그에게 감사하고 싶은 마음이 없어요"라고 말했다. 랜슬롯은 기분이 몹시 상했지만 불평하지 않았다. 기네비어 왕비는 몇 가지 시련을 더 경험한 뒤에야 오만한 태도를 누그러뜨리고 랜슬롯을 사랑하게 되었다. 어느 날 랜슬롯은 그녀에게 멜리건트에게 납치되었을 때 자기가 범죄자를 실은 마차를 타고 기사의 명예를 더럽혔던 일을 알았는데도 그렇게 차갑게 대한 이유가 무엇이냐고 물었다. 그러자 왕비는 이렇게 대답했다. "당신이 한두 걸음 미적거리다가 마차에 올라탔다는 말을 들었기 때문이지요. 당신은 비록 순간이었지만 마차에 올라타는 것을 주저했어요. 내가 당신을 쳐다보지도 않고 말을 걸지도 않은 것은 바로 그 때문이었어요."

해석 ──

사심 없는 행위를 보여주어야 하는 상황은 종종 갑자기 발생하기도 한다. 그럴 때는 즉석에서 용기 있게 행동해야 한다. 상대를 구해야 할 상황에서는 모든 일을 내팽개치고 달려가야 한다. 성급히 뛰어들어 실수를 저지르거나, 어리석어 보이는 행동을 보이는 것은 그리 중요하지 않다. 자신의 안위나 결과를 생각하지 않고 상대를 위해 어떤 행동이라도 할 수 있음을 보여주면 그만이다.

긴급한 구조 상황에서는 한순간이라도 주저하는 모습을 보여서는 안 된다. 그럴 경우에는 자신의 안위만 염려하는 겁쟁이로 비쳐진다. 크레티앵 드 트루아의 랜슬롯 이야기가 주는 교훈을 21세기식으로 해석하면 바로 이 점에 주목해야 한다. 어떤 행동을 어떻게 하느냐가 중요하다. 만일 자신의 안위나 결과를 신경 써야 한다면 그렇지 않은 것처럼 위장하라. 가능한 한 자발적으로 행동하는 것처럼 보여 효과를 극대화시켜라. 지나치게 흥분한 것처럼 보이거나 심지어 어리석어 보이더라도 상관없다. 사랑 때문에 그와 같은 행동을 할 수밖에 없는 것처럼 보이면 그만이다. 만일 기네비어 왕비를 위해 마차에 뛰어올라야 할 상황이라면, 조금도 지체하지 말고 올라탈 수 있어야 한다.

사례5: 결점을 가리는 매력

1531년경 로마에서는 툴리아 다라고나라는 이름의 젊은 여성에 관한 소문이 파다했다. 통통하고 육감적인 여성을 이상형으로 생각했던 당시의 미적 기준에 따르면 키가 크고 날씬했던 그녀는 미인이 아니었다. 더욱이 그녀의 태도는 남자들의 관심을 원했던 대부분의 젊은 여성들과 달랐다. 한마디로 그녀는 고상했다. 그녀는 라틴어도 완벽했고, 문학에도 능했으며, 류트를 연주하는 것은 물론 노래도 잘 불렀다. 다시 말해 그녀는 무엇인지 색다른 면모가 있었다.

이러한 그녀의 모습은 색다른 것을 추구하던 당시 남성들의 정서와 정확하게 맞아떨어졌다. 많은 남자들이 그녀와 사귀려고 달려들었다. 하지만 그녀에게는 애인이 있었다. 그녀의 애인은 외교관이었다. 한 남자가 그녀를 독차지하고 있다는 생각을 하면 다들 잠을 이루지 못할 지경이었다. 남자들은 그녀의 관심을 사려고 서로 경쟁했다. 그들은 그녀를 칭송하는 시를 써서 바치기도 하고, 그녀의 눈에 들려고 난리를 피웠다. 아무도 성공하지 못했지만 그들은 포기하지 않았다.

물론 그녀 때문에 기분이 상한 남자도 있었다. 그들은 그녀가 고급 창부에 지나지 않는다는 말을 공공연하게 하고 다녔다. 그들은 그녀가 자신의 류트 연주에 맞추어 남자들에게 춤을 추라고 한 뒤 그 모습이 마음에 들면 자신을 안을 수 있게 한다는 소문을 퍼뜨렸다(이것은 아마도 사실인 듯하다).

툴리아를 연모했던 사람들(모두 귀족 출신이었다)은 이런 소문을 근거 없는 중상모략이라고 일축했다. 그들은 툴리아를 두둔하는 문서까지 작성해 널리 배포했다. 문서에는 다음과 같은 내용이 실려 있었다. "우리의 툴리아 다라고나는 출신도 좋고 존경할 만한 여인입니다. 그녀는 과거와 현재와 미래의 모든 여인을 능가할 만큼 탁월한 덕성을 소유하고 있습니다…… 이 글에 담긴 내용을 부인하는 사람은 누구나 아래 서명한 기사들 가운데 한 사람과 결투를 해야 할 것입니다."

1535년 툴리아는 로마를 떠나 베네치아로 갔다. 거기서 그녀는 시인 타소와 사귀다가 다시 페라라로 건너갔다. 당시 페라라는 이탈리아에서 가장 개화된 도시였던 것 같다. 그녀는 그곳에 도착하자마자 센세이션을 불러일으켰다. 사람들은 그녀의 목소리와 시와 노래를 칭송했다. 그녀는 문학교를 열어 자유사상을 논하며 자신을 뮤즈라고 불렀다. 로마에서처럼 젊은 남자들이 그녀 주위로 몰려들었다. 그들은 그녀를 따라 시내를 돌아다니기도 하고, 나무에 그녀의 이름을 새기기도 하고, 그녀를 기리는 소네트를 지어 듣고 싶어하는 사람들에게 낭송해주기도 했다.

그런데 툴리아에 대한 이런 숭배 분위기를 못마땅하게 여긴 귀족 청년이 있었다. 모든 사람이 툴리아를 사랑했지만, 그녀의 사랑을 얻은 사람은 단 한 명도 없는 것 같았기 때문이다. 그녀를 납치해 멀리 데리고 가서 결혼해야겠다고 결심한 그는 약간의 속임수를 써서 밤중에 그녀를 방문할 수 있는 허락을 받아냈다. 그녀를 만난 그는 변함없는 사랑과 헌신의 약속과 함께 엄청난 보석과 선물을 안겨주면서 그녀의 사랑을 구했다. 하지만 그녀는 거절했다. 그러자 그는 칼을 뽑았다. 그녀는 여전히 거절했다. 그는 결국 칼로 자기를 찔렀다. 하지만 목숨을 잃지는 않았다. 그 일이 있고 난 뒤 툴리아의 명성은 이전보다 더 높아졌다. 사람들은 돈으로도 그녀의 사랑을 살 수 없다고 생각하게 되었다. 세월이 흐르고 그녀의 아름다움도 퇴색했다. 하지만 시인과 지성인 가운데는 여전히 그녀의 편에 서서 그녀를 보호하려는 사람들이 있었다. 그들은 툴리아가 돈을 받고 몸을 판 고급 창부였다는 사실을 보지 못했다.

해석 ──

사람이라면 누구나 결점이 있다. 사람들이 가진 결점 가운데에는 타고난 것도 있다. 툴리아는 그러한 결점이 많았다. 그녀는 육체적으로 볼 때 르네상스기의 이상형이 아니었다. 게다가 그녀는 훌륭한 가문 출신도 아니었다. 그녀의 어머니는 창부였고, 그녀는 사생아였다. 하지만 그녀에게 매혹된 남자들은 그와 같은 사실에 관심을 기울이지 않았다. 그녀의 매력에 눈이 먼 그들은 그녀가 싸워서라도 얻어야 할 고상한 가치를 지닌 여인이라고 생각했다. 그녀가 활동했던 시대는 중세 말기로, 기사들과 방랑 시인들의 시대였다. 당시의 여성, 특히 결혼한 여성들이 남성을 다루는 방법은 독특했다. 그들은 남자들에게 사랑을 입증해 보일 것을 요구했다. 어려운 문제를 내서 풀어오는지 시험하거나, 나병 환자들 틈에서 생활하도록 하거나, 목숨을 내건 결투를 요구하기도 했다. 상대 여성의 사랑을 얻고 싶은 남성들은 불평 없이 무슨 일이든 요구하는 대로 해야 했다. 지

*브리세이스 때문에
토라져 있는 동안/
트로이 병사들이여,
서둘러 아르고스의
성문을 공격하라!/
헥토르는 안드로마케의
포옹에 이어
그녀가 씌워준 투구를 쓰고
전장으로 향했네./
대장 아가멤논은 산발한
카산드라를 본 순간
그만 넋을 잃었다네./
아레스도 그 일을 하다
대장장이의 그물에
걸리고 말았으니/
그 후로 두고두고
신들의 입방아에
오르내렸다나 어쨌다나./
이제 나의 이야기를 하련다./
나는 천성이
게으른 사람으로,
응달에서 글이나 끄적거리며
소일하던 한량이었다네./
하지만 아름다운 여인과
사랑에 빠지면,
천하의 게으름뱅이도
벌떡 일어나는 법./
이는 나를 보면
알 수 있을 터./
몸을 단련한답시고
밤낮으로 운동에
매달리지 않는가./
권태에서 벗어나고 싶거든,
사랑에 빠지도록 하라!
— 오비디우스, 《사랑》*

금은 방랑시인이 살던 시대와는 거리가 먼 시대다. 하지만 남자가 자신의 사랑을 입증해야 한다는 한 가지 원칙은 그대로다. 상대 여성의 사랑을 얻으려면 어려움을 극복하고, 시련과 시험을 견디며, 경쟁을 통해 영광스러운 승리를 얻어야 한다. 남자는 이런 점에서 마조히즘적인 특성이 있다. 남자에게는 고통을 사랑하는 특성이 있다. 이상하게 들리겠지만, 어려운 일을 요구하는 여성일수록 귀하고 가치 있어 보인다. 쉽게 얻을 수 있는 여인은 결국 무가치하게 여겨지는 법이다.

그러므로 선뜻 사람들에게 사랑을 주어서는 안 된다. 오히려 사람들을 서로 경쟁하게 만드는 법을 터득해야 한다. 사랑을 입증해 보이도록 요구하라. 그러면 상대는 투쟁 의지를 불태우며 도전할 것이다. 도전이 강하면 강할수록 유혹의 열기도 그만큼 더 뜨거워진다. 한 사람이 자신의 사랑을 입증해 보이는 행동을 할 경우, 다른 사람도 동일한 행동을 하도록 요구받게 되고 결국 경쟁자들은 더욱 강렬한 유혹을 느끼게 된다. 사람들이 자신의 사랑을 입증해 보일 때마다, 그것을 요구하는 당사자의 주가는 치솟고, 그렇게 되면 결점은 쉽게 가려진다. 사람들은 사랑을 입증해 보이느라 바빠 그(혹은 그녀)의 결점이나 흠을 보지 못한다.

| **상징** | 결투. 형형색색의 깃발이 휘날리는 들판에서 화려한 천으로 장식한 말 위에 올라탄 기사들이 한 여인을 사이에 두고 결투를 벌인다. 그녀는 자신을 위해 결전을 벌이는 기사들의 모습을 지켜본다. 결투에 앞서 그들은 무릎을 꿇은 채 그녀에 대한 사랑을 고백하고, 노래를 부르며 아름다운 미래를 약속한다. 그러고 나면 나팔 소리가 울리고 결투가 시작된다. 결투를 할 때는 주저하거나 속임수를 사용할 수 없다. 그녀의 사랑을 얻으려면 얼굴에 피를 흘리며 팔다리가 부러지는 희생을 감수해야 한다.

반전

사랑을 입증해 보일 때에는 상대에 맞게 적절한 방법을 골라야 한다. 육체적인 힘이나 위용을 좋아하지 않는 상대에게 그런 방법을 사용했다가는 오히려 속셈을 드러내는 우를 범하게 되어 스스로를 조롱거리로 만들기 쉽다. 유혹자는 상대의 약점을 파악하는 한편, 상대가 어떤 의심을 품고 있는지도 알아야 한다. 때로는 죽음을 무릅쓴 용감한 행동보다 몇 마디 멋진 말이 큰 효과를 발휘한다. 특히 그런 경우에는 편지를 이용하면 효과가 크다. 편지에 당신의 감정을 적어보내면 현란한 행동보다 더욱 큰 호소력을 지니게 된다. 그러므로 상대를 잘 파악해 적절한 방법으로 사랑을 입증해야 한다.

상대의 보호본능을
자극하라

• 의존 •

과거에 즐거움을 경험했던 사람들은 그것을 다시 재현해보
고 싶은 욕망이 있다. 인간에게 가장 기억에 남는 즐거운 추
억이 있다면 아마 어린 시절의 추억일 것이다. 어린 시절의
즐거웠던 추억은 대개 부모와 관련이 있다. 모든 것을 알아
서 해결해주는 부모처럼 대해준다면, 상대는 어린아이처럼
의지해올 것이며, 왜 그런지 이유를 모른 채 사랑에 빠지게
될 것이다. 거꾸로 상대에게 부모의 역할을 할 수 있게 해주
는 것도 좋은 방법이다. 어떤 경우가 되었든, 부모 자식 관계
처럼 친밀함을 느낄 수 있게 해주는 것이 중요하다.

에로틱한 욕망

어른들은 어린 시절을 무작정 좋게만 보려는 성향이 있다. 사실 어린아이는 다른 사람에게 의존할 수밖에 없는 연약한 존재지만, 나이가 들수록 그런 사실을 잊고 어린 시절이 마치 인생의 황금기였던 것처럼 감상에 젖는다. 우리는 고통은 잊고 즐거움만 기억하려고 한다. 무엇 때문일까? 그 이유는 어른으로서 짊어져야 할 책임이 너무 무겁기 때문이다. 그래서 아무 걱정 없이 모든 것을 부모에게 의존하던 어린 시절을 갈망한다. 어린 시절을 희구하는 우리의 이런 마음에는 자연히 애정을 그리워하는 강한 욕망이 숨겨져 있다. 왜냐하면 부모에게 의존하는 어린아이의 심리 저변에는 성적인 정서가 깔려 있기 때문이다. 결국 사람들에게 어린아이의 의존심과 비슷한 정서를 불러일으킬 수 있다면, 상대는 모든 관심과 사랑과 성적 매력을 쏟아붓게 될 것이다. 우리는 어린아이가 아니라고 주장하지만, 속으로는 어른이라는 허울을 벗어버리고 어린 시절로 되돌아가 내면에 억눌려 있는 어린아이와 같은 감정을 분출할 수 있기를 소망한다.

지그문트 프로이트는 정신과의사로 활동하면서 이상하게도 많은 여성 환자들이 자기를 사랑하고 있음을 발견했다. 그는 환자들에게 어린 시절을 회상해보도록 요구했다. 왜냐하면 환자들의 질병이나 노이로제 증상이 어린 시절의 추억과 밀접한 관계가 있었기 때문이다. 환자들은 아버지와의 관계를 비롯해 사랑받았던 기억이나 무시와 학대를 받았던 기억을 털어놓았다. 그 과정에서 환자들은 강한 감정에 휘말렸으며, 어린 시절의 추억으로 깊이 빠져들었다. 프로이트는 환자들의 감정을 자극하기 위해 거의 아무 말도 하지 않았고, 조금 거리를 두면서도 자상한 태도로 담담하게 이야기를 들어주었다. 한마디로 전통적인 아버지의 모습을 취했다. 환자들은 이야기를 하는 동안 무력하고 수동적인 자세로 소파에 몸을 기대고 누웠다. 그렇게 함으로써 마치 부모와 자녀가 함께 있는 듯한 상황이 연출되었다. 결국 환자들은 자신이 느끼는 혼란한 감정을 프로이트에게 쏟아부어, 자신도 모르는 사이에 그를 아버지처럼 여기게 되었다. 이런 식으로 환자들은 퇴행적 징후를 보이면서 그를 사랑하게 되었다. 프로이트는 이런 현상을 '감정의 전이'라고 불렀다. 그는 정신과 치료에 이 방법을 많이 적용했다. 그는 환자의 억눌린 감정을 의사에게 전달하게 하여 문제의 원인을 찾아내 의식의 세계로 끄집어올렸다.

감정의 전이 효과는 매우 강하다. 프로이트의 환자들은 어린 시절을 떠올리며 과거의 추억 속으로 깊이 빠져들었다. 프로이트조차 때로 환자들을 현실 세계로 되돌아오게 하는 데 애를 먹었다. 사실 감정의 전이는 애정을 불러일으키는 가장 강력한 방법 가운데 하나다. 따라서 이 방법은 정신분석학에서뿐만 아니라, 유혹의 과정에 광범위하게 적용될 수 있다. 자신은 의사 역할을 하고, 상대로 하여금 마치 환자처럼 어린 시절에 관해 이야기하게 만든다면 놀라운 유혹의 힘을 발휘할 수 있을 것이다. 누구에게나 어린 시절의 추억은 행복감을 불러일으킨다. 어린 시절의 기억만큼 생생한 기억도 없다. 사람이라면 누구나 어린 시절로 돌아가고 싶어 한다. 어린 시절의 추억을 말하는 과정에서 사람들은 자신의 은밀한 욕망을 털어놓을 뿐만 아니라, 자신의 약점과 정신 상태를 드러내게 된다. 이런 점을 잘 포착하는 것이 중요하다. 상대의 말을 액면 그대로 받아들여서는 안 된다. 대개의 경우 어린 시절의 추억을 말할 때는 조금 과장하거나 좀 더 극적으로 보이게 하려고 한다. 목소리나 말투 또는 말하기를 꺼리는 내용에 주의를 기울여라. 나아가 말을 하면서 어떤 때 긴장된 표정을 짓는지, 어떤 때 감정을 노출하는지도 주의 깊게 살펴야 한다. 대개 사람들은 속마음과 반대되는 말을 한다. 예를 들어 아버지를 미워한다는 말을 할 때는 아버지를 사랑했지만, 그에게서 원하는 것을 받지 못했다는 실망감을 표현하는 것이라고 생각하면 정확하다. 아울러 자주 언급하는 주제나 내용이 있는지도 잘 살펴야 한다. 감정을 노출시킬 경우에는 그 이면에 어떤 것이 숨겨져 있는지 생각해보는 것이 좋다.

상대의 말을 들을 때는 환자를 대하는 의사처럼 조용하고 관심 있는 태도를 유지하면서 한두 마디씩 거들어라. 단 상대의 말을 판단하려고 해서는 안 된다. 자상하면서도 거리를 두는 듯한 태도로, 상대가 자연스레 감정을 전이해올 수 있도록 해야 한다. 상대의 어린 시절에 관한 정보를 수집하는 과정에서 서로 신뢰가 구축되고, 그렇게 되면 상대의 억눌린 욕망을 자극할 수 있는 기회가 생긴다. 부모와 오누이, 학교 교사 등과 맺었던

일본의 전통적인 양육법을 보면, 의존심을 키우는 것 같다. 어린아이는 밤이나 낮이나 혼자 남겨지는 경우가 거의 없다. 대부분의 경우 밤에도 어머니와 함께 잠을 자기 때문이다. 외출할 때도 유모차에 실려 홀로 세상과 대면하는 것이 아니라, 포대기에 싸인 채 어머니 등에 업힌다. 어머니가 절을 하면 아이도 절을 한다. 아이는 이런 식으로 어머니의 심장박동을 느끼며 자연스럽게 사회적 예절을 터득한다. 따라서 아이의 정서적 안정은 거의 전적으로 어머니의 손에 달려 있다고 해도 과언이 아니다……. 아이들은 의존심을 보이는 것이야말로 애정뿐만 아니라 총애까지 얻을 수 있는 가장 좋은 방법이라는 교훈을 배운다. 여기에 해당되는 일본어 동사로 아마에루가 있는데, 사전적 의미는 '다른 사람의 애정을 이용하다, 응석부리다'다. 정신과의사인 도이 다케오에 따르면, 일본인들의 성격을 이해하려면 이런 점에 주목해야 한다고 한다. 이러한 성향은 어른이 되어서도 계속 이어진다. 젊은 사람들은 노인들에게, 여자들은 남자들에게, 남자들은 자기 어머니나 때로 부인에게 어리광을 피운다……. 《영 레이디》(1982년 1월호)라는 일본의 한

잡지는 《아름답게 꾸미는
법》이라는 제목의 기사를
실었다. 다른 말로 하면,
이는 '남자를 유혹하는
법'이다. 당시 미국이나
유럽의 잡지는 독자들에게
섹시하게 보이는 법을
제시하면서 갖가지 종류의
파우더와 크림,
스프레이를 소개했다.
하지만 《영 레이디》는
그렇지 않았다. 다음은 그
기사의 내용이다. "모성애로
가득 찬 여성이야말로 가장
매력적인 여성이다.
남자들은 모성애가 없는
여성과는 절대 결혼하려
하지 않는다……. 따라서
여성은 어머니의 눈으로
남자들을 바라보아야 한다."
— 이안 부루머(Ian Buruma),
《가면 저편에: 육감적인 악마,
성스러운 어머니, 복장
도착자, 깡패, 건달, 기타
일본의 문화 영웅들
(Behind The Mask: On
Sexual Demons, Sacred
Mothers, Transvestites,
Gangsters, Drifters and
Other Japanese
Cultural Heroes)》

과거의 관계 및 어린 시절에 매료되었던 일들은 현재 삶의 저변에 앙금처럼 깔려 있다. 상대에게 가장 큰 영향을 미친 사람이 누군지를 파악해 그 역할을 할 수만 있다면 놀라운 유혹의 힘을 발휘할 수 있다. 따라서 상대가 어린 시절에 누리지 못했던 일이 무엇인지 파악하는 것이 중요하다. 예를 들어 상대가 부모의 사랑을 충분히 받지 못하고 자랐다면 자상하고 따뜻한 부모의 역할을 해주는 것이 좋다. 사람은 누구나 어린 시절의 고통스러운 기억을 가지고 있다. 어린 시절에 느꼈던 실망이나 미처 누리지 못한 일들로 사람들의 심리 저변에는 불만족스러운 감정이 깔려 있다. 따라서 사람들이 누리지 못한 일을 누릴 수 있게 해준다면 그들을 유혹할 수 있다. 그리고 놀라운 유혹의 힘을 발휘할 수 있다.

단지 과거의 추억을 말하는 것에 그치게 하지 말고, 실제로 현재의 삶 속에서 과거에 부족했던 것을 심리적으로 보상받을 수 있도록 해주는 것이 중요하다. 어린 시절을 통해 형성된 사람들의 심리는 대개 다음의 네 가지 범주로 분류할 수 있다.

유아기적 심리. 인간은 다른 동물과는 달리 어머니에게 의존하는 시간이 길다. 따라서 어머니에게 느끼는 애정이 일생 동안 영향을 미친다. 어머니는 자식을 무조건적으로 사랑한다. 바꿔 말하면 사람은 누구나 어머니처럼 자신을 무조건 사랑해주는 존재를 필요로 한다. 이런 심리에 착안해 상대를 판단하지 않고 무엇을 하든 사랑으로 감싸안으면서 위로와 격려를 아끼지 않는다면, 상대는 유혹에서 벗어날 수 없다. 어머니가 모든 것을 돌봐주고, 결코 홀로 내버려둔 적이 없었던 어린 시절의 추억 때문에 사람들은 누구나 그와 같은 무조건적인 사랑을 원한다. 그러므로 상대를 유혹하려면 마치 어머니가 자식을 대하듯, 따사롭고 밝고 행복한 분위기를 만들어주는 것이 좋다.

오이디푸스 콤플렉스. 어머니와 자식의 관계뿐만 아니라 어머니와 아버지와 자식의 삼각관계도 인간의 심리에 중요한 영향을 미친다. 이 삼각관계 안에서 최초의 에로틱한 심리가 형성된다. 사내아이의 경우 어머니의 사랑을 독차지하고 싶어하고, 여자아이의 경우 아버지의 사랑을 독차지하고 싶어하지만, 현실은 그렇지 못하다. 그 이유는 어머니와 아버지는 다른 어른과 인간관계를 맺으며 살아갈 뿐만 아니라, 자식보다는 서로에게 더 많은 관심과 사랑을 쏟기 때문이다. 결국 자식이 원하는 무조건적인 사랑은 불가능하다. 부모는 자식이 원하는 것을 때로 거절할 수밖에 없다. 결국 사람들의 이런 심리를 고려해볼 때 상대를 유혹하려면 자상하면서도 때로 약간의 징계를 가하기도 하는 부모의 역할을 하는 것이 좋다. 어린아이는 부모가 자신에게 약간의 징계를 가하는 것을 좋아한다. 어린아이는 부모로부터 징계를 받을 때, 부모가 자기에게 신경을 쓰고 있음을 느낀다. 따라서 부드러우면서도 엄격한 모습으로 상대를 대한다면 어린 시절의 심리를 만족시켜줄 수 있을 것이다.

오이디푸스 콤플렉스를 이용하려면 상대에 관한 정보를 충분히 입수해서 활용해야 한다. 상대의 심리를 충분히 이해하지 못한 채 엄한 부모 역할을 한다면 자칫 어린 시절의 불쾌한 감정만 잔뜩 유발시키는 결과를 초래하거나, 부모에 대한 나쁜 기억을 되살려 오히려 상대의 미움을 살 확률이 높다. 즉 상대의 어린 시절에 관한 정보를 충분히 알지 못하고 달려들었다가는 역효과를 낼 수 있다. 따라서 상대가 어린 시절에 충분히 누리지 못한 일이 무엇인지 정확하게 파악해야 한다. 만일 상대가 부모에게 강한 애정을 느끼면서도 그 욕구를 충분히 채우지 못했다면 오이디푸스 콤플렉스를 이용하면 상당한 효과를 거둘 수 있다. 인간에게는 대개 부모에 대한 애증이 병존한다. 다시 말해 우리는 부모를 사랑하면서도 부모에게만 의존해야 했던 어린 시절을 못마땅하게 여긴다. 하지만 부모에 대한 의존 심리를 궁극적으로 벗어버리지는 못한다. 아울러 부모와 자식 간의 애정 심리를 이용하는 것도 중요하다. 앞서 지적한 대로 어린아이는 어머니나 아버지의 사랑을 독차지하고 싶어한다. 한마디로 인간은 부모에게 최초로 이성애를 느낀다. 따라서 아버지나 어머니의 역할을 해주면 과거에는 불가능했던 금지된 관계가 현재에는 허용되는 듯한 만족감을 심어줄 수 있다.

이상형을 꿈꾸는 심리. 이상형이란 우리가 되고 싶어하는 인물을 말한

지금까지 나는 연인은
이상적인 또 다른 에고의
대용물이라는 사실을 강조해
왔다. 서로 사랑하는
두 사람은 이상적인
에고를 주고받는다.
서로 사랑한다는 것은
상대방 안에 있는 자신의
이상적인 에고를 사랑한다는
뜻이다. 만약 이러한 현상이
없다면, 이 세상에 사랑은
존재하지 않을 것이다.
우리가 사랑에 빠지는
이유는 우리 스스로는 좀 더
나은 자아상을 얻을 수 없기
때문이다. 이렇게 볼 때
사랑 자체는 일정한 문화적
수준에 도달하거나 성격이
어느 정도 발달한 이후에야
가능하다. 이상적인 에고의
형성은 인간이 진화했다는
증거다. 사람들이
자신의 실제 자아에
전적으로 만족한다면,
사랑은 불가능하다.
상대에게 이상적인 에고를
전사(轉寫)하는 것이야말로
사랑의 가장 큰 특징이다.
— 시어도어 리크,
《사랑과 욕망에 대하여》

다. 우리는 어린 시절에 각자 자신의 이상형을 꿈꾼다. 그러다가 청소년기에 접어들면, 자신의 이상형에 맞는 사람을 찾기 시작하고 그런 사람을 만나면 사랑에 빠진다. 혹은 우리 스스로 이상형의 역할을 할 수 있는 상대를 찾기도 한다. 하지만 현실 세계는 우리가 바라는 이상과는 거리가 멀다. 따라서 우리는 이상형을 희구하는 욕망을 잠시 접어둘 수밖에 없다. 우리는 살아가면서 현실과 타협하는 자신의 모습에 실망하기도 하고, 시간이 갈수록 자신이 생각하는 이상적인 모습에서 점점 멀어지는 것에 안타까움을 느끼기도 한다. 따라서 청소년 시절의 이상을 펼칠 수 있다는 인식을 심어준다면, 놀라운 유혹의 힘을 발휘할 수 있다. 이 경우에는 유아기적 심리나 오이디푸스 콤플렉스를 느끼는 심리를 이용할 때와는 달리 동등한 입장에 서서 상대해주어야 한다. 이는 마치 오누이 간의 관계와 흡사하다. 사실상 청소년기의 이상형은 대개 형제나 자매의 모습을 통해 형성된다. 이러한 효과를 내려면 청소년 시절에 상대가 심취했던 이상형이 무엇인지를 파악해 그와 비슷한 분위기를 재현해야 한다.

부모로서의 보호본능. 이는 이제까지 말해온 것과는 달리 유혹자가 부모가 아닌 어린아이의 입장에 서게 되는 상황이다. 이 경우, 유혹자는 귀엽고 사랑스러우면서도 성적인 매력을 발산하는 어린아이의 모습을 연출할 수 있어야 한다. 그런 유혹자의 모습을 보면서 사람들은 자신의 어린 시절이 되살아나는 듯한 느낌을 받는다. 나이 든 사람들은 생기발랄한 젊은이를 대하면, 마치 어머니나 아버지가 된 듯한 착각에 빠진다. 어린아이가 부모에 대해 이성적인 사랑을 느낀다면, 부모도 자식에 대해 이성적인 사랑을 느낄 수 있다. 하지만 부모와 자식의 관계라는 사실 때문에 그런 감정을 감히 표현하지 못한다. 따라서 상대와의 관계 속에서 자식과 같은 역할을 한다면, 상대는 그와 같은 억눌린 욕구를 분출할 수 있는 기회를 발견할 수 있다. 물론 이 전략은 상대의 나이에 따라 차이가 있을 수 있다. 하지만 그 차이는 그리 중요하지 않다. 어린 소녀와 같은 분위기를 풍겼던 마릴린 먼로는 같은 나이 또래의 남자들에게 큰 호소력을 발휘했다. 이처럼 어린아이와 같은 모습은 상대의 보호본능을 일깨울 수 있다.

사례 1: 어머니 같은 무조건적인 사랑

빅토르 위고(Victor Hugo)의 부모는 그가 태어나던 해인 1802년에 이혼했다. 빅토르 위고의 어머니 소피는 남편의 상관과 불륜관계를 맺었다. 그녀는 아들 셋을 데리고 남편을 떠나 파리로 가서 혼자 아이들을 키웠다. 그녀의 세 아들은 어린 시절을 불우하게 보냈다. 그들은 가난했고 이사를 자주 다녔다. 그녀는 계속해서 남편의 상관과 불륜관계를 맺었다. 빅토르는 세 형제 중에서 어머니를 가장 많이 따랐다. 그는 어머니의 모든 것을 좋아했다. 그는 어머니가 느꼈던 울분과 남편에 대한 증오심을 마치 자신의 것인 양 받아들였다. 하지만 그는 어린 시절 내내 자신이 그토록 사랑했던 어머니로부터 충분한 사랑을 받지 못했다고 느꼈다. 그러다가 1821년에 어머니가 빚과 가난에 쪼들리다가 죽자 그는 황폐해진 마음을 가눌 길이 없어 한동안 고통스러워했다.

이듬해 그는 어린 시절의 소꿉친구였던 아델과 결혼했다. 그녀는 그의 어머니와 비슷한 점이 아주 많았다. 한동안 행복한 가정생활이 이어졌다. 그런데 1832년 아델 역시 그의 어머니처럼 외간 남자와 불륜을 저질렀다. 상대 남자는 빅토르 위고의 절친한 친구였던 생트 뵈브였다. 그는 당시 프랑스의 유명한 문학비평가였다. 위고 역시 작가로서 탄탄대로를 달리고 있었다. 그는 대개 감정을 솔직하게 드러내는 사람이었지만, 아델에 관해서는 아무에게도 솔직하게 털어놓지 못했다. 그의 유일한 해결책은 맞바람을 피우는 것이었다. 그는 여배우, 고급 매춘부, 유부녀 등과 관계를 맺었다. 엄청난 정력의 소유자였던 위고는 때로 하루에 세 명의 여성과 관계를 맺기도 했다.

1832년 말경 자신이 쓴 희곡이 무대에 오르기 시작하면서 위고는 배우 선정 작업을 감독하게 되었다. 스물여섯의 줄리에트 드루에도 작은 역할을 맡기 위해 오디션에 참가했다. 그런데 여자를 다루는 데 이골이 난 위고가 이상하게도 그녀 앞에 서자 말을 더듬기 시작했다. 그녀는 그가 본 여자 중에서 가장 아름다웠을 뿐만 아니라 놀라울 정도로 차분하고 침착했다. 당연히 줄리에트는 오디션을 통과해 역할을 배정받았다. 그 후로 위고는 줄곧 그녀 생각만 했다. 그가 보기에 그녀는 늘 남자들에게 둘러

나는 실피드에게 마음에 사는 어떤 여자의 눈에 이어 또 다른 여자의 싱싱한 피부를 주었다. 다른 특징은 우리집 응접실에 걸려 있던 프랑수아 1세, 앙리 4세, 루이 15세 시대를 풍미했던 위대한 귀부인들의 초상화를 참고로 삼았다. 심지어 교회의 성모 마리아 그림들로부터도 아름다움을 빌려왔다. 이 신비한 피조물은 보이지 않게 어디든 나를 따라다녔으며, 나는 마치 실제로 존재하는 사람과 이야기를 나누듯 그녀와 대화를 주고받았다. 그녀는 내 광기의 정도에 따라 외모를 바꾸었다. 너울을 쓰지 않은 아프로디테나 하늘색과 장밋빛 너울을 쓴 아르테미스, 웃고 있는 가면을 쓴 탈리아 (희극·목가를 주관하는 여신―옮긴이), 청춘의 술잔을 들고 있는 헤베(청춘의 여신―옮긴이), 혹은 요정으로 변해 내게 자연을 지배할 수 있는 권력을 주었다…… 이러한 망상은 2년 동안 계속되었으며, 그때마다 나의 영혼은 최고의 흥분 상태에 도달했다.
― 샤토브리앙,
《무덤 저편에서의 회상 (Memoirs From Beyond The Grave)》

싸여 있는 것 같았다. 더욱이 그녀는 위고에게 관심이 전혀 없었다. 적어도 그는 그렇게 생각했다. 그러던 어느 날 저녁 위고는 연극 연습을 마친 뒤 집으로 돌아가는 그녀를 집까지 따라갔다. 그러나 그녀는 화를 내거나 놀라지 않았다. 오히려 그에게 들어오라며 문을 열어주었다. 그는 그날 밤 그녀와 함께 지냈으며, 그 후 거의 매일 밤 그녀와 함께 보냈다.

위고는 다시 행복해졌다. 줄리에트는 배우 생활도 집어치우고, 옛 친구들과의 관계도 모두 끊은 채 요리하는 법을 배웠다. 그런 줄리에트의 모습을 보면서 위고는 너무나도 기뻤다. 화려한 의상과 사교적인 활동을 좋아했지만 그녀는 그의 비서 노릇을 하면서 좀처럼 집을 비우지 않고 그가 오기만 기다렸다. 하지만 시간이 지나자 위고는 다시 옛날 습관을 버리지 못하고 다른 여자를 만나기 시작했다. 하지만 줄리에트는 불평하지 않았다. 그녀는 자신이 그가 지속적으로 찾아주는 유일한 여자라는 것에 만족했다. 결국 위고는 점차 그녀에게 의존하게 되었다.

1843년 위고는 사랑하는 딸이 사고로 죽자 깊은 절망에 빠졌다. 그는 슬픔을 잊으려고 새로운 여자와 애정 행각을 벌였다. 그런 과정에서 그는 레오니 도네라는 이름의 귀족 출신 여성을 사랑하게 되었다. 몇 년 후 자신이야말로 위고가 가장 사랑하는 여인임에 틀림없다고 확신한 레오니는 그에게 줄리에트와 계속 만나면 관계를 끝내겠다는 최후통첩을 했다. 위고는 그녀의 요구를 거절하는 한편, 당분간 두 사람 다 만나면서 몇 달 뒤에 누구를 더 좋아하는지 결정하겠다고 제안했다. 레오니는 화가 났지만 달리 방법이 없었다. 위고와 사랑에 빠지는 바람에 그녀의 결혼생활은 이미 깨졌고, 사회적인 입지도 무너진 상태였다. 따라서 그녀는 위고에게 의존할 수밖에 없었다. 어쨌든 그녀는 승부에 자신이 있었다. 그녀는 한창 꽃다운 나이였던 반면에 줄리에트는 이미 흰머리가 보이기 시작했기 때문이다. 레오니는 위고의 제안을 따르는 척했다. 하지만 시간이 지나자 그녀는 점점 화를 내기 시작했고, 자주 불평을 해댔다. 하지만 줄리에트는 마치 아무것도 변한 것이 없는 것처럼 행동했다. 위고가 올 때마다 그녀는 예전과 똑같이 그를 대해주었다. 마치 그녀는 어머니가 자식을 돌보듯 변함없는 사랑과 위로로 그를 대했다.

이런 식의 관계가 다시 몇 년 동안 이어졌다. 1851년 위고는 나폴레옹 보나파르트의 사촌인 루이 나폴레옹과 사이가 좋지 않았다. 당시 루이 나폴레옹은 프랑스의 대통령이었다. 위고는 신문을 통해 그의 독재를 혹독하게 비난했다. 그의 이런 행동은 화를 자초한 격이었다. 왜냐하면 루이 나폴레옹은 복수심이 강한 인물이었기 때문이다. 줄리에트는 위고의 생명이 위태롭다는 사실을 직감하고, 그를 친구 집에 숨겼다. 그리고 위조 여권을 만들어 그를 변장시킨 뒤 브뤼셀로 안전하게 피신시켰다. 모든 일이 계획대로 진행되었으며, 줄리에트는 며칠 뒤 그의 귀중품을 챙겨들고 그와 합류했다. 결국 그녀는 위고를 위해 위험까지 감수하는 용감한 행동을 보여 레오니를 물리치고 승리를 거두었다.

하지만 위고는 여전히 새로운 여성을 찾아헤매기 시작했다. 줄리에트는 위고의 건강이 염려되는 데다, 더 이상 20대 여성과 경쟁할 수 없는 입장임을 잘 알고 있었기 때문에 침착하고 단호한 목소리로 다른 여성을 계속 만나면 떠나겠다는 의사를 표명했다. 위고는 깜짝 놀랐다. 그녀의 단호한 의지를 확인한 그는 그녀 앞에서 마치 어린아이처럼 울음을 터뜨렸다. 위고 역시 이미 나이를 상당히 먹었지만, 무릎을 꿇은 채 성경과 자신이 쓴 유명한 소설 《레미제라블》 위에 손을 얹고 다시는 다른 여자를 만나지 않겠다고 맹세했다. 줄리에트는 그 후 1883년 죽을 때까지 위고를 사로잡았다.

해석 ——

위고의 애정 생활은 어머니와의 관계에서 영향을 받았다. 그는 줄곧 어머니의 사랑을 받은 적이 없다고 생각했다. 그는 대부분 어머니와 비슷하게 생긴 여성과 관계를 가졌다. 이는 어머니에게서 받지 못한 사랑을 보상받으려는 행동이다. 처음 위고를 만났을 때, 줄리에트는 그런 사실을 몰랐다. 하지만 그녀는 두 가지 사실을 직감했다. 하나는 그가 자신의 아내에게 엄청난 불만을 품고 있다는 사실이고, 다른 하나는 그가 어린아이와 같은 심성을 소유하고 있다는 사실이었다. 그는 감정적이었고, 관심받고 싶어했다. 한마디로 그는 장성한 남자라기보다는 어린 소년과 같았다. 그녀가 일생 동안 위고를 사로잡을 수 있었던 이유는 바로 어머니처럼 무조건적인 사랑을 주었기 때문이다.

줄리에트는 위고를 판단하지도 않았고, 그의 방종을 꾸짖지도 않았다. 그녀는 항상 그에게 관심과 사랑을 쏟아부었다. 그래서 위고는 그녀를 찾을 때마다 마치 어머니 뱃속에 들어간 듯한 편안함을 느꼈다. 줄리에트 앞에 설 때마다 위고는 더욱더 어린 소년이 되는 듯했다. 따라서 그는 그녀의 부탁을 거절하지 못했으며, 그녀를 떠날 수도 없었다. 그녀가 그를 떠나겠다고 위협했을 때 그는 어머니를 찾아 울부짖는 어린아이처럼 행동했다. 결국 줄리에트는 위고를 완전히 지배한 셈이다.

무조건적인 사랑은 쉽게 찾아볼 수 없다. 하지만 사람은 누구나 무조건적인 사랑을 갈망한다. 그 이유는 어린 시절 어머니 품에서 사랑받고 자란 기억 때문이기도 하고, 막연히 그런 사랑을 받아봤으면 하는 심리 때문이기도 하다. 상대를 유혹하기 위해 줄리에트처럼 할 필요는 없다. 다만 관심을 기울이고 상대를 있는 그대로 받아들이면서, 필요한 욕구를 채워주고 어린아이처럼 대해주는 척하기만 해도 얼마든지 상대를 유혹할 수 있다. 물론 자신이 점점 다른 사람에게 의존해가고 있음을 알게 될 때 상대는 조금 놀랄지도 모른다. 그들은 내심 다른 사람에게 의존하는 자신의 모습이 싫어 가끔씩 자기 주장을 펼 수도 있다. 위고의 경우는 다른 여성을 만남으로써 그런 반항적인 태도를 취했다고 볼 수 있다. 하지만 사람들은 결국 자기를 어머니처럼 감싸주는 사람에게 의존하게 되어 있다. 영원히 잃어버려 다시는 찾을 수 없다고 생각되는 어머니의 사랑을 얻을 수 있다는 환상에 사로잡히면, 그런 사랑을 찾아 반드시 되돌아오게 되어 있다.

사례 2: 오이디푸스 콤플렉스

20세기 초 독일의 작은 마을에서 있었던 일이다. 무트 교수는 당시 그 마을에 있던 대학의 학장이었다. 그는 학생들을 증오하기 시작했다. 그는 50대 후반이었으며, 오랫동안 같은 학교에서 라틴어와 그리스어를 가르쳐왔다. 그는 고전 분야에서 매우 탁월한 교수였다. 그는 학생들을 징계해야 한다고 생각했지만, 학교 체벌을 용납하지 않는 사회 분위기 때문에 어쩔 도리가 없었다. 학생들은 더 이상 고전문학을 좋아하지 않았으며, 저속한 음악과 현대문학에만 관심을 기울였다. 학생들은 난폭하고 반항적이었다. 하지만 무트 교수의 눈에 비친 그들은 훈련도 제대로 받지 못하고 자란 연약한 존재에 불과했다. 그는 학생들에게 본때를 보여주고 싶었다. 학생들이 떠들 때는 종종 으름장을 놓았는데 대개는 잘 먹혔다.

무트 교수가 싫어하는 학생 중에 로흐만이라는 학생이 있었다. 그는 거만하고 옷을 잘 입는 학생이었다. 어느 날 그가 자리에서 일어나더니 "교수님, 저는 더 이상 이 교실에서 공부를 할 수가 없습니다. 교실 안에서 진흙 냄새가 너무 나서 말입니다"라고 말했다. '진흙'은 무트 교수의 별명이었다. 무트 교수는 로흐만의 팔을 붙잡아 세게 비틀고는 교실에서 내쫓았다. 나중에 무트 교수는 로흐만이 놓고 간 책을 발견하고 잠시 들춰보았다. 로흐만의 책 안에는 로자 프뢸리히라는 여배우에 관한 글귀가 적혀 있었다. 순간 무트 교수에게 한 가지 묘책이 떠올랐다. 즉 로흐만이 이 여배우와 놀아났다는 증거를 잡으면, 그녀도 평판이 좋지 못한 여자임에 분명하기 때문에 그를 학교에서 퇴학시킬 수 있는 빌미를 얻을 수 있을 것 같았다.

무트 교수는 일단 로자가 어디에서 공연을 하는지 알아야 했다. 그는 마을 구석구석을 돌아다니다가 마침내 그녀가 '푸른 옷의 천사'라는 클럽에서 일한다는 정보를 입수했다. 그는 클럽 안으로 들어갔다. 클럽 안은 온통 담배 연기로 자욱했으며, 노동자로 보이는 사람들로 가득했다. 로자는 무대에 서 있었다. 그녀는 무심한 눈길로 청중을 내려다보며 노래를 불렀다. 그녀의 노래를 듣던 무트 교수는 왠지 긴장이 완화되면서 편안한 느낌이 들었다. 그는 포도주를 마시며 잠시 휴식을 취했다. 공연이 끝난 뒤, 그는 그녀에게 로흐만과의 관계를 따져 물을 생각으로 그녀의 분장실로 향했다. 분장실에 도착한 그는 조금 어색했지만, 용기를 내 그녀에게 학생을 방종으로 이끄는 것은 나쁜 행위라고 꾸짖으면서 당장 경찰에 연락해 클럽 문을 닫게 하겠다고 으름장을 놓았다. 하지만 로자는 조금도 기가 죽지 않았다. 그녀는 오히려 학생들을 방종에 빠지게 한 것은 바로 무트 교수 자신일 수도 있다고 공격했다. 그녀는 냉소적인 어조로 이렇게 따져물었다. "그래요. 로흐만이 내게 꽃과 샴페인을 갖다주었어요. 그래서 그게 뭐 어떻다는 거예요?" 지금까지 그 누구도 무트 교수 앞에서 그런 식으로 말한 사람은 없었다. 대개는 그의 권위 있는 음성을 들으면 꽁무니를 뺐다. 로자는 신분도 천한 데다 여자였고, 그는 대학 학장이었다. 하지만 그녀는 동등한 입장이라도 되는 듯이 무트 교수와 말싸움을 벌였다. 무트 교수는 화가 나야 마땅했다. 하지만 그는 화도 내지 않았고, 그곳을 떠나지도 않았다. 그는 무엇인가에 사로잡힌 듯 가만히 서 있었다.

로자는 더 이상 아무 말도 하지 않았다. 그러고는 그는 안중에도 없다는 듯 스타킹을 집어들고, 터진 곳을 꿰매기 시작했다. 무트 교수는 그녀의 일거수일투족을 유심히 지켜보았다. 그는 특히 그녀가 맨 무릎을 비비는 동작에 관심이 끌렸다. 마침내 그는 다시 로흐만과 경찰을 들먹이기 시작했다. 그의 말을 듣던 로자가 이렇게 대꾸했다. "당신은 이곳 생활이 어떤지 전혀 몰라요. 이곳에는 해변의 모래알처럼 많은 사람들이 들락거려요. 그들에게 원하는 것을 제공해주지 않으면, 아마도 경찰을 부른다고 으름장을 놓을걸요." 그러자 무트 교수는 양처럼 순한 목소리로 "아가씨의 감정을 상하게 해서 미안하오"라고 말했다. 그 말에 놀라 그녀가 갑자기 의자에서 일어서는 바람에 두 사람의 무릎이 서로 닿았다. 그 순간 무트 교수는 등줄기에 전기가 흐르는 듯한 느낌을 받았다. 그녀는 다소 누그러진 태도로 그에게 포도주를 따라준 뒤 시간 있을 때 들르라는 말과 함께 다음 공연을 위해 황급히 무대로 뛰어나갔다.

다음 날 무트 교수는 종일 그녀를 생각했다. 수업을 하면서도 그녀에 대한 생각이 떠나질 않았다. 그는 그런 자신의 모습을 재미있다고 생각했다. 그날 저녁 그는 다시 현장에서 로흐만을 붙잡을 결심을 하고 클럽에 갔다. 이번에도 그는 로자의 분장실에 들러 포도주를 한 잔 얻어 마셨다. 이상하게도 그는 그녀 앞에서 양처럼 순해졌다. 로자는 그에게 옷 입는 것을 도와달라고 부탁했다. 그는 영광으로 생각하고 그녀가 코르셋을 입는 것과 화장하는 것을 도와주었다. 그렇게 하는 동안 그는 로흐만에 대한 생각은 까맣게 잊어버렸다. 그는 새로운 세상에 들어선 듯한 느낌을 받았다. 그녀는 그의 볼을 가만히 꼬집기도 하고, 그의 턱을 톡톡 두드리기도 했다. 그러고는 이따금씩 스타킹을 말아올리면서 맨다리를 살짝 보여주기도 했다.

무트 교수는 매일 밤 클럽에 모습을 나타냈다. 그는 그녀가 옷 입는 것을 도와주기도 하고, 그녀가 공연하는 모습을 지켜보기도 했다. 그가 클럽에 자주 나타나는 바람에 로흐만과 그의 친구들은 더 이상 그곳에 드나들 수가 없었다. 그는 로자에게 꽃과 샴페인을 가져다주고, 그녀가 옷 입는 것을 도와주는 유일한 남성이라는 사실에 묘한 자긍심을 느꼈다. 자기처럼 나이 든 사람이 로흐만 같은 젊은이를 제쳤다는 생각에 그는 마음이 흐뭇했다. 고맙다는 표시로 로자가 턱을 톡톡 두드려주는 것도 좋았다. 하지만 그는 로자가 자기를 꾸짖으며, 분가루를 얼굴에 뿌리거나 의자에서 밀어 넘어뜨릴 때 더 큰 희열을 느꼈다. 그런 식의 행동은 그녀가 자신을 좋아한다는 것을 의미했기 때문이다. 무트 교수는 로자가 아무리 변덕을 부려도 기꺼이 감수했다. 그는 다른 남자들로부터 그녀를 지켜야 했으며, 그러려면 그녀를 위해 많은 돈을 써야 했다. 마침내 그는 그녀에게 결혼 신청을 했다. 두 사람의 결혼은 굉장한 스캔들을 낳았다. 그로 인해 그는 직장과 전 재산을 잃었을 뿐만 아니라 급기야 감옥에 갇히는 신세가 되었다. 하지만 마지막 순간까지 그는 로자를 원망하지 않았다. 그는 오히려 그녀에게 충분히 베풀지 못했다는 죄책감을 느꼈다.

해석 ——

무트 교수와 로자 프뢸리히는 하인리히 만(Heinrich Mann)이 1905년에 쓴 《푸른 옷의 천사》라는 소설 속의 등장인물이다. 이 소설은 나중에 영화화되었으며, 마를렌네 디트리히가 주연을 맡았다. 로자가 무트 교수를 유혹하는 과정은 오이디푸스 콤플렉스의 전형적인 패턴을 따른다. 로자는 무트 교수를 마치 어머니가 자식을 대하듯 다루었다. 그녀는 그를 꾸짖었지만 학대하지는 않았다. 그녀는 부드럽게 나무라듯 그를 대했다. 그녀는 마치 말썽 부리는 자식을 대하듯 무트 교수를 대했다. 그녀는 가끔씩 잘했다는 칭찬과 격려도 해주었다. 일단 무트 교수가 퇴행 현상을 보이기 시작하자, 그녀는 육체적인 접촉을 시도해 미묘한 성적 흥분을 유도했다. 남자는 퇴행 현상을 보이기 시작하는 순간, 어머니처럼 생각되는 여성과 잠자리를 같이하고 싶은 욕망에 사로잡힌다. 하지만 항상 그의 주변에는 아버지와 같은 경쟁자들이 도사리고 있다. 따라서 어머니를 차지하려면 먼저 아버지를 없애야 하듯 어머니처럼 느껴지는 여성을 차지하려면 먼저 다른 남성들을 제거하고 그녀의 사랑을 독차지해야 한다.

오이디푸스 콤플렉스를 이용해 상대를 유혹하려면, 상대를 어린아이처럼 대할 수 있어야 한다. 그러려면 상대를 무서워하거나 상대의 사회적 지위나 권위에 움츠러들어서는 곤란하다. 그런 외형적인 요소를 무시한 채 그들을 어린아이에 불과하다고 생각할 수 있어야 한다. 그런 생각을 가지면 상대를 무서워하지 않게 될 뿐만 아니라 아무리 강한 사람이라도 연약한 어린아이로 보인다. 중요한 것은 오이디푸스 콤플렉스에 약한 대상을 선택해야 한다는 점이다. 무트 교수처럼 겉으로 볼 때 진지하고, 자기주장이 강하며, 도덕군자인 척하는 사람을 선택하는 것이 좋다. 이들은 종종 어린아이 같은 약점을 가리기 위해 그와 같은 행동을 하는 경향이 있다. 자신을 완벽하게 통제하는 듯이 보이는 사람들이 의외로 쉽게 퇴행 현상을 일으킨다. 이들은 자신이 가진 권력과 지위와 책임감에 억눌려 있어서 모든 짐을 훌훌 벗어버리고 어린아이처럼 방만한 삶을 살았으면 하는 욕망이 강하다.

사례 3: 늑대들의 계곡

1768년에 출생한 프랑스의 작가 프랑수아 르네 드 샤토브리앙은 부르타뉴에 있는 한 성에서 성장했다. 중세시대에 건축된 그 성은 마치 유령이 사는 것처럼 춥고 음침했다. 그의 가족들은 그곳에서 거의 반쯤 고립된 채 생활했다. 샤토브리앙은 누이 루실과 많은 시간을 보내며 지냈다. 그가 자기 누이를 너무 좋아했기 때문에, 근친상간이라는 소문이 파다했다. 그러던 중 그가 열다섯이 되었을 때, 실피드라는 이름의 새로운 여인이 그의 삶에 등장했다. 이 여인은 실제 인물이 아니라 그의 상상이 만들어낸 인물이다. 그는 책에서 읽은 역사에 이름을 남긴 여성과 창녀를 모두 혼합해 그와 같은 여성을 만들어냈다. 그는 그녀의 모습을 상상하며, 그녀의 목소리에 귀 기울였다. 그는 산책할 때도 그녀를 생각했고, 그녀와 대화도 나누었다. 그는 그녀가 결백하고 고상한 여인이지만 때로는 나쁜 짓을 한다고 생각했다. 그는 이런 식으로 2년간을 상상 속의 여인과 관계를 맺으며 지냈다. 그런 다음 그는 파리로 가 상상 속의 여인이었던 실피드를 실제 인물 속에서 찾기 시작했다.

1790년대의 공포를 견디어낸 프랑스 국민은 샤토브리앙의 첫 번째 소설을 열렬히 환영했다. 그들은 그의 소설에서 새로운 정신을 느꼈다. 그의 소설들은 바람이 몰아치는 중세의 성을 배경으로, 남녀 영웅에 관한 흥미진진한 이야기로 가득했다. 낭만주의의 열풍이 몰아쳤다. 샤토브리앙 자신도 소설에 나오는 등장인물 중 하나를 닮았다. 그는 외모가 그리 매력적이지는 않았지만, 많은 여성들이 그를 미친 듯이 사모했다. 그들은 따분한 결혼생활이 아니라 샤토브리앙이 쓴 소설과 같은 낭만적인 삶을 원했다. 샤토브리앙은 유혹자라는 별명을 갖게 되었다. 그는 유부남이었고 독실한 가톨릭 신자였지만, 해가 갈수록 많은 여성들과 관계를 맺었다. 한 곳에 머무는 성격이 아니었던 그는 중동 지역과 미국과 유럽 전역을 돌아다녔다. 하지만 그는 자신이 찾는 여성을 찾을 수 없었다. 여성과 관계를 맺은 다음 새로운 맛이 다하면 그는 미련 없이 떠났다.

그러다가 1807년이 되었다. 샤토브리앙은 이미 수없이 많은 여성과 관계를 맺었지만, 만족할 수 없어서 은퇴해서 시골에 있는 자신의 저택에서 은거하기로 결정했다. 그는 그곳을 전 세계에서 가져온 나무들로 가득 메웠으며, 자신의 소설에 등장하는 장소처럼 꾸몄다. 그는 그곳을 '늑대들의 계곡(Vallée aux Loups)'이라고 불렀다. 그곳에서 그는 자신이 구상해오던 회고록을 집필하기 시작했다(이때 쓴 회고록은 훗날 그의 대표작이 되었다).

하지만 1817년 샤토브리앙의 삶에 위기가 찾아왔다. 그는 재정이 고갈되어 '늑대들의 계곡'을 처분할 수밖에 없었다. 당시 50대에 접어든 그는 갑자기 나이가 들었다는 사실을 느끼면서 작가로서의 상상력조차 고갈되고 말았다. 그 해에 그는 동료 작가 스탈 부인을 방문했다. 당시 그녀는 병에 걸려 죽음이 임박한 상태였다. 그는 그녀의 침상 곁에서 그녀의 가장 가까운 친구 줄리에트 레카미에와 함께 며칠을 보냈다. 줄리에트 레카미에는 남성 편력이 심하기로 유명한 여자였다. 그녀는 자기보다 훨씬 더 나이가 많은 남자와 결혼했지만 곧 헤어진 뒤, 그때부터 메테르니히 왕자, 웰링턴 공작, 작가인 벵자맹 콩스탕과 같은 유럽에서 내로라 하는 유명 인사와 정을 통하며 그들을 애달프게 만들었다. 그런데 그녀가 그렇게 많은 남성과 정분을 맺어왔음에도 불구하고, 여전히 처녀라는 소문이 돌았다. 그녀는 당시 사십줄에 접어들었는데도 아직 앳된 처녀같아 보였다. 샤토브리앙과 그녀는 스탈의 죽음을 애도하면서 친구가 되었다. 그녀는 그의 말을 주의 깊게 경청했으며, 그의 기분과 감정을 이해해주었다. 샤토브리앙은 마침내 자신을 이해해줄 수 있는 여인을 만났다고 생각했다. 더욱이 줄리에트 레카미에에게서는 신비로운 분위기마저 풍겼다. 그녀의 목소리, 걸음걸이, 눈빛에서 마치 천사 같다는 인상을 받았다. 샤토브리앙은 곧 그녀를 육체적으로 소유하고 싶은 열정에 불타올랐다.

그들의 우정관계가 시작된 지 얼마 지나지 않아, 줄리에트 레카미에는 자신의 친구를 설득해 늑대들의 계곡을 구입하도록 만들었다. 샤토브리앙은 그녀가 그런 일을 할 줄은 꿈에도 생각하지 못했다. 그녀는 친구가 몇 주 동안 멀리 여행을 떠난 틈을 타 샤토브리앙을 늑대들의 계곡으로 초대했다. 그는 기꺼이 초대에 응했다. 그는 그녀에게 늑대들의 계곡을 소개해주며, 여기저기 자신의 손길이 거쳐간 곳을 보여주고, 회고록을 집필했던 일을 설명해주었다. 그는 오랫동안 잊어왔던 새로운 젊음이 안에서 용솟음쳐 오르는 것을 느꼈다. 그는 자신이 과거 속으로 깊이 빠져들면서 어린 시절에 있었던 사건들을 그녀에게 들려주었다. 샤토브리앙은 그녀와 함께 산책하면서 그녀의 상냥한 눈을 들여다보며 어린 시절에 관한 이야기를 하다가 불현듯 뭔가를 의식했다. 하지만 그는 그것이 정확히 무엇인지 알 수 없었다. 그는 다만 중단했던 회고록 집필을 마무리해야겠다는 생각이 들었을 뿐이다. 그는 "나는 어린 시절에 관한 기억이 아직 생생하게 남아 있는 동안 회고록을 마저 집필할 생각이오"라고 말했다.

레카미에는 샤토브리앙의 사랑에 다시 불을 붙였다. 하지만 그녀는 여느 때처럼 그저 정신적인 사랑을 나누고 싶어했다. 하지만 유혹자라는 별명을 가진 샤토브리앙이 그것을 허락할 리 없었다. 그는 집요하게 레카미에를 원했다. 그는 그녀에게 시를 적어보냈다. 그에게서는 무엇인지 모를 슬픔이 짙게 배여나왔다. 레카미에는 그런 샤토브리앙을 거절할 수 없었다. 결국 그녀는 그에게 굴복했으며, 생애 최초로 한 남자의 여인이 되었다. 그들은 서로 뜨겁게 사랑했다. 하지만 샤토브리앙은 항상 그랬던 것처럼 한 여자에게 만족하지 못했다. 한 곳에 안주하지 못하는 그의 성격에 다시 발동이 걸렸다. 그는 다른 여성과 애정 행각을 벌이기 시작했다. 그와 레카미에는 곧 헤어졌다.

1832년 샤토브리앙은 스위스를 여행 중이었다. 그의 인생이 다시 한 번 위기를 겪고 있었다. 그는 몸과 마음이 모두 늙은 상태였다. 그는 알프스에서 다시금 자신의 어린 시절에 대한 회상에 깊이 잠기기 시작했다. 부르타뉴에서의 생활이 문득 고개를 쳐들기 시작한 것이다. 그때 레카미에가 근처에 와 있다는 소식을 들었다. 그는 그녀를 수년 동안 보지 못했다. 그는 서둘러 그녀가 묵고 있는 여관으로 달려갔다. 그녀는 전처럼 그를 친절하게 대해주었다. 그날 그들은 함께 산책을 하고 밤늦게까지 이야기를 나누었다.

어느 날 샤토브리앙은 마침내 자신의 회고록을 완성하기로 결정했다고 레카미에에게 말했다. 그는 그녀에게 자신이 자라면서 실피드라는 상상 속의 여인을 흠모해왔다고 고백했다. 그러면서 다음과 같은 이야기를 그녀에게 들려주었다. "나는 한때 실피드를 현실 세계 속에서 만나기를 희망했지만, 지금까지 만난 어떤 여성도 내가 상상했던 여인은 아니었소. 시간이 흐르면서 나는 상상 속의 여인을 잊었소. 하지만 노인이 된 지금 나는 다시 그녀를 생각하게 되었으며, 그녀의 얼굴을 보고 목소리를 들을 수 있게 되었소이다. 나는 현실 세계에서 실피드를 만났소. 그게 바로 당신이오. 당신의 얼굴과 음성이 내가 상상했던 모습과 너무 흡사하고, 특히 침착하고 순결한 처녀와 같은 모습이 그녀를 닮았소." 그는 이런 이야기를 하며, 자신이 쓴 실피드에게 바치는 기도문을 레카미에에게 읽어주었다. 그는 어린 시절로 되돌아갔으면 좋겠다고 하면서, 레카미에를 보면 자신이 다시 어린아이가 되는 것 같다고 했다. 이렇게 해서 그는 다시 레카미에와 화해한 뒤 회고록 집필을 마무리했다. 그의 회고록은 《무덤 저편의 회상록》이란 제목으로 출판되었다. 대부분의 비평가들은 이 작품이 그의 대표작이라는 데에 이견이 없다. 이 책은 레카미에에게 바쳐졌다. 샤토브리앙은 1848년에 사망할 때까지 그녀에게 충실했다.

해석 ──

우리는 모두 이상형을 가지고 있다. 우리는 현실 세계에서 그런 이상형을 만나 사랑을 나누고 싶어한다. 우리는 어린 시절에 만난 사람들을 비롯해 책이나 영화를 보고 느낀 서로 다른 이미지를 조합해 원하는 이상형을 만들어낸다. 그렇게 만들어진 이상형 가운데에는 심지어 우리에게 부적절한 영향을 끼쳤던 사람들의 이미지도 포함될 수 있다. 말로 표현하기는 어렵지만, 우리의 무의식 깊은 곳에 그와 같은 이상형이 자리를 틀고 있다.

사춘기에 접어들면 우리는 각자가 원하는 이상형을 찾으려고 노력하게 된다. 대부분은 첫사랑이 나중에 만난 연인보다 이상형에 더 가깝다. 격리된 성에서 자란 샤토브리앙의 첫 번째 연인은 그의 누이 루실이었다. 그는 그녀를 연모했으며 이상화했다. 하지만 그녀와의 사랑은 불가능했다. 그러자 그는 자신의 상상 속에서 자신의 누이처럼 순결하고 용기 있고 고귀한 성품을 지닌 여인을 만들어냈다.

레카미에 부인은 샤토브리앙의 이상형에 관해 전혀 몰랐을 공산이 크다. 하지만 그녀는 그를 만나기 오래전부터 그에 관해 많이 알고 있었다. 그녀는 그가 쓴 책을 모두 읽었다. 사실 소설 속의 등장인물은 샤토브리앙의 개인적인 경험에 의해 만들어진 인물이기 때문에 그의 소설을 읽는 것만으로도 이미 그에 대한 많은 정보를 습득한 셈이다. 그녀는 또한 그가 어린 시절에 집착하며, 수많은 여인과 애정 관계에 빠졌지만 만족하지 못하고 끝없이 무언가를 찾아헤매는 성격이라는 점을 알았다. 레카미에는 사람들을 이해하고, 그들의 과거를 생각나게 해주는 방법을 알고 있었다. 샤토브리앙을 늑대들의 계곡으로 초청한 것이 그 증거다. 샤토브리앙은 자신이 살던 곳에 오자 과거의 일들이 떠올랐으며, 어린 시절의 추억 속으로 더 깊이 빠져들어 성에서 살던 시절까지 떠올리게 되었다. 사실 레카미에는 샤토브리앙이 과거를 생각할 수 있도록 능동적인 기여를 한 셈이다. 더욱 중요한 것은 그녀가 샤토브리앙이 생각했던 이상적 자질, 곧 순결하고 친절하고 고상한 성품을 자연적으로 타고났다는 점이다(그녀를 연모했던 남자들이 많았다는 사실은 남성들이 꿈꾸는 이상형이 거의 비슷하다는 점을 반영한다). 레카미에는 샤토브리앙에게 있어 루실이자 실피드였다. 그가 그 사실을 깨닫는 데까지는 오랜 세월이 걸렸다. 레카미에는 궁극적으로 샤토브리앙의 마음을 사로잡았다.

누군가의 이상형에 완벽하게 맞추는 일은 거의 불가능하다. 하지만 비슷하게 흉내 낼 수는 있다. 상대가 꿈꿔온 이상형을 다시 기억하게 만들 수 있는 약간의 실마리만 제공할 수 있다면, 유혹의 힘을 효과적으로 발휘할 수 있다. 상대에게 일종의 퇴행 현상을 일으키려면, 정신과의사 역할을 해야 한다. 상대의 과거, 특히 과거에 사랑했던 사람들(그중에서도 첫사랑)에 대한 기억을 상기시켜줄 수 있어야 한다. 상대가 어떤 점에 실망하는지, 즉 그들이 원했지만 얻지 못한 것이 무엇인지를 파악하는 것이 중요하다. 상대의 과거를 생각나게 해줄 수 있는 장소에 데려가는 것도 좋은 방법이다. 하지만 부모에게 전적으로 의존하는 성숙하지 못한 어린 시절보다는 사춘기의 추억을 상기시키는 장소가 더 좋다. 사춘기 시절도 여전히 순진하게 이상을 꿈꾸는 시기다. 이와는 대조적으로 성인의 삶은 대부분 치열한 경쟁 속에서 타협과 술수의 기교를 부려야 하는 시기다. 따라서 그런 삶의 짐을 벗어버리고 순수하게 이상을 꿈꾸던 시기로 기억을 되돌려놓을 수 있어야 한다. 상대의 첫사랑을 기억하게 하고, 마치 꿈속에서나 일어날 수 있는 일인 양 깊은 상념에 젖어들게 만들어야 한다. 천천히 상대로 하여금 그가 꿈꾸던 이상형의 모습을 드러내게 만들어야 한다. 과거에 즐거웠던 추억을 되살려주는 것만으로도 상대를 충분히 유혹할 수 있다.

사례 4: 마구간의 미소년

1614년 여름 캔터베리 대주교를 비롯해 잉글랜드 귀족 계층에 속하는 몇몇 사람이 서머싯 백작을 어떻게 처리할지를 의논하려고 모였다. 서머싯 백작은 제임스 1세의 총애를 받던 사람으로 당시 마흔여덟이었다. 서머싯은 왕의 총애를 받으면서 막대한 권력과 부를 축적했다. 그는 다른 사람들에게 수여할 것이 전혀 남아 있지 않을 정도로 온갖 직책을 독식하다시피 했다. 과연 그를 어떻게 하면 제거할 수 있을까? 모인 사람들은 해결책을 찾을 수 없었다.

몇 주가 흘렀다. 제임스 1세는 마구간에 들렀다가 전에 보지 못했던 젊은이가 일하는 모습을 보았다. 그는 조지 빌리어스로, 스물두 살의 신분이 낮은 귀족 가문 출신이었다. 그날 제임스 1세는 빌리어스라는 청년에게 관심을 보이며, 수행하던 대신들에게 그의 얼굴이 마치 천사같이 예쁘장하고, 치기 어린 행동이 귀엽지 않냐고 물었다. 대신들은 왕의 말에 모두 동의했다. 왕이 빌리어스에게 관심을 보였다는 사실이 서머싯을 제거하려는 음모자들의 귀에 들어갔다. 그들은 빌리어스를 이용하면 서머싯을 제거할 수 있겠다는 생각이 들었다. 즉 그것은 왕의 총애를 빌리어스에게 돌리면 자연히 서머싯을 무력화시킬 수 있다는 생각이었다. 그러나 빌리어스의 현재 모습으로는 왕을 유혹할 수 없었다. 따라서 그들은 빌리어스에게 자신들의 의도를 밝히지 않은 채 그를 돋보이게 하는 작업에 들어갔다. 그들은 먼저 빌리어스에게 접근해 그에게 친절을 베풀었다.

제임스 1세는 스코틀랜드 메리 여왕의 아들이었다. 그의 어린 시절은 매우 불운했다. 그의 부친과 모친을 비롯해 그의 후원자들은 모두 살해당했다. 그의 모친은 유배되었다가 처형되었다. 제임스는 어렸을 때, 죽음을 피하려고 바보 흉내를 냈다. 그는 칼을 무서워하는 척하기도 하고, 작은 말싸움도 두려워하는 척 행동했다. 엘리자베스 1세가 후계자를 남기지 않고 1603년에 사망하자, 그는 그뒤를 이어 잉글랜드 왕위에 올랐다.

그런 탓인지 제임스 1세는 자기 주변에 밝고 행복해 보이는 젊은이들을 많이 거느렸다. 그는 소년들을 좋아하는 것 같았다. 1612년 그의 아들 헨리 왕자가 죽자 마음을 위로할 곳이 없었다. 그는 아들의 죽음을 잊기 위해 자신을 즐겁게 해줄 수 있는 일을 찾았다. 그가 총애하던 서머싯 백작은 나이가 들어 이제 더 이상 젊거나 매력적이지 않았다. 제임스 1세를 유혹하기에 가장 적합한 상황이 만들어진 셈이다. 음모자들은 왕궁에서 높은 직위를 받도록 도와주겠다는 거짓 제안을 하며 빌리어스에게 접근했다. 그들은 일단 화려한 옷과 보석으로 그를 치장하고, 금빛 찬란한 마차에 태우는 등 왕의 시선을 끌 수 있는 것들을 총동원해 그를 돋보이게 하려고 했다. 빌리어스는 승마, 펜싱, 테니스를 할 줄 알았고, 춤을 추고 새와 개를 다룰 줄도 알았다. 음모자들은 빌리어스가 자신의 장점을 한껏 살릴 수 있도록 도왔다. 그들은 또한 아첨하는 법, 농담하는 법, 적절한 순간에 한숨을 쉬는 법 따위의 대화의 기술을 그에게 가르쳤다. 다행히도 빌리어스는 그런 일들을 잘 소화해냈다. 그는 본래 활달한 성격이어서 귀찮아하지도 않고 시키는 대로 잘 따랐다. 음모자들은 그가 왕의 술을 따르는 직책에 임명되도록 공작을 꾸몄다. 덕분에 그는 밤마다 왕에게 포도주를 따라주게 되었으며, 왕은 그의 모습을 자세히 올려다볼 수 있게 되었다. 몇 주가 지나자 왕은 그를 사랑하게 되었다. 빌리어스는 관심과 사랑을 요구하는 어린아이처럼 보였다. 그것이야말로 제임스 1세가 원하던 것이었다. 제임스 1세는 그를 교육시켜 원하는 사람으로 만들고 싶었다. 더욱이 빌리어스의 잘생긴 외모는 왕의 마음을 더욱 자극했다.

음모자들은 빌리어스에게 약혼한 처녀와 파혼할 것을 요구했다. 그들은 왕은 상대를 독차지하고 싶어하는 성격이기 때문에 다른 경쟁자를 용납하지 않을 것이라고 했다. 제임스 1세는 항상 빌리어스와 함께 있고 싶어했다. 그 이유는 그가 왕이 원하는 자질, 곧 순진함과 쾌활한 성격을 모두 가지고 있었기 때문이다. 왕은 빌리어스를 왕의 침실을 관리하는 직책에 임명했다. 그렇게 해서 왕은 둘만의 시간을 가질 수 있었다. 빌리어스는 아무 질문도 하지 않았기 때문에 특별히 제임스 1세의 마음을 끌었다. 왕은 그를 자기 마음대로 다룰 수 있어서 좋았다.

1616년 제임스 1세는 서머싯을 버리고 빌리어스에게 완전히 마음을 빼앗겼다. 그는 버킹엄 공작에 봉해졌고, 추밀원에 참여할 수 있는 권한을 부여받았다. 하지만 그가 서머싯 백작보다 훨씬 더 많은 특권을 거머쥐자 음모자들은 실망했다. 제임스 1세는 대중 앞에서 연인을 부를 때나 쓰는 표현으로 그를 불렀으며, 그가 입고 있는 옷을 고쳐 입혀주기도 하고, 심지어 그의 머리를 빗겨주기도 했다. 제임스 1세는 빌리어스의 안위를 염려했으며, 어린아이와 같은 순진무구한 모습을 잃게 하지 않으려고 애를 썼다. 사실상 왕도 퇴행 현상을 일으켰다. 빌리어스(그의 별명은 스티니였다)가 방에 들어올 때마다 왕도 어린아이처럼 행동하기 시작했다. 1625년 제임스 1세가 죽을 때까지 두 사람은 서로 단짝이 되어 지냈다.

해석 ——

우리는 대개 부모의 영향을 받고 자란다. 부모가 자식에게 미치는 영향은 다른 무엇보다 지대하다. 하지만 반대로 부모 역시 자식에 의해 알게 모르게 영향을 받는다. 부모는 보호자 역할을 하기도 하지만, 그 과정에서 쾌활하고 명랑한 어린 자식에게 매료되어 자기 자신의 어린 시절을 떠올린다. 어린아이가 부모에 대해 성적인 감정을 느끼듯이, 부모도 어린아이에게서 묘한 성적 감정을 느낀다. 사람을 가장 은근하게 유혹할 수 있는 방법은 어린아이처럼 행동하는 것이다. 그러면 상대는 보호본능이 자극되어 쉽게 유혹에 빠진다. 바꾸어 말하면 상대는 마치 자신이 모든 것을 돌봐줄 수 있는 것처럼 생각하며 우월감을 갖는다. 어리고 연약한 모습을 보면 상대는 부모처럼 보호해줄 수 있다는 환상에 젖게 된다. 사람은 나이가 들수록 그런 감정이 더욱 강해진다. 일단 보호본능이 자극되면 상대는 아무 눈치도 채지 못하고 유혹에 걸려든다. 다시 말해 그들은 오히려 자신들이 유혹자에 의해 지배당하고 있음을 알지 못한다. 순진무구한 어린아이의 모습을 볼 때, 사람들은 보호본능을 느낄 뿐 아니라 성적 감정도 느낀다. 순진무구한 모습은 매우 유혹적이다. 순진무구한 것을 보면 그것을 더럽히고 싶은 충동을 느끼는 사람도 있다. 사람들의 잠재된 성적 감정을 자극하면, 억눌려온 강한 환상(곧 어린아이와 같은 사람과 성행위를 할 수 있다는 환상)을 충족시킬 수 있다는 희망에 부풀어 상대는 불을 쫓는 나방처럼 달려든다. 게다가 그 과정에서 그들마저도 어린 시절로 퇴행하는 현상을 보인다.

빌리어스는 이와 같은 특성을 대부분 자연스럽게 타고났다. 빌리어스처럼 타고난 내추럴이 아닌 경우에는 전략이 필요하다. 다행히 우리 모두에게는 어린아이와 같은 성향이 잠재되어 있다. 그런 성향을 부풀려 표현할 수 있다면 얼마든지 내추럴 역할을 해낼 수 있다. 치기 어린 몸짓을 할 때 자연스럽게 하는 것처럼 보이게 하라. 성적인 뉘앙스를 풍길 때에도 순진무구한 척, 무의식적으로 그렇게 하는 것처럼 보이게 해야 한다. 빌리어스처럼 상대에게 무엇을 요구하지 말라. 부모들은 아무것도 요구하지 않고 그저 명랑하고 쾌활하게 뛰노는 아이에게 더욱 매력을 느낀다. 상대를 판단하거나 비판하지 않아야 훨씬 더 자연스럽고 순진해 보인다. 늘 행복하고 명랑한 모습을 지녀라. 물론 장난기 어린 행동을 적당히 가미해야 한다. 자신의 약한 모습을 보여주며, 혼자서는 아무것도 할 수 없는 것처럼 행동하라. 사람은 누구나 어린 시절을 좋게 보려는 성향이 있다. 특히 불우한 어린 시절을 보낸 사람일수록 어린 시절에 대한 집착이 강하다. 그 이유는 주어진 불행한 상황 때문에 어린아이처럼 행동하지 못하고 자랐기 때문이다. 그들은 자신들이 잃어버린 어린 시절의 즐거움과 행복을 되찾고 싶은 강한 욕망을 가지고 있다. 제임스 1세가 바로 그런 경우다. 이런 유형의 사람들은 조금만 자극을 가하면 쉽게 퇴행 현상을 일으킨다.

| **상징** | 침대. 어린아이는 혼자 침대에 누워 있을 때 두려움을 느끼며 누군가의 보호가 필요하다. 바로 옆방에 부모의 침실이 있다. 부모의 침실은 크고, 어린아이가 알아서는 안 될 물건이 놓여 있는, 감히 접근할 수 없는 성역이다. 마치 어린아이를 침대에 뉘어 잠을 재워주는 부모처럼 어린 시절에 느꼈던 두려움을 달래주는 한편, 금지된 장난을 할 수 있다는 환상을 상대에게 심어줄 수 있어야 한다.

반전

유혹의 과정에 참여한 쌍방이 서로 어른으로 머물러 있는 경우에는 퇴행 현상이 일어나지 않는다. 이런 경우는 매우 드물며, 또한 별로 즐거운 일도 아니다. 유혹이란 항상 환상을 불러일으킬 수 있어야 성립된다. 매사에 책임 있는 삶을 살아야 하는 성숙한 성인의 모습은 환상이 아니라 현실이자 의무다. 항상 성숙한 성인처럼 행동하는 사람은 유혹하기 어렵다. 개인적인 유혹이나 사회적인 유혹이나 유혹이 성립되려면 반드시 상대가 퇴행 현상을 일으켜야 한다. 부모에게 의존하는 데에 신물이 난 어린아이는 부모를 거역하고 반항할 수 있다. 이와 비슷한 부작용이 유혹의 과정에서 생겨날 수 있으므로 그에 대비해야 한다. 하지만 부모가 아닌 이상 그런 상황을 진지하게 받아들일 필요는 없다.

은밀한 일을 함께해 죄책감을 공유하라

• 유대감 •

인간의 욕구를 억제하는 사회적인 금기가 항상 존재한다. 그 가운데 몇 가지 기본적인 금기는 오래전에 형성된 뿌리 깊은 것이고, 나머지 것들은 단지 사회적인 안전과 예의범절을 보호하기 위해 만들어낸 피상적인 것에 불과하다. 상대에게 사회적 금기를 어길 수 있다는 느낌을 주는 것은 놀라운 유혹의 힘을 가진다. 사람들은 자신의 어두운 측면을 드러내 보이고 싶어한다. 낭만적인 사랑을 나눈다고 해서 늘 부드럽고 유연한 것만 존재하는 것은 아니다. 잔인하고 가학적인 측면도 있음을 보여주어야 한다. 나이 차나 결혼관계나 가족 등과 같은 제한 사항을 뛰어넘게 만들어야 한다. 일단 금지된 선을 넘는 순간 상대는 굴복하게 되어 있다. 그때부터 상대는 자신의 행위를 멈추기 어려워진다. 상대가 상상하는 것보다 한걸음 더 나아가라. 죄책감을 공유할 수 있는 은밀한 일을 공모하게 되면 그만큼 강력한 유대관계를 형성할수 있다.

잃어버린 자아

1812년 3월 당시 스물넷이었던 조지 고든 바이런(George Gordon byron)은 그의 최초의 장편 서사시 《차일드 해럴드의 편력》을 출판했다. 그의 시는 다 쓰러져 가는 수도원, 방탕한 생활, 신비한 동방 세계로의 여행 등 중세의 이미지를 연상시키는 것들로 가득했다. 무엇보다 시의 특징은 악한 방탕아를 주인공으로 선정한 것에 있었다. 주인공 해럴드는 악한 생활을 했으며, 사회의 모든 관습을 어기면서도 처벌받지 않고 지냈다. 또한 시의 문화적 배경은 먼 이국이 아니라 바로 당시의 잉글랜드였다. 《차일드 해럴드의 편력》은 폭발적인 반응을 일으키며, 런던의 화젯거리가 되었다. 순식간에 초판이 매진되었다. 그리고 곧 시가 저자의 경험을 담은 자서전이라는 소문이 퍼졌다.

저명 인사들이 바이런을 만나려고 난리였다. 수많은 초청장이 그에게 쇄도했다. 그는 곧 그들의 집을 방문하기 시작했다. 그의 모습을 본 사람들은 기대했던 것보다 훨씬 잘생긴 모습에 놀랐다. 그의 얼굴은 천사 같았고 머리는 곱슬이었다. 그의 창백한 안색이 검은색 정장과 대조되어 더욱 뚜렷한 인상을 주었다. 그는 말도 많이 하지 않았다. 그 자체만으로도 남다른 인상을 풍겼다. 이따금 말을 할 때, 그의 목소리는 낮고 매혹적이었으며, 어투는 오만한 느낌을 주었다. 그는 발이 조금 굽은 채 태어났기 때문에 다리를 절었다. 그 때문에 당시 유행하던 왈츠 곡이 나오면 그는 한쪽에 서서 먼 곳을 응시하곤 했다. 귀부인들은 바이런에게 열광했다. 로즈베리는 그를 만나면 심장이 너무 빨리 뛰어 그를 피해 얼른 자리를 피했다. 여인들은 그의 옆자리에 앉으려고 다투었으며, 그의 관심과 유혹을 간절히 바랐다. 그들의 관심사는 시의 주인공처럼 그도 비밀스러운 죄를 지은 죄책감을 가지고 있을지도 모른다는 것이었다.

멜번 경의 아들 윌리엄 램의 아내였던 캐롤라인 램은 사교 모임에서 단연 돋보이는 존재였다. 하지만 그녀의 마음 깊은 곳에는 행복감이 없었다. 그녀는 젊었을 때 모험과 낭만과 여행을 꿈꾸었다. 하지만 그런 꿈을 이루지 못한 채 정숙한 아내 노릇을 해야 했다. 하지만 그녀는 그런 생활이 맞지 않았다. 그녀도 《차일드 해럴드의 편력》을 읽었다. 그녀는 바이런의 작품을 읽으며 신선한 생각이 들었을 뿐 아니라 자신도 그와 같은 모험을 즐기고 싶었다. 그녀는 디너 파티에서 여성들에게 둘러싸여 있는 바이런을 보았다. 그녀는 그의 얼굴을 한 번 쳐다본 뒤 자리를 떴다. 그날 저녁 그녀는 일기에 바이런에 대해 이렇게 적었다. "미쳤어. 나쁜 일일 뿐 아니라 위험한 일이야. 하지만 저 아름답고 창백한 얼굴이 나의 운명이야."

다음 날 뜻밖에도 바이런이 그녀를 방문했다. 그녀는 깜짝 놀랐다. 바이런이 파티에서 자리를 뜨는 그녀의 모습을 본 것이 틀림없었다. 수줍어하는 그녀의 모습에 마음이 이끌린 것 같았다. 그는 적극적으로 졸졸 따라다니는 여인들을 싫어했다. 그는 모든 것, 심지어 자신이 거둔 성공까지 경멸하는 듯했다. 그는 날마다 캐롤라인을 방문하기 시작했다. 그는 그녀의 내실에 머무르며 아이들과 놀아주기도 하고, 그녀가 그날 입을 옷을 골라주기도 했다. 그녀는 그에게 그가 자라온 배경을 이야기해달라고 졸랐다. 그는 아버지는 방탕한 사람이었으며 일찍 돌아가시는 바람에 가족들이 고생했다는 이야기에서부터 다 쓰러져가는 수도원에서 자란 이야기, 터키와 그리스를 여행한 이야기 등을 들려주었다. 그의 삶은 차일드 해럴드의 삶만큼이나 괴기했다.

얼마 지나지 않아 두 사람은 연인이 되었다. 하지만 사태가 이상하게 변해갔다. 캐롤라인이 전혀 숙녀답지 않은 태도로 바이런에게 적극적으로 다가왔다. 그녀는 시종처럼 옷을 입고 바이런의 마차로 몰래 숨어들기도 하고, 그에게 열정이 가득 담긴 편지를 써보내기도 하고, 바이런과의 연애 행위를 자랑삼아 떠들기까지 했다. 그녀는 마침내 젊었을 때의 꿈을 실현할 수 있는 기회를 찾은 듯했다. 그러나 바이런은 그녀에게서 마음이 점차 멀어졌다. 그는 캐롤라인에게 충격을 주기를 원했다. 그는 《차일드 해럴드의 편력》에서 암시했던 비밀스러운 죄가 바로 여행 중에 동성애를 즐긴 것이라는 사실을 털어놓았다. 그는 그녀에게 잔인한 말을 하기도 하고, 점차 무관심하게 대했다. 하지만 그럴수록 캐롤라인은 더욱더 집요해졌다. 그녀는 음모를 잘라 그에게 보내기도 하고, 길거리나 공공장소에서 보란 듯이 그를 따라다녔다. 마침내 그녀의 가족은 더 이상의 스캔들을 막기 위해 그녀를 외국으로 보내버렸다. 바이런이 절교를 선언하자, 그녀는 미치광이가 되어 수년 동안 정신을 차리지 못했다.

1813년 바이런의 옛 친구였던 제임스 웹스터가 그를 자신의 시골 저택으로 초대했다. 웹스터에게는 프랜시스라는 이름의 젊고 아리따운 아내가 있었다. 웹스터는 바이런이 유명한 유혹자라는 사실을 익히 알고 있었다. 하지만 그의 아내는 조용하고 정숙했기 때문에 바이런과 같은 남자의 유혹을 충분히 이겨낼 수 있다고 확신했다. 다행히 바이런은 프랜시스에게 아무 말도 하지 않았고, 프랜시스도 그에게 관심이 없는 것 같았다. 하지만 바이런이 오고 며칠 후, 그녀는 집 안에 있는 당구장에서 그와 단둘이 있는 시간을 마련하고는 그에게 "한 여자가 한 남자를 좋아하고 있는데, 그가 그 사실을 모르고 있을 때는 알려야 하나요?"라는 질문을 던졌다. 바이런은 종이에 음탕한 대답을 휘갈겨 쓰고는 그녀에게 건네주었다. 그것을 본 그녀의 얼굴이 붉어졌다. 그 일이 있은 후 바이런은 웹스터 부부를 자신이 자랐던 그 음침한 수도원으로 초대했다. 그곳에서 프랜시스는 바이런이 해골에 포도주를 담아 마시는 모습을 보았다. 그들은 수도원의 은밀한 방에서 밤늦게까지 시를 읽고 키스를 하며 함께 지냈다. 바이런과 함께 있는 동안 프랜시스는 불륜을 간절히 원하는 것 같았다.

같은 해 바이런의 이복 누이인 오거스타가 재정난에 빠진 남편을 피해 런던으로 왔다. 바이런은 한동안 오거스타를 보지 못했다. 두 사람은 서로 닮은 데가 많았다. 얼굴이나 하는 행동이 매우 비슷했다. 그녀는 마치 여자 바이런 같았다. 그녀에 대한 바이런의 태도는 형제지간 이상이었다. 그는 그녀를 극장에도 데려가고 함께 춤추러 가기도 했다. 그는 오거스타가 곧 돌아갈 것임을 알고 그녀에게 온갖 친절을 베풀었다. 그의 친절은 결국 육체의 선까지 넘고 말았다.

오거스타는 세 아이가 있는 경건한 여인이었다. 하지만 그녀는 이복 오빠의 요구를 들어주고 말았다. 그녀는 어쩔 수 없었다. 사실 바이런은 그녀가 다른 어떤 남자에게서도 느끼지 못한 이상야릇한 열정을 자극했다. 오거스타와의 관계는 바이런에게 일생에서 저지른 죄악 중에 최악의 죄악이었다. 그는 곧 그의 친구들에게 편지를 보내 자신의 죄를 고백했다. 그의 친구들은 바이런의 행위에 충격을 받았다. 그들은 그들의 심정을 편지에 담아 그에게 보냈다. 그는 친구들의 답장을 읽으며 좋아했다. 그는 곧 근친상간을 주제로 한 《아비도스의 신부》라는 담시를 썼다. 바이런과 오거스타의 불륜 행위와 그녀가 바이런의 아이를 임신했다는 소문이 파다하게 퍼졌다. 점잖은 사람들은 그를 외면했다. 하지만 여성들은 전보다 더 그를 사모했으며, 그의 저작도 전보다 더 인기가 높았다.

캐롤라인 램의 사촌인 아나벨라 밀뱅크는 1812년 초에 바이런을 만났다. 당시는 바이런이 한창 런던의 화젯거리였다. 아나벨라는 건전하고 현실적인 사람이었다. 그녀의 관심은 과학과 종교였다. 하지만 그녀는 바이런을 처음 본 순간 마음이 끌리는 것을 느꼈다. 그 후 그녀는 그와 같은 감정을 다시 갖게 되어, 둘은 친구가 되었다. 바이런도 그녀에게 관심을 보였다. 놀랍게도 바이런은 그녀에게 프로포즈를 하기도 했다. 하지만 당시 바이런과 캐롤라인 램의 스캔들이 한창 진행 중일 때 프로포즈를 해서 그녀는 진지하게 받아들이지 않았다. 그 후 여러 달 동안 그녀는 그를 멀리서 지켜보았다. 비슷한 시기에 그녀는 바이런이 근친상간을 저질렀다는 소문을 들었다. 하지만 1813년에 그녀는 자신의 숙모에게 "이 사람은 너무 사랑스러워서 나는 바람난 여자라고 불리는 위험을 감수하고서라도 그를 놓칠 수가 없어요"라는 편지를 보냈다. 그녀는 바이런이 새로 지은 시를 읽으면서 "나를 사랑에 빠지게 하는 사랑의 시가 아닐 수 없어요"라고 썼다. 그녀는 점차 바이런에게 빠져들기 시작했다. 그 소식은 바이런에게까지 알려졌다. 그들은 서로 다시 우정을 나누기 시작했다. 그러던 차에 1814년 바이런이 다시 그녀에게 프로포즈를 했다. 이번에는 그의 프로포즈를 받아들였다. 그녀는 바이런은 타락한 천사며, 자신이 그를 바른 사람으로 만들 수 있다고 생각했다.

하지만 그녀의 생각은 빗나갔다. 바이런은 결혼생활이 안정을 가져다줄 것이라고 생각했지만, 막상 결혼식을 치른 후에 보니 잘못된 생각이었음을 깨달았다. 그는 아나벨라에게 "이제부터 당신이 악마와 결혼했다는 사실을 알게 될 것이오"라고 썼다. 몇 년 후 그들은 파국을 맞이했다.

1816년 바이런은 잉글랜드를 떠나 결코 돌아오지 않았다. 그는 한동안 이탈리아를 여행했다. 모든 사람이 그의 애정 행각, 근친상간, 연인들에게 잔인하게 굴었던 일을 알고 있었다. 하지만 가는 곳마다 이탈리아 여성들 역시(특히 결혼한 귀족 부인) 그에게 매료되어 그의 희생물이 되었다. 사실 엄밀히 말하면 여성들이 바이런을 적극적으로 공략하려 했다고 말하는 편이 옳다. 바이런은 시인 셸리에게 이렇게 말했다. "나는 정말 가엾은 사람이라오. 나보다 괴롭힘을 더 많이 당한 사람은 아마 없을 것이오. 나는 트로이 전쟁 이후로 아마 가장 많은 공격과 약탈과 납치를 당한 사람일게요."

해석 ——

바이런 시대의 여성들은 사회가 자신들에게 허락하는 역할과는 다른 역할을 하기를 갈망했다. 사회는 그들이 정숙하고 도덕적인 여성이 되기를 요구했다. 오직 남자들만이 마음껏 정욕을 발산할 수 있었다. 여성들은 사회적 규제를 강요받으면서 도덕적 한계를 넘어서 무제한적인 자유를 즐겨보고 싶은 욕망을 갖게 되었다.

당시 여성들은 억압된 욕구를 해소하려고 인생의 모험과 스릴을 즐기는 여성을 다룬 이야기나 소설을 좋아했으며, 낭만을 추구하려는 열정이 강했다. 여성들은 그런 책을 읽으면서 반발심을 갖게 되었으며, 캐롤라인의 경우처럼 젊었을 때의 환상을 실현해보고 싶은 마음을 가졌다. 바이런은 때맞춰 등장한 셈이다. 그는 여성의 억눌린 욕망의 분출구가 되어주었다. 그들은 그와 함께 사회가 지워준 모든 한계를 뛰어넘고 싶어했다. 그들의 행위는 간음이 틀림없었지만, 보는 관점에 따라서는 낭만적인 반란이었으며, 비합리적이고 야만적인 원시적 삶으로 돌아갈 수 있는 기회이기도 했다(사실 여성들이 바이런을 착한 사람으로 만들겠다는 생각은 그의 매력에 사로잡힌 자신의 모습을 감추기 위한 변명에 불과했다). 어떤 경우든 금지된 것은 한번 해보고 싶은 욕망을 불러일으킨다. 금지된 것은 단순한 유혹의 차원을 넘어선다. 바이런과 같은 사람에게 빠져드는 순간 자신의 상상을 뛰어넘는 행위를 하게 된다. 왜냐하면 바이런과 같은 사람은 그 어떤 사회적인 제약도 인정하지 않기 때문이다. 여성들은 단지 바이런과 사랑에 빠진 정도가 아니었다. 그는 그들의 삶을 완전히 뒤집어놓았으며, 심지어 그들을 파멸로 이끌었다. 그들은 결혼생활이라는 안전한 관 속에 묻혀 있기보다는 차라리 운명을 선택했다.

　요즘은 어떤 점에서 19세기 초 여성들이 처했던 상황이 사회 전반에 걸쳐 훨씬 더 광범위하게 퍼져 있다고 할 수 있다. 과거의 남성들은 전쟁, 더러운 정치 게임, 자유로운 외도, 축첩제도 따위를 통해 상대적으로 억눌린 욕구를 분출할 수 있는 기회가 많았다. 하지만 지금은 그렇게 할 수 없다. 오늘날에는 남자나 여자나 합리적이고 문명화된 삶을 살아야 한다. 많은 사람들은 여러 가지 사회적 규제에 얽매어 사는 것에 불만을 느낀다. 어렸을 때는 멋대로 자신의 감정이나 욕구를 표현할 수 있었지만, 나이가 들면서 일종의 사회화 과정을 겪으면서 반항적이고 버릇없이 제멋대로인 성격을 억누르게 된다. 결국에는 예의범절이라는 외피 아래 자아의 어두운 면이 억눌려 욕구를 발산할 수 없게 됨으로써 심각한 욕구불만에 시달리게 된다.

　따라서 사람들은 몰래 욕구불만을 해소할 방법을 찾아나선다. 예의범절이라는 외피를 벗어버리고, 어린 시절처럼 욕구를 자유롭게 발산하고, 모험을 즐길 수 있는 삶을 갈구한다. 그리고 그런 삶을 사는 것처럼 보이는 사람에게 사람들은 끌릴 수밖에 없다. 심지어 그 모습이 다소 파괴적이거나 악해 보이더라도 상관없다. 바이런처럼, 오히려 그런 사람은 욕망을 부채질하는 자극제가 될 수 있다. 하지만 상대를 유혹하려면 지나치게 위험한 분위기를 풍겨서는 안 된다. 한마디로 전략적인 접근이 필요하다. 금지된 것을 하도록 상대를 유혹하려면 처음부터 위험하다는 인상을 주어서는 안 된다. 곧 놀라서 달아나버릴 것이다. 일단 처음에는 상대의 마음을 사로잡을 수 있어야 마음먹은 대로 상대를 움직일 수 있다. 캐롤라인이 바이런에게 매료되었듯이, 일단 상대의 마음을 사로잡아야 그다음 단계가 가능하다. 상대의 마음을 사로잡은 뒤에는 잔인하게 굴거나, 죄나 금기로 여겨지는 일을 하게 만들어도 무리가 없다. 상대의 억눌린 욕망을 부추기면 부추길수록 원하는 대로 상대를 유린할 수 있다.

　저속한 삶은 모든 사람을 매료시킨다.

— 요한 볼프강 폰 괴테(Johann Wolfgang von Goethe)

유혹의 열쇠

어느 사회나 용납될 수 있는 행위와 그렇지 못한 행위를 가름하는 규범이 있다. 사회규범은 세월이 흐르면서 변화하기는 하지만 결코 완전히 사라지지는 않는다. 규범이 없는 사회는 곧 무질서한 사회가 된다. 인간은 그와 같은 무질서한 상태를 두려워한다. 하지만 인간은 이상한 동물이다. 물리적으로나 심리적으로나 제한이 주어지는 순간, 이상하게도 일종의 반항심이 생긴다. 한마디로 말해 인간은 금지된 것을 추구하려는 욕망이 있다.

어린아이들은 부모님이나 어른들로부터 "숲 저쪽 편에 가면 안 된다"라는 말을 많이 듣는다. 하지만 어린아이들은 청개구리처럼 하지 말라는 것을 더 많이 하면서 자란다. 그러다가 나이가 들면서 예의범절과 권위에 순종하는 법을 배운다. 시간이 갈수록 우리 삶에 한계를 지우는 울타리가 점점 더 두터워진다. 하지만 예의를 지키는 삶을 산다고 해서 결코 행복한 것은 아니다. 오히려 예의범절이라는 명목 아래 원치 않는 타협을 하면서 만족스럽지 못한 삶을 살게 된다. 이런 상황에서 사람들은 사회적인 지탄이나 징계를 받지 않고도 우리 안에 존재하는 어두운 욕구를 발산시킬 수 있는 방법은 없을까, 하고 꿈꾸기 시작한다. 사람들은 때로 살인, 근친상간, 불륜, 신체 절단과 같은 범죄 행위를 꿈꾼다. 그런 어두운 욕망을 가지고 있다는 사실은 오직 자기 자신만 안다. 따라서 그들에게 사회적 규제를 벗어버릴 수 있는 기회를 주는 한편, 마음 깊은 곳에 갇혀 있는 욕구를 발산시킬 수 있게 해준다면 놀라운 유혹의 힘을 발휘할 수 있다.

단순한 환상이 아니라 실제로 그와 같은 일을 할 수 있음을 알게 될 때 상대는 충격을 받으면서도 저항하지 못하고 끌려가게 된다. 바이런의 경우처럼 어떤 시점에 이른 뒤에는 상대의 예상을 뛰어넘는 과감한 행위를 할 수 있어야 한다. 호기심만 유발하는 데 그쳐서는 상대에게 두려움만 줄 수 있다. 하지만 일단 상대를 매료시킨 뒤에 금지된 선을 넘으면, 상대는 다시 원래의 상태로 되돌아가기가 어려워진다. 그렇게 되면 상대는 물불 가리지 않고 무작정 달려든다. 그들은 스스로 통제할 수 없는 상태가 된다.

무엇인가가 금지되어 있음을 아는 순간부터 인간은 제한된 선을 넘고 싶은 욕망에 사로잡힌다. 유부남이나 유부녀처럼 제한 요건이 많은 사람일수록 더 큰 욕망을 가질 수 있다. 조지 빌리어스 버킹엄 백작은 제임스 1세뿐 아니라 그의 아들인 찰스 1세의 각별한 총애를 받았다. 그가 원하는 것이면 무엇이든 허락되었다. 1625년 프랑스를 방문한 그는 그곳에서 아름다운 안 왕비를 보고 사랑에 빠지고 말았다. 잉글랜드의 경쟁국인 프랑스 왕비를 손에 넣는 것은 불가능했다. 하지만 빌리어스는 마음만 먹으면 어떤 여성이라도 손에 넣을 수 있었다. 그렇다고 해도 프랑스 왕비는 아니었다. 결국 금지된 것처럼 보이는 불가능한 일이 그의 욕정을 활활 불타오르게 만들었다. 그는 사람들이 보는 앞에서 그녀에게 입맞춤을 시도했으며, 그 일로 인해 자신뿐 아니라 잉글랜드까지 어려움에 빠뜨렸다.

금지된 것을 원하는 인간의 본성을 이용하려면 유혹자는 자신을 마치 금지된 것처럼 포장할 수 있어야 한다. 바꾸어 말하면 유혹자는 어둡고 감히 근접할 수 없는 악마적인 분위기를 풍겨야 한다. 그러면 사람들은 겉으로는 두려워하며 멀리 하려고 하지만, 속으로는 가까이 다가오게 마련이다. 배우 에롤 플린도 바이런처럼 사람들을 유혹하려고 했다기보다는 오히려 사람들에게 쫓겨다녔다. 플린의 외모는 완벽했지만, 어딘지 모르게 범죄자 같은 인상을 풍겼다. 그는 젊었을 때 온갖 부정한 짓을 저질렀다. 1950년대에 그는 강간혐의로 기소되었다. 비록 사면을 받기는 했지만 강간범이라는 오점을 남겼다. 하지만 여성들 사이에서 그의 인기는 더 높아졌다. 플린처럼 어두운 측면을 유감없이 드러내면, 그와 비슷한 효과를 일으킬 수 있다. 상대에게 사회적 규제를 넘어 용납될 수 없는 나쁜 일을 하게 만들면 반드시 유혹의 마수에 걸려들게 되어 있다. 사람들은 그와 같은 미끼를 결코 거부하지 못한다.

주니치로 다나사키가 1928년에 쓴 소설 《모래 함정》에 보면, 소노코 가키우치라는 여인이 나온다. 그녀는 존경받는 법률가의 아내였는데 삶에 지루함을 느껴 그림을 배운다. 그녀는 그림을 함께 배우는 동료 미쓰코라는 여자에게 매력을 느낀다. 미쓰코는 그녀와 친구가 되어 그녀를 유혹한다. 가키우치는 미쓰코와 관계를 맺으며 여러 번 밀회를 즐긴다. 그녀는 그 일을 감추려고 남편에게 끊임없이 거짓말을 한다. 미쓰코는 이상한 젊은 남자와 함께 트리플 섹스를 하는 등 그녀를 천천히 온갖 종류의 악한 일에 빠지게 만든다. 가키우치가 금지된 쾌락을 한 가지씩 찾아 탐닉하는 동안, 미쓰코는 점점 더 심한 것을 요구한다. 가키우치는 자신이 악마와 같은 유혹자에게 빠져 점차 무너지고 있음을 깨닫고는 때로 주저하고 후회하기도 하지만, 미쓰코의 유혹에서 벗어나지 못한다. 이와 마찬가지로 사람은 누구나 일단 금지된 선을 넘으면 그 뒤부터는 잘못된 행위임을 알면서도 더욱더 깊이 빠져들게 되어 있다. 그러므로 천천히, 강도를 조금씩 높여가면서 상대를 끌어들이면, 상대는 자신이 어떤 일을 하는지 의식하지도 못한 채 유혹의 늪에 깊이 빠져들게 된다.

18세기의 위대한 레이크였던 리슐리외 공작은 젊은 여자를 좋아했다. 그는 상대 여성에게 금지된 것을 원하게 만들었다. 젊은 여성일수록 모험심과 호기심이 강해 그와 같은 전법이 잘 먹혔다. 예를 들어 그는 상대 여성의 부모가 아래층에 있는데도 전혀 개의치 않고 과감하게 침실까지 침입해 상대를 유혹했다. 그는 더욱더 큰 스릴을 느끼게 하려고 곧 발각될 듯한 상황에서도 상대를 유혹했다. 그는 항상 상대 여성이 부모의 뜻을 거역하게 만들었고, 내숭이나 종교적인 열정 혹은 경건한 척하는 위선을 비웃기라도 하듯이 행동했다. 상대가 가장 귀하게 여기는 것을 여지없이 뒤집어놓는 것이 리슐리외 공작의 전략이었다. 젊은 사람을 유혹할 때는 종교나 가족관계 같은 것을 십분 이용할 수 있어야 한다. 젊은 사람들은 대개 그런 것에 반감을 드러내기 때문이다. 하지만 나이 든 사람에게도 그와 같은 전략이 얼마든지 통할 수 있다. 왜냐하면 아무리 철저한 신념과 가치관을 가지고 있어도 그 이면에는 항상 의심과 금지된 것을 해보고 싶은 어두운 욕망이 깃들여 있기 때문이다.

르네상스 시대 이탈리아에서는 매춘부들도 요조숙녀처럼 옷을 차려입고 교회에 나갔다. 남자들은 자기 아내와 동료와 성직자와 함께 예배를 드리는 동안, 자기들이 매춘부라고 알고 있는 여성과 눈길을 교환하며 말할 수 없는 흥분을 느꼈다. 모든 종교나 가치 체계는 어두운 요소를 만들어낸다. 왜냐하면 종교나 가치 체계는 규범을 통해 무언가를 금지하기 때문이다. 금지된 것은 항상 어두운 욕망을 부채질한다. 사람은 가족이나 종교의 경우와 같이 자신을 규제하는 외부적인 요인을 거부하려는 습성이 있다. 따라서 그런 심리를 적절히 이용한다면 상대를 충분히 유혹할 수 있다.

20세기의 가장 위대한 유혹자 가운데 한 사람으로 알려져 있는 루돌프 발렌티노는 부드럽기도 하고 잔인하기도 한 매력을 풍겼다(그는 세계를 위협하는 섹스 심벌이라는 별명을 얻을 정도로 유명한 유혹자였다). 그는 한없이 부드럽다가도 필요하면 어느 때라도 위험할 정도로 과감하고, 심지어 폭력적인 면을 드러냈다. 영화제작자들은 그의 이와 같은 이중적인 이미지를 부각시켰다. 예를 들어 그들은 그가 자기 아내를 학대했다는 소문을 듣고 그 점을 한껏 이용했다. 난폭한 면모와 부드러운 면모, 즉 남성과 여성의 성격이 혼합되어 나타날 때 유혹의 효과는 매우 클 수밖에 없다. 사랑의 감정은 부드럽고 섬세하지만, 동시에 격렬하고 파괴적이다. 사람은 합리적이고 정상적인 사고를 무너뜨리는 것에 매료된다. 특히 유혹의 과정에서 후반부에 접어들면 부드러움을 지닌 듯하면서도 잔인한 태도를 취하는 등, 조금은 궤도를 벗어난 폭력성을 드러내는 것이 오히려 더 큰 효과를 발휘할 수 있다.

유명한 매춘부였던 롤라 몬테즈는 이따금 채찍을 사용하며 폭력적인 태도를 취했다고 알려져 있다. 루 살로메 역시 상대 남성들에게 잔인하기로 소문이 자자했다. 때때로 그녀는 상대에게 한없이 차갑고 까다롭게 굴었다. 하지만 남성들은 그녀의 그런 태도 때문에 더욱더 깊이 빠져들었다. 마조히즘적인 관계가 형성될 경우 원하는 것을 얻고자 하는 상대의 욕망은 더욱 커진다.

유혹이 악하면 악할수록, 효과는 증대된다. 범죄를 저지르고 있다는 의식을 심어줄수록 상대는 더욱 깊게 말려든다. 옆에 가까운 사람이 있는데도, 서로만 알고 있는 비밀이 있을 때 유혹은 더욱 짜릿하다. 남들 앞에서 서로만 알고 있는 눈짓과 표현을 주고받을 때, 뭔가 은밀하고 짜릿한 쾌감을 느낄 수밖에 없다. 예를 들어 바이런이 프랜시스를 유혹할 때, 그녀의 남편과 동료들이 바로 옆에 있었다. 그 점이 그녀에게 더욱더 큰 자극을 주었다. 프랜시스는 바이런의 편지를 가슴속에 숨겨서 가지고 다녔다.

키르케고르의 《유혹자의 일기》에 나오는 주인공 요하네스 역시 다른 사람들과 함께 저녁식사를 하는 가운데 상대 여성인 코델리아에게 쪽지 편지를 건넸다. 그녀는 다른 사람에게 그 편지가 요하네스가 준 것이라고 말할 수 없었다. 만일 그 일이 발각되면 두 사람 모두 자초지종을 설명해야 했고, 그렇게 되면 편지에 쓴 내용의 일부를 공개해야 했기 때문이다. 서로 비밀을 공유하는 감정, 함께 범죄를 저지르고 있다는 마음을 갖게 될 때 더욱 흥미진진한 관계가 만들어진다. 그럴 경우 세상을 전복시키려고 함께 공모하며 협력하는 듯한 아슬아슬한 스릴을 만끽할 수 있다.

트리스탄과 이졸데의 전설에 보면, 연인들이 금기사항을 깨뜨렸다는 사실 때문에 말로 다할 수 없는 쾌락과 기쁨을 누리는 것을 볼 수 있다. 이졸데는 마크 왕과 약혼을 한다. 그녀는 얼마 안 있으면 결혼할 몸이었다. 트리스탄은 나이로 보아 아버지뻘 되는 마크 왕을 섬기는 신하이자 용사였다. 이야기는 마치 아버지의 신부를 강탈하는 듯한 분위기를 자아낸다. 이 전설은 다음 세대에 지대한 영향을 끼쳤다. 트리스탄과 이졸데의 전설 이후로 서구 사회는 어려운 장애를 넘지 않고, 즉 범죄를 저지른다는 느낌 없이 성취한 사랑은 지극히 연약하다는 개념이 생겼다.

오늘날 사람들은 개인의 행위를 규제하는 여러 가지 굴레를 벗어버리고 좀 더 자유로워지기를 원한다. 따라서 사회적인 제약을 넘어서 범죄를 저지르고 있다는 느낌을 줄 수 있어야 유혹이 성립될 수 있다. 장애물을 극복하고, 사회적 규범을 비웃으며, 법을 어길 때 유혹이 최대 효과를 발휘할 수 있다. 사회적 규범이 비교적 엄격하지 않은 관대한 사회가 있을 수도 있다. 하지만 어떤 사회든 항상 넘어서는 안 되는 행위 기준이나 금기사항이 있다. 그런 것들을 찾아내 적절히 활용할 수 있어야 한다.

| **상징** | 숲. 어린아이들은 집에서 가까운 안전지대를 벗어난 깊은 숲에 들어가서는 안 된다는 어른들의 말을 자주 듣는다. 하지만 숲속에는 초목과 야생동물이 살 뿐 아무런 규범도 없으며, 때로 범죄자들의 은신처로 이용되기도 한다. 하지만 해서는 안 된다는 것을 더 해보고 싶은 것이 인간의 심리다. 어린아이는 나무가 울창하게 우거진 어두운 곳으로 들어가서 그곳을 탐험하고 싶은

충동을 느낀다. 그리고 일단 안으로 들어가면 그들은 점점 더 깊은 곳으로 가 보고 싶어한다.

반전

사회적 금기를 깨뜨리며 사는 삶의 반대는 말할 것도 없이 사회가 인정하는 행위만 하면서 사는 삶이다. 하지만 사회가 인정하는 삶을 사는 한 유혹의 힘을 발휘하기가 어렵다. 물론 이 말은 악하고 거친 행위만이 유혹의 힘을 발휘할 수 있다는 의미는 아니다. 친절하고 선한 삶이나 정신적인 것을 추구하는 삶 역시 사람들의 마음을 사로잡는다. 하지만 친절하고 선한 삶이나 정신적인 것을 추구하는 삶을 산다고 해서 모두 매력을 발휘하는 것은 아니다. 그 가운데서도 간디나 크리슈나무르티와 같이 극단에 치우치는 사람만이 사람들을 매혹시킬 수 있다. 그들은 단지 평범한 방법으로 정신적인 삶을 갈구하지 않았다. 그들은 금욕적인 삶을 실현하기 위해 모든 안락함을 포기했다. 그런 점에서 그들 역시 사회적 한계, 즉 사회가 용인하는 범위를 벗어났다고 할 수 있다. 모든 사람이 본받는 삶을 살기란 불가능하다. 결국 한계와 제약을 준수하며 사는 한 강력한 유혹의 힘을 발휘하기가 어렵다는 사실을 알 수 있다.

정신적 고귀함을
공유한다고
여기도록 만들라

• 품격 •

자신의 외모, 가치, 성적 매력을 완벽하게 자신할 수 있는 사람은 아무도 없다. 따라서 육체적인 매력에만 유혹의 초점을 맞춘다면 오히려 의심을 불러일으켜 자칫 유혹의 환상을 깨뜨릴 수 있다. 이런 결과를 초래하지 않으려면 종교적인 경험이나 고상한 예술 작품 혹은 신비한 일과 같이 정신적이고 고상한 것에 초점을 맞춰야 한다. 인간에게 주어진 고귀한 특성을 강조하고, 세상의 것들을 불만족스럽게 여길 수 있는 분위기를 만들어야 한다. 별과 운명과 감추어진 일에 관해 말하면서 상대와 정신적인 유대감을 넓혀나가는 것이 중요하다. 일단 정신적 승화 단계를 거치면, 상대는 마치 공중에 붕 뜬 것 같은 느낌을 받게 될 것이다. 유혹의 효과를 극대화하려면 성행위마저 두 영혼의 정신적인 결합인 것처럼 여길 수 있게 해야한다.

숭배의 대상

리안 드 푸지(Liane de Pougy)는 1890년대를 풍미했던 파리의 유명한 매춘부였다. 날씬한 몸매에 남성과 여성의 특성을 동시에 지닌 그녀는 세인의 주목을 한몸에 받았다. 유럽의 부호들이 그녀를 가지려고 치열한 경쟁을 벌였다. 하지만 그녀는 1890년대 말에 이르자 모든 일에 싫증이 났다. 그녀는 친구에게 보낸 편지에 이렇게 썼다. "정말 무미건조한 인생이야. 항상 똑같은 일의 반복이야. 불로뉴 숲을 거닐며 놀다가, 옷 맞추고 저녁 먹으면 재미없는 하루가 끝나고 말지." 특히 그녀의 육체를 독점하려는 남자들이 끊임없이 던지는 추파가 그녀를 가장 지치게 만들었다.

1899년 어느 봄 리안은 마차를 타고 불로뉴 숲을 달리고 있었다. 여느때처럼 남자들이 모자를 조금 기울여 그녀에게 예를 표했다. 그런데 그녀는 갑자기 자신을 바라보는 사람들 틈에서 금발머리를 길게 늘어뜨린 젊은 여성을 발견했다. 그녀 역시 우러러보듯 강렬한 눈길로 리안을 응시하고 있었다. 리안은 그녀에게 웃음을 지어 보였다. 그녀도 웃음을 지으며 살짝 고개를 숙여 인사를 했다.

며칠 뒤 리안에게 나탈리 바니라는 이름의 스물세 살의 미국인 여성으로부터 카드와 꽃이 날아들기 시작했다. 나탈리 바니는 자신을 불로뉴 숲에서 보았던 금발머리 여성이라고 소개하면서 한번 만나자는 요청을 해왔다. 리안은 나탈리를 초청했다. 하지만 리안은 나탈리를 즐겁게 해주려고 약간의 장난거리를 준비했다. 그녀는 친구에게 자기 역할을 대신해달라고 부탁했다. 리안의 친구는 리안의 어두운 침실에서 침대에 몸을 기대고 앉아 있었고, 리안은 휘장 뒤에 숨어 있었다. 마침내 나탈리가 정해진 시간에 도착했다. 그녀는 피렌체 지방의 남자 시종이 입는 옷을 입고 꽃바구니를 들고 나타났다. 그녀는 침대 앞에 무릎을 꿇고, 리안을 프라 안젤리코의 그림에 나오는 여인에 비유하며 칭찬을 아끼지 않았다. 그런데 바로 그 순간 나탈리는 누군가가 웃는 소리를 들었다. 놀라서 몸을 일으킨 나탈리는 비로소 자신이 놀림거리가 되었음을 깨달았다. 그녀는 얼굴을 붉히며 문을 향해 걸어나갔다. 그때 리안이 휘장 뒤에서 나타났다. 나탈리는 그녀를 질책했다. 나탈리가 보기에 리안은 얼굴은 천사처럼 예쁘지만 영혼은 그렇지 않은 것 같았다. 리안은 장난을 쳐서 미안하다며 "내일 아침에 다시 와요. 나 혼자 있을 거예요"라고 말했다.

나탈리는 다음 날 같은 복장을 하고 다시 나타났다. 그녀는 재치 있고 활달했다. 리안은 나탈리 앞에서 편안함을 느꼈다. 리안은 나탈리에게 자신의 아침 일과를 도와달라고 했다. 리안의 아침 일과는 밖에 나가기 전에 화장을 하고 옷을 입고 보석으로 몸을 치장하는 것이었다. 나탈리는 공손한 태도로 리안을 쳐다보며, 그녀의 아름다움을 흠모한다고 고백했다. 그녀는 지금까지 본 여성 가운데 리안이 가장 아름답다고 칭찬했다. 나탈리는 시종처럼 그녀를 따라 나가 마차까지 가서 절을 하고 마차 문을 열어주었다. 그런 다음 그녀와 함께 마차를 타고 불로뉴 숲을 달렸다. 아침마다 불로뉴 숲을 달리는 것이 리안의 일과였다. 공원에 들어서자 지나가는 신사들이 모자를 숙여 리안에게 인사를 했다. 그 와중에 나탈리는 마차 바닥에 무릎을 꿇었다. 그녀는 리안을 기리기 위해 쓴 시를 암송했으며, 자신이 리안을 반드시 창녀라는 불명예스러운 삶에서 구원해줄 것이라고 말했다.

그날 저녁 나탈리는 리안을 데리고 극장에 가서 사라 베른하르트의 햄릿을 관람했다. 중간 휴식 시간에 나탈리는 리안에게 그녀가 마치 독재를 미워하고 고귀한 것을 추구했던 햄릿 같다고 말했다. 그들 사이에 독재란 남자들이 여자에게 가하는 독재를 의미했다. 그 뒤 며칠 동안 리안은 나탈리로부터 연일 꽃을 선물받았다. 나탈리는 말과 눈빛으로만 리안을 숭배하는 듯하다가 점차 육체적인 접촉을 시도하기 시작했다. 그녀는 리안을 만지기도 하고, 심지어 키스를 하기도 했다. 나탈리의 키스는 지금까지 리안이 경험했던 키스와는 사뭇 달랐다. 어느 날 아침 리안은 나탈리가 있는 곳에서 목욕할 준비를 했다. 리안이 잠옷을 벗는 순간, 나탈리는 그녀의 발 앞에 엎드려 발목에 키스를 하기 시작했다. 리안은 황급히 발을 빼고 탕 속으로 들어갔다. 나탈리도 옷을 벗고 함께 탕 속에 들어갔다. 며칠 뒤 리안이 나탈리 바니라는 새로운 연인과 사귄다는 소문이 파리 시내에 파다하게 퍼졌다.

리안은 나탈리와의 애정관계를 감추려고 하지 않았다. 그녀는 오히려

아! 사랑하는 사람을 자유롭게 사랑할 수 있다면! 지금까지 그랬듯이, 당신의 발치에서 내 생애를 보낼 수 있다면, 상상 속의 사티로스로부터 당신을 보호할 수 있다면 이 풀밭에 당신을 내던질 수 있는 유일한 사람이 바로 나라면…… 우린 레스보스에서 서로를 다시 발견하게 될 거예요. 땅거미가 내려앉으면 금세기로 이어지는 통로를 뒤로하고 숲속 깊숙이 들어가요. 당신과 함께 이 매혹적인 신들의 섬에 있는 상상을 해봅니다. 그곳은 정말 아름다울 거예요. 당신을 위해 저 우아한 여자 연인들의 이야기를 준비해둘게요. 도시의 소음은 멀리 사라지고, 당신과 나는 아름다움의 미학을 제외하고는 모든 걸 잊게 될 거예요.
— 나탈리 바니가 리안 드 푸지에게 보낸 편지, 장 살롱(Jean Chalon)의 《어느 여성 유혹자의 초상: 나탈리 바니의 세계(Portrait of A Seductress: The World of Natalie Barney)》 중에서

나탈리는 걸핏하면 사랑의
영토를 황폐하게 만들곤
했다. 남편들은 나탈리를
두려워했다. 그녀의 유혹에
저항할 수 있는 여자는
아무도 없었기 때문이다.
여자들은 이 레스보스의
키르케에게 빠져
남편과 가정은 물론,
아이들까지 버렸다.
키르케의 비결은 신비한
사랑의 미약을
조제하는 데 있었다.
나탈리는 시를 쓰는 것을
좋아했다. 그녀는 육체적인
면과 정신적인 면을
교묘하게 뒤섞는
법을 잘 알고 있었다.
— 장 샬롱, 《어느 여성
유혹자의 초상: 나탈리
바니의 세계》

《샤포풍의 목가》라는 소설을 써 나탈리의 유혹을 세세히 묘사했다. 리안은 전에 여성과 사랑을 나눠본 적이 없었다. 그녀는 나탈리와의 관계를 신비로운 경험이라고 술회했다. 그녀는 말년까지 나탈리와의 경험을 생생하게 간직하고 있었다.

르네 비비앵은 시도 쓰고 아버지가 원하는 결혼도 피할 겸 파리로 온 젊은 영국 처녀였다. 르네는 죽음의 유혹을 느꼈다. 그녀는 자신에게 문제가 있다고 생각했다. 자신을 극도로 혐오했기 때문이다. 1900년 르네는 한 극장에서 나탈리를 만났다. 나탈리에게서 풍기는 미국인 특유의 눈빛에 르네는 왠지 마음이 끌렸다. 그녀는 곧 나탈리에게 시를 써보내기 시작했다. 나탈리 역시 시를 써서 답장을 보냈다. 그들은 곧 친구가 되었다. 르네는 자기는 여자 친구가 있지만, 정신적인 사랑만 나누었을 뿐 육체적인 사랑을 나눠본 적이 없다고 고백했다. 나탈리는 여인의 사랑을 가장 순수한 사랑으로 묘사한 고대 그리스 시인 사포에 관한 이야기를 그녀에게 들려주었다. 어느 날 저녁 르네는 나탈리를 자신의 거처로 초대했다. 그녀의 방은 마치 예배당처럼 촛불과 흰 백합으로 가득했다. 그녀는 나탈리를 흰 백합에 비유했다. 그날 밤 그들은 연인이 되었다. 그들은 곧 동거에 들어갔다. 하지만 르네는 나탈리가 자기에게만 충실한 것이 아니라는 사실을 알게 되었다. 그 순간 그녀의 사랑은 증오로 변했다. 그녀는 관계를 청산하고, 다시는 나탈리를 보지 않겠다며 집을 떠났다.

그 후 몇 달 동안 나탈리는 르네에게 편지와 시를 보냈다. 그리고 르네의 집을 방문했다. 하지만 르네의 마음을 되돌릴 수 없었다. 르네는 나탈리를 다시 받아들이려고 하지 않았다. 하지만 어느 날 저녁 한 오페라 극장에서 나탈리는 르네 곁에 앉아 그녀를 기리며 쓴 시를 가만히 건네주었다. 나탈리는 자신의 과거를 뉘우친다고 했으며, 함께 사포의 고향인 레스보스 섬으로 여행을 가자고 제안했다. 그곳에서 서로의 관계를 새롭게 하고 순결함을 되찾자는 뜻에서였다. 르네는 거절할 수 없었다. 섬에 도착한 그들은 시인 사포가 남긴 자취를 찾아보면서 자신들이 순수했던 고대 그리스 시대로 되돌아가는 듯한 감흥에 젖어들었다. 르네는 나탈리가 마치 사포 같았다. 그들은 다시 파리로 돌아왔다. 르네는 나탈리에게 다

옛날에 바르바리의
가프사라는 도시에
큰 부자가 살고 있었습니다.
이 사람에게는 자녀들이
아주 많았는데, 그중에는
알리베크라는 이름의
사랑스럽고도 기품 있는

음과 같은 편지를 보냈다. "나의 금발의 세이렌이여. 나는 당신이 땅 위에 사는 다른 사람들과 같기를 원치 않아요……. 당신은 당신 자신으로 남아 있어야 해요. 그것이 나를 매혹했던 당신의 모습이니까요." 그들의 관계는 1909년 르네가 죽을 때까지 지속되었다.

해석 ——

리안 드 푸지와 르네 비비앵은 비슷한 문제를 안고 있었다. 그들은 둘 다 자기 자신에게 깊이 매몰되어 있었다. 리안은 예쁜 외모 때문에 남자들의 계속적인 주목을 받다보니 압박감을 느껴 자기 자신 속으로 숨어버렸고, 르네는 사회적 환경 때문에 레즈비언의 성향을 억압당하며 도덕적인 문제로 갈등을 겪어 점차 자기 속에 갇혀버렸다. 결국 그것 때문에 그녀는 자신을 극도로 혐오하게 된 것이다.

이와는 달리, 나탈리 바니는 활달한 성격의 소유자로 자기보다는 주변 세상에 관심이 더 많은 인물이었다. 그녀의 유혹은 공통점이 있었다(그녀가 일생을 살면서 유혹한 사람은 수백 명이 넘었다). 그녀는 상대의 아름다움을 칭찬하며, 시를 보내는 한편 사포와 같은 시인의 이름을 빌려 마치 순결한 사랑을 나눌 수 있는 듯한 느낌을 갖도록 했다. 그녀는 항상 뭔가 고상한 것을 추구하며 사는 듯한 인상을 풍겼다. 신비감을 고양시키려고, 서로 새 이름을 지어 부르기도 하고, 매일 시를 적어서 전보를 보내고, 옷차림새를 바꾸기도 하고, 레스보스 섬과 같은 장소로 일종의 순례의 길을 떠나는 등 몇 가지 작은 의식을 행했다. 이런 과정을 통해 상대는 나탈리가 말하는 모든 것이 아름답고 고상하다는 생각을 하게 되었으며, 뭔가 정신적인 세계에 들어선 듯한 착각에 빠졌다. 그 결과 그들은 자신의 용모나 자아나 정체성과 관련된 부담스러운 문제로부터 벗어나 자유롭게 되었다. 나탈리가 애무와 키스를 해주면 상대는 마치 타락 이전의 에덴동산으로 되돌아간 듯한 순수하고 순결한 느낌을 받았다.

종교는 우리를 자신에게서 끌어내 우리보다 더 크고 위대한 것과 관련을 맺도록 한다. 신이나 자연과 같은 숭배 대상을 명상하는 순간, 우리의 짐이 가벼워짐을 느끼게 된다. 온몸이 가벼워져 땅에서 붕 떠오르는 듯한 경험은

어린 딸이 하나 있었습니다. 그녀는 기독교 신자가 아니었지만, 그 도시에는 기독교 신자가 많았습니다. 그녀는 그들이 기독교 신앙과 하느님을 섬기는 예배의식을 극찬하는 것을 듣고 어느 날, 그중 한 신자에게 "하느님을 섬기는 가장 쉽고도 좋은 방법이 뭐냐고 물었습니다. 그러자 그 신자는 멀리 사하라 사막으로 떠났던 사람들의 예를 들면서 그들처럼 속세를 벗어나 생활하는 것이야말로 하느님을 가장 잘 섬기는 방법이라고 대답했습니다. 아직 열네 살 정도밖에 되지 않은 데다 천성이 워낙 순진했던 알리베크는 오로지 사춘기 소녀의 충동에 이끌려 다음 날 아침, 아무한테도 알리지 않고 혼자서 몰래 사막으로 떠났습니다. 며칠 뒤, 그녀는 피로와 허기 때문에 녹초가 된 몸을 이끌고 사막 한가운데 도착했습니다. 저 멀리에 조그만 오두막이 있는 것을 발견한 그녀는 비틀거리며 그곳으로 걸어갔습니다. 오두막 입구에는 성자처럼 보이는 사람이 서 있었는데, 그녀를 보더니 깜짝 놀라며 이런 데서 대체 무얼 하고 있냐고 물었습니다. 그녀는 자신은 하느님의 계시를 받았으며, 어떻게 해야 그분을 잘 섬길 수 있을지를 가르쳐줄 사람을 찾고 있다고 말했습니다. 그는 나이도 어린 데다 무척 아름다운 그녀를 곁에 두었다가는 자기도 모르는 사이에 악마에게 덜미를 잡힐지도 모른다고 생각했습니다. 그래서 그는 그녀의 훌륭한 마음씨를 칭찬한 다음, 풀뿌리며 야생 능금이며 대추야자 같은

먹을 것과 마실 물을 주고는 이렇게 말했습니다. "내 딸아, 여기서 그리 멀지 않은 곳에 네가 알고자 하는 것을 나보다 훨씬 더 잘 가르쳐주실 성자가 계시니 그분을 찾아뵙도록 하거라." 그리고 그녀를 그리로 보냈습니다. 이렇게 해서 그녀는 두 번째 사람을 찾아갔습니다. 하지만 거기서도 똑같은 말을 듣고는 다시 길을 떠나 마침내 한 젊은 은자가 살고 있는 오두막에 도착했습니다. 그의 이름은 루스티코로 신앙심이 매우 깊은 사람이었습니다. 소녀는 그에게도 지금까지 다른 사람들에게 했던 것과 똑같은 질문을 던졌습니다. 평소 자기가 강철 같은 의지의 소유자임을 입증해 보이고 싶었던 그 남자는 다른 사람들과 달리 그녀를 딴 데로 보내지 않고 자기 오두막에 있게 했습니다. 그리고 밤이 되자, 그녀를 위해 오두막 한쪽 구석에 종려나무 잎으로 임시 잠자리를 만들어주었습니다. 그러고 나자 유혹이 그의 의지력을 시험하기 위해 싸움을 걸어왔습니다. 사방에서 궁지에 몰린 그는 애저녁에 무기를 내려놓고 항복하고 말았습니다. 명상도 기도도 고행도 모두 내던진 채 그는 오로지 그녀의 젊음과 아름다움만 생각하기 시작했습니다. 게다가 거기에 한 술 더 떠 추잡한 계획이나 꾸미는 호색한이라는 인상을 주지 않고도 그녀에게 접근할 수 있는 적당한 방법과 수단을 강구하기 시작했습니다. 그가 몇 가지 질문을 던져본 결과, 그녀는 아직 한 번도 남자를 경험해보지 않은 보는 바 그대로의 순진한

참으로 멋진 일이다. 시대가 아무리 변해도 인간은 대개 육체적인 것, 즉 동물적인 충동에서 벗어나고 싶은 욕망이 있다. 육체적인 것에 지나치게 초점을 맞추면, 뭔가 세속적이고 추한 기분이 들게 만들 수 있다. 이런 결과를 피하려면 아름답고 고상한 것에 초점을 맞추어야 한다. 즉 자연, 예술 작품, 신의 존재와 같은 정신적인 차원의 것을 적절히 강조하는 기술이 필요하다. 약간의 의식을 곁들이는 것도 물론 필수적이다. 유혹자는 자신을 자연스럽고 미적이고 고귀하고 고상하게 보이게 할수록 상대를 더욱더 깊이 매료시킬 수 있다. 그렇게 되면 상대는 점차 유혹자를 숭배하게 된다. 종교적인 것이나 정신적인 것의 저변에는 대개 성적인 뉘앙스가 짙게 깔려 있다. 따라서 일단 상대의 마음을 사로잡은 뒤에는 자연스럽게 육체적인 쾌락을 추구할 수 있다. 정신적인 황홀경과 육체적인 황홀경은 백짓장 차이다.

> 와서 나를 빨리 먼 곳으로 데려가주세요. 동물적인 욕정이 아니라 신성한 사랑의 불꽃으로 나를 순결하게 만들어주세요. 당신의 영혼으로 나를 내 육체에서 멀리 떨어진 곳으로 데려가주세요.
>
> ─ 리안 드 무지

유혹의 열쇠

종교는 인간이 만들어낸 가장 위대한 유혹이다. 인간은 죽음을 가장 두려워한다. 그런데 종교는 인간이 불멸의 존재라는 환상을 심어준다. 인간이 거대하고 무심한 우주에서 먼지 같은 존재에 불과하다는 생각을 하면 참으로 끔찍하다. 종교는 이런 생각을 극복하기 위해 우주를 인격화시킴으로써 인간을 사랑받는 소중한 존재로 만들었다. 동물들은 억제할 수 없는 본능에 따라 살다가 아무런 이유 없이 죽어간다. 하지만 인간은 동물적인 본능이 있기는 하지만 신의 형상으로 창조된 만물의 영장이다. 이런 점에서 인간은 고귀하고 이성적이며 선한 존재다. 종교는 이러한 인간의 구조적 심리를 독특한 방법으로 만족시킨다.

물론 쾌락이 유혹의 미끼가 될 수는 있다. 하지만 아무리 현명한 유혹자

라 하더라도 유혹의 궁극적인 목적이 육체를 정복하는 것임을 완벽하게 감출 수는 없다. 겉으로는 쾌락을 원해서 육체의 요구에 응해도 상대의 마음 깊은 곳에는 동물적인 본능을 혐오하는 불안한 심리가 있을 수 있다. 이러한 불안 심리를 효과적으로 해소해주지 못하면, 성공은 잠시뿐 결국 피상적인 관계에서 벗어날 수 없다. 하지만 나탈리 바니처럼 상대의 영혼을 사로잡으면 좀 더 깊고 지속적으로 유혹의 힘을 발휘할 수 있다. 상대와의 관계를 정신적으로 승화시킬 수 있다면 육체적인 쾌락까지 고상하고 초월적인 의미가 있는 것처럼 바꿀 수 있다. 서로의 관계가 정신적인 것이고 육체적인 본능을 초월한 것이라는 인상을 심어주면, 상대는 정신적인 황홀경에 빠져 갈등 없이 따라올 수밖에 없다. 거듭 말하지만 유혹이란 정신적인 과정이다. 그러므로 종교와 같이 신비롭고 정신적인 면을 부각시키는 것이 무엇보다 중요하다.

귀스타브 플로베르의 소설 《보바리 부인》에 보면, 로돌프 불랑저가 시골 의사인 보바리를 방문한다. 그는 의사 보바리의 부인인 에마에게 관심을 기울인다. 소설의 설명에 따르면 불랑저는 "야만적이고 신중한 사람이다. 그는 유혹 전문가로 그동안 많은 여성을 유혹해왔다"고 한다. 그는 에마가 지루함을 느끼고 있음을 알아차렸다. 몇 주 뒤 그는 시장에서 그녀를 우연히 만나는 척하면서 단둘이 있는 시간을 마련한다. 그는 슬프고 우울한 기색을 보인다. 그는 "나는 달빛 아래 공동 묘지를 지나칠 때마다 나도 언젠가는 다른 사람들처럼 저곳에 쓸쓸히 누워 있겠지라는 생각을 합니다"라고 말한다. 그는 자신의 평판이 나쁘다는 사실을 인정하면서 그런 평판을 받아 마땅하다고 말한다. 그렇지만 그것이 어찌 자기만의 잘못이겠느냐고 반문한다. 그는 에마에게 "당신은 끊임없이 고통을 당하는 영혼들이 존재한다는 사실을 모르죠?"라고 묻는다. 그는 여러 번 에마의 손을 잡으려고 시도한다. 하지만 그녀는 그때마다 정중히 거절한다. 그는 사랑이란 두 사람을 서로 끌어당기는 마술과 같은 힘이라고 설명한다. 아마도 전생과 같은 것이 존재해 이미 두 사람의 영혼이 서로 사랑한 적이 있기 때문에 그와 같은 현상이 나타나는 것이 아니냐는 논리를 편다. "예를 들어 우리를 한 번 생각해보죠. 왜 우리가 만났을까요? 어떻게 이런 일

소녀였습니다. 그리하여 그는 하느님을 섬긴다는 구실로 그녀를 설득해 쾌락을 얻을 방법을 생각해냈습니다. 그는 먼저 악마는 하느님의 강력한 적이라는 주제로 일장 연설을 늘어놓은 다음, 하느님을 섬기는 방법은 많고 많으나 그 가운데서도 옛날에 하느님이 지옥에 떨어뜨린 악마를 다시 지옥에 몰아넣게 되면 하느님께서 크게 기뻐하실 것이라며 그녀를 살살 달랬습니다. 소녀가 그 방법을 알려달라고 하자, 루스티코는 이렇게 대답했습니다. "곧 알게 될 테지만, 내가 하는 대로만 하면 되느니라."
그 말과 함께 그는 얼마 안 되는 옷가지를 훌훌 벗어 던지더니 곧이어 완전히 발가숭이가 되었습니다. 소녀도 그대로 따라하자, 그는 기도를 올릴 것처럼 무릎을 꿇고는 그녀도 무릎을 꿇게 했습니다. 바로 코앞에서 소녀의 아름다운 육체를 접하게 되자, 루스티코는 일찍이 없었던 격렬한 욕정에 사로잡혔습니다. 불끈 솟아오른 그의 물건을 보고 깜짝 놀란 알리베크가 물었습니다. "루스티코님, 거기 앞에 툭 뛰어나온 게 뭐예요, 저한테는 그런 게 없는데?"
"오, 내 딸아, 이것이 바로 내가 얘기했던 그 악마니라. 이 놈이 무슨 짓을 하고 있는지 아느냐? 이 놈이 어찌나 나를 못살게 구는지 더 이상 참을 수가 없구나."
그러자 소녀가 말했습니다. "아이, 하느님, 감사합니다. 제가 루스티코님보다 처지가 나은 것 같습니다. 저한테는 대적해야 할 그런 악마가 없으니까요."

이 일어났을까요? 특별히 서로를 끌어당기는 힘이 우리 사이의 거리를 더욱더 가깝게 만들고 있잖아요. 마치 두 강이 만나서 함께 흐르는 것처럼 말입니다." 그는 그 말을 하며 다시 그녀의 손을 붙잡는다. 이번에는 그녀도 거부하지 않았다. 시장에서 만난 뒤 그는 몇 주 동안 그녀를 만나지 않다가 갑자기 모습을 나타낸다. 그러면서 그는 그녀를 떠나려고 생각했지만, 운명이 자신을 다시 되돌아오게 만들었다고 한다. 그는 에마를 말에 태운다. 그리고 숲에서 그녀와 관계를 맺으려고 시도하지만, 그녀는 놀라서 그를 저지한다. 그는 에마를 보며 "당신은 아직도 모르고 있소? 나는 당신을 주추대 위에 세워진 마돈나의 조각상처럼 당신을 내 마음에 아로새기고 있다오……. 간절히 바라건대 내 친구, 내 누이, 내 천사가 되어주시오"라고 한다. 그녀는 그의 말에 마음이 움직여 그의 손을 붙잡고 숲속으로 깊숙이 들어가 마침내 몸을 허락한다.

로돌프의 전략은 세 가지 전술로 이루어졌다. 첫째, 그는 슬프고 우울하고 불만족스러운 모습을 보였다. 즉 그는 마치 물질을 추구하는 일상적인 삶에서 만족을 느끼지 못하는 것처럼 보여 자신을 다른 사람보다 고상한 존재로 비치도록 노력했다. 다음에 그는 두 사람의 영혼을 하나로 끌어당기는 운명에 관해 말했다. 이것은 에마에 대한 그의 관심이 일시적인 충동에서 나온 것이 아니라, 영원 전부터 결정된 것처럼 보이게 만드는 수법이었다. 마지막으로 그는 천사 운운하며 뭔가 고귀하고 고상해 보이는 것에 관한 말을 했다. 그는 모든 것을 정신적인 차원에 올려놓아 에마의 육체를 원하는 것이 아닌 것처럼 위장했다. 에마는 결국 그의 말에 홀려 넘어가고 말았다. 로돌프는 단 몇 번의 만남으로 소기의 목적을 달성했다.

로돌프의 수법은 오늘날의 기준으로 보면 진부하기 짝이 없다. 하지만 그가 사용한 표현이나 말은 진부해도 수법은 예나 지금이나 똑같은 위력을 발휘한다. 즉 정신적인 것에 초점을 맞추는 수법은 전혀 변함이 없다. 말만 요즘에 알맞은 표현으로 바꾸면 그만이다. 일단 저속한 일상사에 만족하지 못하는 것처럼 보여야 한다. 바꾸어 말하면 돈이나 섹스나 성공에 움직이지 않는 것처럼 위장할 수 있어야 한다. 초월적인 동기를 가진 것처럼 꾸며야 한다. 모호한 말로 상대에게 깊이 있는 사람처럼 보일 수 있어야 한다. 별, 점성술, 운명 따위를 이야기하면 지금도 효과가 있다. 운명이 서로를 엮이게 한 것처럼 생각하도록 만들어라. 그렇게 하면 좀 더 자연스럽게 상대를 유혹할 수 있다. 운명, 필연성, 신의 손길과 같은 것에 따라 두 사람의 관계가 이루어진 것처럼 보이도록 한다면 인위적인 것이 판을 치는 요즘 같은 세상에서는 더할 나위 없는 효과를 발휘할 수 있다. 만일 상대를 유혹할 때 종교적인 것을 가미한다면 신비적인 성향을 띤 이색적인 종교를 선택하는 것이 좋다. 상대의 영혼을 움직인 다음에 신속히 육체관계를 맺으면, 성행위 자체도 정신적인 차원의 연장이라는 인상을 심어줄 수 있다. 따라서 이런 경우에는 타이밍이 매우 중요하다. 유혹에 종교적인 의미를 가미하려면 상대의 육체를 공략하고자 계획하는 시점이 가까울수록 좋다.

정신적인 면을 고양시킨다고 해서 반드시 종교적이거나 신비주의적일 필요는 없다. 유혹을 고상해 보이도록 만들 수 있는 것이라면 무엇이든 상관없다. 현대 사회에서는 문화와 예술이 어떤 면에서 종교를 대신한다. 예술을 유혹에 적용하는 방법으로는 두 가지가 있다.

하나는 상대를 위해 스스로 예술 작품을 만드는 방법이다. 나탈리 바니는 상대를 기리는 시를 써서 보냈다. 많은 여성이 피카소의 유혹에 넘어간 이유도 그가 자신들을 그림의 소재로 삼으리라 기대했기 때문이다. 왜냐하면 옛 로마제국에서 회자되었던 대로 인생은 짧고 예술은 길기 때문이다. 연애 감정이 한 번 불고 지나가는 열풍과 같은 것이라 하더라도, 예술 작품을 통해 표현될 때 영원하다는 환상을 심어줄 수 있다.

예술을 이용하는 두 번째 방법은 연애 행위 자체를 고상한 행위로 승화시키는 방법이다. 나탈리 바니는 유혹의 대상을 데리고 극장, 오페라, 박물관, 역사적인 흔적이 남아 있는 장소로 갔다. 그런 장소에 가면 사람들은 누구나 정신적으로 한껏 고양된다. 물론 통속적이고 천박한 예술 작품은 피해야 한다. 그런 경우에는 자칫 상대에게 속셈을 들킬 수 있다. 연극, 영화, 책 가운데서 고상한 명분이나 메시지가 담긴 것을 이용할 수도 있다. 심지어 정치 운동도 정신적으로 승화될 수 있다. 정신적인 요소를 가미할 때에는 상대의 성향을 파악하는 것도 중요하다. 만일 상대의 성향이 세속

이에 루스티코가 말했습니다. "내 딸이여, 반드시 그런 것만도 아니니라." 그리고 악마가 나쁜 짓을 저지르지 못하도록 둘이서 합심해 여섯 번이나 더 악마를 지옥에 몰아넣었습니다. 이쯤 되니 그 오만한 악마도 언제 그랬냐는 듯 얌전해졌습니다. 그러나 그 후에도 악마는 다시 그 오만한 머리를 쳐들었고, 그때마다 소녀는 악마를 제압하는 자신의 소임을 충실히 이행했습니다. 그 사이, 그 일에 맛을 들인 소녀는 루스티코에게 이렇게 말하기 시작했습니다. "가프사의 훌륭한 분들이 하느님을 섬기는 것만큼 기분 좋은 일도 없다고 하셨는데, 그 말이 무슨 뜻인지 이제 분명히 알 것 같아요. 솔직히 말씀드리면, 악마를 지옥에 몰아넣는 이 일만큼 즐겁고 기분좋은 일을 저는 여태껏 한 번도 해본 적이 없어요. 제가 보기에 하느님을 섬기는 일말고 다른 데 정력을 쏟아붓는 사람들은 모두 바보 같아요." …… 그러니 젊은 숙녀 분들, 하느님의 은총이 필요하거든 악마를 지옥에 몰아넣는 법을 배우도록 하십시오. 이는 하느님을 기쁘게 해드리는 일이자 당사자들한테도 즐거운 일이며, 그 과정에서 많은 행복이 생겨나 사방에 흘러넘칠 테니 말입니다.
— 조반니 보카치오,
《데카메론》

적이고 냉소적이라면 신비적이고 종교적인 것보다는 점성술과 같은 이교 문화나 예술 작품과 같은 것을 통해 접근하는 것이 좀 더 효율적이다.

러시아의 신비주의자 라스푸틴은 성자 같은 이미지와 치유력으로 세인의 존경을 받았다. 특히 여성들이 라스푸틴에게 관심이 많았다. 그가 상트페테르부르크에 있는 동안 많은 여성들이 영적 조언을 구하려고 그의 거처를 방문했다. 그는 러시아의 농부, 신의 사랑과 용서 따위와 같은 고상한 말을 했다. 하지만 그렇게 몇 마디 해주다가 그는 상대 여성의 미모를 칭찬하거나 입술이 아름답다거나 남자에게 욕정을 갖게 만드는 매력을 지녔다는 등 전혀 엉뚱한 소리를 했다. 그러면서 그는 신의 사랑, 친구 간의 사랑, 남자와 여자의 사랑 등과 같은 다양한 사랑에 관해 이야기하기 시작했다. 그는 그 모든 사랑을 마치 똑같은 것처럼 모두 한데 섞어버렸다. 그러다가 다시 영적 문제를 거론하는 척하면서 느닷없이 상대 여성의 손을 잡거나 귀에다가 무어라고 속삭였다. 그의 말을 듣고 있던 여성은 그의 말과 행동에 넋이 나가 정신적으로 고양되면서 성적으로 흥분되는 묘한 감정의 소용돌이 속으로 말려들어간다. 수많은 여성들이 이런 식으로 라스푸틴의 제물이 되었다. 그는 또한 죄를 지어야만 회개할 수 있지 않겠느냐는 궤변으로 그들을 농락했다.

라스푸틴은 성적인 것과 정신적인 것이 서로 밀접한 관계가 있음을 잘 알고 있었다. 어떤 면에서 보면 영적인 것, 즉 신의 사랑 등과 같은 것은 성적 사랑을 숭고하게 승화시킨 것에 불과하다. 중세시대의 신비주의자들의 말은 에로틱한 이미지로 가득하다. 신과 종교적인 것에 대한 명상은 일종의 정신적 오르가슴을 느끼게 해준다. 그러므로 정신적인 것과 성적인 것, 고상한 것과 저속한 것을 혼합하면 엄청난 유혹의 힘을 발휘할 수 있다. 그러므로 정신적인 것을 논하는 척 하면서 성적인 암시를 제공한다면 상대를 매료시킬 수 있다. 우주의 조화, 신과의 합일 등과 같은 주제를 육체적인 조화, 육체적인 합일과 교묘하게 접합시킬 수 있는 능력이 유혹자에게 필요하다. 유혹의 목적이 정신적인 경험을 위한 것처럼 보일 수 있다면 육체적인 쾌락도 더욱 증폭되고, 좀 더 깊고 지속적인 관계를 유지할 수 있다.

| **상징** | 하늘의 별. 인간은 하늘의 별을 오랫동안 숭배의 대상으로 삼아왔다. 하늘의 별은 숭고하고 신성한 것을 상징한다. 하늘의 별을 생각할 때 우리는 순간적이나마 세속적인 것에서 벗어나 불멸을 꿈꾼다. 그 순간 우리는 몸이 가벼워짐을 느낀다. 상대가 별을 생각하도록 만들어라. 그러면 그들은 이 세상에서 일어나는 일에 신경을 쓰지 않게 될 것이다.

반전

유혹자는 상대가 자신의 사랑이 일시적이거나 피상적이지 않다는 생각을 갖게 만들어야 한다. 그러려면 상대의 마음을 사로잡을 수 있어야 한다. 하지만 그런 관계에는 오로지 한 사람에게만 헌신해야 한다는 불안감이 조장될 가능성이 있다. 다시 말해 자칫 출구 없는 밀실에 갇힌 듯한 답답한 마음을 가질 수 있다. 그러므로 정신적인 차원을 강조하는 것은 좋지만, 그런 마음을 갖게 만들어서는 안 된다. 먼 미래에 초점을 맞추다보면 상대의 자유를 제한할 수 있다. 바꾸어 말해, 유혹을 하더라도 결혼을 약속하는 일을 해서는 안 된다. 단지 순간의 사랑을 통해 깊은 애정을 느끼게 만드는 것으로 족하다. 종교적 황홀경과 같은 것은 순간에 느끼는 강렬한 감정이나 정신 상태를 의미한다는 점을 늘 염두에 두어야 한다.

카사노바는 유혹할 때 대개 정신적인 차원을 강조했다. 그는 상대에게 신비하고 고상한 마음을 갖게 만들었다. 그에게 빠져든 여성들은 그가 자신을 위해 무엇이라도 해줄 것이라고 믿었다. 그들은 그가 자신을 이용하다가 버릴 것이라는 생각을 전혀 하지 않았다. 상대 여성이 관계를 끝내야 할 때가 왔다고 생각해 결별을 제안하면 그는 눈물을 흘리며 많은 선물을 주고 홀연히 자취를 감추었다. 오늘날 젊은 여성들은 이와 같은 관계를 원한다. 그들은 지루한 결혼생활이나 가족들의 압박감에서 벗어나기 위해 잠깐 재미를 즐기다가 본래 상태로 되돌아가기를 원한다. 쾌락은 한때의 즐거움으로 족하다는 사실을 늘 잊어서는 안 된다.

나로 인해 상대방이 불안을 느끼도록 행동하라

• 공포 조장 •

대개 상대를 유혹하려면 늘 친절하게 대해주어야 한다고 생각한다. 하지만 이런 생각은 한마디로 잘못되었다. 상대를 즐겁게 해주려고 지나치게 노력하는 모습을 보이면 오히려 약점이 될 수 있다. 따라서 친절한 태도를 유지하면서 간간이 상대에게 고통을 줄 수 있어야 한다. 상대만 생각하는 척 강렬한 관심을 기울이다가, 이따금 다른 데로 눈을 돌리며 무관심한 척할 수 있어야 한다. 상대로 하여금 죄책감과 불안감을 느끼게 해야 한다. 그러면 상대는 공허감에 빠져 심적 고통을 받을 것이다. 그때 미안하다고 하면서 다시 친절한 태도로 접근하면 상대는 행복한 마음으로 빠져들게 될 것이다. 상대에게 약한 마음을 갖게 만들수록 그 효과는 더욱 증폭된다. 에로틱한 감정을 한껏 고조하려면 적절한 공포심을 조장하는 것이 좋다.

밀고 당기기 전략

1894년 무더운 여름날 오후, 세비야에 살던 서른여덟의 돈 마테오 디아스(Don Mateo Díaz)는 지역에 있는 담배 공장을 찾아가보기로 했다. 그는 담배 공장에 아는 사람이 있어서 공장을 견학할 수 있었다. 하지만 그의 관심은 담배 사업이 아니었다. 그는 젊은 여자를 좋아했다. 그가 담배 공장을 찾은 이유는 많은 젊은 여성들이 그곳에서 일하고 있었기 때문이다. 그가 예상했던 대로 담배 공장의 여성들은 무더운 날씨 탓에 반라에 가까운 모습으로 열심히 일을 하고 있었다. 그는 그 모습을 보며 속으로 즐거워했다. 하지만 그는 공장 안의 소음과 무더위를 견딜 수 없었다. 그가 막 공장 문을 향해 걸음을 뗄 때 열여섯도 채 안 되어 보이는 여성 노동자가 "선생님, 제게 약간의 돈을 주시면 당신을 위해 노래를 해드리지요"라며 그를 불러세웠다.

그 소녀의 이름은 콘치타 페레스였다. 그녀는 젊고 순진해 보였다. 사실 그녀의 얼굴은 아름다웠으며, 눈가에 주근깨가 앙증맞게 나 있는 모습은 뭔가 모험적인 일을 원하는 듯했다. 그야말로 완벽한 먹잇감이었다. 그는 그녀의 노래를 듣고(그녀의 노래는 외설적인 것 같았다), 한 달치 월급에 해당하는 돈을 주었다. 그리고 모자를 숙여 예의를 갖춘 뒤 총총히 사라졌다. 그는 걸으면서 그녀를 유혹할 방법을 구상했다. 그런데 갑자기 누군가가 자신의 팔을 붙잡는 것을 느꼈다. 그는 몸을 돌려 뒤를 돌아보았다. 바로 그 소녀가 뒤를 따라오고 있었다. 그녀는 날씨가 너무 더워 일을 할 수 없어서 집으로 가는 길이라고 했다. 그와 같은 신사가 그런 기회를 놓칠 리 없었다. 그는 그녀를 집까지 바래다주겠다고 했다. 그는 그녀에게 애인이 있느냐고 물었다. 그녀는 "아뇨. 저는 숫처녀예요"라고 대답했다.

콘치타는 마을의 빈민 지역에서 엄마와 함께 살고 있었다. 돈 마테오는 그녀의 어머니와 몇 마디 대화를 나눈 다음 약간의 돈을 건네주고는(그는 경험상 상대 여성의 엄마를 즐겁게 하는 것이 매우 중요하다는 사실을 알고 있었다) 떠났다. 그는 며칠 기다려볼까 생각했지만, 마음이 조급해 다음 날 아침 다시 그녀의 집을 찾아갔다. 그녀의 어머니는 외출 중이었다. 그와 콘치타는 전날의 일을 화제삼아 몇 마디 농담을 주고받았다. 그러다가 콘치타가 갑자기 몸을 일으켜서는 그의 무릎에 올라앉아서는 그를 안고 입맞춤을 했다. 그는 깜짝 놀랐다. 전략이고 뭐고 생각할 겨를이 없었다. 그도 그녀를 안고 입을 맞추었다. 그때 그녀가 갑자기 무릎에서 뛰어내리더니 잔뜩 화가 난 눈으로 그를 쳐다보았다. 그녀는 "당신은 나를 데리고 놀 셈인가요? 짧은 쾌락을 위해 나를 이용할 생각이로군요"라고 말했다. 돈 마테오는 그런 의도가 아니었다고 발뺌하며 자신의 지나친 행동을 용서해달라고 했다. 그는 그녀의 집을 나오면서 머리가 복잡해졌다. 그는 '그녀가 먼저 시작하지 않았는가? 그런데 왜 내가 죄책감을 느껴야 하지?' 하는 생각에 사로잡혔다. 그러면서 그는 '젊은 아이들의 행동은 예측할 수가 없어. 천천히 시간을 두고 무너뜨려야지'라고 생각했다.

그 후 며칠 동안 돈 마테오는 신사의 품위를 철저히 유지했다. 그는 매일 그녀의 집을 방문해 그녀와 그녀의 어머니에게 선물 공세를 폈다. 하지만 결코 육체적인 관계를 요구하지는 않았다. 그녀는 그에게 친근감을 느껴 그 앞에서 옷을 입기도 하고, 잠옷 차림으로 그에게 인사를 하기도 했다. 어렴풋이 비치는 그녀의 몸매를 보는 순간 그는 정신이 아찔해졌다. 그는 기습적으로 키스나 포옹을 시도했지만, 그때마다 그녀는 그를 밀어내며 신사답지 못하다고 꾸짖었다. 그렇게 몇 주가 흘렀다. 그는 자신의 사랑이 한갓 풋사랑이 아님을 보여주어야 했다. 그는 어느 날 콘치타의 어머니를 따로 불러내 그녀에게 집도 사주고 충분한 돈도 주겠다고 제안했다. 그는 또한 그녀를 여왕처럼 대우하며 그녀가 원하는 것이라면 무엇이든 해주겠다고 말했다. 그의 제안에 그들 모녀는 만족해했어야 마땅했다. 하지만 다음 날 콘치타에게서 편지가 왔다. 그 편지에는 감사하다는 말 대신에 사랑을 돈으로 사려고 한다는 질책의 말이 적혀 있었다. 편지에는 "다시는 나를 볼 생각하지 마세요"라고 적혀 있었다. 그는 서둘러 그녀의 집으로 달려갔지만, 그들 모녀는 어디로 간다는 말 한 마디 남기지 않고 이미 다른 곳으로 떠나버린 뒤였다.

돈 마테오는 참담했다. 그는 너무 성급하게 행동했다. 그는 다음번에는 과감한 행동을 취하기 전에 몇 달이고 몇 년이고 인내심을 가지고 기다릴 것이라고 다짐했다. 하지만 곧 콘치타를 다시 볼 수 없으면 어쩌지 하는 생각이 그를 엄습해왔다. 생각이 거기에 미치자 그는 자신이 그녀를 너무 사랑하고 있음을 깨달았다.

겨울이 지났다. 그해 겨울은 마테오의 인생에서 가장 힘든 시기였다. 어느 봄날, 그가 길거리를 걸어가고 있는데 누군가가 자신의 이름을 부르는 소리가 들렸다. 소리가 나는 쪽을 쳐다보았더니 열린 창문 안으로 콘치타가 환한 미소를 지으며 서 있는 것이 아닌가! 그녀는 그에게 몸을 굽혔다. 그는 그녀의 손에 입을 맞추며 정신이 나갈 정도로 기뻐했다. "왜 그렇게 갑자기 사라졌소?" 그가 물었다. 콘치타는 "모든 일이 너무 빨리 진전되어, 당신의 진정한 의도가 의심스러웠어요. 그리고 제 자신의 감정도 살펴보아야 했고요"라고 대답했다. 그녀는 그의 모습을 다시 보는 순간, 자신이 그를 사랑하고 있다는 확신을 갖게 되었다고 했다. 그녀는 자신이 그의 애인이 될 마음의 준비가 되어 있으며, 곧 그를 찾아가겠다고 약속했다. 그녀의 말을 들으며 그는 잠시 떨어져 있던 시간이 자신들을 변화시켰다고 생각했다.

며칠 뒤 약속한 대로 콘치타가 그의 집을 방문했다. 그들은 서로 입을 맞추고 옷을 벗었다. 그는 콘치타와 첫 관계를 갖는 모든 순간을 천천히 즐기고 싶었다. 하지만 마음만 그랬을 뿐 그는 마치 우리를 벗어난 황소처럼 억제할 수 없는 충동에 사로잡혔다. 그는 그녀를 침실로 데려가 몸 여기저기를 만지며, 속옷을 벗기기 시작했다. 하지만 속옷의 끈들이 너무 복잡하게 매여 있어서 그는 잠시 몸을 일으켜 살펴보아야 했다. 그녀는 그가 전에 한 번도 본 적이 없는 질긴 천으로 된 이상하게 생긴 속옷을 입고 있었다. 그 옷은 그가 아무리 세게 잡아당겨도 벗겨질 것 같지 않았다. 그는 콘치타를 두들겨패고 싶었다. 그는 미칠 것 같아 엉엉 울기 시작했다. 콘치타는 그를 위해 어떤 일이라도 할 수 있지만 아직은 숫처녀로 남고 싶어서 그런 옷을 입었다고 설명했다. 화가 난 그는 그녀를 집으로 돌려보냈다.

그 후 몇 주 동안 돈 마테오는 콘치타에 대한 자신의 생각을 다시 점검하기 시작했다. 그는 그녀가 다른 남자들과 시시덕거리는 모습을 보았다. 뿐만 아니라 콘치타는 바에서 에로틱한 냄새가 물씬 풍기는 춤을 추기도 했다. 그가 볼 때 그녀는 분명 숫처녀가 아니었다. 그는 그녀가 돈 때문에 자신을 속이는 것이라고 생각했다. 하지만 그런데도 그는 그녀를 잊을 수 없었다. 다른 남자가 그녀를 차지하는 것도 도저히 용납할 수 없었다. 그녀는 자신을 강제로 가지려고만 하지 않으면 침대에서 그와 잠을 잘 수 있다고 했다. 그가 그렇게 하겠다고 약속하자 그녀는 같은 침대에서 그와 함께 잠을 잤다. 하지만 그녀는 마치 그를 고문이라도 하려는 듯이 나체로 잠자리에 들었다(아마도 날씨가 더웠기 때문에 그랬을 것이다). 그는 자기밖에는 그런 특권을 누릴 수 있는 남자가 없다는 생각에 그 모든 것을 감수했다. 어느 날 밤이었다. 그는 더 이상 감정을 억제하지 못하고 분노를 터뜨렸다. 그는 "내가 원하는 것을 주지 않을 것이라면 더 이상 나를 볼 생각하지 마"라며 최후통첩을 날렸다. 그 말을 듣자 갑자기 콘치타가 울기 시작했다. 그는 그녀가 우는 모습을 지금까지 한 번도 보지 못했다. 그는 갑자기 화가 가라앉았다. 그녀는 떨리는 목소리로 자기도 이렇게 하는 것이 싫다고 했다. 그러면서 그녀는 "만일 지금도 늦지 않았다면 전에 했던 제안을 다시 받아들이고 싶어요. 제게 집과 돈을 준다면 충실한 애인이 되겠어요"라고 말했다.

돈 마테오는 시간을 낭비하고 싶지 않았다. 그는 그녀에게 빌라 한 채를 사주고, 집을 가꿀 수 있는 많은 돈을 주었다. 8일이 지나자 깨끗한 집이 마련되었다. 계획대로라면 그날 밤 자정에 그녀는 그 집에서 그를 기쁘게 해주기로 되어 있었다.

돈 마테오는 약속된 시간에 그곳에 갔다. 창살로 된 문은 단단히 닫혀 있었다. 그녀는 문 안쪽에서 창살을 통해 "내 손에 입을 맞추고, 내 치맛자락에도 입을 맞추세요. 그리고 슬리퍼를 신은 내 발끝에도 입을 맞추세요"라고 말했다. 그는 그녀가 시키는 대로 따랐다. 그런데 이게 어찌된 일인가? 그녀는 "이제 됐어요. 그만 가보세요"라고 말했다. 그는 어안이 벙벙한 표정을 지을 수밖에 없었다. 그녀는 그의 표정을 보면서 웃음을 터뜨렸다. 그러면서 그녀는 그를 조롱했다. 빌라가 이미 그녀의 이름으로 되어 있기 때문에, 그녀는 소기의 목적을 이룬 셈이었다. 그녀가 소리치자 한 젊은 남자가 마당의 어두운 곳에서 몸을 드러냈다. 돈 마테오는 그

있어야 하느니./
그렇지 않을 경우,
그는 그대와 함께 지낸
밤이 위험을 무릅쓸 만한
가치가 없다고 생각할지도
모를 터이니.
— 오비디우스,
《사랑의 기술》

나는 이렇게 말했다. "내가
누차 이야기했듯이 고통은
내게 특별한 매력이 있으며,
아름다운 여인의 잔인함과
부정(不貞)만큼 내 열정을
강하게 자극하는
것은 없으니이다."
— 레오폴트 폰 자허-
마조흐(Leopold von
Sacher-Masoch),
《모피를 두른 베누스
(Venus in Furs)》

들을 지켜보며 너무나 놀라 움직일 수조차 없었다. 그들은 바로 그의 눈 앞에서 사랑을 나누기 시작했다.

다음 날 콘치타가 돈 마테오의 집에 나타났다. 아마도 그가 자살하지 않았는지 알아보러온 것 같았다. 하지만 놀랍게도 그는 자살하기는커녕 그녀의 뺨을 세차게 후려갈겼다. 그녀는 그만 바닥에 나자빠지고 말았다. 그는 "콘치타, 너는 그동안 인간의 힘으로 참기 어려운 고통을 내게 안겨주었다. 너는 그동안 도덕적인 척하며 너만을 열정적으로 사랑해온 유일한 남자인 나를 고문해왔다. 이제 나는 너를 강제로 소유할 수밖에 없다"고 말했다. 콘치타는 그의 소유가 될 수 없다고 소리쳤고, 그는 그녀를 다시 때렸다. 마침내 그녀가 울음을 터뜨리자, 그는 마음이 가라앉아 손을 멈추었다. 그녀는 그를 사랑스러운 눈길로 올려다보았다. 그녀는 "그동안 제 행동이 잘못되었다면 용서해주세요. 당신이 고통스러운 마음으로 나를 때리는 것을 보니 당신이 진정으로 나를 사랑하고 있다는 사실을 확신할 수 있어요. 저는 여전히 숫처녀예요. 지난밤에 젊은 청년과 정사를 나눈 것은 모두 쇼였어요. 저는 여전히 당신 거예요. 저를 강제로 가질 필요 없어요. 제가 두 팔로 당신을 받아줄게요"라고 말했다. 마침내 그녀는 자신의 본심을 밝혔다. 돈 마테오는 그녀가 진짜 여전히 숫처녀라는 사실을 발견하고는 매우 기뻐했다.

해석 ──

돈 몬테오와 콘치타 페레스는 피에르 루이스가 1896년에 쓴 소설 《여인과 꼭두각시》의 등장인물이다. 이 이야기는 카사노바의 회고록에 나오는 '샤르피용 양에 관한 일화를 바탕으로 쓴 소설로 요제프 폰 슈테른베르크의 〈여자는 악마〉, 루이 부뉘엘의 〈욕망의 모호한 대상〉으로 영화화되었다. 〈여자는 악마〉에서는 마를레네 디트리히가 주연을 맡아 열연했다.

소설의 내용에 따르면 콘치타는 자존심이 강하고 난폭한 남자를 몇 달 안에 순종적인 노예로 바꾸어놓은 것으로 나타난다. 그녀의 방법은 간단했다. 그녀는 먼저 간간이 고통을 가미하며 최대한 감정을 자극할 대로 자극한 뒤에 그를 자신을 이용하려는 비열한 인간으로 몰아붙였다. 그녀는

그들이 나를 두려워하는 한, 나를 증오하게 내버려둬라. 그리하여 마치 두려움과 증오만이 한 편이고 두려움과 사랑은 서로 아무런 관련이 없는 것처럼, 사랑을 더욱 흥미롭게 만드는 요소가 마치 두려움이 아닌 것처럼 보이게 하라. 우리는 과연 어떤 종류의 사랑으로 자연을 끌어안는 것일까? 자연 속에는 은밀한 불안과 공포가 있는 것이 아닐까? 왜냐하면 자연의 아름다운 조화는 무원칙성과 광포한 혼란에서 비롯되며, 자연의 안정된 상태 역시 불신을 통해 달성되니 말이다. 하지만 이러한 불안이야말로 더없이 매혹적이다. 사랑이 흥미로우려면 사랑에 대해서도 똑같은 이치가 적용된다. 뒤에 깊고 불안한 밤이 도사리고 있을수록, 그 어두운 밤으로부터 사랑이라는 꽃이 피어나는 법이다. — 키르케고르, 《유혹자의 일기》

상대 남자의 욕정을 한껏 부추기는 한편 그를 보호자처럼 의지하다가 자기를 돈으로 사려한다는 죄책감을 갖게 만들었다. 그러고는 갑자기 사라졌다. 상대 남성이 그녀를 잃어버렸다는 상실감에 젖어 낙심해 있을 때, 그녀는 다시 우연을 가장하고 모습을 드러냈다. 그녀를 본 상대 남성은 기뻐 어쩔 줄 모른다. 하지만 그녀는 다시 눈물을 흘린다. 그녀는 자신의 처녀성을 그에게 주는 마지막 순간까지 그에게 온갖 질투와 수치심을 불러일으킨다(소설에 따르면 그 후에도 그녀는 계속해서 그에게 고통을 가할 방법을 찾는다). 그녀는 상대 남성에게 죄책감, 절망, 질투, 공허감 등을 불러일으키며 그의 감정을 한껏 고조시킬 수 있는 전략을 구사한다. 상대 남성은 다가섰다 물러났다 하는 그녀의 전술에 빠져 점차 그녀에게 사로잡힌다.

마찬가지로 상대를 유혹할 때는 늘 즐거움을 주려고 해서는 안 된다. 너무 빨리 절정에 이르면 그만큼 식상해지기 쉽다. 즐거움에는 어느 정도 고통이 따라야 더욱 강렬한 쾌감을 느낄 수 있다. 죽음을 앞둔 상태에서 사랑의 감정이 강렬해지고, 먼 여행을 한 뒤에야 집이 좋다는 사실을 알듯이 유혹의 경우도 마찬가지다. 그러므로 상대를 유혹할 때는 슬픔과 절망과 고뇌의 순간을 만들어내 긴장감을 한껏 고조시킨 뒤에 해방의 기쁨을 만끽하도록 해줘야 한다. 상대를 화나게 하면 어쩌나 하는 생각은 할 필요가 없다. 화를 낸다는 것은 이미 유혹에 걸려들었다는 증거다. 너무 까다롭게 굴어 상대가 도망가면 어쩌나 하는 생각도 필요 없다. 사람들은 지루한 사람을 피하지, 까다롭지만 매력이 있는 사람은 결코 피하지 않는다. 그러므로 상대의 감정을 자극하고, 긴장을 조성할 수 있는 모든 방법을 동원하라. 유혹의 높낮이를 조정해 상대의 마지막 남은 의지마저 완전히 굴복시킬 수 있는 전략을 구사할 수 있어야 한다.

가혹과 친절

1972년 닉슨 대통령의 국가안보 담당 보좌관이었던 헨리 키신저(Henry Kissinger)는 유명한 이탈리아 저널리스트인 오리아나 팔라치(Oriana Fallaci)로부터 인터뷰 요청을 받았다. 키신저는 인터뷰를 거의 하지 않았다. 하지

사랑스러운 그 대리석 피조물은 기침을 하면서 어깨에 두른 담비 목도리를 매만졌다.

"당신의 고전 강의는 잘 들었소만, 당신의 평화롭고 따사로운 세상에서도 우리네 안개 낀 세상에서와 마찬가지로 남자와 여자는 천생 서로 적이라는 생각을 하지 않을 수 없구려. 사랑은 순식간에 그 둘을 한 마음과 한 뜻으로 묶어주기도 하지만, 또 눈 깜짝할 사이에 그 둘을 떨어뜨려놓기도 하니 말이오. 이 점에 대해서는 나보다도 당신이 더 잘 알고 있을 거요. 둘 중 어느 한쪽이 다른 한쪽을 자신의 의지에 굴복시키거나, 아니면 스스로 상대의 발아래 들어가지 않으면 안 되는 것이 사랑이 아니겠소" 내가 대답했다.

"물론, 여자의 발아래지요." 베누스가 성급하게 나의 말을 가로챘다.

"그리고 이 점은 나보다도 당신이 더 잘 알 거예요."

"그야 그렇지만, 그래서 난 환상을 가지고 있지 않소"

"다시 말해 당신은 이제 나의 노예예요. 당신을 사정없이 짓밟아드리죠."

"오, 부인!"

"당신은 나를 아직 몰라요. 내가 잔인하다는 걸 인정하기로 하죠. 왜냐하면 그 말이 당신에게 큰 기쁨을 주니까요. 하지만 과연 내가 잔인할까요? 알다시피, 갈망하는 쪽은 남자고 갈망을 당하는 쪽은 여자잖아요. 이는 여자의 유일한 강점이자 결정적인 강점이죠. 자연은 남자를 열정에 약한 존재로 만들어 그를 여자의 의지에 내맡겼어요. 하지만 여자에게는 그를 노예나 노리개처럼 취급할 만한

만 그는 오리아나가 북베트남의 한 장군과 인터뷰를 한 기사를 읽은 적이 있었다. 그녀의 인터뷰 기사는 인상적이었다. 그녀는 베트남전쟁에 관해 매우 정통했다. 그는 인터뷰를 하면 오히려 그녀로부터 정보를 얻을 수 있을 것 같았다. 그는 그녀에게 인터뷰를 받아들이기 전에 먼저 한 번 만나줄 것을 요청했다. 그는 그녀에게 다른 여러 가지 문제를 먼저 물어볼 계산이었다. 만일 그녀가 테스트에 합격하면, 그는 인터뷰에 응할 생각이었다. 그녀를 만나본 그는 그녀의 지성에 깊은 인상을 받았다. 그녀는 지성적이었을 뿐만 아니라 매우 강한 인상을 풍겼다. 그는 그녀와 지성을 겨루어 자신이 더욱 강하다는 사실을 입증하고 싶었다. 며칠 뒤 인터뷰에 동의했다.

오리아나 팔라치는 처음부터 키신저가 곤혹스러워하는 질문을 던졌다. 그녀는 키신저가 북베트남과의 평화협정이 지지부진한 것이 실망스럽지 않냐고 물었다. 그는 약간 부아가 치밀었다. 비공식적인 만남에서 평화협정에 관한 질문은 하지 않기로 약속했는데, 그녀가 아랑곳하지 않고 그 문제를 거론했기 때문이다. 그는 "그만, 더 이상 묻지 마세요. 나는 베트남에 관해 이야기하고 싶지 않습니다"라고 말했다. 그녀는 곧바로 질문의 강도를 낮춰 다시 질문했다. "남베트남과 북베트남의 지도자들에 관해 개인적으로 어떻게 생각하시나요?" 하지만 키신저는 여전히 답변을 회피했다. "나는 감정에 지배되는 그런 사람이 아닙니다. 개인적인 감정은 아무 소용이 없지요." 그러자 그녀는 좀 더 큰 주제, 즉 전쟁, 평화 따위에 관한 질문을 던졌다. 그녀는 중국과의 협약에서 키신저가 한 역할에 대해 칭찬했다. 그러자 키신저는 자신도 모르게 말문을 열기 시작했다. 그는 자신이 베트남 문제를 다루면서 많은 고통을 받았다고 털어놓았다. 그러자 팔라치의 질문이 조금 거칠어졌다. "많은 사람들이 당신을 닉슨의 시종이라고 여기는데 그에 대해 어떻게 생각하시나요?" 그녀는 그를 들었다 놨다 하면서 미끼를 던졌다. 그의 목적은 자신에 관한 일은 일절 밝히지 않은 채 그녀를 격동시켜 정보를 얻어내려는 것이었다. 하지만 마지막까지 키신저는 그녀에게서 아무것도 알아내지 못했다. 거꾸로 인터뷰 도중에 여러 가지 사실을 그녀에게 노출했다. 예를 들어 그는 권력을 휘두르는 재미, 여자는 단지 노리개에 불과하다는 생각, 사람들이 자신을 외로운 카우보이, 혼자서 모든 일을 깔끔하게 처리하는 영웅으로 생각하고 있기 때문에 대중적으로 인기가 높다는 등의 이야기를 털어놓았다. 인터뷰 기사가 보도되자 닉슨 대통령의 안색이 창백해졌다.

1973년 이란의 왕 무함마드 레자 팔라비(Mohammad Reza Pahlavi) 역시 팔라치와 인터뷰를 했다. 그는 언론을 다루는 방법을 잘 알고 있었다. 즉 그는 단정적인 말은 피하고, 일반적인 원칙만 말하고, 단호하면서도 부드러운 태도를 취해야 한다는 점을 익히 알고 있었다. 지금까지 이런 방법에 넘어가지 않은 저널리스트는 없었다. 하지만 팔라치는 지극히 개인적인 물음을 던지며 인터뷰를 시작했다. 그녀는 "왕이 되면 기분이 어떤가요?" "당신을 암살하려는 시도가 여러 차례 있었는데, 그때마다 어떤 기분이 들었나요?" "왜 왕은 항상 슬퍼 보이나요?"식의 질문을 던졌다. 그는 자신의 직위로 인한 중압감과 고통과 외로움을 느낀다고 털어놓았다. 그는 마치 자신이 느끼는 문제를 속 시원히 털어놓을 수 있는 기회라도 만난 듯 말을 이어나갔다. 그가 말을 하는 동안 팔라치는 거의 아무 말도 하지 않았다. 그녀의 침묵은 그를 더욱 자극했다. 그런 다음 그녀는 느닷없이 주제를 바꾸었다. "두 번째 부인과 어려움이 있다고 들었는데 그로 인해 혹시 마음의 상처를 입지는 않았나요?" 이것은 마음 아픈 질문이었기 때문에 팔라비는 화를 냈다. 그는 주제를 바꾸고자 했지만 팔라치는 집요했다. 그는 왜 아내나 여자들을 주제로 삼아 시간을 낭비하느냐고 말하면서 여성들을 비판하기 시작했다. 그는 여성들이 창의성이 부족하고, 잔인한 일면을 지니고 있다고 말했다. 팔라치는 그 틈을 이용해 팔라비 왕이 독재 성향이 있으며, 이란이 기본권이 보장되어 있지 않다고 공격했다. 당시 팔라치가 쓴 책들은 이란에서 블랙 리스트에 올라 있었다. 팔라비 왕은 그 말에 깜짝 놀라며 그녀를 경계하는 듯한 태도를 보였다. 그러자 그녀는 말을 누그러뜨려 그가 세운 여러 가지 업적을 칭찬하기 시작했다. 상대를 안심시켰다가 갑자기 날카로운 질문을 던지고, 상대가 화가 난 듯하면 곧 가벼운 분위기로 전환하는 것이 그녀의 인터뷰 전술이었다. 키신저의 경우처럼 팔라비 왕도 역시 자신의 의도와는 달리 나중에 후회

본질적으로, 에로티시즘의 영역은 폭력과 위반의 영역이다……. 에로티시즘의 임무는 살아 있는 존재의 가장 내밀한 핵을 공격해 심장을 멈추게 하는 데 있다……. 에로티시즘의 임무는 사람들의 소심한 성격을 파괴하는 데 있다……. 사랑이 아무리 분홍빛 약속을 제시하더라도, 사랑의 첫 번째 효과는 혼란과 비탄이라는 점을 잊어서는 안 된다. 충족된 열정은 그 자체로 엄청난 혼란을 야기하기 때문에 거기에 수반되는 행복을 미처 즐기기도 전에 행복은 고통으로 이어진다……. 고통만이 사랑하는 대상의 중요성을 드러내준다는 점에서 고통의 가능성은 더욱 커진다.
— 조르주 바타유(Georges Bataille), 《에로티시즘: 죽음과 관능(Eroticism: Death and Sensuality)》

할 이야기(예를 들면 석유값을 인상하겠다는 의도 따위)를 무심결에 흘리고 말았다. 그는 천천히 그녀의 마법에 걸려들었으며, 심지어 "당시의 책이 우리 정부의 블랙 리스트에 올라 있다면, 이 인터뷰를 계기로 나는 당신을 내 마음의 화이트 리스트에 올려놓겠소"라며 그녀와 즐거운 농담까지 주고받았다.

해석 ——

팔라치는 많은 정치지도자들과 인터뷰를 했다. 그녀가 인터뷰한 대상들은 모두 상황을 완벽하게 주도해 나중에 문제가 될 만한 사안은 결코 드러내지 않겠다는 의지를 가졌던 사람이었다. 하지만 팔라치 앞에서는 통하지 않았다. 그녀는 그들의 감정을 자극해 스스로 자기 통제력을 잃고 속마음을 털어놓게 만들었다. 그녀는 상대를 치켜세우기도 하고, 당혹스럽게 하면서 그들의 감정을 공략해 들어갔다. 말하자면 거칠게 다루다가 갑자기 친절한 태도로 돌변하는 패턴을 되풀이한 것이 그녀의 전술이었다. 그녀는 가장 민감한 사안을 건드려 상대의 감정을 자극하고 스스로를 방어하려고 애쓰도록 만들었다. 상대는 팔라치의 질문에 자신이 그런 비판이나 평가를 받을 만한 일을 하지 않았음을 입증하려고 하다가 덫에 걸려들고 말았다. 그들은 무의식중에 그녀를 기쁘게 하고, 그녀가 자기를 좋아하게 만들려고 했다. 그녀가 태도를 누그러뜨려 간접적으로 그들을 칭찬하면, 그들은 그녀에게 인정받았다는 생각에 저절로 기분이 좋아져 신이 나서 말을 이어갔다. 그들은 그야말로 무심결에 자신의 감정을 드러내고 말았던 것이다.

사회생활을 하다보면 스스로를 보호하는 가면이 필요하다. 사람은 누구나 자신의 속마음이 드러나면 당혹스러워한다. 유혹자는 상대의 방어벽을 허물어뜨릴 수 있는 능력을 지녀야 한다. 상대를 적절히 칭찬하고, 관심을 보이는 척해주는 차머의 기술이 필요하다. 특히 자기 의심이 강하고, 심적 불안을 느끼는 사람일수록 차머의 방법이 효과적이다. 하지만 차머의 방법만 시도할 경우에는 시간이 오래 걸린다.

방어본능이 강한 사람을 효과적으로 공략해 좀 더 빠른 결과를 얻어내려면 공격적인 태도와 친절한 태도를 교차시키는 것이 필요하다. 상대를 거칠게 대하면 내적인 갈등이 조장되어 당연히 화를 낸다. 하지만 상대는 화를 내면서 동시에 '내가 어떻게 했기에 이 사람이 나를 이렇게 싫어하며 불친절하게 나올까?' 하는 생각을 한다. 그러다가 다시 친절한 태도로 대하면, 상대는 안도의 한숨을 내쉰다. 하지만 그들은 '지금은 괜찮은 것 같아. 하지만 이 사람이 다시 나를 싫어하는 눈치를 보일 수도 있지'라는 생각에 자기도 모르게 계속해서 인정받으려고 애쓰게 된다. 결국 공격적인 태도와 친절한 태도를 교차시키면 상대는 긴장하게 되고, 다시 비판을 받으면 어쩌나 하는 생각에서 계속 환심을 사려고 노력하게 된다. 이런 방법을 적용할 때는 노골적이어서는 곤란하다. 간접적인 방법을 사용해 상대의 심기를 건드리는 한편, 적절한 칭찬을 가미하는 것이 좋다. 사람들의 무의식을 자극한 뒤 물러나 앉아 상대의 말을 경청하는 정신과의사처럼 행동하라. 침묵을 지키면 상대를 더욱 자극해서 하지 않아야 할 말까지 털어놓게 된다. 비판을 가하면서 때로 칭찬을 해주면, 상대는 마치 주인의 인정을 받으려고 애쓰는 강아지처럼 행동하게 될 것이다.

> 사랑은 희생이 없으면 얻을 수 없는 꽃이다. 절벽 가장자리에 피어난 꽃을 따겠다는 마음가짐이 없으면 사랑은 얻을 수 없다.
>
> — 스탕달

유혹의 열쇠

사람들은 대개 예의범절을 잘 지키는 편이다. 사람들은 어렸을 때부터 다른 사람들에 대한 자신의 솔직한 감정을 드러내서는 안 되며, 남들이 농담을 하면 웃어주어야 하고, 그들의 이야기나 문제에 관심이 있는 것처럼 보여야 한다는 가르침을 받고 자란다. 다른 사람들과 더불어 살기 위해서는 어쩔 수 없이 그렇게 해야 한다. 늘 친절해야 하고, 다른 사람들을 즐겁게 해주어야 한다. 한마디로 다른 사람과 갈등과 분쟁을 초래하지 않고 사는 것이 최선의 삶이다.

지정해주곤 했다. 아무리 사소한 일이어도, 그녀가 어쩌다 그의 허락 없이 결정했을 때에는 그녀를 마치 하인처럼 대했고, 그녀는 며칠 동안 눈물로 지새야 했다……. 그는 모두가 보는 앞에서 그녀에게 매정하기 짝이 없는 대꾸를 해 그 자리에 있던 사람들 모두 시선을 내리깔도록 했으며, 그때마다 공작부인은 얼굴을 붉히곤 했다. 그러나 그에 대한 그녀의 열정은 결코 식을 줄 몰랐다." 공작부인에게 리옹은 지루함을 달래주는 최고의 영약이었던 셈이다. — 스탕달, 《연애론》

하지만 유혹할 때에는 친절한 것만이 능사는 아니다. 물론 친절하고 상냥하면 처음에는 상대방의 호감을 살 수 있다. 하지만 시간이 지나면 친절한 태도만으로는 상대의 관심을 지속적으로 사로잡을 수 없다. 너무 친절하게 구는 것은 오히려 상대를 멀어지게 만들 가능성이 있다. 긴장감이 있어야 에로틱한 감정이 지속될 수 있다. 긴장감이나 불안감이 없으면 해방감도 없고, 진정한 기쁨도 없다. 상대에게 긴장감을 불어넣고, 불안감을 조장하려면 적절히 당기고 놓아주는 기술이 필요하다. 그래야만 상대의 감정을 한껏 고조시켜 스릴 넘치는 클라이맥스에 도달할 수 있다. 그러려면 갈등을 피하고 항상 친절한 태도를 지녀야 한다는 생각을 잠시 접어두는 것이 좋다. 사실 친절한 태도는 마음이 선해서가 아니라 다른 사람을 불쾌하게 하면 별로 좋을 것이 없다는 생각에서 우러난다. 그런 두려움이나 염려를 과감하게 떨쳐버리고, 상대에게 고통을 주라. 그러면 유혹의 힘이 열 배는 커질 것이다.

불친절하게 굴어도 사람들은 흔히 생각하는 것보다 그렇게 많이 언짢아하지 않는다. 오히려 요즘 같은 세상에서는 뭔가 격정적인 경험을 하고 싶어한다. 사람들은 단조로운 삶보다는 불쾌한 경험이라도 겪는 편이 낫다고 생각한다. 고통을 줄 경우, 상대는 고통을 받으면서 자신이 살아 있음을 느낀다. 사람들은 차라리 불평거리라도 있었으면 한다. 고통을 주다가 나중에 기쁨을 주면, 상대는 모든 것을 용서하고 너그럽게 이해해줄 것이다. 먼저 상대의 질투심을 부추기고, 마음을 불안하게 한 다음, 나중에 다른 대상보다 그를(혹은 그녀를) 더 사랑하고 있음을 보여주면 기쁨이 배가된다. 상대를 지루하게 하는 것보다 격동시키는 것이 더 낫다. 친절보다 상처를 주면, 상대를 감정적으로 더욱 종속시킬 수 있다. 긴장감을 조성한 뒤, 나중에 그에 대한 보상을 해줄 수 있는 방법을 찾아라. 상대의 약점을 적절히 파악해 그것을 이용해 갈등을 조장하라. 그런 다음 결정적인 순간에 그 갈등을 해소시켜주라. 잔인하면 잔인할수록 효과는 더욱 증폭된다.

1818년 프랑스 작가 스탕달은 밀라노에 사는 동안 마틸드 뎀보스키 백작부인을 만났다. 그는 그녀를 보는 순간 사랑에 빠졌다. 그녀는 오만하고 까다로운 여자였다. 스탕달은 어리석은 말을 하거나 품위에 어긋나는 행동을 해 그녀의 기분을 상하게 할까봐 늘 안절부절 못했다. 하지만 그는 더 이상 예의범절에 신경 쓸 수가 없었다. 어느 날 그는 그녀의 손을 잡고 사랑을 고백했다. 스탕달의 행동에 깜짝 놀란 백작부인은 그에게 당장 나가서 다시는 오지 말라고 했다.

스탕달은 비스콘티니에게 수많은 편지를 보내 용서해달라고 빌었다. 마침내 그녀의 태도가 누그러졌다. 그녀는 그를 다시 만나겠다고 했다. 하지만 그녀는 2주에 한 번, 한 시간 정도만, 그것도 사람들이 있는 앞에서만 자기를 만날 수 있다는 조건을 내걸었다. 스탕달은 달리 도리가 없어서 그 조건에 동의했다. 그는 두 주에 한 번씩 그녀를 만났다. 그러면서도 그는 그녀의 마음이 변해 자기를 영원히 만나지 않겠다고 할까봐 매번 극도의 불안감에 시달렸다. 이런 식으로 무려 두 해가 지났다. 그동안 그녀는 그에게 조금의 호의도 베풀지 않았다. 스탕달은 그녀가 자신을 조금도 좋아하지 않는 것 같은데 왜 이런 식의 만남을 지속하는지 의문이 생겼다. 그는 그녀가 자기를 놀린다고 생각했다. 하지만 시간이 지나갈수록 그녀에 대한 그의 사랑은 더욱 깊어만 갔다. 그는 솟구치는 사랑의 감정을 더 이상 억제할 수 없어서 결국 밀라노를 떠나고 말았다.

스탕달은 자신의 슬픔을 극복하기 위해 《연애론》이라는 책을 썼다. 그는 그 책에 두려움이 욕망에 미치는 영향에 대해 묘사했다. 두려워하는 마음이 생기면 감히 사랑하는 사람에게 가까이 다가갈 수 없다. 상대에게 신비감을 느끼는 동안에 사랑의 열정은 더욱 깊어간다. 따라서 두려움을 가지면서도 결코 사랑하는 사람에게서 떠날 수 없다. 오히려 감각이 살아나고, 정신이 항상 긴장되어 더욱더 에로틱한 감정이 증폭된다. 스탕달에 따르면 사랑하는 사람이 곧 차버릴지도 모른다는 생각이 들수록 점점 더 정신이 아득해지고 통제력을 잃게 된다고 한다. 이처럼 사랑에 빠진다는 것은 두려움과 흥분이 뒤섞여 자신에 대한 통제력을 상실하는 것을 의미한다.

이와 같은 통찰력을 역이용해 유혹의 대상에게 적용할 수 있어야 한다. 상대의 마음을 절대로 안심시켜서는 안 된다. 오히려 두려움과 불안을 느끼게 해야 한다. 차갑고 냉정한 태도를 보여라. 필요한 경우에는 궤도를 벗어난 듯한 행동도 할 수 있어야 한다. 항상 언제 헤어질지 모른다는 불안한 생각을 갖게 만들라. 그러다가 시간이 적당히 흘렀다고 판단되면 다시 평안한 마음을 갖게 해주라. 그러면 훨씬 더 큰 효과를 거둘 수 있다.

기원전 33년 안토니우스는 몇 년 동안 연인으로 지내던 클레오파트라가 자신의 경쟁자인 옥타비아누스를 유혹하고 자신을 독살할 계획을 세우고 있다는 소문을 듣는다. 클레오파트라는 사람을 독살하는 데 일가견이 있었다. 안토니우스는 점점 더 심한 신경과민에 시달리기 시작했다. 그러던 어느 날 그는 그녀에게 단도직입적으로 물었다. 클레오파트라는 자신의 결백을 호소하지 않았다. 그녀는 오히려 소문이 사실이며, 자신은 언제든 전혀 눈치채지 못하게 그를 독살할 수 있다고 했다. 하지만 그녀는 그를 사랑하기 때문에 그와 같은 일을 할 수 없노라고도 했다. 그녀는 그 사실을 입증하기 위해 꽃을 꺾어 그의 포도주 잔에 떨어뜨렸다. 안토니우스는 망설였다. 하지만 그는 포도주 잔을 천천히 그의 입술에 갖다대었다. 그 순간 클레오파트라는 그의 손을 잡아 포도주를 마시지 못하게 했다. 그런 다음 그녀는 죄수 한 사람을 데려와 그 포도주를 마시게 했다. 포도주를 마신 죄수는 그 자리에서 숨이 끊어졌다. 안토니우스는 클레오파트라의 발아래 엎드려 그녀를 전보다 더 사랑한다고 고백했다. 그가 비겁해서 그런 고백을 한 것은 아니다. 사실 그보다 더 용감한 남자는 없다고 해도 과언이 아니다. 그는 클레오파트라가 독살을 시도했다고 하더라도 얼마든지 몸을 피해 로마로 되돌아갈 수 있을 만한 지략을 갖춘 인물이었다. 하지만 클레오파트라 앞에서 그렇게 순한 양이 될 수밖에 없었던 이유는 그의 감정이 그녀에게 완전히 종속된 탓이었다. 그는 그녀의 노예였다. 그 때문에 언제라도 자신을 독살할 수 있다는 사실을 보여준 클레오파트라 앞에서 화를 내기는커녕 더욱 강렬한 사랑의 감정을 느낄 수밖에 없었다.

안토니우스의 경우처럼 인간의 무의식 속에는 마조히즘적인 욕구가 도사리고 있다. 사람들은 이러한 억눌린 욕구를 분출하기 위해 누군가가 자신에게 우리에게 고통을 주기를 바란다. 이처럼 주위에는 고통을 기다리는 마조히스트들이 많다. 고통 없는 편안한 상태를 못 견뎌하는 사람도 있고, 자신의 성공을 혐오하며 스스로를 파괴하려는 사람도 있다. 그런 사람들에게 친절한 태도로 다가가 흠모한다고 하면 그들은 자신이 그런 말을 들을 만한 이상적인 인간이 못 된다고 생각하고 불편해할 것이다. 이런 심리 상태를 가진 사람들에게는 적절한 고통을 느끼게 해주는 것이 좋다. 그들을 비판하고 꾸짖어 스스로의 부족함을 느끼게 해주라. 그러면 그들은 자신이 그런 비판을 받아 마땅하다고 생각한다. 그들은 마음 깊은 곳에서 고통을 즐긴다.

현대인의 삶에는 여러 가지 무거운 책임이 뒤따른다. 사람들은 그러한 짐을 모두 벗어버리기를 갈망한다. 이런 사람들은 대의명분, 종교, 정신적 지도자와 같이 무엇인가 숭배할 것을 찾는다. 유혹자는 이런 사람들의 심리를 이용해 상대에게 자신을 숭배하게 만들어야 한다. 사람들 가운데는 순교자 역할을 하고 싶어하는 이들이 있다. 이들은 학대를 당하면서 기쁨을 느낀다. 따라서 고통받게 해주어야 한다. 겉으로 풍기는 인상에 속지 말라. 키신저나 돈 마테오와 같은 유형의 사람들은 겉으로는 강해보이지만 속으로는 누군가에게 학대받기를 원한다. 고통과 기쁨을 적절히 교차시키며 상대를 대한다면, 오랫동안 유혹의 힘을 지속적으로 발휘할 수 있을 것이다.

| **상징** | 낭떠러지. 낭떠러지 끝에 서면 두려움과 어지러움을 느낀다. 그 순간 우리는 곧 낭떠러지로 떨어질 것만 같은 생각에 사로잡혀 뛰어내리고 싶은 충동을 느낀다. 상대를 가급적 가장자리로 밀어낸 다음 손을 내밀어 붙잡아주라. 두려움이 없으면 스릴도 없다.

반전

이미 많은 학대와 고통을 당한 사람에게 고통을 주었다가는 멀리 도망가고 말 것이 분명하다. 삶에 지쳐 있는 사람들에게는 고통보다는 위로와 즐거움을 주어야 한다. 고통을 가하는 기술은 삶이 편안하고 문제가 없는 사람들에게 적용되어야 한다. 안락한 삶을 사는 사람들은 마치 벌을 받아 마땅한데 그렇지 않고 편안하게 지내고 있는 것 같은 죄책감이 있다. 그런 사람들은 무의식적으로 자신들에게 현실을 깨닫게 해줄 수 있는 고통이나 정신적인 학대를 갈망한다.

고통을 통해 쾌락을 느끼게 만드는 기술을 너무 일찍 사용해서는 안 된다. 바이런, 장칭(마오쩌둥의 아내), 피카소와 같은 유혹자들은 정신적인 고통을 가하는 사디즘적인 성향이 있었다. 만일 이 유혹자들에게 희생된 사람들이 그와 같은 사실을 미리 알았다면 아마도 멀리 달아나버렸을 것이다. 하지만 이 유혹자들은 처음에는 친절과 애정을 앞세워 일단 상대의 환심을 산 후에 학대와 고통을 안겨주는 전술을 사용했다. 예를 들어 바이런은 처음 볼 때 어찌나 천사 같았는지 그에 대한 항간의 나쁜 소문이 오히려 의심스러운 정도였다. 상대는 자신만이 바이런을 진정으로 이해할 수 있는 유일한 사람이라는 착각에 빠져 유혹의 늪으로 깊이 빨려들어갔다. 그러다가 바이런의 잔인함을 경험하는 순간이 되면 이미 너무 늦은 때였다. 이미 감정적으로 그의 노예가 되어버렸기 때문에, 고통을 받을수록 애정이 더 깊어갈 수밖에 없다.

이처럼 이 유혹자들은 처음에는 양의 탈을 쓰고 쾌락과 애정을 미끼 삼아 상대에게 접근한 뒤 나중에 잔인한 본성을 드러냈다. 고통을 가하는 전술을 사용하려면 이 점을 반드시 기억해야 한다.

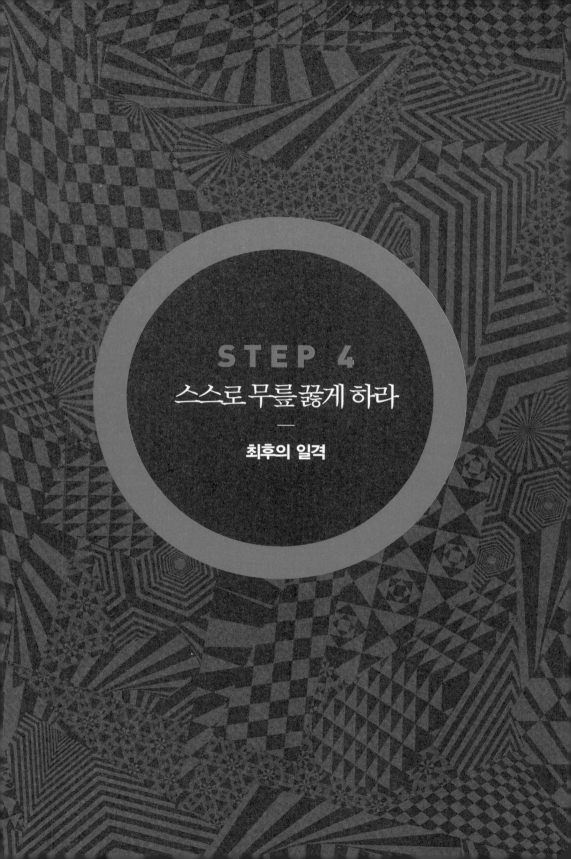

STEP 4
스스로 무릎 꿇게 하라

—

최후의 일격

처음에는 상대의 마음을 사로잡았고(정신적인 유혹), 그다음에는 혼란을 조성하면서 상대의 온 신경을 휘저어놓았다(감정적인 유혹). 이제 육탄전을 치를 때가 왔다(육체적인 유혹). 이 단계에 이르면 상대는 욕망으로 한껏 몸이 달아올라 있다. 조금이라도 냉담하게 나오거나 무관심한 태도를 보이면, 상대는 외면당할지도 모른다는 두려움 때문에 애가 타서 무조건 따라오게 되어 있다(21장: 상대가 자신이 유혹하고 있다고 믿게 만들라). 상대를 달아오르게 하려면 이성을 마비시키고 감각에 불을 지펴야 한다. 피부 밑으로 스며들어 순식간에 온몸으로 퍼져나가는 독처럼, 상대의 성적 욕망을 자극하는 신호를 보내 자신도 모르는 사이에 욕망에 휘둘리게 만들어야 한다(22장: 도덕적 잣대는 필요 없다). 상대가 다가올 절정의 순간을 기대하면서 욕망으로 끓어오를 때까지 기다렸다가 마지막 일격을 가하라(23장: 과감한 행동이 상대를 무장 해제한다).

일단 유혹이 끝나면, 그동안 걸어두었던 주문이 풀리면서 지금까지 기울였던 노력이 모두 허사가 될 수도 있다(24장: 당연히 옆에 있는 존재로 여겨져서는 안 된다). 관계가 끝난 후에도 긴장의 끈을 늦추지 말고 계속해서 상대를 다시 유혹할 수 있어야 한다. 상대를 만족시키고 나면 신속하고 깔끔하게 마무리를 짓고 다음 번 희생자를 공략할 준비를 해야 한다. 그러고 나면 게임은 처음부터 다시 시작된다.

상대가 자신이 유혹하고 있다고 믿게 만들라

· 역전 ·

공격자라는 인식이 박히면, 상대는 주춤한다. 그럴 경우 긴장이 완화될 수밖에 없다. 그 상태로는 유혹이 성사될 수 없다. 상대를 자극해 사태를 역전시켜야 한다. 상대가 일단 주문에 걸려들면, 한걸음 뒤로 물러나 상대가 먼저 손을 내밀게 만들어야 한다. 관심이 없는 척하거나, 발길을 뚝 끊거나, 지겨워졌다는 암시를 보내라. 다른 사람에게 관심이 있는 것처럼 굴면서 상대의 애간장을 태우는 것도 좋은 방법이다. 하지만 어떤 방법을 사용하든 드러내놓고 해서는 안 된다. 그저 살짝 기미만 감지하게 하고, 나머지는 상대의 상상에 맡겨라. 그러면 상대는 몸이 달아 적극적으로 나올 수밖에 없다. 스스로의 의지로 유혹자의 품에 안기게 만드는 것이 무엇보다 중요하다. 희생자 자신이 유혹자라는 착각을 심어줘야 한다.

유혹의 중력

1840년대 초반 프랑스 예술계의 관심은 온통 아폴로니 사바티에(Apollonie Sabatier)라는 한 젊은 여성에게 쏠려 있었다. 그녀는 조각가와 화가들이 앞다투어 작품으로 형상화할 정도로 매력적인 미인이었다. 남자들은 거만하면서도 이야기가 잘 통하는 그녀에게 빠져들었다. 파리에 있는 그녀의 아파트는 작가와 화가들의 모임 장소로 변했고, 곧이어 마담 사바티에(그녀는 결혼을 하지는 않았지만 사람들 사이에서 마담 사바티에로 통했다)는 프랑스에서 가장 중요한 문학 살롱의 여주인이 되었다. 그녀의 살롱에 드나들던 손님 중에는 귀스타브 플로베르, 대(大)뒤마, 테오필 고티에와 같은 작가도 끼어 있었다.

1852년이 끝나갈 무렵, 당시 서른 살이었던 마담 사바티에는 보낸 사람의 이름이 적혀 있지 않은 편지 한 통을 받았다. 익명의 그 남자는 그녀를 깊이 사랑한다고 고백했다. 그는 그녀가 자신의 감정을 비웃을까봐 이름을 밝히지는 못하지만, 그녀를 흠모하고 있다는 사실은 꼭 밝혀야겠기에 펜을 들었다고 했다. 사바티에는 그런 식의 관심에 익숙했지만 그 편지는 좀 달랐다. 그녀에 대한 이 남자의 관심은 거의 광신에 가까웠다. 일부러 휘갈긴 듯한 필체로 쓰인 편지에는 그녀에게 바치는 시도 들어 있었다. 〈너무도 눈부신 이에게〉라는 제목의 그 시는 그녀의 아름다움에 대한 찬미로 시작해 다음과 같이 끝을 맺었다.

어둠이 쾌락의 시간을 알리는 야심한 밤에

비겁한 도둑처럼, 그대 빛나는 보물을 향해 몰래 다가가 와락 덮치고 싶어라……

그리고 어지러워 쓰러질 것만 같은 기쁨!

탐스러운 그 입술이

매일 내 것이 되도록……

내 악의의 독을 주입하리.

그녀를 경배하는 표현 속에는 분명, 잔인함이 깃든 낯선 욕망이 꿈틀대고 있었다. 그 시는 그녀의 호기심을 자극하는 동시에 혼란스럽게 만들었다. 그녀는 시를 쓴 사람의 정체를 알 길이 없었다.

 몇 주 후 또 한 통의 편지가 왔다. 이번에도 역시 사바티에를 찬미하는 내용 일색이었다. 그리고 저번처럼 시도 한 편 들어 있었다. 이번 시의 제목은 〈완전한 하나〉였다.

> 한 가지 아름다움만으로는 최고가 될 수 없으니,
>
> 그녀는 존재 전체가 하나의 성스러운 꽃……
>
> 오, 신비한 변형 작용이여!
>
> 내 모든 감각이 하나가 되어 굽이쳐 흐르고……
>
> 말을 하는 그녀의 목소리는 향수가 되고,
>
> 그녀의 숨결은 현기증 나는 음악이어라!

 편지를 보낸 사람이 사바티에에게 사로잡혀 자나깨나 그녀를 생각했으리라는 데는 의심의 여지가 없었다. 하지만 지금은 그녀가 그에게 사로잡혀 있었다. 그녀는 밤낮으로 그를 생각하면서 그가 어떤 사람일지 상상했다. 계속해서 이어진 그의 편지들은 마치 마법의 주문처럼 그녀를 더욱 깊게 옭아맸다. 상대가 자신의 아름다움에 반했다는 이야기도 듣기 좋았지만, 자신의 육체적인 매력에 빠져 정신을 차리지 못하고 있다는 이야기는 더욱 듣기 좋았다.

 그러던 어느 날 마담 사바티에는 문제의 작가가 몇 년째 자신의 살롱에 드나들고 있는 샤를 보들레르라는 젊은 시인일지도 모른다는 생각이 들었다. 그는 수줍음이 많은 듯했고, 그녀에게 말을 건 적도 거의 없었다. 하지만 그가 쓴 시 몇 편을 읽어본 결과, 편지 속의 시보다 덜 세련되긴 했지만 문체가 비슷했다. 보들레르는 그녀의 아파트를 찾을 때면 늘 구석에 조용히 앉아 있었다. 하지만 지금 생각해보니, 잔뜩 긴장한 채 그녀에게 어색한 미소를 지어 보였던 것 같기도 했다. 그 표정은 분명, 사랑에 빠진 젊은이의 표정이었다. 그때부터 그가 찾아오면, 그녀는 그를 주의 깊게 관찰했다. 관찰을 하면 할수록 그가 범인이라는 확신이 들었다. 하지만 그녀는 군이 자신의 직감을 확인해보지는 않았다. 그와 직접 대면하고 싶

소문은 사방으로 퍼져나가 마침내 저녁식사를 하는 왕비(기네비어)의 귀에까지 들어갔다. 랜슬롯이 죽었다는 헛소문을 접하고, 그녀는 하마터면 스스로 목숨을 끊을 뻔했다. 그 소문이 진짜라고 믿었기에 그녀는 거의 말을 할 수도 없을 정도로 제정신이 아니었다……. 그녀는 식탁에서 일어나 아무한테도 들키지 않고 슬픔을 마음껏 발산할 수 있는 곳으로 갔다. 그녀는 죽고 싶다는 생각에 사로잡혀 몇 번이고 자신의 목을 움켜잡았다. 하지만 곧 양심의 가책을 느끼고는 자신의 행동을 후회하면서 하느님의 용서를 구했다. 기네비어는 언제나 그녀의 것이었고 만약 살아 있다면 앞으로도 그녀의 것일 사람에게 죄를 지은 것에 대해 스스로를 꾸짖었다……. 그녀는 친절하지 못했던 자신의 행동을 하나하나 기억해냈다. 모든 일들이 너무도 또렷하게 떠올랐다. "오, 맙소사! 그러지 말았어야 하는 것을. 그가 내 앞에 왔을 때 일부러 그를 더 반기지 않았으니, 하물며 그의 말을 들으려고도 하지 않았으니, 그에게 말을 걸려고도, 심지어 그를 쳐다보려고도 하지 않았으니 이런 바보가 어디 있단 말인가? 아니, 바보였다는 게 변명이 될 수는 없지. 그러니 신이시여,

지 않았기 때문이다. 수줍음을 타는 것처럼 보이긴 했지만, 어쨌든 그는 남자였고 곁을 주면 그녀에게 엉겨붙을 것이 틀림없었다. 그러고 나자 갑자기 편지가 뚝 끊겼다. 마담 사바티에는 도무지 그 이유를 알 수 없었다. 마지막 편지는 그 전의 다른 어떤 편지보다 그녀에 대한 흠모의 감정으로 가득 차 있었기 때문이다.

몇 년이 흘렀다. 그동안 종종 그녀는 익명의 남자가 보낸 편지에 대해 생각했지만, 편지는 더 이상 오지 않았다. 그러다가 1857년 보들레르는 《악의 꽃》이라는 시집을 발간했고, 마담 사바티에는 그 가운데 몇 편이 일전에 그가 그녀를 위해 쓴 시임을 알 수 있었다. 이제 그 시는 모든 사람이 볼 수 있게 공개되었다. 그러고 나서 얼마 지나지 않아 시인은 그녀에게 선물을 보냈다. 특별히 양장으로 제본한 시집과 친필로 서명한 편지 한 통이었다. 그는 자신이 바로 그 익명의 작가라고 밝히면서 과거에 그녀의 궁금증을 자아냈던 점을 용서해달라고 썼다. 나아가 그는 그녀를 향한 자신의 감정은 예나 지금이나 똑같다는 말도 덧붙였다. "설마 단 한순간이라도 내가 당신을 잊었다고 생각하지는 않았겠지요? …… 내게 당신은 꿈속에서나 볼 수 있는 소중한 영상 그 이상입니다. 당신은 나의 미신이자 …… 나의 영원한 동반자요, 나의 비밀입니다! 그럼, 이만. 당신의 손에 나의 헌신적인 마음이 담긴 키스를 보냅니다."

그 편지는 지금까지의 그 어떤 편지보다 마담 사바티에에게 강한 인상을 심어주었다. 어쩌면 그의 어린아이 같은 진지함 때문이었을 수도, 마침내 그가 자신의 정체를 밝혔다는 사실 때문이었을 수도 있다. 아니면 그녀를 사랑하면서도 그녀에게 늘 무엇인가를 원하는 다른 남자들과 달리, 아무것도 요구하지 않았기 때문이었을 수도 있다. 어쨌거나 그녀는 당장 그를 만나고 싶었다. 다음 날 그녀는 그를 자기 아파트로 초대했다. 보들레르는 정해진 시간에 나타났다. 그는 초조한 표정으로 자기 자리에 앉은 채 커다란 눈으로 그녀를 응시하면서 아무 말도 하지 않았다. 그리고 어쩌다 입을 열어도 의례적인 이야기뿐이었다. 그는 초연한 것처럼 보였다. 그가 가고 나서 일종의 공황 상태에 빠진 마담 사바티에는 이튿날 그에게 처음으로 편지를 썼다. "나는 오늘 아주 차분한 상태랍니다. 우리

가 함께 보낸 화요일 저녁의 기억이 또렷하게 떠오르는군요. 감히 말하건
대, 당신을 생각할 때마다 나도 모르게 마음이 들뜨는 걸 느낍니다. 나는
이 세상에서 가장 행복한 여자입니다. 이처럼 누군가를 진정으로 사랑해
본 적도 없거니와, 당신처럼 아름답고 사랑스러운 사람을 본 적도 없습니
다. 당신의 영적 친구로부터!"

마담 사바티에가 이런 편지를 써보기는 난생 처음이었다. 그녀는 늘 쫓
기는 입장이었다. 이제 그녀에게서 평소와 같은 냉정함은 찾아볼 수 없었
다. 그리고 그런 상태는 더욱 악화될 뿐이었다. 보들레르가 곧바로 답장을
주지 않았기 때문이다. 그녀가 다시 그를 봤을 때, 그는 전보다 더 차가워
져 있었다. 그녀는 그의 오랜 연인으로 갑자기 그의 인생에 다시 끼어든
잔 뒤발이 그를 빼앗아간 것이 틀림없다고 생각했다. 어느 날 밤 그녀는
애가 달아 그를 껴안고 입을 맞추려고 했지만, 그는 반응을 보이기는커녕
핑계를 대며 서둘러 자리를 떴다. 그녀는 그가 갑자기 멀어진 이유를 알
수 없었다. 그녀는 그에게 자기를 찾아줄 것을 간청하는 내용의 편지를 보
내기 시작했다. 그녀는 밤새 뜬눈으로 그를 기다리기도 했다. 그녀는 그런
식의 절망을 경험해본 적이 단 한 번도 없었다. 무슨 수를 쓰든 그를 유혹
해서 자기 것으로 만들어야 했다. 편지 세례, 애교, 갖가지 약속 등, 그녀는
자기가 할 수 있는 일이라면 전부 시도했다. 마침내 그는 더 이상 그녀를
사랑하지 않는다는 답장을 보내왔고, 그것으로 끝이었다.

해석 ——

보들레르는 영리한 유혹자였다. 그는 말로 마담 사바티에의 생각을 지
배했으며, 결국은 자기와 사랑에 빠지게 만들었다. 그는 육체적으로는 그
녀를 찬미하는 수많은 경쟁자와 대적할 수 없음을 잘 알고 있었다. 그는
수줍음이 많았고 어눌했으며 특별히 잘생기지도 않았다. 그래서 그는 시
로 자신의 약점을 보완했다. 그는 그녀에게 익명의 편지를 보내면서 야릇
한 스릴을 느꼈다. 그는 그녀가 편지를 보낸 사람이 자기임을 알 수 있다
고 예상했지만, 그런 사실을 그녀 스스로 알아차리기를 원했다. 그러다 다
른 사람에게 관심이 생기면서 그녀에게 편지를 보내는 일을 중단했다. 하

*그녀는 그를 품에 안았다.
그녀는 부드러운 입맞춤과
애무로 일찍이 느껴본 적도,
들어본 적도 없는
열락(悅樂)을 그에게
선사했다. 그러나 이 일은
영원히 비밀에 붙이련다.
왜냐하면 글이나 말로는
도저히 그 느낌을 전달할 수
없기 때문이다. 다만 그가
최고의 기쁨과 쾌락을
누렸다는 것만 넌지시
비추고 넘어가련다.
— 크레티앵 드 트루아
(Chrétien de Troyes),
《아서 왕 이야기(Arthurian
Romances)》*

지만 그는 그녀가 자신을 생각하고 있음을, 어쩌면 자기를 기다리고 있을지도 모른다는 것을 알고 있었다. 시집을 발간했을 때, 그는 다시 그녀에게 편지를 쓰기로 했다. 그는 이번에는 자신의 신분을 밝히면서 예전에 그녀에게 주입해놓은 독을 휘저어놓았다. 그와 단둘이 있게 되었을 때, 그녀는 그가 뭔가를 해주기를, 그가 적극적으로 나와주기를 바라는 눈치였다. 하지만 그는 그런 유혹자와는 거리가 멀었다. 그녀가 다가갈수록, 그는 한 걸음 뒤로 물러섰다. 게다가 그렇게 많은 사람들이 열망하던 여인을 좌지우지하고 있다고 생각하니 괜히 어깨가 으쓱했다. 그녀가 몸이 달아 적극적으로 나오는 순간, 그의 유혹은 막을 내렸다. 그는 그녀를 사랑에 빠지게 만들었고, 그것으로 충분했다.

마담 사바티에를 쥐락펴락했던 보들레르의 전략은 유혹에 임하는 당신에게 커다란 교훈을 제공한다. 첫째, 상대와 늘 일정 거리를 유지하라. 익명으로 남아 있을 필요는 없지만, 너무 자주 모습을 보이거나 귀찮은 방해꾼으로 비쳐서는 안 된다. 공격자라는 인식이 박히면 상대는 방어하는 데 급급할 테고, 그렇게 되면 유혹에서의 긴장이 떨어질 수밖에 없다. 편지를 이용해 그들의 상상력을 자극하면서 항상 자신을 생각하게 만들라. 신비한 분위기를 풍겨 상대가 궁금증을 갖게 만들라. 보들레르는 읽는 사람에 따라 여러 가지 뜻으로 해석할 수 있는 모호한 편지로 마담 사바티에를 애태웠다.

그러고 나서 상대가 욕망과 관심으로 몸이 달아오르면, 다시 말해 뭔가 조치를 취해주기를 바라는 눈치를 보이면, 주저하지 말고 한걸음 뒤로 물러나라. 하루나 이틀쯤 연락을 하지 말라. 갑작스러운 후퇴는 불안을 야기한다. 그들이 불안을 해소하는 유일한 방법은 유혹자를 소유하는 길밖에 없다. 한걸음 뒤로 물러나 상대가 저절로 품에 안기게 만들라. 그들 스스로 애가 달아 쫓는 자의 입장에 서게끔 해야 한다.

후퇴를 통해 나는 그녀에게 쫓는 자의 자리를 넘겨준다. 나는 자꾸만 뒤로 물러나고, 그럴수록 그녀는 성애의 힘과 그로 인한 엄청난 혼란과 열정과 희망과 조급한 기대의 실체를 깨달아나간다.

— 쇠렌 키르케고르

유혹의 열쇠

인간은 원래 고집스럽고 제멋대로인 동물인 데다 다른 사람들의 의도를 비딱하게 보는 경향이 있다. 따라서 유혹의 과정에서 상대가 저항하는 것은 지극히 당연하다. 유혹이 쉽지 않은 것도 그 때문이다. 유혹이 마냥 쉽다면 굳이 후퇴할 필요도 없다. 하지만 상대가 일단 의심을 극복하고 유혹자의 주문에 걸려들기 시작하면, 저항은 눈에 띄게 줄어든다. 다른 사람에게 끌려가고 있음을 눈치챌 수도 있지만, 그들은 그런 상태를 즐긴다. 복잡하고 어려운 것을 좋아하는 사람은 없으며, 그런 점에서 당신의 희생자도 빨리 결론이 나기를 바랄 것이다. 하지만 바로 이때가 한발 뒤로 물러서야 하는 시기다. 그들이 그토록 탐욕스럽게 기다리고 있는 쾌락의 절정을 제공한다면, 유혹을 빨리 끝내고픈 본성에 굴복한다면, 팽팽한 긴장감을 제공하고 열렬히 사랑하고 싶게 만들 수 있는 기회를 놓치는 것이다. 상대가 자신의 의지로 유혹에 적극 참여하게 만들어야 한다. 상대가 당신을 쫓게 만들어야 한다. 그리고 그 과정에서 당신이 쳐놓은 그물에 걸려들게 만들어야 한다. 그렇게 하려면 한걸음 뒤로 물러나 그들을 불안하게 만들어야 한다.

앞에서 이미 전략적으로 후퇴한 바 있지만(12장 참조), 이번은 그때와는 다르다. 상대는 이제 당신에게 빠져 있으며, 그렇기 때문에 당신이 후퇴하면 불안에 휩싸일 것이다. 그들은 당신의 관심이 식었다고 생각하면서 그 이유를 자신의 탓으로 돌릴 것이다. 그럴 경우 괜히 나서서 그렇지 않다고 반박하기보다는 그렇게 생각하도록 내버려둬라. 문제의 원인이 그들에게 있다면, 당신의 관심을 다시 돌려놓을 수 있는 재량권도 그들에게 있기 때문이다. 반면에 그들의 잘못이 아니라면 그들이 할 수 있는 일은 아무것도 없다. 사람들은 늘 희망에 매달린다. 이제 그들은 우리에게 다가와 그 방법밖에 없다고 생각하면서 적극적인 공세를 펼칠 것이다. 그들은 육탄전도 마다하지 않을 것이다. 개인의 의지는 성적 욕망인 리비도와 직접적으로 관련되어 있음을 이해해야 한다. 상대가 수동적으로 당신을 기다릴 경우, 그들의 성적 욕망은 낮은 수준에 머물러 있다. 반면에 스스로 쫓는 자가 되어 유혹의 과정에 깊이 개입할 경우, 긴장과 불안으로 인

우리의 무의식 안에 한때 사랑을 받았다는 기억이 없다면 사랑을 할 수 없으리라는 말은 옳은 말이다. 하지만 우리가 사랑할 수 있는 것은 사랑을 받았던 그 기억이 어느 순간 희미해지기 때문이다. 다시 말해 사랑을 받은 적도 없고 그때의 그 감정을

해 체온이 상승할 것이다. 따라서 당신은 상대를 최대한 흥분하게 만들어야 한다.

후퇴할 때는 교묘하게 해야 한다. 다시 말해 서서히 불안을 주입시켜야한다. 혼자 있을 때 당신의 냉담한 반응을 곱씹으면서 의심에 덜미를 잡히게 만들어야 한다. 의심은 일단 싹이 트기 시작하면 걷잡을 수 없이 커진다. 교묘한 후퇴로 상대가 당신을 소유하고 싶게 만들어야 한다. 그래서 등을 떠밀지 않아도 상대 스스로 당신의 품속으로 뛰어들게 만들어야한다. 이 전략은 고통과 쾌락을 야기하면서 깊은 상처를 주는 20장에서의 전략과는 분명 차이가 있다. 거기서는 상대를 나약하고 의존적으로 만드는 것이 목적이었지만, 여기서는 적극적이고 공격적으로 만드는 것이 목적이다. 어떤 전략을 사용할지는 상대의 성향에 달려 있다.

쇠렌 키르케고르의《유혹자의 일기》는 요하네스라는 주인공이 젊고 아름다운 코델리아를 유혹하는 이야기다. 그는 자신의 지적인 매력을 내세워 그녀를 서서히 사로잡기 시작한다. 그런 다음 그는 그녀에게 낭만적이고 유혹적인 편지를 보낸다. 이제 그에 대한 그녀의 관심은 사랑으로 발전한다. 그가 다소 거리를 두는데도 불구하고, 그녀는 그에게서 쉽게 가늠할 수 없는 깊이를 발견하고는 그를 사랑하고 있다고 확신한다. 그러던 어느 날 그녀는 그와 이야기를 나누다가 이상한 느낌을 받는다. 그에게서 평소와는 다른 점을 감지했기 때문이다. 그녀가 보기에 그는 자기보다 사상에 더 관심이 있는 것 같았다. 그 후 며칠 동안 이러한 의심은 더욱 강해졌다. 그가 보내는 편지를 봐도 예전처럼 낭만적이지 않았고, 무엇인가가 빠진 듯했다. 슬슬 불안해지기 시작한 그녀는 서서히 공격적으로 변했고, 결국 쫓기는 자에서 쫓는 자가 되었다. 이로써 유혹은 요하네스가 바라던 대로 훨씬 흥미로워진다.

요하네스의 후퇴는 교묘했다. 그는 단지 코델리아에게 낭만적인 것에 대한 관심이 조금 식었다는 인상을 심어주었을 뿐이다. 그는 다시 지적인 모습으로 돌아갔다. 이 때문에 그녀는 자신의 매력과 미모가 더 이상 그에게 효과를 발휘하지 못하고 있다는 불안에 사로잡혔다. 초조해진 그녀는 그를 성적으로 자극하면서 성적 욕망을 노골적으로 드러내기 시작했

그리워하지도 않는다면, 사랑은 불가능하다……. 사랑받고자 하는 욕구는 타고나는 것이 아니다. 이러한 욕구는 아동기의 경험에 따라 습득된다. 아니, 무수한 경험이나 동일한 경험의 반복에 의해 형성된다고 말하는 것이 좀 더 정확하겠다. 이러한 경험은 대개 부정적인 성격을 띤다. 이를 통해 어린아이는 자기가 사랑받지 못하고 있다거나 어머니의 사랑이 무조건적인 것이 아님을 깨닫게 된다. 아이는 어머니가 자기한테 불만을 가질 수도 있음을, 어머니가 바라는 대로 행동하지 않으면 언제라도 애정을 거두어들일 수 있음을, 그녀가 화를 내거나 짜증을 부릴 수도 있음을 배워나간다. 이와 같은 경험은 갓난아기에게 불안의 감정을 야기한다. 어머니의 사랑을 잃을 수도 있다는 가능성은 어린아이에게 지진보다 더 큰 충격을 준다……. 어머니의 불만과 애정 철회를 경험한 아이는 그러한 위협에 처음에는 두려워하는 반응을 보인다. 그는 적의와 공격성을 드러내 잃은 것을 다시 회복하려고 애쓴다……. 하지만 실패를 겪고 나면, 다시 말해 그러한 노력이 소용없음을 깨닫고 나면 아이의 성격에 변화가 생긴다. 이렇게 되면, 의식적인 사고와는 거리가 먼, 갓난아기 때를 연상시키는 매우 낯선 광경이 펼쳐진다. 아이는 어머니의 애정을 되찾기 위해 직접적이고 공격적인 방법을 쓰는 대신, 전처럼 어머니와 자신을 동일시한다. 아이는 지나가버린 행복했던 시절에

다. 이는 요하네스가 후퇴 전략을 교묘하게 구사한 결과였다.

남성과 여성은 각기 고유한 성적 매력을 지니고 있다. 따라서 누군가가 당신에게 관심을 가지고 있는 눈치를 보이더라도, 성적으로 반응해서는 안 된다. 그럴 경우 그들은 오히려 더 불안해한다. 그들 스스로 당신을 유혹하는 방법을 찾게 만들어야 한다. 먼저 편지나 은근한 암시를 통해 상대에게 관심을 보이도록 하라. 하지만 막상 그들과 대면하면, 성적 관심이 배제된 중립적인 태도를 취해야 한다. 친절하고 상냥하게 대하되, 그 선을 넘어서는 안 된다. 즉 상대가 여성이라면 여성 고유의 매력으로, 남성이라면 남성 고유의 매력으로 스스로를 무장할 수 있도록 만들어야 한다.

유혹의 후기 단계에서는 다른 사람에게 관심이 있는 것처럼 보이는 것도 좋은 방법이다. 이 역시 형태만 다를 뿐 후퇴 전략의 하나다. 1795년 젊은 미망인 조제핀 드 보아르네를 처음 만난 나폴레옹은 그녀의 이국적인 용모와 자신을 쳐다보는 눈길에 마음이 끌렸다. 곧이어 그는 매주 열리는 그녀의 저녁 파티에 참석하기 시작했다. 그때마다 그녀는 다른 남자들을 무시하고 그의 곁에 머물면서 그가 하는 말에 열심히 귀 기울였다. 그는 조제핀과 사랑에 빠졌고, 그녀도 똑같은 감정을 가지고 있다고 확신했다.

그러던 어느 날 그녀는 그날도 평소처럼 친절하고 상냥했다. 다만 그녀처럼 귀족 출신인 다른 남자에게도 똑같이 상냥하게 굴었다는 것이 다르다면 다른 점이었다. 그 남자는 나폴레옹이 흉내 낼 수 없는 우아한 태도와 재치를 지니고 있었다. 나폴레옹의 마음속에서는 의심과 질투심이 싹트기 시작했다. 군인이었던 그는 공격이 최선의 방어라는 말의 의미를 누구보다도 잘 알았다. 몇 주 동안 신속하고 적극적인 공세를 취한 끝에, 그는 마침내 그녀와 결혼해 혼자서만 그녀를 차지할 수 있게 되었다. 조제핀은 영리한 유혹자였다. 모두 다 그녀가 꾸민 일이었다. 그녀는 다른 남자한테 관심이 있다고 말하진 않았지만, 자신의 집에 그 남자를 초대해 나폴레옹을 자극하면서 그런 느낌을 받게 만들었다. 상대에게 관심이 식어가고 있다는 암시를 던지는 것만큼 효과적인 방법은 없다. 하지만 다른 사람에게 너무 노골적인 관심을 보이면 오히려 역효과를 초래할 수 있다.

어머니가 자기에게 했던 것과 똑같은 행동을 한다. 비단 어머니에게만 국한되지 않고 다른 사람들에게도 비슷한 반응을 보여 아이의 이러한 변화 과정은 눈에 띈다. 이리하여 어린 소년은 누가 시키지 않아도 스스로 어머니가 자기에게 해주었으면 하는 행동을 한다. 그는 전에 어머니가 자기한테 했던 것처럼 어머니에게 상냥한 태도와 애정을 보여 자신의 소망을 표현한다. 이는 어머니의 역할을 대신하여 절망과 상실감을 극복하려는 시도다. 소년은 행동을 통해 '보세요, 나한테도 이렇게 상냥하고 부드럽게 대해주세요'라고 말함으로써 자신의 소망을 드러내려고 애쓴다. 물론 이러한 태도는 심사숙고나 합리적인 계획의 결과와는 거리가 멀다. 그보다는 동일시에 따른 감정적 과정의 결과로, 어머니를 유혹해 자신의 소망을 달성하려는 무의식적인 목표가 자연스러운 역할 바꾸기의 형태로 나타나는 것이다. 그는 자신의 행동을 통해 얼마나 사랑받고 싶어하는지를 입증해 보이고자 한다. 이는 반전을 이용한 초보적인 표현법으로, 이를 통해 소년은 어머니가 자기에게 해주었으면 하는 것을 직접 시연해 보인다. 이와 같은 행동 속에는 한때 어머니나 주변 사람들에게서 받았던 관심과 애정에 대한 기억이 살아 있다.
— 시어도어 리크,
《사랑과 욕망에 대하여》

잔인하다는 인상을 심어서는 곤란하다. 그보다는 의심과 불안을 야기시켜 상대의 애를 태워야 한다. 다른 사람에게 관심을 보이되, 육안으로는 알아챌 수 없을 정도로 미미한 수준에 머무르는 것이 좋다.

일단 상대가 당신에게 빠져 있으면, 당신이 잠시만 눈에 띄지 않아도 불안감을 느낄 것이다. 러시아 출신의 여성 유혹자 루 살로메는 강렬한 인상으로 뭇 남성을 사로잡았다. 그녀와 함께 있으면 남자들은 그녀의 시선이 자기를 꿰뚫어보는 듯한 느낌을 받았다. 그녀의 요염한 분위기와 활력에 넋을 빼앗긴 남자가 한둘이 아니었다. 하지만 그러고 나면 예외 없이 그녀에게 무슨 일이 생겼다. 잠시 도시를 떠나 있어야 하거나 너무 바빠서 상대 남성을 만날 수 없었다. 그때마다 그들은 그녀와 희망 없는 사랑에 빠져 다음 번에 만나면 반드시 적극적으로 사랑을 고백하겠다고 맹세한다.

유혹의 후기 단계에서 상대를 만나주지 않을 때는 그 이유가 어느 정도 정당해 보여야 한다. 딱 잘라 거절하기보다는 조금 수상쩍은 분위기를 풍기는 것으로 족하다. 그 정도만으로도 상대는 자기에 대한 관심이 식어가고 있다거나, 다른 사람이 생겼을지도 모른다는 추측을 하게 된다. 늘 곁에 있던 사람이 안 보이면, 그 사람의 존재가 새삼 고맙게 느껴진다. 그와 마찬가지로 상대도 당신의 잘못을 잊어버리고, 나아가 죄까지 용서하게 될 것이다. 당신이 다시 돌아오는 순간, 그들은 다시는 당신을 놓치지 않기 위해 필사적으로 매달릴 것이다. 말하자면 마치 죽었다가 다시 살아온 사람 같은 대접을 받을 것이다.

심리학자 시어도어 리크에 따르면, 사람들은 거절을 통해 사랑을 배운다고 한다. 유아기 때 우리는 어머니의 사랑에 파묻혀 지내면서 아무런 부족도 느끼지 못한다. 하지만 좀 더 자라면 어머니의 사랑이 무조건적인 것이 아님을 발견하게 된다. 우리가 잘못을 저지르거나 어머니를 기쁘게 해주지 못하면 어머니의 사랑은 언제라도 철회될 수 있다. 어머니가 언제든 애정을 거두어들일 수 있다는 생각은 우리를 불안과 분노에 휩싸이게 만든다. 처음에 우리는 이런 불안과 분노를 드러내면서 어머니의 화를 돋우려고 한다. 하지만 우리의 계획은 전혀 먹혀들지 않고, 시간이 흐르면서 우리는 어머니로부터 다시 거절당하지 않으려면 그녀를 모방하는 길밖에 없음을 깨닫게 된다. 그때부터 우리는 어머니의 사랑을 받으려면 그녀처럼 다정하고 상냥하고 친절해야 한다는 것을 배워나간다. 이와 같은 깨달음은 우리와 어머니를 더욱 깊게 맺어준다. 그리고 이러한 인식은 우리의 남은 생애 동안 우리 안에 깊이 각인된다. 다시 말해 사람들은 거절당했던 경험을 통해 구애하고 사랑하는 법을 배운다.

유혹에도 이때 배운 방법을 적용하라. 먼저 상대에게 무조건 애정을 쏟아붓도록 하라. 그러면 그들은 그런 감정이 어디서 비롯되는지도 모른 채 일단 기뻐한다. 그리고 그런 감정을 절대 놓치고 싶어하지 않는다. 그러다 당신이 한발 뒤로 물러나 관심을 거두어들이면, 그들은 불안과 분노를 드러내면서 당신에게 화풀이를 하려 할 것이다. 하지만 그러고 나면 어린 아이와 똑같은 반응을 보이게 된다. 즉 당신의 관심을 되돌리려면 당신을 모방하는 수밖에 없음을, 다시 말해 당신처럼 애정을 쏟아붓는 수밖에 없음을 깨닫게 된다. 형세를 역전시키려면 거절의 두려움을 이용하라.

이와 같은 양상은 관계 안에서 자연스럽게 되풀이된다. 한 사람이 차가워지면 다른 사람이 애를 태우며 쫓아가고, 또 그 사람이 차가워지면 이번에는 쫓기던 자가 쫓는 자로 바뀌면서 계속 똑같은 상황이 반복된다. 유혹자는 이런 기회를 놓쳐서는 안 된다. 어머니가 잠시 관심을 거두어들여 아이에게 사랑받는 법을 가르쳤듯이, 당신도 상대에게 유혹자가 되는 법을 가르쳐야 한다. 전도된 역할을 즐기는 법을 터득하라. 즉 단지 쫓기는 역할을 하는 것에 그치지 말고, 즐거운 마음으로 그 역할을 받아들여라. 상대에게 쫓기는 기쁨이 사냥할 때의 스릴을 압도할 때가 더 많다.

| **상징** | 석류. 정성스럽게 심어서 잘 돌봐주면 석류는 익기 시작한다. 너무 일찍 수확하거나 나뭇가지에서 억지로 떼어내면 석류는 시고 딱딱해서 먹을 수 없다. 알이 빼곡하게 들어차고 과즙이 풍부해질 때까지 내버려두면, 석류는 저절로 떨어진다. 석류가 제일 맛있을 때는 바로 이때다.

반전

경우에 따라서는 부재 전략이 오히려 역효과를 가져올 때도 있다. 유혹에서 중요한 순간에 자리를 비울 경우, 상대의 관심이 식을 수도 있다. 게다가 당신이 없는 동안 상대가 다른 사람을 만날 기회도 그만큼 많아진다. 클레오파트라는 안토니우스를 쉽게 유혹했지만, 첫 만남 이후 그는 다시 로마로 돌아갔다. 클레오파트라가 아무리 신비하고 매혹적이었다 하더라도 그를 너무 오래 방치했다면 그는 결국 그녀의 매력을 잊어버렸을 것이다. 그래서 그녀는 그가 군사 원정을 나갈 때 따라가 평소처럼 교태를 부렸다. 일단 그는 그녀를 다시 보자, 그녀의 주문에 걸려 그녀를 쫓을 수밖에 없었다. 그녀는 바로 이 점을 노렸다.

부재 전략은 상대의 애정이 확실하다고 판단될 때만 사용하되, 너무 오래 자리를 비워서는 안 된다. 이 방법은 유혹이 어느 정도 진전되고 난 후라야 효과가 있다. 아울러 너무 뜸하게 편지를 보내거나, 너무 차갑게 대하거나, 다른 사람한테 지나친 관심을 보이는 것도 좋지 않다. 20장에서 설명했듯이, 경우에 따라 고통과 쾌락을 번갈아 제공하면서 상대를 의존적으로 만들거나 스스로를 완전히 포기하게 만드는 전략이 필요할 수 있다. 성격 자체가 원래 소극적인 사람들은 당신이 과감한 조치를 취해주기를 바란다. 그렇기 때문에 만약 당신이 아무 조치도 취하지 않고 가만히 있으면, 실망할 수도 있다. 그런 상대를 대하면서 얻는 기쁨도 적극적인 상대를 대하면서 얻게 되는 기쁨에 못지않다. 하지만 그런 상대를 대할 때에도 지켜야 하는 원칙은 비슷하다.

도덕적 잣대는
필요 없다

· 미끼 ·

성격이 적극적인 상대는 위험하다. 조종당하고 있다는 낌새
가 느껴지면, 그들은 금세 의심을 품는다. 따라서 그런 상대
를 대할 때에는 스스럼없는 태도와 은근한 성적 매력으로 부
드럽게 어루만지면서 잠자고 있는 그들의 감각을 일깨워야
한다. 겉으로는 냉정하고 무관심한 듯한 태도로 그들의 경계
심을 누그러뜨리되, 진한 욕망이 배어 있는 시선과 목소리,
행동으로 그들의 피부 깊숙한 곳을 파고들어 그들의 감각을
뒤흔들고 체온을 끌어올려야 한다. 그런 상대일수록 절대 강
압적으로 육체를 요구해서는 안 된다. 그 대신 알게 모르게
열기를 감염시켜 상대 스스로 욕망에 사로잡히게 만들어
야 한다. 상대를 격정적인 순간으로 이끌라. 그리하여 도
덕이나 판단, 미래에 대한 걱정을 모두 벗어던지
고 육체가 쾌락에 굴복하게 만들라.

흥분 유발

1889년 흥행의 마술사로 통했던 뉴욕 최고의 극장 지배인 어니스트 위르겐스는 새로운 스타를 물색하기 위해 프랑스를 방문했다. 위르겐스는 어두운 연예계에서는 드물게 정직한 인물로 알려져 있었고, 뜻하지 않은 곳에서 역량 있는 신인을 발굴해내는 능력도 탁월했다. 그는 마르세유에서 밤을 보내야 했는데, 오래된 부둣가를 거닐다가 노동자들이 드나드는 한 카바레에서 들려오는 요란한 휘파람 소리를 들었다. 호기심이 동한 그는 안으로 들어가보기로 했다. 안에서는 카롤리나 오테로(Carolina Otero) 라는 스물한 살의 스페인 출신 무희가 춤을 추고 있었다. 그녀를 본 순간, 위르겐스는 전기에 감전된 듯했다. 그녀의 외모는 그야말로 놀라웠다. 약 178센티미터의 키에 불타는 듯한 검은 눈동자, 허리까지 내려오는 흑발, 모래시계를 연상시키는 완벽한 몸매에 그는 그만 넋을 잃고 말았다. 하지만 그의 심장을 세차게 뛰게 만든 것은 그녀의 춤이었다. 판당고(스페인의 활기찬 구애춤―옮긴이)를 출 때의 그녀는 마치 불 속에서 몸부림치는 동물처럼 몸 전체에서 생명력이 느껴졌다. 그녀는 전문적인 무희와는 거리가 멀었다. 그러나 그 순간만큼은 모든 것을 잊고 춤에 몰입해 있었다. 위르겐스가 입을 다물지 못한 채 그녀를 쳐다보는 남자들의 모습을 본 것은 그다음이었다.

공연이 끝난 후 위르겐스는 무대 뒤로 가서 오테로에게 자신을 소개했다. 그가 자신의 직업과 뉴욕에 대해 이야기하자 오테로의 눈에 생기가 돌았다. 그는 자신을 위아래로 훑어보는 그녀의 시선에 갑자기 몸이 뜨거워지는 것을 느꼈다. 그녀는 깊게 울리는 허스키한 목소리를 가지고 있었고, R자 발음을 할 때는 혀를 심하게 굴렸다. 그 사이에도 그녀에게 말을 걸고 싶어서 안달하는 찬미자들의 노크 소리와 애원이 끊이지 않았지만, 그녀는 그들은 안중에도 없다는 듯 문을 닫아버렸다. 그녀는 자기가 추는 춤은 자연스럽게 몸에 밴 것이라고 했다. 알고 보니 그녀의 어머니는 집시였다.

곧이어 그녀는 위르겐스에게 그날 저녁 자신의 파트너가 되어달라고 부탁했다. 그는 흔쾌히 동의했고, 그녀가 외투 입는 것을 도와주었다. 그녀는 균형을 잃기라도 한 듯, 그에게 살짝 몸을 기댔다. 시내를 돌아다니는 동안 그녀는 그와 팔짱을 긴 채 가끔씩 그의 귀에다 대고 다정하게 속삭이곤 했다. 위르겐스는 평소의 긴장이 모두 녹아내리는 듯한 기분이었다. 그는 그녀를 더 가까이 끌어당겼다. 그는 가정적인 남자였고 단 한 번도 부인을 속인 적이 없었지만, 두 번 생각할 것도 없이 오테로를 자신이 묵고 있는 호텔 방으로 데려갔다. 그녀는 외투와 장갑, 모자를 벗기 시작했다. 그 정도야 하나도 이상할 것이 없었지만, 그녀의 그런 행동이 그의 자제심을 남김없이 앗아가 버렸다. 순진한 위르겐스는 서둘러 공격에 들어갔다.

다음 날 아침 위르겐스는 후한 조건으로 오테로와 계약했다. 그녀가 아마추어라는 점을 고려해보면 위험한 도박이었다. 그는 그녀를 파리로 데려가 최고 수준의 연극 연출자에게 맡겼다. 그런 다음 서둘러 뉴욕으로 돌아가 신비에 싸인 스페인 미인이 도시를 정복하기 위해 만반의 채비를 갖추고 있다는 소식을 언론에 흘렸다. 곧이어 신문들은 서로 경쟁이라도 하듯 그녀가 안달루시아 출신의 백작부인이라느니, 할렘에서 도망친 여자라느니, 아랍 족장의 미망인이라느니 하는 내용의 기사를 쏟아내기 시작했다. 그는 가족도 팽개친 채 틈만 나면 그녀가 있는 파리로 가서 그녀에게 돈과 선물을 안겼다.

1890년 10월에 이루어진 오테로의 뉴욕 데뷔는 대성공이었다. '오테로는 몸을 아끼지 않고 춤을 춘다'라는 제목의 기사가 〈뉴욕 타임스〉에 실렸다. 〈뉴욕 타임스〉는 "그녀의 유연한 몸놀림은 우아한 곡선을 그리며 요동치는 뱀의 몸놀림과 같다"고 썼다. 불과 몇 주 만에 그녀는 뉴욕 사교계의 총아로 떠올랐고, 사적인 파티에 초대되어 밤늦게까지 공연을 했다. 그러던 중 재계 거물 윌리엄 밴더빌트가 값비싼 보석을 안기며 그녀에게 구애를 해왔다. 그는 저녁이면 자신의 요트로 그녀를 초대하기도 했다. 다른 백만장자들도 그녀의 환심을 사려고 경쟁했다. 그 사이 위르겐스는 그녀에게 사준 선물값을 갚기 위해 일에 파묻혀 지냈다. 그는 그녀를 차지하기 위해 무슨 짓이든 할 각오가 되어 있었지만, 경쟁자들이 너무 막강했다. 몇 달 후 그동안의 횡령 사실이 알려지면서 그는 사회적으로 매장당했다. 그는 결국 자살했다.

오테로는 다시 파리로 돌아갔고, 그 후 몇 년 만에 파리에서 가장 악명

1907년 당시 라 벨 오테로는 벌써 12년이 넘게 국제적인 명사로 세인의 주목을 받고 있었다. 다음은 모리스 슈발리에가 한 이야기다. "나는 이제 막 폴리베르제르 극장(파리에 있는 뮤직홀 겸 버라이어티 쇼 극장 — 옮긴이)에 얼굴을 내밀기 시작한 풋내기 스타였더랬소. 그 무렵 오테로는 몇 주 동안 극장의 간판 스타로 출연하고 있었소. 나는 그녀가 누군지 알고 있었지만, 무대 위에서든 밖에서든 그녀를 직접 본 적은 한 번도 없었소. 나는 고개를 숙인 채 이런저런 생각을 하면서 종종걸음을 치고 있었소. 그런데 고개를 든 순간, 오테로가 다른 여자와 함께 내가 있는 쪽으로 걸어오는 것이 아니겠소. 당시 오테로는 거의 마흔에 가까웠고 나는 아직 십대였지만, 그런 내가 보기에도 그녀는 너무도 아름다웠소! 그녀는 큰 키에 머리는 짙은 갈색이었고, 요즘 여자들처럼 깡마른 몸매가 아니라 당시의 여자들이 부러워할 만한 아주 근사한 몸매를 가지고 있었지." 그러면서 슈발리에는 환하게 웃었다. "물론, 나는 현대 여성들을 좋아하지만 오테로에게는 뭔가 소름 끼치는 매력이

높은 코르티잔으로 부상했다. 소문은 순식간에 퍼져나갔다. 라 벨 오테로 (당시 그녀는 이런 이름으로 알려져 있었다)와 하룻밤을 보내면, 세상의 최음제를 모두 합친 것보다 더 황홀한 경험을 할 수 있다는 내용이었다[라 벨 (la belle)은 미인, 미녀라는 뜻이다—옮긴이]. 그녀는 신경질적이고 오만했지만 그럴 만했다. 발기불능이라는 의심에 시달리던 모나코의 알베르 왕자는 오테로와 하룻밤을 보낸 후 탐욕스러운 호랑이로 변했다. 그녀는 곧 그의 정부가 되었다. 다른 왕족들도 그뒤를 따랐다. 거기에는 웨일스의 앨버트 왕자(그는 나중에 에드워드 7세가 되었다)와 페르시아 왕, 러시아의 니콜라이 대공작도 포함되어 있었다. 그들처럼 돈이 많지 않은 남자들은 은행 잔고가 바닥났고, 위르겐스는 오테로에게 빠져 자살로 생을 마감한 수많은 남성 가운데 첫 희생자에 불과했다.

제1차 세계대전 기간 동안 프랑스에 주둔했던 미군 병사 프레더릭은 주사위 노름으로 나흘 동안 3만 7000달러를 땄다. 다음 날 그는 니스로 가서 가장 비싼 호텔에 투숙했다. 그날 밤 호텔 레스토랑에 들른 그는 테이블에 혼자 앉아 있는 오테로를 발견했다. 그는 10년 전에 파리에서 있던 그녀의 공연을 보고 그녀에게 반한 적이 있었다. 그녀는 이제 쉰 살에 가까웠지만, 전보다 더 매력적이었다. 그는 약간의 뇌물을 주고 그녀의 테이블에 앉았다. 하지만 그는 거의 말을 할 수가 없었다. 그를 꿰뚫을 듯이 쳐다보는 그녀의 시선도 시선이었지만, 겨우 자세를 고쳐앉았을 뿐인데도 그녀의 자태에서는 그를 미치게 하는 무엇인가가 묻어났다. 그녀가 일어서면서 스치듯 그의 몸과 부딪칠 때도, 그 앞으로 걸어나와 자신을 한껏 드러내 보일 때도, 그는 제정신이 아니었다. 나중에 가로수 길을 따라 걷다가 그들은 한 보석 가게를 지나가게 되었다. 그는 안으로 들어갔고, 순식간에 다이아몬드 목걸이에 3만 1000달러를 쏟아부었다. 사흘 동안 라 벨 오테로는 그의 것이었다. 그 전이나 그 후에도 그는 그토록 격렬한 성적 충동을 느껴본 적이 없었다. 몇 년이 지났지만, 그는 돈이 아깝다는 생각을 단 한 번도 하지 않았다.

라 벨 오테로가 아름답긴 했지만 그녀보다 아름다운 혹은 그녀보다 매력적이고 재능 있는 여성도 많았다. 하지만 오테로에게는 불같은 열정이 있었다. 남자들은 그녀의 눈에서, 그녀의 행동과 태도에서 그것을 읽었다. 그녀가 발산했던 열기는 그녀의 내적 욕망에서 나왔다. 하지만 그녀는 치밀한 계산과 연습을 통해 다듬어진 코르티잔이기도 했다. 그녀는 자신의 성적 매력을 더욱 돋보이게 하는 법을 잘 알고 있었다. 무대에서 그녀는 모든 것을 잊고 춤에 몰입하면서 관객석에 있는 모든 남성을 말 그대로 되살아나게 만들었다. 개인적으로 만나면 그녀는 다소 냉정해 보였다. 남자들은 여자가 주체할 수 없는 성욕 때문이 아니라 자기 때문에 흥분한다고 생각할 때 희열을 느낀다. 그래서 오테로는 상대를 꿰뚫는 듯한 시선과 가벼운 신체 접촉, 나른한 목소리, 톡톡 쏘는 말투로 마치 상대 남성 때문에 후끈 달아오른 듯한 분위기를 풍겼다. 그 결과 그녀는 자신의 성적 매력에 생명력을 불어넣을 수 있었다. 자신의 회고록에서 그녀는 알베르 왕자를 가장 서툰 연인이었다고 폭로했다. 하지만 그는 다른 많은 남자들처럼 그녀와 함께 있으면 헤라클레스와 같은 정력가로 변한다고 믿었다. 그녀의 성욕은 사실 그녀의 내부에서 비롯되었지만, 그녀는 공격의 주도권을 남성이 쥐고 있다는 환상을 심어주었다.

상대를 유혹의 마지막 단계로 꾀어들이려면, 너무 노골적으로 행동해서는 안 된다. 어떤 계획을 짜든, 이성이 아니라 감각에 호소해야 한다. 상대가 말이나 행동이 아니라 몸을 통해 단서를 읽을 수 있어야 한다. 당신의 몸이 상대를 향한 욕망으로 빛을 발하게 만들어야 한다. 눈에서, 떨리는 목소리에서, 상대의 몸과 부딪쳤을 때의 반응에서 욕망이 읽혀져야 한다.

이런 식으로 행동하도록 따로 몸을 훈련시킬 수는 없지만, 당신에게 맞는 상대를 고른다면(1장 참조) 모든 것이 물 흐르듯 자연스럽게 이루어질 수 있다. 유혹을 하는 동안에는 잠시 자신을 억누르고, 상대를 자극하고 끝내는 좌절하게 만드는 데 몰두해야 한다. 당신이 욕망을 억제할수록, 상대는 더욱 안달하게 되어 있다. 일단 상대가 당신에게 푹 빠졌다고 판단되면, 억눌렀던 욕망을 분출시켜 몸을 뜨겁게 달구라. 그렇다고 해서

자신을 쫓아오도록 하기 위해 과연 어떤 행동을 했을까? 그는 프랑스인들이 뭔가를 골똘히 생각할 때면 으레 그렇듯, 아랫입술을 삐죽 내밀었다. 그러고는 씨익 웃으며 이렇게 말했다. "나는 일부러 늑장을 부리면서 그녀가 나를 따라잡게 했소."
— 아서 H. 루이스,
《라 벨 오테로》

군이 신체적으로 접촉할 필요는 없다. 라 벨 오테로가 터득했듯이 성적 욕망은 전염성이 강하다. 그들이 먼저 행동하게 만들라. 그래야 속셈을 감출 수 있다. 그러고 나서 행동해도 늦지 않다.

> 오테로에 관해 이야기하려면, 먼저 대문자로 SEX라고 써놓고 시작하라. 그녀는 온몸에서 색기를 내뿜었다.
>
> — 모리스 슈발리에(Maurice Chevalier)

긴장 완화

1931년 어느 날, 뉴기니의 한 마을에서 투페르셀라이라는 이름의 아가씨 귀에 행복한 소식이 들려왔다. 몇 개월 전 담배 농장으로 일하러 간 아버지가 잠시 집에 들른다는 소식에 그녀는 뛸 듯이 기뻤다. 그녀는 그 길로 달려나가 아버지를 마중했다. 그녀의 아버지는 백인 남자와 동행하고 있었다. 그녀가 사는 지역에서 백인 남자를 만나기란 드문 일이었다. 그는 오스트레일리아 태즈메이니아 출신으로, 그녀의 아버지가 일하는 담배 농장 주인이었다. 그의 이름은 에롤 플린이었고, 당시 스물두 살이었다.

플린은 투페르셀라이를 보자 환하게 미소지었다. 그는 특히 그녀의 드러난 젖가슴에 관심이 있는 것 같았다(당시 뉴기니에서는 풀로 엮은 치마만 입는 것이 관례였다). 그는 피진 영어(어휘수를 줄이고 문법을 단순화한 영어—옮긴이)로 그녀가 너무 아름답다고 말하면서 그녀의 이름을 계속 되뇌었다. 덕분에 그는 그녀의 이름을 상당히 정확하게 발음할 수 있었다. 그는 원주민의 언어로는 의사소통을 할 수 없었기 때문에 그녀와 깊은 대화를 나누지는 못했다. 그녀는 작별인사를 하고 아버지와 함께 집으로 향했다. 하지만 그날 오후 그녀는 놀라운 사실을 알게 되었다. 플린이 그녀가 마음에 든다며 돼지 두 마리, 영국 동전, 조개껍데기 돈을 주고 아버지로부터 그녀를 샀다는 것이었다. 가난했던 그녀의 아버지는 그 가격에 만족했다. 투페르셀라이는 같은 마을에 있는 애인을 두고 떠나고 싶지 않았지만, 아버지 말을 거역할 수 없어서 플린과 함께 담배 농장으로 출발했다.

하지만 그녀는 이 남자와 친하게 지낼 마음이 추호도 없었다. 그때만 해도 그로부터 최악의 대우를 받게 될 것이라고 생각했기 때문이다.

며칠 지나지 않아 투페르셀라이는 집이 너무 그리워 신경이 날카로워졌다. 하지만 플린은 정중했고 부드러운 목소리로 그녀를 달랬다. 그녀는 안정을 되찾기 시작했고, 그가 계속 거리를 두었기 때문에 그와 가까이 지내도 안전할 것 같다고 생각했다. 그의 하얀 피부가 모기떼의 집중 공격 대상이 되자, 그녀는 밤마다 모기를 쫓는 효과가 있는 약초 즙으로 그의 몸을 닦아주기 시작했다. 곧이어 그녀는 플린은 외로워하고 있으며, 그래서 친구를 원하고 있다고 생각하게 되었다. 자신을 산 것도 그 때문인 듯했다. 밤이면 그는 대개 책을 읽었다. 어느 날부터 그녀가 노래와 춤으로 그를 즐겁게 해주기 시작했다. 때로 그는 피진어와 몸짓으로 대화를 하려고 시도했다. 그녀는 그가 무엇을 말하려는지 전혀 몰랐지만, 어쨌든 그는 그녀를 웃게 만들었다. 그러던 어느 날 드디어 그녀는 뭔가를 알아들었다. 다름 아닌 '수영하다'라는 단어였다. 그는 랄로키 강으로 함께 수영하러 가자고 말하고 있었다. 그녀는 그와 함께 가는 것이 행복했지만, 강에 악어가 득실거렸기 때문에 만약의 경우를 대비해 창을 가지고 갔다.

강을 보자 플린은 모처럼 생기가 도는 듯했다. 그는 옷을 벗어던지고 강물로 풍덩 뛰어들었다. 그녀도 그를 따라 헤엄쳐 나갔다. 그런데 갑자기 그가 다가와 그녀를 껴안으며 입을 맞추었다. 그들은 하류 쪽으로 떠밀려 갔고, 그녀는 그에게 찰싹 달라붙었다. 그녀는 악어도, 아버지도, 애인도, 고향 마을도 까맣게 잊어버렸다. 강이 구부러지는 지점에 이르자, 그는 그녀를 번쩍 들어올려 강어귀 근처의 한적한 풀밭으로 데리고 갔다. 갑작스럽게 일어난 일이었지만, 투페르셀라이는 별로 놀라지 않았다. 그때 이후 강과 한적한 풀밭에서는 매일 의식이 치러졌다. 이러한 의식은 담배 농장이 더 이상 수익을 내지 못해 플린이 뉴기니를 떠날 때까지 계속 되었다.

그로부터 10년이 지난 어느 날 블랑카 로자 웰터라는 이름의 젊은 여성이 멕시코시티의 리츠 호텔에서 열리는 한 파티에 참석했다. 그녀가 바를 돌아다니며 친구들을 찾고 있는데, 키가 훤칠한 한 중년 남자가 그녀를

것이다……./
모름지기 여자는 자기
자신을 파악하고
있어야 한다./
만인에게 적용되는 체위는
없으니, 그대의 체형에 맞는
방법을 찾도록 하라./
얼굴이 예쁜 여자는 반듯이
눕도록 하고, 등에 자신 있는
여자는 등을 보이도록 하라./
밀라니온은 아탈란테(둘 다
그리스 신화에 나오는
인물임 – 옮긴이)의 다리를
어깨에 거는 자세를 취했다./
다리가 예쁜 여자는 이런
체위에 도전해봄직하다./
몸집이 작은 여자는 말 타는
자세를 취하는 것이
좋다(테베 출신인 헥토르의
신부 안드로마케는 이런
자세를 취하기에는
키가 너무 컸다)./
버드나무 가지처럼
나긋나긋한 몸매의
소유자라면, 무릎을 꿇은
상태에서 목을 약간 젖히는
자세에 도전해보라./
완벽한 다리와 젖가슴을
지닌 여자라면 남자를
서게 하고 옆으로
돌아눕도록 하라./
황홀경에 빠진
마이나스(바쿠스의 시녀를
말함 – 옮긴이)처럼, 머리를
풀어헤치고 긴 머리채로
곧추세운 목덜미를 감싼다
한들 무엇이 부끄러우랴.
— 오비디우스,
《사랑의 기술》

1910년 7월 3일 (스톡홀름 아프톤블라데트) 파리 주재 기자가 라 벨 오테로에게 이렇게 물었다. "남자를 유혹할 때 어떤 방법을 사용하시나요?" "최대한 여성적으로 보여야 해요. 옷도 몸매 중에서 가장 자신 있는 부분을 돋보이게 해주는 그런 옷을 입는 것이 좋아요. 그리고 상대 남성에게 적당한 때가 되면 기꺼이 항복하겠다는 의사를 은근슬쩍 내비쳐야 해요……." 그러고 나서 얼마 지나지 않아 오테로는 요하네스버그의 《모닝 저널》 필진 중 한 명에게 이렇게 말했다. "남자를 사로잡으려면 그를 만날 때마다 억제하기 힘든 열정에 사로잡혀 있는 것처럼 행동하면서 그의 기습 공격을 기다리고 있는 듯한 인상을 줄 수 있어야 해요." — 아서 H. 루이스, 《라 벨 오테로》

가로막더니 매력적인 어조로 "분명 블랑카 로자 맞지요"라고 말했다. 그는 자기를 소개할 필요가 없었다. 그는 할리우드의 유명한 배우 에롤 플린이었다. 벽마다 그의 얼굴이 찍힌 포스터가 붙어 있었다. 그는 파티를 연 데이비스 부부의 친구로, 그들이 이제 곧 열여덟 살이 되는 블랑카 로자의 미모를 칭찬하는 소리를 들은 적이 있었다. 그는 그녀를 구석에 있는 테이블로 안내했다. 그의 태도는 우아하고 자신감에 차 있었다. 그녀는 그의 이야기를 들으면서 친구 생각은 까맣게 잊고 말았다. 그는 그녀의 아름다움을 칭찬했고, 그녀의 이름을 되뇌면서 그녀를 스타로 만들어줄 수 있다고 했다. 그녀가 미처 상황을 파악하기도 전에, 그는 아카풀코에서 휴가를 즐기고 있는 중인데 자기와 함께 지내자고 제안했다. 그러면서 그는 친구인 데이비스 부부가 보호자 자격으로 동반할 테니 걱정하지 말라는 말도 덧붙였다. 그녀는 생각만 해도 신나는 일이었지만, 어머니가 절대 허락하지 않을 거라고 말했다. 그러자 플린은 그 문제라면 걱정하지 말라고 대답했다. 다음 날 그는 블랑카에게 줄 아름다운 선물(탄생석이 박힌 반지)을 들고 그녀의 집을 찾았다. 그의 매력적인 미소에 넘어간 그녀의 어머니는 그의 계획에 동의할 수밖에 없었다. 그날 오후 블랑카는 아카풀코행 비행기를 타고 있었다. 모든 것이 꿈만 같았다.

데이비스 부부는 블랑카 어머니의 부탁으로 그녀에게서 눈을 떼지 않으려고 했다. 그래서 플린은 그녀를 뗏목에 태워 해변에서 멀리 떨어진 바다로 데리고 나갔다. 그녀는 그의 아부에 귀가 솔깃해져서 그가 뺨에 입을 맞추도록 허락했다. 그날 밤 그들은 함께 춤을 추었다. 저녁 시간이 끝나자 그는 그녀를 방까지 데려다주고는 노래로 작별인사를 대신했다. 완벽한 날의 완벽한 마무리였다. 한밤중에 그녀는 자기 방 발코니에서 자신의 이름을 부르는 그의 목소리를 듣고 잠에서 깼다. 어떻게 그가 저기에 있단 말인가? 그의 방은 한 층 위였다. 그는 뛰어내렸거나 매달려 있는 것이 분명했다. 어쨌든 위험을 불사한 행동이었다. 그녀는 두렵다는 생각은 전혀 들지 않았고 호기심이 발동해 가까이 다가갔다. 그는 그녀를 자신의 품속으로 부드럽게 끌어당겨 입을 맞추었다. 그녀의 몸이 심하게 떨렸다. 그녀는 새로운 감정에 압도되어 울기 시작했다. 그녀는 너무 행복해서 눈물이 난다고 말했다. 플린은 입맞춤으로 그녀를 달래고 다시 자기 방으로 돌아갔다. 그는 올 때 그랬던 것처럼, 갈 때도 순식간에 사라졌다. 이제 블랑카는 그와 희망 없는 사랑에 빠졌고, 그가 요구하면 뭐든 할 태세였다. 몇 주 후 그녀는 그를 따라 할리우드로 갔다. 거기서 그녀는 린다 크리스천이라는 이름의 여배우로 대성공을 거두었다.

1942년 노라 에딩턴이라는 이름의 열여덟 살 난 아가씨가 로스앤젤레스 카운티의 법원 청사에서 임시로 담배를 팔고 있었다. 당시 법원 청사는 대중지 기자들로 북새통이었다. 젊은 여성 두 명이 에롤 플린을 강간죄로 고소했기 때문이다. 물론 노라는 큰 키에 풍채가 좋은 플린을 한눈에 알아보았다. 그는 가끔 그녀에게서 담배를 사가곤 했지만, 그녀의 관심은 온통 해병대원인 남자 친구에게 쏠려 있었다. 몇 주 후 플린이 무죄 선고를 받으면서 재판은 끝이 났고, 청사는 예전처럼 다시 평온해졌다. 그러던 어느 날 재판 기간 중에 만났던 한 남자가 그녀에게 전화를 걸어왔다. 그는 플린의 오른팔로, 플린을 대신해 멀홀랜드 가에 있는 플린의 집으로 그녀를 초대하고 싶다고 했다. 노라는 플린에게 전혀 관심이 없었을 뿐만 아니라 그를 두려워하고 있었다. 하지만 그를 만나고 싶어 안달하던 그녀의 친구가 자기도 데려가라며 그녀를 설득했다. 아무리 따져봐도 잃을 것이 없겠다는 생각에 노라는 초대를 받아들였다.

약속된 날 플린의 친구가 차를 가지고 와서는 언덕 꼭대기에 있는 화려한 저택으로 그들을 데려갔다. 그들이 도착했을 때, 플린은 웃통을 벗은 채 수영장 옆에 서 있었다. 그는 그들을 반갑게 맞이했다. 그의 몸놀림은 마치 고양이처럼 나긋나긋했고, 태도 또한 사람을 아주 편하게 해주었다. 그녀는 그동안의 긴장이 한꺼번에 녹아내리는 듯했다. 그는 그들에게 집을 구경시켜주었다. 방마다 그가 항해 여행에서 수집한 예술품들이 가득차 있었다. 그는 아주 신이 난 목소리로 자신의 연애담을 들려주었다. 그의 이야기를 들으면서 그녀는 자신도 그런 사랑을 해보고 싶다는 생각을 했다. 그는 완벽한 신사였고, 그녀가 자기 남자 친구에 대해 이야기할 때도 전혀 질투하지 않았다.

다음 날 남자 친구가 노라를 찾아왔다. 어찌된 일인지 노라는 그에게 더

"사실, 좀 더 젊었을 때 느꼈던 정신적인 자극이 그립긴 했소." 그가 대답했다. "하지만 그때부터 나는 이 여자 저 여자 닥치는 대로 사귀기 시작했소. 나는 우리가 필요로 하거나 원하는 것은 오직 육체라는 결론을 내렸소. 육체에 비하면 정신은 아무것도 아니오. 여자의 사고 능력은 오히려 방해만 될 뿐이오."
"정말 그럴까요?"
"적어도 내 경우는 그렇소. 나는 남성들의 대변자가 아니오. 나는 내가 지금 발견했거나 내가 원하는 것에 대해 이야기하고 있을 뿐이오. 몸, 얼굴, 육체의 움직임, 목소리, 여성스러움, 여성의 존재……만 있으면 다른 것은 어떻게 되든 상관없소. 나한테는 그게 최고요. 거기에 소유욕이 비집고 들어갈 자리는 없소. 나는 그를 뚫어지게 쳐다보았다.
"난 지금 진지하게 이야기하고 있소." 그가 말했다. "그게 내 견해요. 나한테 여성의 육체보다 더 중요한 건 없소. 일단 여자를 손에 넣게 되면, 다른 생각은 모두 잊고 잠시 즐기면 되는 거요."
— 얼 콘래드(Earl Conrad), 《에롤 플린: 회고록 (Errol Flynn: A Memoir)》

이상 흥미를 느끼지 못했다. 그들은 어떤 일로 심하게 다퉜고, 그 자리에서 헤어졌다. 그날 밤 플린은 그녀를 시내에 있는 유명한 나이트클럽에 데리고 갔다. 술이 어느 정도 들어가자 그는 연신 농담을 해댔고, 그녀도 술에 취해 그가 손을 만져도 내버려두었다. 어느 순간 그녀는 정신이 번쩍 들었다. "난 가톨릭 신자고 처녀예요. 언젠가는 면사포를 쓰고 성당에서 결혼식을 올릴 거라고요. 나와 함께 잘 생각이라면, 헛다리 짚은 거예요." 냉정을 되찾은 플린은 그녀에게 두려워할 필요 없다고 말했다. 그는 단지 그녀와 함께 있는 것이 좋을 뿐이라고 말했다. 그녀는 안심이 되었고, 그에게 다시 자기 손을 잡아달라고 정중하게 부탁했다. 그러고 나서 몇 주 동안, 그녀는 거의 매일 그를 만났다. 그녀는 그의 비서가 되어 있었다.

얼마 지나지 않아 그녀는 주말 밤을 그의 집에서 보내게 되었다. 그는 스키와 보트 여행에 그녀를 데려갔다. 그는 여전히 완벽한 신사였지만, 그가 쳐다보거나 손을 만질 때면 그녀는 상쾌하면서도 피부가 얼얼한 느낌을 받았다. 푹푹 찌는 여름날, 차가운 물줄기 속으로 걸어들어갈 때와 같은 그런 느낌이었다. 그녀는 성당에도 뜸하게 나갔고, 끝내는 자기가 알던 세계에 고별을 고하는 지경에 이르렀다. 겉으로는 두 사람 사이에 변한 것이 아무것도 없었지만, 그에 대한 경계심은 어느새 눈 녹듯이 사라지고 없었다. 어느 날 밤 파티가 끝나고 그녀는 그에게 굴복하고 말았다. 그녀와 플린은 결국 결혼 발표를 하기에 이르렀다. 그들의 결혼생활은 7년 동안 지속되었다.

해석 ──

에롤 플린과 관계를 맺은 여성들이 그를 의심할 만한 이유는 수없이 많았다(죽을 때까지 그를 거쳐간 여자는 수천 명을 헤아렸다). 실생활에서 그는 돈 후안에 가까웠다(실제로 그는 영화에서 이 전설적인 유혹자를 연기하기도 했다). 그는 늘 여자들에게 둘러싸여 있었지만, 어느 누구하고도 관계를 오래 지속하지 못했다. 그러고 나면 위험과 모험을 좋아하는 그의 성격을 둘러싸고 갖가지 소문이 나돌았다. 노라 에딩턴만큼 그에게 저항할 이유가 많았던 여성도 없었다. 그녀가 그를 만났을 때, 그는 강간죄로 고소당한 상태였다. 게다가 그녀에게는 남자 친구가 있었다. 그녀는 또 하느님을 두려워하는 가톨릭 신자였다. 하지만 그녀도 다른 여자들처럼 그의 주문에 걸려들었다. 예를 들어 D. H. 로렌스와 같은 일부 유혹자들은 환상을 만드는 한편 상대의 소유욕을 자극하면서 대개 마음을 움직인다. 하지만 플린은 몸을 움직였다. 여자들은 그의 사심 없는 태도 앞에서 자기도 모르게 경계심을 풀었다. 이런 일은 여자들이 그를 만나는 순간에 일어났다. 마치 마약과도 같은 효과였다. 그는 여자들과 함께 있어도 전혀 당황하지 않았다. 그의 태도는 우아하고 자신감에 차 있었다. 거기에 넘어간 여자들은 그가 일으킨 파도에 몸을 맡긴 채 복잡한 세상을 뒤로하고 둘만의 세계로 여행을 떠났다. 그러고 나서 그날 밤 혹은 몇 주가 지나면 손을 만지거나 은근한 눈길을 보내 여자들이 위험천만한 육체적 흥분에 몸을 떨게 만들었다. 여자들의 눈에서, 빨개진 얼굴에서, 과장된 웃음소리에서 떨림을 감지하는 순간, 그는 순식간에 달려들어 마지막 숨통을 끊어놓았다. 아무도 에롤 플린처럼 재빨리 행동하지 못했다.

　유혹의 육체적인 부분에서 가장 큰 걸림돌은 상대가 받은 교육이다. 교육 수준이 높을수록 몸을 억누르고 감각을 둔화시키고 의심을 잘 하는 습성이 있다. 플린은 상대 여성을 좀 더 자연적인 상태, 즉 욕망과 쾌락, 섹스가 하나도 이상하게 느껴지지 않는 상태로 되돌려놓는 능력이 있었다. 그는 말이 아니라 솔직하고 거침없는 태도로 여성들을 모험의 세계로 이끌었다. 모든 것은 유혹자의 손에 달려 있음을 유념해야 한다. 유혹이 육체적인 단계로 접어들면, 금제와 의심, 미적미적 따라다니는 죄책감과 불안을 떨쳐버리도록 스스로를 단련시켜야 한다. 상대를 취하게 하려면, 알코올보다도 자신감과 느긋한 태도가 훨씬 더 효과적이다. 무조건 밝은 모습을 보여주도록 하라. 이 세상에 거칠 것이 하나도 없다는 인상을 심어주도록 하라. 상대로 하여금 문명의 짐을 벗어던지고 당신의 안내에 따라 자연스럽게 몸을 맡기도록 해야 한다. 일이나 임무, 결혼, 과거나 현재에 대한 이야기는 삼가라. 그런 이야기는 다른 사람들이 하는 것으로도 충분하다. 그 대신 순간에 몸을 던질 수 있는 기회를 제공하라. 유혹자는 상대의 이성을 마비시키고 감각을 되살릴 수 있어야 한다.

사트니는 그러기로 합의하고, 서기를 데려오게 했다. 그가 자신의 요구대로 계약서를 작성하자, 투부이트는 자리에서 일어나 속살이 훤히 비치는 하늘거리는 아마 옷으로 갈아입었다. 그 모습에 사트니는 울컥 욕정이 일었지만, 그녀는 또 이렇게 말했다. "정녕 제게서 쾌락을 얻고자 하신다면, 나중에 제 자식들과 다투는 일이 없도록 왕자님 자녀분들도 계약서에 서명하게 하십시오." 그래서 사트니는 자식들을 불러서 보냈다. "정녕 제게서 쾌락을 얻고자 하신다면, 나중에 제 자식들과 다투는 일이 없도록 왕자님 자녀분들을 죽이라고 명령하십시오." 사트니는 이번에도 그녀의 요구에 순순히 응했다. "네 소원이 정 그렇다면 자식들에게 기꺼이 죄를 짓도록 하마." 그제야 투부이트는 "방으로 드시지요."라고 말했다. 어린 자식들의 시체가 길 잃은 개와 고양이들에게 던져지는 동안, 사트니는 자신의 사랑에 대한 대가로 마침내 상아와 흑단으로 된 침대에 누웠고, 투부이트도 그의 곁에 누웠다. 당시의 문헌들은 "그러고 나서도 아몬 신은 수많은 기적을 행하셨다"라는 완곡한 표현으로 자세한 이야기를 삼가고 있다. 이처럼, 성스러운 여인들의 매력은 가히 압도적이라고 할 수밖에 없다. '제아무리 현명한 남자들'도 욕망에 사로잡히면 단 한순간에 스스로를 내던지고 그들의 마수에 걸려들었다.
— G. R. 타부아(G. R. Tabouis), 《투탕카멘의 사생활(The Private Life of Tutankhamen)》

그가 키스하는 순간, 전에는 한 번도 경험해보지 못한 반응이 일어났다. 현기증이 일면서 나의 모든 감각이 들쑤셔진 듯한 느낌이었다. 그것은 경고나 이성이 통하지 않는 본능적인 기쁨이었다. 그것은 새롭고도 저항할 수 없는 느낌이었다. 결국 나는 거기에 압도당하고 말았다. 유혹이라는 말 속에는 누군가에게 이끌림을 당하고 있다는 의미가 숨어 있다. 내게 유혹은 더없이 부드럽게 다가왔다.

— 린다 크리스천(Lynda Christian)

유혹의 열쇠

요즘처럼 사람들의 마음이 산만했던 적은 일찍이 없었다. 끊임없이 쏟아져 나오는 정보 때문에 사람들은 방향을 잡지 못하고 헤매고 있다. 많은 사람들이 이 문제의 심각성에 주목하고 있다. 다양한 기사가 쏟아지고 다양한 연구가 속속 나오고 있지만, 이 역시 소화해내야 하는 또 하나의 정보일 뿐이다. 한시도 가만 있지 않고 나대는 신경을 끄기란 불가능하다. 그러려고 애쓸수록, 생각은 더 복잡해지기만 한다. 마치 도저히 빠져나갈 수 없는 거울의 방에 갇힌 것 같다. 술이나 약, 육체 활동에 눈을 돌려보지만, 어느 것도 마음의 분주한 움직임을 둔화시키지 못한다. 불만족스러운 현실은 교활한 유혹자에게 무한한 기회를 제공한다. 우리 주변의 바다는 과도한 정신적 자극으로부터 벗어나고 싶어하는 사람들로 넘쳐나고 있다.

육체적 쾌락이라는 부담 없는 미끼로 그들을 유혹하되, 산란해진 마음을 안정시키려면 어느 것 하나에 집중하게 만드는 방법밖에 없음을 명심해야 한다. 최면술사는 환자들에게 앞뒤로 왔다갔다하면서 흔들거리는 시계에 주목하라고 주문한다. 일단 환자가 집중하는 데 성공하면, 마음이 안정되고 감각이 깨어나면서 몸이 새로운 감정과 암시에 쉽게 반응하게 된다. 유혹자도 최면술사처럼 상대가 자신에게 집중하도록 만들어야 한다.

여기까지 오면, 상대의 마음은 온통 유혹자의 모습으로 가득 채워지게 된다. 편지와 기념품, 공유한 경험은 당신이 없는 동안에도 상대에게 당신의 존재를 일깨워준다. 유혹의 육체적 단계로 접어들면, 더욱 자주 상

*셸리: 그 순간이란 것이 무엇을 뜻하며, 어떻게 정의하고 계신지요? 솔직히 말씀드려서 당신의 말을 이해하지 못하겠어요. 공작: 이를테면 감각의 처분에 맡기는 상태를 말하는 것으로, 이러한 순간은 자기도 모르는 사이에 예기치 않게 찾아오는 법이오. 여자들은 이런 상태에 놓여 있다는 것을 숨길 수 있지만, 그로부터 이익을 얻으려는 사람에게 들키는 날에는 자기가 생각했던 것보다도 훨씬 더 빨리 몸을 허락하고 마는 위험에 처하게 되오.
— 크레비용(Crébillon), 《열기 속의 우연(Le Hasard au Coin du Feu)》*

대를 만나면서 관심을 쏟아부어야 한다. 에롤 플린은 이 방면의 대가였다. 그는 상대에게 접근할 때 나머지 일은 모두 뒤로 미루었다. 그는 일이든 친구든, 자기한테 상대 여성보다 더 중요한 것은 없다는 인상을 심어주었다. 그러고 나면 그는 그녀를 물이 있는 한적한 장소로 데려가곤 했다. 나머지 세상이 배경 속으로 희미하게 사라지고 나면, 무대는 플린의 차지였다.

유혹자에 대해 생각하면 생각할수록, 상대는 일과 임무에 대한 생각에서 점점 멀어진다. 마음이 어떤 대상에게 집중되면, 그동안의 긴장이 풀리면서 당신을 지배하는 잡다한 생각들은 표면에서 사라지고 만다. 상대로 하여금 잡다한 생각에서 벗어나게 하려면, 당신이 먼저 모범을 보여야 한다. 어떤것에도 얽매이지 않는, 순간에 충실한 모습을 보이면서 상대도 그런 상태에 이르도록 이끌어야 한다. 최면술사의 강렬한 시선을 보면 환자의 시선도 똑같이 강렬해지는 법이다.

상대의 부산한 마음이 일단 잠잠해지기 시작하면, 감각이 되살아나면서 유혹자가 던지는 육체적 미끼가 두 배의 힘을 발휘하게 된다. 이제 뜨거운 시선만으로도 상대는 몸이 달아오른다. 육체적 미끼를 던질 때는 먼저 눈에 호소하는 것이 좋다. 우리 문화에서 눈은 가장 의존도가 높은 감각이기 때문이다. 육체적 외모도 중요하지만, 유혹자는 상대의 감각을 뒤흔들 수 있는 능력이 있어야 한다. 라 벨 오테로는 젖가슴과 얼굴 표정, 향수 냄새, 걸음걸이로 남자들을 유혹했다. 특별히 눈에 띄는 부분은 없었지만, 이 모든 것이 완벽한 조화를 이루면서 유혹적 효과를 배가시켰다. 감각은 서로 연결되어 있다. 후각에 호소하면 촉각이, 촉각에 호소하면 시각이 자극을 받는 것은 그 때문이다. 예를 들어 '우연한' 신체 접촉은 충격을 야기하면서 눈의 감각을 활성화시키는 효과가 있다. 신체 접촉을 시도할 경우, 강압적인 느낌이 들게 해서는 안 된다. 그보다는 가볍게 스치는 것이 좋다. 거기에 그윽한 목소리까지 가세한다면, 분위기는 한층 고조된다. 이렇게 해서 감각이 살아나면, 이성적인 사고는 뒷전으로 밀려나게 되어 있다.

프랑스 작가 크레비용이 쓴 18세기 연애 소설 《방황하는 마음과 영혼》

다사로운 가을날 저녁,/
두 눈을 지그시 감고/
훈훈한 네 젖가슴
냄새 맡으면
단조로운 태양이
눈부시게 내리쬐는/
평온한 해변이
내 앞에 펼쳐진다./
나태의 섬, 거기에서
자연은 지배한다.
진귀한 나무와
맛있는 과일을/
매끈한 체구에
생기 찬 남성들과/
순진한 눈빛이
아리따운 여인들을/
네 향내 따라 매혹적인
고장으로 이끌려
나는 그려본다./
아직도 바닷물결에 지쳐
버린 돛과 돛대가
가득 찬 어느 항구를/
그동안 초록색 타마린드의
향기가 바람에 휘날리고/
내 콧구멍을 부풀게 하며 내
마음속에는 수부(水夫)들의
노래와 뒤섞이누나.
— 샤를 보들레르 《악의 꽃》
중 〈이국적 향기〉
(민족문화사, 김인환 번역을
따랐음—옮긴이)

에 보면, 뤼르세 부인이 메쿠르라는 청년을 유혹하는 장면이 나온다. 그녀의 무기는 다양했다. 어느 날 밤 그녀는 자기가 주최한 파티에 속이 훤히 비치는 드레스를 입고 나타나 그에게 뜨거운 시선을 보낸다. 그에게 말을 건넬 때면, 목소리까지 떨었다. 그와 단둘이 있게 되자, 그녀는 그를 자기 옆에 앉히고는 은근한 목소리로 대화를 이끌어나갔다. 그러다 어느 시점에서는 울기까지 했다. 메쿠르가 그녀에게 저항할 이유는 수없이 많았다. 그는 자기 나이 또래의 아가씨와 사랑에 빠져 있었고, 그녀에 대한 소문을 들은 터라 그녀를 불신하고 있었다. 하지만 옷차림, 얼굴 표정, 조금 헝클어진 머리, 향수 냄새, 바로 옆에서 느껴지는 육체, 목소리, 눈물 등 그녀의 모든 것이 그를 압도하기 시작했다. 나중에 그는 이렇게 털어놓았다. "말로는 도저히 표현할 수 없는 흥분이 나의 감각을 뒤흔들어놓았다." 결국 메쿠르는 굴복했다.

18세기의 프랑스 난봉꾼들은 이때를 가리켜 '순간'이라고 불렀다. 유혹자의 역할은 상대 스스로 육체적 흥분 징후를 드러내도록 유도하는 데 있다. 그런 징후는 다양하다. 그런 징후가 보이면, 유혹자는 재빨리 행동을 개시해 상대가 순간에 몰두하도록 만들어야 한다. 일단 상대가 순간에 정신이 팔리면 상황은 끝난다. 그때가 되면 그들의 마음이나 의식이 더 이상 영향을 미치지 못하기 때문이다. 과거니, 미래니, 도덕적 기준이니 하는 것은 흔적도 없이 사라지고, 결국 육체는 쾌락에 굴복할 수밖에 없다. 뤼르세 부인은 감각을 뒤흔들어 정상적인 사고 작용을 마비시켜 메쿠르를 순간에 몰입하게 만들었다.

상대를 순간으로 인도할 때, 염두에 두어야 할 점이 몇 가지 있다. 첫째, 단정한 외모보다 조금 흐트러진 모습(뤼르세 부인은 조금 헝클어진 머리에 구겨진 옷을 입고 있었다)이 감각에 미치는 효과가 더 크다. 그런 모습은 침실을 연상시키기 때문이다. 둘째, 육체적 흥분의 징후를 재빨리 감지해야 한다. 홍조 띤 얼굴, 떨리는 목소리, 눈물, 억지 웃음, 나른한 몸짓 등은 상대가 순간으로 빠져들고 있다는 징후다. 그런 징후가 보이면, 지체하지 말고 몰아붙여야 한다.

1934년 중국 축구선수 리가 상하이에서 젊은 여배우 란핑을 만났다. 그녀는 그가 출장하는 경기가 있는 날이면, 어김없이 나타나 그를 응원했다. 그들은 사교 모임에서 자주 만났는데, 그때마다 그녀는 그를 향해 '열망이 가득 담긴 이상한 시선'을 보냈다가 금세 거두어들였다. 어느 날 저녁, 한 환영 행사에서 그가 그녀 옆에 앉게 되었다. 그녀의 다리가 그의 다리와 스치듯 부딪쳤다. 그들은 이런저런 이야기를 나누었고, 그녀는 근처에 있는 극장에 가서 영화를 보자고 제안했다. 극장 안으로 들어가자, 그녀는 그의 어깨에 머리를 기댔다. 그러고는 귀에다 대고 무어라고 속삭였다. 상연 중인 영화에 관한 이야기였다. 그러고 나서 그들은 거리를 거닐었고, 그녀는 그의 허리에 팔을 둘렀다. 그녀는 그를 어느 식당으로 데리고 갔다. 거기서 그들은 포도주를 마셨다. 리는 그녀를 자신의 호텔 방으로 데리고 갔다. 곧이어 그는 그녀의 애무와 달콤한 말에 압도당하고 말았다. 그녀는 그가 물러설 틈을 조금도 주지 않았다. 당연히 흥분을 가라앉힐 시간도 허락되지 않았다. 3년 후 란핑은 이름을 장칭으로 바꾸고 마오쩌둥에게 접근했다. 그때도 게임의 방식은 똑같았다. 그는 마오의 부인이 되었고 4인방의 한 명으로 악명을 떨쳤다.

유혹은 마치 전쟁과도 같다. 많은 경우 유혹은 밀고 당기는 게임이다. 처음에는 멀리서 적을 추적한다. 주요 무기는 눈빛과 신비감이 감도는 태도다. 바이런이 그 유명한 내리까는 듯한 시선으로 효과를 봤다면, 장칭은 열망이 가득 담긴 시선을 무기로 내세웠다. 눈빛으로 상대를 압도하려면, 목표물의 급소를 노리는 검날처럼 짧은 순간 잠시 번득였다가 언제 그랬냐는 듯 거두어들여야 한다. 눈으로는 욕망을 드러내되, 나머지 얼굴 표정은 변화가 없어야 한다(미소는 시선을 통해 얻은 효과를 망칠 수도 있다). 상대가 일단 몸이 달아오르면, 후퇴할 틈이나 상대의 위치를 생각할 시간을 주지 말고 바로 육탄전으로 돌입해야 한다. 듣기 좋은 말로 상대의 매력을 칭찬하는 것도 매우 중요하다. 그럴 경우 상대는 자기도 모르게 우쭐해져서 두려움을 잊어버린다. 유혹자를 공격적으로 만든 것은 그만큼 그들이 매력적이기 때문이라고 생각하게 만들라. 스스로를 매력적이라고 느끼게 만드는 것보다 더 훌륭한 육체적 미끼는 없다. 아프로디테가 그토록 막강한 유혹의 힘을 발휘할 수 있었던 데에는 그녀가 늘 차고 다니던

띠의 역할이 컸지만, 상대를 솔깃하게 만드는 달콤한 말도 한몫했다는 점을 명심하기 바란다.

몸과 몸이 부딪치는 경험은 유혹의 육체적 단계에서 탁월한 효과를 발휘한다. 러시아의 괴승 라스푸틴은 종교적 체험의 공유라는 영적 미끼를 무기로 유혹하곤 했다. 하지만 그러고 나면 상대를 파티에 초대해 꿰뚫듯이 응시하면서 같이 춤을 추자고 했다. 춤을 추는 동안, 그는 상대의 몸에 자신의 몸을 밀착시키면서 암시적인 분위기를 고조시켰다. 수백 명의 여성들이 기술에 굴복했다. 플린은 수영이나 항해 여행을 통해 그런 효과를 냈다. 이처럼 육체적인 경험을 공유할 경우, 마음의 긴장이 서서히 풀리면서 육체가 몸의 법칙에 순응하게 된다. 유혹자는 그 점을 노려야 한다.

그 순간에 이르면 도덕적 판단은 모두 사라지고 몸이 순수한 상태로 되돌아가게 된다. 물불 가리지 않는 거침없는 태도도 상대를 그런 감정으로 이끄는 데 어느 정도 도움이 된다. 플린이 유혹자로 성공할 수 있었던 데에는 상대 여성을 전폭적으로 받아들였다는 점을 무시할 수 없다. 그는 여성의 신체 조건이나 인종적 배경, 교육 수준, 정치적 신념 따위에는 관심이 없었다. 그는 오로지 여성이라는 존재를 사랑했다. 그는 사회적 금기와 도덕적 판단으로부터 자유로운 모험의 세계로 여성을 끌어들였다. 여성들은 그와 함께 있으면 환상을 실행에 옮길 수 있었다. 그는 여성들에게 금기를 깰 수 있는 기회, 나아가 위험을 경험할 수 있는 기회를 제공했다. 따라서 유혹자 자신부터 도덕과 판단의 잣대를 내던져야 한다. 그래야 상대를 규칙과 금기로부터 자유로운 쾌락의 세계로 이끌 수 있다.

| **상징** | 뗏목. 뗏목을 타고 물살에 이리저리 흔들리면서 바다로 나가면, 얼마 지나지 않아 해안선은 사라지고 둘만 남는다. 끝없이 펼쳐진 바다는 근심과 걱정은 모두 잊고 자신만 생각하라고 손짓한다. 닻도 방향도 없이, 과거와의 끈을 끊고 새로운 감정에 몸을 맡기면 그동안 우리를 짓눌렀던 제약은 어느덧 모두 사라진다.

반전

순간에 빠지는 것을 두려워하는 사람들도 있다. 정신적인 미끼를 사용하면 유혹의 육체적인 성격을 위장할 수 있다. 이는 레즈비언 유혹자 나탈리 바니가 사용했던 방법이기도 하다. 그녀가 활동하던 20세기 초에는 동성애가 지탄의 대상이었으며, 동성애를 처음 접하는 여성들은 많은 경우 수치심이나 혐오감을 느꼈다. 바니 역시 상대를 유혹의 육체적인 단계로 이끌었지만, 시와 신비주의로 포장해 그들을 안심시켰다. 요즘은 타인의 성적 취향을 존중하는 편이지만, 아직도 많은 사람들이 자신의 육체에 대해 불편함을 느낀다. 따라서 순전히 육체적으로만 접근할 경우, 사람들에게 두려움과 혼란을 야기할 수 있다. 그들의 경계심을 누그러뜨리려면, 정신적이고 신비한 결합이라는 인상을 주어야 한다.

과감한 행동이
상대를 무장 해제한다
·기습·

이제 때가 무르익었다. 상대는 분명 욕망에 사로잡혀 있지만, 아직은 그런 사실을 공공연하게 인정할 준비가 되어 있지 않다. 지금은 기사도나 애교를 내던지고 과감한 조치로 상대를 압도해야 할 때다. 상대에게 결과를 생각할 시간을 주어서는 안 된다. 그러면 갈등만 생길 뿐이다. 팽팽한 긴장 상태에서 벗어나려면 과감한 조치가 필요하다. 주저하거나 어색해하는 모습을 보여서는 안 된다. 속으로 뭔가를 재고 있다는 인상을 심어준다. 그보다는 상대의 매력에 푹 빠졌다는 인상을 주어야 한다. 절대 뒤로 물러서거나 상대와 타협하지 말라. 이제는 정치적이 아니라 유혹적이어야 한다. 어떠한 경우에도 공격의 고삐를 늦추지 말라.

완벽한 클라이맥스

발몽은 위장 작전으로 정숙하기로 소문난 투르벨 부인을 공략했다. 그녀가 볼 때 그는 과거를 반성하고 새사람이 된 듯했지만, 그것은 계획된 행동일 뿐이었다. 그의 이러한 위장 작전은 그녀가 그로부터 사랑한다는 고백을 듣고 당황할 때까지 계속되었다. 그녀는 그가 손님으로 머물고 있는 성을 떠나야 한다고 주장했다. 그는 순순히 응했다. 하지만 파리에서 그는 아주 강렬한 어조로 그녀에 대한 자신의 사랑을 표현하는 편지를 보냈다. 그녀가 편지를 보내지 말라고 간청하자 이번에도 그는 군말 없이 따랐다. 그러나 몇 주 뒤 그가 갑자기 성을 방문했다. 그를 보자 그녀는 얼굴을 붉히며 그의 시선을 계속 피했다. 모든 것이 그의 작전이 효과를 거두고 있다는 징후였다. 이번에도 그녀는 그에게 떠나달라고 부탁했다. 그는 뭘 두려워하느냐, 나는 늘 당신의 부탁을 들어주지 않았느냐, 여태껏 당신에게 뭘 강요한 적이 있으면 말해보라고 했다. 그는 그녀와의 거리를 유지했고, 그녀는 서서히 안정을 되찾아갔다. 그녀는 더 이상 그가 들어올 틈을 주지 않으면서 그를 똑바로 쳐다볼 수 있었다. 그가 산책을 가자고 제안했을 때, 그녀는 거절하지 않았다. 그녀는 둘이 친구라는 점을 강조했다. 그녀는 산책을 하는 동안 그와 팔짱을 끼기도 했다.

어느 비 오는 날 그들은 날씨 때문에 평소처럼 산책을 할 수가 없었다. 그는 복도에서 그녀와 마주쳤다. 그녀가 자기 방으로 들어가려던 참이었다. 그녀는 처음으로 그를 자기 방으로 초대했다. 그녀는 느긋해 보였고, 그는 소파로 다가가 그녀 옆에 앉았다. 그는 또다시 그녀에게 사랑을 고백했다. 그녀는 전혀 항의하지 않았다. 그는 그녀의 손을 잡았다. 그녀는 그에게 손을 맡긴 채 그의 어깨에 기댔다. 그녀의 목소리가 떨렸다. 그녀가 그를 쳐다보았고, 그는 그녀의 심장이 뛰는 것을 느낄 수 있었다. 부드럽고 사랑스러운 눈길이었다. 그녀는 말을 하기 시작했다. "저기, 제가……." 그러고는 갑자기 울면서 그의 품에 안겼다. 상대가 약점을 보였지만, 발몽은 자제했다. 그녀의 울음소리는 거의 발작으로 변했다. 그녀는 자기를 도와달라면서 끔찍한 일이 벌어지기 전에 방에서 나가달라고 애원했다. 그는 그녀의 부탁대로 했다. 다음 날 아침, 잠에서 깬 그는 놀라

더욱이 그렇게 함으로써 나는 눈물이 지닌 강력한 유혹의 힘으로 어느 때보다 더욱 아름답게 보이는 그녀의 매력적인 얼굴을 마음껏 구경할 수 있었습니다. 나의 피는 뜨겁게 끓어올랐습니다. 나는 스스로를 제어할 수 없을 지경이 되어 지금 당장 그 기회를 이용하고 싶다는 유혹에 빠지고 말았습니다. (그러나) 만일 내가 오래전부터 품어온 계획은 안중에도 없이 메아른 승리를 거두려는 조급함 때문에 오랜 시간에 걸친 투쟁의 매력과 (상대방으로부터) 힘들게 빼앗은 폐배의 희열을 맛볼 수 있는 기회를 잃고 만다면, 철없는 욕망에 정신이 팔린 나머지 노력의 결실로 투르벨 부인의 정복자라는 자리를 차지하는 것이 아니라 (수많은 남자들의 이름이 올라가 있는) 명부에 단지 이름 하나를 더 보태는 저속한 영예에 만족한다면, 우리는 얼마나 나약한 존재며 상황의 힘이란 또 얼마나 강력한 것일까요? 아! 그녀가 항복하기를, 하지만 싸워주기를 나는 바랍니다. 나를 이길 만한 힘은 없다 하더라도, 적어도 나에게 저항할 힘은 갖고 있기를 바랍니다.

운 소식을 들었다. 투르벨 부인이 한밤중에 아프다고 하면서 갑자기 성을 떠나 집으로 돌아갔다는 것이었다.

발몽은 그녀를 쫓아 파리로 가지 않았다. 대신 그는 밤을 지새기 시작했다. 그의 얼굴은 나날이 야위어갔다. 그는 매일 교회에 나갔고, 낙담한 표정으로 성 주변을 배회했다. 그는 성의 여주인이 투르벨 부인에게 편지를 쓰리라는 것을 알고 있었다. 그녀가 그의 슬픈 상태를 아는 것은 시간 문제였다. 그는 파리에 있는 한 신부에게 편지를 써서 자신의 말을 투르벨 부인에게 전해달라고 부탁했다. 그의 요지는, 앞으로 영원히 다른 삶을 살 준비가 되어 있다는 것이었다. 그는 마지막으로 한 번만 그녀를 만나 작별인사를 하고, 지난 몇 개월 동안 그녀가 보낸 편지를 되돌려주고 싶다고 했다. 신부는 만남을 주선했다. 그렇게 해서 어느 날 저녁, 발몽은 파리에 있는 그녀의 집에서 그녀와 단둘이 만났다.

투르벨 부인은 몹시 초조해 보였다. 그녀는 그의 눈을 똑바로 쳐다보지 못했다. 그들은 농담을 몇 마디 주고받았지만, 시간이 조금 지나자 발몽은 가혹해졌다. 그는 그녀가 마치 자신을 불행하게 만들려고 작정한 사람처럼 자신을 잔인하게 대했다며 그녀를 비난했다. 그는 계속해서 이번이 마지막이며, 그녀의 소원대로 앞으로는 두 번 다시 그녀 앞에 나타나지 않겠다고 선언했다. 투르벨 부인은 그 즉시 항변했다. 그녀는 자신은 유부녀고, 달리 선택의 여지가 없었다고 했다. 발몽은 목소리를 낮추고, 그녀에게 사과했다. 그는 그토록 강한 감정은 처음이라 스스로도 어쩔 수 없다고 했다. 하지만 그는 그녀를 다시는 괴롭히지 않겠다는 말도 잊지 않았다. 그러고 나서 그는 탁자 위에 그녀에게서 받은 편지를 올려놓았다.

투르벨 부인의 표정은 더욱 굳어졌다. 자기가 보낸 편지를 본 순간, 혼란스러웠던 기억이 떠오르면서 감정이 북받쳐오르는 듯했다. 그녀는 스스로 난봉꾼의 생활을 청산하기로 한 그의 결정은 참 잘한 일이라고 말했다. 하지만 그녀의 목소리에는 어딘지 모르게 신랄함이 배어 있었다. 마치 버림받은 것에 앙심을 품은 듯했다. 그는 아니다, 스스로 내린 결정이 아니다, 당신이 다그쳤기 때문이라고 대답했다. 그러고 나서 그는 갑자기 그녀 곁으로 다가가서는 그녀를 껴안았다. 그녀는 저항하지 않았다. 곧이어 그의 고함 소리가 방안을 가득 메웠다. "사랑스러운 여인이여! 당신은 당신이 내게 불어넣은 이 사랑의 정체를 모르고 있는 것이 분명하오. 당신은 내가 당신을 얼마나 숭배하는지, 내가 이 감정을 얼마나 소중하게 여기는지 결코 모를 거요. 내겐 목숨보다 더 소중하다오……. 앞으로 남은 당신의 나날이 당신이 내게서 앗아간 행복으로 충만하길 빌겠소." 그러고 나서 그는 그녀를 놓아주고, 방을 나가려고 했다.

투르벨 부인이 벌떡 일어나 그의 팔을 붙잡았다. "내 말 좀 들어봐요." 그녀의 다급한 목소리에 그는 기다렸다는 듯 발길을 돌렸고, 둘은 격렬하게 포옹했다. 그는 이번에는 더 이상 기다리지 않고 그녀를 번쩍 들어올려 침대로 갔다. 그리고 키스 세례와 온갖 달콤한 말로 그녀의 정신을 쏙 빼놓았다. 이 갑작스러운 애무 세례가 있기 전에 그녀는 이미 그에게 저항할 수 없었다. "지금 이 순간부터 난 당신 거예요. 내 입술에서 거절이나 후회의 말은 절대 나오지 않을 거예요." 투르벨 부인은 약속을 지켰다. 그녀는 발몽의 기대를 저버리지 않았다. 그는 수많은 여인들을 유혹했지만, 그가 그녀에게서 얻은 쾌락은 누구와도 비교가 안 될 정도로 컸다.

해석 ——

발몽은 투르벨 부인을 처음 본 순간, 몇 가지 사실을 간파했다. 그녀는 순진하고 예민했다. 그녀의 남편은 필시 존경심을 가지고 그녀를 대할 터였고, 모르긴 해도 그 도가 너무 지나친 것 같았다. 적어도 발몽이 추측하기에는 그랬다. 하느님과 종교, 미덕에 대한 관심의 이면에는 열정적이고 유혹에 넘어가기 쉬운 여자가 있었다. 사실 그녀는 열렬한 구애자가 나타나 자기한테 뜨거운 관심을 가져주기를 바라고 있었다. 하지만 아무도 심지어 그녀의 남편도 그녀에게 그런 감정을 주지 못했다. 다들 요조숙녀 같은 그녀의 겉모습에 주눅이 들어 있었기 때문이다.

발몽은 사전 작업을 통해 발판을 다진 뒤 본격적으로 그녀를 유혹하기 시작했다. 그는 투르벨 부인이 자신의 나쁜 평판에 속으로는 끌리고 있음을 알고 있었다. 그는 마치 새로운 인생을 살 것처럼 행동해, 그녀로 하여금 그가 새출발하는 데 도움을 주고 싶다는 생각을 하도록 만들었다. 하지만 그녀의 무의식 속에는 그를 사랑하고픈 욕구가 도사리고 있었다. 발몽은 바로 그 점을 간파했다. 일단 그녀가 희미하게나마 자신이 던진 미끼에 반응하자, 그는 그녀의 허영심을 공격하기 시작했다. 그녀는 여자로서 욕망의 대상이 되어본 적이 한 번도 없었다. 그리고 아무리 부인해도, 일정 정도는 그의 사랑을 즐기고 있었다. 물론 그녀는 저항했지만, 그녀의 감정이 이미 상대가 원하는 쪽으로 가닥을 잡아가고 있다는 징후일 뿐이었다(유혹을 저지할 수 있는 유일한 무기는 무관심밖에 없다). 그는 기회가 왔을 때에도 순순히 물러남으로써, 일단 그녀를 안심시키고 자신의 인내심을 입증해 보였다. 하지만 그가 마지막이라고 하면서 그녀를 방문한 날, 그는 그녀가 준비가 되어 있음을 감지했다. 그녀는 나약해질 대로 나약해져 있었다. 그녀는 간음을 저지를지도 모른다는 두려움보다 누군가의 욕망의 대상이라는 데서 비롯된 중독성 강한 감정을 잃을지도 모른다는 두려움에 떨고 있었다. 그는 그녀의 감정을 교묘하게 자극했고, 극적인 효과를 더하기 위해 탁자 위에 그녀의 편지들을 펼쳐놓았다. 한동안 밀고 당기는 게임이 이어지면서 긴장이 조성되는 듯했다. 하지만 그녀가 그의 팔을 붙잡는 순간, 그는 마침내 공격하기에 가장 좋은 때라는 판단을 내렸다. 그는 신속했다. 상대에게 재고할 시간을 주는 것은 금물이다. 하지만 그의 행동은 욕망이 아니라 사랑에서 비롯된 것처럼 보였다. 무수한 저항과 긴장 끝에, 그녀는 결국 기꺼이 굴복했다. 이로써 팽팽한 긴장이 해소되고 엄청난 해방감을 동반한 클라이맥스가 도래했다.

사랑과 유혹에서 허영심의 역할을 결코 과소평가하지 말라. 조급하게 섹스를 요구할 경우, 상대의 매력에 압도되었다기보다 리비도를 주체하지 못해 그렇다는 인상을 줄 수 있다. 클라이맥스를 최대한 늦춰야 하는 것은 그 때문이다. 시간을 두고 천천히 진행되는 구애는 상대의 허영심을 채워줄 뿐만 아니라, 그럴수록 과감한 행동의 효과는 더욱 증폭된다. 하지만 너무 오래 기다리면, 다른 종류의 불안을 야기할 수 있다. "내게 반했다고 하더니, 욕망이 일지는 않나 보죠. 나한테 그렇게 관심은 없나 봐요." 이와 같은 의심은 상대의 허영심에 상처를 주고(당신이 관심이 없다면 나도 마찬가지다), 그로 인해 오해가 생기다보면 어색해질 수밖에 없다. 이는 유혹의

현명한 남자는 입맞춤으로 달콤한 말을 더욱 돋보이게 하는 법이다./ 여자가 입술을 내주지 않으면 억지로라도 빼앗아야 하느니./ 처음에는 펄펄 뛰며 "안 돼요!"라고 소리를 지를지도 모른다./ 그러나고 싸움에서 패하고 싶은 것이 여자의 본심./ 다만, 너무 심하게 밀어붙이면 여자의 연한 입술이 다칠 수도 있으니 조심하라./ 여자로부터 너무 거칠다는 비난을 살 수도 있다./ 입술을 빼앗고도 나머지를 빼앗지 못해 이미 얻은 것까지 잃게 된들 무슨 변명을 할 수 있으리./ 입맞춤 다음에 얼마나 방충맞게 굴었으면 궁극적인 목표를 이루지 못했겠는가?/ 겸손한 것이 아니라 서툴다고 할 수밖에······.
― 오비디우스,
《사랑의 기술》

후기 단계에서 치명적인 걸림돌로 작용한다. 일단 상대의 몸짓에서 준비가 되었다는 신호를 읽으면, 바로 공격에 들어가 상대의 매력에 정신이 팔려 자기도 모르게 과감하게 행동할 수밖에 없었다는 인상을 심어주어야 한다. 그러고 나면 궁극적인 쾌락은 그들의 몫이다. 즉 육체적으로 굴복하는 대가로 허영심을 채울 수 있게 되는 것이다.

> 남자가 소심하게 나올수록, 여자들은 자신의 매력을 의심하면서 자존심에 상처를 받는다. 그가 우리의 저항에 존경을 표할수록, 우리는 더 많은 존경을 요구한다. 남성들이여, 기꺼이 말하건대 우리에게 너무 정숙할 것을 요구하지 말라.
>
> ─ 니농 드 랑클로

유혹의 열쇠

유혹의 법칙은 실제 세상과는 판이하게 다르다. 일상에 적용되는 법칙은 유혹에서는 정반대의 효과를 낼 수 있다. 실제 세상에서는 모든 것이 동등하게 보여야 한다. 너무 많은 권력을 가지고 있거나 권력욕을 너무 강하게 드러내면, 질투와 분노를 야기하기 십상이다. 그래서 사람들은 겉으로나마 친절하고 정중하게 행동하는 법을 배운다. 권력을 쥔 사람들도 겸손하게 보이려고 노력한다. 상대방을 자극하고 싶지 않기 때문이다. 하지만 유혹에서는 모든 제약을 벗어던지고 자신의 어두운 면을 드러낼 수 있다. 다시 말해 유혹에서는 좀 더 자기다워질 수 있다. 이와 같은 자연스러움은 그 자체로 유혹적이다. 문제는 실제 세상에서 너무 오래 생활하다 보니 자기다워질 수 있는 능력을 잃어버렸다는 데 있다. 우리는 소심하고 겸손한 데다 지나치게 정중하다. 잘못 길들여진 겸손에서 벗어나려면 어린 시절의 대담성을 되찾아야 한다.

원래부터 소심하게 태어난 사람은 없다. 소심함은 우리가 개발한 일종의 방어기제다. 무모하게 도전하지 않으면 실패나 성공의 결과에 고통받지 않아도 된다. 친절하고 주제넘게 참견하지 않으면, 모든 사람에게 성자 같다는 인상을 줄 수 있다. 하지만 소심한 사람들은 지나칠 정도로 남

나는 모든 종류의 쾌락을 시험해보았으며, 다양한 형태의 기쁨을 알고 있다. 공주들과의 통정(通情)도, 어렵게 손에 넣은 부도, 오랜 부재 뒤의 귀향도, 두려움에 이은 안도와 안전한 피난처에서의 휴식도 연인과의 결합만큼 영혼에 강한 영향을 미치지는 못한다. 특히 끝없는 부인과 배척 뒤에 이루어진 결합은 더욱 값지다. 그러고 나면 열정의 불꽃이 뜨겁게 타오르면서 욕망의 용광로가 이글거리고, 간절한 소망의 불길이 더욱 맹렬하게 치솟는 법이다.
─ 이븐 하즘, 《비둘기의 반지: 아라비아의 사랑의 기술과 실천에 관한 소고》

들의 시선을 의식하는 것일 뿐 결코 성자는 아니다. 겸손은 사회생활을 하는 데에는 유용할지 모르지만 유혹에서는 치명적이다. 물론 겸손한 성자처럼 행동해야 할 때도 있다. 하지만 유혹에서는 그런 가면을 벗어던져야 한다. 유혹을 성사시키려면 무엇보다도 과감해야 한다. 당신이 과감하게 나와야 상대도 과감하게 행동할 수 있다. 사람들은 억눌린 자신의 성격을 드러낼 기회를 열망한다. 유혹의 최종 단계에서 과감함은 어색함이나 의심을 날려버린다. 춤을 출 때, 두 사람 모두 앞에 나설 수는 없다. 한 사람이 이끌면 다른 사람은 따라가야 한다. 유혹은 평등한 게임이 아니다. 상대를 화나게 할지도 모른다는 두려움 때문에 뒤로 물러서거나 권력을 공평하게 나누어갖는 것이 옳다고 생각하면 재앙이 따를 뿐이다. 유혹은 타협을 모색하는 장이 아니라 쾌락을 추구하는 장이다. 유혹에서는 남자든 여자든 과감하게 행동해야 한다. 상대가 안쓰럽게 느껴지면 굴복하는 사람의 기쁨이 공격하는 사람의 기쁨보다 훨씬 크다고 생각하라.

배우 에롤 플린은 젊었을 때 이루 말할 수 없이 대담했다. 그런 성격 탓에 자주 곤경에 처했다. 특히 마음에 드는 여자를 보면 지나치게 공격적이었다. 그 후 극동지방을 여행하면서 그는 탄트라에 관심을 갖게 되었다. 탄트라에서는 성관계를 맺을 때 남자가 체력을 아끼고 그 과정에서 서로의 쾌락을 고조시키려면 사정을 억제해야 한다고 가르쳤다. 나중에 플린은 이 원칙을 유혹에도 적용해 급한 성격을 억제하고 마지막 순간을 최대한 뒤로 미루는 법을 터득했다. 과감함은 분명 놀라운 결과를 가져다주지만, 시종일관 과감하면 두려움을 초래할 수 있다. 따라서 과감하게 행동하되, 공격할 때와 물러설 때를 알아야 한다. 탄트라의 가르침대로 결정적인 순간을 미룸으로써 더 큰 쾌락을 창출할 수 있어야 한다.

1720년대에 있었던 일이다. 당시 리슐리외 공작은 어떤 공작부인에게 푹 빠져 있었다. 그 여인은 미인이었을 뿐 아니라 누구나 욕심을 낼 정도로 매력적이었다. 하지만 너무 정숙해서 애인을 따로 두지는 않았다. 그럼에도 그녀의 내면에는 코케트의 기질이 숨어 있었다. 리슐리외는 때를 기다렸다. 그는 귀부인들을 사로잡았던 뛰어난 재치로 그녀를 유혹하면서 그녀와 친구가 되었다. 어느 날 밤 그녀와 몇몇 궁중의 귀부인들이 그

내가 옛날에 알던 두 군주는
형제로서 둘 다 나무랄 데
없이 훌륭한 신사였다.
그들에게는 사랑하는 두
여인이 있었는데, 그 두 여인
중 한 여인이 다른 여인보다
모든 면에서 뛰어났다.
어느 날 한동안 침대 신세를
지고 있던 이 위대한 여인의
방으로 안내된 형제는 각자
연인을 즐겁게 하기 위해
행동을 취했다. 형제 중 한
명은 최대한 겸손한 태도로
인사 차원에서 손에 입을
맞추며 무례하게 굴 의사가
없다는 듯 고상하고 품위
있는 찬사의 말로 그 지체
높으신 귀부인을 대했다.
그러나 다른 한 명은
체면치레 같은 격식이나
입에 발린 말 따위는 모두
생략하고 자기 여인을
후미진 창가로 데리고 가서
완력으로 밀어붙였다.
곧이어 그는 눈빛과 얼굴
표정, 교묘한 말로 분위기를
띄우는 스페인식 사랑법이
아니라 모든 연인이
바라마지 않는 솔직하고
당당한 사랑법을
보여주었다. 자신의 임무를
끝내고 방을 나가면서 그는
자기 형제와 그의 여인이
알아들을 수 있도록
큰소리로 이렇게 말했다.
"내 형제여, 그대가 나처럼
하지 않는다면 그대는 결국
아무것도 하지 않는 셈이오.
다른 곳에서 아무리
용감하고 대담하다 한들,
여기서 지금 당장 그대의
배짱을 보여주지 못한다면,
그대는 불명예를 안게 될
것이오. 그대는 지금 격식과
존경심을 갖추어야 하는
자리에 있는 것이 아니라,
그대가 공격해주기를
기다리는 여인과
함께 있단 말이오."
이 말과 함께 그는 자기
형제를 두고 떠났다. 그러나
남은 형제는 시간 때문에

*행동을 자제하고 다음
기회로 미루어야 했다.
사랑이 식어서 그랬는지,
용기가 부족해서 그랬는지,
아니면 육체적인 결함이
있어서 그랬는지는 몰라도,
어쨌거나 그렇다고 해서
그 여인이 그를 더욱
존경했던 것은 결코 아니다.
— 세뇌르 드 브랑톰,
《염부전》*

에게 장난을 치기로 했다. 그녀들이 세운 계획에 따르면, 그는 베르사유 궁전에 있는 자신의 방에서 발가벗은 채 내쫓김을 당해야 했다. 계획은 완벽하게 성공했고, 귀부인들은 그가 알몸으로 도망치는 모습을 구경하면서 박장대소했다. 그가 몸을 숨길 수 있는 장소는 많았다. 하지만 그는 많고 많은 장소 가운데 공작부인의 침실을 골랐다. 몇 분 후 그는 그녀가 방으로 들어와 옷을 벗는 모습을 지켜보았다. 촛불이 꺼지자 그는 그녀의 침대로 기어들어갔다. 그녀는 반항하면서 소리를 지르려고 했지만 그가 키스로 그녀의 입을 막았고, 결국 그녀는 기꺼이 항복했다.

리슐리외가 이처럼 과감하게 행동하기로 결정했던 데에는 몇 가지 이유가 있다. 첫째, 공작부인은 그를 좋아했고, 속으로는 그를 원하고 있었다. 그녀는 내색하거나 인정하지 않았지만, 그는 확신했다. 둘째, 그녀는 이미 그의 알몸을 본 뒤였고, 거기에 깊은 인상을 받을 수밖에 없었다. 셋째, 그녀는 그를 놀린 데 대해 약간의 죄책감을 가지고 있었다. 노련한 유혹자였던 리슐리외가 판단하기에 이보다 더 좋은 기회는 없었다.

과감한 행동은 기습적으로 이루어져야 하지만, 상대를 너무 놀라게 해서도 안 된다. 상대가 당신에게 빠지고 있다는 징후를 읽을 수 있어야 한다. 당신을 대하는 상대의 태도가 변하긴 했지만, 아직까지는 초조감을 내비친다. 속으로는 이미 백기를 든 상태지만, 아직은 과감한 행동을 바라지 않는다. 바로 이때 공격해야 한다. 상대를 너무 오래 기다리게 하면, 기습 효과가 떨어진다. 긴장과 망설임의 정도가 클수록, 상대가 느끼는 해방감도 크게 마련이다. 그들은 항복하기로 결정한 순간, 마치 오랫동안 기다려온 여름철의 소나기처럼 긴장을 쏟아낸다. 과감한 행동은 미리 계획해서는 안 된다. 그럴 경우 의도적이라는 인상을 줄 수 있다. 리슐리외처럼 기회의 순간을 기다려야 한다. 상황을 자신에게 유리하게 활용하려면 늘 긴장하고 있어야 한다. 그래야 기회가 왔을 때 당황하지 않고 순간적으로 대처할 수 있다. 상대의 욕망을 자극하려면, 먼저 유혹자 자신부터 욕망에 압도된 듯한 인상을 심어주어야 한다. 그리고 나서 상대가 과감한 행동을 기대하고 있다는 판단이 들면, 한걸음 뒤로 물러나 안심하게 만들었다가 기습으로 공격하라.

작가 반델로는 15세기 베네치아를 무대로, 한 젊은 미망인이 잘생긴 귀족 청년에게 갑자기 욕정을 품게 되는 이야기를 쓴 적이 있다. 그녀는 자신의 아버지를 졸라 그를 성으로 초대한다. 그녀의 아버지는 다른 일 때문에 자리를 떠야 했고, 그녀는 청년에게 성을 구경시켜주겠다고 제안한다. 그녀는 자신의 침실이 성에서 가장 아름다운 방이라며 자랑을 늘어놓지만, 정작 그에게 보여주지는 않는다. 호기심을 참지 못한 그가 방을 보여달라고 간청하자, 그녀는 그의 소원을 흔쾌히 들어준다. 방에 들어선 순간, 그는 벨벳 커튼과 진귀한 물건, 외설적인 그림, 우아한 흰 초에 그만 넋을 잃고 만다. 방 안 가득 사람을 현혹시키는 기운이 감돌고 있었다. 미망인은 촛불을 하나만 남겨두고 모두 끈 다음, 미리 따뜻하게 데워둔 침대로 청년을 안내했다. 그는 그녀의 애무에 순식간에 굴복하고 만다. 당신도 이 미망인을 본받아야 한다. 즉 과감한 행동에는 극적인 효과가 더해져야 한다. 상대로 하여금 공격을 받으면서도 마치 꿈속에 있는 듯한 느낌이 들게 해야 한다. 극적인 효과는 주변 상황이나 행동을 통해 얼마든지 연출할 수 있다. 미망인은 자신의 침실을 일부러 지나침으로써 청년의 호기심을 자극했다. 두려움도 긴장을 고조시키는 요소가 될 수 있다. 어떤 무기를 사용하든 똑같은 일상과 확연히 구분되는 순간을 만들어야 한다.

감정에 빠진 사람은 약해질 수밖에 없다. 상대가 감정에 빠지면, 순간의 드라마는 더욱 흥미로워진다. 그리고 상대의 감정을 끌어올리는 데에는 자신의 감정을 전염시키는 것보다 더 좋은 방법이 없다. 발몽은 투르벨 부인을 화나게 하거나 고분고분하게 만들고 싶을 때면, 자신이 먼저 그런 감정을 드러냈다. 그때마다 투르벨 부인은 자신도 모르게 그와 비슷한 감정에 빠졌다. 사람들은 분위기에 아주 민감하다. 상대의 저항이 줄어드는 유혹의 마지막 단계에서는 이런 경향이 특히 더 심하다. 과감한 행동을 취할 때는 말이 아닌 분위기로 자신이 필요로 하는 감정을 상대에게 전염시킬 수 있어야 한다. 이처럼 감정의 전이를 통해 상대의 무의식을 파고들면, 상대는 자신도 모르는 사이에 저항할 능력을 잃고 만다.

과감한 행동이 남성만의 전유물처럼 보일 수도 있지만 역사는 과감한 행동으로 성공을 거둔 여성 유혹자들로 가득하다. 먼저 좀 더 전통적인 유형인 코케트형의 여성을 꼽을 수 있다. 이들은 갖은 교태로 남성의 욕망을 자극해 손에 넣은 다음, 마지막 순간에 한걸음 뒤로 물러나 상대로 하여금 과감한 행동을 하도록 만든다. 코케트는 남성이 더 이상 참을 수 없을 때까지 자극하고 나서 눈빛과 몸짓으로 그를 받아들일 준비가 되어 있다는 신호를 보낸다. 역사상 유명한 코르티잔들은 바로 이런 방법을 사용해왔다. 안토니우스를 유혹한 클레오파트라나 나폴레옹을 사로잡은 조제핀이나 파리의 '좋은 시대' 때 엄청난 재산을 모은 라 벨 오테로나 모두 이 방법을 사용했다. 남성은 스스로 남성답다고 착각하지만, 진짜 공격자는 바로 이들이다.

두 번째 유형의 여성은 굳이 상대를 착각하게 만들 필요를 느끼지 않는다. 이들은 자기가 주도권을 쥐고 먼저 상대를 공격한다. 마르가리타 드 발루아, 루 살로메, 장칭 같은 여성은 이 방법으로 뭇 남성들을 사로잡았다. 이들은 공격자보다 희생자가 되고 싶어하는 상대의 욕구를 자극했다. 과감한 여성이 눈길을 끄는 이유는 첫 번째 유형의 여성에 비해 수가 워낙 적기 때문이다. 미온적인 남편이나 소심한 애인만 보다가 과감하게 행동하는 유혹자를 만나면, 그 차이가 확연하게 느껴진다. 유혹자는 바로 이 점을 노려야 한다. 다들 대담하다면 대담함이 새삼스럽게 매력으로 다가오지 않을 것이다.

| **상징** | 여름 소나기. 도저히 끝날 것 같지 않은 무더운 날씨가 연일 계속되면서 땅이 바짝 말라 있다. 그리고 나면 공기가 묵직하고 답답하게 느껴지면서 폭풍 전의 고요가 찾아온다. 잠시 후 갑작스러운 돌풍과 함께 번개가 내리치면서 흥분과 공포가 조성된다. 몸을 피할 곳을 찾을 시간도 주지 않고, 장대 같은 빗줄기가 쏟아지면서 드디어 해방감이 밀려든다.

반전

두 사람이 서로 합의점을 찾게 되면 유혹은 성립될 수 없다. 따라서 반전도 없다.

STRATEGY 24

당연히 옆에 있는 존재로 여겨져서는 안된다

• 정리 •

성공적인 유혹 뒤에는 위험이 따른다. 감정이 최고조에 달하고 나면, 권태, 불신, 실망과 같은 정반대의 감정에 휘말리는 경우가 종종 있다. 질질 끄는 작별은 삼가도록 하라. 불안을 느낀 상대가 울고 불며 매달리면 둘 다 고통스럽다. 헤어져야 한다면 이별 의식은 짧을수록 좋다. 필요하다면 상대에게 걸어둔 주문을 철회하라. 반대로 관계를 지속하고 싶다면 긴장이 풀리는 것을 경계하라. 너무 익숙한 느낌을 주면 환상이 깨질 수 있다. 게임이 지속될 경우, 두 번째 유혹이 필요하다. 어떤 경우에도 당연히 옆에 있는 존재라는 인상을 주어서는 안 된다. 상대를 계속 애타게 하려면 부재 전략으로 끊임없이 고통과 갈등을 야기해야 한다.

주문 풀기

유혹은 마법의 주문을 거는 것과 같다. 누군가를 유혹할 때, 사람들은 평상시와는 아주 다른 모습을 보인다. 자신의 존재를 드러내기 위해 때로 여러 가지 역할을 연기하기도 한다. 자신의 속셈과 불안을 감출 수만 있다면 못할 일이 없다. 상대는 당신이 의도적으로 조성한 신비감과 긴장 상태를 통해 실제 같은 드라마를 경험한다. 당신이 건 주문에 넘어간 상대는 일과 책임감의 세계에서 저만치 멀어진 듯한 느낌을 받는다.

마침내 유혹이 완료되는 시점에 이를 때까지, 긴장을 고조시키고 감정을 자극하면서 이런 상태를 가능한 한 오래 유지해야 한다. 하지만 유혹이 완료되면, 상대는 마법에서 풀려난다. 긴장이 풀린 뒤에는 실망이 뒤따르는 법이다. 그럴 경우, 상대는 그런 감정이 지극히 자연스러운 현상인데도 당신에게 노골적으로 혐오감을 드러낼 수도 있다. 이것은 시간이 지나면 약의 효과가 떨어지는 이치와 비슷하다. 약의 효과가 떨어지면, 상대는 당신을 있는 그대로 볼 것이다. 당연히 결점이 눈에 띌 테고, 그 순간 상대는 실망할 수밖에 없다. 유혹하는 사람의 입장에서도 상대를 이상화하는 경향이 있기 때문에 일단 욕망을 채우고 나면 상대가 나약해 보일 수 있다(결국 상대는 당신에게 굴복한 상태가 아닌가). 당신 역시 실망을 느낄 수 있다. 아무리 상황이 좋다고 하더라도 이제는 환상이 아닌 현실을 다루어야 할 때이기 때문에 불꽃은 서서히 사그라든다. 두 번째 유혹을 시작해야 하는 이유가 바로 여기에 있다.

상대가 만족할 경우, 그것으로 끝이라고 생각할지도 모른다. 하지만 때로 관계를 청산하려는 노력이 상대를 더욱더 매달리게 하는 결과를 낳을 수 있다. 깔끔하게 헤어지려면 주문을 풀어야 하고, 관계를 지속하려면 다시 주문을 걸어야 한다. 다시 말해 유혹이 끝난 뒤에도 기술이 필요하다.

바람직하지 못한 후유증을 피하려면 다음에 소개하는 전술을 익히도록 하라.

타성을 경계하라. 상대를 마법에서 깨어나게 하려면 덜 노력하고 있다는 인상을 주는 것으로 충분하다. 그들은 과거에 당신이 보여준 행동을 되새기며 당신의 의도를 의심할 것이다. 그때는 뭔가를 원했지만, 욕구를 채우고 나면 자기도 모르게 상대에게 소홀해질 수밖에 없다. 따라서 첫 번째 유혹이 끝나면 아직도 끝나지 않았음을 보여주어야 한다. 다시 말해 예전과 똑같이 그들에게 관심을 쏟으면서 끊임없이 미끼를 던져야 한다. 그럴 경우 상대가 마법에서 깨어날 위험은 거의 없다. 일상에 안주하려는 경향을 경계해야 한다. 밀고 당겨야 하는 상황이 재연된다 하더라도, 냄비를 휘저어야 한다. 육체적인 매력에 의존해서는 안 된다. 아무리 아름다운 얼굴도 너무 자주 보면 질리게 마련이다. 유일한 전략은 타성에 빠지지 않는 것이다.

신비감을 유지하라. 익숙함은 유혹의 무덤이다. 상대가 당신의 모든 것을 알게 되면, 관계가 편안해지긴 하지만 환상과 불안의 요소는 사라지고 만다. 불안과 두려움 없이는 성적 긴장감을 기대할 수 없다. 현실은 유혹적이지 않다는 점을 명심하라. 계속 어두운 면을 유지하면서 상대의 기대를 무색하게 하는 한편, 때로 부재 전략을 구사해 상대의 소유욕을 사전에 분쇄해야 한다. 신비감을 유지하지 못하고 익숙한 느낌이 끼어들면, 상대로부터 당연한 취급을 받게 된다. 그다음에 전개될 사태의 책임은 스스로에게 물어야 한다.

가벼운 분위기를 유지하라. 유혹은 생과 사의 문제가 아니라 일종의 게임이다. 유혹 이후의 단계에서 너무 심각한 반응을 보이면, 생겼던 정도 없어질 수 있다. 상대를 등 돌리게 만들 작정이라면 모를까, 그렇지 않다면 잔소리는 가급적 삼가라. 우는소리로는 상대를 지배할 수 없다. 불평은 상대의 방어본능을 건드려 문제를 더욱 악화시킬 뿐이다. 상대를 제압하는 데에는 적당한 활력을 유지하는 것이 훨씬 효과적이다. 가끔 재미있는 일을 꾸며 상대를 즐겁게 해주기도 하고 잘못도 너그럽게 눈감아주면, 상대는 훨씬 다루기가 쉬워진다. 절대 상대를 개조하려고 하지 말라. 대신 상대 스스로 따라오게 만들라.

*한마디로 성격이 너무 단조로운 여자에게 화가 있으라. 단조로운 성격은 상대를 쉽게 질리게 만든다. 늘 한결같은 여자와 함께 있으면 남자도 똑같이 올바르게 처신해야 한다. 그런 여자는 언제 보아도 너무 착하고 상냥해서 사람들에게서 그녀와 싸울 수 있는 특권을 박탈한다. 하지만 이런 특권은 엄청난 쾌락으로 이어질 때가 많다. 그녀를 쾌활하고, 변덕이 심하고, 어떤 면에서는 단호한 여자의 입장에 서보게 하면 어떨까. 모르긴 해도, 그녀의 연인은 똑같은 사람에게서 다양한 모습을 발견하고 크게 기뻐할 것이다. 짜증은 음식이 상하는 것을 막아주는 소금과도 같다. 불안, 질투, 언쟁, 화해, 심술은 사랑의 양식이다. 거기에 다양한 모습으로 정신을 못 차리게 한다면? …… 너무 오래 지속되는 평화는 치명적인 권태를 가져온다. 단조로움은 사랑을 암살하는 주범이다. 연애에 매너리즘이 끼어드는 순간, 열정은 사라지고, 나른하고 권태로운 분위기가 이어지다 싫증이 나기 시작하면서 결국은 미움으로 막을 내린다.
― 니농 드 랑클로,
《니농 드 랑클로의 삶과 편지 그리고 쾌락주의》*

지루한 소모전은 피하라. 주문에서 풀려나도 관계를 깰 용기가 부족해 미적거리는 경우가 많다. 이럴 때 모습을 감추면, 상대의 욕망에 다시 불을 붙이는 역효과를 낼 수도 있다. 그렇게 되면 다시 쫓고 쫓기는 지루한 소모전이 시작된다. 상대에게 더 이상 흥미를 느끼지 못할 경우, 굳이 사과하려 하지 말고 재빨리 끝내라. 어줍잖은 사과는 상대에게 모욕감을 심어줄 뿐이다. 이별은 빠를수록 후유증을 극복하기도 쉬워진다. 정말 상대에게 정이 떨어졌다면, 더 이상 미적거리지 말라. 괜한 동정심 때문에 질질 끄는 것보다 차라리 깨끗하게 헤어지는 쪽이 상대를 도와주는 것이다. 이별을 선언하기가 난처하다면, 반유혹자적인 행동으로 상대를 마법에서 깨어나게 만들라.

사례 1: 집착하면 스스로 떠나간다

시간적 배경은 1770년대다. 미남으로 소문난 기사 벨레로슈는 자기보다 연상인 메르퇴유 후작부인과 관계를 맺기 시작했다. 그는 그녀에 대해 많은 것을 알고 있었지만, 얼마 지나지 않아 그녀는 뚜렷한 이유 없이 트집을 잡기 시작했다. 예측할 수 없는 그녀의 변덕스러운 태도에 반한 그는 그녀에게 관심과 애정을 쏟으면서 그녀를 즐겁게 하려고 무진 애썼다. 결국 사소한 언쟁이 끝이 났고, 그는 메르퇴유 부인이 자기를 사랑한다고 확신하게 되었다. 그러던 어느 날 그가 부인의 집을 방문했는데 부인은 집에 없고 하인이 나와 그를 반갑게 맞이했다. 하인은 파리 교외에 있는 메르퇴유의 비밀 저택으로 그를 안내했다. 그곳에 도착하니 후작부인이 그를 기다리고 있었다. 그녀의 태도에서는 교태가 줄줄 흘렀다. 그녀는 마치 이번이 첫 번째 밀회라도 되는 듯 행동했다. 그는 그토록 열정적인 그녀의 모습을 본 적이 없었다. 그는 새벽까지 그녀와 사랑을 나누었다. 하지만 며칠 뒤 그들은 또다시 언쟁을 벌였다. 그 후로 그녀는 차갑게 굴었고, 파티에서 다른 남자와 히히덕거리기까지 했다. 그는 질투심에 몸을 떨었지만, 까다로운 여자를 다루는 데에는 전처럼 관심과 애정을 쏟아붓는 수밖에 없다고 생각했다.

그러던 중 메르퇴유 후작부인은 일 때문에 몇 주를 시골 별장으로 떠나야 했다. 그녀는 자기와 함께 지내자며 그를 초대했고, 그는 그녀의 초대에 흔쾌히 응했다. 새로운 느낌으로 다가왔던 지난번의 정사가 생생하게 떠올랐기 때문이다. 이번에도 그녀는 새로운 애정과 욕망을 과시하면서 그를 놀라게 했다. 하지만 이번에는 다음 날 떠날 필요가 없었다. 그 상태로 며칠이 흘렀고, 그녀는 다른 손님을 일절 받지 않았다. 아무도 그들을 방해하지 않았다. 게다가 후작부인은 자기가 언제 트집을 잡았냐는 듯 시종일관 싹싹하고 사랑스러운 모습을 보여주었다. 하지만 벨레로슈는 후작부인이 지겨워지기 시작했다. 그는 파리가 생각났고 무도회가 그리웠다. 일주일 후 그는 일 핑계를 대고 서둘러 파리로 돌아왔다. 어찌 된 영문인지 후작부인에게서 더 이상 매력을 느낄 수 없었기 때문이다.

해석 ─────

라클로의 소설 《위험한 관계》에 등장하는 메르퇴유 후작부인은 관계를 질질 끈 적이 한 번도 없는 노련한 여성 유혹자다. 벨레로슈는 젊고 잘생겼지만 그 이상도 그 이하도 아니었다. 그에 대한 관심이 식자, 그녀는 그를 자신의 비밀 저택으로 불러들여 관계에 새로운 분위기를 주입하기로 했다. 한동안은 이 방법이 먹혔다. 그러나 그것만으로는 충분하지 않았다. 그가 제풀에 지쳐 떨어져나가게 만들어야 했다. 그녀는 일부러 차갑게 굴면서 화를 돋우기도 하고(싸움을 하려는 목적에서), 심지어는 다른 남자에게 관심을 보이기도 했다. 하지만 그럴수록 그의 집착은 더욱 강해졌다. 그녀는 그를 그냥 떠날 수 없었다. 그가 앙심을 품거나, 그녀를 되찾으려고 더 적극적으로 나올 수도 있었기 때문이다. 해결책은 지나친 관심으로 그를 질리게 만들어 마법에서 벗어나게 하는 수밖에 없었다. 그녀는 차가움과 따뜻함을 번갈아가며 보이던 기존의 방식을 버리고 희망 없는 사랑에 빠진 여자처럼 행동했다. 환상을 품을 여유도 없이 그녀와 단둘이 며칠씩 있게 되자, 그녀에 대한 그의 관심은 시들해졌다. 결국 그녀는 목적을 이루었다.

상대와 헤어지기가 곤란할 경우(혹은 용기가 부족할 경우), 상대에게 걸었

온 세상을 누비고 다니는 변덕스러운 사랑의 신을 제압할 수 있는 몇 가지 기술을 설명하려 한다……/ 사랑을 받으려면 사랑스럽게 행동하라. 잘생긴 외모만으로는 절대 사랑을 얻지 못하느니,/ 그대가 호메로스의 니레우스(트로이전쟁에 참가한 그리스 병사 중 아킬레스 다음으로 수려한 용모를 지녔다고 함─옮긴이)나 못된 나이아스(그리스 신화에서 흐르는 물, 곧 샘·강·시내·호수에 사는 요정들─옮긴이)에게 납치당한 젊은 힐라스(헤라클레스의 시종으로 상당한 미남이었음─옮긴이)처럼 잘생겼다고 하더라도,/ 어느 날 갑자기 버림받는 신세가 되지 않으려면, 나아가 계속해서 너의 여인을 곁에 두고자 한다면,/ 육체의 매력에 마음의 재능을 추가해야 하리니,/ 아름다움이란 깨지기 쉬운 법,/ 세월이 흐르면 미모는 사라지고 말리니,/ 제비꽃과 백합은 영원히 피어 있지 않고,/ 장미가 지고 나면 남는 것은 딱딱한 가시뿐./ 이와 마찬가지로, 그대가 지금은 잘생긴 청년이라 하더라도/ 곧 주름살이 그대의 몸에 고랑을 만들리니,/ 머리카락이 백발로 변하는 것은 그야말로 순식간의 일,/ 그렇다면 영원히 존속하는 마음을 갈고 닦아,/ 그대의 아름다움에 보태야 하리,/ 마음만은 마지막 불꽃이 그대를 태워 없앨 때까지 영원히 지속될 터,/

*재치를 다지고,/
교양을 쌓는 데
매진해야 할 것이며,/
라틴어뿐만 아니라
그리스어도 익히도록 하라./
오디세우스는 언변은
유려했지만, 그다지 잘생긴
인물은 아니었다./
그럼에도 그는 바다의
여신들 마음을 불타는
열정으로 가득
채워놓았다……/
사람의 마음을 사로잡는 데
적당한 아량보다 더
효과적인 무기는 없나니./
매정함은 증오를 부르고,/
증오는 성가신 소란을
불러오는 법이다./
우리는 힘없는 가축 떼를
공격하는 매와
늑대는 미워하지만,/
온순한 제비를 잡기 위해
올가미를 치지는 않는다./
비둘기에게는 집까지
지어주지 않는가./
말다툼을 피하고,/
혀에 날을 세워 남을
비난하는 일이 없도록 하라./
사랑은 민감하기 때문에/
부드러운 말로 살살
어루만져야 한다./
잔소리는 아내와
남편들에게 맡겨두라,/
그들은 말다툼이 마치
자연의 법칙인 양
생각하는 모양인데,/
그 상태로 영원히
반복하게 내버려둬라./
아내들은 언쟁을 벌일수록
기세가 등등해지는 법,/
이는 시집을 오면서
지참금으로 말다툼을
가져오기 때문이다./
그러나 애인에게는 언제나
듣기 좋은 소리만
해야 한다……/
그녀에게 환대를 받으려면,
귀를 즐겁게 하는 달콤한
말을 들려주어야 하리니.
— 오비디우스, 《사랑의 기술》*

던 주문을 푸는 것보다 더 좋은 방법은 없다. 무관심이나 분노는 불안을 야기하기 때문에 오히려 상대를 더욱 매달리게 만들 수 있다. 대신 사랑과 관심으로 그들을 숨막히게 하라. 상대가 집착을 보이면, 이쪽에서는 더 강한 집착을 보여주라. 상대의 일거수일투족에 관심을 보이면서 이 지겨운 애정 세례가 영원히 계속될 수도 있다는 인상을 주라. 신비감도 애교도 후퇴도 필요없다. 단지 끝없는 사랑을 퍼부으면 된다. 그런 위협을 견딜 수 있는 사람은 거의 없다. 그 상태로 몇 주가 지나면, 상대가 먼저 줄행랑을 칠 것이다.

사례 2: 왕을 설레게 한 여배우

영국의 왕 찰스 2세(Charles Ⅱ)는 자타가 공인하는 바람둥이였다. 그가 사귄 애인이 한둘이 아니었다. 그의 곁에는 늘 귀족 출신의 정부가 한 명 있었지만, 별로 이름이 알려지지 않은 여인도 부지기수였다. 그는 색다른 맛을 추구했다. 1668년 어느 날 저녁, 찰스 2세는 극장에서 시간을 보내다가 넬 그윈(Nell Gwyn)이라는 젊은 여배우에게 욕망을 느꼈다. 그녀는 순진해 보이는 얼굴에 뺨에는 소녀 티가 가시지 않았지만(당시 그녀는 열여덟 살이었다), 그녀의 연기는 뻔뻔할 정도로 대담했다. 몹시 흥분한 왕은 그녀를 자기 것으로 만들기로 했다. 공연이 끝나자 그는 그녀를 술집으로 데리고 가 한바탕 신나게 논 다음 자신의 침실로 끌어들였다.

넬은 생선장수의 딸로, 원래는 극장에서 오렌지를 팔았다. 그녀는 작가나 극장 관계자와 잠자리를 같이한 대가로 여배우의 위치에 올라섰다. 하지만 그것을 전혀 부끄럽게 여기지 않았다(그녀의 하인 중 한 명이 어떤 사람으로부터 창녀 밑에서 일한다는 소리를 듣고 싸움을 벌이자, 그녀는 "그래, 나는 창녀다. 그것말고 싸울거리가 있으면 더 찾아보라"며 싸움을 중단시켰다). 그녀는 유머와 톡톡 튀는 말투로 왕을 기쁘게 했지만, 태생이 비천한 여배우여서 왕은 그녀를 정식 후궁으로 임명할 수 없었다. '예쁘고 재치 넘치는' 넬과 며칠 밤을 보낸 뒤, 왕은 프랑스 태생의 귀족으로 그의 공식적인 정부였던 루이즈 케루알의 품으로 돌아갔다.

케루알은 영민한 유혹자였다. 그녀는 왕으로부터 작위를 하사해주겠다는 약속을 받아낼 때까지 까다롭게 굴면서 몸을 허락하지 않았다. 찰스 2세는 이런 식의 추격전을 즐겼고, 그녀를 포츠머스 공작부인에 임명해 정식 후궁으로 삼았다. 하지만 얼마 지나지 않아 탐욕스럽고 괴팍한 그녀의 성격이 왕의 심기를 건드리기 시작했다. 왕은 그녀에게서 거두어들인 관심을 넬에게 돌렸다. 그녀를 방문할 때마다, 왕은 그녀가 내오는 음식과 술뿐만 아니라 그녀의 뛰어난 유머 감각에 입을 다물지 못했다. 왕이 지루해하거나 울적해하는 기미를 보이면, 그녀는 왕과 함께 술집이나 도박장을 찾거나 교외로 나가 왕에게 고기 잡는 법을 가르쳐주기도 했다. 그녀는 작은 일에도 뜻밖이라는 듯 즐거운 표정을 지었다.

왕은 무엇보다 그녀의 재치를 사랑했다. 왕은 그녀가 늘 잘난 체만 하는 케루알을 흉내 내는 모습을 특히 좋아했다. 케루알은 다른 나라의 귀족이 죽으면 마치 생전에 그와 친하게 지내기라도 한 듯 상복을 챙겨입곤 했다. 넬도 가끔 상복 차림으로 궁전에 나타나곤 했는데, 그때마다 그녀는 슬픈 어조로 자신의 먼 친척인 '타타르 왕'이 죽어 애도를 표하고 있는 중이라고 둘러대곤 했다. 그녀는 공작부인을 대놓고 '사팔뜨기 미인'이나 '수양버들'이라고 불렀다. 그녀가 억지 웃음을 짓거나 일부러 우울한 척했기 때문이다. 곧이어 왕은 공작부인보다도 넬과 더 많은 시간을 보내게 되었다. 케루알이 왕의 관심 밖으로 밀려나자 넬은 그가 가장 총애하는 애첩이 되었다. 그녀는 1685년 왕이 죽을 때까지 그 자리를 지켰다.

해석 ———

넬 그윈은 야망이 컸다. 그녀는 권력과 명성을 원했지만, 17세기에 여자가 이 둘을 얻으려면 남자를 통하는 수밖에 없었다. 그런 점에서 왕은 최고의 남자였다. 하지만 찰스 2세와 관계를 맺는 것은 위험한 게임이었다. 찰스 2세처럼 쉽게 지겨워하는 남자는 처음에는 애가 타서 달려들다가도 금세 다른 여자에게 관심을 돌리게 마련이다.

넬의 전략은 간단했다. 그녀는 왕이 다른 여자와 놀아나도 절대 불평하지 않았다. 하지만 그를 만날 때면 즐겁게 해주었다. 그녀는 자신이 왕을

밴드는 파리의 팔레샬로 극장에서 공연을 했다. 전반부 공연이 끝나고, 밴드는 한 시간 동안의 휴식에 들어갔다. 그틈을 타 근사한 뷔페가 마련되었다. 기다란 대형 식탁은 맛있는 음식과 코냑, 샴페인, 포도주에 이어 파리에서는 구하기 힘든 스카치 위스키로 빈틈을 찾아볼 수 없었다. 그런데 귀족과 하인들을 포함해 그 자리에 있던 사람들은 바닥을 기어다니면서 뭔가를 열심히 찾고 있었다. 연회를 베푼 여주인 중 한 명인 어느 공작부인이 큼지막한 다이아몬드를 잃어버렸기 때문이다……. 공작부인은 사람들이 반지를 찾아 바닥을 훑는 모습을 더 이상 지켜보고 있을 수 없었다. 그녀는 오만한 표정으로 주변을 둘러보더니 듀크의 팔을 잡고 이렇게 말했다. "그까짓 거 아무것도 아니에요. 다이아몬드야 언제든 얻을 수 있지만, 듀크 엘링턴 같은 남자를 어디서 구하겠어요?" 그리고 나서 그녀는 듀크와 함께 어딘가로 사라졌다. 밴드는 듀크가 빠진 채로 후반부 공연을 시작했다. 결국 듀크는 환하게 웃으면서 공연을 끝내기 위해 다시 모습을 드러냈다.
— 돈 조지(Don George), 《달콤한 남자: 듀크 엘링턴의 참모습(Sweet Man: The Real Duke Ellington)》

사랑하는 것은 그의 신분과는 하등 관계가 없는 듯 행동하면서 그의 감각을 쾌락으로 가득 채웠다. 다양한 여자를 만나다보니, 바쁜 왕은 신경도 쓰이고 피곤하기도 했다. 하나같이 지나친 요구를 해왔다. 한 여자가 여러 여자의 분위기를 낼 수 있다면, 굉장한 무기를 손에 넣는 셈이 된다. 넬은 여배우로, 다른 역할을 연기하는 데 누구보다 익숙했다. 넬은 한 번도 돈을 요구하지 않았지만, 찰스 2세는 그녀에게 부를 안겨주었다. 그녀는 애첩의 자리를 요구한 적도 없었다. 평민 출신이었기 때문에 감히 그런 요구를 할 수 없었다. 하지만 그는 그녀를 애첩의 자리에 올려놓았다.

우리 주변에도 왕이나 여왕처럼 쉽게 지루해하는 사람들이 많다. 일단 유혹이 끝나면, 그들은 뭔가 색다른 분위기를 풍기는 다른 상대에게 관심을 돌린다. 그렇게 함으로써 그들은 변화를 바라는 자신들의 욕구를 충족시킨다. 그들의 관심을 되돌리려면 불평을 하거나, 자기 연민에 빠지거나, 특권을 주장해서는 안 된다. 그런 식의 반응은 그들을 더욱 멀어지게 할 뿐이다. 대신 지금까지와는 다른 모습을 보여주도록 하라. 새로운 역할을 연기하면서 끊임없이 그들을 놀라게 만들라. 아무런 집착도 보이지 않으면서 쾌락을 제공하는 사람에게 저항하기란 불가능하다. 그들과 함께 있을 때면 항상 밝고 명랑한 모습을 보여주도록 하라. 자신의 성격 중에서 그들이 좋아하는 부분을 부각시키되, 식상하다는 느낌을 주어서는 안 된다. 이 점에 주목한다면 결국 주도권은 당신에게 돌아올 것이며, 거만한 왕이나 왕비는 얌전한 노예로 변할 것이다.

사례 3: 이별 또한 유혹의 도구

위대한 재즈 연주가 듀크 엘링턴(Duke Ellington)이 도시에 나타나면, 그와 그의 밴드는 열렬한 환호를 받았지만 그중에서도 여성들의 반응이 특히 뜨거웠다. 그들은 물론 그의 음악을 들으러 왔지만, 일단 그를 보면 그에게 정신없이 빠져들었다. 무대 위에서의 엘링턴은 느긋하고 기품이 넘쳤을 뿐만 아니라 그 순간을 즐기는 것처럼 보였다. 그는 얼굴도 상당히 잘생긴 데다 꿈을 꾸는 듯한 시선으로 악명을 떨쳤다(그는 잠을 거의 자지 않았기 때문에 눈밑이 늘 쳐져 있었다). 공연이 끝나면 어떤 여성들은 그를 식사에 초대하거나 그의 탈의실로 숨어들곤 했지만 그에게 노골적으로 추파를 던지는 여성들도 있었다. 엘링턴은 굳이 여성들의 접근을 굳이 막지 않았다. 그가 상대 여성의 손에 입을 맞추면, 한순간 두 사람의 시선이 얽히곤 했다. 이따금씩 상대가 먼저 관심을 보인 적도 있었는데, 그때마다 그는 눈빛으로 자기는 이미 준비를 끝냈다는 의사를 전달했다. 때로 그의 눈이 먼저 말을 거는 경우도 있었다. 아무리 자신의 결혼생활에 만족하고 있다 하더라도 그런 그의 표정에 저항할 수 있는 여성은 거의 없었다.

그의 주문에 걸려든 여성은 연주회의 음악 소리가 아직도 귓가에 생생한 채 그의 호텔 방에 나타나곤 했다. 그때마다 그는 멋진 옷매무새를 뽐냈고(그는 옷 욕심이 많았다) 방안은 꽃으로 가득했다. 방 한쪽 구석에는 어김없이 피아노가 놓여 있곤 했다. 그는 피아노 앞으로 다가가 음악을 연주하곤 했다. 그가 뭔가에 취한 듯 우아하게 피아노를 치는 모습을 지켜보면서 상대 여성은 방금 전에 보고 온 공연이 계속 이어지는 듯한 착각에 빠졌다. 공연이 끝나면 엘링턴은 도시를 떠났지만, 그는 상대에 대한 배려를 잊지 않았다. 그는 공연 일정 때문에 할 수 없이 그녀와 헤어지는 듯한 인상을 주었다. 몇 주 후 그녀는 라디오에서 여전히 심금을 울리는 엘링턴의 새 노래를 듣곤 했다. 그가 다시 그 지역을 지날 경우, 그녀는 만사를 제쳐놓고 그를 만나러 달려나왔다. 그리고 엘링턴은 다시 그녀와의 관계를 재개했지만 하룻밤을 넘기지는 않았다.

1940년대에 젊은 여성 두 명이 무도회에 참석하기 위해 앨라배마에서 시카고로 왔다. 엘링턴과 그의 밴드는 말 그대로 굉장했다. 그는 두 여성이 가장 좋아하는 음악가였고, 공연이 끝나고 나서 그들은 그에게 사인을 부탁했다. 그는 너무 매력적이었다. 그의 매력에 넘어간 두 여성 중 한 명이 자기도 모르는 사이에 그에게 어느 호텔에 묵고 있냐고 물었다. 그는 순순히 일러주었다. 그들은 그가 묵고 있는 호텔로 짐을 옮긴 후, 그에게 전화를 걸어 술이나 한 잔 하자며 그를 방으로 초대했다. 그는 흔쾌히 동의했다. 그들은 방금 전에 산 아름다운 실내복을 입고 있었다. 엘링턴은 마치 그들의 따뜻한 환대가 하나도 어색하지 않은 듯, 아주 자연스럽게

한동안 주먹으로 대문을 쾅쾅 두드리더니 내게 욕설을 퍼부으며 그 자리를 떴다. 며칠이 지나도 나는 그를 부르러 보내지 않았다. 칼리데스가 여전히 우리 집에 머물러 있었기 때문이다. 그러자 이미 흥분할 대로 흥분한 데모판토스는 미치고 말았다. 그는 우리집 대문을 부수고 들어와서는 처음에는 눈물로 호소하더니 곧이어 나를 여기저기 끌고 다니며 죽이겠다고 협박했다. 그래도 성이 차지 않는지 내 옷을 찢어발기기까지 했다. 실제로 그는 질투에 사로잡힌 남자가 할 수 있는 일은 모두 해보였고, 마침내 내게 6천 드라크마를 갖다주었다. 그 정도면 상당한 액수였기에, 나는 군말 없이 여덟 달 동안 그의 애첩 노릇을 했다. 그의 아내는 내가 이상한 약으로 그를 호린다고 말했지만, 그의 넋을 빼놓은 이상한 약이란 다름 아닌 질투심이었다. 여러분도 나의 충고를 명심하기 바란다.
— 루키아노스(Lukianos), 《창녀들의 대화(Dialogues of the Courtesans)》

행동했다. 세 명은 곧 침대로 자리를 옮겼고, 두 여성 중 한 명은 자기 어머니가 엘링턴을 무척 좋아한다는 데 생각이 미쳤다. 그녀는 당장 어머니에게 전화를 걸어 엘링턴을 바꿔주었다. 그는 아무 일도 없던 것처럼 시치미를 뚝 뗐다. 그는 몇 분 동안 그녀의 어머니와 통화하면서 이렇게 예쁜 딸을 두어서 뿌듯하겠다며 아부를 늘어놓았다. 그러고는 자기가 잘 돌봐줄 테니 걱정하지 말라며 그녀의 어머니를 안심시켰다. 그에게서 다시 수화기를 넘겨받은 딸은 이렇게 말했다. "걱정하지 마세요. 우린 괜찮아요. 엘링턴 씨는 완벽한 신사거든요." 그녀가 전화를 끊자마자, 그 세 명은 하다가 멈춘 짓궂은 장난을 다시 시작했다. 두 명의 아가씨에게 이날 밤은 순수하면서도 영원히 잊지 못할 쾌락의 순간으로 기억되었다.

때로 이들처럼 극성스러운 여성들이 한꺼번에 그의 연주회를 찾곤 했다. 그때마다 그는 그들 앞에 나가 네 번씩 키스를 해주곤 했다(이는 궁지에서 벗어나기 위한 그의 고육지책이었다). 물론 여성들은 그와 정말 진한 키스를 나눈 사람은 자기라고 생각했다.

해석 ——

듀크 엘링턴은 두 가지에 열정을 가지고 있었다. 다름 아닌 음악과 여자였다. 그 두 가지는 서로 밀접하게 관련되어 있었다. 그의 끝없는 여성 편력은 그의 음악에 영감을 불어넣어 주었다. 그는 마치 무대나 예술 작품을 대하듯 여자들을 대했다. 이별의 순간이 오면, 그는 늘 극적인 분위기를 연출했다. 따뜻한 말 한마디나 작은 선물은 그와의 관계가 아직 끝나지 않았다는 인상을 주었다. 그가 도시를 떠나고 시간이 어느 정도 지난 후, 둘이서 함께 지낸 밤을 묘사한 서정적인 노래가 전파를 타고 들려오곤 했다. 그럴수록 여성들은 그와의 추억을 절대 잊지 못했다. 그때의 경험은 하룻밤의 불장난이 아니라 그 여성의 삶에서 가장 소중한 순간이었다. 게다가 근심걱정이라고는 없는 듯한 그의 태평스러운 태도는 죄책감을 느낄 틈을 주지 않았다. 어머니나 남편에 대한 생각도 그런 환상을 깨지는 못했다. 엘링턴은 여자를 밝히는 자신의 취향을 결코 변명하지 않았다. 그는 원래 성격이 그랬고, 그가 충실하지 못했던 것은 상대 여성의 잘못이 아니었다. 그가 욕망을 주체하지 못하는데 어떻게 여성에게 책임을 돌릴 수 있겠는가? 그런 남자에게 원한을 품거나 그의 행동에 불만을 토로해봐야 아무 소용이 없었다.

엘링턴은 심미적인 레이크였다. 이런 유형은 끊임없이 이 여자 저 여자 옮겨다니며 새로움을 추구한다. 보통 남자가 이런 식으로 여자 꽁무니를 쫓아다니면 결국 난처한 입장에 처하게 되지만, 심미적인 레이크는 추한 감정을 유발하는 경우가 거의 없다. 이들은 여성을 유혹하기 전이나 후나 태도에 변화가 없다. 이들은 계속해서 상대를 들뜨게 만든다. 다음 날에도 주문은 깨지지 않는다. 심미적인 레이크는 이별도 즐겁고 우아한 경험으로 만들기 때문이다. 엘링턴이 여성에게 걸었던 주문은 결코 효력이 사라지는 법이 없었다.

교훈은 간단하다. 유혹이 끝나고 이별해야 하는 순간이 찾아와도, 전과 똑같이 즐겁고 설레는 분위기를 유지해야 한다. 이쪽에서 죄책감을 보이지 않으면 상대도 분노나 적개심을 느끼지 못한다. 유혹은 모든 에너지를 순간에 투자하는 즐거운 게임이다. 이별도 즐겁고 멋지게 치러져야 한다. 상대와 헤어지는 것은 일이나 지겨운 책임감 때문이라는 인상을 주도록 하라. 잊을 수 없는 경험으로 감동을 자아낼 경우, 상대는 이별이 아니라 즐거운 유혹을 떠올릴 것이다. 이 점을 염두에 두면 적이 아니라 언제든 돌아갈 수 있는 평생의 연인을 확보하는 셈이다.

사례 4: 편안함은 유혹의 무덤

1899년에 프리다 폰 리히트호펜은 스무 살의 나이로 노팅엄 대학 교수였던 어니스트 위클리라는 영국 남자와 결혼했다. 그녀는 곧 교수부인이라는 역할에 적응했다. 위클리는 그녀에게 잘해주었지만 그녀는 조용한 생활과 잠자리에서 미온적인 남편의 태도에 점차 싫증을 느꼈다. 독일에 있는 친정을 방문하는 길에 몇 차례 애정 행각을 벌였지만, 그녀가 원하는 그런 관계는 아니었다. 그녀는 성실한 주부로 돌아와 세 아이의 뒤치다꺼리를 하며 시간을 보냈다.

1912년 어느 날 위클리 밑에서 공부한 적이 있는 데이비드 허버트 로렌스가 부부의 집을 방문했다. 당시만 해도 새내기 작가였던 로렌스는 위클리 교수의 조언을 듣고 싶었다. 하지만 교수는 집에 없었고 프리다가 그를 맞았다. 그녀는 그처럼 인상이 강렬한 청년을 본 적이 없었다. 그는 자신의 따분한 청춘을 한탄하면서 여자를 도무지 이해하지 못하겠다고 말했다. 그는 그녀의 불평도 주의 깊게 들어주었다. 심지어 그는 그녀가 끓인 차가 형편없다며 그녀를 나무라기까지 했다. 그녀는 귀족 출신이었지만 그의 이런 행동에서 묘한 흥분을 느꼈다.

로렌스는 나중에 다시 부부의 집을 방문했다. 하지만 이번에는 위클리가 아니라 프리다를 만나기 위해서였다. 어느 날 그는 당신을 사랑하게 되었다고 고백했다. 그녀도 똑같은 감정을 느끼고 있었다. 그녀는 밀회 장소를 알아보자고 제안했지만 로렌스의 생각은 달랐다. 그는 내일 당장 남편 곁을 떠나라고 요구했다. 프리다가 아이들은 어떻게 하냐고 묻자, 로렌스는 우리의 사랑보다 아이들이 더 중요하다면 아이들 곁에 남아 있으라고 했다. 하지만 며칠 내로 자기와 함께 도망치지 않는다면 두 번 다시는 자기를 볼 수 없을 거라며 으름장을 놓았다. 프리다 입장에서는 너무 끔찍한 선택이었다. 그녀는 남편에 대해서는 눈곱만 한 미련도 없었지만, 아이들은 그녀가 살아가는 이유였다. 며칠 뒤 그녀는 결국 로렌스의 제안에 굴복하고 말았다. 아무렇지도 않게 그토록 엄청난 도박을 강요하는 남자를 말릴 힘이 그녀에게는 없었다. 만약 거절했더라면 그녀는 두고두고 후회했을 것이다. 그런 남자는 평생 한 번밖에 만날 수 없기 때문이다.

두 사람은 영국을 떠나 독일로 갔다. 프리다는 가끔 아이들이 너무 보고 싶다고 호소했지만, 그때마다 로렌스는 그녀를 호되게 몰아붙였다. 그는 당신한테는 언제든 아이들에게 돌아갈 자유가 있지만, 그럴 경우 자기를 다시는 볼 수 없다고 못박았다. 그는 그녀를 데리고 알프스로 고된 산악 여행을 떠났다. 그녀는 귀족 출신이라 그렇게 힘든 경험을 해본 적이 없었지만 로렌스는 단호했다. 그는 두 사람이 사랑한다면 고생도 문제가 되지 않는다는 논리를 폈다.

프리다와 로렌스는 1914년에 결혼식을 올렸다. 하지만 그 후 수년 동안 똑같은 양상이 반복되었다. 그는 틈만 나면 그녀의 게으른 성격과 형편없는 살림 솜씨를 비난했다. 그녀가 아이들을 그리워하는 것도 그는 못마땅하게 여겼다. 그는 아주 적은 경비로 그녀와 함께 세계 일주 여행에 나서곤 했는데, 그녀를 편히 쉬게 해준 적이 단 한 번도 없었다. 다리를 뻗고 한번 푹 쉬어보는 것이 그녀의 간절한 소망이었을 때도, 그의 반응은 매몰찼다. 그들은 끊임없이 싸웠다. 뉴멕시코에서는 친구들 앞에서 그녀에게 고래고래 고함을 치기도 했다. "그 빌어먹을 담배를 당장 입에서 치우지 못해! 그리고 그 디룩디룩 살찐 배 좀 집어넣어!" "한마디만 더하면 당신 치부를 낱낱이 까발릴 테니 알아서 해요." 그녀도 질세라 소리쳤다(어느 순간부터 그녀도 그가 한 방 먹이면 똑같이 되받아쳤다). 그러고 나서 둘은 나란히 밖으로 나갔다. 친구들은 그들의 뒷모습을 지켜보면서 저러다 서로 치고받고 싸우기라도 하면 어쩌나 하고 걱정했다. 하지만 다시 돌아올 때면 서로 다정하게 팔짱을 낀 채 희희낙락하는 모습이었다. 남들은 이런 로렌스 부부를 이해하지 못했다. 어쨌든 그들은 결혼하고 나서도 몇 년 동안 갓 결혼한 철부지 신혼 부부처럼 행동했다.

해석 ——

처음 프리다를 만났을 때 로렌스는 그녀의 약점을 금세 간파했다. 그녀는 김빠진 부부관계와 단조로운 생활에 염증을 느끼고 있었다. 다른 많은 남편처럼 그녀의 남편도 친절하긴 했지만 그녀에게 관심을 기울이지는 않았다. 그녀는 드라마와 모험을 갈망했지만 너무 게을러서 스스로는 찾아나설 수도 없었다. 로렌스가 제공하려 했던 것은 다름 아닌 드라마와 모험이었다. 그녀에게는 언제라도 그를 떠날 자유가 있었다. 그는 그녀를 무시하는 대신 끊임없이 비난했다. 그는 그녀를 당연하게 여긴 적이 단 한 번도 없었다. 적어도 그는 관심을 보였다. 안락한 생활과 권태감 대신 그는 모험과 낭만을 선물했다. 그가 의례적으로 걸어오는 싸움도 중단 없는 드라마와 타협을 위한 공간을 마련해주었다. 그는 그녀의 두려움을 자극했고, 그 때문에 그녀는 늘 불안해했다. 그 결과 그들의 관계는 한 번도 늘어진 적 없이 늘 새로웠다.

모타불이 힘들게 연기를 내뿜으며 숨겨진 깜부기불 위로 잿빛 재의 왕관을 씌우는 것을 본 적이 있는가?/
그러나 거기에다 유황을 흩뿌리면 불꽃은 다시 활활 타오르지 않던가?/
사람의 마음도
이와 마찬가지다./
아무런 근심 걱정이 없으면 둔해지게 마련이고,/
사랑도 따끔한 자극이 있어야 생겨나는 법이다./
그녀의 불안을 부추겨 식어버린 그녀의 열정에 다시 불을 지피도록 하라./
그대가 몰래 저지른 죄를 고백하는 순간,/
그녀의 낯빛은
하얗게 변하리라./
상처받은 가련한 여자로 하여금 고문을 하게 만들고,/
반갑지 않은 소식을 들은 여자로 하여금 까무러치게 만드는 남자는/
더없이 행복한 사람이다./
분을 이기지 못한
여자에게 머리카락을
쥐어뜯기는 남자,/
연한 뺨에 여자의 손톱 자국이 나 있는 남자,/
여자가 눈물을 쏟으면서 그렁그렁한 눈으로
바라보는 남자,/
여자가 그 없이는 살지 못하겠다며 매달리는 남자!/
아, 내가 이런 남자라면 얼마나 행복하랴!/
그러나 슬퍼하는 여자를 오래

만약 관계를 계속 유지하고 싶다면 유혹을 멈춰서는 안 된다. 그럴 경우 알게 모르게 권태가 끼어든다. 관계에 활력을 불어넣는 데에는 간헐적으로 드라마를 도입하는 것보다 더 좋은 방법은 없다. 옛날 상처를 헤집고, 질투심을 유발하고, 다시 후퇴하는 과정은 고통스러울 수 있다(하지만 이는 관계가 타성에 빠지는 것을 막기 위한 하나의 전략이다. 따라서 이런 행동과 우는소리를 혼동해서는 안 된다). 이와 같은 과정은 고통스러운 만큼 즐거울 수도 있다. 자기 자신을 처음부터 다시 드러내 보이는 한편, 사소한 것에도 관심을 기울이면서 새로운 유혹을 창출한다고 생각하라. 사실 이 두 가지 측면은 적당하게 섞여 있어야 한다. 지나친 고통이나 쾌락은 유혹적이지 않기 때문이다. 상대가 이미 굴복한 상태기 때문에 처음과 같은 유혹을 되풀이할 필요는 없다. 다만 아직도 노력 중이며 상대를 당연하게 여기는 일은 없을 거라는 점만 보여주면 된다. 가벼운 충격만으로도 타다남은 깜부기불에 불을 붙여 신선한 느낌과 긴장이 기분 좋게 느껴졌던 처음으로 되돌아가게 할 수 있다.

안락하고 편안한 느낌은 유혹의 무덤이라는 점을 명심하라. 힘든 여행은 값비싼 선물과 사치품보다 관계를 더욱 단단하게 묶어준다. 젊은 사람들은 사랑할 때 안락함 따위는 안중에도 없다. 다시 그런 감정 상태로 돌아갈 수만 있다면 젊은 시절의 불꽃은 금세 다시 타오를 것이다.

사례 5: 이별 의식은 짧을수록 좋다

1652년에 프랑스의 유명한 코르티잔 니농 드 랑클로는 빌라르코 후작을 만나 사랑에 빠졌다. 니농은 자유사상가였다. 그녀에게는 사랑보다 철학과 쾌락이 더 중요했다. 하지만 후작은 새로운 감정을 일깨워주었다. 그는 이루 말할 수 없을 정도로 대담하고 성급했다. 그녀가 남자 때문에 쩔쩔매기는 평생 처음이었다. 게다가 후작은 소유욕도 강했다. 그녀는 평소 같았으면 질색했겠지만, 그가 그러는 모습은 자연스럽고 매력적으로 보였다. 그는 단지 스스로를 주체하지 못할 뿐이었다. 니농은 자기한테만 충실해야 한다는 그의 조건을 받아들였다. 그녀는 그녀대로 그에게서 돈이나 선물은 받지 않겠다고 선언했다. 사랑 외에 다른 것들이 끼어들게 하고 싶지 않았기 때문이다.

그녀는 파리에 있는 그의 집 맞은편에 집을 얻었다. 그들은 매일 만났다. 어느 날 오후 후작이 갑자기 쳐들어와서는 다른 남자를 만나는 것이 분명하다며 그녀를 닦달했다. 근거 없는 의심이었다. 그는 말도 안 되는 트집을 잡고 있었다. 그녀는 그렇게 설명했지만 그는 분을 삭이지 못하고 한동안 미친 듯이 날뛰었다. 다음 날 그녀는 그가 몹시 아프다는 전갈을 받았다. 그녀는 몹시 걱정이 되었다. 그녀는 답답한 마음도 달랠 겸 사랑과 복종의 표시로, 자신의 특징이라 할 수 있는 길고 아름다운 머리카락을 잘라 그에게 보내기로 결심했다. 그녀의 정성이 통했는지, 후작은 자리를 털고 일어났다. 그들의 관계는 전보다 더 뜨겁게 불타올랐다. 친구와 이전 애인들은 그녀가 갑자기 헌신적인 여인처럼 군다며 불만을 토로했지만, 그녀는 개의치 않았다. 그녀는 행복했다.

니농은 둘이서 함께 여행을 떠나자고 제안했다. 후작은 유부남이었기 때문에 그녀를 자신의 성으로 데려갈 수 없었다. 하지만 한 친구가 시골에 있는 자신의 성을 두 연인의 피난처로 제공해주었다. 몇 주가 몇 달이 되고, 짧게 잡았던 체류 일정이 자꾸만 연기되면서 꿈같은 신혼생활이 이어졌다. 하지만 니농은 뭔가 잘못되고 있다는 느낌을 받기 시작했다. 후작이 마치 남편처럼 행동했기 때문이다. 그는 여전히 열정적이었지만, 다른 남자는 꿈도 꿀 수 없는 권리와 특권을 가지기라도 한 듯 자신감에 차 있었다. 한때 그녀를 매료시켰던 그의 소유욕이 갑갑하게 느껴지기 시작했다. 그는 정신적으로도 그녀를 자극하지 못했다. 그녀는 후작처럼 잘생겼으면서도 질투심과는 거리가 먼, 게다가 육체적으로도 자신을 만족시켜줄 수 있는 남자를 얼마든지 찾을 수 있었다.

일단 이런 결론에 이르자, 니농은 한시도 지체할 수 없었다. 그녀는 후작에게 파리를 돌아가겠다고 말했다. 그리고 이것으로 끝이라고 선언했다. 그는 어떻게 자기한테 그렇게 매정할 수 있냐며 간청도 하고 항의도 했다. 마음이 조금 흔들렸지만 니농은 단호했다. 변명이나 설명은 사태를 더욱 악화시킬 뿐이었다. 그녀는 파리로 돌아가 다시 생활을 시작했다.

그녀의 갑작스러운 이별 선언으로 후작은 충격을 받았지만, 심한 정도는 아닌 듯했다. 몇 달 후 그녀의 귀에 그가 다른 여자와 사랑에 빠졌다는 소문이 들려왔기 때문이다.

해석 ——

　여성의 경우, 애인의 미묘한 변화를 놓고 몇 달씩 고민할 때가 많다. 그러다 불평을 하거나 화를 내거나 스스로를 탓하곤 한다. 여성의 성화에 못 이겨 남자는 잠시 동안 달라진 모습을 보이기도 하지만, 추한 권력 싸움과 끝없는 오해가 뒤따른다. 이유가 대체 뭘까? 일단 주문이 풀리면, 돌이키기에는 때가 너무 늦다. 니농은 미몽에서 깨어난 이유를 파악하려고 노력할 수도 있었다. 좋게만 보였던 그의 외모도 지겨워졌고, 정신적인 자극을 느낄 수도 없었으며, 당연하게 취급받는 것도 싫었다. 하지만 그녀는 1분 1초도 허비하기 싫었다. 주문은 깨졌고, 그녀는 뛰쳐나왔다. 그녀는 굳이 설명하려 들지 않았다. 그녀에게는 상대의 감정을 걱정할 여유가 없었다. 그녀는 그 길로 떠났다. 타인을 잘 배려하는 것처럼 보이는 사람, 조금이라도 상황을 개선해보려고 변명을 늘어놓는 사람은 사실은 겁쟁이일 뿐이다. 그런 식의 친절은 오히려 더 잔인할 수 있다. 덕분에 후작은 모든 원인을 매정하고 변덕스러운 애인에게 돌릴 수 있었다. 그의 허영심과 자존심은 전혀 상처입지 않았고, 그는 그녀를 잊고 또 다른 연애를 시작했다.

　애정이 식었는데도 관계를 질질 끈다면 상대에게 쓸데없는 고통을 안겨줄 뿐만 아니라 당신 역시 미래에 대한 불안이나 죄책감 같은 후유증에 시달릴 것이다. 자기가 먼저 유혹해놓고 이제 와서 미몽에서 깨어났다 하더라도 죄책감을 느껴서는 안 된다. 그렇게 된 것이 당신의 잘못은 아니다. 이 세상에 영원한 것은 없다. 어쨌든 상대는 당신을 통해 쾌락을 얻었다. 이별 의식은 간단할수록 좋다. 결국은 그들도 그 점을 고맙게 여길 것이다. 길게 사과할수록, 상대의 자존심에 회복하기 힘든 상처를 남긴다. 마음에도 없는 변명은 삼가라. 그래 봐야 문제를 복잡하게 만들 뿐이다. 상대에게 고문을 가해서는 안 된다.

사례 6: 영광의 재현

나폴레옹 보나파르트가 통치를 시작하고 나서 15년이 지나자, 프랑스 국민들은 완전히 녹초가 되었다. 너무 많은 전쟁과 너무 많은 변화가 그들을 그렇게 만들었다. 1814년 나폴레옹이 전쟁에서 지고 엘바 섬으로 유배되자, 프랑스인들은 드디어 평화가 찾아왔다고 생각했다. 1789년 혁명으로 권좌에서 밀려났던 부르봉 왕가가 다시 권력을 잡았다. 부르봉 왕가에서 내세운 왕은 루이 18세였다. 그는 뚱뚱하고 따분한 데다 오만방자했지만, 적어도 평화를 가져오리라는 기대를 받고 있었다.

그러고 나서 1815년 2월, 나폴레옹이 작은 배 7척과 1000명의 병사를 데리고 엘바 섬을 탈출했다는 소식이 전해졌다. 그는 아메리카 대륙으로 가서 처음부터 다시 시작할 수도 있었지만, 대신 무모하게 칸에 상륙했다. 그는 대체 무슨 생각을 하고 있었던 것일까? 1000명의 병사로 프랑스 군대와 대적할 수 있다고 생각했을까? 그는 부랑자 무리에 가까운 군대를 데리고 그르노블로 출발했다. 적어도 그의 용기와 영광과 프랑스에 대한 그의 집착은 치하해야 마땅했다.

프랑스 농부들은 한때 자신들의 황제였던 나폴레옹을 본 순간, 주문에 걸려들었다. 누가 뭐라고 해도 그 남자는 그들에게 막대한 땅을 나누어준 장본인이었다. 하지만 새로 권좌에 오른 왕은 그 땅을 다시 빼앗아가려 하고 있었다. 그들은 독수리 문양이 찍힌 그의 유명한 군기를 보자 꼼짝도 하지 못했다. 그 군기는 혁명 시대를 떠올리게 했다. 그들은 농토를 버리고 그의 군대에 합류했다. 그르노블 외곽에서 왕이 나폴레옹을 제지하기 위해 보낸 첫 번째 군대가 그를 따라잡았다. 나폴레옹은 말에서 내려 그들 앞으로 다가갔다. 그러고는 다음과 같이 소리쳤다. "육군 5군단 병사들이여! 나를 모르는가? 제군들 가운데 황제를 죽이고자 하는 자가 있다면, 앞으로 내보내도록 하라. 보시다시피, 난 여기 있다!" 그런 다음 그는 쏠 테면 쏘라는 듯, 잿빛 외투를 풀어헤쳤다. 잠시 무거운 침묵이 내려앉나 싶더니, 곧 사방에서 "황제 만세!"라는 외침 소리가 들려왔다. 눈 깜짝할 사이에 나폴레옹의 군대는 두 배로 불어났다.

군대의 행진은 계속되었다. 예전에 그가 가져다준 영광을 기억하는 병사들이 속속 그의 편에 가담했다. 리옹 시는 전투도 한 번 치러보지 못하고 함락되었다. 대군을 거느린 장군들이 나폴레옹을 저지하기 위해 급파되었지만, 그를 본 순간 격한 감정에 휘말려 그에게 충성을 맹세했다. 루이 왕은 프랑스를 탈출했고, 그 과정에서 왕좌에서 물러났다. 3월 20일 나폴레옹은 다시 파리로 입성해 불과 13개월 전에 떠났던 궁전으로 다시 돌아갔다. 이 모두가 총 한 방 쏘지 않고 이루어진 결과였다.

농부와 병사들은 나폴레옹을 열렬히 환영했지만, 파리 시민들은 덜 열광했다. 그의 정부에서 일한 경험이 있는 사람들이 특히 더 그랬다. 그들은 그가 몰고 올 태풍을 두려워했다. 동맹군과 내부의 적에 의해 권좌에서 물러날 때까지 나폴레옹은 100일 동안 프랑스를 다스렸다. 이번에는 멀리 떨어진 세인트헬레나 섬으로 유배되어 그곳에서 생을 마감했다.

해석 ——

나폴레옹은 프랑스와 자신의 군대를 생각할 때마다, 마치 유혹할 상대를 대하듯 했다. 드 세귀르 장군은 나폴레옹에 대해 이렇게 썼다. "권력이 필요한 순간이 오면, 그는 남자처럼 명령을 내리지 않고 마치 여자처럼 유혹한다." 엘바 섬에서 탈출할 때 그는 권태에 빠진 프랑스를 뒤흔들 과감하고도 놀라운 계획을 세웠다. 그는 자신을 경외하는 농부들을 비롯해 기꺼이 자신을 받아줄 사람들이 있는 프랑스를 향해 진격하기 시작했다. 그는 상징물도 혁명 시대를 생각나게 하는 독수리 문양의 군기를 채택했다. 행진할 때도 예전에 자기 밑에 있었던 병사들에게 감히 쏠 수 있으면 쏘라는 듯 군대의 맨 앞에 나섰다. 그에게 다시 권력을 쥐어준 파리에서의 행진 역시 사람들의 감정을 자극하기 위해 치밀하게 계획된 일종의 연극이었다. 옛 애인과 비교할 때 현재 그들을 지배하고 있는 왕은 얼뜨기에 불과했다.

프랑스 국민을 상대로 한 나폴레옹의 두 번째 유혹은 일반적인 단계를 따른 고전적인 유혹이 아니라 이를테면 재유혹이었다. 그는 옛날 감정을 자극해 다시금 옛사랑을 일깨웠다. 일단 누군가(혹은 국가)를 유혹하고 나면, 일시적인 소강 상태에 이어 실망이 찾아오게 마련이다. 그 때문에 사람들은 때로 헤어지기도 한다. 하지만 똑같은 상대를 다시 유혹하는 일은 생각보다 훨씬 쉽다. 옛날 감정은 결코 사라지지 않는다. 다만 잠자고 있을 뿐이다. 따라서 상대를 놀라게 하면, 다시 그런 감정 상태로 되돌릴 수 있다.

과거를, 자신의 젊은 시절을 되살려 다시 옛날 감정을 느낄 수 있다는 것은 기쁜 일이 아닐 수 없다. 다시 유혹하려면 나폴레옹처럼 극적인 효과를 노려라. 즉 기억을 되살릴 수 있는 옛날 이미지, 상징, 표현을 이용하는 것이 좋다. 프랑스 국민처럼 당신이 유혹하려는 상대도 이별의 고통은 어느새 잊어버린 채 좋은 일만 떠올릴 것이다. 두 번째 유혹은 과감하고 신속하게 이루어져야 한다. 다시 말해 상대에게 재고하거나 의심할 시간을 주어서는 안 된다. 나폴레옹처럼 현재의 연인과 대비되는 모습을 보여주는 것도 좋은 방법이다.

모든 사람이 두 번째 유혹을 기꺼이 반기지는 않는다. 그리고 경우에 따라 시기가 부적절할 때도 있다. 나폴레옹이 엘바 섬에서 돌아왔을 때, 파리 시민들은 조심스러운 반응을 보였다. 남부 지방의 농민들과는 달리, 그들은 그를 잘 알고 있었다. 그의 재출현이 너무 일렀던 데다가 그들은 그에게 너무 지쳐 있었다. 따라서 누군가를 다시 유혹하고자 한다면, 자신을 속속들이 알지 못하는 상대를 골라야 한다. 다시 말해 당신에 대한 기억이 호의적이고, 성격상 의심을 잘 못하고, 현재의 환경에 불만을 품은 상대가 적당하다. 아울러 시기도 중요하다. 시간은 장점은 돋보이게 해주고 결점은 흐리게 해준다. 이별을 끝이라고 생각하지 말라. 약간의 드라마와 계획만 갖춰지면, 언제라도 상대를 다시 손에 넣을 수 있다.

| **상징** | 깜부기불. 아침이 되면 모닥불은 수명을 다하고 그 속에 남아 있던 깜부기불마저 서서히 사그라진다. 불을 관리할 때는 절대 요행에 맡겨서는 안 된다. 불을 끄려면 물이나 모래를 끼얹어 불길을 잡은 다음 탈 만한 것을 치워야 한다. 반대로 다시 불을 지피려면 불꽃이 활활 타오를 때까지 부채질을 하고 땔감을 공급해야 한다. 지속적인 관심과 경계심만이 깜부기불을 계속 타오르게 할 수 있다.

반전

상대를 계속 붙잡아두려면 끊임없이 유혹해야 한다. 하지만 조금 익숙한 느낌은 허용해도 무방하다. 상대는 당신을 알고 싶어한다. 지나친 신비감은 의심을 야기할 수 있다. 게다가 계속 신비감을 조성하려면, 본인이 피곤할 수도 있다. 따라서 완전히 낯선 느낌을 고집하기보다는 가끔 과거와 같은 방식으로 상대를 놀라게 해줌으로써, 그들의 호기심을 어느 정도 채워주는 것이 좋다. 그럴 경우 그들은 계속해서 당신을 알아가고 있다는 생각에 기쁠 것이다. 하지만 너무 많이 알게 해서는 안 된다.

유혹하기
좋은 상황

유혹자는 상대가 서서히 내적 변화를 느낄 수 있도록 해야
한다. 유혹자의 영향력 아래, 그들은 경계심을 풀고 마치 다
른 사람처럼 행동하면서 새로운 자유를 만끽한다. 그런 점에
서 특정한 장소, 환경, 경험은 그들을 우리의 의도대로 변화
시키는 데 도움이 된다. 화려하고 극적인 분위기가 느껴지는
공간은 그들을 어린아이처럼 들뜨게 해 이성적인 판단을 할
수 없게 만든다. 변화된 시간 감각도 똑같은 효과를 발휘한
다. 잊지 못할 추억의 순간은 축제와 놀이의 한복판에 있는
듯한 착각을 불러일으킨다. 결론적으로 함께 있으면 현실 세
계에서와는 다른 경험을 할 수 있다는 환상을 상대에게 심
어줄 수 있어야 한다.

축제의 시간과 장소

몇 세기 전, 대부분의 문화권에서는 삶이 일과 지루한 일상의 연속이었다. 하지만 일 년에 몇 번 정도는 축제가 있어서 삶에 변화를 가져왔다. 고대 로마의 농신제, 유럽의 5월제, 치누크 인디언의 선물 교환 의식이 거기에 해당된다. 이런 축제 기간 동안에는 농사일이나 시장에서의 상거래는 잠시 중단되었다. 그리고 부족 전체나 마을 사람 모두 축제를 위해 따로 마련된 신성한 장소에 모였다. 사람들은 이때만큼은 의무와 책임감에서 벗어나 미친 듯이 놀 수 있었다. 그들은 가면을 쓰거나 특별한 의상을 입고 전혀 다른 사람이 되고는 했다. 개중에는 신화에 등장하는 위대한 인물을 재현하는 사람들도 있었다. 축제는 일상의 무거운 짐을 벗어던지는 해방의 순간이다. 이러한 축제는 사람들의 시간 감각까지 변화시켜 자기 자신을 잊게 만들었다. 시간은 정체된 듯이 보였다. 세계적으로 유명한 축제를 보면, 아직까지도 이런 흔적이 남아 있다.

이처럼 축제는 일상의 중단, 다시 말해 일상과는 완전히 다른 경험을 의미한다. 그런 점에서는 유혹도 마찬가지다. 유혹의 과정이 진행될수록, 상대는 일상과는 전혀 다른 경험을 하게 된다. 그들은 유혹자가 제공하는 쾌락과 놀이에 빠져들어, 마치 가면을 쓴 것처럼 완전히 다른 사람이 된다. 그들과 함께 보내는 시간만큼은 오로지 그들을 위해 투자해야 한다. 일과 휴식이 반복되는 지루한 일상 대신, 그들에게 극적이고 근사한 순간을 제공해야 한다. 일상에서 흔히 볼 수 있는 장소와는 다른 장소로 그들을 데려가야 한다. 물리적인 환경은 사람들의 기분에 매우 큰 영향을 미친다. 쾌락과 놀이에 빠져들 수 있는 장소는 은연중에 쾌락과 놀이에 대한 생각을 하게 만든다. 그러다가 다시 일과 현실로 돌아가면 상대는 이전의 경험과 비교하면서 유혹자가 데려갔던 장소를 그리워하기 시작한다. 유혹자는 현실 세계가 멈추고 환상이 지배하는 축제의 시간과 장소를 만들 수 있어야 한다. 우리의 문화는 더 이상 그와 같은 경험을 제공하지 못한다. 그럴수록 사람들은 그런 경험을 동경한다. 대부분의 사람들이 누군가가 유혹해주기를 기다리는 것은 그 때문이다. 따라서 그런 욕구를 채워준다면, 그들은 저절로 끌려오게 되어 있다.

극적인 분위기를 연출하라. 극장은 현실과 동떨어진 마술의 세계에 와 있는 듯한 느낌을 제공한다. 배우들의 화장, 가짜지만 사람을 끌어들이는 무대 장치, 다소 비현실적인 의상과 같은 화려한 볼거리는 연극의 줄거리와 더불어 사람들에게 환상을 심어준다. 옷차림, 화장, 태도를 잘만 활용하면, 실제 생활에서도 그런 효과를 낼 수 있다. 관객들을 즐겁게 하기 위해 옷을 입는다고 생각하라. 여신 같은 분위기를 연출했던 마를레네 디트리히나 매력적인 분위기를 연출했던 보 브러멀과 같은 댄디가 대표적인 경우다. 상대를 만날 때도 주변 환경이나 행동 하나하나를 미리 계산해 극적인 분위기를 연출할 수 있어야 한다. 상대가 다음에 어떤 일이 일어날지 전혀 예측할 수 없어야 한다. 우여곡절 끝에 행복한 결말에 이르는 한 편의 드라마를 볼 때처럼, 매 순간을 흥미진진하게 만들어야 한다. 한마디로 공연을 하고 있다고 생각하라. 마치 드라마 속의 주인공 같다는 느낌을 줄 수 있어야 한다. 이 경우 유혹자 자신도 현실에서와는 전혀 다른 역할을 연기함으로써 마치 가면을 쓰고 있는 듯한 스릴을 맛볼 수 있다.

유쾌한 시각 언어를 사용하라. 특정한 시각적 자극을 이용하면 현실에서 벗어난 곳에 와 있는 듯한 착각을 불러일으킬 수 있다. 생각하게 만들거나 죄책감을 야기할 수 있는 이미지는 피해야 한다. 그 대신 번쩍거리는 사물, 거울, 물, 빛과 같은 현란한 이미지로 가득 찬 환경을 제공할 수 있어야 한다. 이러한 공간은 보는 이의 감각을 온통 사로잡아 자기도 모르는 사이에 들뜬 기분에 빠져들게 한다. 공간을 인위적으로 꾸밀수록 효과는 더욱 커진다. 그들 안의 어린아이가 좋아할 만한 광경과 소리로 가득 찬 세계를 보여주도록 하라. 돈을 들인 사치스러운 공간은 현실 세계의 의무와 도덕 체계를 잊게 만드는 효과가 있다. 매음굴을 화려하게 치장하는 이유는 그 때문이다.

붐비거나 비좁은 공간을 이용하라. 함께 모여 있으면 사람들은 심리적으로 쉽게 흥분한다. 축제는 군중이 만들어내는 전염성 감정을 퍼트린다. 가끔 상대를 그런 곳으로 데려가 긴장을 풀게 하라. 이와 마찬가지로 비좁은 공간에서 오랫동안 함께 지낼 때도 사람들은 쉽게 유혹에 빠져든다. 지그문트 프로이트는 제자들을 모아놓고 수년 동안 좁은 방에서 강의를 했는데, 그들 중 상당수가 연애 사건을 일으켰다. 축제처럼 사람들이 붐비는 곳이나 폐쇄된 세계가 주는 유혹의 효과는 매우 크다.

신비한 분위기를 연출하라. 영적이거나 신비한 분위기는 현실을 잊게 해 사람들을 행복감에 취하게 만든다. 이것은 육체적 쾌락으로 이어지는 작은 발걸음에 지나지 않는다. 점성술 책이나 천사의 이미지, 이국적인 음악 등 이용할 수 있는 소품은 의외로 많다. 18세기의 위대한 오스트리아 최면술사 프란츠 메스머는 자신의 진료실을 하프 연주와 이국적인 향 냄새, 멀리 떨어진 방에서 들려오는 여성의 노랫소리로 가득 채웠다. 그리고 벽은 스테인드글래스와 거울로 장식했다. 그를 찾는 환자들은 그 방에 들어가면 신경이 이완됨과 동시에 기분이 한껏 고양되면서 육체에까지 영향을 미치는 일종의 정신적인 흥분 상태를 경험하고는 했다. 이처럼 모호하면서도 신비한 분위기는 현실 세계를 차단하는 효과가 있다. 그 상태에서 영적인 분위기를 육감적인 분위기로 바꾸는 것은 그리 어려운 일이 아니다.

시간의 흐름을 잊게 만들라. 축제의 시간은 사람들로 하여금 생동감을 느끼게 하는 속도와 열정을 제공한다. 상대를 유혹하려면 심장을 빨리 뛰게 해 시간의 흐름을 잊게 해야 한다. 계속해서 몸을 움직여야 하는 장소로 그들을 데려가라. 새로운 구경거리로 그들의 주의를 딴 데로 돌린다는 점에서 같이 여행을 떠나는 것도 좋은 방법이다. 젊음은 사라졌을 수도 있지만 유혹은 나이에 상관없이 다시 젊어진 듯한 기분을 느끼게 해준다. 젊음은 활력이다. 유혹은 어느 한 순간에 이루어지기 때문에 상대가 흥분에 들떠 마음이 해이해지는 틈을 노려야 한다. 카사노바가 무도회에서 뭇 여성을 유혹했듯이, 왈츠는 19세기의 레이크들이 선호한 도구다.

잊지 못할 순간을 제공하라. 매일매일의 생활은 똑같은 행동이 끊임없이 반복되는 지루하고 고된 일과다. 반면 축제 때는 모든 것이 달라진다. 그 때문에 사람들은 축제를 영원히 잊지 못할 꿈 같은 순간으로 기억한다. 상대를 축제나 극장과 같은 장소로 데려가 자연스럽게 유혹하는 방법을 사용하든, 극적인 행동으로 상대의 감정을 자극하는 방법을 사용하든 뭔가 극적이고 색다른 순간을 제공해야 한다. 어떤 경우든, 일이나 도덕에 대한 생각이 끼어들 수 없도록 순수한 여흥과 쾌락의 순간이 되도록 해야 한다. 루이 15세의 정부였던 퐁파두르 부인은 쉽게 권태를 느끼는 연인을 매 순간 다시 유혹해야 했다. 이를 위해 그녀는 다양한 파티와 무도회, 놀이를 고안한 데 이어 베르사유 궁전에 작은 극장까지 만들었다. 당신이 기울이는 노력이 클수록, 상대의 기쁨이 커진다는 점을 명심하라.

사례 1: 사치스러운 장소

1710년경 일본 오사카에 부유한 양조업자를 아버지로 둔 젊은이가 있었다. 그는 밤낮으로 아버지를 위해 열심히 일을 했지만, 그럴수록 그의 공상벽은 심해져갔다. 가족의 생계를 짊어지고 있다는 부담감과 그에 따른 갖가지 의무가 그를 옥죄었다. 다른 젊은이처럼 그도 오사카의 환락가에 대한 소문을 들어서 알고 있었다. 쇼군 시대의 엄격한 법률도 통하지 않는 그곳의 지배자는 배우와 매춘부들이었다. 우키요, 다시 말해 순수한 쾌락만이 존재하는 '부유하는 세계'가 있다면 바로 그곳이었다. 그곳은 청년이 꿈꾸는 세상이기도 했다. 어느 날 저녁, 드디어 짬을 냈다. 청년은 아무에게도 알리지 않고 몰래 빠져나와 곧장 환락가로 향했다.

그곳에 발을 들여놓은 순간, 그는 전혀 다른 세계에 와 있는 것 같은 기분이 들었다. 거리 곳곳에서 정교하게 염색한 기모노 차림의 배우들이 눈에 띄었다. 그들은 여전히 무대 위에 있는 것처럼 행동했다. 거리에는 활기가 넘쳐났다. 그곳에서는 모든 것이 빠르게 진행되었다. 화려한 등들이 밤을 밝혔고, 가부키 극장 주변에는 공연을 알리는 형형색색의 포스터가 내걸려 있었다. 여자들의 분위기도 사뭇 달랐다. 그곳 여자들은 남자와 똑같은 자유를 누리고 있었다. 그들은 부끄러운 기색도 없이 그를 빤히

처다보았다. 온나가타라는, 극장에서 여자 역할을 하는 남자 배우 한 명이 그의 시선을 사로잡았다. 그는 그가 본 어떤 여자보다 아름다웠다. 행인들은 그를 마치 왕족처럼 대했다.

청년은 자기 또래의 다른 젊은이들이 찻집으로 들어가는 것을 보고, 얼른 따라 들어갔다. 알고 보니 고급 매춘부들이 장사를 하는 곳이었다. 그가 자리에 앉고 얼마 지나지 않아, 시끌벅적한 소리가 들렸다. 곧이어 매춘부 몇 명이 악사와 광대들을 데리고 계단을 내려오는 모습이 보였다. 깨끗하게 면도된 여인들의 눈썹에는 진한 검은색 선이 그려져 있었다. 머리도 한 치의 흐트러짐 없이 완벽하게 쪽지어져 있었다. 그는 그렇게 아름다운 기모노를 본 적이 없었다. 그녀들은 마치 마룻바닥을 둥둥 떠다니는 것 같았다. 접대하는 상대에 따라 그들의 걸음걸이나 말씨도 달라졌다. 그녀들은 청년에게는 눈길도 주지 않았다. 그는 그녀들의 관심을 끄는 법을 몰랐지만, 나이 든 남자 몇 명이 그녀들과 시시덕거리는 모습을 눈여겨보면서 나름대로 이치를 터득했다. 그곳에서는 말이 필요 없었다. 술상이 차려지고 음악이 연주되더니, 마침내 수준이 조금 떨어지는 매춘부 몇 명이 들어왔다. 굳었던 청년의 혀도 이제는 완전히 풀려 있었다. 매춘부들은 매우 상냥했고, 청년은 시간의 흐름을 망각하기 시작했다. 나중에 그는 비틀거리며 겨우 집에 도착했다. 다음 날 아침에야 청년은 자기가 얼마나 많은 돈을 썼는지 깨달았다. 아버지가 아는 날에는…….

하지만 몇 주 후 그는 다시 그곳을 찾았다. 그 시기의 문학작품에 소재를 제공했던 다른 수백 명의 아들처럼, 청년도 '부유하는 세계'를 드나들며 아버지의 재산을 탕진하는 무리에 합류했다.

해석 ——

유혹은 우키요처럼 현실과 동떨어진 또 다른 세계다. 유혹자와 함께 있으면, 도덕이나 책임을 강요하는 외부 세계는 사라진다. 유혹의 세계에서는 무엇이든 허용된다. 주고받는 대화도 훨씬 경쾌하고 암시적이다. 옷차림과 장소에서도 극적인 분위기가 물씬 풍긴다. 유혹의 세계에서는 다르게 행동할 수 있는, 누군가 다른 사람이 될 수 있는 특권이 주어진다. 유혹자의 곁을 떠나 일상으로 돌아가는 순간부터, 사람들은 그가 만든 세계를 그리워하게 된다. 그때 비로소 유혹은 완성된다. 유혹적인 환경을 만들려면 돈을 아끼지 말아야 한다. 사치스러운 장소일수록, 유혹의 힘이 강하다는 점을 명심하라.

사례 2: 시끄럽고 어수선한 장소

사람들이 앤디 위홀의 뉴욕 스튜디오로 찾아와 그곳 분위기에 흠뻑 빠져들기 시작한 것은 1960년대 초반부터였다. 그러고 나서 1963년에 그가 맨해튼으로 옮겨가자 그의 측근들은 새로 옮긴 곳의 벽과 기둥 일부를 은종이로 도배하고 벽돌 담과 나머지 부분에는 은색 스프레이를 뿌렸다. 스튜디오 한가운데는 누비 천으로 만든 빨간색 소파와 1.5미터 높이의 플라스틱 막대 사탕, 작은 거울이 붙어 있는 턴테이블이 놓여졌다. 거기에 헬륨을 가득 채운 은색 베개가 마무리로 장식되었다. L자 모양의 이 공간은 사람들 사이에서 공장으로 통하면서 진풍경의 무대가 되었다. 점점 많은 사람들이 그곳을 들락거리기 시작했다. 앤디는 측근들을 설득해 출입문을 늘 열어놓도록 했다.

그가 그림 작업이나 영화 작업을 하는 낮 시간 동안에는 배우, 도박사, 마약상, 예술가 등 각양각색의 사람들이 그곳에 모여들었다. 그리고 밤이 되면 그곳을 집 삼아 찾아오는 사람들 때문에 엘리베이터가 몸살을 앓았다. 이쪽에서는 몽고메리 클리프트가 혼자 술을 홀짝이는가 하면, 저쪽에서는 젊고 아름다운 사교계의 명사가 여장 호모와 박물관 큐레이터와 수다를 떨어댔다. 그들은 밤새도록 부어라 마셔라 했다. 그들은 모두 젊었고 옷차림도 다들 근사했다. 언젠가 앤디는 친구에게 그런 광경을 두고 출연자들이 끊임없이 들락날락거리면서 새로운 오락거리를 선보이는 텔레비전 어린이 프로그램 가운데 하나를 보는 것 같다고 말한 적이 있었다. 사실이 그랬다. 어디에서도 심각함은 찾아볼 수 없었고, 사람들은 서로 농담을 주고받으며 시시덕거렸다. 마치 영화를 찍기라도 하듯, 사방에서 플래시가 터지고 포즈를 잡느라 여념이 없었다. 박물관 큐레이터는 십

대처럼 낄낄거리기 시작했고, 사교계의 명사는 좀도둑처럼 여기저기 기웃거리곤 했다.

한밤중이 되면 다들 한데 모이곤 했다. 밴드가 도착하고 쇼가 시작되면 분위기는 다시 새로워졌다. 시간이 지날수록 열기는 더욱 뜨거워졌다. 그러다 어느 시점이 되면 사람들은 뿔뿔이 흩어졌고, 오후가 되면 측근들이 하나둘 나타나면서 모든 것이 다시 시작되었다. 한 번 공장에 발을 들여놓은 사람은 누구를 막론하고 다시 그곳을 찾았다.

해석 ——

자신에게 부과된 똑같은 일이나 임무를 반복하면서 늘 똑같이 행동해야 한다는 것은 지겨운 일이다. 사람들은 가면을 쓰고 다른 사람이 되어 다르게 행동할 수 있는 장소나 시간을 동경한다. 우리가 배우를 부러운 눈길로 바라보는 것도 그 때문이다. 그들은 우리와 달리 자신의 에고를 억누를 필요가 없다. 다른 역할을 할 수 있는 기회를 제공하는 환경은 유혹적일 수밖에 없다. 앤디 워홀의 공장처럼 직접 그런 환경을 만들거나, 그런 장소로 상대를 데려가라. 그와 같은 환경에서는 경계심을 가지려고 해도 가질 수가 없다. 무엇이든 허용되는 분위기에 휩쓸려 자기도 모르게 긴장이 풀린다. 그런 장소는 마치 마약과도 같다. 그런 점에서 어린아이들을 위한 텔레비전 쇼 같다는 앤디 워홀의 지적은 시사하는 바가 크다. 모든 것을 밝고 신나게 꾸미도록 하라. 심각함이나 책임, 판단이 끼어들게 해서는 안 된다. 시끄럽고 어수선한 분위기로 정신을 차릴 수 없게 만들어야 한다.

사례 3: 시간이 멈춘 듯한 착각

1746년 크리스티나라는 이름의 한 아가씨가 성직자인 삼촌과 함께 남편감을 찾아 이탈리아의 베네치아를 방문했다. 당시 열일곱 살이었던 크리스티나는 시골 출신이었지만 지참금을 꽤 많이 가지고 있었다. 하지만 그녀와 결혼하겠다고 나서는 베네치아 남자들은 마음에 들지 않았다. 2주

동안의 탐색 작업이 헛수고로 끝나고, 그녀와 그녀의 삼촌은 집으로 돌아갈 채비를 했다. 그들이 곤돌라에 몸을 싣고 막 도시를 떠나려고 할 때였다. 크리스티나는 우아하게 차려입은 한 청년이 자신들을 향해 걸어오는 것을 보고 삼촌에게 이렇게 말했다. "저기 저 남자, 정말 잘생기지 않았어요! 우리와 같은 배에 타면 좋으련만……." 그녀의 말을 들었을 리 만무했지만, 청년은 곤돌라 앞으로 다가와 사공에게 돈을 건네고는 크리스티나 옆에 앉았다. 그는 자신을 자크 카사노바라고 소개했다. 성직자인 그녀의 삼촌이 그의 예의바른 태도를 칭찬하자, 그는 이렇게 대답했다. "미인 앞에서 예의바르게 행동하는 것은 당연한 일 아니겠습니까, 신부님. 질녀분이 참 미인이십니다."

크리스티나는 그에게 자기와 삼촌이 왜 베네치아에 왔고, 왜 돌아가는지를 설명했다. 그러자 카사노바는 여자를 겨우 며칠 사귀고 나서 결혼을 결심할 남자가 어디 있겠느냐며 그녀를 질책했다. 그러면서 그는 여자에 대해 자세히 알려면 최소한 여섯 달은 걸릴 것이라고 말했다. 알고 보니 그도 신붓감을 찾는 중이었다. 그는 그녀가 남자들에게 실망했듯이, 자기도 그동안 만난 여자들에게 실망했다면서 그녀에게 그 이유를 설명했다.

카사노바는 정해놓은 행선지가 없는 듯했다. 그는 그저 그들과 동행하면서 재치 있는 대화로 내내 그녀를 즐겁게 했다. 곤돌라가 베네치아 외곽에 도착하자, 카사노바는 자기가 마차를 빌릴 테니 트레비소까지 같이 타고 가자고 했다. 거기서 그들의 집까지는 역마차를 이용하면 되었다. 그녀의 삼촌은 그의 제안을 받아들였고, 마차까지 가는 동안 그는 그녀에게 팔을 빌려주었다. 그녀가 애인이 보면 어떻게 하냐고 묻자 그는 이렇게 대답했다. "전 애인이 없습니다. 베네치아에서는 당신처럼 예쁜 여자를 찾을 수 없을 테니 앞으로도 애인을 사귈 생각이 없습니다." 그의 말은 그녀를 흥분시키기에 충분했다. 그녀의 머릿속은 갖가지 상상으로 가득했다. 그때부터 그녀의 행동과 태도는 거의 뻔뻔하다고 할 정도로 달라졌다. 그녀는 여자를 알려면 적어도 여섯 달이 필요하다고 한 카사노바의 말을 떠올리고는 그렇게 하지 못해 정말 안타깝다고 말했다. 그러자 카사노바는 그 자리에서 그녀가 여섯 달 동안 베네치아에 머문다면 필요한 경비를 자기가 대겠다고 제안했다. 마차를 타고 가는 동안 그녀는 그 제안을 곰곰이 생각했다. 마차가 트레비소에 도착하자, 그녀는 삼촌을 따로 불러내 지금은 혼자 마을로 돌아가고 며칠 뒤 다시 자기를 데리러 와달라고 부탁했다. 카사노바에게 반한 그녀는 그를 좀 더 알고 싶었다. 그는 흠잡을 데라곤 없는 완벽한 신사였다. 적어도 그녀의 삼촌이 보기에는 그랬다. 삼촌은 그녀가 바라는 대로 해주었다.

다음 날 카사노바는 한시도 그녀의 곁을 떠나지 않았다. 그는 천성이 거절이라고는 모르는 사람 같았다. 그들은 도시 이곳저곳을 구경하며 물건도 사고 이야기도 나누었다. 저녁이 되자 그는 그녀를 도박장으로 데리고 갔다. 그는 도미노와 가면은 물론, 그녀가 도박을 할 수 있도록 돈까지 챙겨주었다. 삼촌이 그녀를 데리러 다시 트레비소에 왔을 때 그녀는 결혼 계획 같은 것은 까맣게 잊고 있었다. 카사노바와 6개월 동안 함께 지낼 수 있다는 생각으로 그녀는 잔뜩 들떠 있었다. 하지만 그녀는 삼촌과 함께 마을로 돌아가 그가 방문하기를 기다렸다.

몇 주 후 그는 카를로라는 미남 청년을 데리고 나타났다. 크리스티나와 단둘이 있게 되자, 카사노바는 자초지종을 설명했다. 그는 카를로는 베네치아 최고의 신랑감으로, 자기보다 훨씬 좋은 남편이 될 거라며 그녀를 설득했다. 크리스티나는 카사노바의 말에 동의하지 않을 수 없었다. 그는 재미있는 사람이기는 했지만, 그와 함께 있으면 결혼은 안중에도 없어지고 자꾸 낯뜨거운 생각만 하게 되었다. 그의 말을 따르는 것이 좋을 듯했다. 그녀는 훌륭한 남편감을 찾아줘서 고맙다고 했다. 그 후 며칠 동안 카를로는 그녀에게 구애를 했고, 몇 주 후 그들은 결혼했다. 하지만 카사노바가 심은 환상은 그녀의 마음속에서 영원히 사라지지 않았다.

해석 ——

카사노바는 결혼할 수가 없었다. 체질적으로 결혼이 맞지 않았기 때문이다. 하지만 억지로 여자를 취하는 것도 그의 본성에 위배되는 일이었다. 그녀의 삶을 파멸로 몰아가느니 완벽한 환상을 심어주고 떠나는 편이 더 나았다. 게다가 무엇보다도 그는 여자와 노닥거리는 것을 즐겼다.

카사노바는 크리스티나에게 궁극적인 환상을 심어주었다. 그녀와 함께 있는 동안만큼은 최선을 다해 그녀를 즐겁게 해주었다. 그는 환상을 방해하는 지겨운 일상에 대해서는 한마디도 꺼내지 않았다. 거기에다 그는 극적인 효과까지 더했다. 그는 번쩍거리는 보석과 의상으로 최대한 화려하게 치장했다. 그리고 카니발과 가면무도회, 카지노, 목적지 없는 여행 등 그녀에게 최대한의 오락거리를 제공했다. 한마디로 그는 유혹적 시간과 환경을 조성하는 데 천재였다.

카사노바는 우리가 본받아야 할 모델이다. 그와 함께 있는 동안, 크리스티나는 달라졌다. 우리도 그렇게 해야 한다. 그러려면 먼저 시간의 흐름을 잊게 만들어야 한다. 정상적인 활동이 잠시 중단되는 축제처럼, 모든 것이 그들을 위해 멈춘 듯한 착각을 불러일으켜야 한다. 나른한 쾌락은 전염성이 강하다. 돌아서기에는 시기가 너무 늦을 때까지 그들에게 계속해서 새로운 쾌락을 제공하라.

대중을
사로잡는 법

뭔가를 팔려면, 물건을 팔고 있다는 인상을 덜 줄수록 좋다.
이는 우리 자신을 팔 때도 마찬가지다. 자신의 주장을 너무
강하게 펼치면, 의심을 사기 쉽다. 하지만 청중을 지루하게
만드는 것도 용서받지 못할 죄악이다. 그 대신 눈치 채지 못
하게 은근하고 부드럽게 다가가야 한다. 첫째, 우회적으로
접근하라. 언론이 관심을 가질 만한 뉴스와 이벤트를 만들어
자연스럽게 자신의 이름을 알리도록 하라. 둘째, 끊임없이
즐겁게 만들라. 사람들에게 쾌락과 약속을 팔아 긍정적인 이
미지를 심어라. 셋째, 사람들의 마음을 사로잡는 이미지를
사용해 무의식을 파고들라. 무엇인가 새로운 사조를 팔고
있다는 인상을 심을 경우, 실제로 그렇게 된다. 부드러운
유혹에 저항하는 것은 거의 불가능하다.

부드러운 판매 전략

유혹은 궁극적으로 주도권 싸움이다. 유혹에 항복하는 사람들은 기꺼이 주도권을 내준다. 그들이 적의를 드러내는 경우는 거의 없다. 당신이 어떤 책략을 사용하든 그들은 모두 용서한다. 당신이 그들에게 세상에서 아주 희귀한 상품인 쾌락을 제공해주기 때문이다. 이러한 권력 싸움에 능통하다면 무수한 사람을 정복할 수 있다. 군중이나 유권자, 나아가 국가 전체를 유혹할 때도 방법은 같다. 차이가 있다면 유혹할 대상이 개인이 아니라 대중이라는 점과 긴장의 정도가 다를 뿐이다. 이성을 유혹할 때 사람들은 일부러 불안과 고통을 야기시킨다. 대중을 상대로 한 유혹은 이보다 좀 더 부드러울 뿐이다. 끊임없이 자극하면서 쾌락을 제공하면 그들은 넘어오게 되어 있다. 그들은 우리에게 관심을 가질 수밖에 없다. 그렇게 하는 것이 즐겁기 때문이다.

당신이 사회 저명 인사거나 유행을 선도하는 위치거나 공직에 입후보했다고 가정해보자. 그렇다면 당신은 어떤 식으로든 자신을 팔아야 한다. 목표를 달성하는 전략으로는 딱딱한 판매 전략(직접적인 접근 방법)과 부드러운 판매 전략(우회적인 접근 방법) 두 가지가 있다. 딱딱한 판매 전략을 구사한다면 당신은 자신의 재능과 아이디어, 정치적 메시지가 다른 사람보다 어떻게 우월한지를 설명하면서 자신의 입장을 강하게 주장해야 한다. 우리의 업적을 적극적으로 선전하고, 통계 자료와 전문가의 의견을 인용하고, 당신의 메시지를 무시할 경우 후회할 것이라며 청중을 협박하기도 한다. 다소 공격적인 접근 방법은 자칫 바람직하지 못한 결과를 초래할 수도 있다. 즉 당신의 고압적인 태도에 기분이 상한 나머지 당신의 말이 아무리 진실이라 해도 당신의 메시지를 거부하는 사람이 나올 수 있다. 또 평소 통계 자료와 전문가의 의견을 신뢰하는 사람들도 너무 강하게 밀어붙이면 저의를 의심할 수 있다. 많은 사람들에게 자신을 팔아야 성공할 수 있는 세상에서는 직접적인 접근 방법으로는 큰 효과를 거둘 수 없다.

반면 부드러운 판매 전략은 수백만 명을 끌어들일 수 있는 가능성이 있다. 듣는 사람의 귀를 즐겁게 해 아무리 같은 이야기를 반복해도 짜증이

나지 않기 때문이다. 이러한 기술은 17세기 유럽의 돌팔이 의사들이 고안해냈다. 엉터리 만병 통치약을 팔기에 앞서 그들은 쇼를 보여주곤 했다. 쇼는 주로 광대와 음악이 등장하는 보드빌 형식으로 꾸며졌는데, 내용만 놓고 보면 팔려는 물건과는 아무 관계도 없었다. 사람들이 모여들고 청중이 웃음꽃을 피우며 경계심을 풀기 시작하면 돌팔이 의사들이 무대 위로 올라가 만병 통치약의 신비한 효과에 대해 간단하고도 극적인 설명을 하곤 했다. 이러한 기술을 연마한 덕분에 돌팔이 의사들은 효능이 의심스러운 약을 순식간에 수십 병에서 수백 병까지 팔 수 있었다.

그때 이후로 수세기가 지난 지금, PR 담당자, 광고업자, 정치 전략가를 비롯한 많은 사람들이 이런 방법을 새롭게 조명하고 있지만, 기본 원리는 변함이 없다. 첫째, 자신의 이름이나 메시지를 긍정적인 분위기와 연계시켜 즐거움을 선사하라. 열기를 고조시켜 긴장을 풀게 하라. 뭔가를 팔고 있다는 인상을 주어서는 안 된다. 의도가 있는 것처럼 보이면 의심을 사기 쉽다. 대신 즐겁고 유쾌한 분위기로 무대를 꾸미고 판매는 옆문을 통해 몰래 하라. 하지만 그 경우에도 자기 자신이나 특정한 아이디어를 파는 것처럼 보여서는 안 된다. 즉 새로운 생활 양식이나 좋은 분위기, 모험심, 최신 유행을 팔고 있는 것처럼 보여야 한다. 그렇지 않고 속내를 드러냈다가는 집단적인 반발을 살 수 있다.

다음은 부드러운 판매 전략을 구성하는 몇 가지 기본 요소다.

광고보다 뉴스를 활용하라. 첫인상은 매우 중요하다. 청중과 첫대면을 하는 자리가 광고나 선전 수단이라면 우리 역시 관심을 가져달라고 비명을 질러대는 수많은 광고 대열에 합류하고 있는 셈이다. 광고는 교묘한 조작극이자 일종의 속임수임을 다들 알고 있다. 따라서 처음 대중 앞에 나타날 때는 언론에서 뉴스로 '무심코' 다룰 만한 이벤트를 만들어 자연스럽게 이목을 끄는 상황을 연출하는 것이 좋다. 사람들은 뉴스에 관심을 더 많이 기울인다. 그쪽이 더 사실적으로 보이기 때문이다. 비록 짧은 순간이라 하더라도 뉴스를 통해 갑자기 등장하면 몇 시간씩 방영되는 광고에 얼굴을 내밀 때보다 훨씬 설득력이 강하다. 철저한 사전 작업을 통해 극적인 효과와 동작, 긴장, 과감함을 두루 갖춘 이야기를 제공하도록 하라. 그럴 경우 언론에서는 며칠 동안 당신의 기사를 다룰 것이다. 무슨 일이 있어도 당신의 진짜 목적, 즉 자신을 팔고 있음을 들켜서는 안 된다.

감정에 호소하라. 이성적이고 직접적인 논쟁으로 메시지를 전달하려고 해서는 안 된다. 그 방법으로는 청중의 관심을 끌 수 없다. 머리가 아니라 가슴을 움직여라. 열정, 애국심, 가족의 가치 등 기본적인 감정을 건드릴 수 있는 말과 이미지를 개발하라. 가족과 자녀, 미래에 대해 생각하게 만들라. 그러고 나면 사람들의 관심을 끌기가 훨씬 쉬워진다. 이로써 당신의 진짜 메시지를 전달할 수 있는 관심과 공간은 충분히 확보되었다. 며칠 뒤 청중은 당신의 이름을 기억할 것이다. 그들이 당신의 이름을 기억하는 순간, 게임에서 반은 이긴 것이나 다름없다. 아울러 전쟁 영웅이나 어린이, 성자, 작은 동물 등 청중에게 호소력 강한 이미지로 주변을 채우도록 하라. 하지만 이들과의 친분 관계를 의도적으로 이용하고 있다는 인상을 주어서는 안 된다.

시각적 장치를 이용하라. 메시지의 내용보다 형식에 신경 쓰도록 하라. 이미지는 말보다 훨씬 유혹적이다. 실제로 마음을 진정시키는 색채, 적절한 배경, 속도와 동작을 암시하는 시각적 장치는 메시지를 전달하는 데 상당히 효과적이다. 청중은 겉으로는 연설 내용에 관심을 기울이는 척하지만, 사실은 시각적 장치에 열중하고 있다. 시각적 장치는 사람들의 무의식을 파고들기 때문에 말이나 연설보다 기억에 오래 남는다. 그런 점에서 시각적 장치는 최면 효과를 지녔다고 할 수 있다. 시각적 장치는 그것을 사용하는 연사의 의도에 따라 사람들을 행복하게 만들기도 하고, 슬프게 만들기도 한다. 사람들이 시각적 장치에 정신을 팔수록, 판단력이 흐려지게 마련이다. 그렇게 되면 당신의 의도를 감추기가 훨씬 쉬워진다.

상대방의 언어로 말하라. 친근한 말투를 사용하라. 어떤 경우에도 청중보다 우월하게 보여서는 안 된다. 거드름을 피운다거나 복잡한 말을 사용한다거나 통계 자료를 너무 자주 인용하는 것은 금물이다. 그보다는 그들의 눈높이에 맞추면서 친밀감을 형성해야 한다. 그들을 이해하고, 그들의 정서와 언어를 공유하라. 사람들이 광고 제작자와 정치가들의 책략에 냉소적인 반응을 보인다면 그들의 냉소주의를 이용하도록 하라. 굳이 결점을 숨기려 하지 말고 당신이 서민이라는 인상을 심어주도록 하라. 경쟁자들의 야비한 속임수를 폭로함으로써 당신 역시 청중과 생각이 똑같다는 점을 보여주도록 하라. 광고의 초점을 서민적이고 친근한 이미지에 맞추되, 가능한 한 출연 횟수를 줄여라. 그래야 점잖고 고상해 보이는 경쟁자들과 차별을 둘 수 있다. 사람들은 약자 편을 드는 경향이 있다. 따라서 때로 약점을 보여주는 것도 필요하다. 청중의 친구라는 점을 강조하라. 그들의 심금을 파고들어 경계심을 풀고 당신의 이야기에 귀 기울이게 하라.

연쇄 반응을 유도하라. 다들 그렇게 한다. 다른 사람들에게도 인기가 있는 사람은 그렇지 않은 사람보다 훨씬 유혹적이다. 이러한 원칙은 부드러운 유혹에도 적용된다. 이미 사람들의 관심을 끌고 있는 것처럼 행동하라. 그렇게 행동하다보면 실제로 그렇게 된다. 새로운 사조나 생활양식을 선도하는 것처럼 보이면, 대중은 뒤처질지도 모른다는 두려움 때문에 당신 주변으로 몰려들게 되어 있다. 로고, 슬로건, 포스터로 자신의 이미지를 널리 알려라. 당신이 제공하는 것이 무엇이든 점점 많은 사람들이 그것을 갖고 싶다는 욕망에 사로잡히도록 해야 한다. 이는 자신을 파는 가장 쉽고도 유혹적인 방법이다.

사람들에게 그들 자신이 누구인지를 알려라. 상대가 개인이든 대중이든 논쟁으로 설득하려는 것은 어리석은 짓이다. 그럴 경우 그들은 십중팔구 저항한다. 사람들의 생각을 바꾸려 하기보다는 그들의 정체성과 현실 인식을 바꾸도록 하라. 그들이 누구인지를 말해주고, 그들이 동일시하고 싶어하는 이미지를 제공하라. 현재의 상태에 대해 불만을 갖게 만들라. 그들이 스스로에게 불만을 가질수록 당신이 새로운 생활양식이나 사조를 제안할 수 있는 공간이 그만큼 넓어진다. 자신이 누군지 알려면 당신 말에 귀를 기울이는 수밖에 달리 도리가 없다고 생각하게 만들라. 그와 동시에 외부 세계에 대한 그들의 인식을 바꾸어야 한다. 그러려면 그들의 시야를 지배할 수 있어야 한다. 가능한 한 많은 매체를 이용해 그들의 인식을 좌우할 수 있는 총체적인 환경을 조성하도록 하라. 당신의 이미지가 광고로서가 아니라 공기의 일부처럼 느껴지도록 해야 한다.

사례 1: 신화의 주인공이 되라

앤드루 잭슨(Andrew Jackson)은 진정한 미국의 영웅이다. 1814년 뉴올리언스 전투에서 그는 훈련도 안 된 병사들을 이끌고 우수한 영국 군대와 싸워 승리했다. 그는 플로리다의 인디언을 제압하기도 했다. 잭슨의 부하들은 서민적인 취향의 그를 사랑했다. 그는 자신의 부하들처럼 식량이 떨어지면 도토리를 주워서 먹었고, 딱딱한 침대에서 잠을 잤으며, 술도 독한 사과주를 마셨다. 그후 1824년 대통령 선거에서 고배를 마시자(사실 잭슨은 선거인단 투표에서 최다 득표를 했다. 하지만 표 차이가 근소했기 때문에 하원에서 재투표에 들어갔고, 무수한 타협과 거래가 오간 끝에 결국 존 퀸시 애덤스가 대통령에 당선되었다) 그는 은퇴해 테네시에 있는 가족 농장으로 가 땅을 일구고 성경을 읽으며 부패한 워싱턴과는 거리가 먼 소박한 생활을 했다.

애덤스가 하버드 대학에 입학해 당구를 치고 소다수를 마시고 화려한 유럽풍의 옷을 즐기는 동안, 잭슨은 당시의 많은 미국인들처럼 오두막집에서 자랐다. 그는 농부 출신으로, 특별히 교육을 받은 적도 없었다.

어쨌든 말도 많고 탈도 많았던 1824년의 선거가 끝나고 몇 달 뒤, 미국인들은 위와 같은 내용의 신문 기사를 읽게 되었다. 이 기사에 고무된 미국인들은 서로 모였다 하면 전쟁 영웅 앤드루 잭슨이 부당한 대우를 받고 있으며, 귀족 출신의 교활한 엘리트가 나라를 말아먹기 위해 음모를 꾸미고 있다는 이야기를 하기 시작했다. 그래서 잭슨이 1828년 대통령 선거에 애덤스에 맞서 다시 후보로 나서겠다고 선언했을 때(하지만 이번에는 새로운 조직인 민주당 당수 자격으로 출마했다), 대중은 열광했다. 사람들은 잭슨에게 늙은 호두라는 별명을 붙여주었는데, 이는 거물급 정치인으로는 처음 있는 일이었다. 곧이어 미국 전역에서 늙은 호두를 지지하는 이른바 히코리(Hickory) 클럽이 결성되었다. 이런 모임은 신앙 부흥회를 연상시켰다. 모임에서는 조세와 노예제 폐지를 비롯해 당시 중요한 이슈들이 토론에 붙여졌다. 회원들은 잭슨이 자기들 편이라고 확신했다. 잭슨의 의중을 헤아리기는 어려웠지만(그는 이 문제들에 대해 조금 모호한 입장을 취했다), 이번 선거는 단순한 이슈전이 아니었다. 다시 말해 민주주의를 회복하고 백악관에 미국식 가치를 복원시키는 중요한 선거였다.

곧이어 히코리 클럽 회원들은 마을 잔치, 호두나무 심기 행사, 호두나무를 배경으로 한 무도회를 후원하기 시작했다. 그들은 누구나 참석해서 즐길 수 있는 대규모 대중 축제를 조직했다. 축제에는 어김없이 술이 나왔다. 도시에서는 연일 퍼레이드 장면이 연출되었고, 퍼레이드는 다시 행사로 이어졌다. 이런 행사는 주로 야간에 열렸는데, 덕분에 시민들은 잭슨의 지지자들이 횃불을 들고 행진하는 모습을 볼 수 있었다. 잭슨의 얼굴이 그려진 형형색색의 깃발이나 애덤스의 캐리커처와 그의 부패를 꼬집는 피켓을 들고 다니는 사람들도 있었다. 호두나무 지팡이, 호두나무 빗자루, 호두나무 이파리로 장식된 모자 등 눈을 돌리는 곳마다 호두나무가 있었다. 말을 타고 군중을 헤치면서 잭슨을 위해 "만세!"를 외치도록 유도하는 사람들이 있는가 하면, 잭슨에 관한 노래를 부르도록 군중을 선동하는 사람들도 있었다.

민주당은 후보들에 대한 일반인들의 의견을 알아보기 위해 선거 사상 처음으로 여론조사를 실시했다. 여론조사 결과는 신문에 게재되었는데, 잭슨이 압도적으로 앞서고 있었다. 그랬다, 새로운 물결이 미국 전역을 휩쓸고 있었다. 잭슨이 직접 참가해서 용감하게 싸웠던 14년 전의 전투를 기념하기 위해 뉴올리언스에 모습을 드러내면서 분위기는 절정으로 치달았다. 이것은 유례가 없던 일이었다. 당시만 해도 대통령 후보가 직접 선거 운동에 나선 예가 없었다. 따라서 그런 식으로 모습을 드러내는 것 자체를 탐탁지 않게 여겨질 수도 있었다. 하지만 잭슨은 기존의 정치인과는 달랐다. 그는 진정한 민중의 대변인이었다. 게다가 그는 자신의 방문은 정치적인 의도와는 상관없는 애국심에서 우러나온 행동이라고 주장했다.

사람들은 그 광경을 잊지 못했다. 잭슨이 증기선을 타고 안개가 피어오르는 뉴올리언스에 도착한 순간, 사방에서 축포가 터지고 웅장한 연설과 함께 도저히 끝날 것 같지 않은 축제가 벌어졌다. 마치 광란에 빠진 폭도들이 도시를 장악한 것 같았다. 어떤 사람은 이때를 회상하며 이렇게 말했다. "마치 꿈같았다." "그처럼 영광스럽고 성대한 기념식은 본 적이 없다. 감사의 마음과 애국심으로 다들 하나가 되었다."

이번에는 민중의 의지가 승리를 거두었다. 잭슨은 대통령에 당선되었다. 잭슨에게 승리를 안겨준 곳은 어느 한 지역만이 아니었다. 뉴잉글랜드, 남부, 서부, 상인, 농부, 노동자 할 것 없이 모두가 잭슨이 퍼뜨린 열병에 감염되었다.

해석 ——

1824년의 패배 이후, 잭슨과 그의 지지자들은 1828년에는 다른 모습을 보여주기로 굳게 결심했다. 미국은 이주민과 서부 개척민, 도시 노동자의 증가로 점점 다원화되고 있었다. 잭슨이 선거에서 이기려면, 새로운 지역 감정과 계층 간의 위화감을 극복해야 했다. 그의 지지자들이 제일 먼저 취한 행동 가운데 하나는 전국적인 규모의 신문사 설립이었다. 이것은 가장 중요한 행동이기도 했다. 그가 공직 생활을 청산하고 은퇴한 것처럼 보이는 동안, 이 신문사들은 그의 이미지를 부당하게 취급받는 전쟁 영웅이자 민중의 희생자로 선전했다.

사실 잭슨은 그의 지지자들이 그랬던 것처럼 부유했다. 그는 테네시에서 가장 큰 농장 가운데 하나를 가지고 있었고, 노예도 많이 소유하고 있었다. 그는 독한 사과주보다 고급 양주를 즐겨 마셨고, 잠도 유럽에서 수입한 리넨을 간 푹신한 침대에서 잤다. 정식 교육은 못 받았지만 다년 간의 전투 경험으로 누구보다 예리했다.

하지만 농부라는 이미지가 이 모든 것을 가렸고, 일단 그런 이미지가 만들어지자 애덤스의 귀족적인 이미지와 확연히 대비되었다. 잭슨의 선거 참모들은 이런 식으로 일천한 그의 정치 경력을 희석시키고 선거를 인격과 가치관의 문제로 돌려놓았다. 정치적인 이슈 대신에 그들은 음주 습관이나 예배 참석과 같은 사소한 문제를 부각시켰다. 열광적인 분위기를 조성하기 위해 그들은 언뜻 자발적인 행사처럼 보이는 장관을 연출했다. 하지만 문제의 기념 행사는 사전에 치밀하게 계획되어 있었다. 여론조사 결과가 입증했듯이 잭슨에 대한 지지는 하나의 운동처럼 보였다. 뉴올리언스에서의 행사(이 행사는 비정치적이라고 보기가 어려웠고, 그 바로 옆에는 루이지애나가 있었다)는 잭슨을 애국심에 불타는 숭고한 인물로 변모시켰다.

사회는 점차 작은 단위로 분화되어 왔다. 공동체는 예전보다 응집력이 떨어지고, 개인조차 내적 갈등을 겪고 있다. 선거에서 이기거나 많은 사람을 상대로 뭔가를 팔려면, 이와 같은 차이들을 숨기고 대중을 하나로 묶어야 한다. 그러려면 사람들의 무의식을 파고들어 그들을 매혹시키고 흥분시키는 포괄적인 이미지를 구축하는 길밖에 없다. 진실이나 사실을 말해서는 안 된다. 다시 말해 신화를 만들어내야 한다.

신화는 귀속 의식을 자극한다. 자신이 주인공으로 등장하는 신화를 만들어 일반인들이 당신의 성격과 어려운 처지, 포부에 공감하게 만들라. 이러한 이미지에는 당신의 단점도 포함되어야 한다. 즉 당신은 최고의 연사도 아니고, 최고의 교육을 받지도 못했으며, 세련된 정치인도 아니라는 점을 부각시켜야 한다. 인간적인 모습은 조작된 이미지가 갖는 부자연스러움을 가려준다. 이와 같은 이미지를 팔려면 적당히 모호해야 한다.

잘 모르는 이슈라고 해서 무조건 피하기보다는 성격이나 가치관, 비전이라는 틀 안에서 자신의 입장을 부드럽게 피력하는 것이 좋다. 가령 조세감면을 지지한다면 가정 경제에 도움이 된다는 이유를 내세울 수 있다. 그럴 경우 가정적인 사람이라는 이미지를 심을 수 있다. 대중의 인기를 얻으려면 무엇보다도 재미있어야 한다. 이러한 전략은 경쟁자들의 분노를 야기할 수도 있다. 그럴 경우 경쟁자들이 신화 뒤에 감추어진 당신의 진실을 캐내려고 혈안이 될 수도 있다. 하지만 그럴수록 그들은 독선적이며 지나치게 심각하고 방어적이며 거드름을 피우는 것처럼 보일 뿐이다. 그들의 이미지가 그런 식으로 굳어질수록 당신은 더 유리한 위치에 서게 된다.

사례 2: 새로운 운동의 물결을 만들라

1929년 3월 31일 부활절 일요일이었다. 뉴욕의 교인들은 해마다 열리는 오전 부활절 행사를 마치고 5번가로 모여들기 시작했다. 거리는 봉쇄되었고, 수년 동안 그래왔듯이 사람들은 제일 좋은 옷을 차려입었다. 그중에서도 최신 봄 유행으로 잔뜩 멋을 부린 여성들의 옷차림이 유독 눈길을 끌었다. 하지만 그해 5번가에 있던 사람들은 색다른 장면을 목격했다. 젊은 여성 두 명이 세인트토머스 교회 계단을 내려가고 있었다. 계단을 다 내려가자, 그들은 지갑을 열어 담배(럭키 스트라이크라는 상표가 붙은 담배였다)를 꺼낸 다음 불을 붙였다. 그러고 나서 그들은 담배 연기를 내뿜으며 거리를 따라 걸어갔다. 군중 사이에 잠시 동요가 일었다. 여자가 담배를 피우기 시작한 것은 불과 얼마 전의 일로, 숙녀가 거리에서 담배를 피운다는 것은 있을 수 없는 일이었다. 당시만 해도 그렇고 그런 여자만 거리에서 담배를 피우던 시절이었다. 하지만 두 여성은 우아한 멋쟁이였다. 사람들은 그들을 뚫어지게 쳐다보았다. 몇 분 후 두 여성이 그 옆 교회에 도착하면서 더 놀라운 일이 벌어졌다. 그들처럼 우아하게 차려입고 교양 있어 보이는 젊은 아가씨 두 명이 교회에서 나오더니 담배를 들고 있는 두 여성에게 다가갔다. 그러고는 갑자기 생각났다는 듯, 담배를 꺼내 그들에게 불을 빌려달라고 하는 것이 아닌가.

이제 네 명으로 불어난 여성은 의기양양하게 거리를 따라 걸어갔다. 여성들의 수는 꾸준히 증가했다. 곧이어 열 명의 여성이 마치 지극히 자연스럽다는 듯이 공공연하게 담배를 꼬나 물고 있었다. 어디선가 사진작가들이 나타나 이 새로운 광경을 찍기 시작했다. 대개 부활절 행렬에서는 새로운 모자 모양이나 새로운 봄 색상에 대해 수군거리는 것이 일이었다. 하지만 그해에는 모든 사람이 이 대담한 아가씨들과 담배에 대해 이야기하고 있었다. 다음 날 그들에 대한 사진과 기사가 신문에 실렸다. 한 통신사는 다음과 같은 내용의 기사를 급히 타전했다. "진한 회색 정장차림의 페데리카 프레일링휘센 양이 세인트패트릭 교회 앞에 모여 있던 군중을 헤치고 씩씩하게 걸어나갔듯이, 버사 헌트 양과 그녀의 동료 여섯 명도 여성들의 자유를 위해 또 다른 한 방을 날렸다. 그들은 담배 연기를 흩날리며 5번가를 걸어갔다. 흡연권을 쟁취하기 위한 전투가 있었던 다음 날, 헌트 양은 성명을 발표했다. '나는 우리가 뭔가를 시작했기를, 아무도 반기지 않는 이 자유의 횃불이 여성들에게만 강요되어온 담배에 대한 금기를 깨부수었기를 바랍니다. 앞으로도 우리 여성들은 모든 차별을 철폐해나갈 것입니다.'"

이 이야기는 신문을 통해 미국 전역으로 퍼져나갔고, 곧이어 다른 도시의 여성들도 거리에서 담배를 피우기 시작했다. 몇 주 동안 찬반 논쟁이 오갔다. 새로운 조류를 비난하는 신문사가 있는가 하면, 여성들을 옹호하는 신문사도 있었다. 하지만 몇 달 후 여성들의 공공연한 흡연 행위는 사회적으로 용인받게 되었다. 그것에 대해 눈살을 찌푸리는 사람은 더 이상 없었다.

해석 ──

1929년 1월 뉴욕의 사교계에 몸담고 있던 몇몇 여성은 버사 헌트라는 한 여성으로부터 똑같은 내용의 전보를 받았다. "성차별을 없애기 위해…… 부활절 행렬이 5번가를 지나는 동안 저를 비롯한 젊은 여성 몇 명이 담배를 피움으로써 자유의 횃불에 불을 당기고자 합니다." 그 행사에 참가하기로 한 여성은 버사 헌트가 비서로 일하는 사무실에서 사전에 모임을 가졌다. 그 자리에서 그들은 들르게 될 교회와 만나는 방법을 비롯해 세부 사항을 의논했다. 헌트는 그들에게 럭키 스트라이크 담뱃갑을 건네주었다. 약속된 날 계획대로 모든 것이 완벽하게 진행되었다.

하지만 그들은 이 모든 일의 배후에 한 남자가 있음을 전혀 몰랐다. 그는 헌트의 상사인 에드워드 버네이스(Edward Bernays)라는 인물로 럭키 스트라이크 제조업체인 미국 담배 회사의 홍보 담당 고문이었다. 미국 담배 회사는 다양한 광고로 여성들에게 흡연을 권유하고 있었지만, 길거리에서의 흡연이 숙녀답지 못한 행동으로 간주되었던 탓에 더 이상 소비가 늘지 않았다. 이에 미국 담배 회사 사장은 버네이스에게 도움을 청했고, 버네이스는 나중에 자신의 트레이드마크가 된 기술을 적용해 사장의 고민을 해결해주었다. 그의 기술이란, 언론에서 뉴스로 다룰 만한 이벤트를 만들어 대중의 관심을 사로잡는 것이었다. 그러려면 세세한 부분까지 철저히 준비하되 자발적으로 보여야 했다. 이 '행사'에 대한 소문이 퍼져나가면서, 점점 많은 여성들이 거리에서 담배를 피우기 시작했다.

지그문트 프로이트의 조카이자 20세기의 가장 위대한 홍보 활동가라고 할 수 있는 버네이스는 판매의 기본 원칙을 꿰뚫고 있었다. 우리의 의도를 눈치채는 순간, 상대는 경계심을 품는다. 하지만 팔려는 의도를 뉴스 이벤트로 위장하면 상대의 저항을 불식시키는 한편 판매 행위 자체를 하나의 사회적인 추세로 전환시킬 수 있다. 그러한 목적을 달성하려면 언론에서 다루는 다른 이벤트와는 확연하게 구분되는 이벤트를 준비해야 한다. 하지만 너무 앞서 나가거나 의도적인 냄새가 나서도 안 된다. 부활절 행진의 경우, 버네이스는(버사 헌트를 통해) 손에 담배를 들고도 우아해 보일 수 있는 여성들을 골랐다. 하지만 사회적 금기를 깼다는 점에서, 그것도 집단으로 행동했다는 점에서 그가 선정한 여성들은 언론이 관심을 가질 수밖에 없는 극적인 이미지를 만들어냈다. 따라서 언론의 관심을 끌려면 어느 정도 현실성이 있어야 한다.

버네이스가 여성들의 반발심을 자극해 성과를 거두었듯이, 이벤트를 마련할 때에는 긍정적인 면과 연계시키는 것이 중요하다. 가령 애국심이나 성적인 측면 혹은 정신적인 측면과 연계시킬 경우, 그 자체로 생명력을 지니게 된다. 거기에 어느 누가 저항할 수 있겠는가? 사람들은 판매 전략의 일환이라는 것도 깨닫지 못한 채 무작정 군중 틈에 섞이고 본다. 지금 막 태동하고 있는 새로운 운동의 물결에서 밀려나기를 바라는 사람은 아무도 없다.

사례 3: 시각적 이미지를 만들라

1984년 대통령 선거 때의 일이다. 당시 재도전에 나선 로널드 레이건은 "미국의 아침이 다시 밝았습니다"라는 말로 대중 연설을 시작했다. 그는 대통령으로 재직하면서 미국의 자존심을 회복했다고 주장했다. 그는 미국이 힘과 자신감을 되찾았다는 증거로, 얼마 전 로스앤젤레스에서 성공리에 개최되었던 올림픽을 들었다. 그가 보건대 전임자인 지미 카터가 재앙의 시기라고 명명했던 1980년으로 시계를 되돌리고 싶은 사람은 아무도 없었다.

한편 민주당 후보였던 월터 먼데일은 미국인들은 이제 레이건의 부드러운 판매 전략에 식상해졌다고 판단했다. 그들은 솔직함을 원했고 먼데일은 거기에 승부를 걸기로 했다. 전국의 텔레비전 시청자 앞에서 먼데일은 이렇게 선언했다. "우리 모두 진실을 직시합시다. 레이건 씨는 무슨 일만 있으면 세금을 올렸고, 앞으로도 그럴 것입니다. 레이건 씨는 이 문제에 대해 함구하고 있지만, 전 그렇지 않습니다." 그는 기회가 있을 때마다 계속해서 이 문제를 물고 늘어졌다. 그해 10월에 행한 여론조사에서 그의 지지도는 거의 바닥 수준으로 떨어졌다.

〈CBS〉 뉴스 기자인 레슬리 스탈(Lesley Stahl)은 선거전을 취재하고 있었는데, 선거일이 가까워질수록 심기가 불편했다. 무거운 이슈보다 감정과 기분에 초점을 맞추는 레이건의 전략이 못마땅해서 그런 것은 아니었다. 그보다는 언론이 그에게 무임 승차권을 제공하고 있는 것 같았기 때문이다. 그녀가 보기에 레이건과 그의 선거 팀은 언론을 가지고 놀고 있었다. 그들은 레이건의 사진을 찍을 때마다 완벽한 세팅의 힘을 빌려 그를 대통령직에 어울리는 강한 인물로 보이게 했다. 그들은 세련된 제목과 함께 행동하는 레이건의 모습을 담은 극적인 장면을 언론에 흘렸다. 한마디로 그들은 대규모 쇼를 연출하고 있었다.

스탈은 대중에게 레이건이 자신의 정치적 실책을 감추기 위해 텔레비전을 어떻게 이용하고 있는지를 알리는 뉴스 기사를 내보내기로 했다. 기사는 그의 팀이 수년 동안 공들여 만든 이미지를 합성한 몽타주 사진으로 시작되었다. 청바지 차림으로 자신의 목장에서 휴식을 취하고 있는 레이건, 노르망디 상륙작전을 기념하는 탑 앞에 서 있는 레이건, 비밀 경호원과 축구공을 던지고 있는 레이건, 도심의 한 교실에 앉아 있는 레이건……. 이미지들이 나가고 난 후 스탈은 이렇게 물었다. "로널드 레이건은 어떻게 텔레비전을 이용할까요? 대답은 가히 천재적이라고 할 수밖에 없습니다. 그는 부자들의 대통령이라는 비난을 받아왔지만, 텔레비전 사진은 그렇지 않다고 말하고 있습니다. 73세의 레이건은 나이 때문에 문제를 안고 있습니다. 하지만 텔레비전 사진은 그렇지 않다고 말합니다. 미국인들은 다시 조국을 자랑스럽게 여기기를, 나아가 대통령을 자랑스럽게 여기기를 바라고 있습니다. 텔레비전 사진은 그럴 수 있다고 말합니다. 백악관은 텔레비전 프로그램 편성에 촉각을 곤두세우고 있습니다. 그들의 목표가 무엇이겠습니까? 대통령의 위대한 자산, 그의 측근들이 말하는 그의 인간적인 면모를 강조하는 것이 그들의 목표입니다. 그들은 지도자처럼 보이는 그의 사진을 내보내고 있습니다. 사진 속의 그는 말보로 모델처럼 자신감에 차 있습니다."

그 사이 휠체어에 탄 장애인 운동 선수와 악수를 하는 레이건의 모습과 새로 건립된 노인 복지 시설 개원식에 참석해 테이프를 자르는 그의 모습이 화면에 등장했다. 스탈의 멘트는 계속되었다. "부정적인 인상을 지우는 것도 그들의 목표입니다. 레이건 씨는 문제의 소지가 있는 이슈를 회피하기 위해 일부러 그동안의 정책을 부인하는 배경을 골랐습니다. 장애인 올림픽이나 양로원 개원 행사가 그 예입니다. 장애인과 노인 복지 예산을 삭감하려고 한 그의 모습은 어디에서도 찾아볼 수 없습니다." 이쯤에서 스탈은 다음과 같은 결론을 내렸다. "레이건 대통령은 정작 중요한 이슈에는 눈을 감고 이미지만 강조하는 선거 운동을 벌인다는 비난을 받고 있습니다. 하지만 그와 같은 비난이 그에게 상처를 입히리라는 증거는 어디에도 없습니다. 사람들이 텔레비전 화면에 등장하는 그를 보면서 미국에 대해, 그들 자신에 대해, 나아가 대통령에 대해 좋은 감정을 느끼기 때문입니다."

스탈은 백악관을 취재하면서 레이건 측근들의 도움을 많이 받았지만, 그녀의 기사는 상당히 부정적이었다. 그래서 그녀는 마음의 준비를 단단히 하고 있었다. 하지만 백악관의 한 고위 관리가 그날 저녁 그녀에게 전화를 걸어 "훌륭한 기사였소"라고 말했다. "네? 뭐라구요?" 놀란 스탈이 물었다. "훌륭한 기사였다고 했소." 그가 재차 말했다. "내가 한 말을 듣긴 한 건가요?" 그녀가 물었다. "레슬리, 당신이 로널드 레이건의 사진을 내보내는 4분 30초 동안, 아무도 당신 말을 듣지 않았소. 사진과 겹쳐져서 나오는 바람에 메시지를 이해하기가 상당히 어려웠다는 것을 모르는 모양이구려? 시청자들은 사진을 보느라 당신 메시지는 안중에도 없었소. 그들은 당신이 무슨 말을 했는지조차 모를 거요. 덕분에 우린 4분 30초 동안 공짜로 로널드 레이건을 광고할 수 있었소."

해석 ——

레이건의 홍보를 담당했던 사람들은 대부분 마케팅 분야에서 일한 경험이 있었다. 그들은 이야기를 할 때는 긍정적인 시각 효과와 함께 요점만 간단 명료하게 전달해야 한다는 것을 잘 알고 있었다. 아침마다 그들은 그날 내보낼 기사의 헤드라인을 어떻게 정해야 할지, 나아가 기사 내용에 맞추려면 대통령의 모습을 어떤 식으로 비디오에 담는 것이 좋은지를 검토했다. 그들은 대통령 집무실의 배경에 대해서도 세밀하게 신경을 썼다. 그가 세계 정상들과 함께 있는 모습이나 당당하게 걸음을 옮겨놓는 모습은 이러한 고민의 결과였다. 이와 같은 시각 자료는 어떤 말보다 메시지를 효과적으로 전달했다. 이와 관련해 레이건의 한 측근이 한 말은 시사하는 바가 매우 크다. "사실을 믿겠습니까, 아니면 당신의 눈을 믿겠습니까?"

직접적인 대화 방식에서 탈피하도록 하라. 부드러운 판매 전략에서는 그런 방식이 오히려 걸림돌이 된다. 말은 가급적이면 모호하게 하는 것이 좋다. 말의 내용보다 스타일과 시각 효과가 훨씬 중요하다. 움직이는 모습을 보여줌으로써, 앞으로 나아가고 있다는 느낌을 전달하라. 사실과 숫자를 통해서가 아니라, 색깔과 긍정적인 이미지를 통해 자신감을 표현하도록 하라. 모든 사람들에게 내재되어 있는 어린아이에게 호소하도록 하라. 우선은 언론에서 취재하는 대로 내버려둬라. 역학 관계는 바뀌게 마련이다. 언론의 생리상 드라마와 시각 자료를 필요로 할 수밖에 없기 때문이다. 이미지는 말보다 기억에 오래 남는다는 점을 명심하라. 대중을 설득하려고 하지 말라. 그 방법으로는 절대 성공할 수 없다. 긍정적인 감정과 행복한 느낌을 유발하는 시각 자료를 통해 자신의 메시지를 표현하는 법을 익히도록 하라.

사례 4: 사람들이 원하는 드라마를 만들라

1919년 영화 홍보 업무를 대행하던 해리 라이헨바흐(Harry Reichenbach)는 〈스탬볼의 처녀〉라는 영화의 홍보를 부탁받았다. 그가 맡은 〈스탬볼의 처녀〉는 이국적인 장소를 무대로 로맨스를 그린, 그렇고 그런 영화였다. 당시 추세대로라면 사람들의 눈길을 끄는 포스터와 광고로 판촉 활동을 벌이는 것이 관례였다. 하지만 해리는 일반적인 방식을 따르지 않았다. 그는 순회 오락장에서 호객꾼으로 일한 적이 있었다. 그곳에서 사람들을 자신의 천막으로 끌어들이려면 다른 호객꾼보다 튀는 방법밖에 없었다. 해리는 맨해튼에서 터키인 여덟 명을 찾아서 영화사에서 준 의상(짙은 초록색 바지에 초승달 문양이 그려진 황금색 터번)으로 갈아입히고 말과 행동을 철저히 연습시킨 다음 고급 호텔에 투숙시켰다. 곧이어 터키 사절단이 비밀 외교 임무를 띠고 뉴욕에 왔다는 소문이 신문을 통해 빠르게 퍼져나갔다.

그들이 묵고 있는 호텔은 몰려드는 기자들로 북새통을 이루었다. 사절단 대표인 '셰이크 알리 벤 모하메드'는 비밀이 모두 새어나간 마당에 더 이상 감출 것이 없다고 판단하고는 그들을 자신의 방으로 초대했다. 기자들은 터키인의 화려한 의상과 인사법, 의식에 깊은 인상을 받았다. 셰이크(아라비아어로 족장, 촌장, 교주라는 뜻─옮긴이)는 뉴욕에 온 경위를 설명했다. 스탬볼의 처녀로 알려진 사리라는 이름의 한 아리따운 아가씨가 셰이크의 동생과 약혼을 했다. 그런데 한 미국인 병사가 지나가던 길에 그녀를 보고는 반해서 그녀를 납치해 미국으로 데려왔다. 그녀의 어머니는 슬픔을 견디다 못해 죽고 말았다. 그런 와중에 그녀가 뉴욕에 있다는 사실을 알게 된 셰이크가 그녀를 데리러 미국으로 건너왔다.

셰이크의 화려한 언변과 낭만적인 이야기에 넋이 나간 기자들은 그 후 며칠 동안 스탬볼의 처녀에 관한 기사로 신문 지면을 가득 채웠다. 셰이크는 센트럴 파크를 배경으로 영화를 찍었을 뿐만 아니라, 뉴욕 사교계에 초대되어 융숭한 대접을 받았다. 마침내 '사리'가 있는 곳을 알아냈고, 기자들은 셰이크와 흥분으로 제정신이 아닌 아가씨(이국적 용모를 지닌 여배우)와의 재회를 대서 특필했다. 그러고 나서 얼마 후 〈스탬볼의 처녀〉가 뉴욕에서 개봉했다. 영화의 줄거리는 신문에 실렸던 '실제' 사건과 매우 흡사했다. 우연의 일치인가? 그 이야기가 벌써 영화로 만들어졌나? 확실한 내막은 아무도 모르는 것 같았지만, 대중은 호기심 때문에 거기에 개의치 않았다. 영화 〈스탬볼의 처녀〉는 연일 박스 오피스 기록을 갱신했다.

1년 뒤 해리는 다시 〈금지된 여자〉라는 제목의 영화를 홍보하게 되었다. 그 영화는 그가 본 영화 중에서 최악이었다. 그 영화를 상영하려는 극장주는 한 명도 없었다. 이번에도 해리는 공작을 벌였다. 18일 동안 그는 하루도 빠짐없이 뉴욕 주요 일간지에 광고를 게재했다.

"2월 21일 밤에 하늘을 보십시오! 하늘이 초록색이면 카피톨 극장으로 가고, 하늘이 빨간색이면 리볼리 극장으로 가십시오. 하늘이 분홍색이면 스트랜드 극장으로 가고, 하늘이 파란색이면 리알토 극장으로 가십시오. 2월 21일입니다. 그날 밤하늘을 보면 시내에서 최고의 쇼를 공연하는 극장이 어딘지 알 수 있을 것입니다! (카피톨, 리볼리, 스트랜드, 리알토는 브로드웨이에서 손꼽히는 4대 극장이었다)."

거의 모든 사람들이 그 광고를 보고는 대체 어떤 영화이기에 그러는지 궁금해했다. 카피톨 극장 소유주가 그 영화에 대해 아느냐고 묻자, 해리는 비밀 엄수를 조건으로 자초지종을 설명했다. 극장주는 영화를 보여달라고 했다. 해리는 영화가 상영되는 동안 내내 홍보 계획에 대해 주절주절 떠들면서 극장주의 관심을 딴 데로 돌렸다. 극장주는 일주일 동안 그 영화를 상영하기로 결정했다. 2월 21일 저녁 눈보라가 도시 전역을 뒤덮은 가운데 모든 눈이 일제히 하늘로 향했다. 그 순간 제일 높은 빌딩에서 거대한 빛이 쏟아져나왔다. 밝은 녹색빛이었다. 그 빛을 신호로 엄청난 숫자의 군중이 카피톨 극장으로 몰려들었다. 안에 들어가지 못한 사람도 헤아릴 수 없을 정도였다. 극장을 가득 메운 열기 때문인지, 영화는 그렇게 나빠 보이지 않았다.

다음해 해리는 〈법 밖에서〉라는 제목의 갱 영화를 홍보해 달라는 부탁을 받았다. 그는 전국의 고속도로에 "일요일에 춤추고 싶은 사람은 법 밖으로 나가 주십시오"라는 문구가 적힌 표지판을 세웠다. '춤추고 싶은 사람' 대신 '골프하고 싶은 사람'이나 '수영하고 싶은 사람'이라고 적힌 표지판도 있었다. 표지판 맨 위의 한쪽 구석에는 'PD'라는 약자가 새겨진 경찰관 기장이 부착되어 있었다. 이를 본 사람들은 경찰서(police department)를 떠올렸지만, 실은 영화 주인공인 프리실라 딘(Priscilla Dean)의 머릿글자였다. 당시 경찰은 종교 단체의 압력에 밀려 일요일에 '죄스러운' 활동을 금지하는 안식일 엄수법을 강화하려는 움직임을 보이고 있었다. 갑자기 여기저기서 논쟁이 불붙기 시작했다. 극장 소유주, 골프 연합회, 무도인 모임에서 안식일 엄수법에 반대하는 운동을 주도했다. 그들은 "일요일에 그런 활동을 한다고 해서 법 밖에 있으라는 것은 말이 되지 않습니다"라는 문구가 적힌 광고판을 설치했다. 몇 주 동안 '법 밖에서'라는 말은 사방에서 눈에 띄었고, 사람들 입에도 오르내렸다. 그러던 중 어느 일요일, 영화 〈법 밖에서〉가 뉴욕의 4대 극장에 동시에 걸렸다. 이런 일은 처음이었다. 영화는 그 후 몇 달 동안 미국 전역에서 상영되었다. 물론 일요일에도 상영되었다. 〈법 밖에서〉는 그해 큰 히트를 기록한 영화 가운데 하나였다.

해석 ——

영화 역사상 가장 탁월한 홍보 활동가라고 할 수 있는 해리 라이헨바흐는 호객꾼 생활을 하면서 터득한 교훈을 결코 잊지 않았다. 순회 오락장은 밝은 빛과 색채, 소음, 밀물처럼 모여들었다 썰물처럼 빠져나가는 군중으로 가득 찬 곳이다. 그러한 환경에 놓이면 누구든 영향을 받을 수밖에 없다. 두뇌가 명석한 사람은 마술 쇼는 사기며, 맹수들은 훈련을 받아 다들 얌전하고, 위험한 공중곡예는 상대적으로 안전하다고 말할지도 모른다. 하지만 사람들은 신나게 놀고 싶어한다. 그들은 의심을 잠시 접어두고 마술과 위험이 진짜라고 상상한다. 그들은 가짜인 것 같으면서도 진짜처럼 보이는 것이 동시에 존재한다는 사실에 자기도 모르게 매혹된다. 해리의 홍보 전략은 순회 오락장을 대규모로 재현한 것에 불과했다. 그는 화려한 의상과 근사한 이야기, 압도적인 광경으로 사람들을 끌어당겼다. 그는 미스터리와 논쟁으로 그들의 관심을 사로잡았다. 마치 순회 오락장에 있을 때처럼, 일종의 열병에 걸린 사람들은 두 번 생각할 것도 없이 그가 선전하는 영화를 보러 모여들었다.

해리 라이헨바흐가 활동하던 시기와 비교하면 오늘날은 허구와 현실,

뉴스와 오락 사이의 경계가 훨씬 불분명하다. 부드러운 유혹을 하기에는 정말 좋은 기회다. 언론매체는 오락과 드라마 요소를 동시에 갖춘 이벤트에 목말라하고 있다. 대중은 현실 같으면서도 조금 환상적인 것, 즉 영화적 요소가 가미된 실제 이벤트라면 사족을 못 쓴다. 그런 약점을 파고들라. 버네이스처럼 언론이 뉴스로 다룰 만한 이벤트를 만들라. 하지만 여기서는 사회적 추세를 선도하는 것이 아니라 단기전에 승부를 걸어야 한다. 실제 같은 느낌이 들게 이벤트를 꾸미되, 평소보다 색깔을 조금 밝게 하고, 등장인물을 실제보다 부풀리고, 드라마적 요소를 강화해야 한다. 필요하다면, 섹스와 위험의 위력을 빌릴 수도 있다. 한마디로 현실과 허구의 교집합을 제시할 수 있어야 한다. 유혹의 본질은 바로 거기에 있다.

　하지만 사람들의 관심을 끄는 것만으로는 충분하지 않다. 그들을 완전히 사로잡으려면 장기간에 걸쳐 그들의 이목을 집중시킬 수 있어야 한다. 이 경우에는 해리가 도덕 논쟁을 불러일으켰듯이, 논쟁에 불을 붙이는 방법으로 소기의 성과를 달성할 수 있다. 언론에서 우리가 사람들의 가치관에 미친 영향을 놓고 논쟁을 벌이는 동안, 우리의 이름이 사방에 알려지게 된다. 이는 대중을 유혹하는 데 반은 성공했음을 의미한다.

: : 감사의 말

먼저 이 책이 나오기까지 물심양면으로 지원을 아끼지 않은 안나 빌러에게 감사드린다. 그녀는 자료 조사와 여러 차례의 논의를 통해 내게 도움을 주었으며, 이 책을 쓰는 데에도 공헌한 바가 크다. 무엇보다도 그녀가 지닌 유혹의 기술은 큰 도움이 되었다. 지금까지 그녀의 유혹에 넘어간 적이 한두 번이 아니었지만, 나는 그녀의 희생자가 된 것을 행복하게 생각한다.

아울러 집필을 하는 동안 열렬한 응원과 지원으로 나를 격려해준 어머니 로레트 여사에게 감사드린다.

몇 년 전 내게 《위험한 관계》를 소개해준 캐서린 루숑에게도 고마움을 느낀다. 내가 발몽의 작품 세계를 알 수 있게 된 것은 순전히 그녀 덕분이다.

또한 이 책을 편집했을 뿐만 아니라 그때그때 조언을 아끼지 않은 데이비드 프랭클, 책의 전반적인 진행 상황을 감독해준 바이킹 펭귄 사의 몰리 스턴, 끈질긴 인내심으로 이 책의 탄생을 지켜보며 도움을 아끼지 않았던 라다 팬첨과 브렛 켈리에게도 감사드린다.

이 책을 집필하는 지난 13년 동안 줄곧 곁에서 나를 지켜봐준 내 고양이 보리스가 떠오른다. 원고를 쓰느라 녀석을 제대로 돌봐주지 못했다. 요즘은 녀석의 뒤를 이어 브루투스가 내 옆에서 나를 즐겁게 해주고 있다.

마지막으로 아버지께 감사드리고 싶다. 아버지는 내게 많은 영감을 주셨다. 말로는 도저히 표현할 수 없을 정도로 아버지가 보고 싶다.

Baudrillard, Jean. *Seduction*. Trans. Brian Singer. New York: St. Martin's Press, 1990.

Bourdon, David. *Warhol*. New York: Harry N. Abrams, Inc., 1989.

Capellanus, Andreas. *Andreas Capellanus on Love*. Trans. P. G. Walsh. London: Gerald Duckworth & Co. Ltd., 1982.

Casanova, Jacques. *The Memoirs of Jacques Casanova, in eight volumes*. Trans. Arthur Machen. Edinburgh: Limited Editions Club, 1940.

Chalon, Jean. *Portrait of a Seductress: The World of Natalie Barney*. Trans. Carol Barko. New York: Crown Publishers, Inc., 1979.

Cole, Hubert. *First Gentleman of the Bedchamber: The Life of Louis-François Armand, Maréchal Duc de Richelieu*. New York: Viking, 1965.

de Troyes, Chrétien. *Arthurian Romances*. Trans. William W Kibler. London: Penguin Books, 1991.

Feher, Michel, ed. *The Libertine Reader: Eroticism and Enlightenment in Eighteenth-Century France*. New York: Zone Books, 1997.

Flynn, Errol. *My Wicked, Wicked Ways*. New York: G. P. Putnam's Sons, 1959.

Freud, Sigmund. *Psychological Writings and Letters*. Ed. Sander L. Gilman. New York: The Continuum Publishing Company, 1995.

_____. *Sexuality and the Psychology of Love*. Ed. Philip Rieff. New York: Touchstone, 1963.

Fülöp-Miller, René. *Rasputin: The Holy Devil*. New York: Viking, 1962.

George, Don. *Sweet Man: The Real Duke Ellington*. New York: G. P. Putnam's Sons, 1981.

Gleichen-Russwurm, Alexander von. *The World's Lure: Fair Women, Their Loves, Their Power, Their Fates*. Trans. Hannah Waller. New York: Alfred A. Knopf, 1927.

Hahn, Emily. *Lorenzo: D. H. Lawrence and the Women Who Loved Him*. Philadelphia: J. B. Lippincott Company, 1975.

Hellmann, John. *The Kennedy Obsession: The American Myth of JFK*. New York: Columbia University Press, 1997.

Kaus, Gina. *Catherine: The Portrait of an Empress*. Trans. June Head. New York: Viking, 1935.

Kierkegaard, Søren. *The Seducer's Diary, in Either/Or, Part 1*. Trans. Howard V. Hong & Edna H. Hong. Princeton, NJ: Princeton University Press, 1987.

Lao, Meri. *Sirens: Symbols of Seduction*. Trans. John Oliphant of Rossie. Rochester, VT: Park Street Press, 1998.

Lindholm, Charles. *Charisma*. Cambridge, MA: Basil Blackwell, Ltd., 1990.

Ludwig, Emil. *Napoleon*. Trans. Eden & Cedar Paul. Garden City, NY: Garden City Publishing Co., 1926.

Mandel, Oscar, ed. *The Theatre of Don Juan: A Collection of Plays and Views, 1630–1963*. Lincoln, NE: University of Nebraska Press, 1963.

Maurois, Andre. *Byron*. Trans. Hamish Miles. New York: D. Appleton & Company, 1930.

_____. *Disraeli: A Picture of the Victorian Age*. Trans. Hamish Miles. New York: D. Appleton & Company, 1928.

Monroe, Marilyn. *My Story*. New York: Stein and Day, 1974.

Morin, Edgar. *The Stars*. Trans. Richard Howard. New York: Evergreen Profile Book, 1960.

Ortiz, Alicia Dujovne. *Eva Perdu*. Trans. Shawn Fields. New York: St. Martin's Press, 1996.

Ovid. *The Erotic Poems*. Trans. Peter Green. London: Penguin Books, 1982.

_____. *Metamorphoses*. Trans. Mary M. Innes. Baltimore, MD: Penguin Books, 1955.

Peters, H. F. *My Sister, My Spouse: A Biography of Lou Andreas-Salom?*. New York: W. W. Norton, 1962.

Plato. *The Symposium*. Trans. Walter Hamilton. London: Penguin Books, 1951.

Reik, Theodor. *Of Love and Lust: On the Psychoanalysis of Romantic and Sexual Emotions*. New York: Farrar, Strauss and Cudahy, 1957.

Rose, Phyllis. *Jazz Cleopatra: Josephine Baker and Her Time*. New York: Vintage Books, 1991.

Sackville-West, Vita. *Saint Joan of Arc*. London: Michael Joseph Ltd., 1936.

Shikibu, Murasaki. *The Tale of Genji*. Trans. Edward G. Seidensticker. New York: Alfred A. Knopf, 1979.

Shu-Chiung. *Yang Kuei-Fei: The Most Famous Beauty of China*. Shanghai, China: Commercial Press, Ltd., 1923.

Smith, Sally Bedell. *Reflected Glory: The Life of Pamela Churchill Harriman*. New York: Touchstone, 1996.

Stendhal. *Love*. Trans. Gilbert and Suzanne Sale. London: Penguin Books, 1957.

Terrill, Ross. *Madame Mao: The White-Boned Demon*. New York: Touchstone, 1984.

Trouncer, Margaret. *Madame Récamier*. London: Macdonald & Co., 1949.

Wadler, Joyce. *Liaison*. New York: Bantam Books, 1993.

Weber, Max. *Essays in Sociology*. Ed. Hans Gerth & C. Wright Mills. New York: Oxford University Press, 1946.

Wertheimer, Oskar von. *Cleopatra: A Royal Voluptuary*. Trans. Huntley Patterson. Philadelphia: J. B. Lippincott Company, 1931.

: : 찾아보기

로버트 그린(Robert Greene)

《권력의 법칙*The 48 Laws of Power*》(1998) 《유혹의 기술*The Art of Seduction*》(2001) 《전쟁의 기술*The 33 Strateies of War*》(2006).

전 세계 수백만 독자에게 냉엄한 현실을 돌파하는 전략을 선사한 이 책들은 '21세기판 손자병법'으로 불리며 우리 시대의 완벽한 인생 교과서로 자리매김했다.

로버트 그린은 캘리포니아 대학교(버클리)와 위스콘신 대학교(메디슨)에서 고전학을 전공하고, 〈에스콰이어〉 편집자, 할리우드 스토리 작가로 일했다. 이러한 경험을 살려 그는 고전과 역사 속 인물과 사건에서 다양한 상황을 끄집어내 현대사회에 맞는 치밀한 전략으로 재구성함으로써 '권력술의 대가'라는 자리에 올랐다.

로버트 그린이 그려내는 세계는 무서울 정도로 냉혹하다. 하지만 그는 이 비정한 세계 속에서 살아남을 불편하지만 현실적인 전략들을 책에 담아 세상에 내놓음으로써 '부활한 마키아벨리'라는 이름을 얻었다.

옮긴이 | 강미경

이화여자대학교 영어교육과를 졸업하고, 번역가로 활동 중이다. 옮긴 책으로 《프로파간다─대중 심리를 조종하는 선전 전략》 《치팅 컬처》 《몽상과 매혹의 고고학》 《고대 세계의 위대한 발명 70》 《나침반, 항해와 탐험의 역사》 《악마의 끈─철조망의 문화사》 《도서관, 그 소란스러운 역사》 《권력과 탐욕의 역사》 《오! 이것이 아이디어다》 등이 있다.

유혹의 기술

초판 1쇄 발행 2012년 11월 20일
초판 27쇄 발행 2024년 12월 9일

지은이 로버트 그린 **옮긴이** 강미경

발행인 이봉주 **단행본사업본부장** 신동해
교정교열 오효순 김수미 **표지디자인** 이석운
마케팅 최혜진 이은미 **홍보** 반여진 허지호 송임선
국제업무 김은정 김지민 **제작** 정석훈

브랜드 웅진지식하우스
주소 경기도 파주시 회동길 20
문의전화 031-956-7366(편집) 02-3670-1123(마케팅)
홈페이지 www.wjbooks.co.kr
인스타그램 www.instagram.com/woongjin_readers
페이스북 https://www.facebook.com/woongjinreaders
블로그 blog.naver.com/wj_booking

발행처 ㈜웅진씽크빅
출판신고 1980년 3월 29일 제406-2007-000046호

ⓒ 웅진씽크빅, 2012
ISBN 978-89-01-15225-7 03320